SCHMITT, STOFF- UND MOTIVGESCHICHTE

FRANZ ANSELM SCHMITT

STOFF- UND MOTIVGESCHICHTE DER DEUTSCHEN LITERATUR

EINE BIBLIOGRAPHIE

Dritte, völlig neu bearbeitete und erweiterte Auflage

WALTER DE GRUYTER · BERLIN · NEW YORK
1976

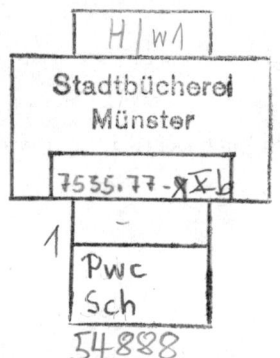

CIP-Kurztitelaufnahme der Deutschen Bibliothek

Schmitt, Franz Anselm
Stoff- und Motivgeschichte der deutschen Literatur : e. Bibliogr.
— 3., völlig neu bearb. u. erw. Aufl. — Berlin, New York:
de Gruyter, 1976.
ISBN 3-11-006506-1

©

Copyright 1976 by Walter de Gruyter & Co · vormals G.J. Göschen'sche Verlagshandlung
J. Guttentag, Verlagsbuchhandlung · Georg Reimer · Karl J. Trübner · Veit & Comp.
Printed in Germany — Alle Rechte des Nachdrucks, einschließlich des Rechtes der Herstellung von Photokopien und Mikrofilmen, vorbehalten.
Satz und Druck: Walter de Gruyter & Co., Berlin 30
Bindearbeiten: Lüderitz & Bauer, Berlin

INHALT

Aus den Vorworten zur ersten und zweiten Auflage VII
Vorwort zur dritten Auflage IX
Abkürzungen.................................. XI

   I. Bibliographische Hilfsmittel und Lexika 1
  II. Allgemeine Literatur zur Stoff- und Motivgeschichte 3
 III. Einzelne Stoffe und Motive....................... 5
 IV. Mehrere Stoffe und Motive...................... 385

Gruppenschlagwortregister 387
Übersicht der Gruppenschlagwörter nach Sachgebieten 403
Verfasserregister............................... 405

AUS DEN VORWORTEN ZUR ERSTEN UND ZWEITEN AUFLAGE

Mit meinem Streben nach Vollständigkeit verband sich stets der Wunsch, dem Benutzer dieses Buches eine leicht zugängliche, praktische Hilfe zu geben. Daher wählte ich die alphabetische, statt der systematischen Anordnung der Stoffe und Motive. Sie erspart ein Sachregister und außerdem so manche Schwierigkeit beim Einordnen und vor allem beim Nachschlagen. Stoff- und motivgeschichtliche Darstellungen aus der Volksdichtung blieben ebenso unberücksichtigt wie jene Arbeiten zur deutschen Kunstdichtung, die einen bestimmten Stoff im Einzel- oder Gesamtwerk eines einzelnen Dichters behandelten. Auch Vergleiche zwischen den Darstellungen des gleichen Stoffes oder Motives im Werk zweier deutscher Dichter nahm ich nicht auf. Es kamen vielmehr nur jene Untersuchungen in Betracht, denen es vor allem um die Darstellung und die Entwicklungsgeschichte eines Stoffes oder Motives in den Werken mehrerer deutscher Dichter oder eines bestimmten Zeitraumes ging.

Untertitel zu aufgenommenen Monographien und Zusätze zu Zeitschriftenbeiträgen verzeichnete ich nur dann, wenn sie den Titel wesentlich erläutern. Bei den Rezensionen wählte ich aus, um den Umfang der Bibliographie nicht auszuweiten. Anthologien nahm ich nur dann auf, wenn sie eine beachtenswerte motivgeschichtliche Einführung aufwiesen. So manche auf Grund ihres Titels vielversprechende Arbeit, die hier vielleicht vergeblich gesucht wird, befindet sich unter den insgesamt etwa 2400 eingesehenen, jedoch nicht aufgenommenen Darstellungen. Um die Wiederholung eines Verfassernamens innerhalb des gleichen Titels zu vermeiden, wurde —: gesetzt.

Die ganze Titelsammlung glaube ich zu bereichern, indem ich zwar nicht überall, wo es möglich gewesen wäre, doch stets dort, wo es sich um eine größere Zahl von Primärliteratur im Bereich des deutschen Dramas und des deutschen Romans handelte, auch Fundstellen von rein bibliographischen Titelzusammenstellungen einfügte. Diese und die vielen Einzeldarstellungen mit ausführlichen bibliographischen Quellennachweisen erweitern die vorliegende Arbeit zu einer Bibliographie der Bibliographien, von denen nicht wenige als „versteckte" gelten dürften.

Karlsruhe, 1. Dezember 1958   Dr. F. A. Schmitt

In der 1. Auflage versah ich die einzelnen Titel mit laufender Nummer. Aus praktischen Gründen numerierte ich bei der 2. Auflage die einzelnen Schlagwörter mit jeweiliger untergeordneter Einzelzählung der zu ihnen gehörenden Titelnachweise. Die alphabetische Ordnung der Stoffe und Motive, die von fast allen Kritikern begrüßt wurde, behielt ich bei, weil sie nach meiner Überzeugung und Erfahrung für die Benutzung im „Normalfall" einfacher und somit zweckmässiger ist. „Sie hat den Vorteil", wie ein amerikanischer Rezensent in den „Monatsheften" (Februar 1960) urteilt, „daß sie nicht umständlich nach Sachgebieten angeordnet ist, deren Einteilungsprinzipien man erst erforschen muß." Unter „Normalfall" verstehe ich das Suchen nach Literatur über die Behandlung eines ganz bestimmten Stoffes oder Motives in der deutschen Kunstdichtung irgendeiner Zeit. Für den „Spezialfall", bei dem sich der Benutzer des Buches von vornherein einer irgendwie zusammengehörenden Gruppe von verschiedenen Stoffen oder Motiven zuwenden will, entschloß ich mich, ein alphabetisch angelegtes Gruppenschlagwortregister sowie eine sachlich geordnete Übersicht dieser Gruppenschlagwörter neu hinzuzufügen. Damit habe ich auch einige Anregungen deutscher Referatenblätter berücksichtigt, möchte aber sowohl dieses Register, wie die nachfolgende kurze Übersicht als einen Versuch für ein Sachregister bezeichnen, auf das ich früher verzichten zu können glaubte.

Aus dem Titel der Bibliographie ist nicht zu ersehen, daß ich auch Topoi als feste „Denk- und Ausdrucksschemata" im Sinne von E. R. Curtius sowie Metaphern und Symbolbegriffe, dann mitaufgenommen habe, wenn sie bei einer literaturwissenschaftlichen Untersuchung deutscher Kunstdichtung entwicklungsgeschichtlich behandelt wurden. Auch in diesem Vorwort zur 2. Auflage glaube ich, auf eine Klarlegung der Begriffe sowie der Unterschiede und der Beziehungen zwischen Stoff und Motiv verzichten zu dürfen. Auf den Seiten 3 und 4 habe ich die gesamte allgemeine Literatur zur Untersuchung von Stoff- und Motivgeschichte von 1888 bis 1963 aufgeführt. Aus den dort genannten älteren und neueren Aufsätzen und Monographien möchte ich besonders auf Elisabeth Frenzels drei Beiträge zum Thema hinweisen. Besonders in ihrer vortrefflich einführenden Darstellung „Stoff-, Motiv- und Symbolforschung" (1963) ist alles erschöpfend ausgeführt und mit sachkundig ausgewählten Beispielen erklärt worden, was man als Einleitung zu meiner Titelsammlung vielleicht hätte erwarten können.

Das Titelmaterial dieser stark erweiterten Neuauflage betrifft wie bisher nur die deutsche Kunstdichtung. Es ist jedoch unzutreffend, wenn in einer Rezension von einer „rigorosen Beschränkung" auf diese gesprochen wird. Durch die von mir beigefügte Abkürzung „A.a.L." = „Auch ausländische Literatur behandelnd" habe ich in der 1. wie in der 2. Auflage bei Hunderten von Titeln ausdrücklich darauf aufmerksam gemacht, daß in diesen Untersuchungen die ausländische Dichtung zu dem betreffenden Stoff oder Motiv gelegentlich oder auch überwiegend einbezogen worden ist. Diese Hinweise sollte der Benutzer der Bibliographie nicht übersehen, wenn es ihm auch — oder vor allem — auf die ausländische Dichtung ankommt. Die vorliegende Bibliographie könnte dann in gewissen Fällen gute Dienste tun.

Karlsruhe, 1. März 1965   Dr. F. A. Schmitt

VORWORT ZUR DRITTEN AUFLAGE

Diese dritte Auflage meiner Bibliographie erfaßt neben den zahlreichen Veröffentlichungen aus früheren Jahrzehnten die einschlägigen Titel von deutschen und ausländischen Zeitschriftenaufsätzen, Monographien sowie Dissertationen aus den Jahren 1964 bis August 1975. Das ganze bibliographische Material zählte bei Redaktionsschluß im März 1965 für die 2. Auflage 4981 Nachweise und bezog sich auf insgesamt 1242 einzelne Stoffe oder Motive. Im vergangenen Jahrzehnt waren meine Bemühungen, möglichst viele stoff- und motivgeschichtliche Darstellungen aus diesem Zeitraum zu ermitteln, besonders erfolgreich. Der Gesamtzuwachs neuer Titelnachweise von 4981 auf jetzt 8044 und der in Betracht kommenden einzelnen Stoffe und Motive von 1242 auf nunmehr 1548 läßt erkennen, wie stark das Interesse und die Forschung auf diesem literaturwissenschaftlichen Gebiet zugenommen haben. Die Zahl der Verweisungen hat sich entsprechend erhöht.

Die Darbietungsweise und die Aufnahmekriterien der neuen Titel sind die gleichen wie 1965 bei der 2. Auflage. Es gibt wieder so manche Stoffe und Motive, für deren Behandlung ich wie bisher leider nur einen oder zwei in Frage kommende Titel ermitteln konnte. Für andere wiederum sind neben älteren viele neue Untersuchungen nachweisbar. Bei einigen wahllos zusammengestellten Stoffen und Motiven füge ich als Beispiel in Klammern die neue Gesamtzahl der sie betreffenden Untersuchungen hinzu: Kind und Kindheit (52), Landschaft (56), Lehrer (36), Menschenbild (69), Napoleon (32), Natur und Naturgefühl (91), Politik (87), Soziale Frage (108), Teufel (43), Tier (72). Die Auswahl könnte beliebig erweitert werden. Ein großer Teil aller bibliographischen Nachweise reicht in der Datierung bis in die achtziger Jahre des 19. Jahrhunderts zurück. Die meisten und zugleich die ergiebigsten aller 8044 Titel sind jedoch in den letzten 50 Jahren erschienen.

Einigen Bibliotheken bleibe ich für Mithilfe bei der Literaturbeschaffung zu besonderem Dank verpflichtet. Er gilt vor allem den Universitätsbibliotheken Heidelberg und Tübingen, dem Deutschen Literaturarchiv in Marbach und den Bibliothekaren der Bibliographischen Auskunftsstelle, des Auswärtigen Leihverkehrs und des Lesesaales der Badischen Landesbibliothek Karlsruhe.

Karlsruhe, den 15. Dezember 1975   Dr. Franz Anselm Schmitt

ABKÜRZUNGEN

A. a. L.	= Auch ausländische Literatur behandelnd.
Abhh.	= Abhandlungen.
AELKZ.	= Allgemeine Evangelisch-Lutherische Kirchenzeitung
AF.	= Anglistische Forschungen.
AfdA.	= Anzeiger der Zeitschrift für deutsches Altertum und deutsche Literatur.
AKultG.	= Archiv für Kulturgeschichte.
ALG.	= Archiv für Literaturgeschichte.
ASNS.	= Archiv für das Studium der neueren Sprachen und Literaturen.
AUMLA.	= Journal of the Australasian Universities Language and Literature Association.
AZtg. Judent.	= Allgemeine Zeitung des Judentums.
B.	= Bibliographie.
BA.	= Buchausgabe.
BdL.	= Beiträge zur deutschen Literaturwissenschaft.
Beih.	= Beiheft.
Beitr.	= Beiträge zur Geschichte der deutschen Sprache und Literatur.
Bes.	= Besonders.
Bl., Bll.	= Blatt, Blätter.
BüWe.	= Die Bücherwelt.
BuW.	= Bühne und Welt.
Comp. Lit.	= Comparative Literature.
D.	= Drama.
DA.	= Dissertation Abstracts.
DAI.	= Dissertation Abstracts International.
Diss.	= Philosophische Dissertation.
DithmBll.	= Dithmarscher Blätter für Heimatgestaltung.
DLZ.	= Deutsche Literaturzeitung.
DtEvRs.	= Deutsch-Evangelische Rundschau.
DthöhSch.	= Die deutsche höhere Schule.
DtVjs.	= Deutsche Vierteljahresschrift für Literaturwissenschaft und Geistesgeschichte.
DU.	= Der Deutschunterricht.
DuV.	= Dichtung und Volkstum.
DV.	= Deutsches Volkstum.
E.	= Erzählung.
EG.	= Etudes Germaniques.
Erg.	= Ergänzung.
ESt.	= Englische Studien.
Euph.	= Euphorion.
EurH.	= Europäische Hochschulschriften.
FNLG.	= Forschungen zur neueren Literaturgeschichte.
FrankfBr.	= Frankfurter zeitgemäße Broschüren.
Frenzel, StdW.	= Frenzel, Elisabeth: Stoffe der Weltliteratur. Ein Lexikon dichtungsgeschichtlicher Längsschnitte. Stuttgart^3 1970.
FuF.	= Forschungen und Fortschritte.

GAbh.	= Germanistische Abhandlungen.
GAG.	= Göppinger Arbeiten zur Germanistik.
GBDPh.	= Gießener Beiträge zur deutschen Philologie.
GLL.	= German life and letters.
Goedeke	= Goedeke, Karl: Grundriß zur Geschichte der dt. Dichtung. Leipzig^2 1884 ff.
GQu.	= The German Quarterly.
GR.	= The Germanic Review.
GRM.	= Germanisch-Romanische Monatsschrift.
GSt.	= Germanische Studien.
H.	= Heft
Heinzel, LhE.	= Heinzel, Erwin: Lexikon historischer Ereignisse und Personen in Kunst, Literatur und Musik. Wien 1956.
Hess. Bll. f. Vk.	= Hessische Blätter für Volkskunde.
HistZs.	= Historische Zeitschrift.
JAAC.	= Journal of Aesthetics and Art Criticism.
Jb., Jbb.	= Jahrbuch, Jahrbücher.
JbDSHG.	= Jahrbuch der deutschen Shakespeare-Gesellschaft.
JbGrillpGes.	= Jahrbuch der Grillparzer-Gesellschaft.
JbSKipp.	= Jahrbuch der Sammlung Kippenberg.
JEGPh.	= The Journal of English and Germanic Philology.
Jh.	= Jahrhundert.
JsBSchlesGes.	= Jahres-Bericht der Schlesischen Gesellschaft für vaterländische Cultur.
Kosch, LL.	= Kosch, Wilhelm: Deutsches Literatur-Lexikon. Bern^2 1949 ff.
Kw.	= Kunstwart.
KZEU.	= Katholische Zeitschrift für Erziehung und Unterricht.
L.	= Lyrik.
LCBl.	= Literarisches Centralblatt.
LE.	= Das literarische Echo.
LF.	= Literarhistorische Forschungen.
Lit.	= (Die) Literatur, Literature.
Litbl.	= Literaturblatt für germanische und romanische Philologie.
Lit. Hdw.	= Literarischer Handweiser.
Luther, DtG.	= Luther, Arthur: Deutsche Geschichte in deutscher Erzählung. Leipzig^2 1943.
Luther, DtL.	= Luther, Arthur: Deutsches Land in deutscher Erzählung. Leipzig^2 1937.
Luther, LuL.	= Luther, Arthur und Heinz Friesenhahn: Land und Leute in deutscher Erzählung. Stuttgart 1954.
MA., ma.	= Mittelalter, mittelalterlich.
MAe.	= Medium Aevum.
Masch.	= Maschinenschriftlich.
MBlDL.	= Monatsblätter für deutsche Literatur.
MBREPh.	= Münchener Beiträge zur romanischen und englischen Philologie.
MDSV.	= Mitteilungen des Deutschen Sprachvereins.
MDU.	= Monatshefte für deutschen Unterricht.
Med. Mitt.	= Medizinische Mitteilungen.
MGWJ.	= Monatsschrift für Geschichte und Wissenschaft des Judentums.
Mhd.	= Mittelhochdeutsch.
Mhe.	= Monatshefte.
MHSch.	= Monatsschrift für Höhere Schulen.
Mitt.	= Mitteilungen.
MLJ.	= Modern Language Journal.
MLN.	= Modern Language Notes.

ABKÜRZUNGEN

MLQ.	= Modern Language Quarterly.
MLR.	= The Modern Language Review.
MPhil.	= Modern Philology.
Mschr.	= Monatsschrift.
MVGDB.	= Mitteilungen des Vereins für Geschichte der Deutschen in Böhmen.
NdWelt.	= Niederdeutsche Welt.
NdZfVk.	= Niederdeutsche Zeitschrift für Volkskunde.
Neoph.	= Neophilologus.
NJbbKlAltGl.	= Neue Jahrbücher für das klassische Altertum, Geschichte und deutsche Literatur und für Pädagogik.
NJbbPh.	= Neue Jahrbücher für Philologie und Pädagogik.
NL.	= Die neue Literatur.
NSchwzRs.	= Neue Schweizer Rundschau.
NSpr.	= Die neueren Sprachen.
NuS.	= Nord und Süd.
OeRs.	= Österreichische Rundschau.
Orb. Litt.	= Orbis Litterarum.
Ostdt. Mhe.	= Ostdeutsche Monatshefte für Kunst und Geistesleben.
PädW.	= Pädagogische Warte.
PhilQu.	= Philological Quarterly.
PhStQ.	= Philologische Studien und Quellen.
PMLA.	= Publications of the Modern Language Association of America.
Prag DSt.	= Prager deutsche Studien.
PrJbb.	= Preußische Jahrbücher.
ProtMhh.	= Protestantische Monatshefte.
QFSpKG.	= Quellen und Forschungen zur Sprach- und Kulturgeschichte der germanischen Völker.
R.	= Rezension.
Rdsch.	= Rundschau.
Revgerm.	= Revue germanique.
RevLittcomp.	= Revue de littérature comparée.
RF.	= Romanische Forschungen.
RGG.	= Religion in Geschichte und Gegenwart.
RhMusThZtg.	= Rheinische Musik- und Theaterzeitung.
RL.	= Reallexikon der deutschen Literaturgeschichte. Berlin 1925–1931. ^{2} 1958 ff.
SA.	= Sonderabdruck.
SBAKPhilHistkl.	= Sitzungsberichte der Preuß. Akademie der Wissenschaften. Phil.-hist. Klasse.
SchL.	= Die schöne Literatur.
Schmitt, BuA.	= Schmitt, Franz Anselm: Beruf und Arbeit in deutscher Erzählung. Ein literarisches Lexikon. Stuttgart 1952.
SchZuk.	= Schönere Zukunft.
SGV.	= Sammlung gemeinnütziger Vorträge.
SHJb.	= Shakespeare-Jahrbuch.
SM.	= Sammlung Metzler.
SMDL.	= Stoff- und Motivgeschichte der deutschen Literatur. Berlin 1929–1937.
StCD.	= Studien über christliche Denkmäler.
StdZ.	= Stimmen der Zeit.
StVLG.	= Studien zur vergleichenden Literaturgeschichte.
T.	= Titel.
UNSpLG.	= Untersuchungen zur neueren Sprach- und Literaturgeschichte.
VelKlMhh.	= Velhagen und Klasings Monatshefte.

VerfLex.	= Die deutsche Literatur des Mittelalters. Verfasserlexikon. Berlin 1933–1955.
WB.	= Weimarer Beiträge.
WestMh.	= Westermanns Monatshefte.
Wilpert, SdL.	= Wilpert, Gero v.: Sachwörterbuch der Literatur. Stuttgart ⁵1969.
WIR.	= Der Wanderer im Riesengebirge.
WZPHP.	= Wissenschaftliche Zs. d. Päd. Hochschule Potsdam.
WZUB.	= Wissenschaftliche Zs. d. Univ. Berlin.
WZUG.	= Wissenschaftliche Zs. d. Univ. Greifswald.
WZUH.	= Wissenschaftliche Zs. d. Univ. Halle-Wittenberg.
WZUJ.	= Wissenschaftliche Zs. d. Univ. Jena.
WZUL.	= Wissenschaftliche Zs. d. Univ. Leipzig.
WZUR.	= Wissenschaftliche Zs. d. Univ. Rostock.
ZAGL.	= Zeitschrift für allgemeine Geschichte und Literatur.
ZBFr.	= Zeitschrift für Bücherfreunde.
ZDB.	= Zeitschrift für deutsche Bildung.
ZDK.	= Zeitschrift für Deutschkunde.
ZDU.	= Zeitschrift für den deutschen Unterricht.
ZfÄsth.	= Zeitschrift für Ästhetik und allgemeine Kunstwissenschaft.
ZfB.	= Zentralblatt für Bibliothekswesen.
ZfdA.	= Zeitschrift für deutsches Altertum und deutsche Literatur.
ZfdPh.	= Zeitschrift für deutsche Philologie.
ZfDwiss.	= Zeitschrift für Deutschwissenschaft und Deutschunterricht.
ZfKG.	= Zeitschrift für Kirchengeschichte.
ZfkR.	= Zeitschrift für den katholischen Religionsunterricht an höheren Lehranstalten.
ZfVk.	= Zeitschrift für Volkskunde.
ZGeschB.	= Zeitschrift des Vereins für die Geschichte Berlins.
ZGO.	= Zeitschrift für die Geschichte des Oberrheins.
ZGym.	= Zeitschrift für Gymnasialwesen.
ZKultG.	= Zeitschrift für Kulturgeschichte.
ZOeG.	= Zeitschrift für die österreichischen Gymnasien.
ZRPh.	= Zeitschrift für Romanische Philologie.
ZRSchw.	= Zeitschrift für Realschulwesen.
Zs.	= Zeitschrift.
Z. T.	= Zum Teil.
Ztg.	= Zeitung.
ZThK.	= Zeitschrift für Theologie und Kirche.
ZVLR.	= Zeitschrift für vergleichende Literaturgeschichte und Renaissance-Literatur.
ZVVolksk.	= Zeitschrift des Vereins für Volkskunde.

I. BIBLIOGRAPHISCHE HILFSMITTEL UND LEXIKA

1. A r n o l d, Robert Franz.: Stoffgeschichte. In: —: Allgemeine Bücherkunde z. neueren dt. Literaturgesch. 3. Aufl. Berlin 1931, S. 52—66. [Mit grundlegender Bibliographie].
2. B a l d e n s p e r g e r, Fernand und Werner Paul F r i e d e r i c h: Literary Themes (Stoffgeschichte). In: —: Bibliography of Comparative Literature, New York 1960, S. 70—178. [Individual and Collective Motifs, a. a. L.
3. B a t t s, Michael: Stoffe, Motive, Kleine Gattungen. In: —; Hohes Mittelalter. Bern 1969, S. 23—28. (Handbuch der dt. Literaturgeschichte II, 2).
4. Internationale B i b l i o g r a p h i e zur Geschichte der dt. Lit. von den Anfängen bis zur Gegenwart. München 1969, Teil 1, 330—55, 378 f., 498—500, 621 f., 900 f.; Teil 2,1, S. 107 f., 451—53, 881—85, 1013; Teil 2,2, S. 948—52: Stoff- und Motivgeschichte.
5. D a h l m a n n, F. Ch. und G. W a i t z: Quellenkunde der dt. Geschichte 2. Stuttgart [10]1971, Abschnitt 50, Nr. 778—995: Themen, Stoffe, Motive.
6. F r e n z e l, Elisabeth: Stoffe der Weltlit. Ein Lexikon dichtungsgeschichtlicher Längsschnitte. Stuttgart [3]1970. 785 S. (Kröners Taschenbuch 300).
7. G o e d e k e. Karl: Grundriß zur Geschichte der dt. Dichtung. Dresden [2]1884 ff.
8. Bibliographisches H a n d b u c h der dt. Literaturwissenschaft 1945—1969. 1. Von den Anfängen bis zur Romantik. Frankfurt a. M. 1973, Sp. 744—826.
9. H e i n z e l, Erwin: Lexikon historischer Ereignisse und Personen in Kunst, Literatur und Musik. Wien 1956.
10. H u n g e r, Herbert: Literatur zum Fortwirken von Stoffen und Motiven der antiken Mythologie. In: Lexikon der griechischen und römischen Mythologie. Wien [5]1959, S. 384—87.
11. J a h r e s b e r i c h t e über die Erscheinungen auf dem Gebiet der germanischen Philologie (seit 1877 für Berichtsjahr 1876 ff.).
12. J a h r e s b e r i c h t e über die wissenschaftlichen Erscheinungen auf dem Gebiet der neueren deutschen Literatur (seit 1924 ff. für Berichtsjahr 1921 ff.).
13. J a h r e s b e r i c h t e für neuere deutsche Literaturgeschichte (für die Berichtsjahre 1892 bis 1903 und 1906—1913).
14. J e l l i n e k, Arthur L.: Bibliographie der vergleichenden Literaturgeschichte, Berlin 1903. [Zuerst in Kochs Studien z. vergl. Literaturgeschichte 1901 f.].
15. K o c h, Willi August: Musisches Lexikon. Künstler, Kunstwerke und Motive aus Dichtung, Musik und bildender Kunst. Stuttgart [2]1964. 1250 Sp.
16. K ö r n e r, Josef: Thematische Querschnitte durch die Geschichte der dt. Lit. In: —: Bibliographisches Handbuch d. dt. Schrifttums. Bern [3]1949, S. 40—56. Repr. München 1966.
17. K o s c h, Wilhelm: Deutsches Literatur-Lexikon. Bern [2]1949—1958.
18. L e x i k o n sozialistischer dt. Lit. Von den Anfängen bis 1945. Leipzig 1964. S. 591 f.: Register der literarischen Stoffe.
19. L u t h e r, Arthur: Deutsche Geschichte in dt. Erzählung. Ein literarisches Lexikon. 2. Aufl. Leipzig 1943, 494 Sp. [B.: über 5000 T.].
20. L u t h e r, Arthur: Deutsches Land in dt. Erzählung. Ein literarisches Ortslexikon. 2. Aufl. Leipzig 1937. 862 Sp. [B.: etwa 15000 T.].

BIBLIOGRAPHISCHE HILFSMITTEL UND LEXIKA

21. L u t h e r, Arthur und Heinz F r i e s e n h a h n: Land und Leute in dt. Erzählung. Ein bibliogr. Literaturlexikon. Stuttgart 1954. 556 Sp. [Rd. 8000 T. zu 430 Orten und rd. 2200 T. zu 700 Personen].
22. Deutsche P h i l o l o g i e im Aufriß. Berlin ²1957–1962.
23. R e a l l e x i k o n der deutschen Literaturgeschichte. Berlin ²1958 ff.
24. S c h m i t t, Franz Anselm: Beruf und Arbeit in dt. Erzählung. Ein literarisches Lexikon. Stuttgart 1952. 668 Sp. [B.: 12380 T. zu 400 Berufsarten; 18. bis 20. Jh.].
25. Literary T h e m e s (Bibliography of Comparative Literature). In: Yearbook of Comparative and General Literature. Chapel Hill, N. C. 1 (1952) ff. [Der bibliographische Teil bildet die Fortsetzung zu I, 2.].
26. Die deutsche Literatur des Mittelalters. V e r f a s s e r l e x i k o n. Berlin 1933–1955.
27. W i l p e r t, Gero v.: Sachwörterbuch der Literatur. Stuttgart ⁵1969. 865 S.

II. ALLGEMEINE LITERATUR ZUR STOFF- UND MOTIVGESCHICHTE

1. A r n o l d, Robert Franz.: Einführung in die Literatur der Stoffgeschichte. In: GRM. 1 (1909), S. 223–32.
2. B e i s s, Adolf: Nexus und Motive. Beitrag zur Theorie des Dramas. In: DtVjs. 36 (1962), S. 248–76.
3. B e l l e r, Manfred: Von der Stoffgeschichte zur Thematologie. In: arcadia 5 (1970), S. 1–38.
4. B e l l e r, Manfred: Toposforschung contra Stoffgeschichte. In: Toposforschung. Eine Dokumentation. Frankfurt a. M. 1972, S. 174–80.
5. B i s a n z, Adam John: Zwischen Stoffgeschichte und Thematologie. Betrachtungen zu einem literaturtheoretischen Dilemma. In: DtVjs. 47 (1973), S. 148–66.
6. C z e r n y, Z.: Contribution à une théorie comparée du motif dans les arts. In: Stil- und Formprobleme in der Literatur. Heidelberg 1959, S. 38–50.
7. E r m a t i n g e r, Emil: Das Stofferlebnis. In: –: Das dichterische Kunstwerk. Leipzig ³1939, S. 129–91.
8. F r e n z e l, Elisabeth: Stand der Stoff-, Motiv- und Symbolforschung in der Literaturwissenschaft. In: Ludwig G r o t e: Beiträge zur Motivkunde des 19. Jhs. München 1970, S. 253–61. (Studien zur Kunst des 19. Jh. 6).
9. F r e n z e l, Elisabeth: Stoff-, Motiv- und Symbolforschung. Stuttgart ³1970. 116 S.
10. F r e n z e l, Elisabeth: Stoff- und Motivgeschichte. In: Dt. Philologie im Aufriß III. 1957, Sp. 739–88 und I. ²1957, Sp. 281–332. [Mit B.].
11. F r e n z e l, Elisabeth: Stoff- und Motivgeschichte. Berlin ²1974. 187 S. (Grundlagen der Germanistik 3).
12. K a l i n o w s k a, Sophie-Irène: A propos d' une théorie du motif littéraire. Les formantes. In: Beitr. z. roman. Philologie 1 (1961), S. 78–82. [Grundsätzliches zum Gesamtthema mit Beispielen aus franz. Lyrik].
13. K a y s e r, Wolfgang: Grundbegriffe des Inhalts. 1. Der Stoff. 2. Das Motiv. 3. Leitmotiv, Topos, Emblem. 4. Die Fabel In: –: Das sprachliche Kunstwerk. Eine Einführung in die Literaturwissenschaft. Bern ⁷1961, S. 55–81. ¹⁴1969.
14. K n a p p, Gerhardt P.: Stoff – Motiv – Idee. In: Grundzüge der Literatur- und Sprachwissenschaft 1. München 1973, S. 200–7.
15. K ö r n e r, Josef: Erlebnis – Motiv – Stoff. In: Vom Geiste neuer Literaturforschung. Festschrift f. O. Walzel. Potsdam 1924, S. 80–90.
16. K ö r n e r, Josef: Motiv. In: RL. II. 1926/28, S. 412–15.
17. K r o g m a n n, Willy: Leitmotive im Schaffen des Dichters. In: ZfdPh. 61 (1936), S. 383–393.
18. K r o g m a n n, Willy: Motiv. In: RL. II. ²1965, S. 427–32.
19. K r o g m a n n, Willy: Motivanalyse. In: Zs. f. angewandte Psychologie 42 (1932), S. 264–272.
20. K r o g m a n n, Willy: Motivübertragung und ihre Bedeutung für die literarhistorische Forschung. In: Neoph. 17 (1932), S. 17–32.
21. K r o g m a n n, Willy: Die Stoffgestaltung des Dichters als Resultante seiner Erlebnisse. In: ASNS. Bd. 165 (1934), S. 161–86.

22. Leitsätze für einzelne Fragen des Deutschunterrichts XI.: Wie weit kann man bei Betrachtung des Schrifttums Stoffgeschichte treiben? In ZDK. 42 (1928), S. 524–30.
23. Levin, Harry: Thematics and criticism. In: The disciplines of criticism. New Haven 1968, S. 125–45.
24. Merker, Paul: Stoff, Stoffgeschichte. In: RL. III. 1928/29, S. 305–10.
25. Petersen, Julius: Das Motiv in der Dichtung. In: Dichtung u. Volkstum 38 (1937), S. 44–65. Vgl. auch „Motive" in: –: Die Wissenschaft von der Dichtung. Bd. 1. Berlin 1939, S. 167–79.
26. Petsch, Robert: Motiv, Formel und Stoff. In: ZfdPh. 54 (1929), S. 378–94 und in: –: Deutsche Literaturwissenschaft. Berlin 1940, S. 129–50. (GSt. 222).
27. Sauer, Eberhard: Bemerkungen zum Versuch einer Stoffgeschichte. In: Euph. 26 (1925), S. 1–9.
28. Sauer, Eberhard: Stoffgeschichte im deutschkundlichem Unterricht. In: ZDB. 6 (1930), S. 320–25.
29. Sauer, Eberhard: Die Verwertung stoffgeschichtlicher Methoden in der Literaturforschung. In: Euph. 29 (1928), S. 222–29.
30. Scherer, Wilhelm: Die Stoffe. In: –: Poetik. Berlin 1888, S. 205–25.
31. Schmitt, Franz Anselm: Stoff und Motiv in der dt. Literatur. Gedanken zu einer neuen Bibliographie. In: Bibliothek, Bibliothekar, Bibliothekswissenschaft. Festschrift J. Vorstius z. 60. Geburtstag. Leipzig 1954, S. 110–17.
32. Trousson, Raymond: Plaidoyer pour la Stoffgeschichte. In: Revue de littérature comparée 38 (1964), S. 101–14.
33. Trousson, Raymond: Un problème de littérature comparée: les études de thèmes. Essai de méthodologie. Paris 1965. 112 S.
34. Veit, Walter: Toposforschung. Ein Forschungsbericht. In: DtVjs. 37 (1963). S. 120–63.
35. Walzel, Oskar: Leitmotive in Dichtungen. In: ZBFr. NF. 8,2 (1917), S. 261–74 und in: –: Das Wortkunstwerk (1926), S. 152–81.
36. Walzel, Oskar: Stoff. In: –: Gehalt und Gestalt im Kunstwerk des Dichters. Berlin 1923, S. 165–77.
37. Weisstein, Ulrich: Stoff- und Motivgeschichte. In: –: Einführung in die vergleichende Literaturwissenschaft. Stuttgart 1968, S. 163–83.

III. EINZELNE STOFFE UND MOTIVE

A

1. AACHENER HEILIGTUM

1. S c h i f f e r s, Heinrich: Das Aachener Heiligtum in Sprache und Dichtung. In: —: Kulturgeschichte der Aachener Heiligtumsfahrt. Köln 1930, S. 59—110. [Auch in Volksdichtung.]

2. ABÄLARD UND HELOISE

1. A b ä l a r d und Heloise. In: Frenzel, StdW. 1970, S. 1f. [A. a. L.].

ABEL s. *KAIN UND ABEL*

3. ABEND s. a. *NACHT*

1. I h l e n f e l d, Kurt: Das Abendlied. In: Eckart 18 (1942), S. 145—50. [Evang. Abendlied].
2. F e i s e, Ernst: Ein dt. Abendlied in drei Jahrhunderten. In: —: Xenion. Themes, forms and ideas in German literature. Baltimore, Maryland 1950, S. 317—28.
3. R o ß, Werner: Abendlieder. Wandlungen lyrischer Technik und lyrischen Ausdruckswillens. In: GRM. NF. 5 (1955), S. 297—310.
4. H ü b e r t, Gerda: Abend und Nacht in Gedichten verschiedener Jahrhunderte. T. 1.2. Diss. Tübingen 1964. 300 S. 52 Bl. [Bes. 19. u. 20. Jh. mit Anthologie].
5. G s t e i g e r, Manfred: Schatten des Abends. In: —: Poesie und Kritik. Bern 1967, S. 35—38.
6. L o g a n, Paul Ellis: Die Entwicklungslinie des dt. geistlichen Morgen- und Abendliedes vom Zeitalter der Reformation bis zur Gegenwart unter bes. Berücksichtigung der theologischen Sicht. Diss. Univ. of Maryland 1974. 279 S. DAI. 35 (1974/75), S. 4436f. A.

4. ABENTEURER s. a. *ROBINSON UND ROBINSONADE*

1. M i l d e b r a t h, Berthold: Die dt. „Avanturiers" des 18. Jhs. Diss. Würzburg 1907. 147 S. [20 T.]. — R.: W. Brecht, AfdA. 34 (1910), S. 175—77.
2. R a u s s e, Hubert: Abenteuerroman des 17. und 18. Jhs. In: Die Kultur 15 (1914), S. 218—26.
3. R e h m, Walther: Avanturierroman. In: RL. I. 1925/26, S. 101f.
4. D r e y h a u s e n, O.: Abenteuerliche Erzählungen und spannende Reisebücher. In: Volksbildungsarbeit 4 (1931), S. 111—20. [B.].
5. N e u m a i r, Paul Georg: Der Typus des Abenteurers in der neuen dt. Dichtung. Diss. Frankfurt a. M. 1933. 109 S. BA. 1933. [D., E.: 19. u. 20 Jh.: 74 T.].
6. K n a p p, Friedrich: Das Abenteuer in der Lit. In: Welt u. Wort 2 (1947), S. 43—45. [A. a. L.].

7. Plischke, Hans: Von Cooper bis Karl May. Eine Geschichte des völkerkundlichen Reise- und Abenteuerromans. Düsseldorf 1951. 208 S. — R.: H. Damm, DLZ. 74 (1953), Sp. 109—11; J. T. Krumpelmann, JEGPh. 52 (1953), S. 432f.
8. Weil, Hans Hartmut: The conception of the adventurer in German baroque literature. In: GLL. NS. 6 (1952/53), S. 285—91.
9. Schellenberger, Johannes: Über die literarische Gestalt des Abenteurers. In: Der Bibliothekar 1957, H. 4, S. 366—71.
10. Rehm, Walther und Werner Kohlschmidt: Abenteuerroman. In: RL. I. ²1958, S. 1—4.
11. Hohendahl, Peter Uwe: Der Abenteurer im expressionistischen Drama. Zur Soziologie des literarischen Wandels. In: Orbis Literarum 21 (1966), S. 181—201.
12. Welzig, Werner: Der Wandel des Abenteurertums. In: Pikarische Welt. Schriften zum europäischen Schelmenroman. Darmstadt 1969, S. 438—54. Zuerst in: —: Beispielhafte Figuren. Köln 1963, S. 100—14.
13. Abenteuerroman. In: Wilpert, SdL. 1969, S. 1f.
14. Welzig, Werner: Der Abenteuerroman. In: —: Der dt. Roman im 20. Jh. Stuttgart ²1970, S. 94—110.
15. Karsch, Erika: Beobachtungen an Abenteuerromanen der DDR. In: WB. 19 (1973), H. 5, S. 113—25.
16. Wysling, Hans: Zum Abenteurer-Motiv bei Wedekind, H. und Th. Mann. In: Heinrich Mann. 1871/1971. München 1973, S. 37—68.

5. ABGRUND

1. Doppler, Alfred: Der Abgrund. Studien zur Bedeutungsgeschichte eines Motivs. Köln 1968. 217 S. [D., E., L.: 18. u. 19. Jh. Auch Metapher].

6. ABRAHAM UND ISAAK

1. Reckling, Fritz: Immolatio Isaac. Die theol. und exemplar. Interpretation in den Abraham-Isaak-Dramen d. dt. Lit., insbes. d. 16. u. 17. Jhs. Diss. Münster 1961. 246 S. [Mit B. der dt. u. ausländischen Abraham u. Isaak-Dramen].

7. ABSALOM

1. Fechter, Werner: Absalom als Vergleichs- u. Beispielfigur im mhd. Schrifttum. In: Beitr. (Tüb.) 83 (1961/62), S. 302—16. [Absalom als Minnesklave, Empörer u. Verleumder, auch lat. Lit.].

8. ABSCHIED

1. Bolhöfer, Walther: Gruß und Abschied in ahd. und mhd. Zeit. Diss. Göttingen 1912. 79 S.
2. Schwarz, Georg: Abschied von der Geliebten. Vergleichende Betrachtung von Gedichten. In: Welt und Wort 3 (1948), S. 286—88.
3. Hoffmeister, Johannes: Der Abschied. Eine dichtungskundliche Studie. Hameln 1949. 94 S.
4. Schimke, Helga: Das Abschiedsmotiv in der dt. Liebeslyrik vom Mittelalter bis zum Ausgang des 18. Jhs. Diss. Hamburg 1950. 197 Bl. (Masch.).
5. Skorna, Hans Jürgen: Das Thema des Abschieds. In: —: Das Wanderermotiv im Roman der Goethezeit. Diss. Köln 1961, S. 9—20.
6. Kussler, Helmut Rainer: Das Abschiedsmotiv in der Lyrik des 20. Jhs. Diss. Univ. of Stellenbosch 1969. 207 Bl. (Masch.).

9. ACCOROMBONI, VITTORIA

1. A c c o r o m b o n i , V i t t o r i a. In: Frenzel, StdW. 1970, S. 3f.

10. ACHILLES

1. A c h i l l e u s. In: Frenzel, StdW. 1970, S. 4–8. [A. a. L.].

11. ADAM UND EVA s. a. KAIN UND ABEL, PARADIES

1. M i k s c h, Gertrude: Der Adam- und Evastoff in der dt. Lit. Diss. Wien 1954. 191 Bl. (Masch.). [13.–19. Jh.]
2. A d a m und Eva. In: Frenzel, StdW. 1970, S. 8–12. [A. a. L.].
3. M u r d o c h, Brian Oliver: The fall of man in the early middle high German biblical epic. Göppingen 1972. 246 S. Diss. Cambridge 1968. (GAG. 58). – R.: A. Masser, ZfdPh. 93 (1974), S. 138f.: W. Schröder, AfdA. 85 (1974), S. 148f.

12. ADEL s. a. GUTSBESITZER

1. R a d a u, Benno: Der deutsche Adelsroman in d. 2. Hälfte des 18. Jhs. Diss. Freiburg i. Br. 1930. 263 Bl. (Masch.).
2. M a n g g o l d, Walter: Der dt. Adelsroman im 19. Jh. Diss. Freiburg i. Br. 1934. 117 S.
3. G o e t z, Mary Paul: The concept of nobility in German didactic literature of the 13th century. Washington 1935. 138 S. (Catholic Univ. of America Stud. in German 5). – R.: R. Newald, Litbl. 57 (1936), Sp. 377f.; F. Norman, MLR. 31 (1936), S. 128f.; H. Teske, HistZs. 155 (1936), S. 124–26.
4. B r a m s t e d t, Ernest Kohn: Aristocracy and the middle-classes in Germany: social types in German literature 1830–1900. London 1937. 362 S. Chicago ^{2}1964, 364 S. – R.: G. O. Gardener, Maß u. Wert 1/1937(38), S. 964–67: R. Kayser, GR. 14 (1939), S. 71f.; J. M. Massey, MLR. 33 (1938), S. 455f.
5. S c h m i t z, Hans: Blutsadel und Geistesadel in der hochhöfischen Dichtung Diss. Bonn 1941. 50 S. (Bonner Beitr. z. dt. Phil. 11).
6. O b e r l e, Werner: Der adelige Mensch in der Dichtung: Eichendorff, Gotthelf, Stifter, Fontane. Diss. Basel 1950. 135 S. (Basler Studien z. dt. Sprache u. Lit. 10). – R.: J. J. Anstett, EG. 7 (1952), S. 218; Th. C. v. Stockum, Neoph. 35 (1951), S. 181f.; L. H. C. Thomas, MLR. 46 (1951), S. 291f.
7. F e r t i g, Ludwig: Der Adel im dt. Roman des 18. u. 19. Jh. Diss. Heidelberg 1965. 209 S.
8. M a u r e r, Friedrich: Über Adel und edel in altdt. Dichtung. In: Adel und Kirche. G. Tellenbach z. 65. Geburtstag. Freiburg i. Br. 1968, S. 1–5 und in: –: Dichtung und Sprache des MA. Bern ^{2}1971, S. 463–68. (Bibliotheca Germanica 10).

ADEPT s. ALCHEMIE

13. ADMETOS s. a. ALKESTIS

1. P l a u m a n n, E.: Der Mythos von Admetos und Alcestis und die Sage vom Armen Heinrich. In: NJbbPh. 156 (1897), S. 205–22, 293–311, 337–51.

14. ADVENT

1. W e r t h e m a n n, Helene: Studien zu den Adventsliedern des 16. u. 17. Jhs. Zürich 1963. 190 S. (Basler Stud. z. histor. u. systemat. Theologie 4).

2. H ö c k, Wilhelm: Die Poesie des negativen Advent. In: Der Literat 14 (1972), S. 241 f.

15. ÄCHTER

1. H a r d e r, Anna: Der germanische Ächter. Diss. Bonn 1938. 98 S. [Auch in mhd. Dichtung].

16. ÄGYPTEN

1. A l b e r t s e n, Leif Ludwig: Sphingen (Sphinxe) in neuerer dt. Lit. In: Euph. 62 (1968), S. 85–92.
2. E l k h a d e n, Saad: Über das Kulturbild Ägyptens im dt. Roman. In: –: Sechs Essays über den dt. Roman. Bern 1969, S. 7–15.

17. ÄOLSHARFE

1. L a n g e n, August: Zum Symbol der Äolsharfe in der dt. Dichtung. In: Zum 70. Geburtstag von J. Müller-Blattau. Basel 1966, S. 160–91. [E., L.: 18. u. 19. Jh.; a. a. L.].

ÄSTHET s. *KÜNSTLER*

18. AFRIKA s. a. *KOLONIALPOLITIK*

1. T r ü m p e l m a n n, J.: Das dt. schöngeistige Schrifttum über Südwestafrika. In: Veröffentlichungen der wiss. Gesellsch. f. Südwestafrika 6 (1931/32), S. 101–52. [137 T.].
2. T o d t, Herbert: Die dt. Begegnung mit Afrika im Spiegel des dt. Nachkriegsschrifttums. Frankfurt a. M. 1939. 74 S.
3. K ü n n e m a n n, Horst: Das Afrikabild in der dt. sprachigen Jugendlektüre. Vorurteile, Klischees und ihre Herkunft. In: Jugend und Buch 13 (1964), S. 2–9.

19. AGAMEMNON s. a. *KASSANDRA*

1. B u s c h, Jürgen: Das Geschlecht der Atriden in Mykene. Eine Stoffgeschichte der dramatischen Bearbeitungen in der Weltlit. Diss. Göttingen 1951. 283 Bl. (Masch.). [Auch im dt. D.].
2. A g a m e m n o n s T o d. In: Frenzel, StdW. 1970, S. 12–15. [A. a. L.].

AGRIPPINA s. *NERO*

AHASVER s. *JUDE*

20. AHLDEN, SOPHIE DOROTHEA VON

1. A r n o l d, Robert F.: Sophia Dorothea von Hannover-Calenberg in Romandichtungen. In: ZBFr. 5 (1901/02), Beiblatt H. 9, S. 2 [B.: 14 T., a. a. L. Vgl. auch Beibl. 5, S. 9 u. 7, S. 2.].
2. H i s s e r i c h, Walther: Die Prinzessin von Ahlden und Graf Königsmark in der erzählenden Dichtung. Diss. Rostock 1906. 50 S.

3. A l p e r s, Paul: Die Prinzessin von Ahlden in der dt. Dichtung. In: Der Sachsenspiegel. Bll. für Geschichts- u. Heimatpflege (Hannover) 1931, Nr. 4, S. 25–28; Nr. 5, S. 33–36. [D., E., L.].
4. S i n g e r, Herbert: Die Prinzessin von Ahlden. Verwandlungen einer höfischen Sensation in der Lit. des 18. Jhs. In: Euph. 3. Folge 49 (1955), S. 305–334.
5. B l u m e n t h a l, Lieselotte: Schillers Dramenplan. „Die Prinzessin von Zelle". In: Abhh. d. Sächs. Ak. d. Wiss. zu Leipzig, Phil. hist. Kl. 56 (1963), H. 2. 68 S.
6. A h l d e n, Prinzessin von. In: Frenzel, StdW. 1970, S. 21–24. [A. a. L.].

21. AKADEMIKER s. a. STUDENT

1. S s y m a n k, Paul: Das akademische Leben im schöngeistigen Schrifttum der Gegenwart. In: Dt. Sängerschaft 38 (1933), S. 10–14. [E.].
2. S s y m a n k, Paul: Die akademische Welt in der neuesten dt. Dichtung. In: Zollernztg. 58 (1937), S. 6–12.

22. AKUSTIK

1. T r a u t m a n n, Hans: Das visuelle und akustische Moment im mhd. Volksepos. Diss. Göttingen 1918. 122 S.
2. S p r a n g, Magda: Das akustische Moment in der altdt. Epik bis W. v. Eschenbach. Diss. Königsberg 1924. 587 Bl. (Masch.). [Inhalt in Jb. d. philos. Fakultät Königsberg 1924/25, S. 41–43.].

23. ALARCOS

1. J e s s e r, Paul: Über Friedrich Schlegels Trauerspiel „Alarcos" und das Vorkommen des Alarcos-Stoffes im dt. Drama vor Schlegel. Diss. Wien 1905. 510 Bl. (Handschr.). [Bes. 17. Jh.].
2. P o r t e r f i e l d, Allen W.: The Alarcos theme in German and English. In: GR. 6 (1931), S. 125–43. [D.: 18./19. Jh.: 3 T.].

24. ALBOIN UND ROSAMUNDE

1. M i k l a u t z, Norbert: Alboin und Rosamunde im Drama der dt. Lit. Diss. Wien 1910. 221 Bl. (Handschr.).
2. L a n g, Friedrich: Alboin und Rosamunde in Sage und Dichtung. Mit bes. Berücksichtigung von F. W. Schusters gleichnamigen Drama. Cluj 1938. 150 S. [16.–19. Jh., a. a. L.].
3. A l b o i n und Rosamunde. In: Frenzel, StdW. 1970, S. 25–29. [A. a. L.].

25. ALCHEMIE

1. K o p p, Hermann: Die Alchemie in älterer und neuerer Zeit. T. 1. 2. Heidelberg 1886. [T. 1, S. 258–60: Die Alchemie auf der Bühne. – T. 2, S. 246–49: Die Alchemie und Verwandtes im Roman].
2. H a r t l a u b, Gustav Friedrich: Die Gestalt des Adepten in Dichtung und Malerei. In: –: Das Unerklärliche. Stuttgart 1951, S. 147–77. [A. a. L.].
3. H a r t l a u b, Gustav Friedrich: Von der Alchemie in der Dichtung. In: Die BASF-Werkzeitung 1952, S. 127–33. [A. a. L.].

26. ALEXANDER DER GROSSE

1. W e i n r e i c h, Otto: Deutsche Alexanderdichtungen. In: –: Der Trug des Nektanebos. Wandlungen eines Novellenstoffes. Leipzig 1911, S. 56–64.

2. M ü l l e r, Hans Ernst: Alexander-Literatur. In: Die Werke des Pfaffen Lamprecht nach d. ältesten Überlieferung. Hrsg. von H. E. Müller. München 1923, S. X–XXVIII. (Münchener Texte 12). [A. a. L.].
3. G r a m m e l, Elisabeth: Studien über den Wandel des Alexanderbildes in der dt. Dichtung des 12. u. 13. Jhs. Diss. Frankfurt a. M. 1931. 127 S.
4. H ü b n e r, Arthur: Alexander der Große in der dt. Dichtung des MA. In: –: Kleine Schriften zur dt. Philologie. Berlin 1940, S. 187–97. Auch in: Die Antike 9 (1933), S. 32–48.
5. M i n i s, Cola: Über die ersten volkssprachigen Alexander-Dichtungen. In: ZfdA. 88 (1957/58), S. 20–39.
6. A l e x a n d e r. In: Frenzel. StdW. 1970, S. 29–32.
7. B u n t z, Herwig: Die dt. Alexanderdichtung des MA. Stuttgart 1973. 54 S. (SM 123).

27. ALEXEI (ALEXIS) UND PETER DER GROSSE

1. L e f f s o n, August: Immermanns Alexis. Eine literarhistorische Untersuchung. Gotha 1904. 106 S. [S. 1–17: Geschichte des Stoffes in der dramat. Lit., a. a. L.].
2. P e t e r d e r G r o s s e. In: Frenzel, StdW. 1970, S. 593–96. [D., E.: 18.–20. Jh., a. a. L.].

28. ALKESTIS s. a. ADMETOS

1. E l l i n g e r, Georg: Alceste in der modernen Lit. Halle 1885. 57 S. – R.: J. Minor, AfdA. 12 (1886), S. 245f.
2. H e i n e m a n n, Karl: Alkestis. In: –: Die tragischen Gestalten der Griechen in der Weltlit. I. Leipzig 1920, S. 123–153. (Das Erbe der Alten NF 3).
3. W i e n e r, Fritz: Der Alkestisstoff in der dt. Lit. Diss. Breslau 1921. 162 Bl. (Masch.).
4. B u t l e r, Elsie Marian: Alkestis in modern dress. In: Journal of the Warburg Institute 1 (1937/38), S. 46–60.
5. S t e i n w e n d e r, Herbert: Alkestis – vom Altertum bis zur Gegenwart. Diss. Wien 1951. 193 Bl. (Masch.). [A. a. L.].
6. F r i t z, Kurt von: Euripides' Alkestis und ihre modernen Nachahmer und Kritiker. In: Antike u. Abendland 5 (1956), S. 27–70 u. in: –: Antike u. moderne Tragödie. Berlin 1962, S. 256–321. [D., L., a. a. L.].
7. H a m b u r g e r, Käte: Von Sophokles zu Sartre. Griechische Dramenfiguren antik und modern. Stuttgart 1962. 221 S. ²1963.
8. D i e t r i c h, Margret: Alkestis. In: Alkestis. München 1969, S. 9–71. (Theater d. Jahrhunderte). [Vorwort, a. a. L.].
9. A l k e s t i s. In: Frenzel, StdW. 1970, S. 34–37. [A. a. L.].

ALKIBIADES s. SOKRATES

29. ALKOHOL s. a. BIER, TRINKEN, WEIN

1. P a u l s e n, Johannes: Alkohol in der realist. Kriegsdichtung. In: Neuland 41 (1932), Sp. 249–51.

30. ALLMERS, HERMANN

1. D i c h t u n g e n auf Allmers. In: Goedeke NF. 1. Berlin 1962, S. 200f. [B.].

31. ALPEN s. a. HOCHGEBIRGE

1. S c h m i d t, Erich: Alpenlandschaft in dt. Dichtung. In: ALG. 11 (1882), S. 321–23.
2. D ü b i, Heinrich: Der Alpensinn in der Lit. und Kunst der Berner von 1537 bis 1839. (Neujahrsbl. der literar. Gesellschaft Bern 1902). Bern 1901. 63 S.
3. W a l z e l, Oskar F.: Die neuen schweizer Alpenromane. In: LE. 4 (1901/02), Sp. 869–881.
4. J e n n y, Heinrich Ernst: Die Alpendichtung der deutschen Schweiz. Bern 1905. 173 S. [17.–19. Jh.]. – R.: A. Gessler, LE. 9 (1906/07), Sp. 1411f.
5. Z o l l i n g e r, Max: Die Alpen in der dt. Dichtung. In: Schweizerische Pädagogische Zs. 18 (1908), S. 243–55. [L].
6. K o r r o d i, Eduard: Die Berge in der Schweizer Dichtung. In: Aar 2, 2 (1912), S. 792–802.
7. H u n a, Ludwig: Die Alpen in der Dichtkunst. In: Heimgarten 37 (1912/13), S. 127–140.
8. B e t t e x, Gustave und Edouard G u i l l o n: Les Alpes suisses dans la littérature et dans l'art. Montreux 1913. 335 S. [Auch in der Dichtung.]
9. L i n d n e r, Tilly: Die Alpenschilderung bei den dt. Dichtern und Erzählern. In: BüWe. 14 (1916/17), S. 49–55; 16 (1918/19), S. 57–65, 128–35, 197–205. [E., L.: 18. u. 19. Jh.].
10. F i s c h m a n n, Hedwig: Das Bild der Alpen in der dt. Dichtung. In: LE. 20 (1917/18), Sp. 264–74. [18./19. Jh.].
11. S p e c k e r, Alfred: Studien zur Alpenerzählung der dt. Schweiz. Diss. Zürich 1920. 96 S. [139 T.].
12. J e n n y, Ernst: Schweizerische Alpenliteratur vor hundert Jahren. In: Die Alpen 1 (1925), S. 341–46.
13. R e u s c h e l, Karl: Alpenpoesie. In: RL. I. 1925/26, S. 20f.
14. P i r k e r, Max: Alpenländische Dichtung. In: Ostdt. Mhe. 9 (1928/29), S. 213–17.
15. L a n g, Paul: Die Alpendichtung der Schweiz. In: Schweizer Echo 10 (1930), Nr. 6, S. 1–4.
16. B r u c k n e r, Albert: Die Alpen in der Lit. des 18. Jhs. In: Die Alpen 8 (1932), S. 396–404; 466–76.
17. G r e y e r z, Otto v.: Die Alpen in der Dichtung. In: Schweiz. Mhe. 12 (1932), S. 74–86. [D., E.].
18. G r e y e r z, Otto v.: Alpendichtung. Die Alpen in d. schönen Lit. besonders der Schweiz u. der östlichen dt. Alpenländer. In: –: Sprache, Dichtung, Heimat. Bern 1933, S. 7–71. [1729–1931. E., L.: 147 Dichter, a. a. L.].
19. W e i ß, Richard: Das Alpenerlebnis in der dt. Lit. des 18. Jhs. Horgen-Zürich 1933. 156 S. (Wege z. Dichtung 17).
20. F r e u n t h a l l e r, Walter: Die Alpen in der österreichischen Dichtung. Diss. Wien 1937. 223 Bl. (Masch.).
21. D r e y e r, Aloys: Geschichte der alpinen Lit. München 1938. 159 S. (25. Jahresgabe d. Gesellsch. alpiner Bücherfreunde). [A. a. L.].
22. B r e s l m a i r, Karoline: Die Alpen des Donautales in der dt. Dichtung. Diss. Wien 1943. 193 Bl. (Masch.).
23. C z e r n i c k y, Erwin: Die Alpenlandschaft in der dt. Lit. des 19. Jhs. Erlebnis und Gestaltung. Diss. Wien 1953. 168 Bl. (Masch.).

32. ALTER s. a. KRITISCHES ALTER, LEBENSABEND

1. E n g l e r t, Anton: Die menschlichen Altersstufen in Wort und Bild. In: ZVVolksk. 15 (1905), S. 399–412; 17 (1907), S. 16–42. [Z. T. dt. Lit.].

2. Meyer, Richard M.: Der Fluch des Alters. In: LE. 11 (1908/09), Sp. 313–320. [19. Jh.].
3. Hilgers, Christian H.: Jugend und Alter in letzten Alterswerken des Dichters. Diss. Köln 1936. 112 S. [19. u. 20. Jh.].
4. Stockum, Theodorus Cornelie van: Levensavond en ouderdomsdysphorie. In: —: Ideolog. Zwerftochten. Groningen 1957, S. 292–304.
5. Jones, George Fenwick: The „signs of old age" in Oswald von Wolkenstein's „Ich sich und hör". In: MLN. 89 (1974), S. 767–86.

ALTERTUM, DEUTSCHES s. GERMANEN

33. ALTERTUM, NORDISCHES

1. Baltka, Richard: Altnordische Stoffe in Deutschland. In: Euph. 2. Erg. H. (1896), S. 1–70 u. 6 (1899), S. 67–83 [18. Jh.].

34. AMAZONE

1. Klein, Hans: Die antiken Amazonensagen in der dt. Lit. Diss. München 1919. 170 S.
2. Ninck, Martin: Das Amazonenproblem. In: Schweizer Mhe. 20 (1940/41), S. 409–417.
3. Adolf, Helen: Literary characters and their subterranean sources. The Amazon type in literature. In: Comp. Lit. Proceedings of the second congress. Chapell Hill 1959, S. 256–62. (Univ. of North Carolina Stud. in Comp. Lit. 23). [A. a. L.].

35. AMBIVALENZ

1. Pongs, Hermann: Ambivalenz in moderner Dichtung. In: Sprachkunst als Weltgestaltung. Festschr. f. H. Seidler. München 1966, S. 191–228.

36. AMERIKA s. a. AUSWANDERUNG, EUROPAMÜDIGKEIT, INDIANER, SKLAVEREI

1. Ethé, Hermann: Der transatlantisch-exotische Roman und seine Hauptvertreter in der modernen dt. Lit. In: —: Essays u. Studien. Berlin 1872, S. 47–101.
2. Krockow, Lida von: American characters in German novels. In: Atlantic Monthly 68 (1891), S. 824–838.
3. Walz, John A.: The American Revolution and German literature. In: MLN. 16 (1901), Sp. 336–51, 411–418, 449–462. [Unabhängigkeitskrieg].
4. Goebel, Julius: Amerika in der dt. Dichtung. In: Forschungen zur dt. Philologie. Festgabe f. R. Hildebrand. Leipzig 1894, S. 102–27 und in: —: Der Kampf um dt. Kultur in Amerika. Leipzig 1914, S. 54–74.
5. Breffka, Konstantin: Amerika in der dt. Lit. Köln 1917. 27 S. [D., E., L.].
6. Uhlendorf, B. A.: German-American Poetry. In: Jb. d. Dt-Amerikan. histor. Gesellschaft v. Illinois 1922/23, S. 109–295.
7. Desczyk, Gerhard: Amerika in der Phantasie dt. Dichter. Diss. Leipzig 1923. 153 Bl. (Masch.). und in: Dt.-Amerikanische Geschichtsbll. 24/25 (1924/25), S. 9–142.
8. Hewett-Thayer, Harvey W.: America and Americans in recent German fiction. In: —: The modern novel. Boston 1924, S. 1–25. [E].
9. Weber, Paul Carl: America in imaginative German literature in the first half of the 19th century. New York 1926. 301 S. (Columbia Univ. Germanic stud. 1). [A. a. L.].

Repr. New York 1966. — R.: J. W. Kindervater, LCBl. 78 (1927), Sp. 1129f.; H. Lüdeke, DLZ. 49 (1928), Sp. 1406f.; E. H. Zeydel, Euph. 28 (1927), S. 317—20.
10. M e y e r, Hildegard: Nordamerika im Urteil des dt. Schrifttums bis zur Mitte des 19. Jhs. Eine Untersuchung über Kürnbergers „Amerika-Müden". Mit einer Bibliographie. Hamburg 1929. 166 S. (Übersee-Geschichte 3). — R.: A. Hasenclever, DLZ. 51 (1930), Sp. 230f.; L. M. Price, MDU. 22 (1930), S. 60—62.
11. G r a e w e r t, Theodor: Otto Ruppius und der Amerikaroman im 19. Jh. Diss. Jena 1935. 70 S. [Bes. S. 3—22].
12. S c h r o e d e r, Samuel: Amerika in der dt. Dichtung von 1850 bis 1890. Diss. Heidelberg 1936. 95 S.
13. M e y n e n, Emil (Hrsg.): Deutschpennsylvanisches Leben in der Erzählung. In: —: Bibliographie des Deutschtums der kolonialzeitlichen Einwanderung in Nordamerika. Leipzig 1937, S. 192.
14. W e h e, Walter: Das Amerika-Erlebnis in der dt. Lit. In: Geist d. Zeit 17 (1939), S. 96—104.
15. W i t t k e, Carl: The America theme in continental European literatures. In: Mississippi Valley historical Review 28 (1941), S. 3—26. [A. a. L.].
16. R o h r e r, Max: Amerika im dt. Gedicht. Stuttgart 1948. 175 S. (Orplid Bücherei 14). [S. 5—20: Chronologische Überschau].
17. D i c k s o n, Paul: Das Amerikabild in der dt. Emigrantenlit. seit 1933. Diss. München 1951. 204, 135 Bl. (Masch.). [Auch 19. Jh. im Überblick].
18. W e y l, Shalom: North-America (Canada and the United States) in German literature, 1918—1945. Diss. Univ. of Toronto 1952. 363 Bl. (Masch.).
19. W e r t h e i m, Ursula: Der amerikanische Unabhängigkeitskampf im Spiegel der zeitgenössischen dt. Lit. In: WB. 3 (1957), S. 429—70 u. in: B r a e m e r, Edith und Ursula W e r t h e i m: Studien zur dt. Klassik. Berlin 1960, S. 71—114. [L.].
20. J a n t z, Harold: Amerika im dt. Dichten und Denken. In: Dt. Philologie im Aufriß, III. ²1962, Sp. 309—72. Repr. 1967.
21. M u s c h w i t z, Gerhard: Amerika im Gesichtskreis der dt. Lit. des frühen 19. Jhs. In: —: Charles Sealsfield und der exotische Roman. Diss. TU Hannover, Geistes- u. Staatswiss. Fak. 1969, S. 13—33. [Spiegelung in Dichtungen: S. 24—33.].
22. H e l i n s k i, Maureem McCarthy: The image of America in German drama, 1890—1930. Diss. Johns Hopkins Univ. 1970. 233 S. DAI. 32 (1971/72), 433 A.
23. D u r z a k, Manfred: Abrechnung mit einer Utopie. Zum Amerikabild im jüngsten dt. Roman. In: Basis. Jb. für dt. Gegenwartslit. 4 (1973), S. 98—121.
24. C o b b s, Alfred Leon: Selected studies on the image of America in post-war German lit. Diss. Univ. of Cincinnati 1974. 161 S. DAI. 35 (1974/75), S. 5393 A.
25. A m e r i k a in der dt. Literatur. Neue Welt — Nordamerika — USA. Hrsg. von S. Bauschinger, H. Denkler und W. Malsch. Stuttgart 1975. 416 S. [Das Gesamtthema erschöpfende Beiträge von 25 Autoren].
26. M a r t i n i, Fritz: Auswanderer, Rückkehrer, Heimkehrer. Amerikaspiegelungen im Erzählwerk von Keller, Raabe und Fontane in der dt. Lit. In: Amerika in der dt. Lit. Stuttgart 1975, S. 178—204.
27. Z i p e s, Jack: Die Freiheit trägt Handschellen im Land der Freiheit. Das Bild der Vereinigten Staaten von Amerika in der Lit. der DDR. In: Amerika in der dt. Lit. Stuttgart 1975, S. 329—52. [D., E., L.].

37. AMOR UND TOD

1. K ö h l e r, Reinhold: Amor und Tod. In: Euph. 3 (1896), S. 354—60. [A. a. L.].
2. B o l t e, Johannes: Amor und Tod. In: Euph. 5 (1898), S. 726—31. [A. a. L.].
3. H o r n e r, E.: Amor und Tod. In: Euph. 6 (1899), S. 443—44.

4. B l u m n e r, Hugo: Das Märchen von Amor und Psyche in der dt. Dichtkunst. In: NJbbKlAltGl. 11 (1903), S. 648–73. [Nachtrag v. O. Ladendorf, NJbbKlAltGl. 13 (1904), S. 400].
5. A m o r und Psyche. In: Frenzel, StdW. 1970, S. 40–43. [A. a. L.].

38. AMPHIBIEN

1. K n o r t z, Karl: Reptilien und Amphibien in Sage, Sitte und Lit. Annaberg 1911. 90 S.

39. AMPHITRYON

1. J a c o b i, Hansres: Amphitryon in Frankreich und Deutschland. Ein Beitr. zur vergl. Literaturgeschichte. Zürich 1952. 136 S. (Zürcher Beitr. z. vergl. Litgesch.). – R.: J. Voisine, RevLittcomp. 27 (1953), S. 472–74.
2. L i n d b e r g e r, Örjan: The transformations of Amphitryon. Stockholm 1956. 232 S. (Acta Univ. Stockholmiensis, Stockholm studies in history of Lit. 1).
3. A m p h i t r y o n. In: Frenzel, StdW. 1970, S. 43–46. [A. a. L.].

ANAKREONTIK s. *WEIN*

40. ANARCHIE

1. T h a l m a n n, Marianne: Die Anarchie im Bürgertum. Ein Beitrag zur Entwicklungsgeschichte des liberalen Dramas. München 1932. 61 S.

41. ANDROGYNENPROBLEM

1. G i e s e, Fritz: Der romantische Charakter. Bd. 1. Die Entwicklung des Androgynenproblems in der Frühromantik. Langensalza 1919. 466 S. [Bes. S. 3–40].
2. F u r n e s s, Raymond: The androgynous ideal. Its significance in German lit. In: MLR. 60 (1965), S. 58–64.

42. ANGESTELLTER

1. W o l f f, Walter: Handlungsgehilfen-Romane. Ein Überblick über die dt. Lit. von „Soll und Haben" bis zur Gegenwart. In: Zs. f. handelswiss. Forschung 13 (1919), S. 226–42.
2. W i t s c h, Josef: Berufs- und Lebensschicksale weiblicher Angestellter in der Schönen Lit. 2. verb. Neudr. Köln 1932. 66 S. (Sozialpolit. Schr. d. Forsch. Inst. f. Sozialwiss. in Köln 2). [E.: 19 T.].
3. D e i c h, Werner: Der Angestellte im Roman. Zur Sozialgeschichte des Handlungsgehilfen um 1900. Köln 1974. 217 S. (Sozialforschung und Sozialordnung 6).

43. ANGST

1. K e l l e r, Fritz: Studien zum Phänomen der Angst in der modernen dt. Lit. Winterthur 1956. 88 S. (Teildr., Diss. Zürich). [E., L.].
2. E i c k h o r s t, William: The motive of fear in German lit. In: Arizona Quarterly 20 (1964), S. 147–63. [D., E., L.].
3. A l e w y n, Richard: Die literarische Angst. In: Aspekte der Angst. Starnberger Gespräche 1964. Stuttgart 1965, S. 24–43 u. München 1972. S. 38–60.

    4. Z i o l k o w s k i, Theodore: An ontology of anxiety in the dramas of Schiller, Goethe and Kleist. In: Lebendige Form. Interpretationen zur dt. Lit. München 1970, S. 121–45.
    5. D i e t r i c h, Margret: Die Angst: Das Ich in der Grenzsituation. In: –: Das moderne Drama. Strömungen, Gestalten, Motive. Stuttgart ³1974, S. 626–79. [A. a. L.].

ANIELLO, TOMMASO s. *MASANIELLO*

44. ANKLAGE
    1. H u n d t, Dietmar: Anklage-Motive im mhd. Minnelied. Diss. München 1970. 96 S.

ANMUT s. *GRAZIE*

45. ANNA BOLEYN
    1. S u s s m a n n, Josef Herbert: Anna Boleyn im dt. Drama. Wien 1916. 94 S. Diss. Wien 1911. Handschr.). [18. u. 19. Jh.].
    2. B o l e y n, Anna. In: Frenzel, StdW. 1970, S. 105–07. [A. a. L.].

46. ANNA VON DER BRETAGNE
    1. K r o g m a n n, Willy: Vom Fräulein aus Britannia. Anna von der Bretagne im dt. Lied. Halle 1940. 43 S. (Schriftenreihe d. Dt. Ges. f. kelt. Studien 7). [L.].

47. ANSCHAUUNGSBILD
    1. K r o h, Oswald: Eidetiker unter dt. Dichtern. Beitrag zum Problem des dichterischen Schaffens. In: Zs. f. Psychologie 85 (1920), S. 118–62. [19. Jh.].

48. ANSTAND
    1. N e u e r, Johanna Gloria: The historical development of Tischzuchtlit. in Germany. Diss. Univ. of California, Los Angeles 1970. 241 S. DAI. 32 (1971/72), S. 393 A.

ANTAGONIST s. *GEGENSPIELER*

ANTICHRIST s. *JÜNGSTER TAG*

49. ANTIGONE
    1. H e i n e m a n n, Karl: Antigone. In: –: Die tragischen Gestalten der Griechen in der Weltlit. II. Leipzig 1920, S. 55–58. (Das Erbe d. Alten NF. 4).
    2. K e r é n y i, Karl: Antigone. In: Antigone. München 1966, S. 7–38. [A. a. L.]. (Theater d. Jahrhunderte). [Vorwort].
    3. A n t i g o n e. In: Frenzel, StdW. 1970, S. 49–51. [A. a. L.].

50. ANTIKE s. a. *GÖTTER, ANTIKE – GRIECHENLAND*
    1. C h o l e v i u s, Carl Leo: Geschichte der dt. Poesie nach ihren antiken Elementen. T. 1. 2. Leipzig 1854/56. 632 u. 629 S. Repr. Darmstadt 1968.
    2. B r a n d e s, Georg: Griechische Gestalten in neuerer Poesie. In: NuS. 125. Bd. 32 (1908), S. 5–24. [Prometheus, Elektra, Oedipus, Iphigenie].

3. Weltmann, Lutz: Über die Rezeption der Antike im modernen Drama. In: Lit. 26 (1923/24), S. 193–95.
4. Kaminski, Ernst: Griechisches Altertum im modernen Drama. In: Lehrproben und Lehrgänge 1931, Heft 187, S. 60–73.
5. Rehm, Walther: Götterstille und Göttertrauer. Ein Beitrag zur Geschichte der klassisch-romantischen Antikendeutung. In: Jb. d. Fr. Dt. Hochstifts Frankf. a. M. 1931, S. 208–97.
6. Heinisch, Klaus Joachim: Antike Bildungselemente im frühen dt. Minnesang. Diss. Bonn 1934. 156 S.
7. Hampel, Robert: Das Bild der römischen Antike im dt. Schrifttum des 20. Jhs. Diss. Wien 1939. 144 Bl. (Masch.).
8. Busch, Ernst: Das Erlebnis des Schönen im Antikebild der dt. Klassik. In: DtVjs. 18 (1940), S. 26–60.
9. Berger, Kurt: Zur Antikenauffassung in der Kunsttheorie und Dichtung des frühen 18. Jh. In: ZfÄsth. 37, 1 (1943), S. 55–78. [Antikenideal].
10. Görlich, Ernst: Antike Stoffe in der Dichtung des 19. Jhs. In: Das Gymnasium 54/55 (1943/44), S. 123–26.
11. Benz, Richard: Wandel des Bildes der Antike in Deutschland. München 1948. 155 S. [Auch in der Dichtung].
12. Matzig, Richard Blasius: Odysseus. Studie zu antiken Stoffen in der modernen Lit., bes. im Drama. St. Gallen 1949. 95 S. (Diss. Fribourg). [Dt. Lit. S. 57–86 für 1904 bis 1925. Insges. 158 Stoffe mit 247 bibliogr. Nachweisen].
13. Reichhart, Herbert: Der griechische Mythos im modernen dt. und österreichischen Drama. Diss. Wien 1951. 99 S. (Masch.). [20. Jh.].
14. Rehm, Walther: Griechentum und Goethezeit. Geschichte eines Glaubens. München ²1952. 428 S. (1. Aufl. 1936). [Doch weit über Stoff- u. Motivgeschichtliches hinausführend.]
15. Schade, Günter: Christentum und Antike in den dt. Troja-Epen des Mittelalters. (Herbort v. Fritzlar, Konrad v. Würzburg, Der Göttweiger Trojanerkrieg.) Diss. FU. Berlin 1955. 255 Bl. (Masch.).
16. Sofer, Johann: Die Problematik der Darstellung der Antike in der Gegenwartslit. In: Gymnasium 62 (1955), S. 455–75. [A. a. L.].
17. Jäkel, Werner: Antike Stoffe in einigen Dramen der Gegenwart. In: Die Sammlung 13 (1958), S. 178–95. [A. a. L.].
18. Dietrich, Margret: Antiker Mythos im modernen Drama. In: –: Das moderne Drama. Stuttgart 1961, S. 388–427. 3. Aufl. 1974, S. 558–68. [A. a. L.].
19. Schreiner, Emmy Maria: Das archäologische Motiv in der dt. Lyrik bis Rilke. Diss. Northwestern Univ. 1959. 251 S. DA. 20 (1959/60), S. 2303f. [Auch ägypt. Antike].
20. Hamburger, Käte: Von Sophokles zu Sartre. Griechische Dramenfiguren antik und modern. Stuttgart 1962. 221 S. [A. a. L.].
21. Kohlschmidt, Werner: Die Antike in der modernen Dichtung. In: –: Dichter, Tradition und Zeitgeist. Bern 1965, S. 112–27.
22. Heise, Wolfgang: Bemerkungen zur Funktion und Methode der Antikenrezeption in der klassischen dt. Lit. In: WZUJ. 18 (1969), H. 4, S. 49–56.
23. Schmidt, Ernst Günther: Die Antike in Lyrik und Erzählit. der DDR. In: WZUJ. 18 (1969), H. 4, S. 123–41 u. 20 (1971). H. 5, S. 5–62.
24. Cova, Ulrike: Antike Beispielfiguren in dt. sprachiger didaktischer Lit. und darstellender Kunst des 13. Jhs. Diss. Wien 1973. 139 Bl. (Masch.). [Alexander, Aristoteles, Vergil, Platon u. a.].

25. G e l b r i c h, Dorothea: Antikerezeption in der sozialistisch dt. Lyrik des 20. Jhs ...
im lyrischen Schaffen Bechers, Brechts, Maurers und Arendts. Diss. Leipzig 1974.
250 Bl. (Masch.).
26. K n a p p, Fritz Peter: Die große Schlacht zwischen Orient und Okzident in der
abendländischen Epik. Ein antikes Thema im ma. Gewand. In: GRM. NF. 24 (1974),
S. 129–52. [A. a. L.]

51. ANTISEMITISMUS

1. K a l i s c h, Erich: Antisemitische Motive und Gestalten in der dt. Dichtung. In:
KC-Blätter 21 (1931), S. 22–33.

ANTONIUS UND KLEOPATRA s. *KLEOPATRA*

52. ANZENGRUBER, LUDWIG

1. D i c h t u n g e n auf Anzengruber. In: Goedeke NF. 1 1962, S. 416f. [B.].

53. APFELBAUM

1. K r o n f e l d, E. M.: Goldene Äpfel. In: –: Der Weihnachtsbaum. Botanik und
Geschichte des Weihnachtsgrüns. Oldenburg ²1906, S. 119–36. [Auch d. Apfelbaum
betr.].

54. APFELSCHUSS

1. B o o r, Helmut de: Die nord., engl. und dt. Darstellungen des Apfelschußmotivs.
Texte und Übersetzungen mit einer Abhandlung. In: –: Kleine Schriften II.
Berlin 1966, S. 117–74.

APOKALYPTIK s. *JÜNGSTER TAG*

55. APOSTEL

1. S c h ü t t p e l z, Otto: Der Wettlauf der Apostel u. die Erscheinungen d. Peregrini-
spiels im geistl. Spiel d. MA. Breslau 1930. 163 S. Repr. Nendeln 1974. (GAbh. 63).
2. S c h l i ß k e, Otto: Die Apostel in der dt. Dichtung des MA. Diss. Münster 1934.
105 S.

56. APOTHEKER

1. M a u b a c h, Hugo: Das Charakterbild des Apothekers in der Lit. Berlin 1898.
285 S.
2. U r d a n g, Georg: Der Apotheker im Spiegel der Lit. Berlin 1921. 157 S.
[17.–20. Jh.: 110 T.] – R.: H. Fischmann, LE. 23 (1920/21), Sp. 1141f.
3. U r d a n g, Georg: Der Apotheker als Subjekt und Objekt der Lit. Berlin 1926.
181 S. – R.: W. Pagel, DLZ. 51 (1939), Sp. 1629–32.
4. U r d a n g, Georg: Der Apotheker als Subjekt und Objekt der Lit. In: Pharmazeut.
Ztg. 72 (1927), S. 1639–43; 74 (1929), 1659–63; 75 (1930, 1487–90; 76 (1931),
1431–34; 77 (1932), 1339–42; 79 (1934), 332–34.
5. U r d a n g, Georg: Das Verhältnis zwischen Arzt und Apotheker im Spiegel d. Lit.
In: Pharmazeut. Ztg. 73 (1928), 603–08 u. in: Die med. Welt 1928, S. 1480–82,
1515–18.
6. R o s e n t h a l e r: Der Apotheker in der Lit. In: Der kleine Bund (Bern) 14 (1933),
S. 133–36. [A. a. L.].

7. A p o t h e k e r. In: Schmitt, BuA. 1952, Sp. 8–11. [B.].
8. S t a f s k i, Heinz: Der Apotheker in der dt. Dichtung. In: –: Aus alten Apotheken. München 1956, S. 41–47. [Überblick für 13.–20. Jh.].

57. APPENZELLER KRIEG (1403–10)

1. S i g n e r, Leutfrid: Der Appenzellerkrieg in der Dichtung. In: Stanser Student 12 (1954/55), S. 76–83.

58. ARBEIT s. a. BERUF

1. B ä u m e r, Gertrud: Dichtung und Maschinenzeitalter. In: Die Frau 14 (1906/07), S. 267–275, 358–65.
2. W i l l m a n n, Otto: Die Poesie der Arbeit. In: –: Aus Hörsaal und Schulstube. Freiburg i. Br. ²1912, S. 167–75. [L.].
3. K n e v e l s, Wilhelm: Die dt. Arbeiterlyrik. In: Zeitwende 3, 1 (1927), S. 248- 62.
4. B e i l s, Willi: Das Lied der Arbeit. In: Die Bücherwelt 25 (1928), S. 417–24. [L.].
5. M a u s, Theodor: Arbeiterdichtung. In: ZDK. 43 (1929), S. 407–14. [Dt. Arbeiterdichter über Arbeit].
6. D r o o p, Fritz: Arbeiter-Dichtung. In: Westmark 1 (1933/34), S. 434–38.
7. A p p e l t, E. P.: Weltanschauungsgedanken der modernen Arbeiterlyrik. In: GR. 9 (1934), S. 156–72.
8. E c k a r t, Walther: Die Arbeit in der Dichtung. In: Dt. Junglehrer-Ztg. 26 (1934), S. 66–69. [E., L.].
9. W i n t e r, Franz: „Das dt. Volk bei der Arbeit". Zur Geschichte des sozialen Romans um die Mitte des 19. Jhs. Diss. Wien 1934. 147 Bl. (Masch.). [17 T.].
10. S t a r k l o f f, Edmund: Arbeiterdichtung in unserer Zeit. In: Die Westmark 3 (1935/36), S. 421–23.
11. L a n g e n b u c h e r, Hellmuth: Die dt. Arbeiterdichtung. In: Börsenbl. f. d. Dt. Buchh. 104 (1937). S. 379–81. [L.].
12. V o l l m e r, Walter: Dichtung und Arbeitswelt. Eine Betrachtung aus dem Ruhrgebiet. In: Die Weltlit. 4. Folge, 15 (1940), S. 50–53.
13. F l e m m i n g, Willi: Die dt. Dichtung u. die Welt der Arbeit. In: Mecklenb. Mhe. 15 (1939), S. 214–19 u. in: Bücherkunde 8 (1941), S. 166–71.
14. K i n d e r m a n n, Heinz: Vom Sinn der Arbeit in 1000 Jahren dt. Dichtung. In: –: Ruf der Arbeit. Berlin 1942, S. 5–93.
15. K a u f m a n n, F. W.: Zum Problem der Arbeit bei Otto Ludwig, Gerhart Hauptmann und Georg Kaiser. In: MDU. 40 (1948), S. 321–27.
16. L i n k e, Wolfgang: Die Arbeit in den Bildungsromanen des poetischen Realismus. Diss. Erlangen 1952. 239 Bl. (Masch.). [Stifter, Freytag, G. Keller, Raabe].
17. S c h m i t t, Franz Anselm: Beruf und Arbeit in dt. Erzählung. Ein literarisches Lexikon. Stuttgart 1952. 668 Sp. [B.: 12380 T. zu 400 Berufsarten; 18.–20. Jh.]. – R.: K. Gassen, DLZ. 74 (1953), Sp. 602–8; E. Rose. MDU. 47 (1955), S. 121 f.; W. Silz, GQu. 26 (1953), S. 94f.
18. M a r t i n i, Fritz: Arbeiterdichtung. In: RL. I. ²1958, S. 97–99.
19. H ü s e r, Fritz: Neue Arbeiterdichtung in Westdeutschland. In: Dt. Studien 1 (1963), S. 173–83.
20. P l a v i u s, Heinz: Der positive Held im sozialistischen Realismus und der neue Charakter der Arbeit. In: Dt. Zs. f. Philosophie 11 (1963), S. 933–55. [E.]
21. R o t h e, Wolfgang: Industrielle Arbeitswelt und Literatur. In: Definitionen. Essays zur Lit. Frankfurt 1963, S. 85–116. [Industriearbeit].
22. K ö p p i n g, Walter: Die Arbeitswelt in der Lit. Neue Industriedichtung in der BRD. In: Volkshochschule im Westen 16 (1963/64), Nr. 2, S. 75–78.

23. K l e m m, Wolfgang: Die Darstellung von Mensch und Arbeit in unserer Gegenwartslit. In: WZ HUB. 13 (1964), S. 263–71. [E.].
24. K ö p p i n g, Walter: Die Arbeitswelt als Thema moderner Lyrik. In: Gewerkschaftliche Monatshefte 15 (1964), S. 412–20.
25. T r e e k, Werner van: Literatur und industrielle Arbeitswelt. In: Katholische Studenten-Zs. 6 (1965), H. 2, S. 48–51.
26. K l e m m, Wolfgang: Mensch und Arbeit in Roman und Erzählung der sozialistischen Gegenwartslit. der DDR als Alternative zum reaktionären bürgerlichen Menschenbild. Diss. Humboldt-Univ. Berlin 1968. 266 Bl. (masch.).
27. D e i c k e, Günther: Von der Größe des Menschen. In: Spiegel unseres Werdens. Mensch und Arbeit in der dt. Dichtung von Goethe bis Brecht. Berlin 1969, S. 10–21. [Einl. zur Anthologie]. R.: F. Hüser, Germanistik 14 (1973), Nr. 2157.
28. A r b e i t e r d i c h t u n g. Analysen, Bekenntnisse, Dokumentationen. Wuppertal 1973. 324 S. [Auch Arbeit als Stoff d. Dichtung].
29. J a c k s o n, Paul: „Die Arbeitswelt". The poetry of lit. and the prose of reality. In: GLL. 27 (1973/74), S. 234–50.
30. G r e i n e r, Bernhard: Von der Allegorie zur Idylle. Die Lit. der Arbeitswelt in der DDR. Heidelberg 1974. 256 S. (Uni-Taschenbücher 327). [D., E.].

59. ARBEITER UND ARBEITERKLASSE s. a. KLASSENBEWUSSTSEIN, SOZIALE FRAGE

1. S t r ö b e l, H.: Proletarier in der modernen Dichtung. In: Die Neue Zeit (Stuttg.) 18,1 (1899/1900), S. 300–07. [D., E.].
2. M a n n s, Benno: Das Proletariat und die Arbeiterfrage im dt. Drama. Diss. Rostock 1913. 128 S. [80 T.: 1844–1908].
3. P i e c h o w s k i, Paul: Proletarischer Glaube in proletarischer Dichtung. In: Eckart 4 (1928), S. 10–19.
4. K n i f f l e r, Carter: Die „sozialen" Dramen der achtziger und neunziger Jahre des 19. Jhs. und der Sozialismus. Diss. Frankfurt a. M. 1929. 63 S. [27 T.].
5. R e m m e r s, Käthe: Die Proletarierin in der Dichtung des Frühnaturalismus. In: – : Die Frau im Frühnaturalismus. Diss. Bonn 1931, S. 13–26.
6. R ü c k, Fritz: Das Proletariat in der Dichtung. In: Hausbuch für Freidenker. Berlin 1931, S. 150–63, [L.].
7. S c h w a r t e, Ilse: Proletarierdichtung. In: BüWe. 28 (1931), S. 249–55, 331–37. [L.].
8. N e s p i t a l, Margarete: Das dt. Proletariat in seinem Lied. Diss. Rostock 1932. 136 S.
9. H u n d t, Josef: Das Proletariat und die soziale Frage im Spiegel der naturalistischen Dichtung (1884–1890). Diss. Rostock 1933. 107 S. BA. 1933.
10. M u l o t, Arno: Der Arbeiter in der dt. Dichtung unserer Zeit. Stuttgart 1938. 43 S. (– : Die dt. Dichtung unserer Zeit I, 3). – R.: O. Ackermann, ZfdPh. 65 (1940), S. 198–200; J. Müller, DLZ. 60 (1939), Sp. 1351f.; E. Trunz, Litbl. 61 (1940), Sp. 91.
11. N a d l e r, Josef: Die Maschine, der Arbeiter und ihre Dichtung. In: Jb. d. Kaiser-Wilhelm-Gesellschaft 1941, S. 190–214.
12. E d e l m ü l l e r, Hildegard: Der Bildungsroman des Arbeiters. Diss. Wien 1942. 108 Bl. (Masch.).
13. M a n n z e n, Walter: Der Arbeiter in der dt. Lit. In: Neues Europa 3 (1948), H. 15, S. 46–51.
14. A r b e i t e r. In: Schmitt. BuA. (1952), Sp. 11–18. [B.].

15. S c h w a r t z, Frederick: The attitude of the German working class toward literature and art. Diss. Univ. of Iowa 1948. 119 Bl. Diss. Abstr. 1942–48, vol. 6 (1953), S. 545 bis 551. [Bes. Kap. III u. IV].
16. S c h l e m m, Helmut: Über die Darstellung des Parteiarbeiters in unserer neuen dt. Lit. In: Neuer Weg 10 (1955), S. 746–52.
17. Z e n k e r, Edith: Der Arbeiter in der dt. Lit. In: Neue dt. Lit. 5 (1957), H. 5, S. 142–67. [Fabrikarbeiter: 19. u. 20. Jh.].
18. E c k e r t, Horst: Zur Bedeutung der proletarisch-revolutionären Lit. in Deutschland in den Jahren 1927–1933. In: WB. 4 (1958), Sonderh. S. 9–17.
19. K l j u s c h n i k, N. W.: Das Thema der Arbeiterbewegung im dt. proletarisch-revolutionären Roman Anfang der 30er Jahre. In: Kunst und Literatur 6 (1958), S. 608–27, 700–23.
20. S c h u l z, Helmut: Die gesellschaftlichen Umwälzungen in der DDR., die Grundlage neuer moralisch-ethischer Züge bei der Darstellung des Arbeiters in der Lit. In: Kultur und Arbeiterklasse. Fünf Aufsätze. Berlin 1959, S. 103–43.
21. G e e r d t s, Hans Jürgen: Die Arbeiterklasse in unserer neuesten epischen Lit. In: Neue dt. Lit. 8 (1960), H. 5, S. 117–41. [Sozialistischer Arbeiter].
22. O s t e r r o t h, Franz: Der Ruf gilt dir, Kamerad! Deutsche Arbeiterdichtung I: Wie sie entstand, wie sie sich entwickelte. II: Grundzüge des Naturalismus. In: Bergbau und Wirtschaft 14 (1961), S. 522–28, 578–80.
23. V ö l k e r l i n g, Klaus: Der Grimmitschauer Textilarbeiterstreik von 1903/04 in der frühen sozialist. Lit. u. im revolutionären Arbeitervolkslied. In: WB. 1962, S. 614–40.
24. K l e i n, Johannes: Arbeiterdichtung. In: Archiv f. Sozialgeschichte 3 (1963), S. 265–89.
25. K ö p p i n g, Walter: Der Ruf gilt dir, Kamerad! Deutsche Arbeiterdichtung. In: Gewerkschaftliche Rundschau für die Bergbau- u. Energiewirtschaft 16 (1963), S. 611–15. [Überblick, 19. u. 20. Jh.].
26. M ü s e l, Albrecht: Die Pflege des Arbeiterliedes in Mitteldeutschland. In: Jb. d. Marburger Universitätsbundes 2 (1963), S. 345–63.
27. S k i z z e zur Geschichte der dt. Nationallit. von den Anfängen der dt. Arbeiterbewegung bis zur Gegenwart. In: WB. 1964, S. 643–812. [1830–1964].
28. H ü s e r, Fritz: Von der Arbeiterdichtung zur neuen Industriedichtung der Dortmunder Gruppe 61. Abriß und B. Recklinghausen 1967. 36 S.
29. R ö h n e r, Eberhard: Arbeiter in der Gegenwartslit. Berlin 1967. 255 S. (Diss. Inst. f. Gesellsch.wiss. Berlin 1966 u. d. T.: Zeiterfahrung und Perspektive. Arbeitergestalten in der neuesten epischen Lit. der beiden dt. Staaten). – R.: H Herting, Neue dt. Lit. 16 (1968), H. 8, S. 169f.
30. M ö b i u s, Hanno: Arbeiterlit. in der BRD. Eine Analyse von Industriereportagen und Reportageromanen. Köln 1970. 103 S. (Diss. FU. Berlin) R.: W. Göbel, Hess. Bll. f. Volkskunde 62/63 (1971/72), S. 167f.; U. Reinhold, WB 18 (1972), H. 5, S. 188–91.
31. R ü l c k e r, Christoph: Ideologie der Arbeiterdichtung. 1914–1933. Stuttgart 1970. 160 S.
32. S ł u g o c k a, Ludmila: Polen in der Lit. der DDR. In: WB. 16 (1970), 6, S. 164 bis 87. [S. 172–85: Der polnische Arbeiter als literarisches Motiv].
33. H e r t i n g, Helga: Unser Zeitgenosse in der epischen Lit. Berlin 1972. 95 S. [Sozialistischer Arbeiter].
34. K e l l e r, Karl: Bibliographische Notizen zum Thema „Arbeiter und Lit." In: Dokumente 28 (1972), S. 49f.

35. E c k a r d t, Dieter: Die literarische Gestaltung der Arbeiterklasse in der sozialistisch-realistischen Prosa der DDR. Diss. Berlin Inst. für Gesellschaftswiss. beim ZK der SED. 1973. 204 Bl. (Masch.).
36. H a r t i n g e r, Walfried: Zur Gestalt des Arbeiters in der DDR-Lit. Einige Aspekte und Tendenzen. In: Deutsch als Fremdsprache 10 (1973), Sonderh. S. 1–8.
37. R ö h n e r, Eberhard: Arbeitergestalten und literarisches Menschenbild. Zu Entwicklungsproblemen der epischen Lit. der DDR. In: Begegnung und Bündnis. Berlin 1973, S. 228–237.
38. S c h e l l e r, Bernhard: Zur Gestaltung des Arbeiters im Drama. Zum Figurenaufbau von Arbeitergestalten im spätbürgerlich-kritschen Drama und seiner Umsetzung in DDR-Inszenierungen. In: WB. 19 (1973), H 1, S. 47–70.
39. Zur G e s t a l t u n g des Arbeiters in unserer gegenwärtigen epischen Lit. Ein Streitgespräch. In: WB. 20 (1974), H. 10, S. 33–61.

60. ARBEITSLOSIGKEIT

1. D e b r u g e, S.: Die Arbeitslosigkeit als literarisches Thema im dt. Roman der Nachkriegszeit. Diss. Univ. de Liege 1935/36. 100 Bl. (Masch.). [17 T.].
2. P e t s c h, Philip Robert: German unemployment and its presentation in port-war fiction. In: MDU. 28 (1936), S. 60–67. [E.].
3. P e t s c h, Philip Robert: Das Problem der Arbeitslosigkeit im dt. Roman der Nachkriegszeit. Stanford Univ. Abstr. of Diss. 14 (1939), S. 57f. (Mikrofilm).
4. H i l g e n d a g, Walter: Das Erlebnis der Arbeitslosigkeit in der dt. Erzählkunst der Krisenzeit. Diss. Hamburg 1941. 50 S. (Dichtung, Wort u. Sprache 9).

61. ARCHÄOLOGIE

1. M ü l l e r, Werner Achilles: Die archäologische Dichtung in ihrem Umfang und Gehalt. Eine Untersuchung der Beziehungen der dt. Lit. des 19. u. 20. Jhs. zur klass. Archäologie mit ihren Ergebnissen u. Funden. Königsberg 1928. 84 S. (Königsberger dt. Forsch. 3; Diss. Königsberg 1927). [A. a. L.].
2. S c h r e i n e r, Emmy Maria: Das archaeologische Motiv in der dt. Lyrik bis Rilke. Diss. Northwestern Univ. 1959, DA. 20 (1959/60), S. 2303.

62. ARCHITEKTUR

1. T r i e r, Jost: Architekturphantasien in der mittelalterlichen Dichtung. In: GRM. 17 (1929), S. 11–24.
2. L i c h t e n b e r g, Heinrich: Die Architekturdarstellungen in der mhd. Dichtung. Münster 1931. 118 S. (Forsch. z. dt. Sprache u. Dichtung 4), [11.–14. Jh.]. – R.: H. Neumann, AfdA. 53 (1934), S. 114–17; F. Norman, MLR. 31 (1936), S. 251f.; H. Teske, DLZ. 55 (1934), Sp. 1365–67.
3. A r c h i t e k t. In: Schmitt. BuA. 1952, Sp. 19–23. [B.].

63. AREBEIT

1. S c h w a r z, Gertrud: „arebeit" bei mhd. Dichtern. Diss. Bonn 1938. 84 S. (Bonner Beitr. z. dt. Philol. 3). [arebeit als Streben nach Gott, Ehre und Gut].

64. ARGENTINIEN

1. K e i p e r, Wilhelm: Argentinien in der dt. Lit. In: Ibero-Amerikan. Arch. 14 (1940/41), S. 256–99. [D., E., L.: 19. u. 20. Jh.].

ARGONAUTEN s. *MEDEA*

65. ARIADNE

1. W i d m a n n, Wilhelm: Verlassene Ariadnen. (Ariadne-Opern, -Tragödien, -Komödien, -Melodramen, -Ballette, -Operetten und -Parodien aus vier Jahrhunderten). Theatergesch. Studie. In: Merker 8, 1 (1917). S. 41–51, 98–103, 131–141.
2. N i c o l a i, Paul: Der Ariadne-Stoff in der Entwicklungsgeschichte der dt. Oper. Diss. Rostock 1919. 56 S. [Auch dt. Lit.: 23 T.]
3. F r i e d m a n n, Lilith: Die Gestaltungen des Ariadnestoffes von der Antike bis zur Neuzeit. Diss. Wien 1933. 202 Bl. (Masch.). [A. a. L.].
4. M e i n s c h a d, Edeltraud: Die Ariadnesage in der Lit. des 18. Jhs. Diss. Wien 1941. 107 Bl. (Masch.).
5. A r i a d n e. In: Frenzel, StdW. 1970, S. 54–57. [A. a. L.].

66. ARISTOTELES

1. H e r t z, Wilhelm: Aristoteles in den Alexanderdichtungen des Mittelalters. In: Abhandlungen d. bayr. Akademie d. Wiss., philos. philol. Kl. 19,1 (1890) und vermehrt in: –: Ges. Abhandlungen, Stuttgart 1905, S. 1–155.
2. B o r g e l d, A.: Aristoteles en Phyllis. Een Bijdrage tot de vergelijkende litteratuurgeschiedenis. Groningen 1902. 118 S. [Auch in dt. Lit.].
3. S t a m m l e r, Wolfgang: Der Philosoph als Liebhaber. In: –: Wort und Bild. Berlin 1962, S. 12–44. [13.–16. Jh.].

67. ARMER HEINRICH

1. J e l l i n e k, Arthur L.: Der arme Heinrich im Drama. In: LE. 5 (1902/03), Sp. 1371.
2. T a r d e l, Hermann: „Der arme Heinrich" in der neueren Dichtung. Berlin 1905. 69 S. (FNLG. 30). – R.: R. Backmann, Euph. 16 (1909), S. 195–200.
3. K r u m p e l m a n n, John: Longfellow's Golden Legend and the Armer Heinrich Theme in modern German literature. In: JEGPh. 25 (1926), 173–92.
4. H e i n r i c h, Der arme. In: Frenzel, StdW. 1970, S. 292–94. [19. u. 20. Jh.].

68. ARMIDA

1. S t a i g e r, Emil: Armida in der Goethezeit. In: Typologia Litterarum. Festschr. f. M. Wehrli. Zürich 1969, S. 299–310. [Armida des Tasso].

69. ARMINIUS s. a. *THUMELICUS*

1. C r e i z e n a c h, Wilhelm: Armin in Poesie und Literaturgeschichte. In: PrJbb. 36 (1875), S. 332–40.
2. R i f f e r t, Julius E.: Die Hermanschlacht in dt. Lit. In: ASNS. 63 (1880), S. 129–176, 241–332. [D., Epos].
3. H a u f f, Gustav: Hermann und die Hermannschlacht, hauptsächlich in der lyrischen Poesie des dt. Volkes. In: ASNS. 67 (1882), S. 25–50.
4. H o f m a n n - W e l l e n h o f, Paul: Zur Geschichte des Arminius-Cultes in der dt. Lit. I. u. II. Teil: 36. Jahresber. d. Steierm. Landesoberrealschule Graz 1887. III. Teil (Schluß): 37. Jahresber. Graz 1888.
5. J a c o b i, Lucie: Die dramatische Behandlung des Arminiusstoffes von den Befreiungskriegen bis 1888. Diss. Giessen 1923. 82 S. (Handschr.).

6. Anemüller, Ernst: Die Hermannschlacht in der dt. Lit. In: 50 Jahre Hermannsdenkmal. Detmold 1925, S. 56–59.
7. Holl, K.: Hermann und die Hermannschlacht in der dt. Dichtung. In: Hermann der Cherusker und sein Denkmal. Detmold 1925, S. 197–223. [D., E.].
8. Wehrhan, Karl: Hermann der Cherusker, die Hermannsschlacht und das Hermannsdenkmal in der Lippischen Heimatlit. In: Hermann der Cherusker und sein Denkmal. Detmold 1925, S. 253–270. [D., L.].
9. Wehrhan, Karl: Hermann der Cherusker und die Hermannsschlacht auf der Bühne. In: Vaterländ. Bll. (Detmold), NF. 5 (1926), S. 91f., 98–100.
10. Wehrhan, Karl: Hermann der Cherusker und seine Großtat in der erzählenden Lit. In: Vaterländ. Bll. (Detmold) NF. 6 (1927), S. 168f., 173f., 177f.
11. Wehrhan, Karl: Hermann der Cherusker als Nationalheld in der dt. Lit. In: Vaterländische Bll. Lippisches Magazin 1929, S. 49–51, 53–55, 58–60; 1930, 3f.
12. Krogmann, Willy: Das Arminiusmotiv in der dt. Dichtung. Wismar 1933. 20 S. [Von Hutten bis Grabbe].
13. Kraeger, Heinrich: Hermann, der Befreier, in der dt. Dichtung u. Kunst. In: Deutschlands Erneuerung 19 (1935), S. 752–59.
14. Grewe, Heinrich: Die Gestaltung des Hermann-Stoffes. Von Hutten bis Möser. In: Junge Geisteswissenschaft 1 (1937), S. 18–20.
15. Heubner, Leonhard: Zum Thema: Hermannschlacht. In: Bausteine zum dt. Nationaltheater 5 (1937), S. 33–37. [18. u. 19. Jh.].
16. Sydow, Wolfgang: Deutung und Darstellung des Arminius-Schicksals in seinen wesentlichen Ausprägungen bes. seit Kleist. Diss. Greifswald 1937. 151 S.
17. Kindermann, Heinz: Das Werden des Hermann-Mythus von Hutten zu Grabbe. In: Jb. d. Grabbe-Ges. 3 (1940), S. 26–50 u. in: –: Kampf um die dt. Lebensform. Wien 1941, S. 23–56.
18. Kalbfleisch, Lilli: Die Rolle der Germanen, unter bes. Berücksichtigung der Arminiusgestalt in Geschichtsschreibung und Lit. Diss. Königsberg 1942. 339 Bl. (Masch.).
19. Hermann der Cherusker im Drama. In: Kosch, LL. II, ^{2}1953, S. 941f. und I. ^{3}1968, Sp. 143. [B]. Arminius: 1, ^{3}1968, Sp. 143. [B.].
20. Kuehnemund, Richard: Arminius or the rise of a national symbol in literature. (From Hutten to Grabbe). Chapel Hill 1953. 122 S. (Univ. of North Carolina Studies in Germanic lang. and lit. 8). – R.: Th. O. Brandt. MDU. 46 (1954), S. 61; W. W. Chambers, MLR. 49 (1954), S. 255; J. Charier, EG. 19 (1964), S. 196–98. A. Closs, Euph. 50 (1956), S. 430f.; R. C. Goodell, GR. 29 (1954), S. 151f.; R. H. Phelps, GQu. 27 (1954), S. 72.
21. Hermann, Cheruskerfürst in Lyrik, Erzählung und Drama. In: Heinzel, LhE. 1956, S. 287–90. [B.].
22. Hansen, Wilhelm: Arminius in der Dichtung. 1. Literaturgeschichtliches. 2. Arminius-Dichtungen. In: –: Lippische Bibliographie. Detmold 1957, Sp. 1466–1492. [B.: 212 T.].
23. Arminius. In: Frenzel, StdW. 1970, S. 58–61. [A. a. L.].

70. ARMUT

1. Buttke, Herbert: Studien über Armut und Reichtum in der mhd. Dichtung. Diss. Bonn 1938. 122 S. [9.–13. Jh.].
2. Wiesinger, Ida: Armut als Wertideal in der neuen dt. Lit. Diss. Wien 1939. 173 Bl. (Masch.).
3. Schröder, Werner: Armuot. In: DtVjs. 34 (1960), S. 501–26.

4. H e r t e l, Gerhard: Die Allegorie von Reichtum und Armut. Ein aristophanisches Motiv und seine Abwandlungen in der abendländischen Lit. Nürnberg 1969. 202 S. [A. a. L.]. (Erlanger Beiträge z. Sprach- u. Kunstwiss. 33, Diss. Erlangen – Nürnberg). – R.: J. Werner, DLZ. 92 (1971), Sp. 659–62.

71. ARNDT, ERNST MORITZ

1. G ü l z o w, Erich: Ernst Moritz Arndt in der erzählenden Dichtung. In: Heimatleiw un Muddersprak, Beil. d. Greifswalder Ztg. 14 (1935), 7. u. 14. Dez. 1935.

72. ARNSTADT

1. M e i l a n d, E.: Arnstadt in Lied und Sang. In: Alt-Arnstadt 12 (1939), S. 92–102.

73. ARTIST

1. A r t i s t. In: Schmitt. BuA. 1952, Sp. 24–30. [B.].
2. S c h m ä h l i n g, Walter: Das Varieté und die Groteske. In: –: Die Darstellung der menschlichen Problematik in der dt. Lyrik von 1890–1914. Diss. München 1962, S. 43–65.

74. ARTUS

1. F i n k, Reinhard: Der Artusstoff in der dt. Dichtung des MA. In: Zs. f. Dt. Geisteswissenschaft 2 (1939/40), S. 118–37.
2. H a a s c h, Günther: Das Wunderbare im höfischen Artusroman, Ein Beitr. z. Motivgesch. mittelalterl. Epik u. zur Klärung des Verhältnisses von Artusroman und Märchen. Diss. FU. Berlin 1955. 203 Bl. (Masch.).
3. S p a r n a a y, Hendricus: Artusroman. In: RL. I. ²1955, S. 106–117. [Mit ausführl. B.].
4. B i n d s c h e d l e r, Maria: Die Dichtung um König Artus und seine Ritter. In: DtVjs. 31 (1957), S. 84–100.
5. R e i d, Margaret J. C.: The Arthurian legend. Comparison of treatment in modern and mediaeval lit. Edinburgh 1960. 277 S. [Meist a. L.].
6. H a r m s, Wolfgang: Artusroman. In: –: Der Kampf mit dem Freund oder Verwandten in der dt. Lit. bis um 1300. München 1963, S. 123–206. – R.: J. Mendels, MLN. 80 (1965), S. 501–04.
7. B r o g s i t t e r, Karl Otto: Die Einführung des Artusromans in Deutschland. In: –: Artusepik. Stuttgart 1965, S. 70–89. ²1971. – R.: G. Schweikle, Germanistik 7 (1966), Nr. 2273.
8. B a t t s, Michael: Artusdichtung. In: –: Hohes Mittelalter. Bern 1969, S. 54. [B.].
9. A r t u s. In: Frenzel, StdW. 1970, S. 61–66.
10. H a u p t, Jürgen: Der Truchsess Keie im Artusroman. Untersuchungen zur Gesellschaftsstruktur im höfischen Roman. Berlin 1971. 143 S. PhStQ. 57, Diss. Freiburg i. Br. 1967). – R.: E. S. Dick, MDU. 65 (1973), S. 324f.; D. H. Green, MLR. 68 (1973), S. 939f.; T. Hunt, GLL. 27 (1973/74), S. 77f.; W. Schröder, Beitr. (Tüb.) 95 (1973), S. 456–59; B. L. Spahr, Seminar 9 (1973), S. 157–59.
11. G ü r t t l e r, Karin-Renate: König Artus und sein Kreis in der höfischen Epik. Eine vergleichende Studie der dt. Artus-Romane des 12. und 13. Jhs. Diss. McGill University (Canada) 1972. DAI. 33 (1972/73), S. 3646f. A.

75. ARZT

1. A d a m, Georg: Der Arzt in der Lit. In: LE. 5 (1902/03), Sp. 1593–99.
2. S a l z e r: Der Arzt im Spiegel der Dichtkunst. In: Münch. Med. Wochenschr. 55 (1908), I, S. 27–30, 82–86. [A. a. L.].
3. H a b e r l i n g, Willy: Die Verwundetenfürsorge in den Heldenliedern des MA. Jena 1917. 51 S. (Jenaer medizin-historische Beiträge 10).
4. B r a n d, Guido K.: Der Arzt in der Literatur. In: Lit. 26 (1923/24), S. 515–519. [A. a. L.].
5. C a r s t e n, Paul: Der Arzt im Spiegel der modernen Lit. In: –: Literarisches aus der Medizin. Medizinisches aus der Lit. Berlin 1931, S. 60–116. [D., E.: 1890–1930. A. a. L.].
6. C a r s t e n, Paul: Augenärztliche Streifzüge durch die Literatur. In: –: Literarisches aus der Medizin. Medizinisches aus der Literatur. Berlin 1931, S. 38–59. [D., E.].
7. B ü r g i, Emil: Die Medizin in der Dichtkunst. In: Der kleine Bund (Bern) 14 (1933), S. 1–4, 12–16. [A. a. L.].
8. S c h a c h e l, Helene: Die Gestalt des Arztes in der modernen dt. Dichtung. Diss. Wien 1936. 310 Bl. (Masch.).
9. W i t t m a n n, Fritz: Der Arzt im Spiegelbild der dt. schöngeistigen Literatur seit dem Beginn des Naturalismus. Berlin 1936. 133 S. (Abh. z. Gesch. d. Medizin u. der Naturwiss. 18). [D., E.: 158 T.].
10. F a u l e r, Liselotte: Der Arzt im Spiegel der dt. Lit. vom ausgehenden MA. bis zum 20. Jh. Diss. Freiburg i. Br. 1938. 102 S. BA. 1941.
11. W a c h s m u t h, Bruno: Der Arzt in der Dichtung unserer Zeit. Stuttgart 1939. 244 S. – R.: H. H. Borcherdt, DLZ. 60 (1939), Sp. 1427–29; K. Nadler, Christl. Welt 55 (1941), Sp. 221–24; Th. Rees, Geistige Arbeit 6 (1939), Nr. 20, S. 6.
12. H a r t m a n n, H.: Der Arzt in der Dichtung unserer Zeit. In: Dt. Ärztebl. 70 (1940), S. 101–03.
13. C u r s c h m a n n, Hans: Ärzte im Spiegel der Dichtung. In: Dt. med. Rdsch. 2 (1948), S. 344–46.
14. A r z t. In: Schmitt, BuA. 1952, Sp. 31–50, 134, 166f., 375–77, 414f. [B.].
15. E r n s t, Erika: Der Arzt in der schöngeistigen Lit. der ersten Hälfte des 19. Jhs. Diss. med. Mainz 1953. 49 Bl. (Masch.). [B., a. a. L.].
16. B l u m e n t h a l, Marie Luise: Studie zur Gestalt des Arztes in der Dichtung. 1. Teil. In: Die Sammlung. Z. f. Kultur u. Erziehung 10 (1955), S. 301–312, 349–359.
17. F i s c h e r, Friedrich Johann: Das Arztständespiel im Lande Salzburg. In: Mitteilungen der Gesellschaft für Salzburger Landeskunde 102 (1962), S. 205–38. [Auch Arzt als Bühnenfigur].
18. N e l l e, Elisabeth: Das Bild des Arztes bei Wackenroder, Novalis, Hoffmann und Tieck. Ein Beitrag zur Geschichte der romantischen Medizin. Diss. med. Freiburg i. Br. 1965. 81 Bl. (Masch.).
19. B u r g e r, Heinz Otto: Arzt und Kranker in der dt. schönen Lit. des 19. Jh. In: Der Arzt und der Kranke in der Gesellschaft des 19. Jhs. Stuttgart 1967, S. 98–106. (Studien z. Medizingeschichte d. 19. Jhs. 1) [E.].
20. W o l f - H e i d e g g e r, Gerhard: Über das Bild des Arztes in Dichtung und Lit. Rektoratsrede Univ. Basel. Basel 1967. 84 S. (Basler Univ.-Reden 56). [A. a. L.].

76. ASCHENBRÖDEL

1. B l e i c h, E.: Das Märchen vom Aschenbrödel vornehmlich in der dt. Volks- und Kunstdichtung. In: ZVLR. NF. 18 (1910), S. 55–102.

77. ASKESE

1. B ö s c h e n s t e i n, Bernhard: Ekstase, Maß und Askese in der dt. Dichtung. In: —: Studien zur dt. Dichtung des Absoluten. Freiburg i. Br. 1968, S. 83—101. [17.—20. Jh.].

78. ASPASIA

1. A t z i n g e r, Raimund: Aspasia im dt. Roman. Diss. Wien 1950. 120 Bl. (Masch.). [18. bis 20. Jh.].

ASTRAEA s. *URANIA*

ASTROLOGIE s. *STERNENGLAUBE*

79. ASTRONOMIE

1. S i e b e r t, Johannes: Die Astronomie in den Gedichten des Kanzlers und Frauenlobs. In: ZfdA. 75 (1938), S. 1—23.
2. S i e b e r t, Johannes: Meistergesänge astronomischen Inhalts. In: ZfdA. 83 (1951/52), S. 181—235, 288—320.

80. ATEM

1. M ü l l e r, Joachim: „Atmen, du unsichtbares Gedicht!" In: Wirkendes Wort 9 (1959), S. 286—91. [Bei Goethe, Rilke, Werfel].

81. ATLANTIS

1. K i r s c h b a u m, Gertrude: Das Atlantisproblem in der Lit. Diss. Wien 1934. 205 S. (Masch.). [D., E., L.].

ATRIDEN s. *AGAMEMNON, IPHIGENIE, OREST*

ATTILA s. *DIETRICH VON BERN, NIBELUNGEN*

82. AUCASSIN UND NICOLETTE s. a. *FLORE UND BLANCHEFLUR*

1. B r u n n e r, Hugo: Über Aucassin und Nicolete. Progr. Kassel 1881. 31 S. [D., L.: 19. Jh., a. a. L.].
2. S u c h i e r, Wolfram: Zu Aucassin und Nicolette in Deutschland. In: ASNS. 135 (1916), S. 403—11.

83. AUDIENZ

1. M e y e r, Richard M.: Die Audienz beim Fürsten. Geschichte eines literarischen Motivs. In: MPhil. 2 (1904/05), S. 151—72. [D., E.: 19. Jh.].

84. AUERBACH, BERTHOLD

1. D i c h t u n g e n auf Auerbach. In: Goedeke NF. 1. Berlin 1962, S. 550f. [B.].

85. AUERSPERG, ANTON ALEXANDER
1. D i c h t u n g e n auf Auersperg. In: Goedeke NF. 1. Berlin 1962, S. 694−702 [B.].

AUFGEBOT s. *WEHRVERFASSUNG*

86. AUFRÜHRER
1. H e l l e r, Peter: The mosochistic rebel in recent German literature. In: JAAC. 11 (1952/53), S. 198−213.

87. AUGE
1. G e w e h r, Wolf: Der Topos „Augen des Herzens" − Versuch einer Deutung durch die scholastische Erkentnistheorie. In: DtVjs. 46 (1972), S. 626−49. [Herz-Augen-Metaphorik].

AUGENARZT s. *ARZT*

88. AUGSBURG
1. A u g s b u r g. In: Luther, DtL. 1937, Sp. 15−19. [B.].

89. AUGUST, ERNST FERDINAND
1. Gedichte auf August und Widmungen. In: Goedeke NF. 1. Berlin 1962, S. 720. [B.].

90. AUGUSTIN (LIEBER AUGUSTIN)
1. L i p p i t s c h, Gertrude Maria: Der liebe Augustin im Spiegel österreichischer Dichtung. Diss. Wien 1933. 81 Bl. (Masch.).
2. A u g u s t i n, Der liebe. In: Frenzel, StdW. 1970, S. 67 f.

AUSLANDSDEUTSCHTUM s. *GRENZ- UND AUSLANDSDEUTSCHTUM*

91. AUSSENSEITER
1. W i l s o n, Colin: The outsider. London 1958. 288 S. [Auch in dt. Dichtung].
2. M a s c h l, Urs: Zum Problem des Aussenseiters. Diss. Basel 1973. 284 S. [E.].
3. K l a u s e r, Ute: Nicht nur Pienek ist anders! Aussenseiter der Gesellschaft = Randgruppe in der Kinderlit. In: DU. 26 (1974), H. 5, S. 48−54.
4. L a u c k n e r, Nancy A.: The surrogate jew in the postwar German novel. In: MDU. 66 (1974), S. 133−44.
5. M a y e r, Hans: Aussenseiter. Frankfurt a. M. 1975. 508 S. [Z. T. auch in der Dichtung, a. a. L.].

92. AUSWANDERUNG
1. B a r b a, Preston Albert: Emigration to America reflected in German fiction. In: German-American Annals, NS. 12 (1914), Nr. 6, S. 193−227.
2. L u y s t e r, Nelson van der: Emigration to America as reflected in the German novel of the nineteenth century: Especially in the fiction of Bitzius, Laube. Gutzkow, Auerbach, Freytag, Storm, Keller, Spielhagen, Heyse, Raabe. Diss. Univ. of North Carolina, Chapel Hill. 1943. 259 Bl. (Masch.). [Mikrofilm].

93. AUTO s. a. *STRASSENVERKEHR, TECHNIK*

1. B ö h m e, Erdmann Werner: Auto in Dichtung und Film. Ein motivgeschichtlicher Streifzug durch Auto-Dramen, -Hörspiele, -Filme, -Romane, -Novellen und -Lyrik des Jahres 1933. Charlottenburg 1934. 5. Bl. (Autogr.).

94. AUTOBIOGRAPHIE

1. M ü l l e r - S e i d e l, Walter: Autobiographie als Dichtung in der neueren Prosa. In: DU. 3 (1952), H. 3, S. 29—50.

95. AUTOMATE s. a. *MARIONETTE*

1. K r e p l i n, Dietrich: Die Notwendigkeit einer Deutung der Automate als Motiv. In: —: Das Automaten-Motiv bei E. T. A. Hoffmann. Diss. Bonn 1957, Bl. 8—11. (Masch. vervielf.).
2. C h a p u i s, Alfred: Les automates dans les oeuvres d'imagination. Neuchâtel 1947. 269 S. [D., E., L.: 13.—20. Jh., a. a. L.].

96. AUTOSUGGESTION

1. H i r s c h, Friedrich Eugen: Wahrheitsfanatismus und Autosuggestion in der Dichtung. Progr. Teschen 1908. 24 S. [Dt. Lit.: 22 T.].

AVE MARIA s. *MARIA, HEILIGE*

B

97. BAAS, STARKER

1. K r u s e, Johann: Die Gestalt des starken Baas in der Lit. Nieder-Deutschlands. In: Niedersachsen 36 (1931), S. 174—77. (Vgl. auch: Der Schleswig-Holsteiner 11 (1930), S. 251—54.).

98. BACH, JOHANN SEBASTIAN

1. P l e n z a t, Fritz: Die Musik im Spiegel der musikalischen Unterhaltungslit. der dt. Romantik. Diss. Leipzig 1919. 302 Bl. (Masch.). [Bl. 118—131: Bach].
2. S p i n d l e r, K.: Obersachsens große Musiker in der dt. Dichtung. In: Sächs. Heimat 5 (1921/22), S. 298—300.
3. B ö h m e, Erdmann Werner: Die Familie Bach in Dichtung u. dramatischer Gestaltung. In: Thüringer Monatsbll. 41 (1933), S. 34—36.
4. B ö h m e, Erdmann Werner: Johann Sebastian Bach u. Söhne auf der Bühne. Eine thüringische Musikerfamilie als dramatisches Motiv. In: Das Thüringer Fähnlein 3 (1934), S. 14—17.
5. B ö h m e, Erdmann Werner: Bach als Motiv erzählender Dichtung. In: Das Thüringer Fähnlein 4 (1935), S. 171—73.
6. B a y e r, Karl Theodor: J. S. Bach und G. F. Händel in der Dichtung. In: DuV. 37 (1936), S. 235—55.
7. B a c h (Musikerfamilie) in der Erzählung. In: Kosch, LL. I. ²1949, S. 72f. [B.].
8. S c h m i e d e r, Wolfgang: J. S. Bach in Dichtung und Film. In: Bach-Jb. 40 (1953), S. 159f.

9. P l e ß k e, Hans-Martin: Bach in der dt. Dichtung. In: Bach-Jb. 46 (1959), S. 5—51. [D., E., L.: 18.—20. Jh.].
10. P l e ß k e, Hans-Martin: Bach in der dt. Dichtung (II.). Nachlese zu einem unausschöpfbaren Thema. In: Bach-Jb. 50 (1963/64), S. 9—22. [D., E., L.: bes. 20. Jh.].
11. B a c h, Johann Sebastian. In: Frenzel, StdW. 1970, S. 69—71.

99. BACQUEVILLE

1. E b e r l e, Mathilde: Die Bacqueville-Legende. Quellen- und Stoffgeschichte. Bern 1917. 104 S. Repr. 1970. (Sprache u. Dichtung 20). [17.—19. Jh.].

100. BAD EMS

1. B i n k, Hermann: Bad Ems in der Dichtung. In: Nassovia 34 (1934), H. 5, S. 39f. [L.].

101. BADEN s. a. SCHWARZWALD

1. O e f t e r i n g, Wilhelm Engelbert: Literarisches Ortsverzeichnis von Baden In: Ekkhart 9 (1928), S. 47—54. [B].
2. O e f t e r i n g, Wilhelm Engelbert: Geschichte der Lit. in Baden, Teil 1—3. Karlsruhe 1930—1939. (Vom Bodensee zum Main 36. 44. 47). [Auch vielfach Baden als Stoff der Dichtung].

102. BADEN-BADEN

1. S c h u h, Oskar Fritz: Baden-Baden im Spiegel der dt. Dichtung In: Baden-Badener Bühnenbl. 2 (1922), Nr. 96, 98/99.
2. B e r l, Heinrich: Das Alte Schloß im Spiegel der Romantik. Baden-Baden 1936. 16 S. (Ein geschichtl. Führer durch Baden-Baden H. 1). [L.: 19. Jh.].
3. B a d e n - B a d e n. In: Luther, DtL. 1937, Sp. 21—23. [B.].

103. BAHN (POMMERN)

1. G ü l z o w, Erich: Dichtungen aus der Geschichte der Stadt Bahn. In: Unser Pommerland 15 (1930), S. 227—30.

104. BALTIKUM s. a. GRENZ- UND AUSLANDSDEUTSCHTUM

1. K a e m p f, C. Th.: Die baltische Landschaft in der Dichtung. In: LE. 19 (1916/17), Sp. 979—85.
2. S e r a p h i m, Ernst: Baltische Dichtungen und Dichter als Spiegelbild baltischen Schicksals im 19. u. 20. Jh. In: Dt. Welt 9 (1932), S. 684—88, 747—54. [L.].
3. K i n d e r m a n n, Heinz: Schicksal und Leistung der Deutschbalten im Spiegel ihrer Dichtung. In: —: Kampf um die dt. Lebensform. Wien 1941, S. 362—73. [E., L.].

105. BAMBERG

1. L u n z, Ludwig: Die oberfränkischen Dichtungen und Dichter. Mit bes. Beachtung Bambergs. Wunsiedel 1924. 122 S.
2. S e u f e r t, Heinrich: Bamberg und die Dichtung. In: Fränk. Mhe. 7 (1928), S. 324—329.

106. BAMBERGER REITER

1. S m e t a n a, Christine: Der Bamberger Reiter in der neueren Dichtung. Diss. Wien 1942. 92 Bl. (Masch.).

107. BARLAAM UND JOSAPHAT s. a. BUDDHA UND BUDDHISMUS

1. K u h n, Ernst: Barlaam und Joasaph. Eine bibliogr.-literargeschichtliche Studie. In: Abhh. d. philos.-philol. Kl. d. bayer. Akad. d. Wiss. I. 20,1. München 1893, 87 S. S. [Germanische Bearbeitungen S. 68–71].
2. P e r i, Hiram: Der Religionsdisput der Barlaam-Legende, ein Motiv abendländischer Dichtung. Salamanca 1959. 272 S. (Filosofia y Letras T. 14, Nr. 3). [Bes. Kap. 3: die mhd. Epen S. 57–67 u. B.: S. 256–58 mit 25 T.].
3. B a r l a a m und J o s a p h a t. In: Frenzel, StdW. 1970, S. 71–74. [A. a. L.].

108. BARTHOLOMÄUSNACHT (1572)

1. K o c h, Franz: Stoffgeschichte der Bluthochzeitsdramen. In: –: Albert Lindner als Dramatiker. Weimar 1914, S. 93–107. (FNLG. 47).
2. B a r t h o l o m ä u s n a c h t. In: Frenzel, StdW. 1970, S. 74–76. [A. a. L.].

109. BASEL

1. B a s e l. In: Luther, DtL. 1937, Sp. 27–29. [B.].
2. B a s e l in der Erzählung. In: Kosch, LL., I. ^{2}1949, S. 99. [B.].
3. B a s e l und Basler in der schönen Lit. In: Basler Bibliographie (Beil. z. Basler Zs. f. Gesch. u. Altertumskunde) 1946/48 ff. [B.].

110. BASSOMPIERRE, FRANÇOIS DE

1. K r a f t, Werner: Von Bassompierre zu Hofmannsthal. Zur Geschichte eines Novellenmotivs. In: –: Wort und Gedanke. Bern 1959, S. 132–73. [1579 bis 1646].

BATHSEBA s. DAVID

BAUCIS s. PHILEMON UND BAUCIS

111. BAUER s. a. DORF

1. B e z o l d, Friedrich v.: Die „armen Leute" und die dt. Lit. des späteren MA. In: HistZs. 41 (1879), S. 1–37 und in: –: Aus Mittelalter und Renaissance. München 1918, S. 49–81.
2. B o l t e, Johannes: Der Bauer im dt. Liede. Berlin 1890. 131 S. [15.–19. Jh., mit Anthologie].
3. B e c k, F : „Der schwäbische Bauer auf der Bühne" – ein Beitrag zur Kunde d. schwäbischen, bzw. Ulmer Dialektes u. Schuldramas. In: Diözesanarchiv v. Schwaben 15 (1897), S. 33–39, 57–59, 165–70. [17. Jh.].
4. M ö l l e r, Heinrich: Die Bauern in der dt. Lit. des 16. Jhs. Diss. Berlin 1902. 73 S. – R.: G. Baesecke, AfdA. 29 (1904), S. 153–55.
5. H i r s c h, Friedrich E.: Der Bauer in der Stadt. In: ZBFr. NF. 2, 1 (1910/11), S. 171–193, 251–59, 286–95, 321–38. [13.–19. Jh.].
6. B r a n d t, Otto H.: Ländliches Leben in der Dichtung des Hains. In: GRM. 7 (1915–19), S. 480–503. [Auch Pfarrer, Lehrer u. a.].

7. R o g g e n, Emil: Der Bauer in der dt. Dichtung. In: Der Bund (Bern) 1916, Beil. Nr. 29 u. 30, S. 458–62, 475–78.
8. B u r g, Paul: Bauer und Land im dt. Roman. In: Die Grenzboten 80, 1 (1921), S. 181–5.
9. W o r m a n n, Kurt: Der dt. Bauernroman bis Gotthelf. Diss. Freiburg i. Br. 1924. 475 Bl. (Masch.).
10. R o s e n h a g e n, Gustav: Dörperliche Dichtung. In: RL. I 1925/26, S. 205–210.
11. W ö l l e r, Werner: Der süddeutsche Bauer in der höfischen Lit. des 13. Jhs. Diss. Leipzig 1926. 96 S. (Masch.).
12. H ü g l i, Hilde: Der dt. Bauer im Mittelalter dargestellt nach den dt. literarischen Quellen vom 11.–15. Jh. Bern 1929. 176 S. Diss. Bern 1928. (Sprache u. Dichtung 42). Repr. Nendeln 1970.
13. S c h r i e w e r, Franz: Bauerntum als Gegenstand der Dichtung. In: Zeitgeist u. Literaturpädagogik. 1930, S. 61–73. (10. Beih. z. Bücherei u. Bildungspflege). [E.: 19. u. 20. Jh.].
14. S u d e r l a n d, Dagobert: Über Bauerndichtung. In: Rheinische Heimatbll. 6 (1930), S. 341–46.
15. H a g e l, Gertrud: Niedergang des Bauerntums in modernen dt. Romanen. Diss. Wien 1932. 180 Bl. (Masch.). [19. u. 20. Jh.].
16. L a n g e n b u c h e r, Hellmuth: Das dt. Bauerntum in der dt. Dichtung. In: Börsenbl. f. d. dt. Buchh. 100 (1933), S. 736–39.
17. L a n g e n b u c h e r, Hellmuth: Dichtung aus Landschaft u. Bauerntum. In: ZDK. 47 (1933), S. 362–83. [19. u. 20. Jh.].
18. S c h u l z, Kurd: Bauernromane. Stettin 1933. 62 S. [A. a. L.]. (Bücherei u. Bildungspflege. Beih. 13). [B.].
19. P e t s c h, Robert: Der dt. Bauernroman. In: Ostdt. Mhe. 14 (1933/34), S. 331–3.
20. Deutsches B a u e r n t u m in der erzählenden Lit. Grundliste. In: Die Bücherei 1 (1934), S. 219–23. [B.].
21. H a k e n, Bruno Nelissen: Sieht so der Bauer aus? Neue Dorfromane. In: Eckart 10 (1934), S. 53–59.
22. K i n d e r m a n n, Heinz: Schicksal und Ehre. Ein Bericht über neue dt. Bauerndichtungen. In: Völk. Kultur 2 (1934), S. 516–21. [E., L.].
23. L i n d e n, Walther: Der Bauer in der dt. Dichtung. In: Der Türmer 36, 1 (1934), S. 561–63. [13.–20. Jh.].
24. W a h l, Margarethe: Das dt. Bauerndrama seit Anzengruber. Diss. Heidelberg 1934. 73 S.
25. G e b h a r d, Anneliese: Der dt. Bauernroman seit 1900. Diss. Danzig TH. 1935. 69 S.
26. G r u n d m a n n, Johanna: Der dt. Bauer und das ländliche Leben in der Poesie. In: Dt. Bildungswesen 3 (1935), S. 569–81.
27. P l e n z a t, Karl: Der dt. Bauer im Schrifttum der jüngsten Zeit. In: Die völk. Schule 13 (1935), S. 167–75, 201–206, 330–39, 363–67. [Auch in D. und E.].
28. D a r g e, Elisabeth: Der neue dt. Bauernroman. In: ZDB. 12 (1936), S. 243–52.
29. T r u n z, Erich: Bauerntum und Dichtung. In: Hochschule und Ausland. 14 (1936), S. 506–22, 631–47, 720–34, 790–800.
30. H a u s h o f e r, Heinz: Altbayrische Bauerngeschichten. Ein Beitrag zur Entstehung und Zielsetzung des dt. Bauernromans. In: Lit. 39 (1936/37), S. 270–73.
31. H o l m, Otto: Deutsches Bauerntum in unserer Dichtung. In: Die dt. Schule. 41 (1937), S. 369–80.
32. M u l o t, Arno: Das Bauerntum in der dt. Dichtung unserer Zeit. Stuttgart 1937. 80 S. (–: Die dt. Dichtung unserer Zeit I, 1). [Erg. in Litbl. 59 (1938), Sp. 318]. – R.: O. Ackermann, ZfdPh. 65 (1940), S. 198–200; E. P. Appelt, GR. 13 (1938), S. 229 f.; J. Müller, DLZ. 59 (1938), Sp. 1459–61.

33. S i n t, Josef: Bauerndichtung des Sturmes u. Dranges. (Mit bes. Berücksichtigung des Göttinger Hains). Diss. Wien 1937. 129 Bl. (Masch.).
34. S t r a m e r, Alois: Das österreichische Bauerndrama. Diss. Wien 1937. 275 Bl. (Masch.). [19. u. 20. Jh.].
35. D e u t s c h m a n n, Siegfried: Das österreichische Bauerntum in der österreichischen Lit. Diss. Wien 1938. 225 Bl. (Masch.).
36. G r o s s e, Franz: Deutsche Bauernromane im Spiegel nat.-soz. Bauernpolitik. In: MHSch. 37 (1938), S. 65–73.
37. K r ü g e r, Fritz: Der Bauer in der mecklenburgischen Epik. Diss. Rostock 1938. 81 S.
38. L e n t h e, Hagen: Von der Isländer-Saga zur ländlichen Dichtung der Gegenwart. Eine literaturwiss.-soziologische Betrachtung. Diss. Hamburg 1938. 62 S.
39. L i s c h k a, Franz: Welt und Gestalt des Bauers in der sudetendt. Lit. um 1848. Diss. Wien 1939. 191 Bl. (Masch.).
40. K r a f t, Adele: Der Bauer in der dt. Dichtung des 18. Jhs. Diss. Wien 1940. 105 Bl. (Masch.).
41. L u i s, Werner: Das Bauerntum im grenz- und volksdeutschen Roman der Gegenwart. Berlin 1940. 134 S. (Neue dt. Forschungen 268, Diss. Münster). – R.: H. Haushofer, Lit. 43 (1940/41), S. 93f; E. Kerkhoff, De Weegschaal 8 (1941/42), S. 84–86; Ph. Leibrecht, NL. 44 (1943), S. 70.
42. R e i n h a r d t, Hildebert: Der Bauer im Gedicht unserer Zeit. In: Bücherkunde 7 (1940), S. 272–78.
43. W i l l e, Trude: Der deutsche Bauern- und Heimatroman. In: Ostmarkbücherei 2 (1940), H. 5/6, S. 49–54. [B.: S. 54–59].
44. Z e l l w e g e r, Rudolf: Les débuts du roman rustique: Suisse, Allemagne, France. 1836–1856. Paris 1941. 381 S.
45. H a r f f - K r u l l, Edith: Zum Bauernroman in der Frauendichtung. In: Bücherkunde 9 (1942), S. 287–90.
46. S c h m i d t, Otto A.: Der historische Bauernroman im heutigen dt. Schrifttum. In: Ungarn 3 (1942), S. 77–86.
47. W a t z i n g e r, Carl Hans: Das Bild der dt. Landfrau in der Lit. der Gegenwart. In: Europäische Lit. 2 (1943), H. 8, S. 12–15.
48. M a r t i n i, Fritz: Das Bauerntum im dt. Schrifttum. Von den Anfängen bis zum 16. Jh. Halle 1944. 395 S. (DtVjs., Buchr. 27).
49. H e u b e r g e r, Helmut: Die Agrarfrage bei Roseggers „Jacob der Letzte" u. „Erdsegen", Frenssens „Jörn Uhl" u. Polenz' „Büttnerbauer". Diss. Wien 1949. 91 Bl. (Masch.).
50. M u c k e n h u b e r, Leopoldine: Die Bauernarbeit in der niederösterreichischen Dichtung seit Misson. Diss. Wien 1949. 185 Bl. (Masch.).
51. W a f n e r, Kurt: Der Bauernroman unserer Zeit. In: Volksbibliothekar 3 (1949), S. 143–45.
52. B a u e r. In: Schmitt, BuA. 1952, Sp. 59–97. [B.].
53. R ö s s l e r, Alice: Der Bauer des 16. Jhs. in der Parabel vom verlorenen Sohn. In: WZUJ. 2 (1952/53), S. 135–39.
54. F r e n z e l, Rudolf: Der dt. Bauer in der ersten Hälfte des 16. Jhs. Diss. Göttingen 1953. 141 Bl. (Masch.).
55. G r e i n e r, Martin: Bauernroman. In: RL. I ^{2} 1957, S. 139–141.
56. G r e i n e r, Martin: Dorfgeschichte. In: RL. I ^{2} 1957, S. 274–79.
57. H a u s h o f e r, Heinz und Sigmund von F r a u e n d o r f e r: Der Bauer in Roman und Gedicht. In: –: Ideengeschichte der Agrarwirtschft und Agrarpolitik im dt. Sprachgebiet Bd. II. München 1958, S. 143–51. [20. Jh.].

58. F r i e d r i c h, Wolfgang: Die Darstellung der Bauern in der Lit. der Sturm- und Drang-Zeit. Diss. Halle 1958. 439 Bl. (Masch.). [D., E., L.] – Referat des Autors in WZUH. 7 (1957/58), S. 1045f.
59. R o s e n h a g e n, Gustav und Hendricus S p a r n a a y: Dörperliche Dichtung. In: R. L. I. ²1958, S. 269–74.
60. S t r i c k e r, Hans: Die Darstellung des Schweizer Bauern im Drama des 16. Jhs. In: –: Die Selbstdarstellung des Schweizers im Drama des 16. Jhs. Bern 1961, S. 60–104.
61. S e n g l e, Friedrich: Wunschbild Land und Schreckbild Stadt. Zu einem zentralen Thema der neueren dt. Lit. In: Studium Generale 16 (1963), S. 619–31.
62. W a a s, Adolf: Der Bauer in der dt. Lit. des 14. und 15. Jhs. In: –: Der Mensch im dt. MA. Köln 1964, S. 57–61.
63. D e d n e r, Burghard: Topos, Ideal und Realitätspostulat. Studien zur Darstellung des Landlebens im Roman des 18. Jhs. Tübingen 1969. 176 S. (Studien z. dt. Lit. 16). – R.: G. Sauder, Germanistik 11 (1971), Nr. 489; H. Schlaffer, AfdA. 84 (1973), S. 185–91.
64. B a u e r n d i c h t u n g. In: Wilpert, SdL. 1969, S. 72–74. [B.].
65. K ü h n, Gudrun: Welt und Gestalt des Bauern in der dt.-sprachigen Lit. Unter bes. Berücksichtigung der Epik seit dem 18. Jh. Diss. Leipzig 1970. 511 Bl. (Masch. vervielf.).
66. W a a d e, Waldemar: Die Darstellung des Bauern in der Nürnberger Dichtung des 15. Jhs. in ihrer historischen Aussage. In: WZPHP. 14 (1970), S. 167–71. (Auch Diss. Päd. Hochsch. Potsdam. Hist.-phil. Fak. 1968).
67. S u c h y, Viktor: Bauer, Hirt und Knecht. Ihre Mythisierung bei drei österreichischen Lyrikern der Zwischenkriegszeit. In: Marginalien zur poetischen Welt. Festschr. f. R. Mühlher z. 60. Geburtstag. Berlin 1971, S. 427–80.

112. BAUER, TRÄUMENDER

1. G a s s n e r, J. Franz: Die Geschichte von dem träumenden Bauern als dramatische Fabel. Progr. Staats-Oberrealschule Wien 1903, S. 3–40.
2. B l u m, Paul: Die Geschichte vom träumenden Bauern in der Weltlit. Progr. Teschen 1908. 36 S. Erg. von Friedrich H i r t h in ZOeG. 62 (1911), S. 957–59. [A. a. L.].
3. B a u e r, Der träumende. In: Frenzel, StdW. 1970, S. 77–81. [D., L.: 17.–20. Jh., a. a. L.].

113. BAUERNKRIEG s. a. FADINGER, ST., GEYER, FL.

1. G u g g e n h e i m, Ernst: Der Florian-Geyer-Stoff in der dt. Dichtung. Diss. Leipzig 1908. 134 S. [S. 131ff.: B. der Bauernkriegsdichtung: 65 T.].
2. W i d m a n n, Wilhelm: Der dt. Bauernkrieg in der dramatischen Dichtung. In: Saarbrücker Bll. 2 (1923/24), S. 79–86.
3. H o l z i n g e r, Friedrich: Der oberösterreichische Bauernkrieg in der Dichtung. Diss. Wien 1933. 235 Bl. (Masch.). [D., E., L.: 17.–19. Jh.].
4. L a n g s c h w e r t, Friederike: Der dt. Bauernkrieg in der modernen Lit. Diss. Wien 1936. 105 Bl. (Masch.).
5. S c h o t t e n l o h e r, Karl: Bauernkrieg in der Dichtung (Auswahl). In: –: Bibliographie zur dt. Geschichte ... 1517–85. IV (1938), S. 60f. [B: 35 T.: D., E., L.].
6. B a u e r n k r i e g. In: Luther, DtG. 1943, Sp. 115–120. [B.].
7. B a u e r n k r i e g im Drama und in der Erzählung. In: Kosch, LL. I ²1949, S. 105–07. [B.].
8. H o l e, Gerlinde: Der Bauernkrieg. In: –: Historische Stoffe im volkstümlichen Theater Württembergs seit 1800. Stuttgart 1964, S. 158–67.

114. BAUM

1. Z i n g e r l e, Ignaz Viktor: Der goldene Baum in mhd. Gedichten. In: Germania 7 (1862), S. 101–10.
2. B o s c h, Johannes: Symbolik der Bäume. In: Dichterstimmen der Gegenwart 25 (1911), S. 429–34. [L.].
3. R o t h l e i t n e r, R.: Die Beziehungen der Menschen zur Pflanzen- und Baumwelt in Sage und Poesie. In: Heimat u. Volkstum 14 (1936), S. 321–26, 337–41, 353–59, 369–72.
4. K ü p p e r, Jürgen: Der Baum in der Dichtung. Interpretation dt. Baumgedichte und ihrer Vorformen. Diss. Bonn 1953. 142 Bl. (Masch.). [Auch E.].
5. B r e m s e r, Horst: Baum und Wald in Dichtung und Malerei. In: Die Pädagogische Provinz 10 (1956), S. 417–29.
6. K r e i t m a i r, Karl: Der Baum in der dt. Lyrik des 20. Jhs. In: Pädagogische Welt 14 (1960), S. 436–45.

115. BAYRISCHER HIESEL

1. M o c z y g e m b a, Franz: Matthias Klostermeyer genannt der Bayrische Hiesel in der dt. Dichtung. Diss. Graz 1938. 268, 18 Bl. (Masch.). [18.–20. Jh., D., E., L.].
2. H i e s e l, Bayrischer. In: Frenzel, StdW. 1970, S. 315 f.

116. BEDIENTER s. a. DIENSTBOTE

1. H o r n y, Otto: Die Bedientenszenen in den wichtigsten dt. und lat. Dramen des 16. Jhs. und ihr Zusammenhang mit der altröm. Komödie. Diss. Wien 1914. 121 Bl. (Masch.).

117. BEETHOVEN, LUDWIG VAN

1. V o l k m a n n, Hans: Beethoven-Dramen. In: Die Musik 5 (1905/06), S. 258–268. [A. a. L.].
2. H i r s c h b e r g, Leopold: Beethoven in der Dichtung. In: Die Musik 10 (1910/11), S. 339–55.
3. B ü l o w, Paul: Beethoven in der erzählenden Dichtung der Gegenwart. In: Der Türmer 29, 2 (1926/27), S. 486–91.
4. L e b e d e, Hans: Beethoven in der Dichtung. In: Baden-Badener Bühnenbl. 7 (1927), Nr. 44–46.
5. R o m a n o w s k i, Max: Beethoven in Romanen, Novellen und Skizzen. In: Börsenbl. f. d. dt. Buchh. 94 (1927), S. 309–12.
6. K l e w e t a, Herma: Beethovens Bild in der dt. Dichtung. Diss. Wien 1936. 374 Bl. (Masch.). [D., E., L.].
7. B e e t h o v e n in der Erzählung. In: Kosch, LL. I. ²1949, S. 120. [B.].

118. BEGEISTERUNG

1. K a r o l i, Christa: Die dichterische Verwirklichung der Enthusiasmushaltung. In: –: Ideal und Krise enthusiastischen Künstlertums in der dt. Romantik. Bonn 1968, S. 175–256. (Abhh. z. Kunst-, Musik u. Lit.wissenschaft 48; Diss. München 1965). – R.: D. H. Haenicke, Colloquia Germanica 1971, S. 330–33.
2. S c h u l t e, Hans H.: Zur Geschichte des Enthusiasmus im 18. Jh. In: Publications of the English Goethe Soc. 39 (1969), S. 85–122. [L.].

119. BEICHTE

1. J o n e s, George Fenwick: Oswald von Wolkenstein's „Mein Sünd und Schuld" and the „Beichtlied" tradition. In: MLN. 85 (1970), Nr. 5, S. 635–51.

120. BEIREIS, GOTTFRIED CHRISTOPH

1. B e s s m e r t n y, Alexander: G. Ch. Beireis in der Dichtung. In: JbSKipp. 9 (1931), S. 172–178. [E.: 19. Jh.: 5 T.].

121. BELSAZAR

1. G l e n k, Wilhelm: Belsazar in seinen verschiedenen Bearbeitungen. Progr. München (Kreisrealschule) 1910. 49 S.
2. B e l s a z a r. In: Frenzel, StdW. 1970, S. 88f. [A. a. L.].

122. BENEDIKTINER

1. H i l p i s c h, Stephanus: Das Benediktinertum in der neueren dt. Lit. In: Liturgie u. Mönchtum. Laacher Hefte 2 (1948), S. 42–56. [1855–1942].

123. BENN, GOTTFRIED

1. Après Aprèslude. G e d i c h t e auf Gottfried Benn. Hrsg. von J. P. Wallmann. Zürich 1967. 64 S. [Vorwort S. 7–12 zur Anthologie].

124. BERCHTENMYTHUS

1. K r e t z e n b a c h e r, Leopold: „Berchten" in der Hochdichtung. In: ZfVk. 54 (1958), S. 185–204. [D., E.: 20. Jh., Frau Percht als Führerin der Wilden Jagd und als Dämon.].

125. BERG s. a. ALPEN, HOCHGEBIRGE

1. R u m p o l d, Max: Berge in der Kärntner Dichtung. In: Der Bergsteiger 7 (1937), S. 343–47.
2. A r e n d t, Dieter: Das romantische Bild des Gebirges und die Gipfelstimmung. In: –: Der „poetische Nihilismus" in der Romantik 1. Tübingen 1972, S. 130–81.

126. BERGBAU UND BERGMANN s. a. GLÜCKAUF

1. H e y d e n r e i c h, Eduard: Geschichte und Poesie des Freiberger Berg- und Hüttenwesens. Freiberg 1892. 180 S. [L., bes. S. 120–180].
2. H e i n z, Waldemar: Das Bergmannslied. Diss. Greifswald 1913. 97 S.
3. K o s c h, Wilhelm: Das Bergwesen in der dt. Romantik. In: Der Wächter 4, 1 (1921), S. 218–25. [E., L.].
4. M ü h l e, Hans: Bergwerksdichtung. Schicksalsstimmen aus der Nacht der Schächte und Gruben. In: Eckart 5 (1929), S. 111–16.
5. D ü r l e r, Josef: Die Bedeutung des Bergbaus bei Goethe und in der dt. Romantik. Leipzig 1936. 245 S. (Diss. Zürich. Wege z. Dichtung 24). [Bes. S. 78–232: L.]. – R.: R. J. Müller, DLZ. 59 (1938), Sp. 1784–86.
6. H e i l f u r t h, Gerhard: Das erzgebirgische Bergmannslied. Ein Aufriß seiner literarischen Geschichte. Diss. Leipzig 1936. 142 S. – (Auch im Buchh.) R.: W. Heiske, DLZ. 58 (1937), Sp. 148f.

7. H a e r t e l, Emmy; Alte Dichtungen über Bergbau und Hüttenwesen aus der Feder gebürtiger Schlesier. In: Der Oberschlesier 21 (1939), S. 568−73.
8. V o l l m e r, Walter: Alte Bergmannsdichtungen. In: NdWelt 14 (1939), S. 103−07.
9. B e r g m a n n. In: Schmitt, BuA. 1952, Sp. 101−08. [B.].
10. D d m.: Über moderne Bergmannsdichtung. In: Bergbau und Wirtschaft 7 (1954), S. 30−32.
11. H e i l f u r t h, Gerhard: Das Bermannslied. Wesen, Leben, Funktion. Kassel 1954. 789 S. − R.: J. Mendels, GR. 31 (1956), S. 73f.
12. H o f f m a n n, Josef: Der Ewige Bergmann. Vier Bücher vom bergmännischen Leben.... Untersucht u. dargestellt im Spiegel d. alten u. neuen Dichtung. Bd. 1. 2. Rheinhausen 1958. 409, 328 S. [E., L.: 16.−20. Jh.].
13. W e b e r, Johann: Der Mensch in der Bergmannsdichtung. In: Bergbau-Rundschau 13 (1961), S. 360−63. [L.].
14. L o m m a t z s c h, Herbert: „Freut euch sehr, ihr Bergleut alle ...". Ein Beitrag zum Thema „Bergbau und Dichtung". In: Anschnitt 17 (1965), Nr. 2, S. 15−22. [Erzbergbau, Oberharz, 1590−1815].
15. L o m m a t z s c h, Herbert: „Wenn die Woche dem Bergmann in saurer Arbeit verflossen...". Die literarische bergmännische Dichtung im Oberharz zwischen 1650 und 1815. In: Anschnitt 18 (1966), Nr. 1, S. 12−16.
16. H ü s e r, Fritz: Dichtung aus dem Bergbau. In: −: Von der Arbeiterdichtung zur neuen Industriedichtung der Dortmunder Gruppe 61. Recklinghausen 1967, S. 12−15.
17. B ü s c h e r, Josef: Von dt. Bergmannsdichtung. In: Anschnitt 23 (1971), Nr. 6, S. 12−17; 24 (1972), Nr. 1, S. 14−19; Nr. 3, S. 13−21.

127. BERGISCHES LAND

1. R e e s, Wilhelm: Das Bergische Land in der Dichtung. Elberfeld 1925. 102 S.
2. G o t z e n, Josef: Das Bergische Land [in der dt. Literatur]. In: Rheinlandkunde II. Düsseldorf 1926, S. 124f. [B.: 45 T.: E.].

128. BERGMANN VON FALUN

1. F r i e d m a n n, Georg: Die Bearbeitungen der Geschichte von dem Bergmann von Fahlun. Diss. Berlin 1887. 63 S. [8 dt. T.].
2. R e u s c h e l, Karl: Über Bearbeitungen der Geschichte des Bergmanns von Falun. In: StVLG. 3 (1903), S. 1−28.
3. L o r e n z, Emil Franz: Die Geschichte des Bermanns von Falun vornehml. bei E. T. A. Hoffmann, Richard Wagner u. Hugo v. Hofmannsthal. In: Imago 3 (1914), S. 250−301.
4. F a b e r d u F a u r, Curt von: Der Abstieg in den Berg. In: MDU. 43 (1951), S. 1−14. [Auch in E. im 19. Jh.].
5. B e r g w e r k zu Falun. In: Frenzel, StdW. 1970, S. 91−93.

129. BERLIN

1. M e r b a c h, Paul Alfred: Der Berliner Roman. Eine Skizze seiner Entwicklung. In: Groß-Berliner Kalender 1911, S. 190−98.
2. S p i e r o, Heinrich: Das poetische Berlin 1. Alt-Berlin. 2. Neu-Berlin. München 1911−12. 166, 177 S. (Pandora 5. 6.). [E., L.].
3. S p i e r o, Heinrich: Vom Berliner Roman. Rückblicke u. Ausblicke. In: GRM. 6 (1914), S. 212−19.

4. B i e b e r, Hugo: Berlin in der Literatur. In: Dt. Kunstschau 2 (1925), S. 140–143. [D., E.: 18. u. 19. Jh.].
5. N a s e, Karl: Siebenhundert Jahre berlinischen Lebens im Spiegel des Gedichts. Berlin 1927. 280 S. [Mit vielen Gedichtzitierungen].
6. S t e c h e l e, Wolf: Berlin und die dt. Dichtung. II. Romantik, Biedermeier und Junges Deutschland. Berlin 1927. 46 S. [E., L.: 18/19. Jh.].
7. B a b, Julius: Berlin in der Dichtung. In: Berliner Lehrerztg. Beil. 11 (1930), Nr. 26, S. 205–07.
8. B e r l i n. In: Luther, DtL. 1937, Sp. 39–79. [B.].
9. K ü g l e r, Hermann: Zum Lobe Berlin. In: ZfVk. NF. 8 (1938), S. 69–78.
10. B e r l i n in der Erzählung. In: Kosch, LL. I. ²1949, S. 137–46. [B.].
11. B e r l i n. In: Luther, LuL. 1954, Sp. 28–49. [B.].
12. B e r l i n im schöngeistigen Schrifttum. In: Bücherei und Bildung 8, 1 (1956), S. 155f. [B.: 28 T.].
13. U h l i g, Helmut: Roman-Thema Berlin. In: Merkur 11 (1957), S. 792–96.
14. B e r l i n in der Dichtung. In: Goedeke 14. Bd. ²1959, S. 90.
15. J a c o b s, Monty: Der Berliner in der Posse. In: Der Bär von Berlin. Jb. d. Vereins f. d. Geschichte Berlins, 11. Folge. Berlin 1962, S. 62–75.
16. Z o p f, Hans und Gerd H e i n r i c h: Berlin in der Lit. In: –: Berlin – Bibliographie (bis 1960). Berlin 1965, S. 455–83. [E., D., L.].
17. M e i d i n g e r - G e i s e, Inge: Berlin im Roman. In: Begegnung 21 (1966), S. 134–37. [Seit 1965].
18. I h l e n f e l d, Kurt: Loses Blatt Berlin. Dichterische Erkundung der geteilten Stadt. Berlin 1968. 175 S.
19. S c h a d e w a l d t, Wolfgang: Lob Berlins. In: –: Hellas und Hesperien II. Zürich ²1970, S. 787–808 u. in: –: Berlin in Vergangenheit u. Gegenwart. Tübingen 1961. S. 75–92.
20. B e r l i n in der Lit. In: Berlin-Bibliographie. (Bis 1960). Berlin 1965, S. 455–82 und in: –: (1961–1966). Berlin 1973, S. 186–96.

130. BERN

1. B e r n. In: Luther, DtL. 1937, Sp. 79–85. [B.].
2. B e r n in der Erzählung. In: Kosch, LL. I. ²1949, S. 148f. [B.].

131. BERNAUER, AGNES

1. H o r c h l e r, Gottfried: Agnes Bernauer in Geschichte und Dichtung 1. 2. Progr. Straubing 1882/83, 1883/84, 45. 44 S.
2. P e t r i, Julius: Der Agnes-Bernauer-Stoff im dt. Drama unter bes. Berücksichtigung von Otto Ludwigs handschr. Nachlaß. Diss. Rostock 1891. 47 S. [S. 1–14: A. B.-Dramen vor O. Ludwig]. ¬ R.: O. F. Walzel, AfdA. 20 (1894), S. 205f.
3. H o r c h l e r, Gottfried: Agnes Bernauer in Dichtung und Drama. In: Bayerland 12 (1901), S. 141f., 154–56, 164–66, 171–73, 188f., 198–200, 211–13.
4. B e h r e n s, Carl: Agnes Bernauer i historiens og digtningens lys. København 1906. 118 S.
5. G e ß l e r, Albert: Zur Dramaturgie des Bernauerstoffes. Progr. Basel 1906. 25 S. [D., L.: 16.–19. Jh.].
6. S c h m i d, Ulrich: Agnes die Bernauerin und Herzog Albrecht III., der Gütige. In: Walhalla 2 (1906), S. 8–40. [D., L.].
7. P r e h n, August: Agnes Bernauer in der dt. Dichtung. Progr. Nordhausen 1907. 27 S. [18.–20. Jh.].

8. G o l z, Bruno: Wandlungen literarischer Motive. Leipzig 1920. 94 S. (Arbeiten zur Entwicklungspsychologie 4). [S. 1–17: Hebbels „Agnes Bernauer"].
9. D e i n i n g e r, Heinz Friedrich: Agnes Bernauer. In: Lebensbilder aus d. Bayerischen Schwaben. München 1952, S. 131–60. [Schöne Lit.: S. 156–58].
10. L e u s c h n e r - M e s c h k e, Waltraut: Das unvollendete dramatische Lebenswerk eines Epikers. Berlin 1958. 104 S. (Veröffentlichungen des Instituts f. dt. Sprache u. Lit. Berlin 10). [S. 103f. B.: 46 T.: D., L.].
11. B e r n a u e r, Agnes. In: Frenzel, StdW. 1970, S. 93–96.

132. BERNER OBERLAND

1. Z ü r c h e r, Otto: Das Berner Oberland im Lichte der dt. Dichtung. Leipzig 1923. 103 S. (Die Schweiz im dt. Geistesleben 18). [Einleitung S. 5–35].

133. BERNHARD, HERZOG VON SACHSEN-WEIMAR

1. Z i e r h o f f e r, Helene: Bernhard von Weimar in der Geschichte, im Roman und im Drama. Diss. Wien 1919. 289 Bl. (Handschr.). [Bl. 101–289].
2. M e r b a c h, Paul Alfred: Bernhard von Weimar als dramatis persona. Eine stoffgeschichtliche Betrachtung. In: Der Bühnenvolksbund 2 (1927), H. 5. S. 10–14.
3. S m e k a l, Ferdinand: Bernhard von Weimar in der neueren dt. Dichtung. Diss. Wien 1940. 217 Bl. (Masch.).

134. BERNSTEINHEXE

1. K l e e n e, Heinrich: Wilhelm Meinholds Bernsteinhexe und ihre dramatischen Bearbeitungen. Diss. Münster 1912. 85 S. [4 T.].
2. Dichterische B e h a n d l u n g e n der „Bernsteinhexe" in Drama und Erzählung. In: Goedeke 14. Bd. ²1959, S. 63 [B.].

135. BERTA

1. B e r t a. In: Frenzel, StdW. 1970, S. 96–98. [Mutter Karls d. Gr., auch in dt. Lit. d. 19. Jhs.].

136. BERUF (Allgemein)

1. F l e c h t n e r, Hans Joachim: Das Berufsproblem in der Dichtung. In: ZfAesth. 26 (1932), S. 174–81.
2. K e l l e r, Leo: Die Entwicklung der Berufsethik in der dt. Lit. von Lessing bis G. Freytag. Diss. Kiel 1932. 138 S. [D., E., L.].
3. S c h m i t t, Franz Anselm: Beruf und Arbeit in dt. Erzählung. Ein literarisches Lexikon. Stuttgart 1952. 668 Sp. [B.: 12380 T. zu 400 Berufsarten; 18.–20. Jh.]. – R.: K. Gassen, DLZ. 74 (1953), Sp. 602–08; E. Rose, MDU. 47 (1955), S. 121f.; W. Silz, GQu. 26 (1953), S. 294f.

137. BESCHEIDENHEIT

1. S t e p h a n i, Sunhilt: Studien zum mhd. Begriff der Bescheidenheit. Diss. Marburg 1953. 157 Bl. (Masch.). [„Bescheidwissen", z. T. motivgeschichtlich].

138. BESSERUNG

1. D i e t z e, Walter: Tradition und Ursprünglichkeit in den „Besserungsstücken" des Wiener Volkstheaters. In: WB. 12 (1966), S. 566–72.

BETHLEHEMITISCHER KINDERMORD s. *HERODES*

139. BETHLEN, GABRIEL

1. K r i s t o f, Georg: Die Gestalt Gabriel Bethlens in der zeitgenössischen dt. Dichtung. In: UngJbb. 11 (1931), S. 98–112. [L.].

BETRÜGER, BETROGENER s. *HENNO*

140. BETTLER

1. R a n k e, Kurt: Der Bettler als Pfand. Geschichte eines Schwanks in Occident und Orient. In: ZfdPh. 76 (1957), S. 149–62, 358–64. [A. a. L.].
2. J a h n, Rolf: Die Gestaltung der Bettlerfigur in der dt. Lit. des 19. Jhs. Diss. Jena 1958. 366 Bl. (Masch.). [D., E., L.].
3. R ö h r i c h, Lutz: Der Bettler als Pfand. In: –: Erzählungen des späten MA. und ihr Weiterleben in Lit. u. Volksdichtung bis zur Gegenwart. Bd. 1. Bern 1962, S. 173–91, 288–91. [Mit Anthologie].
4. R o t h e, Wolfgang: Der selige Bettler. Anmerkungen zu einem Topos des Expressionismus. In: GLL. 23 (1969/70), S. 71–84. [D., L.].
5. M a a s, Walter: Die Gestalt des Bettlers in dt. Dichtungen des 19. und 20. Jhs. Diss. Freiburg i. Br. 1971. 188 S. [D., E.].

141. BEWEGUNG, MENSCHLICHE s. a. *GEBÄRDE*

1. E l s c h e n b r o i c h, Adalbert: Bewegung in der Dichtung. In: Die Sammlung 9 (1954), S. 116–25. [L.: 20. Jh.].

142. BEWUSSTSEIN

1. W i l l e n b e r g, Heiner: Die Darstellung des Bewusstseins in der Lit. Vergleichende Studien zu Philosophie, Psychologie und dt. Lit. Diss. Frankfurt a. M. 1973. 169 S.

143. BIBEL

1. R a s s m a n n, Friedrich: Übersicht der aus der Bibel geschöpften Dichtungen älterer und neuerer dt. Dichter. Essen 1829. 102 S. [B.].
2. W ü n s c h e, August: Das biblische Epos in der neueren dt. Lit. In: Jahresber. d. städt. höheren Töchterschule Dresden 1880, S. 3–23. [18. u. 19. Jh.].
3. B i b e l d i c h t u n g. In: Goedeke 2. Bd. ²1886, S. 166–72. [B.: 16. Jh.].
4. A l b r e c h t, Gustav: Die alttestamentlichen Stoffe im Schauspiel der Reformationszeit. In: Dt. Dramaturgie 4 (1897), S. 8–14, 33–37.
5. G i l l e t, Joseph E.: The German dramatist of the sixteenth century and his Bible. In: PMLA. 34 (1919), S. 465–93.
6. S t e m p e l l, Otto: Biblisches Drama. In: RL. I. 1925/26, S. 135–138.
7. D e u s c h l e, Martha Julia: Die Verarbeitung biblischer Stoffe im dt. Roman des Barock. Diss. Amsterdam 1927. 179 S. – R.: K. Vietor, DLZ. 48 (1927), Sp. 2256–8.
8. S c h m i d t, Johannes: Studien zum Bibeldrama der Empfindsamkeit. Diss. Breslau 1933. 125 S. [80 T.].
9. H u r b i n, Pierre: Das Biblische Drama in Deutschland im 20. Jh. Diss. Lüttich 1935/36. 73 S.
10. B e y s c h l a g, Siegfried: Das Alte Testament in früher dt. Dichtung. In: Zeitwende 12, 2 (1936), S. 242–50. [11. u. 12. Jh.].

11. S c h e i b e n b e r g e r, Karl: Der Einfluß der Bibel und des Kirchenliedes auf die Lyrik der dt. Befreiungskriege. Diss. Frankfurt a. M. 1936. 70 S.
12. V o l l m e r, Hans: Der biblische Einfluß auf Dichtung, Musik und darstellende Kunst. In: –: Die Bibel im dt. Kulturleben. Salzburg 1938, S. 43–70. [Bes. D.].
13. A v n i, Abraham Albert: The Bible in German and French romantic poetry. Diss. Univ. of Wisconsin, Madison 1963. 392 S. DA. 24 (1963/64), S. 1609 f.
14. H a h n, Friedrich: Bibel und moderne Lit. Große Lebensfragen in Textvergleichen. Stuttgart ²1967. 341 S. [Bes. Einleitung, a. a. L.].
15. R o l o f f, Hans-Gert: Reformationslit. In: RL. III. ²1968, S. 365–403. [Bes. im D.: S. 389–96].
16. A v n i, Abraham Albert: The Bible and romanticism. The Old Testament in Germany and French romantic poetry. The Hague 1969. 298 S. (Studies in general and comparative lit. 6). [In dt. Lit. S. 15–95].
17. G e r l i n g, Renate: Schriftwort und lyrisches Wort. Die Umsetzung biblischer Texte in der Lyrik des 17. Jhs. Meisenheim 1969. 179 S. (Deutsche Studien 8).
18. M a s s e r, Achim: Bibel, Apogryphen und Legenden. Geburt und Kindheit Jesu in der religiösen Epik des MA. Berlin 1969. 332 S. – R.: B. Murdoch, MLR 66 (1970), S. 920–22; H. Rosenfeld, Beitr. (Tüb.) 93 (1971), S. 442–44; P. Salmon, GLL. 25 (1971/72), S. 306 f.
19. W e h r l i, Max: Sacra poesis. Bibelepik als europäische Tradition. In: –: Formen ma. Erzählung. Zürich 1969. S. 51–71. [Überblick bis 18. Jh.].
20. B i b l i s c h e s D r a m a. In: Wilpert, SdL. 1969, S. 88 f.
21. K a r d s c h o k e, Dieter: Altdeutsche Bibeldichtung. Stuttgart 1975. 88 S. (Sammlung Metzler 135).

144. BIEDERMEIER

1. B i e t a k, Wilhelm: Vom Wesen des österreichischen Biedermeier und seiner Dichtung. In: DtVjs. 9 (1931), S. 652–78. [Lebensgefühl des Biedermeier].
2. W e y d t, Günter: Literarisches Biedermeier. In: DtVjs. 9 (1931), S. 628–51. [Menschentyp des Biedermeier].

145. BIENE

1. G l o c k, Johann Philipp: Die Symbolik der Bienen und ihre Produkte in Sage, Dichtung, Kultus, Kunst und Bräuchen der Völker. 2. Ausg. Heidelberg 1897. 411 S. (5. Kap.: Bei Germanen und Slawen: S. 219–73, [L.: 12.–19. Jh.].
2. W e s t e n, Lois Armour: „Melitto-Logiä. The mythology of the bee in eighteenth-century German literature. Diss. Univ. of Illinois 1952. 298 S. DA. 12 (1952) S. 134 f. [Kapitel IV u. V: dt. Dichtung].

146. BIER

1. S c h r a n k a, Eduard Maria: Die Poesie des Bieres. In: –: Ein Buch vom Bier. Cerevisiologische Studien und Skizzen, 2. Teil. Frankfurt a. O. 1886, S. 379–526. [Bes. in L.].

147. BILD s. a. SELBSTPORTRAIT

1. W a e t z o l d t, Wilhelm: Malerromane und Gemäldegedichte. In: Jb. des Fr. Dt. Hochstifts 1913, S. 24–30.
2. H a u t t m a n n, Max: Der Wandel der Bildvorstellungen in der dt. Dichtung u. Kunst des romanischen Zeitalters. In: Festschr. H. Wölfflin, München 1924, S. 63–81.

3. R o s e n f e l d, Hellmut: Das dt. Bildgedicht. Seine antiken Vorbilder und seine Entwicklung bis zur Gegenwart. Aus dem Grenzgebiet zwischen bildender Kunst und Dichtung. Leipzig 1935. 272 S. (Palaestra 199). − R.: F. Panzer, Litbl. 59 (1938), Sp. 88−90; J. Sp., ASNS. 91. Jg. 170 (1936), S. 267.
4. R o s t e u t s c h e r, Joachim: Das ästhetische Idol im Werke von Winckelmann, Novalis, Hoffmann, Goethe, George und Rilke. Bern 1956. 300 S. [Im Sinne von Ideal-, Ur- u. Leitbild im dichterischen Werk].
5. B e b e r m e y e r, Gustav: Gemäldegedicht. In: RL. I. ²1957, S. 552−56.
6. H o c k, Hans Joachim: Die Schilderungen von Bildwerken in der dt.sprachigen Epik von 1100−1250. Diss. Heidelberg 1958. 383 Bl. (Masch.). [A.a.L.].
7. R i t t e r s b a c h e r, Heidlinde: Bild und Gleichnis in der Spruchdichtung des XIII. Jhs. Diss. Heidelberg 1958. 134 Bl. (Masch.). [Auch Parabel, Fabel, Metapher. mit alphabet. Bildregister].
8. V o d o s e k, Peter: Das Emblem in der dt. Lit. der Renaissance und des Barock. In: Jb, des Wiener Goethe-Vereins NF. 68 (1964), S. 5−40. [Literar. Allegorie, Metapher, Symbol].
9. H a s l i n g e r, Adolf: „Dies Bildnisz ist bezaubernd schön". Zum Thema „Motiv und epische Struktur" im höfischen Roman des Barock. In: Lit. wiss. Jb. NF. 9 (1968), S. 83−140. [Bildnismotiv auch bis zum 20. Jh.; Galerie-Motiv].
10. K r a n z, Gisbert: Das Bildgedicht in Europa. Zur Theorie und Geschichte einer literarischen Gattung. Paderborn 1973. 235 S. [A. a. L.]. − R.: H. Gersch, Germanistik 15 (1974), Nr. 4947.

148. BILDHAUER

1. B i l d h a u e r. In: Schmitt, BuA. 1952, Sp. 111−18. [B.].

149. BILDUNG

1. B i n s c h e d l e r, Maria: Der Bildungsgedanke im MA. In: DtVjs. 29 (1955), S. 20−36.

150. BINGER MÄUSETURM

1. F e i s t, S.: Die Sage vom Binger Mäuseturm in ihren geschichtlichen, literarhistorischen und mythischen Beziehungen. In: ZDU. 9 (1895), S. 505−49.

151. BIRGITTA, HEILIGE

1. H e l m, Maria: Brigitta von Schweden in der dt. Lit., vornehmlich in den Handschriften des 15. Jhs. Diss. München 1916. [1920]. 73 S. (Masch.).

152. BISMARCK, OTTO VON

1. P a s i g, Paul: Bismarck in der dt. Dichtung. In: Germania (Brüssel) 5 (1903), S. 427−33. [L.].
2. S i n g e r, Arthur: Bismarck in der Lit. Wien ²1912. 339 S.
3. R a t h, Willy: Bismarck-Epik. In: LE. 17 (1914/15), Sp. 780−88.
4. B a r t e l s, Adolf: Bismarck als Held der Dichtung. In: BuW. 17 (1915), S. 159−65.
5. S c h u s t a, Ernst: Bismarckroman und Bismarckepos in der dt. Lit. Diss Wien 1935, 221 Bl. (Masch).
6. P i t t n e r, Hanna: Bismarckdichtungen. Diss. Wien 1943. 79 Bl. (Masch.).

7. H e r t e l, Willy: Bismarck in der Kunst. (Gedichte, Romane, Schauspiele, Festspiele). In: —: Bismarck-Bibliographie. Köln 1966, S. 197—200. [B.].
8. B i s m a r c k. In: Frenzel, StdW. 1970, S. 99—101. [D., E., L.].

BLANCHEFLUR s. *FLORE UND BLANCHEFLUR*

153. BLAUE BLUME

1. H e c k e r, Jutta: Das Symbol der Blauen Blume im Zusammenhang mit der Blumensymbolik der Romantik. Jena 1931. 91 S. (Jenaer Germ. Forsch. 17, Diss. München). — R.: O. H. Brandt, Lit. 34 (1931/32), S. 704 f.; R. Samuel, DLZ. 53 (1932), Sp. 409 f.
2. W i l l s o n, A. Leslie: The Blaue Blume. A new dimension. In: GR. 34 (1959), S. 50—58.

154. BLAUER HIMMEL

1. L i l l y m a n, W. J.: The blue sky. A recurrent symbol. In: Comp. Lit. 21 (1969), S. 116—124.

155. BLINDENHEILUNG

1. B a t h, Marie: Untersuchung des Johannesspiels, der Blindenheilungs- und der Maria-Magdalenenscenen in den dt. ma. Passionsspielen. Diss. Marburg 1919. 176 S.

156. BLINDER

1. S c h m i d t, Werner: Der Blinde in der Lit. In: Lit. 27 (1924/25), S. 583—88. [A. a. L.].
2. S c h m i d t, Werner: Der Blinde in Roman und Erzählung der Gegenwart. In: Reclams Universum 42 (1926). S. 127 f.
3. S c h m i d t, Werner: Die Blindheit als dichterisches Mittel. In: Lit. 29 (1926/27), S. 80—83.
4. S c h m i d t, Werner: Die Darstellung der Blindheit in der Jugendschrift. In: Jugendschriften-Warte 32 (1927), Nr. 3, S. 17—19.
5. S c h m i d t, Werner: Der Blinde in der schönen Lit. Berlin 1930. 35 S. und in: Freie Wohlfahrtspflege 4 (1929/30), S. 345, 406, 466.
6. L o t z, Erich: Den versiegelten Blick in die Ferne gerichtet... Der Blinde als Gestalt und Metapher in der modernen dt. sprachigen Lit. 1945—1965. In: Begegnung 21 (1966), S. 85—90. [D., E., L.].

157. BLOCKSBERG

1. K n o r t z, Karl: Blocksbergspuk. In: —: Hexen, Teufel und Blocksbergspuk in Geschichte, Sage u. Lit. Annaberg 1913, S. 78—169. [A. a. L.].

158. BLONDHEIT

1. B i e h a h n, Erich: Blondheit u. Blondheitskult in d. dt. Lit. In: AKultG. 46. (1964), S. 309—33. [Auch Blauäugigkeit, 18.—20. Jh., D., E., L.].

159. BLUME s. a. *BLAUE BLUME*

1. W a c k e r n a g e l, Wilhelm: Die Farben- und Blumensprache des MA. In: —: Kleinere Schriften Bd. 1. Leipzig 1872, S. 143—240.

2. S c h, W. v.: Unsere Dichter und die Blumen. In: Monatsbll. f. dt. Lit. 7 (1902/03), S. 534–40. [L.: 19. Jh.].
3. M i n w e g e n, Erwin: Sprache der Blumen. Interpretationen dt. Blumengedichte. Diss. Bonn 1949. 85 Bl. (Masch.). [18.–20. Jh.].
4. S c h r ö d e r, Franz Rolf: Blumen sprießen unterm Tritt der Füße. In: GRM. NF. 2 (1951/52), S. 81–95. [Dt. Lit.: S. 89–93: 17.–20. Jh.: Blumentritt].
5. H e u s c h e l e, Otto: Die Blumen in der schwäbischen Dichtung. Stuttgart 1954. 22 S. [19. u. 20. Jh.].

160. BLUT UND BODEN

1. W a l d i n g e r, Ernst: Über Heimatkunst und Blut- und Bodenideologie. In: GLL. NS. 10 (1956/57), S. 106–19. [E., L.].
2. S c h o n a u e r, Franz: „Blut- und Boden"-Mythos und „volkhafte" Dichtung. In: —: Deutsche Literatur im Dritten Reich. Freiburg i. Br. 1961, S. 82–104.
3. B l u t - u n d B o d e n - D i c h t u n g. In: Wilpert, SdL, 1969, S. 98.

BLUTHOCHZEIT s. *BARTHOLOMÄUSNACHT*

161. BLUTRACHE

1. B u s c h, Jürgen: Das Geschlecht der Atriden in Mykene. Eine Stoffgeschichte der dramatischen Bearbeitungen in der Weltlit. Diss. Göttingen 1951. 283 Bl. (Masch.). [Auch im dt. D.].
2. Z a c h a r i a s, Rainer: Die Blutrache im dt. MA. bes. in und nach der Zeit des Nibelungenliedes. Diss. Kiel 1961. 213 Bl. (Masch. vervielf.). [Bes. S. 96–107]. Und: —: Die Blutrache im dt. Mittelalter. In: ZfdA. 91 (1962), S. 167–201. [Auch in der Dichtung].

162. BODENSEE

1. B e c k, Paul: Bodenseepoesie vom Ende des 18. Jhs. In: Alemannia 36 (1908), S. 144–49. [L.].
2. J e r v e n, Walter: Eine literarische Bodenseewanderung. In: Das Bodenseebuch 1 (1914), S. 149–64.
3. S c h o l z, Wilhelm v.: Die Dichtung des Bodensees. In: —: Der See. Ein Jahrtausend dt. Dichtung vom Bodensee. Konstanz 1915, S. 355–65.
4. W e i c k, Hermann: Der See. In: März 9, IV (1915), S. 154–57.
5. S c h m i d t, Albert: Der Bodensee in Dichtung und Sage. In: Der Bodensee im Wechsel der Zeiten. 3. Aufl. Konstanz 1929, S. 223–29.
6. S q u e n z, Peter: Der Bodensee und seine Dichter. Ein literarischer Streifzug durch ein Jahrtausend. In: Der Naturfreund 33 (1929), S. 168–71.
7. B o d e n s e e. In: Luther, DtL. 1937, Sp. 90–94 und in: Luther, LuL. 1954, Sp. 53–58.
8. T h ü r e r, Georg: Der Bodensee im Spiegel des Gedichts. In: Rorschacher Neujahrsbl. 46 (1956), S. 33–44.
9. B o d e n s e e - D i c h t u n g e n. In: Literarischer Führer durch die BRD. Frankfurt a. M. 1974, S. 181 f. [B.].

163. BÖHMEN

1. K l a a r, Alfred und Rudolf F ü r s t: Deutsche Literatur in Böhmen. 2. Die neuere Lit. (1750–1850). 3. Die neuste Lit. (1850–1900). In: Dt. Arbeit in Böhmen. Berlin Berlin 1900, S. 156–206. Repr. 1969. [Auch Böhmen in der Dichtung].

2. K r a u s, Arnošt: Stará historie ceská v německé literatuře. Praha 1902. 460 S. [Böhmens alte Geschichte in der dt. Lit. Vgl. auch ZOeG. 53 (1902), S. 577–94]. – R.: J. Krejci, Euph. 10 (1903), S 669–80; M. Murko, DLZ. 28 (1907), Sp. 352–54.
3. B ö h m e n. In: Luther. DtL. 1937, Sp. 95–101. [B.].
4. R a a b, Harald: Rilke und die Welt der Slawen. In: Neue dt. Lit. 5 (1957), H. 9, S. 96–106. [Auch Rußland].

164. BÖHMERWALD s. a. *OBERPFALZ*

1. M a r k o, Walter: Die Heimatdichtung des Böhmerwaldes in ihren motivischen und künstlerischen Grundzügen. Diss. Wien 1937. 165 Bl. (Masch.).

165. BÖSEWICHT UND BÖSES

1. R e h m, Walther: Roquairol. Eine Studie zur Geschichte des Bösen. In: Orb. Litt. 8 (1950), S. 161–258. [18. Jh.].
2. A n d r e s, Astrid: Die Figur des Bösewichts im Drama der Aufklärung. Diss. Freiburg i. B. 1955. 208 Bl. (Masch.).
3. S a n d e r, Volkmar: Die Faszination des Bösen in der dt. Lit. der Gegenwart. In: Festschr. f. W. Neuse. Berlin 1967, S. 123–34. [D., E.].
4. A n g e h r n, Hans: Der Bösewicht in Lessings Theorie und dichterischer Praxis. Ein Beitrag zur Geschichte des dt. Dramas im 18. Jh. Zürich 1968. 155 S. (Diss. Zürich). [Überblick in Einleitung S. 1–11].
5. S a n d e r, Volkmar: Die Faszination des Bösen. Zur Wandlung des Menschenbildes in der modernen Lit. Göttingen 1968. 93 S. (Schriften zur Lit. 10). [D., E., L.]. – R.: W. Hinderer, GQu. 43 (1970), S. 298–300; D. Jost, MDU. 61 (1969), S. 209f.; J. L. Sammons, GR. 44 (1969), 154–58.

166. BOHEME s. a. *KÜNSTLER*

1. K r e u z e r, Helmut: Zum Begriff der Bohème. In: DtVjs. 38 (1964), Sonderh. S. 170–207.
2. K r e u z e r, Helmut: Typen der erzählenden Bohème-Darstellung. In: –: Die Bohème. Beiträge zu ihrer Beschreibung. Stuttgart 1968, S. 61–139. [Mit umfassender B., a. a. L.]. – R.: J. L. Sammons, GQu. 42 (1969), S. 748–50.

BOLEYN, ANNA s. *ANNA BOLEYN*

167. BOLOGA

1. S c h w a r z, Waltraut: Deutsche Dichter in Bologna. Bologna in der dt. Dichtung. Bologna 1972. 388 S. (Quaderni dell'Istituto di filologia Germanica 3). [Bes. 18. bis 20. Jh.]. – R.: S. David, Germanistik. 14 (1974), Nr. 4552.

168. BOMBERG, GIESBERT VON

1. F r o n e m a n n, Wilhelm: Der Gestaltenwandel des „Tollen Bomberg". In: SchL. 29 (1928), S. 430–34.

169. BORGIA

1. W e r b e r, Maryla: Das Haus Borgia in der dt. Lit. Diss. Wien 1932. 238 Bl. (Masch.). [D., E.: 18.–20. Jh.].

BORIS GODUNOW s. *DEMETRIUS*

170. BOTE
1. B l e i c h, Erich Herbert: Der Bote aus der Fremde als formbedingender Kompositionsfaktor im Drama des dt. Naturalismus. Diss. Greifswald 1936. 141 S.
2. P u r k a r t, Josef: Botenrolle und Botenlied. Beitrag zur Geschichte der mhd. Liebesbriefe. Diss. Univ. of Massachusetts 1971. 193 S. DAI. 32 (1971/72), S. 2100. A.
3. E g b e r t s, Johannes: Das Schema der Botensendung, Botenfahrt, Fahrt, Reckenfahrt und Heerfahrt in der Kaiserchronik und in den Epen König Rother, Rolandslied, Münchener Oswald ... Diss. München 1972. 195 S.

171. BRAHMS, JOHANNES
1. B ö h m e, Erdmann Werner: Johannes Brahms in der schönen Lit. Ein motivgeschichtlicher Beitrag. In: Dt. Berufsmusiker-Ztg. 1 (1933), S. 128f.

172. BRAMARBAS
1. A l y: Der Soldat im Spiegel der Komödie. In: PrJbb. 79 (1895), S. 467–87. [A. a. L.].
2. U r s t a d t, Karoline: Der Kraftmeier im dt. Drama von Gryphius bis zum Sturm und Drang. Diss. Gießen 1927. 56 S.
3. J a c k s o n, W. T. H.: Pyrgopolinices converted. The boasting soldier in medieval German lit. In: GR. 30 (1955), S. 92–100.
4. B ö h n e, Carl-Georg: Der Bramarbas. Beitrag zur Differenzierung und Bestimmung des Miles-Typus. Diss. Köln 1968. 234 S.
5. M i l e s   g l o r i o s u s. In: Frenzel, StdW. 1970, S. 498–500.

BRAND s. *HAMBURG*

173. BRANDENBURG s. a. *WALDEMAR*
1. G ü n t h e r, Johannes: Die „Streusandbüchse". Die märkische Landschaft im Spiegel der Dichter. Berlin 1921. 43 S. (Kleine Heimatbücher 6).
2. B r a n d e n b u r g (Mark). In: Luther, DtL. 1937, Sp. 106–11. [B.].
3. F ü r s t e n a u, Jutta: Die Entwicklung des märkischen Heimatgefühls vom ausgehenden 16. bis ins 19. Jh. In: ZGeschB. 59 (1942), S. 57–67. [L.].

174. BRAUNSCHWEIG
1. B r a u n s c h w e i g. In: Luther, DtL. 1937, Sp. 112–15. [B.].

175. BRAUTRAUB
1. M a r q u a r d t, Hertha: Die Hilde-Gudrunsage in ihrer Beziehung zu den germanischen Brautraubsagen und den mhd. Brautfahrtepen. In: ZfdA. 70 (1933), S. 1–23.

176. BRAUTWERBUNG
1. G e i s s l e r, Friedmar: Brautwerbung in der Weltliteratur. Halle 1955. 260 S. [Auch mhd. Lit.].

177. BREMEN

1. B r e m e n. In: Luther, DtL. 1937, Sp. 116—20. [B.].
2. K a s t e n, Hans: Bremen in der Dichtung. Bremen 1946. 60 S.
3. K a s t e n, Hans: Bremen in der Erzählung. Bremen 1946. 252 S.
4. B r e m e n in der Erzählung. In: Kosch LL. I. ²1949, S. 219 [B.].

178. BREMER STADTMUSIKANTEN

1. T a r d e l, Hermann: Dichterische Erneuerungen des Märchens von den Bremer Stadtmusikanten. In: Niedersächsisches Jb. 1940, S. 21—28. [9 nieder- u. hochdt. T.: 1922—36].

179. BRESLAU

1. B r e s l a u. In: Luther, DtL. 1937, Sp. 120—23. [B.].
2. B r e s l a u in der Erzählung. In: Kosch, LL. I. ²1949, S. 225 [B.].
3. H ü n e f e l d, Hans: Das Bild Breslaus in Dichtung und Graphik des 16. Jhs. In: Schlesien 14 (1969), S. 75—81.

180. BRIEF

1. M e t z g e r, Hans Ulrich: Der Brief im neueren dt. Drama. Diss. Köln 1938. 72 S. [Als dramatisches u. stilbildendes Motiv, 19. Jh., a. a. L.].
2. H o n n e f e l d e r, Gottfried: Der Brief im Roman. Untersuchungen zur erzähltechnischen Verwendung des Briefes im dt. Roman. Bonn 1975. 244 S. (Bonner Arb. z. dt. Lit. 28. Diss. Bonn 1974).

181. BRION, FRIEDERIKE

1. D i c h t u n g um Friederike Brion. In: Goedeke 4. Bd. 5. Abtl. Erg. zu ³1960. S. 586f. [B.].

182. BROT

1. K a p l a n, Gertraud: Brot. Ein lyrisches Thema vom Klassizismus bis zur Gegenwart. Diss. Wien 1936. 96 S. (Masch.).

183. BRUCKNER, ANTON

1. P l e ß k e, Hans-Martin: Anton Bruckner in der erzählenden Lit. In: Kunstjahrbuch d. Stadt Linz 1961. Wien 1961, S. 63—71.

184. BRUDERZWIST

1. K r a f t, Gustav: Klingers „Zwillinge", Leisewitz' „Julius von Tarent" und Schillers „Braut von Messina". Eine vergleichende Betrachtung. Progr. Friedrichs-Gymnasium zu Altenburg 1894, S. 1—20.
2. L a n d s b e r g, Hans: Feindliche Brüder. In: LE. 6 (1903/04), Sp. 819—25.
3. L a n d a u, Markus: Die feindlichen Brüder auf der Bühne. In: BuW. 9 (1906/07), S. 189—92, 236—41. [A. a. L.].
4. R a n k, Otto: Das Bruderhaß-Motiv. Von Sophokles bis Schiller, In: —: Das Inzest-Motiv in Dichtung und Sage. Leipzig 1912, S. 585—603. ²1926. Repr. Darmstadt 1974. [A. a. L.].
5. J a c k e, Hedwig: Die rheinische Sage von den feindlichen Brüdern in ihrer von der Romantik beeinflußten Entwicklung. Diss. Köln 1932. 132 S.

6. M a n n, Michael: Die feindlichen Brüder. In: GRM. NF. 49 (1968), S. 225–47. [A. a. L.].
7. M a r t i n i, Fritz: Die feindlichen Brüder. Zum Problem des gesellschaftskritischen Dramas von J. A. Leisewitz, F. M. Klinger und F. Schiller. In: Jb. d. Dt. Schiller-Ges. 16 (1972), S. 208–65.

185. BRÜCKE

1. E r c k m a n n, Rudolf: Bahn, Brücke, Tunnel. Eine Arbeitsreihe über Dichtung der Technik. In: DU. 12 (1960), H. 3, S. 61–78.
2. K r o l o w, Karl: Vom Leben der Brücken. In: Der weisse Turm 6 (1963), H. 1, S. 31 f.
3. G r u n d l e h n e r, Philip Eicks: The bridge in German poetry. Its symbolic functions. Diss. Ohio State Univ. 1972. 207 S. DAI. 33 (1972/73), S. 1724 A. [L.: 8 T.].
4. D i n z e l b a c h e r, Peter: Die Jenseitsbrücke im MA. Wien 1973, S. 121–40. [A. a. L.]. (Dissertationen der Univ. Wien 104).

BRÜDER, FEINDLICHE s. *BRUDERZWIST*

BRÜDERGEMEINDE s. *HERRNHUTERTUM*

186. BRÜDERLICHKEIT

1. L i n g e l b a c h, Helene: Die Botschaft der Bruderliebe in jüngerer dt. Lyrik. In: ZDB. 3 (1927), S. 666–85. [Auch Pariamotiv].
2. S c h o o l f i e l d, George C.: Exercises in Brotherhood. The recent Austrian novel. In: GQu. 26 (1953), S. 228–40.

187. BRÜNHILD s. a. *NIBELUNGEN, SIEGFRIED*

1. R o t h e, C.: Brunhild und Kriemhild in dt. Sage und Dichtung. In: MDSV. 7 (1896), S. 98–127.
2. F r a n k e, Hans: Siegfried und Brunhilde im Drama. In: Lit. 37 (1934/35), S. 346–48. [19. u. 20. Jh., bes. Hebbel, P. Ernst, E. Bacmeister].
3. K l a u s, Margareta: Die Brünhildengestalt in der modernen Dichtung. Diss. Wien 1935. 217 Bl. (Masch.).
4. B ä c k e r, Hans: Die Gestalt Brünhilds im dt. Drama. Diss. Bonn 1938. 69 S. [19. Jh.].

188. BRUNNEN s. a. *JUNGBRUNNEN*

1. P e t r y, Joh.: Der Brunnen in der neueren Lyrik. In: Alt-Ratingen 5 (1929), Nr. 4.
2. H i p p e, Robert: Vier Brunnengedichte. (C. F. Meyer, R. M. Rilke, H. Carossa, H. Hesse). In: Wirkendes Wort 4 (1953/54), S. 268–74 u. Sammelbd. 4 (1962), S. 390–96.
3. W i e g e r s, Ursula: Der Brunnen in der dt. Dichtung. Eine motivgeschichtliche Untersuchung. Diss. Bonn 1955. 295 S. [Bes. L.: 19. u. 20. Jh.].
4. B a c h, Anneliese: Das Motiv des Brunnens in der dt. Lyrik vom 17. Jh. bis zur Gegenwart. In: GRM. 37 (1956), S. 213–31.
5. P a t r z e k, Nikolaus: Das Brunnenmotiv in der dt. Lit. des Mittelalters. Diss. Würzburg 1958. 134 Bl. (Masch.). [Als Mythos, Topos und Metapher].
6. A r e n d t, Dieter: Das Symbol des Brunnens zwischen Antike und Moderne. In: Welt u. Wort 26 (1971), S. 286–97. [D., E., L.].

189. BRUNO, GIORDANO

1. H a n u s, Valerie: Giordano Bruno in der dt. Dichtung. Diss. Wien 1949. 200 Bl. (Masch.). [18.–20. Jh.].

190. BRUTUS D. Ä. s. a. *LUCRETIA*

1. K o c h, Franz: Geschichte der dramatischen Behandlung des Brutus-Lucretia-Stoffes. In: –: Albert Lindner als Dramatiker. Weimar 1914, S. 28–47. (FNLG. 47). [16.–19. Jh.].

191. BUCH UND BUCHDRUCK

1. M a a s s e n, C. G. v.: Lieder zum Lobe der edlen Buchdrucker- und Buchbinderkunst. In: Die Bücherstube 5 (1926), S. 157–61. [18. u. 19. Jh. Auch Buchbinder].
2. S c h r e i b e r, Heinrich: Mittelalterliches Buchwesen im historischen Roman. In: Archiv f. Buchgewerbe u. Gebrauchsgraphik 79 (1942), S. 222–27.
3. S c h r ö d e r, Franz Rolf: Vom „Kupfergeschirr". (Zur Geschichte eines Topos). In: GRM. 36 (1955), S. 235–52. [Buchdruck u. Feuerwaffen als Humanisten-Topos; a. a. L.].

192. BUCHHÄNDLER

1. B u c h h ä n d l e r. In: Schmitt, BuA. 1952, Sp. 124–27. [B.].

193. BUCKLIGER

1. W ü r t z, Hans: Der Bucklige in der Literatur. In: Freie Wohlfahrtspflege 5 (1930), S. 316–27, 360–66. [Mit B.].

194. BUDDHA UND BUDDHISMUS s. a. *BARLAAM UND JOSAPHAT*

1. S l e p č e v i ć, Pero: Buddhismus in der dt. Lit. Diss. Freiburg i. d. Schw. 1920. 127 S. [D., E., L.: 19. u. 20. Jh.].
2. F i s c h e r, Johannes Maria: Buddha in der neueren dt. Dichtung. In: Orplid 1 (1924/25), H. 9/10, S. 68–84. [D., E.: 19. u. 20. Jh.].

195. BÜRGER

1. E l o e s s e r, Arthur: Das bürgerliche Drama. Seine Geschichte im 18. u. 19. Jh. Repr. Genf 1970. Berlin 1898. 218 S.
2. W a l z e l, Oskar F.: Das bürgerliche Drama. In: NJbbKlAltGl. Bd. 35, 18, 1 (1915), S. 99–129, 172–200. Auch in: –: Vom Geistesleben alter und neuer Zeit. Leipzig 1922, S. 142–231.
3. N i c o l a u s, Paul: Der Bürger. In: LE. 19 (1916/17), Sp. 911–18.
4. B r o m b a c h e r, Kuno: Der deutsche Bürger im Literaturspiegel von Lessing bis Sternheim. München 1920. 146 S.
5. U l m a n n, Hans: Das dt. Bürgertum in dt. Tragödien des 18. und 19. Jhs. Diss. Giessen 1923. 72 S. – R.: L. Brun, RevGerm. 2(1924), S. 225f.
6. B r ü g g e m a n n, Fritz: Der Kampf um die bürgerliche Welt- und Lebensanschauung in der dt. Lit. des 18. Jhs. In: DtVjs. 3 (1925), S. 94–127.
7. L u d w i g, Albert: Bürgerliches Trauerspiel und heroische Tragödie. In: Das dt. Drama. München 1925, S. 319–38.
8. R o t h e, Edith: Die Stellung des Kaufmanns und Bürgers in der mhd. Epik des 12. u. 13. Jhs. Diss. Leipzig 1925. 88 S. (Masch.).

9. Schauer, H.: Bürgerliches Drama. In: RL. I 1925/26, S. 160–63.
10. Glarner, Elsbeth: Wandlungen im Geiste des Bürgertums um die Wende des 18. Jhs. im Spiegel der dt. Dichtung der Zeit. Diss. Bonn 1927. 31 S. (Teildr.).
11. Feldmann, Egon: Das Bürgertum im dt. Roman von Schnabel bis Jung-Stilling. Diss. Wien 1931. 132 Bl. (Masch.).
12. Selver, Henrik: Die Auffassung des Bürgers im dt. bürgerlichen Drama des 18. Jhs. Diss. Leipzig 1931. 126 S. – R.: R. Majut, ZfdPh. 57 (1932), S. 399–401; K. May, AfdA. 51 (1932), S. 238–40.
13. Rapp, Catherine Teresa: Burgher and peasant in the works of Thomasin von Zirclaria, Freidank and Hugo von Trimberg. Washington 1936. 144 S.
14. Pinatel, Joseph: Le drame bourgeois en Allemagne au XVIIIme siècle. Lyon 1938. 569 S.
15. Pinatel, Joseph: Répertoire des drames bourgeois en Allemagne au XVIIIe siècle. Thèse Lyon 1938. 216 S. [B.].
16. Ruschka, Anny Christine: Die Gestalt des Bürgers in der Dichtung der Romantik. Diss. Wien 1940. 92 Bl. (Masch.).
17. Küppers, Gerda: Stadt und Stadtleben in der Epik des MA. Diss. Bonn 1943. 156 S. (Masch.). [38 T., auch im 19. Jh.].
18. Sagave, P. L.: Le déclin de la bourgeoisie allemande d'après le roman (1890–1933). Thèse Paris 1950. 531 Bl. (Masch.).
19. Pfütze, Max: „Burg" und „Stadt" in der dt. Lit. des MA. Diss. Leipzig 1955. 191 Bl. (Masch.). [1100–1300].
20. Altenhein, Hans-Richard: Geld und Geldeswert. Über die Selbstdarstellung des Bürgertums in der Lit. des 18. Jhs. In: das werk der bucher. Festschr. f. H. Kliemann zu s. 60. Geburtstag. Freiburg i. Br. 1956, S. 201–13.
21. Friederici, Hans: Das dt. bürgerliche Lustspiel der Frühaufklärung (1736–1750) unter bes. Berücksichtigung seiner Anschauungen von der Gesellschaft. Halle 1957. 200 S.
22. Hirsch, Arnold: Bürgertum und Barock im dt. Roman. Ein Beitrag z. Entstehungsgeschichte des bürgerlichen Weltbildes. Köln [2]1957. 163 S. (Literatur u. Leben NF. 1). [1. Aufl.: 1934]. – R.: W. F. Friederich, GR. 10 (1935), S. 200; S. Streller, WB. 1961, S. 624–27.
23. Gauwerky, Ursula: Bürgerliches Drama. In: RL. I [2]1958, S. 199–203.
24. Götz, Max: Der frühe bürgerliche Roman in Deutschland (1720–1750). Diss. München 1958. 177 Bl. (Masch.).
25. Hauser, Arnold: Die Entstehung des bürgerlichen Dramas. In: –: Sozialgeschichte der Kunst und Lit. 2 München [2]1958, S. 87–104. Sonderausg. 1967.
26. Daunicht, Richard: Die Entstehung des bürgerlichen Trauerspiels in Deutschland. Berlin 1963. 369 S. [2]1965. – R.: H. Friedericci, WB. 10 (1964), S. 629–34; R. R. Heitner, JEGPh. 63 (1964), S. 288–301; L. Pikulik, Euph. 58 (1964), S. 106–11; E. Reichmann, MDU. 57 (1965), S. 211–13.
27. Schaer, Wolfgang: Die ethischen Grundlagen bürgerlichen Lebens. In: –: Die Gesellschaft im dt. bürgerlichen Drama d. 18. Jhs. Bonn 1963, S. 31–59.
28. Pikulik, Lothar: „Bürgerliches Trauerspiel" und Empfindsamkeit. Köln 1966. 200 S. (Lit. u. Leben NF. 9). – R.: N. H. Smith, Erasmus 19 (1967), Sp. 420–25; P. Weber, WB. 13 (1967), S. 501–9.
29. Hohendahl, Peter Uwe: Das Bild der bürgerlichen Welt im expressionistischen Drama. Heidelberg 1967. 303 S. (Probleme d. Dichtung 10). – R.: K. Ziermann, WB. 15 (1969), S. 1306–9.
30. Wierlacher, Alois: Das bürgerliche Drama. Seine theoretische Begründung im 18. Jh. München 1968. 207 S.

31. G l a s e r, Horst Albert: Das bürgerliche Rührstück. Stuttgart 1969. 88 S. [Ende d. 18. Jh.].
32. G u t h k e, Karl Siegfried: Das bürgerliche Trauerspiel. Stuttgart 1972. 108 S.
33. M a t h e s, Jürg (Hrsg.): Die Entwicklung des bürgerlichen Dramas im 18. Jh. Tübingen 1974. 144 S. [Nachwort d. Herausgebers S. 119–27].

196. BÜRGER VON CALAIS s. a. EDUARD III., KÖNIG VON ENGLAND

1. B ü r g e r von Calais. In: Frenzel, StdW. 1970, S. 108f. [D., E.: 19. u. 20. Jh., a. a. L.].

197. BÜRGERKRIEG, ENGLISCHER

1. R o s n e r, Lotte: Der englische Bürgerkrieg in der dt. Dichtung. Diss. Wien 1932, 222 Bl. (Masch.). [D., E.].

198. BÜRGERKRIEG, SPANISCHER

1. M a c k, Gerhard Georg: Der spanische Bürgerkrieg und die dt. Exillit. Diss. Univ. of Southern California 1972. 485 S. DAI. 32 (1971/72), S. 6985 A.

199. BÜRGERMEISTER s. a. WALDMANN, HANS

1. B ü r g e r m e i s t e r. In: Schmitt, BuA. 1952, Sp. 128–32. [B.].

200. BUHLERIN

1. F r i e ß, Ursula: Buhlerin und Zauberin. Eine Untersuchung zur dt. Lit. des 18. Jhs. München 1970. 214 S. (Diss. Erlangen-Nürnberg). – R.: J. Dyck, Germanistik 14 (1973), Nr. 790.

201. BURG s. a. RUINE

1. K u p f e r, Heinrich: Die Burg in der dt. Dichtung und Sage. 1. Teil. Progr. Schneeberg 1880. 18 S. [Mittelalter].
2. P f ü t z e, Max: „Burg" und „Stadt" in der dt. Lit. des Mittelalters. In: Beitr. (Halle) 80 (1958), S. 272–320.

BURSCHENSCHAFT s. STUDENT

BUSSE s. SCHEINBUSSE

202. BYRON, GEORGE GORDON

1. B a d e r, Franz: Lord Byron im Spiegel der zeitgenössischen dt. Dichtung. In: ASNS. Bd. 135, 70 (1916), S. 303–19. [L.].
2. G r ö n e r t, Franz: Lord Byron im Roman. Diss. Erlangen 1921. 117 S. (Masch.). [A. a. L.].
3. S p e y e r e r, Siegmund: Lord Byron im Spiegel der dramatischen Dichtung. Diss. Erlangen 1921. 166 S. (Masch.). [A. a. L.].
4. S c h n a p p, Luise: Lord Byron im Spiegel der dt. Dichtung. Diss. Münster 1923. (Auszug 4 S.). [D., E., L.].

5. K r u g, Werner Gerhard: Lord Byron in der schönen Lit. Deutschlands. In: —: Lord Byron als dichterische Gestalt in England, Frankreich, Deutschland und Amerika. Diss. Giessen 1932, S. 75—100, 134—40. [D., E., L.: 19. u. 20. Jh.: 78 T.].
6. B y r o n. In: Frenzel, StdW. 1970, S. 109—12. [A. a. L.].

C

203. CÄSAR, GAJUS JULIUS

1. M c N a m e e, Lawrence Francis: Julius Caesar on the German stage in the nineteenth century. Diss. Univ. of Pittsburgh 1957. 324 S. DA. 17 (1956/57), S. 1074f.
2. G u n d e l f i n g e r, Friedrich: Cäsar in der dt. Lit. Berlin 1904. 219 S. (Reprint 1922 u. New York 1967, Palaestra 33). [11.—19. Jh.]. — R.: R. F. Arnold, LE. 7 (1904/05), Sp. 1439f.; K. Kipka, StVLG. 4 (1904), S. 374—79; A. v. Weilen, DLZ. 25 (1904), Sp. 2360.
3. L u t h e r, Arthur: Neue Cäsar-Dramen. In: Eckart 19 (1943), S. 17—21.
4. C ä s a r. In: Frenzel, StdW. 1970, S. 112—116. [A. a. L.].

204. CÄSARENWAHN

1. G o t t s c h a l l, Rudolf von: Dramaturgische Parallelen. 2. Cäsaren-Dramen. In: —: Studien zur neuen dt. Lit. Berlin ²1892, S. 37—95.

205. CAGLIOSTRO, ALEXANDER VON

1. G r a f, Matthias: Die Wundersucht und die Lit. des 18. Jhs. Progr. München Theresiengymn. 1898/99. 40 S.
2. H a l s b a n d a f f ä r e. In: Frenzel, StdW. 1970, S. 273—75.

206. CAMOENS, LUIS DE

1. W i l m s m e i e r, Wilhelm: Camoëns in der dt. Dichtung des 19. Jhs. Ein Beitrag zum Künstlerdrama. Diss. Münster 1913. 132 S. [D., E., L.].

CANOSSA s. *HEINRICH IV., DEUTSCHER KAISER*

207. CAPRI

1. P r o e l ß, Johannes: Deutsch Capri in Kunst, Dichtung, Leben. Historischer Rückblick und poetische Blütenlese. Oldenburg 1901. 188 S.

208. CARDENIO UND CELINDE

1. G l a n z, Franz: Cardenio und Celinde in Novelle und Drama von Cervantes bis Dülberg. Diss. Wien 1934, 292 Bl. (Masch.). [A. a. L.].
2. R i c c i, Jean F. A.: L'histoire de Cardenie et de Celinde dans le théâtre allemand. Paris 1947. 132 S. [Bes. Gryphius, Arnim, Immermann]. — R.: P. v. Tieghem, RevLittcomp. 22 (1948), S. 591f.
3. C a r d e n i o und C e l i n d e. In: Frenzel, StdW. 1970, S. 116—19. [A. a. L.].

209. CARDILLAC

1. B a r t h e l, Karl Werner: Die dramatischen Bearbeitungen der Novelle E. T. A. Hoffmanns „Das Fräulein von Scudéri" und ihre Bühnenschicksale. Diss. Greifswald 1929. 333 S.
2. C a r d i l l a c. In: Frenzel, StdW. 1970, S. 119. [D., E.: 19. Jh.].

210. CARITAS

1. W a l c h, Doris: Caritas. Zur Rezeption des „mandatum novum" in altdt. Texten. Göppingen 1973. 131 S. (Diss. Freiburg i. Br. 1971, GAG. 62). [Caritas als göttliche Tugend].

211. CASANOVA, GIACOMO GIROLAMO

1. C a s a n o v a. In: Frenzel, StdW. 1970, S. 120f.

212. CATILINA

1. S p e c k, Hermann Bartold Georg: Katilina im Drama der Weltlit. Ein Beitrag zur vergleichenden Stoffgeschichte des Römerdramas. Leipzig 1906. 98 S. (Bresl. Beitr. 4). [17 dt. T.]. — R.: K. Kipka, StVLG. 7 (1907), S. 503—9; P. Landau, DLZ. 28 (1907), Sp. 1436—39; R. M. Meyer, ZfdPh. 41 (1909), S. 127f.
2. C a t i l i n a. In: Frenzel, StdW. 1970, S. 121—23. [A. a. L.].

213. CATO, MARCUS PORCIUS

1. C a t o. In: Frenzel, StdW. 1970, S. 123f. [D.: 18. u. 19. Jh., a. a. L.].

214. CERVANTES

1. B r ü g g e m a n n, Werner: Cervantes und das Bild des spanischen Volkes in der Auffassung Herders, W. v. Humboldts und der Spätromantik. In: —: Cervantes und die Figur des Don Guijote in Kunstanschauung und Dichtung der dt. Romantik. Münster, Westf. 1958, S. 255—74.

215. CEVENNEN-AUFSTAND

1. S c h w a r z, Heinrich: Der Kamisarden-Aufstand in der dt. Lit. des 19. Jhs. Diss. Münster 1912. 131 S.

216. CHAMISSO, ADALBERT VON

1. G e d i c h t e auf Chamisso — Dichterische Behandlung. In: Goedeke 14. Bd. ^{2}1959, S. 153. [B.].

217. CHATTERTON

1. K e i t h - S m i t h, B.: The Chatterton theme in modern German lit. In: Affinities. Essays in German and English lit. London 1971, S. 126—38.

218. CHEMIE

1. K i r s c h, Edgar: Die Welt der Chemie und die dt. Dichtung. In: WZUH. 14 (1965), s. 163—74. [D., E., L.].
2. K i r s c h, Edgar: Menschen wollen Menschen werden. Die Welt der Chemie und Physik in der dt. Lit. des 20. Jhs. Halle 1967. 68 S. [D., E., L.].

219. CHINA

1. A u r i c h, Ursula: China im Spiegel der dt. Lit. des 18. Jhs. Berlin 1935. 174 S. (GSt. 169, Diss. München. Repr. Nendeln 1967). – R.: E. Rose, GR. 12 (1937), S. 70–72; E. H. v. Tscharner, DLZ. 57 (1936), Sp. 1882.
2. T s c h a r n e r, Eduard Horst v.: China in der dt. Dichtung bis zur Klassik. München 1939. 126 S. [Vom Barock an]. Auch in: Sinica 9 (1934), S. 8–31, 50–77, 185–98, 269–80; 12 (1937), S. 91–129, 181–207. – R.: W. Baumgart, ZfdPh. 65 (1940), S. 103; E. Beutler, DLZ. 62 (1941), Sp. 546–49; G. H. Danton, GR. 14 (1939), S. 222–24; W. Müller, Litbl. 61 (1940), Sp. 210f.; H. Rosenfeld, AfdA. 59 (1940), S. 31f.
3. R o s e, Ernst: China und die Spätromantik. In: Dt. Kultur im Leben d. Völker 15 (1940), S. 236–49.
4. S e l d e n, Elizabeth: China in German poetry from 1773 to 1833. Berkeley 1942. (Univ. of California Publ. in Modern Philology 25 (1942) Nr. 3, S. 141–316). – R.: G. H. Danton, MLQ. 4 (1943), S. 258f.; E. Rose, GR. 18 (1943), S. 228f.; A. E. Zucker, JEGPh. 42 (1943), S. 450f.
5. R o s e, Ernst: China as a symbol of reaction in Germany, 1830–1880. In: Comp. Lit. 3 (1951), S. 57–76.
6. R o s e, Ernst: China in der dt. Lit. In: Wirkendes Wort 5 (1954/55). S. 347–56.
7. H a m m i t z s c h, Horst: Ostasien und die dt. Lit. In: Dt. Philologie im Aufriß. III. ^{2}1960, Sp. 599–612.
8. B a l k e, Diethelm: Orient und orientalische Literaturen. In: RL. II. ^{2}1965, S. 816 bis 69. [China S. 858–66].
9. I m m o o s, Thomas: Das Chinabild der Romantik. In: Doitsu Bungaku 37 (1966), Oktober S. 49–58.

220. CHOPIN, FRÉDÉRIC

1. B ö h m e, Erdmann Werner: Friedrich Chopin als Motiv in der deutschsprachigen schöngeistigen Lit. (Bühnenwerke, Roman, Novelle u. Lyrik). Niederdollendorf a. Rh. 1960. 9, III S. (Masch. vervielf.). u. in: Chopin-Jb. 1970, S. 209–20.
2. S ł u g o c k a, Ludmila: Fryderyk Chopin in der dt. Lyrik. In: Mickiewicz-Blätter 14 (1969), S. 8–25.

221. CHRISTENTUM s. a. HIMMLISCHES JERUSALEM

1. S c h ö n b a c h, Anton E.: Das Christentum in der altdeutschen Heldendichtung. 4 Abhandlungen. Graz 1897. 266 S. [Mhd. Zeit].
2. F o e r s t e r, Erich: Das Christentum der Zeitgenossen. In: Zs. f. Theologie u. Kirche 9 (1899), S. 1–96. [Bes. S. 53–96].
3. B e t z, Louis Paul: Das Christentum (Bibel, Religion, Kirche, Legenden) in der Literatur. III. In der dt. Lit. In: StVLG. 3 (1903), S. 309–313. [B.: 128 T.].
4. D u r i e z, Georges: La théologie dans le drame religieux en Allemagne au moyen âge. Thèse Lille 1914. 645 S.
5. S c h e n k h e l d, Elisabeth: Die Religionsgespräche der dt. erzählenden Dichtung bis zum Ausgang des 13. Jhs. Diss. Marburg 1930. 124 S.
6. B e c h e r, Hubert: Germanisches Heldentum und christlicher Geist. Die Auseinandersetzung von Heidentum und Christentum in der Lit. der germanischen Frühzeit. Freiburg i. Br. 1934. 81 S.
7. M u l o t, Arno: Frühdeutsches Christentum. Die Christianisierung Deutschlands im Spiegel der ältesten dt. Dichtung. Stuttgart 1935. 149 S.

8. Rublack, M.: Evangelisches Christentum im Roman der Gegenwart. In: Herrenhut 72 (1939), S. 151–54.
9. Buttell, Marie Pierre: Religious ideology and Christian humanism in German cluniac verse. Washington 1948. 289 S. (The Catholic University of America Studies in German 21), [1050–1150]. – R.: C. Selmer, GR. 24 (1949) S. 66f.
10. Grenzmann, Wilhelm: Das Bild des Christen in der Lit. der Gegenwart. In: StdZ. 154 (1953/54), S. 340–48. [A. a. L.].
11. Wanner, Paul: Über die programmatische Gestaltung des Christlich-Dogmatischen in der gegenwärtigen erzählenden Lit. und ihre Behandlung auf der Oberstufe. In: DU. 7 (1955), H. 1, S. 79–99.
12. Schade, Günter: Christentum und Antike in den dt. Troja-Epen des Mittelalters. Diss. FU. Berlin 1955. 255 Bl. (Masch.).
13. Wolf, Alois: Christliche Lit. des Mittelalters. Aschaffenburg 1958. 169 S. – R.: A. Moret, EG. 15 (1960), S. 273f.
14. Hohoff, Curt: Möglichkeiten geistlicher Dichtung. In: Hochland 51 (1958/59), S. 171–74.
15. Grenzmann, Wilhelm: Das Problem der christlichen Dichtung. Richtung und Motive. In: Was ist das Christliche in der christl. Lit? Studien u. Berichte der kath. Akademie in Bayern H. 12. München 1960, S. 11–48.
16. Hohoff, Curt: Was ist das Christliche in der christl. Lit.? In: Was ist das Christliche in der christl. Lit.? München 1960, S. 75–109.
17. Horkel, Wilhelm: Der christliche Roman heute. Eine Studie. München 1960. 28 S. [A. a. L.].
18. Giesecke, Hans: Christliches Erbe und lyrische Gestaltung. Eine kritische Bestandsaufnahme der christlichen Lyrik der Gegenwart. Leipzig 1961. 151 S.
19. Langgässer, Elisabeth: Das Christliche der christlichen Dichtung. Freiburg i. Br. 1961. 114 S.
20. Grenzmann, Wilhelm: Über die Probleme der christlichen Dichtung. In: DU. 15 (1963), H. 4, S. 25–39.
21. Kranz, Gisbert: Christliche Literatur in dt. Sprache. In: –: Christliche Lit. der Gegenwart. Aschaffenburg ²1963, S. 9–54.
22. Roß, Werner: Christliche Elemente in der zeitgenössischen Lit. In: Hochland 61 (1969), S. 331–42.

222. CHRISTIAN VON BRAUNSCHWEIG – WOLFENBÜTTEL

1. Meyer-Rotermund, Kurt: Der „Tolle Christian" als literarische Figur. In: –: Wolfenbüttel und seine Literaten. Wolfenbüttel 1965, S. 9–16. [E., L.].

CHRISTUS s. *JESUS*

223. CLOWN

1. Usinger, Fritz: Die geistige Figur des Clowns in unserer Zeit. In: Abhh. der Akad. d. Wiss. u. Lit., Kl. d. Lit. Mainz 1964, Nr. 2. Wiesbaden 1964. 13 S. [A. a. L., z. T. in der Dichtung].

224. COBURG

1. Langbein, Heinrich: Das schöne Coburg. Dichterbesuche, Dichterstätten, Dichterstimmen. In: Bayerland 37 (1926), S. 9–13.

225. COLUMBUS s. a. *ENTDECKER UND ERFINDER*
1. L o e v i n s o n, Ermanno: Cristoforo Colombo nella letteratura tedesca. Roma 1893. 130 S. [D., L.].
2. W e t z e l, Ernst: Der Kolumbus-Stoff im dt. Geistesleben. Breslau 1935. 88 S. (Sprache u. Kultur d. german u. roman. Völker B, 13). [D., E., L.: 18.–20. Jh.: 37 T.]. – R.: R. Newald, Litbl. 58 (1937), Sp. 379f.
3. G l e i s, Paul G.: Columbus in forgotten German literature. In: The American German Review 9 (1942/43), S. 7–9. [L.: 16. u. 17. Jh.].
4. K o l u m b u s. In: Frenzel, StdW. 1970, S. 416–21. [A. a. L.].

226. CORDAY, CHARLOTTE
1. M i n o r, Margarete: Charlotte Corday in der dt. Dichtung. Diss. Wien 1909. 205 Bl. (Handschr.).
2. C o r d a y, Charlotte. In: Frenzel, StdW. 1970, S. 128–31. [A. a. L.].

227. CORIOLAN
1. C o r i o l a n. In: Frenzel, StdW. 1970, S. 131–33. [D., a. a. L.].

228. CORVEY
1. S c h w e r i n g, Julius: Dichtung und Sage in und um Corvey. In: –: Literarische Streifzüge u. Lebensbilder. Münster 1930, S. 307–15, 336f.
2. B e h r e n d, Fritz: Höxter-Corvey in Geschichte, Sage und Dichtung. In: –: Deutsche Studien. II. Vorträge u. Abhandlungen. Berlin 1937, S. 5–19. [Bes. S. 17–19].

229. CRESCENTIA
1. B a a s c h, Karen: Die Crescentialegende in der dt. Dichtung des MA. Stuttgart 1968. 249 S. (Diss. Hamburg, Germ. Abh. 20). – R.: H. J. Gernentz, DLZ. 91 (1970), Sp. 737–40. R. M. Kully, Wirkendes Wort 20 (1970), S. 69f.; H. J. Roon, DLZ. 91 (1970), S. 737–40.
2. C r e s c e n t i a. In: Frenzel, StdW. 1970, S. 133–36. [A. a. L.].
3. S t e i n, Peter: Die Crescentiageschichte der Kaiserchronik. In: –: Die Rolle des Geschehens in früher dt. Epik. Diss. Salzburg 1970, Bl. 386–480. (Masch.).

CROMWELL, OLIVER s. *KARL I., KÖNIG VON ENGLAND*

D

230. DACHBODEN
1. R o t h e - B u d d e n s i e g, Margret: Spuk im Bürgerhaus. Der Dachboden in der dt. Prosalit. als Negation der gesellschaftlichen Realität. Kronberg (Taunus) 1974. 269 S. (Diss. FU. Berlin, Skripten: Literaturwissenschaft 7).

231. DÄMONISCHES
1. S i e p e n, Bernhard: Dämonisches Menschentum in der neueren Dichtung. In: LE. 24 (1921/22), Sp. 65–69.

2. P o n g s, Hermann: Ein Beitrag zum Dämonischen im Biedermeier. In: Euph. NF. 36 (1935), S. 241–61. [E.].
3. F i s h e r, Rodney Winstone: Studies in the demonic in selected middle high German epics. Göppingen 1974. 245 S. (Diss. Cambridge 1968. GAG. 132).

232. DALMATIEN

1. M a t l, Josef: Ragusa (Dubrovnik) in der dt. Lit. In: Zs. f. dt. Geistesgesch. 2 (1936), S. 82–99. [S. 99: B.: 19 T.].

233. DAMIAN, HEILIGER

1. W i t t m a n n, Anneliese: Kosmas und Damian im Jesuitendrama des dt. Sprachraumes. In: Sudhoffs Archiv f. Gesch. d. Medizin u. d. Naturwiss. 41 (1957), S. 223–43.

DAMON UND PYTHIAS s. *FREUNDSCHAFT*

234. DAMPFSCHIFFAHRT

1. L e n n a r z: Die Anfänge der Rheindampfschiffahrt im Spiegel der dt. Dichtung. In: Geschichtsbll. f. Technik und Industrie 5 (1918), S. 83–5.

235. DANIEL

1. G e l l i n e k, Christian: Daniel's vision of four beasts in twelfthcentury German Lit. In: GR. 41 (1966), S. 5–26.
2. M a r s c h, Edgar: Biblische Prophetie und chronographische Dichtung. Stoff- und Wirkungsgeschichte der Vision des Propheten Daniel nach Daniel VII. Berlin 1972. 229 S. (Diss. Würzburg 1965.) PhStQ. 65. [12.–18. Jh.].

236. DANTE ALIGHIERI

1. S u l g e r - G e b i n g, Emil: Dante in der dt. Lit. des 15.–18. Jh. In: ZVLR. NF. 8 (1895), S. 221–53, 453–79; NF. 9 (1896), S. 457–90; NF. 10 (1897), S. 31–64. [Auch in dt. Dichtung].
2. S c h m i t t h e n n e r, Adolf: Dante in der dt. Lit. In: –: Aus Dichters Werkstatt. Stuttgart 1911, S. 63–113. [Auch in d. Dichtung].
3. G r ö s e l, Anton: Dantes Gestalt in der dt. Dichtung. Diss. Wien 1936. 166 Bl. (masch.).
4. N a u m a n n, Heinrich: Dante im dt. Schrifttum des 19. Jhs. In: Wiekendes Wort 21 (1971), S. 38–59. [Auch in d. Dichtung].

237. DANZIG

1. P o m p e c k i, Bruno: Danzig in der dt. Lit. der älteren Zeit. In: Ostdt. Mhe. 1 (1920), S. 15–19.
2. W i l m, Bruno: Danzig in der neueren dt. Dichtung. Danzig 1928. 22 S. (Heimatbll. d. Dt. Heimatbundes Danzig 5, 2).
3. D a n z i g. In: Luther, DtL. 1937, Sp. 135–40. [B.].
4. K i n d e r m a n n, Heinz: Danzig und das Weichselland als dichterischer Grenzraum. In: –: Kampf um die dt. Lebensform. Wien 1941, S. 326–62.
5. D a n z i g in der Erzählung. In: Kosch, LL. I. ²1949, S. 314f. [B.].
6. S i e g l e r, Hans Georg: Altdanziger Wohnkultur in literarischen Zeugnissen. In: Altdanziger Wohnkultur. Leer 1973, S. 29–43. [Auch in d. Dichtung].

238. DAPHNE

1. Ritter-Santini, Lea: Der goldene und der bleierne Pfeil. Die Wunde der Nymphe Daphne. In: Jb. d. Schillerges. 16 (1972), S. 659–88. [A. a. L.].

239. DAPHNIS

1. Daphnis. In: Frenzel, StdW. 1970, S. 139–141.

240. DARMSTADT

1. Esselborn, Karl: Darmstadt in der Dichtung. Darmstadt 1918. 42 S.
2. Zimmermann, Erich: Darmstadt im Buch. Ein Führer durch das Schrifttum über die Stadt und ihre Bürger. Darmstadt 1975. 228 S. [Darmstadt in der Dichtung: S. 87f., 185].

241. DASEINSENGE

1. Hahn, Karl Josef: Schwindender Horizont. Die literarische Spiegelung der Daseinsenge. In: Hochland 51 (1958/59), S. 424–37. [A. a. L.].

242. DAVID

1. Urbanek, Gisela: Die Gestalt König Davids in der dt. dramatischen Dichtung. Diss. Wien 1964. 285 Bl. (Masch.). [Mittelalter u. 16. Jh.].
2. David. In: Frenzel, StdW. 1970, S. 142–45. [A. a. L.].

243. DEKADENZ

1. Wien, Alfred: Das Dekadenzproblem. In: –: Die Seele der Zeit in der Dichtung um die Jahrhundertwende. Leipzig 1921, S. 202–13.
2. Wille, Werner: Studien zur Dekadenz in Romanen um die Jahrhundertwende. Diss. Greifswald 1931. 214 S.
3. Eickhorst, William: Significant types of decadent characters in modern German fiction. Abstract of a thesis of the Univ. of Illinois, Urbana 1946, 25 S.
4. Eickhorst, William: Dekadenz in der neueren dt. Prosadichtung. Delmenhorst 1953. 221 S. (Diss. Univ. of Illinois, Urb. 1946). Auch u. d. T.: Decadence in German fiction, Denver 1953, 179 S. [E.: 169 T.]. – R.: C. Hammer, GR. 29 (1954), S. 305–07; A. R. Neumann. MDU. 47 (1955). S. 117; Th. A. Riley, GQu. 27 (1954), S. 132.
5. Martini, Fritz: Dekadenzdichtung. In: RL. I. ²1958, S. 223–29. [A. a. L.].
6. Majut, Rudolf: Der Problemkreis des „dekadenten" Menschen und des Künstlers. In: Dt. Philologie im Aufriß. II. ²1960, Sp. 1554–74.
7. Frodl, Hermann: Die dt. Dekadenzdichtung der Jahrhundertwende. Wurzeln, Entfaltung, Wirkung. Diss. Wien 1963. 352 Bl. (Masch.). [D., E., L.].

DELILA s. *SIMSON*

244. DEMETRIUS

1. Gottschall, Rudolf von: Dramaturgische Parallelen 3. Die Demetrius-Dramen. In: –: Studien zur neuen dt. Lit. Berlin ²1892, S. 95–133.
2. Popek, Anton: Der falsche Demetrius in der Dichtung mit bes. Berücksichtigung Schillers und seiner Fortsetzer. H. 1–3. Progr. Linz 1893–95. – R.: H. Unbescheid, ZDU. 9 (1895), S. 623–25, 639–41.

3. F l e x, Walter: Die Entwicklung des tragischen Problems in den dt. Demetriusdramen von Schiller bis auf die Gegenwart. Diss. Erlangen 1912. 139 S.
4. M e y e r, Lucie: Der falsche Demetrius in der dt. Dichtung. Diss. Wien 1927. 152 Bl. (masch.).
5. E r l e r, Otto: Marfa-Demetrius. Eine Studie. Leipzig 1930. 38 S.
6. S c h ü c k i n g, Julius Lothar: Demetrius-Dramen. In: Das dt. Drama in Geschichte u. Gegenwart 7 (1935), S. 32–71.
7. S c h l e p p n i k, Elisabeth: Das dt. Demetriusdrama des 20. Jhs. Diss. Wien 1951. 268 Bl. (Masch.).
8. S a l g a l l e r, Emanuel: The Demetrius-Godunof theme in the German and Russian drama of the twentieth century. Diss. Univ. of New York 1956. 446 S. DA. 16 (1955/56), S. 1257 f.
9. D e m e t r i u s. In: Frenzel, StdW. 1970, S. 145–48. [D.: 19. u. 20. Jh., a. a. L.].
10. K r a f t, Herbert: Schillers „Demetrius" als Schicksalsdrama. Mit B. „Demetrius in der Dichtung". In: Festschr. für Fr. Beißner. Bebenhausen 1974 S. 226–36.

245. DEMUT

1. S c h w i e t e r i n g, Julius: The origins of the medieval humility formula. In: PMLA. 69 (1954), S. 1279–91.
2. S c h w i e t e r i n g, Julius: Die Demutsformel mhd. Dichter. In: –: Philologische Schriften. München 1969, S. 140–215 u. 438–49. (Zuerst Berlin 1921. 89 S. Repr. Göttingen 1970.).
3. W i s n i e w s k i, Roswitha: Demut und Dienst in einigen dt. Texten des 8.–11. Jhs. In: Mediaevalia litteraria. Festschr. f. H. de Boor. München 1971, S. 55–66. [Dienst für Gott].

246. DETEKTIV s. a. VERBRECHER

1. L u d w i g, Albert: Der Detektiv. In: LE. 21 (1918/19), Sp. 193–203. [A. a. L.].

247. DEUS EX MACHINA

1. L e f è v r e, Manfred: Der deus ex machina in der dt. Lit. Untersuchungen an Dramen von Gryphius, Lessing und Goethe. Diss. FU. Berlin 1968. 267 S.

248. DEUTSCHER MICHEL

1. H a u f f e n, Adolf: Geschichte des dt. Michel. Prag 1918. 95 S. [D., E., L.].
2. K r e f t i n g, Achim: St. Michael und St. Georg in ihren geistesgeschichtlichen Beziehungen. Jena 1937. 97 S. (Dt. Arbeiten d. Univ. Köln 14). [Z. T. auch in dt. Lit.].
3. G r o t e, Bernd: Der deutsche Michel. Ein Beitrag zur publizistischen Bedeutung der Nationalfiguren. Dortmund 1967. 89 S. (Dortmunder Beitr. z. Zeitungsforschung 11). [D., E., L.: 16.–20. Jh.; als Spottfigur].

249. DEUTSCHER ORDEN s. a. DANZIG, HEINRICH VON PLAUEN, MARIENBURG, RITTERORDEN, DEUTSCHER

1. H e r b s t, Walter: Der Deutsche Orden in der Dichtung. In: Dt. Adelsblatt 54 (1936), S. 1588–90.

DEUTSCH-FRANZÖSISCHER KRIEG s. KRIEG

250. DEUTSCHLAND s. a. *GESAMTDEUTSCHER GEDANKE, GESCHICHTE, REVOLUTION*
   1. O s w a l d, Franz: Die dt. Lande im Gedicht und im Bilde. In: DV. 22 (1920), S. 275–79.
   2. H a l b a c h, Kurt Herbert: Der dt. Mensch in der staufischen Dichtung. In: ZDK. 49 (1935), S. 531–43.
   3. F r e n z e n, Wilhelm: Germanienbild und Patriotismus im Zeitalter des dt. Barock. In: DtVjs. 15 (1937), S. 203–19. [Überblick].
   4. C y s a r z, Herbert: Das deutsche Schicksal im deutschen Schrifttum. Ein Jahrtausend Geisteskampf um Volk u. Reich. Leipzig 1942. 73 S.
   5. L e v i n s t e i n, Kurt: Deutsches Wesen im Spiegel klassischer Dichtung. In: Berliner Hefte 1 (1946), S. 421–28. [12.–19. Jh.].
   6. J o h n s o n, Hildegard Binder: Geography in German lit. In: GQu 24 (1951), 230–38.
   7. Z a k, Eduard: Deutschland in unserer Lyrik. In: Neue dt. Lit. 7 (1959), S. 290–98. [Seit 1942].
   8. O s t e r l e, Heinz Dieter: Die Deutschen im Spiegel des sozialkritischen Romans der Emigranten 1933–1950. 1. 2. Diss. Brown Univ. 1964. 617 S. DA. 25 (1964/65), S. 4705 f.
   9. I h l e n f e l d, Kurt: Noch spricht das Land. Eine ostdeutsche Besinnung. Hamburg 1966. 174 S. [DDR].

251. DEUTSCHLANDLIED
   1. G e r s t e n b e r g, Heinrich: Deutschland über alles! Vom Sinn und Werden der dt. Volkshymne. München 1933. 140 S.
   2. G ü n t h e r, Ulrich: ... über alles in der Welt? Studien zur Geschichte und Dialektik der dt. Nationalhymne. Neuwied 1966. 203 S.

252. DEVRIENT, LUDWIG
   1. D i c h t u n g um Devrient. In: Goedeke Bd. 11, 1. ²1951, S. 100. [B.].

253. DIAMANT
   1. K l i n k h a r d t, Friedrich: Die Edelsteine und insbesondere der Diamant im Spiegel der Poesie. In: ZDU. 19 (1905), S. 440–47. [L.].
   2. L u d w i g, Albert: Motivstudien zur neueren Literaturgeschichte 1. Edelsteine in moderner Dichtung. Progr. Realgymnasium i. E. Berlin-Lichtenberg 1913, S. 3–16. [A. a. L.].

254. DICHTER (Allgemein)
   1. D u b i t z k y, Franz: Dichter und Tondichter als Opernhelden. In: BuW. 14,1 (1911/12), S. 173–80. [A. a. L.].
   2. H a t v a n y, Ludwig: Künstlerroman, Künstlerdrama. In: März 7 (1913), S. 345 bis 50. [Allg. Betrachtung, a. a. L.].
   3. P o r t e r f i e l d, Allen Wilson: Poets as heroes of epic and dramatic works in German literature. In: MPhil. 12 (1914/15), S. 65–99, 297–311. [350 T., a. a. L.].
   4. M ü l l e r - F r e i e n f e l s, Richard: Der Dichter in der Lit. In: LE. 18 (1915/16), Sp. 1105–12.
   5. L u d w i g, Albert: Noch einmal: Deutsche Dichter im Roman. In: LE. 20 (1917/18), Sp. 1446–1452.

6. O s t r o p, Max: Deutsche Dichter im Roman. In: LE. 20 (1917/18), Sp. 1124 bis 1133; 21 (1918/19), Sp. 249–52, vgl. auch Sp. 60f., 125.
7. H ü b s c h e r, Arthur: Deutsche Dichter im Drama. In: LE. 25 (1922/23), Sp. 853–56.
8. H ü b s c h e r, Arthur: Deutsche Dichter im Roman. In: LE. 25 (1922/23), Sp. 314f.
9. R o s t o c k, Fritz: Mittelhochdeutsche Dichterheldensage. Halle 1925. 48 S. (Hermaea 15). – R.: J. Prestel, AfdA. 45 (1926), S. 20–26.
10. H u t t e n, Leonhard: Der Dichter in Roman und Drama. In: Dt. Journalistenspiegel 3 (1927), S. 613–15.
11. E c k e r t, Gerd: Dichter als Romangestalten. In: Das Dt. Wort. 12 (1936), S. 781 bis 85.
12. C a l m b e r g, Ernesta: Die Auffassung vom Beruf des Dichters im Weltbild dt. Dichtung zwischen Nietzsche und George. Diss. Tübingen 1937. 178 S. [Aufgabe des Dichters als Künders].
13. H a s h a g e n, Elfriede: Der Beruf des Dichters in den Anschauungen der Biedermeier-Zeit. Diss. Tübingen 1938. 138 S. [Auch in der Lit.].
14. K a l t h o f f, Eva: Das Literaturdrama. (Berühmte Dichter als Dramenhelden.) Mit bes. Berücks. des 19. Jhs. Diss. München 1941. 78 S. [B.: 420 T. zu 72 dt. Dichtern].
15. D i c h t e r, In: Luther, DtG. 1943, Sp. 251–62, 349–62. [B.].
16. S c h e i d e g g e r, Arnold: Gestalten der dt. Geistesgeschichte im dt. biographischen Roman des 20. Jhs. Diss. Zürich 1947. 65 S. [51 T.: 1907–1943].
17. C r u s i u s, Daniel R.: The poet in German poetry, 1600–1700. Diss. Univ. of Wisconsin 1951.
18. C r u s i u s, Daniel R.: The concept of the poet in Baroque literature. In: MDU. 47 (1955), S. 393–99.
19. W a l d e, Ingrid Barbara: Untersuchungen zur Literaturkritik und poetischen Kunstanschauung im dt. Mittelalter. Diss. Innsbruck 1961. 284 Bl. (Masch.). [Bes. Bl. 36–163].
20. T h i e l e, Herbert: Drei Gedichte über den Dichter. In: DU. 14 (1962), H. 3, S. 38–46.
21. W a n n a m a k e r, Patricia Walker: The call of the poet in modern German lit. as reflected in the writings of St. George, H. v. Hofmannsthal and R. M. Rilke. Diss. Louisiana State Univ. 1964. 208 S. DA. 25 (1964/65), S. 4710.
22. S c h l a f f e r, Heinz: Das Dichtergedicht im 19. Jh. Topos und Ideologie. In: Jb. d. Dt. Schillerges. 10 (1966), S. 297–335.
23. R a a b e, Paul: Lorbeerkranz und Denkmal. Wandlungen der Dichterhuldigung in Deutschland. In: Festschr. f. Kl. Ziegler. Tübingen 1968, S. 411–26.
24. D i c h t e r über Dichter in mhd. Lit. Hrsg. v. G. Schweikle. Tübingen 1970. 140 S. (Dt. Texte 12). [Vorwort S. X–XII, sonst Anthologie]. – R.: C. Lofmark, GLL. 26 (1972/73), S. 352; G. J. Oonk, Neoph. 57 (1973), S. 416f.; H. Reinitzer, Beitr. (Tüb.) 24 (1972), S. 293–96.
25. R a a b e, Paul: Dichterverherrlichung im 19. Jh. In: Bildende Kunst u. Lit. Frankfurt a. M. 1970, S. 79–101. [Z. T. in d. Dichtung].

255. DICHTKUNST

1. V i ë t o r, Karl: Die Kunstanschauung der höfischen Epigonen. In: Beitr. 46 (1922), S. 85–124.

256. DIDAKTIK

1. L o r e n z, Richard F. C.: Über das lehrhafte Element in den dt. Kunstepen der Übergangsperiode und der ersten Blütezeit. Diss. Rostock 1881. 51 S.
2. D i d a k t i s c h e R o m a n e. In: Goedeke, V, 2. Abt. ²1893, S. 486–500. [B.].
3. R e h m, Walther: Kulturverfall und spätmhd. Didaktik. In: ZfdPh. 52 (1927), S. 289–330.
4. G r o t e g u t, Eugene Kelson: The moral verse tale in eighteenth century German literature. Diss. Univ. of California, Berkeley 1959. [Mikrofilm.].
5. R i c h t e r, Werner: Lehrhafte Dichtung. In: RL. II. ²1959, S. 31–39.

257. DIDO

1. B a r g e t z i, Karl Franz: Dido in der Geschichte und in der Dichtung. Progr. Wien 1898. 16 S. [D.].
2. S e m r a u, Eberhard: Dido in der dt. Dichtung. Berlin 1930. 95 S. (SMDL. 9), (Diss. Breslau 1930). [D., E.: 12.–20. Jh.]. – R.: H. Michel, DLZ. 52 (1931), Sp. 305f.; F. Piquet, Revgerm. 22 (1931), S. 213; J. Schönemann, Phil. Wochenschr. 51 (1931), Sp. 981–85.
3. D i d o. In: Frenzel, StdW., 1970, S. 148–51. [D.: 16.–19. Jh., a. a. L.].

258. DIEB

1. Z o b e l t i t z, Fedor v.: Diebs-Komödien. Ein theatralischer Umblick. In: VelKlMhh. 22 (1907/08), S. 257–63.

259. DIEB VON BRÜGGE

1. M e i e r, Jürgen: Die mittelniederdt. Verserzählung „De deif van Brugge". Stoffgeschichtliche und sprachliche Untersuchung. Neumünster 1970. 192 S. (Diss. Hamburg, Sprache u. Schrifttum 7). [Vgl. A. Witte in Verf Lex. 1 (1933), Sp. 413f.].

260. DIENSTBOTE s. a. BEDIENTER, BOTE

1. H a b r d a, Maximilian: Die Dienstboten im österreichischen Volksstück. Diss. Wien 1913. 183 Bl. (Handschr.).
2. S c h u m p e l i c k, Martha: Dienstmädchen in der Lit. In: Frau u. Gegenwart 5 (1928), S. 3. [E.].
3. L e f f t z, Joseph: Die Dienstboten im Spiegel der elsässischen Lit. In: Elsaßland 15 (1935), S. 173–78. [16.–19. Jh.].

261. DIESSEITS

1. L i n k e, Hansjürgen: Zwischen Jammertal und Schlaraffenland. Verteufelung und Verunwirklichung des saeculum im geistlichen Drama des MA. In: ZfdA. 100 (1971), S. 350–70 und in: Dichtung, Sprache, Gesellschaft. Frankfurt a. M. 1971, S. 227–34.

262. DIETRICH VON BERN

1. A l t a n e r, Bruno: Dietrich v. Bern in der neueren Lit. Breslau 1912. 114 S. (Bresl. Beitr. 30). [18.–20. Jh.]. – R.: H. Bieber, LE. 15 (1912/13), Sp. 1081f.
2. B o o r, Helmut de: Das Attilabild in Geschichte, Legende und heroischer Dichtung. Bern 1932. 51 S. (Neujahrsbll. d. literar. Ges. Bern NF. 9). Repr. Darmstadt 1963.

3. Z i n k, Georges: Les légendes héroïques de Dietrich et d'Ermrich dans les littératures germaniques. Lyon 1950. 298 S. (Bibliothèque de la Société des Etudes Germaniques III). [A. a. L.].
4. J o n e s, George Fenwick: Dietrich von Bern as a literary symbol. In: PMLA. 67 (1952), S. 1094–1102, [13. Jh.].
5. L e s t e r, Conrad H.: Dietrich von Bern und Theoderich der Große in der dt. Lit. Diss. Univ. of California, Los Angeles 1955. 426 Bl. (Masch.). [19. Jh.].
6. P l ö t z e n e d e r, Gisela: Die Gestalt Dietrichs von Bern in der dt. Dichtung und Sage des frühen und hohen MA. Diss. Innsbruck 1057. 213 Bl. (Masch.).
7. P r e m e r s t e i n, Richard von: Dietrichs Flucht und die Rabenschlacht. Eine Untersuchung über die äussere und innere Entwicklung der Sagenstoffe. Gießen 1957. 267 S. (Beitr. z. dt. Philologie 15).
8. D i e t r i c h von Bern. In: Frenzel, StdW. 1970, S. 151–54.

263. DIKTATOR

1. D a w s o n, John Stephen: Interpretations of dictatorship in the works of certain modern German authors. Diss. Univ. of Toronto 1963. 202 S. DAI. 25 (1964/65), S. 1905–7. [E.].

264. DILETTANT

1. V a g e t, H. Rudolf: Der Dilettant. Eine Skizze der Wort- und Bedeutungsgeschichte. In: Jb. d. Dt. Schillerges. 14 (1970), S. 131–58.

265. DIONYSISCHES

1. W i e s m a n n, Louis: Das Dionysische bei Hölderlin u. in der dt. Romantik. Diss. Basel 1948. 149 S. (Basler Studien z. dt. Sprache u. Lit. 6).
2. B a e u m e r, Max L.: Das Dionysische. Entwicklung eines literarischen Klischees. In: Colloquia Germanica 1 (1967). S. 253–62.
3. B a e u m e r, Max L.: Die zeitgeschichtliche Funktion des Dionysischen Topos in der romantischen Dichtung. In: Gestaltungs- und Gesellschaftsgeschichte. Stuttgart 1969, S. 265–83.

266. DIRNE

1. J u n g, Gustav: Die Dirne in der neueren Lyrik. In: Archiv f. Menschenkunde 1 (1925/26), S. 276–80.
2. S c h m ä h l i n g, Walter: Die Dirne und die Stadt. In: –: Die Darstellung der menschlichen Problematik in der dt. Lyrik von 1890–1914. Diss. München 1962, S. 67–94.

267. DOLMETSCHEREI

1. W i e c h, Gertrud: Dolmetscherei in der weltlichen Epik des 12. Jhs. Diss. Tübingen 1952. 101 Bl. (Masch.).

268. DONAUMONARCHIE

1. P f i t z n e r, Konrad: Das Antlitz der Donaumonarchie im Spiegel der Dichtung Österreichs von 1866–1918. In: Der Ring 5 (1932), S. 631–33.

269. DONAUSCHIFFAHRT

1. N e w e k l o w s k y, Ernst: Die Schiffahrt und Flößerei im Raume der oberen Donau 2. Linz 1954, S. 343–401: Die Dichtung. [Auch in Volksdichtung].

270. DONAUWEIBCHEN

1. F l o e c k, Oswald: Das Donauweibchen. In: –: Die Elementargeister bei Fouqué u. anderen Dichtern der romantischen Zeit. Heidelberg 1909, S. 61–83. [Volksmärchenstoff].

271. DONAUWÖRTH

1. K ö n i g, Josef Walter: Donauwörth und seine Umgebung als literarisches Thema. In: –: Donauwörth im Spiegel der Literatur. Donauwörth 1968, S. 9–20.

272. DON CARLOS

1. L i e d e r, Frederick W. C.: The Don Carlos theme. In: Harvard studies and notes in philol. and lit. 12 (1930), S. 1–73 und in JEGPH. 9 (1910), S. 483–98. [Auch in dt. Lit. B.: 37 T.].
2. P h i l i p p II. von Spanien. In: Frenzel, StdW. 1970, S. 603–9. [A. a. L.].

273. DON JUAN

1. B a r t h e l, G. Emil: Don Juan. In: N. Lenaus sämtl. Werke. Hrsg. von G. E. Barthel Leipzig ²1883, S. 675–96. [A. a. L.].
2. F a r i n e l l i, A.: Don Giovanni. Note critiche. In: Gionale storico della letteratura italiana 27 (1896), S. 1–77, 254–326. [Mit Verzeichnis der dt. Don-Juan-Dichtungen].
3. E s c h e l b a c h, Hans: Über die dramatischen Bearbeitungen der Sage von Don Juan. In: Monatsbll. f. dt. Lit. 6 (1901/02), S. 128–33. [D.: 18. u. 19. Jh., a. a. L.].
4. G e n d a r m e d e B é v o t t e, Georges: La Légende de Don Juan. 1. Son évolution das la littérature des origines au romantisme. 2. Son évolution . . . du romantisme a l'époque contemporaine. 1. 2. Paris 1911. [Auch in dt. Lit.].
5. G u t m a c h e r, Erich: Der Don-Juan-Stoff im 19. Jh. In: BuW. 15, 1 (1912/13), S. 353–60.
6. K a l t n e k e r, Hans: „Don Juan" in der modernen Dichtung und Musik. In: Rh. MusThZtg. 15 (1914), S. 453–55, 472–74, 488–90, 505–07, 520–22. [D.].
7. H e c k e l, Hans: Das Don-Juan-Problem in der neueren Dichtung. Stuttgart 1915. 172 S. (Bresl. Beitr. NF. 47). – R.: W. Davids, Neoph. 2 (1917), S. 151–54; E. Sauer, Euph. Erg. H. 12 (1922), S. 453f.; A. v. Weilen, DLZ. 37 (1916), Sp. 2045f.
8. W i d m a n n, Wilhelm: Don Juans Bühnenwallen. In: Merker 7, 1 (1916), S. 121–131.
9. D a f f n e r, Hugo: Der Don-Juan-Typus. In: LE. 22 (1919/20), Sp. 1281–91. [A. a. L.].
10. R a n k, Otto: Die Don-Juan-Gestalt. In: Imago 8 (1922), S. 142–96.
11. E n g e l, Hans: Mozart in der philosophischen und ästhetischen Lit. In: Mozart-Jb. 1953. Salzburg 1954, S. 64–80. [Lit. zum Don-Juan-Stoff: S. 76f.].
12. S i n g e r, Armand Edwards: A bibliography of the Don Juan theme. Versions and criticism. Morgantown 1954. 174 S. [B. auch für dt. Lit.]. Erg. in: Philological Papers 10. Ser. 56 (1956), S. 1–36. Erweit. Neuausg. 1965. 370 S.
13. B ö h m e, Erdmann Werner: Mozart in der schönen Lit. In: Mozart-Jb. 1959, S. 165–87. (SA. u. d. T.: Mozart in der schöngeistigen Lit. Salzburg 1960. 27 S. [B.: D., E.: 18 T.].
14. D o n J u a n. In: Frenzel, StdW. 1970, S. 154–59. [A. a. L.].

15. G n ü g, Hiltrud: Don Juans theatralische Existenz. Typ und Gattung. München 1974. 260 S. (Diss. Köln 1971 u. d. T.: Die dramatische Intentionalität des Don Juan-Typs). [A. a. L.].

274. DON JUAN d'AUSTRIA

1. D o n J u a n d'A u s t r i a. In Frenzel, StdW. 1970, S. 160–65.

275. DON QUIJOTE

1. B e r g e r, Tjard W.: Don Quixote in Deutschland und sein Einfluß auf den dt. Roman (1613–1800). Diss. Heidelberg 1908. 102 S.
2. D o n Q u i j o t e. In: Frenzel, StdW. 1970, S. 165–67. [A. a. L.].

DOPPELEHE s. GLEICHEN, GRAF VON

276. DOPPELGÄNGER s. a. PERSÖNLICHKEITS-SPALTUNG

1. L u c k a, Emil: Verdoppelungen des Ich. In: PrJbb. Bd. 115 (1904), S. 54–83. [A. a. L.].
2. R a n k, Otto: Der Doppelgänger. In: Imago 3 (1914), S. 97–164. [A. a. L.].
3. R a n k, Otto: Der Doppelgänger. Eine psychoanalytische Studie. Wien 1925. 117 S. [A. a. L.]. – R.: E. Stern, Lit. 29 (1926/27), S. 555.
4. P o r i t z k y, J. E.: Austausch literarischer Formen und Stoffe in der Weltlit. III. Das Doppelgängermotiv. In: Lit. 31 (1928/29), S. 508–11.
5. F i s c h e r, Otokar: Dějiny dvojnika (Geschichte des Doppelgängers). In: –: Duše a slovo. Essaie. Praha 1929, S. 161–208. [A. a. L.].
6. K r a u s s, Wilhelmine: Das Doppelgänger-Motiv in der Romantik. Diss. München 1930. 130 S. (GSt. 99) Repr. Nendeln 1967. 143 S. – R.: J. F. A. Ricci, Revgerm. 24 (1933), S. 79–81.
7. T y m m s, Ralph: Doubles in literary psychology. Cambridge 1949. 126 S. [S. 28 bis 118; dt. Lit., 19. Jh.].
8. W a i n, Marianne: The double in romantic narrative: A preliminary study. In: GR. 36 (1961), S. 257–68.
9. U l f e r s, Friedrich: Untersuchungen zum Doppelgängermotiv in der dt. Lit. des 20. Jhs. Diss. New York Univ. 1968. 257 S. DAI. 29 (1968/69), S. 4024f. A.

277. DORF s. a. BAUER

1. S c h r ö d e r, Karl: Die höfische Dorfpoesie des dt. MA. In: Jb. f. Literaturgeschichte, hrsg. v. R. Gosche 1 (1865), S. 45–98.
2. H a l l g a r t e n, Robert: Die Anfänge der Schweizer Dorfgeschichte. Diss. München 1906. 97 S.
3. B i s c h o f f, Heinrich: Die dt. Dorfdichterinnen. In: LE. 8 (1905/06), Sp. 1127 bis 1137, 1276–84, 1481 f.
4. S t r a u ß u n d T o r n e y, Lulu v.: Die Dorfgeschichte in der modernen Lit. Leipzig 1906. 40 S. (Beitr. z. Literaturgesch. 7).
5. L ä s s e r, Louis: Die dt. Dorfdichtung von ihren Anfängen bis zur Gegenwart. Salzungen 1907. 141 S. [D., E., L: 11.–19. Jh.].
6. R ü d, Erwin: Die deutsche Dorfgeschichte bis auf Auerbach. Diss. Tübingen 1909. 63 S. [12.–19. Jh.].
7. R e h m, Walther: Dorfgeschichte. In: RL. I. 1925/26, S. 200–205.

8. K a l c h r e u t e r, Hermann: Dorfgeschichten im Unterricht. In ZDK. 40 (1926), S. 674–85.
9. A l t v a t e r, Friedrich: Wesen und Form der dt. Dorfgeschichte im 19. Jh. Berlin 1930. 204 S. (GSt. 88). [110 T.]. – R.: K. Vietor, Litbl. 53 (1932), Sp. 102–04.
10. Z a h l b r u c k n e r, Maria: Echte und unechte Dorfdichtung. Diss. Wien 1952. 173 Bl. (Masch.).
11. G r e i n e r, Martin: Dorfgeschichte. In: RL. I ²1958, S. 274–79.
12. D ö r p e r l i c h e D i c h t u n g. In: Wilpert SdL. 1969, S. 178f.
13. D o r f g e s c h i c h t e. In: Wilpert, SdL. 1969, S. 182f.
14. H e i n, Jürgen: Adalbert Stifter und die „Dorfgeschichte" des 19. Jhs. In: Stifter Institut. Viertelj.Schr. 21 (1972), S. 23–31.

278. DORNRÖSCHEN

1. S c h w a r z, Johanna Maria: Dornröschendichtungen. Diss. Wien 1940. 71 Bl. (Masch.).

279. DOROTHEA, HEILIGE

1. B u s s e, Lotte: Die Legende der hl. Dorothea im dt. Mittelalter. Diss. Greifswald 1930. 58 S.
2. B u s s e, Lotte: Dorothea. In: VerfLex. I. 1933, Sp. 448–52.

280. DRACHE

1. L ä m m e r m a n n, Ingeborg: Drachendarstellungen in Lit. und Kunst des MA. Diss. Wien 1968. 359 Bl. (Masch.) [In mhd. Epik].

281. DREIFALTIGKEIT

1. K e r n, Peter: Trinität, Maria, Inkarnation. Studien zur Thematik der dt. Dichtung des späteren MA. Berlin 1971. 293 S. (Diss. Bonn 1968, PhStQ. 55). [In Zusammenhang mit Menschwerdung Gottes].

282. DREI KÖNIGE, HEILIGE

1. K e h r e r, Hugo: Die heiligen drei Könige in Lit. und Kunst. 1. Bd. Leipzig 1908. 112 S. [Auch in dt. Dichtung].
2. F r e y b e, Albert: Der Dreikönigstag und seine Feier in der Kirche, in dt. Dichtung und Sitte. In: AELKZ. 42 (1909), Sp. 9–12, 29–35, 52f.
3. M i e s e n, Karl-Jürgen: Die Drei-Königen-Verehrung in der Lit. In: und sie folgten dem Stern. Das Buch der hl. Drei Könige. Köln 1964, S. 45–66. [A. a. L.].
4. M a s s e r, Achim: Die „Heiligen drei Könige". In: –: Bibel, Apogryphen und Legenden. Berlin 1969, S. 195–248.

283. DREI WÜNSCHE

1. R ö h r i c h, Lutz: Die drei Wünsche. In: –: Erzählungen des späten Mittelalters u. ihr Weiterleben in Lit. u. Volksdichtung bis zur Gegenwart. 1. Bern 1962, S. 62–79, 253–58.

DREISSIGJÄHRIGER KRIEG *s. KRIEG*

284. DRESDEN

1. B r a n d t, Otto H.: Dresden im Lichte der zeitgenössischen Literatur. In: Deutsche Kunstschau 2 (1925), S. 80–83. [E.: 19./20. Jh.].
2. D r e s d e n. In Luther, DtL. 1937, Sp. 151–56. [B.].
3. D r e s d e n in der Erzählung. In: Kosch, LL. I. ²1949, S. 373f. [B.].
4. D r e s d e n. In: Luther, LuL. 1954, Sp. 78–82. [B.].

285. DRITTES REICH (ZUKUNFTSREICH)

1. P e t e r s e n, Julius: Die Sehnsucht nach dem Dritten Reich in dt. Sage und Dichtung. Stuttgart 1934. 66 S. Erweiterter Abdr. aus DuV., NF. d. Euph. 35 (1934), S. 18–40, 145–82.
2. K u n z e, G.: Die Idee des Dritten Reichs in deutscher Sage und Dichtung. In: Deutsche Warte (Helsinki) 7 (1942), S. 33–35.

286. DSCHINGIS-CHAN

1. D s c h i n g i s - C h a n. In: Frenzel, StdW. 1970, S. 167–69.

DÜMMLING s. *SCHELM*

287. DÜRER, ALBRECHT

1. R o m a n o w s k i, Max: Albrecht Dürer in der erzählenden und dramatischen Literatur. In: Börsenbl. f. d. Dt. Buchh. 95 (1928), S. 262–66.
2. S c h ä f e r, M.: Dürer im biographischen Roman. In: Bücherei u. Bildungspflege 8 (1928), S. 413f. [6 T.].
3. S c h o t t e n l o h e r, Karl: Dürer in der Dichtung. In: —: Bibliographie zur dt. Geschichte ... 1517–85. I (1933), S. 202f. [B: 26 T.: D., E.].
4. A l l g ä u e r, Werner: Die Gestalt Dürers in der modernen dt. Lit. seit Wackenroder. Diss. Wien 1936. 222, 19 Bl. (Masch.).
5. W a e t z o l d t, Wilhelm: Dürers Gestalt in der deutschen Dichtung. In: Zs. d. dt. Ver. f. Kunstwissenschaft 3 (1936), S. 127–33.
6. D ü r e r, Albrecht. In: Frenzel, StdW. 1970, S. 169–72.
7. Albrecht D ü r e r in der Karikatur und in der Schönen Lit. Nürnberg 1971. 16 Bl. (Ausstellungskataloge der Stadtbibliothek Nürnberg 76).

288. DÜSSELDORF

1. S t o l z, Heinz: Düsseldorf. In: LE. 21 (1918/19), Sp. 902–08.
2. S t o l z, Heinz: Düsseldorf in der Dichtung. In: Düsseldorfer Dichter. Düsseldorf 1930, S. 1–16. Auch in: Hellweg 3 (1923), S. 686–8 u. in: Rheinische Heimatbll. 3 (1926), S. 261–63.
3. D ü s s e l d o r f. In: Luther. DtL. 1937, Sp. 158–61. [B.].
4. D ü s s e l d o r f in der Erzählung. In: Kosch, LLI. ²1949, S. 386f. [B.].

DUNKEL s. *HELL UND DUNKEL*

E

289. EBENE

1. P o s p i s c h i l, Siegfried: Studien zum Landschaftsgefühl der Ebene in der neueren dt. Dichtung. Diss. Wien 1924. 266 Bl. (Masch.). [19. Jh.].
2. G r o l m a n, Adolf v.: Die Ebene. Bemerkungen über ihr Wesen und ihre ästhetische Bedeutung in der dt. Lit. In: SchL. 29 (1928), S. 74–79.

EBERHARD I. IM BART s. *FÜRST UND FÜRSTENHOF*

290. ECHO

1. B o l t e, Johannes: Das Echo in Volksglaube und Dichtung. In: SBAKPhilHist-Kl. 1935, S. 262–88, 852–62. [A. a. L.].

291. ECKART, GETREUER

1. B i r k e n f e l d, Günther: Die Gestalt des treuen Eckart in der dt. Sage und Literatur. Diss. Berlin 1924. 150 Bl. (Masch.). [D., E., L.: 16.–20. Jh.].
2. E c k a r t, Der getreue. In: Frenzel, StdW. 1970, S. 172f. [16.–19. Jh.].

EDELSTEIN s. *DIAMANT*

292. EDLE EINFALT

1. S t a m m l e r, Wolfgang: „Edle Einfalt". Zur Geschichte eines kunsttheoretischen Topos. In: –: Wort und Bild. Berlin 1962, S. 161–90. Auch in: Worte u. Werte. Bruno Markwardt z. 60. Geburtstag. Berlin 1961, S. 358–82. [Edle Einfalt als Formel.].

293. EDUARD III., KÖNIG VON ENGLAND

1. L i e b a u, Gustav: König Eduard III. von England und die Gräfin von Salisbury. Dargest. in ihren Beziehungen nach Geschichte, Sage und Dichtung. Berlin 1900. 2015. 2. Ausg. u. d. T.: König Eduard III. von England im Lichte europäischer Poesie. Heidelberg 1901. 100 S. (AF. 6). [S. 99–121: 5 dt. T.]. – R.: A. L. Jellinek, ASNS. 109 (1902), S. 410–21.
2. E d u a r d III. von England. In: Frenzel, StdW., 1970, S. 174–77. [D.: 16.–19. Jh., sonst a. a. L.].

294. EGERLAND s. a. *OBERPFALZ*

1. J o h n, Alois: Die Landschaft des Egerlandes in der Dichtung. In: Unser Egerland 30 (1926), S. 81–85, 98–100. [L.].
2. S c h o p f, Karl: Das Egerland in der dt. Lit. In: Heimatbildung 13 (1932), S. 253–57.

295. EGINHARD UND EMMA

1. V a r n h a g e n, Hermann: Eginhard und Emma. Eine dt. Sage und ihre Geschichte. In: ALG. 15 (1887), S. 1–20, Nachtr. S. 449–51. [D., L.].

2. M a y, Heinrich: Die Behandlungen der Sage von Eginhard und Emma. Berlin 1900. 130 S. (FNLG. 16). [A. a. L.]. − R.: A. L. Jellinek, AfdA. 28 (1902), S. 260−65; K. Reuschel, Euph. 8 (1901), S. 727−34; C. Voretzsch, DLZ. 23 (1902), Sp. 2915−2918.

3. E g i n h a r d und Emma. In: Frenzel, StdW. 1970, S. 177−79. [D., L., bes. 18. u. 19. Jh., a. a. L.].

296. EHE s. a. EROTIK, FAMILIE, FRAU, LIEBE, MINNE

1. K a w e r a u, Waldemar: Lob und Schimpf des Ehestandes in der Lit. des 16. Jhs. In: PrJbb. 69 (1892), S. 760−781.
2. B o r n s t e i n, Paul: Die Ehe im modernen Roman. In: −: Der Tod in der modernen Lit. u. andere Essays. Leipzig 1900, S. 79−118.
3. B a r t h, Bruno: Liebe und Ehe im altfranzösischen Fablel und in der mhd. Novelle. Berlin 1910. 273 S. (Palaestra 97). − R.: K. Euling, DLZ. 35 (1914), Sp. 416−20.
4. K ö b n e r, Richard: Die Eheauffassung des ausgehenden dt. MA. In: AKultG. 9 (1911), S. 136−98, 279−318. [Z. T. auch in dt. Lit.].
5. K ö s s l e r, Brunhild: Das Eheproblem im dt. Roman des 19. Jhs. Diss. Wien 1952. 164 Bl. (Masch.).
6. P f e i f f e r - B e l l i, Wolfgang: Die Ehe in der Auffassung der Jahrhunderte. In: Begegnung 10 (1955), S. 374−78; 11 (1956), S. 5f. [A. a. L.].
7. B e c h e r, Hubert: Liebe und Ehe in der modernen Lit. Frankfurt a. M. 1959. 64 S. [A. a. L.].
8. M a j u t, Rudolf: Der Eheroman. In: Dt. Philologie im Aufriß. II. ²1960, Sp. 1692−96. [20. Jh.].
9. M e t z, Helmut: Die Entwicklung der Eheauffassungen von der Früh- zur Hochscholastik. Ein Beitrag zum Verständnis der religiösen Motive der Minne- und Eheproblematik in der mhd. Epik. Diss. Köln 1972. 228 S.
10. F a b e r, Birgitta Maria: Eheschließung in ma. Dichtung vom Ende des 12. bis zum Ende des 15. Jhs. Diss. Bonn 1974. 404 S.

297. EHEBRUCH

1. R o s e n k r a n t z, Karl: Die poetische Behandlung des Ehebruchs. In: −: Studien 1. Berlin 1839, S. 56−90. [A. a. L.].
2. B e r g e r, Wilhelm: Das Ehebruchsmotiv im älteren dt. Drama. Diss. Würzburg 1912. 124 S. [15., 16. Jh.].
3. D e l t g e n, Matthias: Der Hahnrei. Versuch der Darstellung eines komischen Typus im dt. Lustspiel des 17. und 18. Jh. Diss. Köln 1966. 256 S.

298. EHRE

1. E m m e l, Hildegard: Das Verhältnis von êre und triuwe im Nibelungenlied und bei Hartmann und Wolfram. Frankfurt a. M. 1936. 66 S. (Frankf. Quellen u. Forschungen 14).
2. R e i n e c k e, Helmuth: Untersuchungen zum Ehrbegriff in den dt. Dichtungen des 12. Jhs. bis zur klassischen Zeit. Diss. München 1937. 57 S.
3. P o n g s, Hermann: Soldatische Ehre in der Dichtung der Gegenwart. In: DuV. 42 (1942), S. 89−129.
4. G r i m m e r, Hilde: Das Problem „Ehre" in der dramatischen Dichtung von Lessing bis Hebbel. Diss. Wien 1943. 302 Bl. (Masch.).
5. P o n g s, Hermann: Ehre und Liebe in der Novelle. In DuV. 43 (1943), S. 107−30. [Kleist, Goethe, Gotthelf, Keller, Strauß, Binding].

6. J o n e s, George Fenwick: Honor in German literature. Chapel Hill 1959. 208 S. (Univ. of North Carolina Studies in the Germanic languages and lit. 25). [D., E.: 8.–19. Jh.]. – R.: R. Hargreaves, MLR. 56 (1961), S. 448f.; G. Must, GR (1961), S. 313–15.
7. M a u r e r, Friedrich: Die Ehre im Menschenbild der dt. Dichtung um 1200. In: Geschichte, Deutung, Kritik. Lit. wiss. Beitr. z. 65. Geburtstag W. Kohlschmidts. Bern 1969, S. 30–44 und in: –: Dichtung u. Sprache des MA. Bern ²1971, S. 406–20.
8. S c h m i d t - D e n g l e r, Wendelin: Ehre und Melancholie im Drama des Sturm und Drang. In: Sprachkunst. Beiträge zur Literaturwissenschaft. 3 (1972), S. 11–30. [D., E.].

299. EIBE

1. K r o n f e l d, E. M.: Die Eibe. In: –: Der Weihnachtsbaum. Botanik und Geschichte des Weihnachtsgrüns 2. Aufl. Oldenburg [um 1906], S. 75–83.

300. EICHE

1. L i e b e s k i n d, Fritz: Die „Dicke Eiche" bei Ilmenau im Schrifttum und in der Malerei. In: Thüringer Mhe. „Pflüger" 6 (1929), S. 112–16.

301. EIFEL

1. H e y d i n g e r, Johann Baptist Wendelin: Die Eifel. Geschichte, Sage, Landschaft u. Volksleben im Spiegel dt. Dichtung. Kolberg 1853. 552 S. (Vorwort S. V–XX).
2. Z e n d e r, M.: Die Eifel in Sage und Dichtung. Eine poetische Wanderung durch das schöne Eifelland. Trier 1900. 292 S. [E., L.].
3. G o t z e n, Josef: Eifel [in der dt. Literatur]. In: Rheinlandkunde II. Düsseldorf 1926, S. 132–34. [B.: 54 T.: E.].

EINFALT s. *EDLE EINFALT*

302. EINHEITSGEDANKE

1. B e c k e r, Johanna: Der Einheitsgedanke bei den schwäbischen Dichtern der vierziger Jahre. Diss. Münster 1923. 143 B. (Masch.).

303. EINHORN

1. C o h n, Karl: Zur literarischen Geschichte des Einhorns. 2 Teile. Berlin 1896/97. 30, 29 S. (Wiss. Beil. z. Jahresber. d. 11. Städt. Realschule zu Berlin). [Z. T. in mhd. Dichtung].
2. A l b e r t, P.: Die Einhornjagd in der Lit. und Kunst des MA., vornehmlich am Oberrhein. In: Schauins-Land 24 (1897), S. 68–88.
3. B e e r, Rüdiger Robert: Das wirkliche Einhorn. In: –: Einhorn. Fabelwelt und Wirklichkeit. München 1972, S. 194–204. [A. a. L.].

304. EINSAMKEIT s. a. *WALDEINSAMKEIT, WELTFLUCHT*

1. H e i l b o r n, Ernst: Das Motiv der Vereinsamung in neuesten Romanen. In: Lit. 27 (1924/25), S. 80f.
2. R e h m, Walther: Der Dichter und die neue Einsamkeit. In: ZDK. 45 (1931), S. 545–65 und Göttingen 1969, S. 7–33. [A. a. L.].

3. M a d u s c h k a, Leo: Das Problem der Einsamkeit im 18. Jh., im bes. bei J. G. Zimmermann. Diss. München 1932. 123 S. (FNLG. 66). [Auch in der Dichtung].
4. S t e i n d e c k e r, Werner: Studien zum Motiv des einsamen Menschen bei Novalis und Tieck. Diss. Breslau 1937. 81 S. (Sprache u. Kultur d. germ. u. rom. Völker. B. 19). [Auch im 18. u. 19. Jh.].
5. W o n d e r l e y, A. Wayne: The concept of seclusion in German lit. and its cultural background in the 18th century. In: JEGPH. 47 (1948), S. 254–65.
6. F i c h t e, Christa: Das Erlebnis der inneren Einsamkeit von der romanischen Mystik bis zur deutschen Empfindsamkeit. Diss. Köln 1954. 200 Bl. (Masch.).
7. G r o n i c k a, André v.: Das Motiv der Einsamkeit im modernen dt. Drama. In: GQu. 27 (1954), S. 12–24.
8. H u n z i k e r, Fritz: Das Einsamkeitserlebnis in der zeitgenössischen Lyrik der dt. Schweiz. Winterthur 1957. 195 S. (Diss. Fribourg).
9. K ö l b e l, Gerhard: Über die Einsamkeit. Vom Ursprung, Gestaltwandel und Sinn des Einsamkeitserlebens. München 1960. 247 S. [E., L.: 19. u. 20. Jh.].
10. J o r d a n, Gilbert J: Das Motiv der Einsamkeit in der modernen dt. Lyrik. In: Studien in German Lit. Louisiana 1963, S. 95–106.
11. M ö h r m a n n, Renate: Der vereinsamte Mensch. Studien zum Wandel des Einsamkeitsmotivs im Roman von Raabe bis Musil. Diss. City Univ. of New York 1972. 302 S. DAI. 33 (1972/73), S. 1175 A. Bonn 1974. 199 S. (Abhh. z. Kunst-, Musik- u. Litwiss. 149).

305. EINSIEDLER

1. G o l z, Bruno: Wandlungen literarischer Motive. Leipzig 1920. 94 S. (Arbeiten zur Entwicklungspsychologie 4). [S. 18–94: Die Legenden von den „Altvätern"]. – R.: R. Petsch, ZDK. 35 (1921), S. 412–20; E. Sauer, Euph. 25 (1924), S. 259f.
2. F i t z e l l, Henry John: The hermit in German literature (from Lessing to Eichendorff). Chapel Hill 1961. 130 S. (Univ. of North Carolina Studies in the Germanic languages and lit. 30). Diss. Princeton Univ. 1954. 214 S. DA. 14 (1954), S. 2344f. – R.: W. Hecht, Germanistik 3 (1962), S. 258f.; C. A. Bernd, GQu. 36 (1963), S. 183–85.
3. F i n k, Gonthier-Louis: L'ermite dans la littérature allemande. In: EG. 18 (1963), S. 167–99. [D., E., L.: 12.–19. Jh.].
4. G r u n d m a n n, Herbert: Deutsche Eremiten, Einsiedler und Klausner im Hochmittelalter (10.–12. Jh.). In: AKultG. 45 (1963), S. 60–90. [In ritterlich-höfischer Dichtung S. 83–90].
5. M i l l s, Edgar: Die Geschichte der Einsiedlergestalt. Vom ma. Epos über Barock und Empfindsamkeit bis zum Roman der Romantik. Wien 1968. 99 S. (Diss. New York Univ. 1964. 122 S.) DAI. 27 (1966/67) S. 3845.
6. S c h ö n h a a r, Rainer: Pikaro und Eremit. Ursprung und Abwandlungen einer Grundfigur des europ. Romans vom 17. ins 18. Jh. In: Dialog. Festgabe f. J. Kunz. Berlin 1973, S. 43–94. [A. a. L.].

306. EISEN

1. H e l l e r, Franz Friedrich: Lob des Eisens. Ein Mosaik der Weltliteratur. Düsseldorf 1965. 207 S. [Auch in dt. E. und L., 13.–20. Jh.].

307. EISENBAHN s. a. POST, TECHNIK

1. B r e u c k e r, Fritz: Die Eisenbahn in der Dichtung. In: ZDU. 25 (1911), S. 305 bis 324 [L.].

2. Z i m m e r m a n n, Felix: Die Eisenbahn in Lyrik, Epik und Drama. In: –: Die Wiederspiegelung der Technik in der dt. Dichtung von Goethe bis zur Gegenwart. Dresden 1913, S. 124–30.
3. P o e t h e n, Wilhelm: Das Vordringen der Eisenbahn und die dt. Dichtung. In: ZDK. 35 (1921), S. 108–22.
4. E i s h e u e r, Peter Hermann und Margot O s t l e r: Eisenbahn und Dichtung. Berlin 1930. 66 S.

308. EKSTASE

1. B ö s c h e n s t e i n, Bernhard: Ekstase, Maß und Askese in der dt. Dichtung. In: –: Studien zur dt. Dichtung des Absoluten. Freiburg i. Br. 1968, S. 83–101. [L.: 17.–20. Jh.].

309. ELBERFELD

1. S e i t z, F.: Elberfeld in Dichtungen des 17. Jhs. In: Mschr. des Bergischen Geschichtsvereins 1910, S. 117–19.

310. ELEKTRA s. a. AGAMEMNON

1. H e i n e m a n n, Karl: Elektra. In: –: Die tragischen Gestalten der Griechen in der Weltlit. I. Leipzig 1920, S. 79–100. (Das Erbe d. Alten NF. 3).

311. ELEMENTARGEISTER

1. F l o e c k, Oswald: Die Elementargeister bei Fouqué und anderen Dichtern der romantischen und nachromantischen Zeit. Heidelberg 1909. 107 S. Auch Progr. Bielitz 1909, 1910. S. 1–48, 49–110. (Diss. Wien 1905, handschr.).
2. P u c k e t t, Hugh Wiley: Elementargeister as literary characters in the Middle-High-German epic. Menasha, Wisconsin 1916. 42 S. und in: JEGPh. 15 (1916), S. 177–212.
3. H a u p t, Julius: Zum romantischen Motiv des Elementargeistes. In: Der Gral 17 (1922/23), S. 463–65.
4. H a u p t, Julius: Elementargeister bei Fouqué, Immermann und Hoffmann. Leipzig 1923. 123 S. – R.: J. Dresch, Revgerm. 4 (1924), S. 469; R. v. Schaukal, LitHdw. 1925, Sp. 213f.
5. B ä u e r l e, Dorothea: Elementargeister. In: –: Das nach-romantische Kunstmärchen in der dt. Dichtung. Diss. Heidelberg 1937, S. 22–93.
6. F i n k, Gonthier-Louis: Goethes „Neue Melusine" und die Elementargeister. In: Goethe NF. 21 (1959). S. 140–51.

312. ELEMENTE

1. J a e c k l e, Erwin: Geist und Geister der Elemente. In: –: Signatur der Herrlichkeit. Sechs Vorträge zur Natur im Gedicht. Zürich 1970, S. 35–53. [A. a. L.].

313. ELEUSIS

1. R o s t e u t s c h e r, Joachim: Goethe, Hegel, Schelling, Schiller, Hölderlin und die Mysterien von Eleusis. In: Acta Germanica 2 (1968), S. 11–19. [Verwandlung des Demeter-Mythos in d. Dichtung seit 1776].

ELFENBEINERNER TURM s. ISOLIERTER

314. ELFRIDE VON ANGELSACHSEN

1. S c h m i d t, Erich: Elfride-Dramen. In: —: Charakteristiken. 1. Reihe Berlin ²1902. S. 441—54. [Gemahlin König Edgars von England, 10. Jh.].
2. W e i ß, Felicitas: Elfride im dt. Drama. Diss. Wien. 1932. 194 Bl. (Masch.).
3. E l f r i e d e von Angelsachsen. In: Frenzel, StdW. 1970, S. 179f. [A. a. L., in dt. Lit.: 18. u. 19. Jh.].

315. ELISABETH, HEILIGE

1. Z u r b o n s e n, Friedrich: Die heilige Elisabeth von Thüringen in der neueren dt. Poesie. Stuttgart 1900. 121 S.
2. K r a p p, Lorenz: Das Bild der hl. Elisabeth in der neueren Dichtung. In: Die christl. Frau 6 (1907/08), S. 58—65. [D., L.].
3. S e p p e l t, Franz Xaver: Die heilige Elisabeth in Kunst und Dichtung. In: Hochland 5, 1 (1907/08), S. 175—86.
4. G r u n e n b e r g, Hildegard: Die heilige Elisabeth in der dramatischen Dichtung. Diss. Münster 1928. 65 S.
5. B a c h m a n n, Heinrich: St. Elisabeth in Spiel und Drama. In: Sankt Elisabeth. Festschr. z. Elisabeth-Jubiläum. Paderborn 1931, S. 18f., 24.
6. E m m e r i c h, Alex: St. Elisabeth in der dt. Dichtung. In: Sankt Elisabeth. Festschr. z. Elisabeth-Jubiläum. Paderborn 1931, S. 16f., 24 und in: Christl. Welt 45 (1931), S. 1074—77. [Epen].
7. H e i l e r, Anne Marie: St. Elisabeth in Wissenschaft und Dichtung. In: Die Hochkirche 13 (1931), S. 359—66.
8. A u e r, Heinrich: Die hl. Elisabeth in der Lit. Zusammenstellung von 300 Büchern... Freiburg i. Br. 1932. 16 S. [Auch in der Dichtung. B.: 46 T.].
9. H a j a b a t s, Márta: Arpádházi szent Erzsébet hagyománya a német irodalomban. [Die hl. Elisabeth in d. dt. Lit.] Budapest 1938. 100 S. (Minerva-Könyvtár. 122). [Mit dt. Zusammenfassung].
10. M ü h l e n s i e p e n, Wilfried: Die Auffassung von der Gestalt der heiligen Elisabeth in der Darstellung seit 1795. Diss. Marburg 1949. 431 Bl. (Masch.). [D., E., L.].
11. S t a n n a t, Werner: Das Leben der hl. Elisabeth in drei mittelniederdt. Handschriften aus Wolfenbüttel und Hannover. Diss. Marburg 1953. 135 Bl. (Masch.). [Zur Stoffgeschichte: S. VI—XXII].
12. W o l f f, Ludwig: Die hl. Elisabeth in der Lit. d. MA. In: Hessisches Jb. f. Landesgesch. 13 (1963), S. 23—38.
13. E l i s a b e t h, die heilige. In: Frenzel, StdW. 1970, S. 181f. [D., E.: bes. 19. Jh.].

316. ELISABETH I., KÖNIGIN VON ENGLAND s. a. *ESSEX, GRAF VON*

1. M e i s e, Hildegard: Die Gestalt der Königin Elisabeth von England in der dt. Lit. Diss. Greifswald 1941. 113 S.
2. E l i s a b e t h von England. In: Frenzel, StdW. 1970, S. 182—88. [A. a. L.].

317. ELSASS UND LOTHRINGEN

1. W a l t e r, Joseph: Elsaß. In: —: Ville de Selestat. Catalogue général de la Bibliothèque municipale. Colmar 1920, S. 283—89. [D., E., L.: B.].
2. G o t z e n, Josef: Elsaß-Lothringen [in der dt. Literatur]. In: Rheinlandkunde II. Düsseldorf 1926, S. 126—28. [B.: 67 T.: E.].
3. S c h m i d l i n, August: Das Elsaß im Drama. In: Jb. d. Els.-Lothr. wiss. Ges. 1 (1928), S. 134—46.

4. S c h u l t z, Franz: Der dt. Elsaßroman jüngster Zeit. In: Elsaß-Lothringisches Jb. 9 (1930), S. 279–98, [20. Jh.].
5. E l s a ß. In: Luther, DtL. 1937, Sp. 171–74. [B.].
6. S c h o o f, Wilhelm: Deutsche Dichter und die elsässische Frage. In: Straßburger Mhe. 5 (1941), S. 133–142.
7. S p r e n g e l, Johann Georg: Elsaß und Lothringen im Roman von heute. In: ZDB. 18 (1942), S. 275–79.
8. F o r s t e r, Vincent: Das elsässische Kultur-Problem im dt. Schrifttum des Elsasses von 1900–1918. („Jüngstes Elsaß") Diss. München 1952. 141 Bl. (Masch.). [Auch in D. u. E.].

318. ELTERN

1. W i n t e r h o l e r, Hans: Eltern und Kinder in der dt. Lit. des 18. Jhs. Giessen 1924. 112 S. (GBDPh. 11, Diss. Giessen). [A. a. L.].
2. M ö b u s, Gerhard: Der Mißbrauch der Macht. In: –: Die Macht der Eltern. Berlin 1954, S. 51–79. [Macht d. Eltern über d. Seele d. Kindes bei Droste-Hülshoff, Grillparzer, Keller].

319. EMANZIPATION

1. A s c h k e n a z y, Amalie: Die Frauenbewegung im Spiegel des dt. Frauenromans in der 2. Hälfte des 19. Jhs. Diss. Wien 1924. 118 Bl. (Masch.).
2. G u n t r u m, Hedi: Die Emanzipierte in der Dichtung des Naturalismus. Diss. Gießen 1928. 79 S. [A. a. L.].
3. R e m m e r s, Käthe: Die Frau im Frühnaturalismus. Diss. Bonn 1931. 57 S.
4. S a l l e n b a c h, Heidi: George Sand und der dt. Emanzipationsroman. Diss. Zürich 1942. 169 S.
5. G w i g g n e r, Gerda: Die Probleme der Frauenbewegung im weiblichen Schrifttum der Zeit von 1880–1930. Diss. Wien 1948. 251 Bl. (Masch.).

320. EMIGRATION

1. K l i e n e b e r g e r, H. R.: The „innere Emigration". A disputed issue in twentieth century German lit. In: MDU. 57 (1965), S. 171–80.
2. I n n e r e E m i g r a t i o n. In: Wilpert, SdL. 1969, S. 355.
3. B r e k l e, Wolfgang: Die antifaschistische Lit. in Deutschland (1933–1945). Probleme der inneren Emigration am Beispiel dt. Erzähler. In: WB. 16 (1970), H. 6, S. 67–128.
4. W e l z i g, Werner: Der Flucht- und Emigrationsroman. In: –: Der dt. Roman im 20. Jh. Stuttgart ²1970, S. 173–80.
5. Heimat, Austreibung und F l ü c h t l i n g s d a s e i n in der Schönen Lit. In: Ostdt. Bibliographie Teil I (1945–1948), S. 334; II (1949–1951), S. 350f. . . . XXI (1970), S. 613–15ff. [B.].
6. R i c h m o n d, Arland Jerrol: The theme of flight in the works of selected German authors of the twentieth century. Diss. Boston College 1975. 346 S. DAI 36 (1975), S. 327 A. [29 T.].

EMMA s. *EGINHARD UND EMMA*

321. EMPEDOKLES

1. K r a n z, Walther: Tod und Fortleben. In: –: Empedokles. Antike Gestalt und romantische Neuschöpfung. Zürich 1949, S. 72–112. [Erasmus-Bibliothek 3].

322. EMPFÄNGNIS

1. M e y e r, Richard M.: Otto Ludwigs „Maria". In Euph. 7 (1900), S. 104–112. Unbewußte E. in Dichtungen von Tieck, Goethe, Kleist, Th. Mundt, Heyse u. a.].
2. M a r t i n, Josef: Ogmios. In: Würzburger Jbb. f. d. Altertumswissenschaft 1 (1946), S. 359–99. [E. durch das Ohr: S. 390–99, 13./14. Jh.].

323. EMPFINDSAMKEIT

1. W e n d t, Erwin: Sentimentales in der dt. Epik des 13. Jhs. Diss. Freiburg i. Br. 1930. 97 S.
2. E d e r, Irmgard: Untersuchungen zur Geschichte des empfindsamen Romans in Deutschland. Diss. Wien 1953. 246 Bl. (Masch.).
3. E m p f i n d s a m k e i t. In: Wilpert, SdL. 1969, S. 204–6.

324. EMSLAND

1. B r i n k e r s, Christa: Emsland im Spiegel seiner Dichtung. In: Emsland-Jb. 2 (1965), S. 127–76.

325. ENERGIE

1. N i t s c h k e, August: Energieübertragung, Ströme, Felder und Wellen. Beobachtungen zur Lyrik von Goethe, Novalis und Eichendorff. In: Gestaltungsgeschichte und Gesellschaftsgeschichte. Stuttgart 1969, S. 201–23.

326. ENGEL

1. S c h u m a c h e r, Gertrud: Die Gestalt des Engels in der altdeutschen Dichtung. Diss. Bonn 1947. 81 Bl. (Masch.). [9.–13. Jh.].
2. B i n d e r, Hermann: Die Gestalt des Engels in Dichtung und bildender Kunst. In: DU. 7 (1955), H. 4, S. 56–63.
3. G r e n z m a n n, Wilhelm: Die Gestalt des Engels in der modernen Lit. In: Die Engel in der Welt von heute. Ges. Aufsätze. Maria Laach 1957, S. 18–37. (Liturgie und Mönchtum 21). [A. a. L.].
4. J a n t s c h, Franz: Das Zeugnis der Dichter. In: –: Engel Gottes-Schützer mein. Wien 1961, S. 239–50. [D., E., L.: 18.–20. Jh.].
5. H a m m e r s t e i n, Reinhold: Die Musik der Engel in der Lit. In: –: Die Musik der Engel. Bern 1962, S. 15–191. [Musizierender Engel, z. T. auch in dt. ma. Dichtung.]
6. S a l m o n, Paul: Der zehnte Engelchor in dt. Dichtungen und Predigten des Mittelalters. In: Euph. 57 (1963), S. 321–30. [A. a. L.].

327. ENGELBERT VON KÖLN, HEILIGER

1. K ö l l m a n n, August: Die Ermordung des Erzbischofs Engelbert von Köln im Spiegel der Dichtung. In: ZDK. 41 (1927), S. 142–44. [1225].

328. ENGLAND UND ENGLÄNDER

1. M e y e r, Richard M.: Der Engländer in der dt. Lit. In: Die Nation 13 (1895/96), S. 419f. 433–35. [D., E., L.: 18. u. 19. Jh.].
2. M u n c k e r, Franz: Anschauungen vom englischen Staat und Volk in der dt. Lit. der letzten vier Jahrhunderte. I. II. München 1918 u. 1925, 162 u. 58 S. (Sitzungsberichte d. Bayer. Akad. d. Wiss. Phil-hist. Kl. 1918, 3 u. 1925, 1). – R.: H. Lüdeke, DLZ. 47 (1926), Sp. 1106–08.

3. W i d m a n n, Wilhelm: Der Engländer im Spiegel der Bühne. In: Merker 9 (1918), S. 117–26. [18. u. 19. Jh.].
4. Z o b e l v o n Z a b e l t i t z, M.: Englands Bild in den Augen der dt. Klassiker. In: Grenzboten 77, 3 (1918), S. 199–202, 228–31, 252–54.
5. K e l l y, John Alexander: England and the Englishman in German literature of the eighteenth century. New York 1921. 156 S. [Nur gelegentlich in dt. Dichtung]. – R.: A. Köster, AfdA. 41 (1922), S. 154–56.
6. S t r e u b e r, Albert: England und die Engländer im Urteil dt. Dichter. In: ZDK. 56 (1942), S. 151–59.
7. S c h i n d l e r, Johannes: Das Bild des Engländers in der Kunst- u. Volkslit. der dt. Schweiz von 1798–1848. Zürich 1950. 168 S. (Diss. Zürich). [Bes. in d. E.].
8. H o l z e r, Erika: Das Bild Englands in der dt. Romantik. Interlaken 1951. 90 S. (Diss. Bern). [Z. T. in der Dichtung].

329. ENTDECKER UND ERFINDER

1. M e r b a c h, Paul Alfred: Deutsche Entdecker- und Erfinder-Dramen. Ein „technischer" Beitrag zur literarischen Stoffgeschichte. In: Geschichtsbll. f. Technik, Industrie u. Gewerbe 3 (1916), S. 85–100, 217–28, 313–25. [Bes. 19. Jh.: Gutenberg, Columbus, Galilei, Leonardo u. a.].
2. N e b o i s, Anton: Die Gestalt des Entdeckers in der dt. Dichtung des 19. u. 20. Jhs. Diss. Wien 1939. 89 Bl. (Masch.).
3. E r f i n d e r. In: Schmitt, BuA. 1952, Sp. 149–56 [B.].

330. ENTERBTER UND VERFEMTER

1. L i n g e l b a c h, Helene: Der Enterbte und Verfemte als tragischer Typus. Zur Problemgeschichte unserer dt. Dichtung. Jena 1928. 87 S. [Seit Hebbel]. R.: E. Dosenheimer, ZDB. 5 (1929), S. 166; W. Linden, ZDK. 43 (1929), S. 342.

331. ENTSAGUNG

1. A n d r e w, Louis: The motive of renunciation in modern German literature. Diss. Cornell Univ., Ithaca, N. Y. 1935. 184 S.
2. B o n w i t, Marianne: Der leidende Dritte. Das Problem der Entsagung in bürgerlichen Romanen und Novellen, besonders bei Theodor Storm. In: Univ. of California Publications in modern philology 36 (1952), S. 91–112. [18.–20. Jh.]. – R.: E. O. Wooley, MDU. 46 (1954), S. 107f.

ENTWICKLUNG, MENSCHLICHE s. *ERZIEHER UND ERZIEHUNG*

332. ENTWURZELUNG

1. B e h r e n s, Ada: Der entwurzelte Mensch im Familienroman von 1880 bis zur Gegenwart. Diss. Bonn 1932. 45 S. [A. a. L.].

333. ENTZWEIUNG DER WELT

1. K o h l s c h m i d t, Werner: Das Motiv der entzweiten Welt. In: –: Die entzweite Welt. Studien z. Menschenbild in der neueren Dichtung. Gladbeck 1953, S. 155–66. (Glaube u. Forschung 3) [E.: 20. Jh.]. – R.: Fr. Dehn, Orbis Litterarum 11 (1956), S. 111–18.

ERBARMEN s. *MITLEID*

EREMIT s. *EINSIEDLER*

ERFINDER s. *ENTDECKER UND ERFINDER*

334. ERFURT

1. R o t h e, Hans Werner: Romane und Jugendschriften über Erfurt. Frankfurt a. M. 1964. 3 S.

335. ERHEBUNG

1. P e s t a l o z z i, Karl: Die Entstehung des lyrischen Ich. Studien zum Motiv der Erhebung in der Lyrik. Berlin 1970. 364 S. (Habil. Schr. Berlin FU. Univ. 1968). [Erhebung als Aufstieg u. Aufschwung, 17.–19. Jh., a. a. L.]. – R.: E. Mason, MLR. 68 (1973), S. 224f.; R. Schier, JEGPh. 71 (1972), S. 85–87, W. Segebrecht, Germanistik 12 (1971), Nr. 4368.

336. ERICH XIV., KÖNIG VON SCHWEDEN

1. L a n g e r, Rudolph: Erich XIV. von Schweden in der dt. Lit. Mit bes. Berücksichtigung des Wahnsinnsproblems in der dramatischen Dichtung. Teil 1.2. Progr. Berndorf a. d. Tr. 1914/15. 1915/16. Diss. Wien 1912, handschr.
2. E r i c h XIV. von Schweden In: Frenzel, StdW. 1970, S. 190–92. [D., E.: 19. Jh.].

337. ERLÖSUNG, CHRISTLICHE

1. H e d l e r, Friedrich: Die Heilsbringer- und Erlöseridee im Roman und Drama seit dem Naturalismus. Ein literarisches Civilisationsphänomen. Diss. Köln 1922. 93 Bl. (Masch.). [73 T.: D., E.].
2. S t r e a d b e c k, Arval L.: Allusions to Christian redemption in German literature before 1500. Diss. Univ. of Stanford, Calif. USA. 1953. 188 S.
3. H ö f e r, Albert: Was heißt „Erlösung"? Theorie und 15 Katechesen. Salzburg 1970. 147 S. [A. a. L.].

ERNST, HERZOG VON SCHWABEN s. *HERZOG ERNST*

338. EROTIK s. a. *EHE, LIEBE, MINNE, SEXUALPROBLEM*

1. S c h u l t z, Paul Robert: Die erotischen Motive in den dt. Dichtungen des 12. und 13. Jhs. Diss. Greifswald 1907. 100 S.
2. L e o n h a r d t, Wilhelm: Liebe und Erotik in den Uranfängen der dt. Dichtkunst. Dresden 1910. 183 S. [9.–12. Jh.].
3. K l o s e, Hans Ulrich: Sexus und Eros in der dt. Novellendichtung um 1900. Diss. Breslau 1941. 124 S.
4. W u n d e r e r, Richard: Die Wandlung des erotischen Motivs im Theater des 19. Jhs. Diss. Wien 1949. 269 Bl. (Masch.).
5. W a l d e m a r, Charles: Spielarten der Liebe. Erotische Elemente im modernen Roman. Flensburg ²1962. 175 S.
6. B u r m e i s t e r, Klaus: D. H.: Studies in the erotic motif of early Minnesang. Diss. Rice Univ. 1971. 198 S. DAI. 32 (1971/72), S. 2051 A.
7. S c h l a f f e r, Heinz: Musa iocosa. Gattungspoetik und Gattungsgeschichte der erotischen Dichtung in Deutschland. Stuttgart 1971. 244 S.

339. ERZÄHLER

1. F r i e d e m a n n, Käte: Die Rolle des Erzählers in der Epik. Leipzig 1910. ²1965. 245 S. (UNSpLG. NF. 7). − R.: E. Ackerknecht, LE. 14 (1911/12), Sp. 1311 bis 1313; H. Almstedt, JEGPh. 10 (1911), S. 623−27. [Erzähler als Held seiner Darstellung, a. a. L.].
2. F r i e d e m a n n, Käte: Der Erzähler in der epischen Dichtung. In: ZDU. 27 (1913), S. 833−47.
3. L e i b, Fritz: Erzählungseingänge in der dt. Lit. Diss. Gießen 1914. 106 S.
4. K a y s e r, Wolfgang: Das Problem des Erzählers im Roman. In: GQu. 29 (1956), S. 225−38.
5. L ä m m e r t, Eberhard: Bauformen des Erzählens. Stuttgart ³1968. 301 S.
6. E r z ä h l e r. In Wilpert, SdL. 1969, S. 233f.
7. F l u ß, Ingeborg: Das Hervortreten der Erzählerpersönlichkeit und ihre Beziehung zum Publikum in mhd. strophischer Heldendichtung. Hamburg 1971. 317 S. (Diss. Hamburg).
8. P ö r k s e n, Uwe: Der Erzähler im mhd. Epos. Formen seines Hervortretens bei Lamprecht, Konrad, Hartmann, in Wolframs Willehalm u. in den „Spielmannsepen". Berlin 1971. 239 S. (Diss. Kiel, PhStQ. 58). − R.: F. H. Bäuml, Seminar 8 (1972), S. 223; M. Curschmann, Colloquia Germanica 1973, S. 179−83; D. H. Green, MLR. 68 (1973), S. 932−35; W. H. Jackson MAe. 42 (1973), S. 62−65; F. P. Knapp, DLZ. 93 (1972) Sp. 324−27; W. Schröder, Beitr. (Tüb.) 95 (1973), S. 445−49.
9. N e u h a u s, Volker: Typen multiperspektivischen Erzählens. Köln 1971. 179 S. (Lit. und Leben NF. 13). − R.: K. Rossbacher, Sprachkunst 3 (1972), S. 339−41. [A. a. L.].
10. K u r t h, Lieselotte E.: Unzuverlässige Sprecher und Erzähler in dt. Dichtung. In: Traditions and Transitions. Studies in honor of H. Jantz. München 1972, S. 105−24.
11. P i e d m o n t, Ferdinand: Die Rolle des Erzählers in der Kurzgeschichte. In: ZfdPh. 92 (1973), S. 537−552.

340. ERZGEBIRGE

1. L ö s c h e r, Friedrich Hermann: Die Entwicklung des Gefühls für die Naturschönheiten des Erzgebirges. In: Glückauf! Organ d. Erzgebirgsvereins 22 (1902), S. 2−5, 17−23, 34−37, 49−52, 82−86, 106−10, 129−31, 144−47, 162−68, 193−99. [Auch Reiselit.].

341. ERZIEHER UND ERZIEHUNG s. a. *LEHRER, HOFMEISTER, SCHULE*

1. R a c h é, Paul Bernhard: Die dt. Schulkomödie und die Dramen vom Schul- und Knabenspiegel. Diss. Leipzig 1891. 79 S.
2. D r i e s m a n s, Heinrich: Der alte und der neue Erziehungsroman. In: Die Gegenwart 66, 2 (1904), Nr. 42, S. 247−50.
3. K r ü g e r, Hermann Anders: Der neuere dt. Bildungsroman. In: WestMh. 51, 1 (1906), S. 257−72.
4. E b n e r, Eduard: Neue pädagogische Romane. In: ZDU. 24 (1910), S. 518−26.
5. B a b i l l o t t e, Arthur: Erziehungs- und Entwicklungsprobleme in modernen Romanen. In: LE. 17 (1914/15), Sp. 89−94.
6. P a g e l, Friedrich: Erziehungsgedanken in der schönen Lit. des 20. Jhs. 1. Jahrzehnt. Diss. Würzburg 1922. 341 Bl. (Masch.). [D., E.].
7. S t o l z, Paula: Der Erziehungsroman als Träger des wechselnden Bildungsideals in der 2. Hälfte des 18. Jhs. Dargestellt in der Zeit von Wielands Agathon bis zum Erscheinen des Wilhelm Meister. Diss. München 1925. 215 Bl. (Masch.). [17 T.].

8. G e r h a r d, Melitta: Der deutsche Entwicklungsroman bis zu Goethes „Wilhelm Meister". Halle 1926. 175 S. (DtVjs. Buehr. 9). [13.–18. Jh.]. ²1928.
9. M e r i d i e s, Wilhelm: Zum dt. Bildungsroman der Gegenwart. In: Lit. Hdw. 64 (1927/28), Sp. 491–98.
10. P a g e l, Friedrich: Pädagogik der Nichtpädagogen. Erziehungsgedanken in der schönen Lit. des 20. Jhs. Langensalza 1930. 178 S. [D., E.: 127 T.].
11. A d l e r, Herbert: Der Bildungsroman des Realismus. Diss. Wien 1931. 222 Bl. (Masch.).
12. B i c k, Ignatz: Das Erziehungsproblem im modernen Roman seit dem Naturalismus. Diss. Frankfurt 1931. 128 S. BA. 1931. [26 T.: 20. Jh.].
13. H e i n i c h, Klaus Joachim: Antike Bildungselemente im frühen dt. Minnesang. Diss. Bonn 1934. 156 S.
14. S c h e u t e n, Karl: Seelengeschichte und Entwicklungsroman. Ein Beitrag zur Geschichte des romantischen Romans. Diss. Bonn 1934. 47 S.
15. S t a h l, Ernst Ludwig: Die religiöse und humanitäts-philosophische Bildungsidee und die Entstehung des dt. Bildungsromans im 18. Jh. Diss. Bern 1934. S. 115–67. (Sprache u. Dichtung 56).
16. S c h n e i d e r, Nora: Erziehergestalten im höfischen Epos. Diss. Bonn 1935. 116 S.
17. F r a n z, Alfred: Der pädagogische Gehalt der dt. Romantik. Zur erziehungswiss. Würdigung des romantischen Romans. Leipzig 1937. 132 S. (Erziehungsgeschichtl. Unters. 6). – R.: J. Müller, DLZ. 59 (1938), Sp. 1315f.; P. Vogel, Zs. f. Gesch. d. Erz. u. d. Unterrichts 28 (1938), S. 100f.
18. H o f f m a n n, Arthur: Menschenkenntnis und Erziehertum in dt. Dichtung. In: Die Volksschule 32 (1937), S. 785–94.
19. K e l l e r, Hans: Jugend und Erziehung in der modernen dt. Dichtung. Diss. Zürich 1938. 173 S.
20. R i t t e r, Hermann: Die pädagogischen Strömungen im letzten Drittel des 18. Jhs. in den gleichzeitigen dt. pädagogischen Romanen und romanhaften Darstellungen, Diss. Halle 1938. 141 S.
21. K e h r, Charlotte: Der deutsche Entwicklungsroman seit der Jahrhundertwende. Diss. Leipzig 1939. 127 S.
22. R i c h, Doris E.: Der deutsche Entwicklungsroman am Ende der bürgerlichen Kultur. Diss. Cambridge, Mass. Radcliffe College 1940. [1892–1924.]
23. B e r g e r, Berta: Der moderne dt. Bildungsroman. Ber 1942. 72 S. (Diss. Bern. Sprache u. Dichtung 69).
23a. F ü r s t, Norbert: Three German novels of education. In: MDU. 38 (1946), S. 339–47, 413–25, 463–78.
24. W a l t e r, Barbara: Der moderne dt. Bildungsroman. Diss. Berlin 1948. 115 Bl. (Masch.).
25. B o r c h e r d t, Hans Heinrich: Der Bildungsroman der Hochklassik und Hochromantik. In: –: Der Roman der Goethezeit. Stuttgart 1949, S. 261–382.
26. S c h ö t z, Alfred: Gehalt und Form des Bildungsromans im 20. Jh. Diss. Erlangen 1950. 105 Bl. (Masch.).
27. P i e l o w, Winfried: Die Erziehergestalten der großen dt. Bildungsromane von Goethe bis zur Gegenwart. Diss. Münster 1951. 133 Bl. (Masch. vervielf.).
28. E r z i e h e r. In: Schmitt, BuA. 1952, Sp. 156–59. [B.].
29. S e i f e r t, Marius: Das Problem der Erziehung im dt. Roman zwischen den beiden Weltkriegen. Diss. Wien 1952, 214 Bl. (Masch.).
30. U ß l e b e r, Hermann: Das Bild des Erziehers im Spiegel ausgewählter Prosadichtungen der dt. Romantik. Diss. München 1953. 170 Bl. (Masch.).
31. P a s c a l, Roy: The Bildungsroman. In: –: The German novel. Studies. Manchester 1957, S. 1–98. Repr. 1968.

32. B o r c h e r d t, Hans Heinrich: Bildungsroman. In: RLL. I. ²1958, S. 175–78.
33. M a j u t, Rudolf: Der Erziehungsroman. In: Dt. Philologie im Aufriß II. ²1960, Sp. 1363–1373.
34. S e i d l e r, Herbert: Wandlungen des dt. Bildungsromans im 19. Jh. In: Wirkendes Wort 11 (1961), S. 148–62.
35. C o s m a n, Madeleine Pelner: The education of the hero in Arthurian romance. Chapel Hill, North Carolina 1966. 239 S. DA. 26 (1965/66), S. 2179f. – R.: Roberts, Romance Philology 22 (1969), S. 355–57.
36. G e r m e r, Helmut: The German novel of education from 1792 to 1805. A complete bibliography and analysis. Diss. Vanderbilt Univ. 1966. 285 S. Bern 1968. 280 S. (German studies in America 3). DA. 27 (1966/67), S. 1367. R.: D. v. Abbe, GLL. 24 (1970/71), S. 393f.; R. G. C. Kettelkamp, JEGPh. 69 (1970), S. 143f.; B. Peschken, Seminar 6 (1970), S. 237f.
37. K ö h n, Lothar: Entwicklungs- und Bildungsroman. Ein Forschungsbericht. In: DtVjs. 42 (1968), S. 427–73, 590–632. Auch: Stuttgart 1969. 115 S.
38. J o s t, François: La tradition du Bildungsroman. In: Comp. Lit. 20 (1969), S. 97 bis 115. [A. a. L.].
39. W e l z i g, Werner: Der Entwicklungsroman. In: –: Der dt. Roman im 20. Jh. Stuttgart ²1970, S. 11–74.
40. T r o m m l e r, Frank: Von Stalin zu Hölderlin. Über den Entwicklungsroman in der DDR. In: Basis. Jb. f. dt. Gegenwartslit. 2 (1971), S. 141–90.
41. J a c o b s, Jürgen: Wilhelm Meister und seine Brüder. Untersuchungen zum dt. Bildungsroman. München 1972. 332 S. [A. a. L.].
42. S e e c a m p, Carsten Emil: Die Mentor-Zögling-Konfiguration im dt. Roman des 18. Jhs. Diss. Johns Hopkins Univ. 1972. 235 S. DAI. 33 (1972/73), S. 2952 A.
43. C o c a l i s, Susan L.: The early German „Bildungsroman" and the historical concept of „Bildung". Thematic, structural and formal characteristics of the „Bildungsroman" in the „Age of Goethe". Diss. Princeton Univ. 1974. 382 S. DAI. 35 (1974/75), S. 4507f. A.

ESCHATOLOGIE s. *JÜNGSTER TAG*

342. ESSEN UND TRINKEN

1. P i e t h, Willy: Essen und Trinken im mhd. Epos des 12. u. 13. Jhs. Diss. Greifswald 1909. 83 S.
2. P a m p e r i e n, Klara: Essen und Trinken in der dt. Bühnendichtung von Gottsched bis zum Sturm u. Drang. Diss. Würzburg 1921. 122 S. (Masch.).

343. ESSES, GRAF VON s. a. *ELISABETH I., KÖNIGIN VON ENGLAND*

1. B ä r w o l f f, Walter: Der Graf von Essex im dt. Drama. Diss. Tübingen 1920. 82 S.

344. ESTHER

1. H o l s t e i n, Hugo: Dramen und Dramatiker des 16. Jhs. 2. Esther. In: ALG. 10 (1881), S. 147–54; 12 (1884), S. 46–60.
2. S c h w a r t z, Rudolf: Esther im dt. und neulateinischen Drama des Reformationszeitalters. Oldenburg 1894. 276 S. ²1898. [16. u. 17. Jh.]. – R.: B. Bahlmann, ZfdPh. 28 (1896), S. 398f.; H. Holstein, ZVLR. NF. 8 (1895), S. 427–29; F. Spengler, AfdA. 23 (1897), S. 357–59; J. Zeidler, DLZ. 21 (1900), Sp. 1256–58.
3. R o s e n b e r g, Felix: Der Estherstoff in der germanischen und romanischen Lit. In: Festschr. Ad. Tobler z. 70. Geburtstag. Braunschweig 1905, S. 333–54.

4. G e i g e r, Ludwig: Der Estherstoff in der neueren Lit. In: —: Die dt. Lit. und die Juden. Berlin 1910, S. 102—24.
5. M a y r, Hans: Die Estherdramen, ihre dramaturgische Entwicklung und ihre Bühnengeschichte von der Renaissance bis zur Gegenwart. Diss. Wien 1955. 298 Bl. (Masch.). [16.—20. Jh., a. a. L.].
6. E s t h e r. In: Frenzel, StdW. 1970, S. 193—95. [17.—20. Jh., bes. D., a. a. L.].

ETZEL s. *DIETRICH VON BERN, NIBELUNGEN*

345. EUCHARISTIE

1. M a h l ohne Ende. Die Eucharistie im Spiegel der Dichtung. Ausgew. u. eingeleitet von O. Betz. München 1960. 144 S. [Einleitung S. 5—7].

346. EUGEN, PRINZ VON SAVOYEN

1. S c h w e r i n g, Julius: Prinz Eugen von Savoyen als Erwecker des dt. Nationalgefühls und der vaterländischen Dichtung. In: —: Literarische Streifzüge und Lebensbilder. Münster 1930, S. 87—99, 326—28. [Nur z. T. in dt. Lit.].
2. D v o r a k, Helene: Prinz Eugen in der Dichtung seiner Zeit. Diss. Wien 1935. 131, 23 Bl. (Masch.). [Dt. Lit. Bl. 30—79].
3. B ö h m, Bruno: Prinz Eugen in der Dichtung. In: —: Bibliographie zur Geschichte des Prinzen Eugen von Savoyen und seiner Zeit. Wien 1943, S. 160—79. (Veröffentl. d. Kommission f. neuere Gesch. d. ehem. Österreich 34). [D., E., L.: 165 T.].
4. O e h l e r, Helmut: Prinz Eugen im Urteil Europas. Ein Mythus und sein Niederschlag in Dichtung und Geschichtsschreibung. München 1944. 432 S.
5. L e s k o w a r, Emma: Prinz Eugen als dichterische Gestalt. Diss. Wien 1946. 90 Bl. (Masch.).
6. E u g e n, Prinz von Savoyen. In: Heinzel, LhE. 1956, S. 173—75. [B.].
7. E u g e n, Prinz. In: Frenzel, StdW. 1970, S. 195—97. [D., E., L.: 18.—20. Jh.].

347. EULENSPIEGEL

1. M e r i d i e s, Wilhelm: Eulenspiegels Weg zum Mythos. Aufriß seines Gestaltwandels vom Volksbuch bis zu Gerhart Hauptmann. In: Gral 17 (1922/23), S. 499—504 u. in: ZDB. 3 (1927), S. 381—90.
2. M e r i d i e s, Wilhelm: Die Eulenspiegelgestalt in der dt. Dichtung bis auf die Gegenwart. Diss. Breslau 1924. 87 Bl. (Masch.). Ausz. gedr. [40 T.: 16.—20. Jh.].
3. R o l l e r, Henriette: Eulenspiegel-Zeitspiegel. Vom Volksbuchhelden des MA. zur Eulenspiegelgestalt des 19. Jhs. Diss. Wien 1934. 137 Bl. (Masch.).
4. D i e f f e n b a c h e r, Ruth Ismene: Eulenspiegel-Dramen. In: —: Dramatisierungen epischer Stoffe vom MA. bis zur Neuzeit in der dt. Lit. seit 1890. Diss. Heidelberg 1935. 143 S. [B.: 16 T.].
5. S t r u c k, Gustav: Dyl Ulenspeegels poetische Sendung. Volksnarr und Dichter im Kulturspiegel des Jhs. In: Der Wagen 1938, S. 42—63.
6. H e l l e r, Margit: Moderne Eulenspiegeldichtung. Diss. Wien 1940. 98 Bl. (Masch.).
7. R o l o f f, Ernst August: Eulenspiegel und die Nachwelt. In: —: Ewiger Eulenspiegel. Braunschweig 1940, S. 165—249. [Bes. S. 192—225].
8. H i p p e l, Ernst v.: Till Eulenspiegel als Symbol der Neuzeit. In: StdZ. 151 (1952/53), S. 357—62.
9. L a u t e r b a c h, Rudolf: Die Mythisierung Eulenspiegels in der rheinischen Lit. Diss. Bonn 1952. 186 Bl. (Masch.). [16.—20. Jh.: 10 T.].

10. P a c h n i c k e, Gerhard: Eulenspiegel-Volksbuch und Eulenspiegel-Gestalt in der Thematik dt. Hochschulschriften. In: Eulenspiegel-Jb. 7 (1967), S. 18–22.
11. L e f e b v r e, Joel: Un mythe comique. In: –: Les fols et la folie. Paris 1968, S. 279–339. [19./20. Jh.].
12. E u l e n s p i e g e l. In: Frenzel, StdW. 1970, S. 197–200. [D., E.: 16.–20. Jh.].

EUROPA s. OSTEUROPA, PANEUROPA

348. EUROPAMÜDIGKEIT
1. I m h o o f, Walter: Der „Europamüde" in der dt. Erzählungsliteratur. Horgen-Zürich 1930. 144 S. (Wege zur Dichtung 8). [19./20. Jh.]. – R.: O. H. Brandt, Lit. 33 (1930/31), S. 49; R. Newald, DLZ. 51 (1930), Sp. 2376f.

EURYDIKE s. ORPHEUS

EVA s. ADAM UND EVA

EWIGER JUDE s. JUDE

349. EXIL
1. P f e i l e r, William Karl: German lit. in exile. The concern of the poets. Lincoln 1957. 142 S. (Univ. of Nebraska studies NS. 16). [L., z. T. stoffgeschichtlich].
2. W e g n e r, Matthias: Das Exil als literarisches Thema, aufgezeigt am Roman. In: –: Exil und Lit. Frankfurt a. M. 1967, S. 174–225.

350. EXISTENZIALISMUS
1. E x i s t e n z i a l i s m u s in der Dichtung. In: Wilpert, SdL. 1969, S. 242f.

351. EXOTIK
1. R i e m a n n, Robert: Die Entwicklung des politischen und exotischen Romans in Deutschland. Progr. Leipzig 1911. 33 S.
2. S c h u l t z, Paul: Die Schilderung exotischer Natur im dt. Roman mit bes. Berücksichtigung von Charles Sealsfield. Diss. Münster 1913. 104 S. [12.–19. Jh.].
3. S e i d e l, Willy: Exotismus in dt. Lit. In: Der Kunstwart 41 (1928), S. 148–53 und in Mhe. f. Lit., Kunst u. Wiss. 5 (1929), S. 491–96. [A. a. L.].
4. M a j u t, Rudolf: Der Fernlandroman. In: Dt. Philologie im Aufriß II. ^{2}1960, Sp. 1392–95.

352. EZZELINO DA ROMANO
1. S t i e v e, F.: Der Charakter des Ezzelino von Romano in Anekdote und Dichtung. In: Histor. Viertelj.schr. 13 (1910), S. 171–83.
2. E z z e l i n o da Romano. In: Frenzel, StdW. 1970, S. 200f. [D., E.: 19. u. 20. Jh.].

F

353. FADINGER, STEPHAN

1. K o h l, Rudolf: Stephan Fadinger in der dt. Lit. Diss. Wien 1913. 98 Bl. (Handschr.). [D., E., L.: Oberösterreichischer Bauernkrieg].

FAHNE s. *WEHRVERFASSUNG*

354. FAHRENDE s. a. *VAGABUND*

1. B o l t e, Johannes: Fahrende Leute in der Lit. des 15. und 16. Jhs. In: SBAK-PhilHistKl. 31 (1928), S. 625–55.

355. FALIERI, MARINO

1. M i c h e l, Ferdinand: Über die dramatischen Bearbeitungen der Verschwörung des Marino Falieri im Anschluß an Byrons Tragödie. In: Berichte d. Fr. Dt. Hochst. 1885/86, S. 332–40.
2. K u h n t, Ilse: Die dt. Marino Falieri-Dichtungen, eine motiv- und stilgeschichtliche Betrachtung. Diss. Breslau 1931. 90 S. [D., E.: 19. u. 20. Jh.: 15 T.].
3. F a l i e r i, Marino. In: Frenzel, StdW. 1970, S. 202f. [D., E.: 19. Jh.].

356. FALKE

1. K u n t z e, Franz: Falkenjagd. In: PrJbb. 151 (1913), S. 66–86. [A. a. L.].
2. R e i s e r, Irmgard: Falkenmotive in der dt. Lyrik und verwandten Gattungen vom 12. bis zum 16. Jh. Diss. Würzburg 1963. 267 S.

FALSCHER WALDEMAR s. *WALDEMAR, FALSCHER*

FALUN s. *BERGMANN VON FALUN*

357. FAMILIE

1. H a u f f e n, Adolf: Das dt. Haus in der Poesie. Prag 1892. 21 S. (SGV. 163). [16. bis 19. Jh.: Familienleben].
2. F a m i l i e n r o m a n e. In: Goedeke, 5. Bd. 1893, S. 473–86.
3. L u d w i g, Albert: Ritterdrama und Familiengemälde. In: Das dt. Drama. München 1925, S. 405–36.
4. K a i n z, Friedrich: Die Familie als dichterisches Problem. In: Lit. 28 (1925/26), S. 629–32. [D., E., a. a. L.].
5. S c h a u e r, Hans: Familienschauspiel. In: RL. 1 (1925/26), S. 353f.
6. T o u a i l l o n, Christine: Familienroman. In: RL. I. 1925/26, S. 348–53.
7. N a d l e r, Josef: Genealogische Dichtungen des 19. Jhs. In: Altpreußische Geschlechterkunde 4 (1930), S. 1–8.
8. B e h r e n s, Ada: Der entwurzelte Mensch im Familienroman von 1880 bis zur Gegenwart. Diss. Bonn 1932. 45 S. [A. a. L.].
9. T r ö b e s, Otto: Familie und Heimat in dt. Erzählungskunst. Ein Streifzug. Berlin 1934. 11 S. (Schriftenreihe d. Reichsausschusses f. Volksgesundheitsdienst 9).

10. G a u s, Marianne: Das Idealbild der Familie in den moralischen Wochenschriften und seine Auswirkung in der dt. Literatur des 18. Jhs. Rostock 1937. 106 S. (Rostocker Studien 3).
11. S o m m e r, Lotte: Die Familie in der neueren erzählenden Dichtung. In: Frauenkultur im dt. Frauenwerk 1938, H. 5, S. 10–12. [A. a. L.].
12. A n t l e i, Melitta: Die Familie in der Romandichtung um die Wende vom 19. zum 20. Jh. Diss. Wien 1940. 89 Bl. (Masch.).
13. J u n g e, Maren-Elisabeth: Die Auffassung der Familie im Roman des 19. Jhs. Diss. Hamburg 1948. 120 Bl. (Masch.).
14. D ü n h o f e n, Isolde: Die Familie im Drama vom Beginn des Naturalismus bis zum Expressionismus um die Zeit des 1. Weltkrieges. Diss. Wien 1958. 142 Bl. (Masch.).
15. M a j u t, Rudolf: Der „Roman der dt. Familie". In: Dt. Philologie im Aufriß. II. ²1960, Sp. 1668–75.
16. B a y e r, Dorothee: Der triviale Familien- und Liebesroman im 20. Jh. Diss. Tübingen 1963. 184 S. (Volksleben 1).
17. B i r k, Heinz: Bürgerliche und empfindsame Moral im Familiendrama des 18. Jhs. Diss. Bonn 1967. 220 S.
18. F a m i l i e n r o m a n. In: Wilpert, SdL. 1969, S. 253 f.
19. F a m i l i e n s c h a u s p i e l. In: Wilpert, SdL. 1969, S. 254 f.

358. FAMILIE, HEILIGE

1. M ü l l e r, August: Die Darstellung der hl. Familie in der dt. Dichtung des MA. In: Dt. Bll. in Polen 7 (1930), S. 501–23.

359. FARBE

1. Z i n g e r l e, Ignaz Vinzenz: Farbensymbolik. Farbenvergleiche im MA. In: Germania 8 (1863), S. 497–505; 9 (1864), S. 385–403) u. 455 f.
2. W a c k e r n a g e l, Wilhelm: Die Farben- und Blumensprache des MA. In: –: Kleinere Schriften Bd. 1. Leipzig 1872, S. 143–240.
3. S t e i n e r t, Walter: Ludwig Tieck und das Farbempfinden der romantischen Dichtung. Dortmund 1910. 241 S. (Schriften der Literarhist. Ges. Bonn 7). [L.]. – R.: F. Kammerer, AfdA. 35 (1912), S. 20–22.
4. A b m e i e r, Hans: Der Frühling in der dt. Lyrik des 17. Jhs. Ein Beitrag zur Geschichte des Landschafts- und Naturgefühls bei den Renaissancedichtern. Diss. Greifswald 1912. 124 S. [Farbe: S. 27–57.].
5. J a c o b s o h n, Minna: Die Farben in der mhd. Dichtung der Blütezeit. Leipzig 1915. 177 S. (Teutonia 22). – R.: V. Junk, DLZ. 36 (1915), Sp. 2047 f.
6. N i e w ö h n e r, Heinrich: Die sechs Farben. In: Die dt. Lit des MA. VerfLex. I. 1933, S. 602–06. [Gedichte über Farben-Symbolismus].
7. L a n g n e r, Eva: Form- und Farbbeachtung und psychophysische Konstitution bei zeitgenössischen Dichtern. Diss. Greifswald 1936. 54 S. und in: Zs. menschl. Vererb.- und Konstitutionslehre 20 (1937), H. 2, S. 93–147.
8. S k a r d, Sigmund: The use of color in literature. A survey of research. In: Proceedings of the American Philosophical Society 90, 3 (1946), S. 163–249. [A. a. L.]. – R.: W. P. Friederich, GR. 23 (1948), S. 58–60.
9. K r ä t t l i, Anton: Die Farben in der Lyrik der Goethezeit. (Klopstock, Goethe, Brentano, Eichendorff). Diss. Zürich 1949. 113 S.
10. S e n n, Hubert: Die Farben in der Dichtung. Diss. Innsbruck 1950. 185 Bl. (Masch.). [19. u. 20. Jh.].
11. S c h w e i n h a g e n, Ludwig Manfred: Die Farbe als konstitutives Element der dt. Barockdichtung. Diss. FU. Berlin 1955. 155 Bl. (Masch.).

12. W y a t t, R. C.: The symbolism of color in the drama of German expressionism. Diss. State Univ. of Iowa 1956. 194S. DA. 16 (1955/56), S. 1688f.
13. M a u t z, Kurt: Die Farbensprache der expressionistischen Lyrik. In: DtVjs. 31 (1957), S. 198–240. [Auch stoffliche Gesichtspunkte].
14. G r i m m, Reinhold: Untersuchungen zur poetischen Funktion der Farben. Diss. Erlangen 1958. 327 Bl. (Masch.).
15. G r i m m, Reinhold: Entwurf einer Poetik der Farben. In: RevLittcomp. 38 (1964), S. 531–49.
16. T h a l m a n n, Marianne: Formen und Verformen durch die Vergeistigung der Farben. In: Jb. d. Wiener Goethevereins 68 (1964), S. 123–48.
17. S p ä t h, Klaus: Untersuchungen zur Verwendung der Farben in der modernen Lyrik. Diss. Tübingen 1971. 159 S. [A. a. L.].

360. FAUST s. a. THEOPHILUS

1. C r e i z e n a c h, Wilhelm: Versuch einer Geschichte des Volksschauspiels vom Dr. Faust. Halle 1878. 191 S. [Auch z. T. in der Dichtung].
2. E n g e l, Karl: Zusammenstellung der Faustschriften vom 16. Jh. bis Mitte 1884. Der Bibliotheca Faustiana Oldenburg ^{2}1885. 764 S. [Auch B. des Stoffes in der dt. Lit.].
3. G e i g e r, Ludwig: Faustsage und Faustdichtung vor Goethe. In: WestMh. 67 (1890), S. 752–67.
4. D u m c k e, Julius: Die dt. Faustbücher. Diss. Leipzig 1891. 101 S.
5. G e i g e r, Ludwig: Deutsche Faust-Dichtungen im 19. Jh. In: WestMh. 72 (1892), S. 773–89.
6. P e t z e t, Erich: Die Faustdichtungen der Sturm- und Drangzeit. In: Die Grenzboten 51, II (1892), S. 157–70.
7. Der F a u s t der Dichtung. In: Faust-Ausstellung im Goethehause zu Frankfurt a. M. Frankfurt a. M. 1893, S. 47–103. [A. a. L.].
8. F r ä n k e l, Ludwig: Neue Beitr. zur Literaturgeschichte der Faustfabel. In: Euph. 2 (1895), S. 754–75.
9. N o v e r, Jakob: Faust. In: –: Deutsche Sagen in ihrer Entstehung, Fortbildung und poetischen Gestaltung 1. Giessen 1895, S. 3–146. [Bes. S. 62ff.].
10. W a r k e n t i n, Roderich: Nachklänge der Sturm- und Drangperiode in Faustdichtungen des 18. und 19. Jhs. München 1896. 101 S. (FNLG. 1; Diss. München Teildr.). – R.: E. Horner, Euph. 5 (1898) S. 551–65; R. M. Werner, AfdA. 25 (1899), S. 98–100.
11. N e ß l e r, N.: Die Faustsage und deren Behandlung. In: Die Kultur (Wien) 7 (1906), S. 341–52.
12. F i s c h e r, Kuno: Goethes Faust 1: Die Faustdichtung vor Goethe. Heidelberg 1909. 242 S. (Goethe-Schriften 6,1). [Heidelberg ^{7}1913.].
13. F a u s t in der Dichtung vor und nach Goethe. In: Goedeke 4. Bd. 3. Abt. ^{3}1912, S. 785–805. [B.: D., E., L., a. a. L.].
14. G e d i c h t e auf Goethes Faust. In: Goedeke 4. Bd. 3 Abt. ^{3}1912, S. 689 [B.].
15. S c h a d e, Oskar: Faust. Vom Ursprung bis zur Verklärung durch Goethe. Berlin 1912. 232 S. – R.: M. Koch, LCBl. 63 (1912), Sp. 1582; G. Witkowski, DLZ. 33 (1912), Sp. 3230.
16. T r a u m a n n, Ernst: Faustsage und Faustdichtung vor Goethe. In: –: Goethes Faust 1. München 1913, S. 1–31.
17. P a y e r - T h u r n, Rudolf: Doktor Faust in Wien. In: Alt-Wiener Kalender für das Jahr 1924, S. 81–108. [D.: 18. u. 19. Jh.].

18. N o w a k, Phil. Bruno: Die Entwicklung der Faustgestalt von ihren Anfängen bis Goethe. Ein Versuch einer literar-historischen Analyse. Diss. Prag 1925. 206 S. (Masch.).
19. K i p p e n b e r g, Anton: Die Faustsage und ihr Übergang in die Dichtung. In: JbSKipp. 6 (1926), S. 240–62 [Bis 1773].
20. K i p p e n b e r g, Anton: Faust in der Dichtung des 17. und 18. Jhs. In: Katalog der Sammlung Kippenberg. 2. Ausg. Leipzig 1928, S. 210–214. [A. a. L, B.].
21. K i p p e n b e r g, Anton: Der nachgoethische Faust. In: Katalog der Sammlung Kippenberg. 2. Ausg. Leipzig 1928, S. 239–53. [A. a. L., B.].
22. S t o c k m a n n, Alois: Die dichterischen Gestaltungen der Faustsage. In: StdZ. Bd. 116 (1929), S. 435–48.
23. W i t k o w s k i, Georg: Faustsage und Faustdichtung vor Goethe. In: –: Goethes Faust. II. Leipzig 1929, S. 13–51. [B.: S. 170–80].
24. A s m u s, Charlotte: Die dramatischen Faustdichtungen neben Goethe von 1775– 1832. Diss. Wien 1930. 2 Bde. 310 Bl. (Masch.).
25. K r a n z d o r f, Irene: Faust im Roman. Diss. Wien 1930. 153 Bl. (Masch.). [A. a. L.].
26. R o s e, William: The historical Doctor Faust and the folk-book. In: –: Men, myths and movements. London 1931, S. 39–83. [Bes. S. 75–81].
27. A r n o l d, Robert F.: Faust in der Dichtung neben und nach Goethe. In: –: Reden u. Studien zum 60. Geburtstag. Wien 1932, S. 105–12. Auch in: Die Quelle 78 (1928), S. 592–97.
28. B r u k n e r, Fritz und Franz H a d a m o w s k y: Die Wiener Faust-Dichtungen von Stranitzky bis zu Goethes Tod. Wien 1932. 157 S. [Einleitung S. 11–37].
29. N e u b e r t, Franz: Vom Doctor Faustus zu Goethes Faust. Leipzig 1932, S. XIX–XXXIII. [Überblick].
30. R u n g e, Reinhard: Das Faust-Mephisto-Motiv in dt. Dichtung. Diss. Bonn 1933. 59 S. (Teildr.). [17 T.].
31. B i a n q u i s, Geneviève: Faust à travers quatre siècles. Paris 1935. 370 S. ^{2}1955: Ed. revue el angmentée. – R.: F. Piquet, Revgerm. 26 (1935), S. 360f.; A. Nollau, DuV. 39 (1938) S. 360.
32. E n g e r t, Rolf: Faustsage und Faustdichtung, das große Paradigma stoffgeschichtl. Untersuchungen. In: Schule d. Freiheit 3 (1935/36), H. 6, Beil. Wort u. Tat, S. 21f.
33. F r i t s c h, Franz: Faust im Drama des 19. Jhs. Diss. Wien 1936. 148 Bl. (Masch.) und in: Chronik des Wiener Goethe-Vereins 43 (1938), S. 4–11; 44 (1939), S. 26– 39; 45 (1940), S. 15–25, 42–53; 47 (1942), S. 42–53.
34. K i p p e n b e r g, Anton: Der Wandel der Faustgestalt bis zu Goethe. Leipzig 1936. 16 S. (Auch in: –: Reden und Schriften. Wiesbaden 1952, S. 267–291.
35. P e t e r s e n, Julius: Faustdichtungen nach Goethe. In: DtVjs. 14 (1936), S. 473– 94. [Bis 1919].
36. A n c k e r, Ilse: Deutsche Faustdichtungen nach Goethe. Diss. Berlin 1937. 171 S. – R.: E. Castle, Chronik d. Wiener Goethe-Vereins 43 (1938), S. 44.
37. S t e i n e r, Olga: Das zeitgeschichtliche Element in den Faustgestaltungen der Stürmer und Dränger. Diss. New York Univ. 1942. Gedr. 1946. 23 S.
38. T h e e n s, Karl: Doktor Johann Faust. Geschichte der Faustgestalt vom 16. Jh. bis zur Gegenwart. Meisenheim 1948. 124 S.
39. B u t l e r, Eliza Marian: The Fortunes of Faust. Cambridge 1952. 365 S. [A. a. L.].
40. A b u s c h, Alexander: Faust – Held oder Renegat in der dt. Nationallit.? In: Sinn und Form 5 (1953), H. 3/4, S. 179–94.
41. D é d é y a n, Charles: Le thème de Faust dans la littérature européenne. 1–4. Paris 1954–67. [A. a. L.].

42. R. R. R.: Die Fortsetzungen von Goethes Faust. In: Börsenbl. f. d. dt. Buchh. 11 (1955), Nr. 26, S. 214–16 [B.: 21 T.].
43. D é d é y a n, Charles: Le thème de Faust dans la littérature européenne romantique. In: Revue des Lettres modernes 3 (1956), S. 247–56, 369–84. [A. a. L.].
44. A d o l f - A l t e n b e r g, Gertrude: La storica figura del Doctor Faust ed il motivo faustiano nella letteratura europea. Milano 1960. 125 S. [A. a. L.] – R.: H. Rheinfelder, NSpr. NF. 11 (1962), 245 f.
45. F a u s t in der Dichtung vor, neben und nach Goethe. In: Goedeke 4. Bd. 5. Abt. Erg. z. 3 Aufl. Berlin 1960, S. 864–68 und S. 860 f.: Moderne Bearbeitungen.
46. M a y e r, Hans: Faust, Aufklärung, Sturm und Drang. In: Literaturgeschichte als geschichtlicher Auftrag. W. Krauss z. 60. Geburtstag. Berlin 1961, S. 79–96.
47. W i e m k e n, Helmut: Doctor Fausti Weheklag. Die Volksbücher von D. Johann Faust und Christoph Wagner. Bremen 1961, S. VII–LXXIII. [Einleitung].
48. W e g n e r, Wolfgang: Die Faustdarstellung vom 16. Jh. bis zur Gegenwart. Amsterdam 1962. 135 S. (SAFAHO-Monographien 1). – R.: D. Wuttke, Germanistik 4 (1963), S. 251.
49. H e l l e r, Erich: Fausts Verdammnis. In: Merkur 17 (1963), S. 32–56.
50. H e n n i n g, Hans: Faust in fünf Jahrhunderten. Ein Überblick zur Geschichte des Faust-Stoffes vom 16. Jh. bis zur Gegenwart. Halle 1963. 128 S.
51. H e n n i n g, Hans: Die wichtigsten dt. Faustdichtungen in der ersten Hälfte des 19. Jhs. und ihr Verhältnis zu Goethe, Grabbe, Lenau, Heine. 1.2. Diss. Jena 1965. 345, 126 Bl. (Masch.).
52. D i e t r i c h, Margret: Faust. In: Faust. München 1970, S. 9–56. (Vorwort). [A. a. L.].
53. D o k e, Tadamichi: Faustdichtungen des Sturm und Drang. In: Goethe NF. 32 (1970), S. 29–49 und in: Doitsu Bungaku 1971 H. 46. S. 13–24.
54. F a u s t. In: Frenzel, StdW. 1970, S. 206–14. [A. a. L.].
55. A d e l, Kurt: Die Faust-Dichtung in Österreich. Wien 1971. 285 S. – R.: H. Henning, DLZ. 93 (1972), Sp. 388–440; R. M., Jahrb. d. Wiener Goethe-Vereins 75 (1971), S. 150 f.; J. Müller, Germanistik 14 (1973), Nr. 932.
56. D i e t r i c h, Margret: Faust-Dichtungen zwischen 1770 u. 1970. In: Faust-Bll. NF. 1972, S. 602–21; 1973, S. 680–702.
57. D a b e z i e s, André: Le mythe de Faust. Paris 1973. 400 S. – R.: J. Müller, Germanistik 15 (1974), Nr. 3457.
58. G ö r e s, Jorn: Dr. Faust in Geschichte und Dichtung. In: Ansichten zu Faust. K. Theens z. 70. Geburtstag. Stuttgart 1973, S. 9–20.
59. H e n n i n g, Hans: Phasen der Faustdichtung in der dt. Klassik. In: Ansichten zu Faust. K. Theens z. 70. Geburtstag. Stuttgart 1973, S. 99–116.

FEINDLICHE BRÜDER s. *BRUDERZWIST*

361. FENSTER

1. K r a f t, Werner: Das Fenster. In: –: Wort und Gedanke. Krit. Betrachtungen z. Poesie. Bern 1959, S. 106–16. [E., L. Fenster als Symbol.]

362. FERNROHR

1. H o r s t, Karl August: Optische Spiele. In: Dt. Beiträge 4 (1950), S. 453–64.

363. FEST

1. B o d e n s o h n, Heinz: Die Festschilderungen in der mhd. Dichtung. Münster 1936. 104 S. (Forschungen z. dt. Spr. u. Dichtung 9). [12. u. 13. Jh.]. — R.: K. H. Halbach, DLZ. 60 (1939), Sp. 589—91; L. Wolff, AfdA. 57 (1938), S. 44.
2. K i r c h h o f f, Ursula: Die Darstellung des Festes im Roman um 1900. Ihre thematische und funktionale Bedeutung. Münster 1969. 162 S. (Diss. Münster 1967. Münstersche Beitr. z. dt. Lit. Wiss. 3). R.: Th. A. Scheufele, MLN. 87 (1972), S. 531f.
3. M o h r, Wolfgang: Mittelalterliche Feste und ihre Dichtung. In: Festschr. f. Kl. Ziegler. Tübingen 1968, S. 37—60.

364. FEUER, HIMMLISCHES

1. B l a s i u s, Theodor: „Das himmlische Feuer." Eine motivgeschichtliche Studie. Diss. Bonn 1949. 163 Bl. (Masch.). [17.—20. Jh.].

365. FEUERREITER

1. B r e c h e n m a c h e r, Josef Karlmann: Der Feuerreiter in Dichtung und Sage. In: Der Schwabenspiegel 4 (1910/11), S. 340—42.

366. FEUERSEGEN

1. E b e r m a n n, Oskar: Feuersegen in der Dichtung. In: Hess. Bll. f. Vk. 25 (1926), S. 117—23. [E., L.].

367. FEUERWERK

1. K ö h l e r, Erich: Nausikaa, Danae und Gerty Mac Dowell. Zur Lit. geschichte des Feuerwerks. In: Lebende Antike. Symposion f. R. Sühnel. Berlin 1967, S. 451—72. [A. a. L.].
2. F ä h l e r, Eberhard: Die Feuerwerksbeschreibungen und -dichtungen der Pegnitzschäfer. In: —: Feuerwerke des Barock. Studien zum öffentlichen Fest und seiner literarischen Deutung vom 16. bis 18. Jh. Stuttgart 1974, S. 157—78. — R.: L. Krapf, Germanistik 15 (1974), Nr. 3627.

368. FICHTE

1. K r o n f e l d, E. M.: Die Fichte. In: —: Der Weihnachtsbaum, Botanik und Geschichte des Weihnachtsgrüns. 2. Aufl. Oldenburg [um 1906], S. 49—65.

369. FIGARO

1. S e l i g m a n n, Angelo: „Figaros Hochzeit" von Beaumarchais und die dt. Lit. Progr. Troppau 1908/09 u. 1909/10. 26, 17 S.

FINDLING s. *HAUSER, KASPAR*

370. FISCHER

1. B a c h, Felicia: Die Fischeridylle in der dt. Lit. Diss. Wien 1923. 64 Bl. (Masch.). [17.—19. Jh.].
2. H a s c h k e, Franz: Die dt. Fischeridylle. Diss. Wien 1923. 102 Bl. (Masch.).
3. F i s c h e r. In: Schmitt, BuA. 1952, Sp. 174—80. [B.].

371. FLEISCHER

1. P o t t h o f, Ossip Demetrius: Der Fleischer in der Dichtung. In: –: Illustr. Geschichte des dt. Fleischer-Handwerks. Berlin 1927, S. 381–401. [D., E. L.: 15.–20. Jh.].

372. FLIEGENDER HOLLÄNDER

1. G o l t h e r, Wolfgang: Der Fliegende Holländer in Sage und Dichtung. In: BuW. 3,2 (1901), S. 866–71 und in: –: Zur dt. Sage u. Dichtung. Leipzig 1911, S. 7–15.
2. E n g e r t, Rolf: Die Sage vom Fliegenden Holländer. Berlin 1927. 39 S. (Meereskunde. Sammlung volkstüml. Vorträge 15,7).
3. G e r n d t, Helge: Fliegender Holländer und Klabautermann. Göttingen 1971. 256 S. (Schriften z. niederdt. Volkskunde 4). [E., L., a. a. L., mit B. M: 1800–1970].

373. FLIEGER s. a. FLUG

1. M u s c h g, Walter: Der fliegende Mensch in der Dichtung. In: Neue Schweizer Rdschau NF. 7 (1939), S. 311–20, 384–92, 446–53.
2. F l u g z e u g f ü h r e r. In: Schmitt, BuA. 1952, Sp. 181–87. [B.].
3. G ü n t h e r, Helmut: Zwischen Freiheit und Terror. Das Thema der europäischen Fliegerdichtung. In: Dt. Rdsch. 83 (1957), S. 166–69. [A. a. L.].

FLÖSSER s. DONAUSCHIFFAHRT

374. FLOH

1. P h i l o p s y l l u s, W. A. L. (d. i. W. Marshall).: Der Floh, das ist des weiblichen Geschlechtes schwarzer Spiritus familiaris von literarischer u. naturwiss. Seite beleuchtet. Weimar 1880. 171 S. [L.: 16.–18. Jh.].
2. Der F l o h in der dt. Lit. In: LE. 3 (1900/01), Sp. 76f.
3. H a y n, Hugo u. Alfred N. G o t e n d o r f: Floh-Literatur (de pulicibus) des In- u. Auslandes, vom 16. Jh. bis zur Neuzeit. Zum 1. Male bibliographisch dargestellt o. O. 1913. 36 S. [B.; auch in d. dt. Lit.].
4. K e y s s e r, Adolf: Die Jurisprudenz und die Flöhe. In: –: Kulturbilder aus dem Rechtsleben. Recht und Juristen im Spiegel der Satire. 2. T. Bad Rothenfelde 1919, S. 67–90.
5. K o s z e l l a, Leo: Das Floh-Motiv in der Lit. Diss. München 1922. [1923]. 140 Bl. (Masch.).
6. P f l e g e r, Alfred: Der Floh in der elsässischen Lit. In: Elsaßland 12 (1932), S. 206–09. [16. u. 17. Jh.].

375. FLORE UND BLANCHEFLUR

1. F l o r e und Blancheflur. In: Frenzel, StdW. 1970, S. 214f. [13.–19. Jh., a. a. L.].

376. FLORENZ

1. W a l z e l, Oskar: Florenz in dt. Dichtung. Stuttgart 1937. 49 S. (Veröff. d. Petrarca-Hauses. I, 3). – R.: F. Arens, Lit. 39 (1937), S. 634f.; W. Eicke, Aevum 11 (1937), S. 671–74; H. Will, Hochland 37 (1940), S. 164–66.

377. FLOTTE, DEUTSCHE

1. L o w i e n, Marta: Die dt. Kriegsflotte im dt. Lied. Diss. Kiel 1928. 49 S. (Teildr.).

378. FLUCH DES VATERS
1. G l ä s e n e r, Henri: La malédiction paternelle dans le théâtre romantique et le drame fataliste allemand. In: RevLittcomp. 10 (1930), S. 41–73.

FLÜCHTLING s. *EMIGRATION*

379. FLUG s. a. *FLIEGER*
1. P e r n e r s t o r f e r, Engelbert: Flugproblem und Dichtung. In: LE. 11 (1908/09), Sp. 707–10.
2. J a c o b i u s, Helene: Luftschiff und Pegasus. Der Widerhall der Erfindung des Luftballons in der zeitgenössischen Lit. Halle 1909. 130 S. [Dt. Lit. S. 61–107].
3. M i n o r, Jacob: Die Luftfahrten in der dt. Lit. In: ZBFr. NF. 1 (1909/10), S. 64–73. [A. a. L.].
4. F e l l n e r, August: Fluggedanke und Luftschiff im Spiegel der schwäbischen Lit. Diss. Wien 1910. 155 Bl. (Handschr.). [19. Jh.].
5. P a n z e r, Friedrich: Das Flugproblem in Mythus, Sage und Dichtung. In: Wissenschaftliche Vorträge gehalten auf d. 1. internat. Luftschiffahrts-Ausstellung zu Frankfurt a. M. 1909. Berlin 1910, S. 118–34. [A. a. L.].
6. Z o b e l t i t z, Fedor von: Pegasus im Weltenraum. In: VelKlMhh. 25, 1 (1910/11), S. 391–395. [A. a. L.].
7. K l i n c k o w s t r o e m, Carl von: Luftfahrten in der Lit. In: ZBFr. NF. 3 (1911/12), S. 250–64. [Bis 1783, a. a. L.].
8. P a p o u s e k, Franz: Die ersten Luftballons in Wien und ihre Verwendung in der zeitgenössischen Wiener Poesie. Diss. Wien 1912. 139 S. (Handschr.). [Posse, Parodie].
9. A d e l t, Leonhard: Flugdichtung in alter und neuer Zeit. In: LE. 21 (1918/19), Sp. 1078–1081.
10. H a r d e n s e t t, Heinrich: Die Flugtechnik in der Dichtung. In: Technik und Kultur 19 (1928), S. 89–93. [D., L.].
11. E l s t e r, Hanns Martin: Die dt. Flugdichtung. In: Propyläen 32 (1935), S. 242f. [Vor allem L.].
12. J u s t, Klaus Günther: Aspekte der Zukunft. Über Luftfahrt und Lit. In: Antaios 11 (1969), S. 393–411. [Ballonfahrt].

380. FLUSS s. a. *KAHNFAHRT, SCHWIMMEN*
1. F u c k e l, A.: Der Fluß als Sinnbild des Lebenslaufes in dt. Dichtungen. In: ZDU. 27 (1913), S. 853–58. [L.: 17.–19. Jh.].
2. M ü l l e r, Richard Matthias: Das Strommotiv und die dt. Klassik. Diss. Bonn 1957. 282 S.
3. M ü l l e r, Richard Matthias: Die dt. Klassik. Wesen und Geschichte im Spiegel des Strommotivs. Bonn 1959. 193 S. (Abh. z. Kunst-, Musik- u. Literaturwiss. 6). [Motiv des metaphorischen Stromes]. R.: W. Hof, Wirkendes Wort 11 (1961), S. 559.
4. R ü e s c h, Jürg Peter: Ophelia. Zum Wandel des lyrischen Bildes im Motiv der „navigatio vitae" bei A. Rimbaud u. im dt. Expressionismus. Zürich 1964. 158 S. (Diss. Zürich). [Schiffsreise oder Kahnfahrt als Symbol für Lebenslauf].
5. S t a i g e r, Emil: Himmel und Strom. Zu Gedichten Goethes, Platens und Benns. In: Jb. d. Freien Dt. Hochstifts 1968, S. 237–56 und in: –: Spätzeit. Studien zur dt. Lit. Zürich 1973, S. 295–319.

381. FORSCHER

1. F o r s c h e r. In: Schmitt. BuA. 1952, Sp. 191–99. [B.].

382. FORSTER, GEORG

1. Z i n c k e, Paul: Georg Forsters Bildnis im Wandel der Zeiten. Beitrag zur Geschichte des öffentlichen Geistes in Deutschland. Reichenberg 1925. 105 S. (PragDst. 38). [Auch in dt. Lit.].
2. F i e d l e r, Horst: Forster in der Dichtung. In: –: Georg-Forster-Bibliographie. 1967–1970. Berlin 1971, S. 173–77. [E., D., L.].

383. FORTSCHRITTSGLAUBE

1. M ü h l h e r, Robert: Der Fortschrittsglaube in der Dichtung unserer Zeit. In: Der Fortschrittsglaube. Sinn und Gefahren. Festschr. f. F. König. Graz 1965, S. 121–35.

FORTUNA s. *GLÜCK UND GLÜCKSRAD*

384. FORTUNATUS

1. H a r m s, Paul: Die dt. Fortunatus-Dramen und ein Kasseler Dichter des 17. Jhs. Hamburg 1892. 94 S. (Theatergesch. Forsch. 5).
2. K i e s l, Hermann: Die dramatischen Bearbeitungen des Fortunatstoffes unter bes. Berücksichtigung Ludwig Tiecks. Diss. Wien 1929. 293 Bl. (Masch.). [16.–19. Jh., a. a. L.].
3. F o r t u n a t u s. In: Frenzel, StdW. 1970, S. 215–17. [D., E.: 16.–20. Jh.].

385. FOUQUE, FRIEDRICH HEINRICH DE LA MOTTE

1. G e d i c h t e an und über Fouqué. In: Goedeke 14. Bd. ^{2}1959, S. 192. [B.].

386. FRANCESCA DA RIMINI

1. H e r t k e n s, Johannes: Francesca da Rimini im dt. Drama. Diss. Münster 1912. 61. S.
2. L o c e l l a, Marie: Dantes Francesca da Rimini in der Literatur, bildenden Kunst u. Musik. Eßlingen 1913. 205 S. [Dt. Dichtung S. 64–71].
3. F r a n c e s c a da Rimini. In: Frenzel, StdW. 1970, S. 217–20. [A. a. L.].

387. FRANKENLAND

1. S e u f e r t, Heinrich: Das Frankenland in der Dichtung. In: Die fränkische Alb 16 (1929), S. 91 f., 105–107, 155 f., 168, 182–84. [Bes. E.].
2. F r a n k e n. In: Luther, DtL. 1937, Sp. 193–98. [B.].
3. R e i c h w e i n, Willibald: Das Badische Frankenland im Spiegel seiner Dichter. In: Badische Heimat 35 (1955), H. 1. S. 61–73 [20. Jh.].
4. Die fränkische S t a d t in der schönen Lit. Nürnberg 1969. 10 Bl. (Ausstellungskatalog d. Stadtbibliothek Nürnberg 64). [B.: 215 Nr.].

388. FRANKFURT a. M.

1. V a l e n t i n, Veit: Die alte Mainbrücke in Geschichte und Literatur. In: Die alte Mainbrücke in Frankfurt. Frankfurt a. M. 1909, S. 9–32. [L.: 19. Jh.].
2. F r a n k f u r t a. M. In: Luther, DtL. 1937, Sp. 199–203. [B.].

3. D i e h l, Robert: Frankfurt am Main im Spiegel alter Reisebeschreibungen vom 15. bis zum 19. Jh. Nebst einem Anhang: Lobgedichte auf Frankfurt a. M. Frankfurt a. M. 1939. 264 S. [S. 261f.: Hinweise auf 31 Verfasser solcher Gedichte].
4. F r a n k f u r t am Main in der Erzählung. In: Kosch, LL. I. 2. Aufl. 1949, S. 544. [B.].

389. FRANKREICH UND FRANZOSE s. a. REVOLUTION

1. S c h i l l i n g, Helmut: Der Franzose im dt. Drama. Bern 1931. 98 S. (Diss. Heidelberg). [B.: S. 90–98; französische Wesensart]. – R.: P. Biedermann, Lit. 34 (1931/32), S. 645f.
2. G l a s e r, Gertrude: Das Bild Frankreichs in d. dt. erzählenden Prosadichtung 1918– 1939. Diss. Wien 1944. 151 Bl. (Masch.).
3. W e i n e r t, Hermann Karl: Deutsch-französische Begegnungen in neuer dt. Lit. In: Deutschland-Frankreich. Ludwigsburger Beitr. 2. Stuttgart 1957, S. 319–38.
4. W e i n e r t, Hermann Karl: Die französische Sprache in der Sicht zeitgenössischer dt. Dichter. In: Romanica. Festschr. f. Gerh. Rohlfs. Halle 1958, S. 491–507.

390. FRANZISKUS, HEILIGER

1. S t y r a, Ambros: Franziskus von Assisi in der neueren dt. Lit. Breslau 1928. 182 S. – R.: A. Stockmann, StdZ. 118 (1929), S. 235f.; H. Sturm, Lit. 31 (1928/29), S. 362.
2. P o h l, Elisabeth: Gestalt und Idee des hl. Franziskus von Assisi in der neueren dt. Dichtung. Diss. Wien 1933. 100 Bl. (Masch.). [20. Jh.].
3. F r a n z von Assisi, In: Frenzel, StdW. 1970, S. 220–22, [18.–20. Jh.].

391. FRAU, s. a. EMANZIPATION, MINNE, MUTTER

1. H o r n e r, Emil: Der Stoff von Molières „Femmes savantes" im dt. Drama. In: ZOeG. 47 (1896), S. 97–138. [18. u. 19. Jh.].
2. G i z y c k i, Lily von: Die neue Frau in der Dichtung. Stuttgart 1897. 40 S. [G. Reuter, C. Brachvogel, H. Sudermann, G. Hauptmann. A. a. L.].
3. B e r g e m a n n, Paul: Die werdende Frau in der neuen Dichtung. Leipzig 1898. 51 S. – R.: N. Berg, LE. 1 (1898/99), Sp. 823f. u. in BuW. 7,1 (1904/05), S. 51–56, 107–12.
4. H e i l b o r n, Ernst: Die Frau im modernen Drama. In: Almanach, VelKlMhh. 1908, S. 204–17.
5. G a t t e r m a n n, Hermann: Die dt. Frau in den Fastnachtsspielen. Diss. Greifswald 1911. 117 S.
6. B r i e t z m a n n, Franz: Die böse Frau in der dt. Lit. des MA. Berlin 1912. 236 S. (Palaestra 42). [12.–16. Jh., a. a. L.]. – R.: K. Helm, Litbl. 36 (1915), Sp. 192–4; L. Pfannmüller, DLZ. 35 (1914), Sp. 678–80. Repr. New York 1967.
7. B u r g e s s, Anny V.: An analysis of the female characters of Grillparzer's dramas contrasted with those of Goethe's and Schiller's. Aberystwyth studies by members of the Univ. of Wales. 1 (1912), S. 65–111.
8. K i e n z l, Hermann: Der Frauenfuß in der Dichtung. In: Die Zukunft 20 (1912), Bd. 78, S. 388–97.
9. M a n n, Myrtle Margaret: Die Frauen und die Frauenverehrung in der höfischen Epik nach Gottfried von Straßburg. In: JEGPh. 12 (1913), S. 355–82.
10. S c h m i d t, Rudolf: Die Frau in der dt. Lit. des 16. Jhs. Diss. Straßburg 1917. 149 S.

11. G i l l e t, Myrtle Mann: Woman in German literature before and after the reformation. In: JEGPh. 17 (1918), S. 346–75.
12. L u s t i g, Frida: Die Darstellung der Frau in der Dichtung des Sturms und Drangs. Diss. München 1918 (1922). 94 S. (Masch.).
13. K a i s e r, Elsbet: Frauendienst im mhd. Volksepos. Breslau 1921. 106 S. (GAbh. 54).
14. S c h ü p p e l, Johannes: Frauen Ehr und Unehr in der Literatur Deutschlands zu Beginn der Neuzeit. Diss. Leipzig 1921. 210 Bl. (Masch. u. handschr.). [15. u. 16. Jh.].
15. R a s s o w, Maria: Die alte Jungfer in der Dichtung. In: Der Türmer 26 (1923/24), S. 334–42. [D., E.].
16. S c h o c h, Hilde: Die Darstellung der Frau in der modernen Lit. In: Die Frau 32 (1924), S. 33–39. [L.].
17. K u n s t m a n n, Lisa: Die moderne Frau in der Gegenwartsdichtung. In: Eckart 1 (1924/25), S. 296–99.
18. S t a n g, Sigmund: Frauenlos in jüngsten Romanen. In: StdZ. 55, Bd. 108 (1924/25), S. 448–60.
19. L u s s k y, George Frederic: Die Frauen in der mhd. Spielmannsdichtung. In: Studies in German literature in honor of A. R. Hohlfeld. Madison 1925, S. 118–47. (Univ. of Wisconsin Studies in language and lit. 22).
20. E i l t s, Hilda: Die Frau in den dt. Großerzählungen des hohen MA. Diss. Leipzig 1926. 160 S. (Masch.). [8 T.].
21. M e r i d i e s, Wilhelm: Zur Frauendichtung der Gegenwart. In: Orplid 5 (1928), H. 1/2, S. 58–80. [Auch die Frau als Heldin im Frauenroman].
22. P i l t z, Frida: Die Frauenart im romantischen Roman. Diss. Freiburg i. Br. 1928. 140 S. (Masch.).
23. D e m m i g, Charlotte: Die dt. Frau im modernen Roman. In: Gral 23 (1928/29), S. 972–76.
24. B a c h m a n n, Heinrich: Die Frau im dt. Roman. In: BüWe. 26 (1929), S. 85–89.
25. P u s t a u, Erna von: Die Stellung der Frau im Leben und im Roman der Jungdeutschen. Diss. Frankfurt a. M. 1929. 49 S.
26. F a s s b i n d e r, Klara M.: Frauenschicksale in neuen Romanen. In: LitHdw. 67 (1930/31), Sp. 727–32.
27. R e m m e r s, Käthe: Die Frau im Frühnaturalismus. Diss. Bonn 1931. 57 S.
28. D e m m i g, Charlotte: Der Frauenroman. In: Gral 26 (1931/32), S. 46–52. [15 T.].
29. Z o t t l e d e r, Ernestine: Das Bild der zeitgenössischen Frau im dt. Frauenroman vom Naturalismus zur Gegenwart. Diss. Wien 1932. 242 Bl. (Masch.).
30. G u l d e, Hildegard: Studien zum jungdt. Frauenroman. Diss. Tübingen 1933. 88 S.
31. S c h u k a r t, Hanns: Gestaltungen des Frauen-Bildes in dt. Lyrik. Diss. Bonn 1933. 84 S. (Mnemosyne 11). [12.–20. Jh.].
32. K u m p, Otto: Frauengestalten in mhd. Epen des 12. und 13. Jhs. Diss. Graz 1934. 246 S. (Masch.).
33. F i n g e r l i n g, Margarete: Der realistische Frauentypus in der deutschen Lit. des 19. Jhs. Diss. Heidelberg 1935. 156 S.
33a. W i n g e n r o t h, Sascha: Clara Viebig und der Frauenroman des dt. Naturalismus. Diss. Freiburg i. Br. 1936. 109 S.
34. D a r g e, Elisabeth: Märchenbild und Mutter. Das Frauenbild in der dt. Dichtung der letzten Jahrzehnte. In: Lit. 39 (1936/37), S. 715–17.
35. B e r n d t, Albrecht: Die Bedeutung der Frau in der Dichtung dt. Romantiker. Diss. Königsberg 1937. 106 S.

36. J e h l e, Mimi I.: The attitude towards woman in the modern German novel. In: MDU. 29 (1937), S. 109–14.
37. H a t t o, Arthur Thomas: Vrouwen schouwen. In: MLR. 34 (1939), S. 40–49.
38. N a d l e r, Josef: Die Frau im dt. Drama. In: Die Pause (Wien) 5 (1940), S. 17–21, 97.
39. O b e r h e i d e n, Anneliese: Haltung und Wertung der deutschen Frau im erzählenden Schrifttum der Gegenwart. Diss. Greifswald. 1940. 155 S.
40. B u s e n k e l l, Martha: Das Schönheitsideal innerhalb der dt. Lit. von der karolingischen bis zur staufischen Epoche. Diss. Bonn 1941. 150 Bl. (Masch.).
41. W e i h i n g, Ella Regina: Ethical aspects of the modern Frauenentwicklungs-Roman in German. Diss. Minnesota 1941. [1890–1930].
42. H u b e r, Irene Maria: Die soziale Stellung der Frau im dt. naturalistischen Roman. Diss. Stanford Univ., Cal. 1942. 499 Bl. (Masch.).
43. F r i t s c h, Ursula: Die Frauengestalt im Drama des 19. Jhs. Diss. Prag 1943. 167 Bl. (Masch.).
44. S c h n e i d e r, Hildegard: Die Frauengestalten im epischen Schaffen der Dichterinnen der Gegenwart. Diss. Breslau 1943. 282 Bl. (Masch.).
45. W a t z i n g e r, Carl Hans: Das Bild der dt. Landfrau in der Lit. der Gegenwart. In: Europ. Lit. 2 (1943), H. 8, S. 12–15. [E.: 20. Jh.].
46. K r a u s e, Gisela: Das Frauenideal im dt. Sang der Hohen Minne. Diss. Marburg 1945. 74 S.
47. M e r k l e, Gottlieb: Die Auffassung der Frau im schlesischen Kunstdrama. In: –: Die geistesgesch. Voraussetzungen des gegenreformatorischen Marienideals. Diss. Tübingen 1945. S. 424–430. (Masch.).
48. S c h r e i b e r, Sara E.: The German woman in the age of enlightenment. A study in the drama from Gottsched to Lessing. New York 1948. 257 S. (Columbia Univ. Germanic Studies. NS. 19). [D.: 18. Jh.]. – R.: M. E. Atkinson, MLR. 44 (1949), S. 586 f.; M. Thalmann, JEGPh. 49 (1950), S. 424 f.; C. C. D. Vail, GR. 25 (1950), S. 231 f.
49. H i l d e b r a n d t, Käthe: Die Stellung der Frau in der dt. Bewegung. Diss. Göttingen 1952. 116 Bl. (Masch.). [19. Jh., a. a. L.].
50. L a u b a c h e r, Annemarie: Die Entwicklung des Frauenbildes im mhd. Heldenepos. Diss. Würzburg 1954. 249 Bl. (Masch.).
51. P o l l a t o s, Emilie: der historische Frauenroman zwischen Naturalismus und Expressionismus. Diss. Wien 1955. 208 Bl. (Masch.).
52. S t u t z, Elfriede: Frauenrecht und Frauenliebe in hochmittelalterlicher Dichtung. In: Mädchenbildung und Frauenschaffen 5 (1955), S. 293–300.
53. S t u t z, Elfriede: Moderne Frauendichtung. In: Mädchenbildung und Frauenschaffen 6 (1956), S. 304–18, 341–46.
54. W e b e r, Marta: Das Frauenbild der Dichter. Bern 1959. 270 S. [E.].
55. M a j u t, Rudolf: Der Roman des tragischen Frauenschicksals und des Frauenromans. In: Dt. Philologie im Aufriß. II. ²1960, Sp. 1427–35.
56. M e i n e r t, Monica Christa: Die Stufen der Idolisierung des Frauenbildes im frühen dt. Minnesang. Diss. Univ. of Cape Town 1961. 188 S. (Masch.).
57. S t a i g e r, Emil: Rasende Weiber in der dt. Tragödie des 18. Jhs. In: ZfdPh. 80 (1961), S. 364–404.
58. S p i e w o k, Wolfgang: Minneidee und feudalhöfisches Frauenbild. In: WZUG. 12 (1963), H. 4, S. 481–90.
59. K u n z e, Ingeborg: Zum Frauenbild in der Lit. des „Bitterfelder Weges." In: WZUL. 15 (1966), S. 687–97.

60. B e r e n t, Eberhard: Frauenverehrung und Frauenverachtung in der Dichtung des frühen Barock. In: Studies in Germanic languages and lit. Presented to E. A. G. Rose. New York 1967, S. 21–34. [L.].
61. C a r d o z a, Minna Ploug: The presentation of women in sixteenth century Lutherian biblical drama. Diss. Univ. of California, Los Angeles 1968. 306 S. DAI. 29 (1968/69), S. 562 A.
62. W a c h s e n, Ute: Die Frau im Drama und auf der Bühne des Expressionismus. 1.2. Diss. Wien 1969. 588 Bl. (Masch.). [A. a. L.].
63. B i n d s c h e d l e r, Maria: Weibliche Leitbilder in der alten Zeit. In: Reformatio 18 (1969), S. 102–13. [Bes. MA.].
64. H e r m a n d, Jost: Undinen-Zauber. Zum Frauenbild des Jugendstils. In: Wissenschaft als Dialog. Stuttgart 1969, S. 9–29. [Auch in dt. Dichtung, a. a. L.].
65. S t r e c k e r, Gabriele: Frauenträume, Frauentränen. Über den dt. Frauenroman. Weilheim 1969. 181 S. [19./20. Jh.].
66. B e c k m a n n, Heinz: Die Frau in der modernen Lit. In: Zeitwende 42 (1971), S. 194–201. [Bes. E., a. a. L.].
67. B ö c k e n h o l t, Hans-Joachim: Untersuchungen zum Bild der Frau in den mhd. „Spielmannsdichtungen." Ein Beitrag zur Bestimmung des literar-histor. Standortes der Epen „König Rother", „Salman und Morolf", „St. Oswald" und „Orendel." Münster 1971. 202 S. (Diss. Münster 1970).
68. F a u c h e r y, Pierre: La destinée féminine dans le roman européen du dix-huitième siècle 1713–1807. Paris 1972. 895 S.
69. T h o m a l l a, Ariane: Die „femme fragile". Ein literarischer Frauentypus der Jahrhundertwende. Düsseldorf 1972. 129 S. (Diss. Bonn 1971, Lit. in d. Gesellschaft 15). [A. a. L.]. – R.: W. Kuttenkeuler, ZfdPh. 93 (1974), S. 298–300. U. Sacré, Germanistik 16 (1975), Nr. 853.
70. L o n d n e r, Monika: Eheauffassung und Darstellung der Frau in der spätmittelalterlichen Märchendichtung. Eine Untersuchung auf der Grundlage rechtlichsozialer und theologischer Voraussetzungen. Diss. FU. Berlin 1973. 373 S.
71. S o e t e m a n, C.: Das schillernde Frauenbild ma. Dichtung. In: Amsterdamer Beitr. z. älteren Germanistik 5 (1973), S. 77–94.
72. T i l t o n, Helga S.: Opfer, Jungfrau und Kindermörderinnen. Zu Erfindungen des maskulinen Geistes im dt. bürgerlichen Theater von Lessing bis Handke. Diss. New York Univ. 1974. 203 S. DAI. 35 (1974), S. 1675f. A.

FRAU WELT s. *WELT*

FRAUENBEWEGUNG s. *EMANZIPATION*

FRAUENDIENST s. *MINNE*

392. FRAUENLOB (HEINRICH VON MEISSEN)
1. P f a n n m ü l l e r, Ludwig: Frauenlobs Begräbnis. In: Beitr. 38 (1913), S. 548–559.

393. FREIBERG i. Sa.
1. H e y d e n r e i c h, Eduard: Geschichte und Poesie des Freiberger Berg- und Hüttenwesens. Freiberg 1892. 180 S. [L., bes. S. 120–180].

394. FREIBURG i. Br.
1. A l b e r t, Peter Paul: Freiburg im Urteil der Jahrhunderte. Aus Schriftstellern und Dichtern dargestellt. Freiburg i. Br. 1924. 137 S.

395. FREIGEIST UND FREISINN
1. H u c h t h a u s e n, John Ludwig A.: Ideen freisinniger protestantischer Pfarrer in neueren dt. Romanen. St. Paul, Minn. 1920. 58 S. (Diss. Univ. of Minnesota 1919).
2. L i e p e, Else: Der Freigeist in der dt. Lit. des 18. Jhs. Diss. Kiel 1931. 67 S. [D., E., L.].

396. FREIHEIT
1. S i m o n, Hanna: Die Wandlungen des Freiheitsbegriffes von der Romantik zum Jungen Deutschland. Diss. Wien 1936. 193 Bl. (Masch.).
2. K o h l s c h m i d t, Werner: Die Frage nach der Freiheit in der neueren Dichtung. In: –: Die entzweite Welt. Studien zum Menschenbild in der neueren Dichtung. Gladbeck 1953, S. 167–91.
3. B l u m e, Bernhard: The metamorphosis of captivity. Some aspects of the dialectics of freedom in modern Lit. In: GQu. 43 (1970), S. 357–75. [A. a. L.].

FREIHEITSKRIEGE s. *KRIEG*

FREIMAUREREI s. *GEHEIMBUND*

397. FREIRELIGION
1. P i c k, Georg: Die neuere dt. Lit. als Fundgrube freireligiöser Aussage. In: Die Freireligiöse Bewegung–Wesen u. Auftrag. Mainz 1959, S. 249–60.
2. S c h r a d e r, Friedrich: Freie Religion in der dt. Dichtung nach Goethe. In: Die Freireligiöse Bewegung–Wesen u. Auftrag. Mainz 1959, S. 226–41.
3. S c h u l t z, Werner: Das Aufleuchten freireligiösen Geistes in der Lebensandeutung unserer klassischen Dichter. In: Die Freireligiöse Bewegung–Wesen u. Auftrag. Mainz 1959. S. 208–25.

398. FREISCHÜTZ
1. F r e i s c h ü t z. In: Geodeke 9. Bd., ^{2}1910, S. 267–70. [B.].
2. A p e l, Johann August und Friedrich L a u n: Die Freischützsage und ihre Wandlungen. Hrsg. v. O. Daube. Detmold 1941. 23 S. (Neuausg. a. d. „Gespensterbuch". Leipzig 1810).
3. F r e i s c h ü t z, In: Frenzel, StdW. 1970, S. 222f. [19. Jh.].

399. FREMDARTIGES
1. D ö r i n g, Paul: Verfremdete Welt und Wirklichkeit in der modernen Dichtung. Dortmund 1960. 24 S. (Dortmunder Vorträge 24).

400. FREUDE
1. S c h e r e r, Wilhelm: Der Ausdruck des Schmerzes und der Freude in den mhd. Dichtungen der Blütezeit. Diss. Strassburg 1908. 75 S.
2. S c h u l t z, Franz: Die Göttin Freude. Zur Geistes- und Stilgeschichte des 18. Jhs. In: Jb. d. Freien Dt. Hochstifts 1926, S. 3–38.

3. K o r n, Karl: Studien über „Freude und Trûren" bei mhd. Dichtern. Leipzig 1932. 139 S. (Von dt. Poeterey 12). – R.: G. Ehrismann, Litbl. 55 (1934), Sp. 296f.; F. Tschirch, AfdA. 52 (1933), S. 170–73.

4. A l b e r t s e n, Leif Ludwig: Freut Euch des Lebens. Das Schicksal eines Gassenhauers in der Lit. In: GRM. NF. 16 (1966), S. 277–83.

401. FREUNDSCHAFT s. a. TITUS UND GISIPPUS

1. T h a e r, Eva: Die Freundschaft im dt. Roman des 18. Jhs. Diss. Giessen 1917. 126 S.

2. R a s c h e n, J. F. L.: Earlier and later versions of the friendshiptheme. 1. Damon and Pythias. In: MPhil. 17 (1919/20), S. 105–109. [A. a. L.].

3. D i e t r i c h, Hans: Die Freundesliebe in der dt. Lit. Leipzig 1931. 191 S. [Erschien unter dem vollen Namen des Autors Hans Dietrich H e l l b a c h als Diss. Leipzig 1931].

4. G a r t z e n, Wilhelm: Das Wesen und die Entwicklung der kämpferischen Freundschaft in der Dichtung des 18. Jhs. Diss. Köln 1935. 95 S.

5. R a s c h, Wolfdietrich: Freundschaftskult und Freundschaftsdichtung im dt. Schrifttum des 18. Jhs. vom Ausgang des Barock bis zu Klopstock. Halle 1936. 266 S. (DtVjs. Buchr. 21). – R.: W. H. Bruford, MLR. 32 (1937), S. 484f.; E. Kast, ZfAesth. 32 (1938) S. 188–90; H. Rüdiger, Lit. 39 (1936/37), S. 375f.; E. Trunz, AfdA. 56 (1937), S. 119–25.

6. T r u n z, Erich: Seelische Kultur. Eine Betrachtung über Freundschaft, Liebe und Familiengefühl im Schrifttum der Goethezeit. In: DtVjs. 24 (1950), S. 214–42.

7. W e i l, Hans Hartmut: The conception of friendship in German baroque literature. In: GLL. NS. 13 (1959/60), S. 106–15.

8. E r t z d o r f f, Xenja v.: Höfische Freundschaft. In: DU. 14 (1962), H. 6, S. 35–51.

9. M i t t n e r, Ladislao: Freundschaft und Liebe in der dt. Lit. des 18. Jhs. In: Stoffe, Formen, Strukturen, Studien z. dt. Lit. H. H. Borcherdt z. 75. Geburtstag. München 1962, S. 97–138.

10. W i l m s, Heinz: Das Thema der Freundschaft in der dt. Barocklyrik u. seine Herkunft aus der neulat. Dichtung des 16. Jhs. Diss. Kiel 1963. 186 S. [16.–18. Jh.: L.].

11. W e l t e r, Ernst Günther: Bibliographie Freundschaftseros. Frankfurt a. M. 1964, 141 S. (Schriftenreihe zur Jugendnot 6). [B.: 1. Abschnitt: S. 37–114. D., E., L., a. a. L.].

12. V o g t, Guntram: Das Thema der Freundschaft in den Romanen der Goethezeit. Diss. Kiel 1967. 346 Bl. (Masch.).

402. FRIEDEN

1. M i t t e n z w e i, Werner: Der Friedensgedanke im dt. Drama. In: Theater der Zeit 16 (1961), H. 12, S. 62–71.

403. FRIEDEN, WESTFÄLISCHER

1. M ü l l e r, Berta: Der Friede von Osnabrück und Münster im Lichte der dramatischen Lit. des 17. Jhs. Diss. Frankfurt 1923. 297 S. (Masch.). [Friedenssehnsucht und -freude].

2. W a l t e r, Brigitte: Friedenssehnsucht und Kriegsabschluß in der dt. Dichtung um 1650. Diss. Breslau 1940. 91 S. [48 T.].

3. B ä t e, Ludwig: Amore Pacis. Dichtung um den westfälischen Frieden. Warendorf/Westf. 1948. 48 S.

4. W e b e r, Willi Erich: Die Motive Krieg und Frieden in der Dichtung des dt. Barock. Diss. Marburg 1950. 178 Bl. (Masch.).
5. W e i t h a s e, Irmgard: Die Darstellung von Krieg und Frieden in der dt. Barockdichtung. Weimar 1953. 128 S. (Studienbücherei 14). Auch in: Wiss. Zs. d. Friedrich Schiller Univ. Jena 1 (1951/52), Gesellsch.- u. Sprachwiss. R., H. 2, S. 47–64.

404. FRIEDHOF
1. H a n r e i c h, Georg: Die Dorfkirchhofselegie im 18. Jh. Diss. Wien 1911. 103 Bl. (Handschr.). [18. u. 19. Jh.].
2. A r e n d t, Dieter: Die romantische Poesie der Friedhofsnacht. In: –: Der „poetische Nihilismus" in der Romantik 1. Tübingen 1972, S. 214–38.

405. FRIEDLOSIGKEIT
1. H a r d e r, Anna: Der germanische Ächter. Diss. Bonn 1938. 98 S. [Auch in mhd. Dichtung].

406. FRIEDRICH I., BARBAROSSA, DEUTSCHER KAISER
1. K o c h, Ernst: Die Sage vom Kaiser Friedrich im Kiffhäuser nach ihrer mythischen, historischen und poetisch-nationalen Bedeutung. Grimma 1880. 40 S. [19. Jh.].
2. K a m p e r s, Fritz: Die Barbarossasage in der dt. Dichtung des 19. Jhs. In: –: Die dt. Kaiseridee in Prophetie und Sage. München 1890, S. 154–71. Repr. Aalen 1969.
3. D i e z, Gertrud: Das Bild Friedrich Barbarossas in der Hohenstaufendichtung des 19. Jhs. Ein Beitr. zur Geschichte der dt. Nationalbewegung. Diss. Freiburg i. Br. 1943. 164 Bl. (Masch.).
4. L a n g o s c h, Karl: Politische Dichtung um Kaiser Friedrich Barbarossa. Berlin 1943. 305 S. [Einführung: S. 7–96].
5. F r i e d r i c h I. Barbarossa. In: Frenzel, StdW. 1970, S. 223–25.

407. FRIEDRICH II., DEUTSCHER KAISER s. a. FRIEDRICH I., BARBAROSSA, HOHENSTAUFEN
1. H a m p e, Karl: Kaiser Friedrich II. in der Auffassung der Nachwelt. Berlin 1925. 80 S. [S. 70f.: B. der Friedrich-Dramen].
2. F r i e d r i c h II. In: Frenzel, StdW. 1970, S. 225–27.

408. FRIEDRICH II., DER GROSSE, KÖNIG VON PREUSSEN
1. L o r y, Karl: Friedrich der Große in der südt. Flugschriften-Literatur: In: ZBFr. 1 (1897/98), S. 519–528. [Auch in L.].
2. V o l z, Gustav Berthold: Friedrich der Große im Drama. In: –: Aus der Zeit Friedrichs des Großen. Gotha 1908, S. 219–27. [18. u. 19. Jh.].
3. I s o l a n i, Eugen: Friedrich der Große auf der Bühne. In: Die Dt. Bühne 4 (1912), S. 2–5.
4. S t ü m c k e, Heinrich: Kronprinz Fritz und Katte auf der Bühne. In: Mitt. des Vereins f. d. Gesch. Berlins 32 (1915), S. 94–96, 100–103; 33 (1916), S. 5–6.
5. S t ü m c k e, Heinrich: Deutschlands große Kriege im Spiegel der dramatischen Dichtung. 2. Der Große Kurfürst und der Große König. In: –: Theater und Krieg. Oldenburg 1915, S. 57–68.
6. L e m k e, Ernst: Friedrich der Große im dt. Drama der Gegenwart. Berlin 1932. 60 S. und in: Das dt. Drama in Gesch. u. Gegenwart 3 (1931), S. 7–61. [13 T.].

7. S c h w a r z, Richard: Friedrich der Große im Spiegel des literarischen Deutschlands von der Aufklärung bis zur Romantik. Diss. Leipzig 1934. 211 S. [z. T. in d. Dichtung].
8. F r a n c k, Hans: Fridericus-Dichtungen. In: Politische Erziehung 1935, S. 115–17. [Überblick].
9. H o f s t a e t t e r, Walther: Friedrich der Große in der Dichtung der Gegenwart. In: ZDK. 50 (1936), S. 375–89. [D., E.].
10. W i t t, Berta: Friedrich der Große im Roman. In: Börsenbl. f. d. Dt. Buchh. 103 (1936), S. 693–94.
11. Z i g e l s k i, Hans: Friedrich der Große als Bühnengestalt. In: Bausteine zum dt. Nationaltheater 4 (1936), S. 233–36.
12. F r i e d r i c h d e r G r o ß e. Leben und Wirken. In: Luther, DtG. 1943, Sp. 195–202. [B.].
13. F r i e d r i c h II. König von Preußen in Erzählung und Lyrik. In: Kosch, LL. I. ²1949, S. 573–75. [B.].
14. F r i e d r i c h II., der Große in Lyrik, Erzählung und Drama. In: Heinzel, LhE. 1956, S. 214–16.
15. F r i e d r i c h d e r G r o ß e. In: Frenzel, StdW. 1970, S. 227–32.
16. K a r r e r - L i n k e, Helga: Die Gestalt Friedrichs des Großen in der dt. Lit. des 20. Jhs. Zürich 1973. 302 S. (Diss. Freiburg/Schweiz 1968).

409. FRIEDRICH WILHELM, KURFÜRST VON BRANDENBURG

1. B e l l i n g, Eduard: Der Große Kurfürst in der Dichtung. Berlin 1888. 386 S. [Bes. S. 1–61, B: S. 372–86: D., E., L.].
2. S t ü m c k e, Heinrich: Hohenzollernfürsten im dt. Drama. In: BuW. 3, 1 (1901), S. 319–24, 385–92, 431–39. [18. u. 19. Jh.].
3. S t ü m c k e, Heinrich: Deutschlands große Kriege im Spiegel der dramatischen Dichtung. 2. Der Große Kurfürst und der Große König. In: –: Theater und Krieg. Oldenburg 1915, S. 57–68.
4. K u r f ü r s t, der Große. In: Frenzel, StdW. 1970, S. 423–25.

410. FRIEDRICH WILHELM I., KÖNIG VON PREUSSEN

1. F r i e d r i c h Wilhelm I. In: Heinzel, LhE. 1956, S. 220. [B.].

411. FRIEDRICH I., DER STREITBARE, HERZOG VON SACHSEN

1. U n g e r s b ä c k, Ernestine: Friedrich der Streitbare in der dt. Lit. Ein Beitrag zur Stoff- und Motivgeschichte. Diss. Wien 1950. 269 Bl. (Masch.).
2. F r i e d r i c h der Streitbare. In: Frenzel, StdW. 1970, S. 232–34. [D., E.: 19. u. 20. Jh.].

FRIEDRICH III., DER SCHÖNE s. *LUDWIG IV., DER BAYER*

412. FRIEDRICH VON ISENBERG

1. Das S c h i c k s a l des Grafen Friedrich von Isenberg und seines Burgberges im Spiegel der Dichtung. Hrsg. von H. Eversberg. Hattingen 1972. 28 S. (Hattinger heimatkundl. Schriften 19). [Mit Anthologie].

FRIESLAND s. *NORDFRIESLAND, OSTFRIESLAND*

413. FRISCHE NEHRUNG
1. W i l m, Bruno: Die Frische Nehrung und das Frische Haff in der neueren dt. Dichtung. In: Ostdt. Mhe. 18 (1937), S. 153−55, 275−79.

FRÖMMIGKEIT s. *RELIGIOSITÄT*

414. FRONLEICHNAM
1. D ö r r e r, Anton: Altdt. Karwochen- und Fronleichnamsspiele Südtirols im Zeitalter des Barock und Rokoko. In: Lit.wiss. Jb. d. Görresges. 3 (1928), S. 86−132; 4 (1929), S. 61−82.
2. S t e i n b a c h, Rolf: Fronleichnamsspiele. In: −: Die dt. Oster- und Passionsspiele des MA. Köln 1970, S. 263−65.

FRONTSOLDAT s. *SOLDAT*

415. FRÜHLING
1. B o s c h, J.: Der Frühling in dt. Dichtungen. In: Dichterstimmen der Gegenwart 23 1909), S. 228−34. [L. bes. 19. Jh.].
2. A b m e i e r, Hans: Der Frühling in der dt. Lyrik des 17. Jhs. Ein Beitrag zur Geschichte des Landschafts- und Naturgefühls bei den Renaissancedichtern. Diss. Greifswald 1912. 124 S. [Mit Überblick bis zum 17. Jh.].
3. S a l o m o n, Gerhard: Frühling und Liebe. Ein Beitrag zur vergleichenden Betrachtung lyrischer Gedichte. In: ZDK. 36 (1922), S. 202−13.
4. F i e ß, Philipp: Der Frühling in der dt. Lyrik. In: Schallwellen 36 (1932), S. 42−60.
5. S p r e n g e l, Johann Georg: Frühling in lyrischer Dichtung. In: ZDB. 5 (1929), S. 135−43. [19. Jh.].
6. G r o ß m a n n, Bernhard: „Vorfrühling". Betrachtung einer Reihe themengleicher Gedichte als Einübung in die Lektüre neuerer Lyrik. In: Wirkendes Wort 9 (1959), S. 349−61 und in: Wirkendes Wort, Sammelband 4 (1962), S. 195−207.
7. H a a s é, Horst: Zum Problem des Bildwandels in der neueren dt. Lyrik des 20. Jhs. In: WB. 11 (1965), S. 920−29.

FUCHS s. *REINEKE FUCHS*

416. FÜHRERGESTALT
1. S c h u l t z e - J a h d e, Karl: Führergestalten und ihr Widerspiel in der Dichtung. In: ZDB. 2 (1926), S. 164−74. [D.].
2. S a u e r, Eugen: Die Führergestalt im Drama der Gegenwart. In: Der dt. Erzieher 3 (1935), S. 669−72.

417. FÜRST UND FÜRSTENHOF s. a. *AUDIENZ*
1. B a r t s c h, Karl: Das Fürstenideal des Mittelalters im Spiegel dt. Dichtung. Leipzig 1868. 36 S. und in: −: Ges. Vorträge und Aufsätze. Freiburg i. Br. 1883, S. 185 bis 220.
2. B r e c h e n m a c h e r, Josef Karlmann: „Der reichste Fürst". Eine literärgeschichtliche Untersuchung. In: ZDU. 28 (1914), S. 709−21. [18. u. 19. Jh., Eberhard I. im Bart].

3. G e i s l e r, Walter: Fürsten und Reich in der politischen Spruchdichtung des dt. Mittelalters nach Walther von d. Vogelweide. Greifswald 1921. 77 S.
4. K r a u ß, R.: Die dt. Rokokohöfe in der Dichtung. In: Der Schwabenspiegel 26 (1932), S. 41 f. [Fürstenhof].
5. F e h r, Hans: Vom Fürstenstand in der dt. Dichtung des Mittelalters. In: Aus Verfassungs- u. Landesgeschichte. Festschr. Th. Mayer. Lindau 1954. I, S. 151–60.

418. FUNKTIONÄR
1. R ö h n e r, Eberhard: Modellstehen oder mitentdecken? Der Funktionär in unserer Lit. In: Neue dt. Lit. 14 (1966), H. 11, S. 30–40. [E.].

G

419. GALATEA
1. D ö r r i e, Heinrich: Galatea in der Lit. und Musik. In: –: Die schöne Galatea. München 1968, S. 64–72. [B.: S. 88–92, a. a. L.].

420. GALGENMÄNNLEIN
1. S c h l o s s e r, Alfred: Die Sage vom Galgenmännlein im Volksglauben und in der Lit. Diss. Münster 1912. 139 S. [In dt. Lit.: S. 50–84].

421. GALILEI, GALILEO
1. G a l i l e i, Galileo. In: Frenzel, StdW. 1970, S. 234f. [D., E.: 19. u. 20 Jh.].

422. GALIZIEN
1. M ü l l e r, Sepp: Schöngeistige Lit. In: –: Schrifttum über Galizien und sein Deutschtum. Marburg 1962, S. 135–42. [B.: D., E., L.].

423. GALLUS, HEILIGER
1. R ü s c h, Ernst Gerhard: Das Charakterbild des Gallus im Wandel der Zeit. St. Gallen 1959. 40 S. [17.–19. Jh.].

424. GALMY
1. B o l t e, Johannes: Galmy. Der Stoff. Vorwort zu Georg Wickrams Werke 1. Tübingen 1901, S. V–XXXI. (Bibliothek d. Litt. Vereins in Stuttgart 222).

425. GANYMED
1. R a s c h, Wolfdietrich: Ganymed. Über das mythische Symbol in der Dichtung der Goethezeit. In: Wirkendes Wort 4 (1954), 2 Sonderheft. S. 34–44 und in Sammelband 3 (1963), S. 174–84.

426. GARTEN
1. F e h r l e, Ernst: Garten, Rose und Rosengarten im dt. MA. Diss. Heidelberg 1924. 129 Bl. (Masch.).

2. R u p p e, Hans: Park und Landschaft von der Anakreontik bis zur Frühromantik, Diss. Wien 1931. 139 Bl. (Masch.).
3. S c h m i d t, Kurt: Die ma. Gartenallegorien. In: —: Der Lüstliche Würtzgarte. Diss. Greifswald 1932, S. 67–73. [Hortus conclusus].
4. M ü l l e r, Gabriele Ingeborg: Der Garten in der romantischen Dichtung. Diss. Wien 1942. 174 Bl. (Masch.). [E., L.].
5. T h a l m a n n, Marianne: Der romantische Garten. In: JEGPh. 48 (1949), S. 329 bis 342.
6. S t a m m l e r, Wolfgang: Der allegorische Garten. In: Hart, warr nich mööd. Festschr. f. Chr. Boeck. Hamburg 1960, S. 260–69 u. in: —: Wort und Bild, Berlin 1962, S. 106–116.
7. H e n n e b o, Dieter: Gärten in der höfischen Dichtung des hohen MA. In: —: Gärten des MA. Hamburg 1962, S. 75–109.
8. B ö r s c h - S u p a n, Eva: Das Motiv des Gartenraumes in Dichtungen des 19. und frühen 20. Jhs. In: DtVjs. 39 (1965), S. 87–124.
9. G s t e i g e r, Manfred: Im Bild des Gartens. In: —: Poesie und Kritik. Betrachtungen über Lit. Bern 1967, 60–64.
10. S c h i f f n e r, Edith: Der Garten im höfisch-historischen Roman des Barockzeitalters. Diss. Wien 1968. 302 Bl. (Masch.). [A. a. L.].
11. S h e p p a r d, Richard: The decay of the formal garden. Late romanticism to expressionism. In: Colloquia Germanica 1972, S. 238–56. [Bes. L.].

427. GASTSTÄTTE s. a. REISE

1. H o f f m a n n, Moritz: Geschichte des dt. Hotels vom Mittelalter bis zur Gegenwart. Heidelberg 1961. 282 S. [Auch in der Dichtung].

428. GAWEIN

1. H o m b e r g e r, Dietrich: Gawein. Untersuchungen zur mhd. Artusepik. Diss. Bochum 1970. 255 S.
2. H e r z o g, Michael Bernard: The development of Gawein as a literary figure in medieval German and English Arthurian romance. Diss. Univ. of Washington 1971. 354 S. DAI. 32 (1971/72), S. 6377f. A.

429. GEBÄRDE s. a. KLAGE

1. W i e g a n d, Julius: Die Gesten in der dt. erzählenden Dichtung. In: NJbb Kl. AltGL. 40 (1917), S. 332–44.
2. A u l h o r n, Edith: Zur Gestaltung seelischer Vorgänge in neuerer Erzählung. In: Vom Geiste neuer Literaturforschung. Festschr. f. O. Walzel. Berlin 1924, S. 70–79.
3. D e l l i n g, Hildegard: Studien über die Gebärdensprache in Dichtkunst und Bildkunst des frühen und hohen MA. Diss. Leipzig 1925. 164 Bl. (Masch.).
4. Z o n s, Franz Bernhard: Von der Auffassung der Gebärde in der mhd. Epik. Diss. Münster 1934. 58 S.

430. GEBET

1. M ü l l e r, Hedwig: Das Gebet in der mhd. erzählenden Dichtung. Diss. Marburg 1925. 337 Bl. (Masch.). [11.–13. Jh.].
2. M e n t h, Bruno: Die dt. Dichtung und das Gebet. In: Gral 30 (1935/36), S. 201–04.
3. G ü n t h e r, Herbert: Gott ist gegenwärtig. Das Gebet im dt. Gedicht. München 1949. 104 S. [Nachwort z. Anthologie S. 97–102].
4. B e n d e r, Dorothea: Das Gebet bei den Dichtern der dt. Romantik. Diss. Marburg 1952. 120 Bl. (Masch.).

GEBIRGE s. *HOCHGEBIRGE*

431. GEFANGENER UND GEFÄNGNIS

1. K ö r b e r, Ferdinand: Der Gefangene. Versuch über ein gleiches lyrisches Motiv bei Eichendorff und Rilke. In: Lebendige Tradition. Würzburg 1961, S. 285–97.
2. S c h ä f e r, Walter: Von der Verwunderung über die Bedeutung des Gefängnisses in der dt. Klassik. In: Die Pädagogische Provinz 16 (1962), S. 247–53. [D.].
3. B l u m e, Bernhard: Lyrismus in der Zelle. In: Almanach S. Fischer 79 (1965), S. 92–98. [A. a. L.].

432. GEFOLGSCHAFT

1. A c k e r m a n n, Otto: Germanische Gefolgschaftshaltung in der Heldendichtung des MA. Breslau 1940. 70 S. (Junge Wissenschaft im Osten 3).
2. R ä u s c h l, Gernot: Beiträge zu dem Motiv der Gefolgschaftstreue in der dt. Dichtung der Stauferzeit. Diss. Wien 1971. 391 Bl. (Masch.).

433. GEFÜHL s. a. *SEELISCHE WELT*

1. W e n d t, Erwin: Sentimentales in der dt. Epik des 13. Jhs. Diss. Freiburg i. Br. 1930 [1931]. 97 S.
2. B o e s c h e n s t e i n, Hermann: Deutsche Gefühlskultur. Studien zu ihrer dichterischen Gestaltung. 1. Die Grundlagen 1770–1830. Bern 1954. 379 S.
3. M ü l l e r, Joachim: „Verwirrung des Gefühls". Der Begriff des „Pathologischen" im Drama Goethes und Kleists. Mit einem Exkurs: Zur dichterischen Pathographie im Drama des 19. Jhs. Berlin 1974. 40 S. (Sitz. Ber. d. Sächs. Akad. d. Wiss. z. Leipzig. Phil.-hist. Kl. 117, 2).
4. S t o c k, Edith: Die Darstellung des Gefühls in drei Romanen des 18. Jhs. Diss. Univ. of Kansas 1974. 283 S. DAI. 36 (1975), S. 917 A.

434. GEGENREFORMATION

1. G e g e n r e f o r m a t i o n in Deutschland. In: Heinzel, LhE. 1956, S. 231 [B.].

435. GEGENSPIELER

1. G ü n t h e r - K o n s a l i k, Heinz: Der Gegenspieler im Drama. In: Dt. Dramaturgie. Berlin II, 1943, S. 172–75.
2. B a l k, Annemarie: Die Entwicklung des Gegenspielers im dt. Drama vom Mittelalter bis zu Gerhart Hauptmann. Diss. München 1953. 131 Bl. (Masch.).
3. J a n n a c h, Hubert: The antagonist in the German drama from Gottsched to Schiller. Diss. Northwestern Univ., Evanston, Ill. 1954. 257 S. DA. 14 (1953/54) S. 1722f.

436. GEGENWART

1. W e n d l e r, Wolfgang: Die Einschätzung der Gegenwart im dt. Zeitroman. In: Die dt. Lit. in der Weimarer Republik. Stuttgart 1974, S. 169–94.

437. GEHEIMBUND s. a. *GEISTERSEHER*

1. A p p e l l, Johann Wilhelm: Die Ritter-, Räuber- und Schauerromantik. Zur Geschichte der dt. Unterhaltungslit. Leipzig 1859. 92 S.

2. M ü l l e r - F r a u r e u t h, Karl: Die Ritter- und Räuberromane. Ein Beitr. zur Bildungsgeschichte des dt. Volkes. Halle 1894. 112 S. [18. u. 19. Jh.]. — R.: C. Heine, ZVLR. NF. 10 (1896), S. 277—80; A. Köster, AfdA. 23 (1897), S. 294—301.
3. T a u t e, Reinhold: Ordens- und Bundesromane. Ein Beitrag zur Bibliographie der Freimaurerei. Frankfurt a. M. 1907. 142 S. [447 T.]. Repr. Graz 1974.
4. S c h n e i d e r, Ferdinand Josef: Die romantische Schicksalsidee. In: —: Die Freimaurerei und ihr Einfluß auf die geistige Kultur in Deutschland am Ende des 18. Jhs. Prag 1909, S. 184—229.
5. W o l f s t i e g, August: Maurerische Poesie. Lyrik, Epik, Drama. In: —: Bibliographie der Freimaurerischen Lit. II. Burg 1912 (Repr. 1964), S. 784—912, IV. Leipzig 1926 (Repr. 1964), S. 440—462. [B.: 3075 T., a. a. L.].
6. T h a l m a n n, Marianne: Der Trivialroman des 18. Jhs. und der romantische Roman. Ein Beitrag zur Entwicklungsgeschichte der Geheimbundmystik. Berlin 1923. 326 S. (GSt. 24). Repr. Nendeln 1967.
7. G r e i n e r, Martin: Die Entstehung der modernen Unterhaltungslit. Studien zum Trivialroman des 18. Jhs. Hamburg 1964. 153 S. [Bes. S. 116—26].
8. H a a s, Rosemarie: Die Turmgesellschaft in Wilhelm Meisters Lehrjahren. Zur Geschichte d. dt. Geheimbundromans im 18. Jh. Diss. Kiel 1964. 162 Bl. (Masch.-vervielf.). Bern 1975. 177 S. (Regensburger Beitr. z. dt. Sprach- u. Lit. wiss. B. 7).
9. T h a l m a n n, Marianne: Die Romantik des Trivialen. Von Grosses „Genius" bis Tiecks „William Lovell". München 1970. 138 S. R.: R. F. Schönhaar, Germanistik 12 (1971), Nr. 3290.
10. S t ö r c k, Barbara: Das Geheimbundmotiv im dt. Roman der Goethezeit. Diss. Wien 1975. 233, 30 Bl. (Masch.).

438. GEIGENBAU

1. G ö t z, Berthold: Der Geigenbau in der Dichtung. In: Zs. f. Instrumentenbau 59 (1939), S. 316f. [E.].

439. GEIGER

1. S c h ä f e r, Walter: Der Wandel eines Leitmotivs. Ein Beitrag zur Interpretation von Novellen des 19. Jhs. In: DU. 8 (1956), H. 3, S. 54—59.

GEIST s. ELEMENTARGEISTER, GESPENST

GEISTERSCHIFF s. FLIEGENDER HOLLÄNDER

440. GEISTERSEHER s. a. GEHEIMBUND

1. E i n f a l t, Ottilie: Schillers Geisterseher. Fortsetzungen, Nachahmungen und Bearbeitungen im 18. u. 19. Jh. Diss. Wien 1940. 142 Bl. (Masch.).
2. B a u m g a r t n e r, Margarete: Friedrich Schillers Romanfragment „Der Geisterseher" und seine Fortsetzungen. Diss. Wien 1943. 242 Bl. (Masch.). [E.: 18.—20. Jh.].
3. B u ß m a n n, Walter: Schillers „Geisterseher" und seine Fortsetzer. Ein Beitr. zur Struktur des Geheimbundromans. Diss. Göttingen 1961. 180 Bl. (Masch.).

GEISTESKRANKHEIT s. WAHNSINN

441. GEISTLICHER s. a. PFARRHAUS

1. K a w e r a u, G.: Das Bild des evangelischen Geistlichen in der Literatur des 16. Jhs. In: Deutschevang. Bll. 26 (1901), S. 513–29. [D.].
2. K o h l s c h m i d t, Oscar: Der evangelische Pfarrer in moderner Dichtung. Skizzen und Kritiken zur neuesten Literaturgeschichte. Berlin 1901. 152 S.
3. W o l f f, Walther: Der Geistliche in der modernen Lit. In: LE. 4 (1901/02), Sp. 77–84, 155–62.
4. W o l f f, Walther: Pastorenromane. In: LE. 6 (1903/04), Sp. 336–38. [5 T.].
5. B ö t t i c h e r, Gotthold: Pfarrertypen in der modernen dt. Lit. In: Neue Christoterpe 26 (1905), S. 1–37. [E.].
6. H a m a n n, E. M.: Priesterromane. In: Die Warte 7 (1905/06), S. 577–85.
7. S t e i n, B.: Katholische Priestergestalten in der neueren Lit. In: BüWe. 4 (1906/07), S. 248–52.
8. D a n n e i l, Heinrich: Pfarrergestalten in neuern Dichtwerken. In: Grenzboten 66,2 (1907), S. 354–67.
9. K i e n z l, Hermann: Priester-Dramen. In: LE. 11 (1908/09), Sp. 1357–64. [6 T.].
10. F a l k, Hans: Der Pfarrer in der modernen Lit. In: ProtMhh. 16 (1912), S. 161–84.
11. M e n s c h, Ella: Der Geistliche auf der Bühne. In: BuW. 15, 1 (1912/13), S. 511 bis 14. [18./19. Jh.].
12. S e i l a c h e r, Karl: Der evangelische Pfarrer in der neuesten schwäbischen Romanlit. In: Evang. Kirchenbl. f. Württemberg 75 (1914), S. 369–73, 385–88.
13. H u c h t h a u s e n, John Ludwig A.: Ideen freisinniger protestantischer Pfarrer in neueren dt. Romanen. St. Paul, Minn. 1920, 58 S. (Diss. Univ. of Minnesota 1919).
14. G r a f, Emma: Die Pfarrergestalt in der dt. Erzählungslit. des 19. Jhs. Eine ideengeschichtliche Studie. Konstanz 1922. 121 S.
15. S c h m i d t, Ernst Walter: Die Gestalt des Feldgeistlichen in der neuesten Kriegsdichtung. In: Die christl. Welt 43 (1929), Sp. 843–52. [Evang. Pfarrer].
16. K i r s c h w e n g, Johannes: Pfarrerromane. In: LitHdw. 67 (1930/31), Sp. 721–24.
17. D a w, M. E.: The role of the parson in the literature of the 18th century in England and Germany. Thesis London 1937. (Masch.).
18. N e u m a n n, Edith: Probleme des dt.-protestantischen Pfarrerstandes im Spiegel des Pfarrerromans. Diss. Freiburg i. Br. 1938. 80 S.
19. G o d i t s c h, Hans: Der Geistliche im dt. Drama. Diss. Graz 1940. 154 Bl. (Masch.). [16.–20. Jh.].
20. W i n k l h o f e r, Alois: Die Priestergestalt in der modernen Romanlit. In: Oberrhein. Pastoralbl. 52 (1951), S. 209–16, 232–44. [A. a. L. Mit Erg. im Klerusbl. Eichstätt 1952. Nr. 4, 5, 7.].
21. G e i s t l i c h e r. In: Schmitt, BuA. 1952, Sp. 210–40. [B.].
22. S a u e r, Karl Adolf: Wächter zwischen Gott und Satan. Priestergestalten aus der Dichtung unserer Zeit. Rottenburg 1952. 200 S. [Einführung: S. 11–23; a. a. L.].
23. B e c h e r, Hubert: Priestergestalten in der Romanlit. der Gegenwart. In: StdZ. 153 (1953/54), S. 345–55. [A. a. L.].
24. F ü r s t, Ingeborg: Die Gestalt des katholischen Priesters in der dt. Lit. vom Realismus bis zur Gegenwart. Diss. Wien 1953. 236 Bl. (Masch.).
25. H o r n u n g, Peter: Der Priester im modernen Roman. In: Welt u. Wort 10 (1955), S. 353–56. [A. a. L.].
26. P a s t o r im Drama und in der Erzählung. In: Kosch, LL. III. ²1956, S. 1987–95.
27. P l a r d, Henri: Le Presbytère protestant dans la littérature allemande. In: EG. 16 (1961), S. 136–40. [Überblick].
28. B ü c h n e r, Robert: Der bayerische Klerus in der Satire des späteren MA. Tadel und Rechtfertigung. Diss. Innsbruck 1966. 591 Bl. (Masch.). [1270–1517].

29. S m i t h, Duncan: Clerical satire and anticlericalism in early German drama. Diss. Brown Univ. 1967. 171 S. DAI. 28 (1967/68), S. 3158 A.
30. P r i n z i n g, Dieter: Der Pfarrer im Drama um 1900. Beiträge zum Problem Klischee-Wirklichkeit. Diss. Göttingen 1968. 201 S. [Kath. u. ev. Geistlicher, a. a. L.].
31. L i n d e m a n n, Klaus: Geistlicher Stand und religiöses Mittlertum. Ein Beitrag zur Religionsauffassung der Frühromantik in Dichtung und Philosophie. Frankfurt a. M. 1971. 307 S. (Gegenwart d. Dichtung 5; Diss. Freiburg i. Br. 1970).

442. GELASSENHEIT

1. J o s w i g, Horst: Leidenschaft und Gelassenheit in der Lyrik des 18. Jhs. Von Günther bis Goethe. Berlin 1938. 120 S. (Neue dt. Forsch. Abt. Neuere dt. Lit. Gesch. 17, Diss. Danzig). – R.: A. Cloß, AfdA. 76 (1939), S. 139–41; R. Immerwahr, GR. 14 (1939), S. 298f.

443. GELD s. a. KAPITAL

1. A l t e n h e i n, Hans-Richard: Geld und Geldeswert im bürgerlichen Schauspiel des 18. Jhs. Diss. Köln 1952. 120 Bl. (Masch.).
2. A l t e n h e i n, Hans-Richard: Geld und Geldeswert. Über die Selbstdarstellung des Bürgertums in der Lit. des 18. Jhs. In: das werk der bucher. Festschr. f. H. Kliemann zu s. 60. Geburtstag. Freiburg i. Br. 1956, S. 201–13.
3. M u t h e s i u s, Volkmar: Geld ist weder bös noch gut. Das Geld in der Dichtung. Frankfurt a. M. 1960. 24 S.
4. K o e s t e r, Rudolf: Everyman and mammon. The persistence of a theme in modern German drama. In: Revue des langues vivantes 35 (1969), 368–80.

444. GELEGENHEIT

1. R ü d i g e r, Horst: Göttin Gelegenheit. Gestaltwandel einer Allegorie. In: arcadia 1 (1966), S. 121–66.

445. GELEHRTER UND GELEHRTHEIT

1. H e l l m i c h, Peter: Die Gelehrsamkeit in der mhd. Spruchdichtung. Diss. Tübingen 1952. 158 Bl. (Masch.).
2. W i l t s c h, Helga: Die Stellung des Gelehrten in der Dichtung der 1. Hälfte des 20. Jhs. Diss. Wien 1960. 250 Bl. (Masch.).

446. GELIEBTE

1. H e i l b o r n, Ernst: Das Bild der Geliebten in der dt. Lyrik. In: Almanach. Velhagen u. Klasing 1912, S. 99–121.
2. Z e i s e l, Eugen: Die Geliebte. In: LE. 25 (1922/23), Sp. 577–81.

GEMÄLDE s. BILD

447. GEMEINSCHAFT s. a. SOZIALE FRAGE

1. L ü b b e r t, Gert Ulrich: Das Gemeinschaftserlebnis im dt. Drama seit der Klassik. Diss. Rostock. 1934. 46 S. [44 T.].
2. L u t z, Günther: Das Gemeinschaftserlebnis in der Kriegslit. Diss. Greifswald 1936. 131 S. [BA. u. d. T.: Die Frontgemeinschaft]. – R.: G. Stammler, ZfdPh. 62 (1937), S. 459–61.

3. S c h ü t z, Otto: Persönlichkeit und Gemeinschaft in der dt. Arbeiterdichtung. Diss. Wien 1937. 279 Bl. (Masch.).
4. L o r e y, Heinz: Wesen und Formen des Gemeinschaftserlebnisses in der dt. Erzählungslit. jüngster Zeit. Berlin 1938. 76 S. (Diss. Frankfurt a. M. 1939).
5. M i n s t e r, Friedrich Wilhelm: Das Gemeinschaftserlebnis in der erzählenden u. lyrischen Dichtung jüngster Zeit. Diss. Frankfurt a. M. 1938. 76 S. (Frankf. Quellen u. Forschungen z. germ. u. rom. Phil. 24). − R.: E. Castle, Chronik d. Wiener Goethe-Vereins 46 (1941), S. 70f.

GENEALOGIE s. FAMILIE, VERWANDTSCHAFT

448. GENERATIONSPROBLEM

1. E i c h b a u m, Gerda: Die Krise der modernen Jugend im Spiegel der Dichtung. Erfurt 1930. 165 S. (Veröffentlichungen d. Akademie gemeinnütziger Wissenschaften zu Erfurt 21; Diss. Gießen 1929). [1880−1914]. − R.: O. H. Brandt, Lit. 32 (1929/30), S. 607f.; E. Heuss-Knapp, DLZ. 53 (1932), Sp. 920f.; B. v. Wiese, ZDB. 7 (1931), S. 161.
2. K o c h, Hedwig: Das Generationsproblem in der dt. Dichtung der Gegenwart. Diss. Halle 1930. 116 S. (Manns Päd. Mag. 1308).
3. W e b e r, H.: Das Problem der Generationen in der neueren Dichtung. In: Akad. Bll. 45 (1930), S. 73−78.
4. E i c h b a u m, Gerda: Väter und Söhne in der dt. Dichtung der Gegenwart. In: Hochschulwissen 8 (1931), S. 485−90.
5. P a u l s, Eilhard Erich: Geschlechterfolge und dt. Dichtung. In: ZDK. 46 (1932), S. 488−503, 529−36.
6. T i s c h l e r, Kurt: Das Generationsproblem im dt. Drama der Weltkriegskrise. Diss. Wien 1932. 263 Bl. (Masch.).
7. H a u s e r, Guido: Das Generationsproblem der Romantik. Diss. Wien 1938. 71 Bl. (Masch.).

449. GENESIUS, HEILIGER

1. L a g e, Bertha von der: Studien zur Genesiuslegende. I. II. Progr. Berlin 1898, 1899. 40, 23 S. [Dt. Lit.: II, S. 17−20].

450. GENOVEVA, HEILIGE

1. N a g e l, Willibald: Die neueren dramatisch-musikalischen Bearbeitungen der Genoveva-Legende. Leipzig 1888. 56 S.
2. G o l z, Bruno: Pfalzgräfin Genoveva in der dt. Dichtung. Diss. Leipzig 1897. 199 S. − R.: J. Bolte, ZVLR. NF. 13 (1899), S. 410; R. Schlösser, ZfdPh. 33 (1901), S. 272−74; B. Seuffert, AfdA. 27 (1901, S. 165−76; W. v. Wurzbach, Euph. 7 (1900), S. 161−64.
3. M ü l l e r, A.: Die dramatischen Bearbeitungen der Genoveva-Legende. In: Schlußbericht der Bezirksschule in Muri f. d. Schuljahr 1902/03, S. 21−40; 1903/04, S. 1−18.
4. G o r m, L.: Die Technik der Genovevadramen (Maler Müller, Tieck, Hebbel, Ludwig). Euph. 17 (1910), S. 106−11.
5. P u c k e t t, H. W.: The „Genoveva" theme with particular reference to H e b b e l's treatment. In: ModPhil. 13 (1915/16), S. 609−24.
6. F i n k o u s, Eduard: Die Genovefa-Schauspiele des Böhmerwaldes. In: MVGDB. 58 (1919), S. 39−74.

7. S c h n e i d e r, Albert: La Légende de Geneviève de Brabant dans la littérature allemande (Volksbuch: Müller, Tieck, Hebbel, Ludwig). Paris 1955. 198 S. — R.: A. Kies, RevLittcomp. 32 (1958), S. 606f.; O. Spindler, DLZ. 78 (1957), Sp. 288—91.
8. G e n o v e f a. In: Frenzel, StdW. 1970, S. 235—38. [17.—19. Jh., a. a. L.].

GENREBILD s. *IDYLL*

451. GEOGRAPHIE
1. J o h n s o n, Hildegard: Geography in German lit. In: GQu. 24 (1951), S. 230—38.
2. S i r e v a a g, John Andreas: Cultural geography in the German novel of the eighteenth century. Diss. State Univ. of Iowa 1957. 252 S. DA. 17 (1956/57), S. 2016. [Bes. Frankreich, Italien, England].
3. S c h n e i d e r, Erna: Die geographischen Vorstellungen der Dichter der mhd. Heldenepik. Orts- und Ländernamen. Diss. Wien 1972. 682, 28 Bl. (Masch.).

452. GEOLOGE
1. B a n i t z, Erhard: Das Bild des Geologen in der schönen Lit. In: Jb. d. Staatl. Museums f. Mineralogie u. Geologie zu Dresden 1956/57. Dresden 1957, S. 70—115. [18.—20. Jh., a. a. L.].

453. GEORG, HEILIGER
1. K r e f t i n g, Achim: St. Michael und St. Georg in ihren geistesgeschichtlichen Beziehungen. Jena 1937. 97 S. (Dt. Arbeiten d. Univ. Köln 14). [Z. T. auch in dt. Lit.].
2. T s c h i r c h, Fritz: Der hl. Georg als figura Christi. Über den typologischen Sinn der altdt. Georgsdichtungen. In: Festschr. f. H. de Boor. Tübingen 1966, S. 1—19.
3. S c h w a r z, Monika: Der heilige Georg. Miles Christi und Drachentöter. Wandlungen seines literarischen Bildes in Deutschland von den Anfängen bis in die Neuzeit. Diss. Köln 1972. 189 S.

454. GEORG II. VON WERTHEIM
1. R o m m e l, Gustav: Graf Georg II. von Wertheim (1487—1530) in der zeitgenössischen Dichtung. In: Jb. d. Hist. Vereins „Alt-Wertheim" 1936, S. 58—63.

455. GERÄUSCH
1. V o i g t, Ellen: Das Geräusch im europäischen Drama. Erscheinungs- und Verwendungsform von der Antike bis 1900. Diss. Wien 1966. 381 Bl. (Masch.). [A. a. L.].

456. GERECHTIGKEIT
1. K o l a r, Heinrich: Das Problem der sozialen Gerechtigkeit in den dt. Staatsromanen und Utopien mit Berücksichtigung der englischen. Diss. Wien 1936. 263 Bl. (Masch.).
2. N o v o t n y, Herbert: Gerechtigkeit im Drama. Diss. Wien 1939. 117 Bl. (Masch). [Bes. 1780—1900].
3. S c h a a l, Gerhard: Grundströmungen rechtlichen Denkens im Spiegel zeitgenössischer dt. Dichtung. Diss. Tübingen 1957. 105 Bl. (Masch.).

457. GERICHTSVERHANDLUNG

1. N e u d a, Max: Das Gerichtsverfahren im modernen Drama. Wien 1892. 34 S.
2. K l i b a n s k y, Erich: Gerichtsszene und Prozeßform in erzählenden dt. Dichtungen des 12.–14. Jhs. Berlin 1925. 64 S. (GSt. 40).
3. S t r o t h m a n n, Friedrich Wilhelm: Die Gerichtsverhandlung als literarisches Motiv in der dt. Lit. des ausgehenden MA. Diss. Köln 1930. 75 S. Darmstadt ²1969. (Dt. Arbeiten d. Univ. Köln 2). – R.: J. Bolte, ZfVk. NF. 3 (1931), S. 97f.; E. v. Künßberg, DLZ. 53 (1932), Sp. 133–35; R. Stumpfl, ZfdPh. 59 (1935), S. 279–82.
4. R o s e n t h a l, Friedrich: Der Gerichtssaal auf der Bühne. In: Der Gral 26 (1931), S. 42–46.
5. S u b a k, Ilse: Gericht und Recht im modernen dt. Drama. Diss. Wien 1936. 202 Bl. (Masch.).
6. E m m e l, Hildegard: Das Gericht in der dt. Lit. des 20. Jhs. Bern 1963. 168 S. [D., E.]. – R.: E. Kaufmann, WB. 12 (1966), S. 152f.; E. A. McCornick, GQu. 39 (1966), S. 378–80; W. Stauffacher, EG. 20 (1965), S. 111f.
7. W i t t e, William: Die Szene als Tribunal. In: Vergleichen und Verändern. München 1970, S. 259–72. [D., L.].

458. GERMANEN s. a. ARMINIUS, THUMELICUS

1. G o t t h e l f, Friedrich: Das dt. Altertum in den Anschauungen des 16. und 17. Jh. Berlin 1900. 68 S. (FNLG. 13). – R.: H. Jantzen, StVLG 1 (1901), S. 139–42.
2. H a r t l, Eduard: Die Germanen in Geschichte und Dichtung. In: Revista Germanistilor Români 3 (1934), S. 29–44.
3. G r o s s, Herta: Die Darstellung der Germanen im neueren geschichtlichen Rom Diss. Wien 1936. 255 Bl. (Masch.). [19. u. 20. Jh.].
4. N e u m a n n, Friedrich: Das germanische Erbe und die dt. Dichtung. In: ZDB. 12 (1936), S. 577–94.
5. W e b e r, Edmund: Germanenschilderungen in neueren geschichtlichen Romanen. In: ZDK. 50 (1936), S. 191–201.
6. H a r d e r, Hermann: Das germanische Erbe in der dt. Dichtung von der Frühzeit bis zur Gegenwart. Ein Überblick. Potsdam 1939. 129 S. [D., E., L.].
7. B e c h m a n n, Annemarie: Das germanische Kontinuitätsproblem und die dt. Dichtung des frühen Mittelalters. Diss. Würzburg 1946. 356 Bl. (Masch.).
8. W o l f f, Hans M.: Germanische „Edle Wilde". In: Worte und Werte. Bruno Markwardt z. 60. Geburtstag. Berlin 1961, S. 477–82.
9. H o l e, Gerlinde: Die Germanen. In: –: Historische Stoffe im volkstümlichen Theater Württembergs seit 1800. Stuttgart 1964, S. 125–33.

459. GESAMTDEUTSCHER GEDANKE s. a. GESCHICHTE

1. P o l l a k, Walter: Österreichische Dichter als Wegbereiter des großdt. Gedankens. In: Der getreue Eckart 15 (1938), Nr. 7, S. 12–24.
2. K o c h, Franz: Die großdeutsche Idee in der deutsch-österreich. Dichtung. In: –: Geist u. Leben. Hamburg 1939, S. 205–17.
3. K i n d e r m a n n, Heinz: Der großdeutsche Gedanke in der Dichtung. Münster 1941. 71 S.
4. K l e i n, Karl Kurt: Der gesamtdeutsche Gedanke in der dt. Dichtung des 19. Jhs. In: Von dt. Art in Sprache u. Dichtung. Bd. 4. Stuttgart 1941, S. 315–413.
5. H e n l e i n, Gertrud: Der großdt. Gedanke in der politischen Lyrik des 19. Jhs. Reichenberg 1944. 153 S. (Prager dt. Studien 53).

460. GESCHEHEN

    1. S t e i n, Peter: Die Rolle des Geschehens in früher dt. Epik. Studien zur Erzähltechnik der frühmhd. Dichtung. Diss. Salzburg 1970. 611 S. (Masch.).

461. GESCHICHTE s. a. *UR- UND VORGESCHICHTE, VERGANGENHEIT*

    1. K e h r e i n, Josef: Deutsche Geschichte im Munde dt. Dramatiker. Münster 1872. 227 S.
    2. Geschichtliche D i c h t u n g. In: Goedeke 1. Bd. ²1884, S. 275–90. [B.].
    3. Geschichtliche G e d i c h t e. In: Goedeke 2. Bd. ²1886, S. 287–315. [B.: 16. Jh., zu einzelnen Personen u. Ereignissen].
    4. G r e g o r o v i u s, Leo: Die Verwendung historischer Stoffe in der erzählenden Lit. München 1891. 71 S. [19. Jh.].
    5. P f o r d t e n, Otto von der: Werden und Wesen des historischen Dramas. Heidelberg 1901. 207 S.
    6. D u M o u l i n E c k a r t, Richard: Der historische Roman in Deutschland und seine Entwicklung. Berlin 1905. 72 S. – R.: R. M. Werner, DLZ. 1905, Sp. 2034 f.
    7. S p i e r o, Heinrich: Der neue historische Roman. In: LE. 11 (1908/09), Sp. 1485 bis 91. [19. u. 20. Jh.].
    8. H a r n a c k, Otto: Über die Verwendung historischer Stoffe in der Dichtung. Darmstadt 1899. 17 S. und in: –: Aufsätze und Vorträge. Tübingen 1911, S. 14–25.
    9. B o c k, Hermann und Karl W e i t z e l: Der historische Roman als Begleiter der Weltgeschichte. Führer durch das Gebiet der historischen Romane und Novellen. Leipzig 1920. 416 S. [B. mit Inhaltsangaben, a. a. L.].
    10. H o u s t o n, Gertrude Craig: The evolution of the historical drama in Germany during the first half of the 19th century. Belfast 1920. 98 S.
    11. B a u e r, Karl: Das Problem der Geschichte im dt. Drama im 18. Jh. bis zum Sturm und Drang. Diss. München 1923 [1924], 94 Bl. [Masch.].
    12. K e l l e n, Toni: Historische Romane und Novellen. In: Lit. 28 (1925/26), S. 586–91. [45 T.].
    13. N u s s b e r g e r, Max: Historischer Roman. RL. I. 1925/26, S. 502–10.
    14. K l o t z, Erich: Das Problem der geschichtlichen Wahrheit im historischen Drama Deutschlands von 1750–1850. Diss. Greifswald 1927. 119 S.
    15. P l a c z e k, Heinz Walter: Das historische Drama zur Zeit Hebbels. Berlin 1928. 119 S. (GSt. 62).
    16. G r o l m a n, Adolf von: Über das Wesen des historischen Romanes. In: DtVjs. 7 (1929), S. 587–605.
    17. S c h a n t z, Reinhard: Geschichte als Stoff im Drama der dt. Klassik. Diss. Frankfurt a. M. 1929. 61 S.
    18. B a u e r, Rudolf: Der historische Trivialroman in Deutschland im ausgehenden 18. Jh. Diss. München 1930. 99 S.
    19. B e s s l e r, Hanna: Studien zum historischen Drama des jungen Deutschland. Diss. Leipzig 1935. 99 S. (Masch.).
    20. D i e t z, Gerda: Das historische Drama vor dem Umbruch. Diss. Bonn 1935. 74 S. [Vor 1933].
    21. C l e v e, Lotte: Das politisch-historische Drama vom Naturalismus bis zum Ende des Weltkrieges. Diss. Rostock 1936. 69 S. [50 T.].
    22. P e t e r s e n, Julius: Geschichtsdrama und nationaler Mythos. Stuttgart 1940. 61 S.
    23. R e e s, Emory Keith: German criticism of the historical novel from 1800 to the present. Diss. Univ. of Illinois, Urbana, 1940. 249 Bl. (Masch.).
    24. W e h r l i, Max: Die Geschichte im Roman. In: Neue Schweizer Rdsch. NF. 8 (1940/41), S. 294–308.

25. H e y d e l, Joh.: Gesamtdeutsche Geschichte des 19. und 20. Jhs. in der historischen Romandichtung der Gegenwart. In: DthöhSch. 8 (1941), S. 91–98, 121–26.
26. W e h r l i, Max: Der historische Roman. Versuch einer Übersicht. In: Helicon 3 (1941), S. 89–109.
27. R e m b o l d, Leopoldine: Geschichtsrealismus im Drama des 19. Jhs. Diss. Wien 1942. 189 Bl. (Masch.).
28. W i e s e, Benno von: Geschichte und Drama. In: DtVjs. 20 (1942), S. 412–34.
29. W i e s e, Benno von: Das dt. Geschichtsdrama. In: Helicon 4 (1942), S. 11–28.
30. L u t h e r, Arthur: Deutsche Geschichte in dt. Erzählung. Ein literar. Lexikon. Leipzig ²1943. 494 Sp. (1. Aufl. 1940). ³1954. 556 Sp. u. d. T.: Land und Leute unter Mitwirkung von H. Friesenhahn. – R.: E. Ackerknecht, ZfB. 57 (1940), S. 554 f.; E. Schröder, AfdA. 59 (1940), S. 112 f.; F. W. Wentzlaff-Eggebert, DLZ. 64 (1943), Sp. 179–81.
31. H e r r l e, Inge: Der historische Roman von Novalis bis Stifter. Diss. Leipzig 1952. 228 Bl. (Masch.). [A. a. L.].
32. S e n g l e, Friedrich: Das dt. Geschichtsdrama. Geschichte eines literarischen Mythos. Stuttgart 1952. 189 S. [17.–19. Jh.]. – R.: JEGPh. 53 (1954), S. 117–20.
33. H a a c k, Dieter: Geschichtsauffassungen in dt. Epen des 12. Jhs. Studien über das Verständnis und die Darstellung der Geschichte im Alexanderlied, im Rolandslied und in d. Kaiserchronik. Diss. Heidelberg 1953. 210 Bl. (Masch.).
34. S c h w e n d e n w e i n, Ingeborg: Das Historische in der vorhöfisch-spielmännischen Geistlichendichtung. Diss. Wien 1953. 124 Bl. (Masch.).
35. L u k á c s, Georg: Der historische Roman. Berlin 1955. 393 S. [A. a. L.; nur z. T. stoffgeschichtlich]. Neue Ausg. 1966.
36. E n g e l m a n n, Günther: Das historische Drama im ausgehenden 19. Jh. unter dem Zeichen des Renaissancismus und der nationalen Einigung. Diss. München 1957. 111 S. (Masch. vervielf.).
37. J a h n, Werner: Der geschichtliche Fortschritt im bürgerlichen historischen Roman des 20. Jhs. Diss. Rostock 1958. 213 Bl. (Masch.).
38. N u s s b e r g e r, Max und Werner K o h l s c h m i d t: Historischer Roman. In: RL. I. ²1958, S. 658–66.
39. E m r i c h, Berthold: Literatur und Geschichte. In: RL. II. ²1959, S. 111–43. [Auch als Gegenstand der Dichtung].
40. M a j u t, Rudolf: Der Geschichtsroman (Der historische Roman). In: Dt. Philologie im Aufriß. ²1960, Sp. 1395–1405, 1452–57, 1518–32, 1766–81. [19. u. 20. Jh.].
41. M a j u t, Rudolf: Der vorgeschichtliche Menschheitsroman. In: Dt. Philologie im Aufriß II. ²1960, Sp. 1761–66.
42. O c h o j s k i, Paul. M.: Walter Scott and Germany. A study in literary cross currents. Diss. Columbia Univ. 1960. 228 S. DA. 21 (1960/61), S. 2704 f.
43. B e a u j e a n, Marion: Der historisch-realistische Roman. In: –: Der Trivialroman in der 2. Hälfte des 18. Jhs. Bonn 1964, S. 104–20.
44. B o o r, Helmut de: Der Wandel des mittelalterlichen Geschichtsdenkens im Spiegel der dt. Dichtung. In: ZfdPh. 83 (1964), Sonderheft, S. 6–22.
45. S t e i n e r, Carl: Untersuchungen zum historischen Roman der dt. Emigrantenlit. nach 1933. Diss. George Washington Univ. 1966. 294 S. DA. 27 (1966/67), S. 1840 f. A.
46. S e n g l e, Friedrich: Das historische Drama in Deutschland. Geschichte eines literarischen Mythos. Stuttgart ²1969. 279 S.
47. D o p p l e r, Alfred: Historische Ereignisse im österreichischen Roman. In: Geschichte in der österreichischen Lit. des 19. u. 20. Jhs. Wien 1970, S. 73–91.
48. E y k m a n n, Christoph: Geschichtspessimismus in der dt. Lit. des 20. Jhs. Bern 1970. 138 S.

49. F ü l l e b o r n, Ulrich: Geschichtsdrama und geschichtliche Begebenheit. In: Geschichte in der österreichischen Lit. des 19. u. 20. Jhs. Wien 1970, S. 21–36.
50. E g g e r t, Hartmut: Studien zur Wirkungsgeschichte des dt. historischen Romans 1850–1875. Frankfurt a. M. 1971. 261 S.
51. A l l e y, Gary Lee: History on the German stage. 1960–1970. A survey of themes and methods. Diss. Univ. of Wisconsin 1971. 282 S. DAI. 32 (1971/72), S. 3985 A.
52. S c h r ö t e r, Klaus: Der historische Roman. Zur Kritik seiner spätbürgerlichen Erscheinung. In: Exil und innere Emigration. Frankfurt a. M. 1972, S. 111–51.

462. GESCHLECHTSKRANKHEITEN

1. P e z o l d, Hans v.: Das Problem der Geschlechtskrankheiten in der schönen Lit. Deutschlands. In: Fortschritte der Medizin 51 (1933), S. 427–36, 475–82. [D., E., L.].
2. R i l l e, J. H.: Die Rolle der Syphilis in der Dichtkunst. In: Archiv f. Dermatologie u. Syphilis 191 (1950), S. 541–63. [16.–18. Jh., a. a. L.].

463. GESCHÜTZ

1. S c h r ö d e r, Franz Rolf: Vom „Kupfergeschirr". (Zur Geschichte eines Humanisten-Topos. In: GRM. 36 (1955), S. 235–52. [A. a. L.].

GESELLSCHAFT s. *SOZIALE FRAGE*

464. GESPENST s. a. *FEUERREITER, FLIEGENDER HOLLÄNDER, UNHEIMLICHES VAMPIR*

1. W a g n e r, Sam. Chr.: Literatur des Gespensterwesens (älterer und neuester Zeit). In: –: Neue Gespenster. Kurze Erzählungen aus d. Reiche der Wahrheit. 2. Teil. Berlin 1802, S. XI–LXVI. [B.: 760 T. a. a. L.].
2. P a b s t, Karl Robert: Über Gespenster in Sage und Dichtung. Bern 1867. 98 S. [L.].
3. Die R i t t e r-, Geister- und Räuberr o m a n e. In: Goedeke 5. Bd. ^{2}1893, S. 500–39. [B.].
4. D i e d e r i c h, Benno: Von Gespenstergeschichten, ihrer Technik und ihrer Lit. Leipzig 1903. 354 S. [D., E., L., a. a. L.].
5. N o c h, Curt: Grillparzers „Ahnfrau" und die Wiener Volksdramatik. Diss. Leipzig 1911. 80 S.
6. K n o r t z, Karl: Blocksbergspiele. In: –: Hexen, Teufel und Blocksbergspuk in Geschichte, Sage u. Lit. Annaberg 1913, S. 78–169. [A. a. L.].
7. H e i l b o r n, Ernst: Das dt. Gespenst. In: LE. 17 (1914/15, Sp. 1170–82.
8. S c h ö n, Friedrich: Stadtgespenster in rheinischen und mittelfränkischen Mundartdichtungen. In: Zs. d. Vereins f. rhein. u. westf. Volkskunde 11 (1914), S. 141–44.
9. B e y e r, H.: Gespenstergeschichte. In: RL. I. 1925/26, S. 444–46.
10. K r a u ß, Rudolf: Gespensterrosse und Gespensterritte in der dt. Dichtung. In: Staats-Anzeiger für Württemberg, Bes. Beilage 1926, S. 109–112. [L.].
11. R o m m e l, Otto: Rationalistische Dämonie. (Die Geister-Romane des ausgehenden 18. Jhs.). In: DtVjs. 17 (1939), S. 183–220.
12. K a n z o g, Klaus: Der dichterische Begriff des Gespenstes. Diss. Berlin 1951. 144 Bl. (Masch.).
13. T r e p p m a n n, Egon: Totengeister auf dem dt. Theater im Barock. Diss. Köln 1954. 256 Bl. (Masch.).
14. K a n z o g, Klaus: Gespenstergeschichte. In: RL. I. ^{2}1957, S. 573–76.

15. Gespenstergeschichte. In: Wilpert, SdL. 1969, S. 299.
16. Klinckowstroem, Carl v.: Spuk und Gespenster als literarisches Motiv. In: Börsenbl. f. d. dt. Buchhandel, Frankfurt 20 (1964), Nr. 62, S. 1600–1602 u. Nr. 86, S. 2102. [A. a. L.].

GESTE s. *GEBÄRDE*

465. GESTIRN

1. Jaeckle, Erwin: Bilder und Zerrbilder der Gestirne. In: —: Signatur der Herrlichkeit. Sechs Vorträge zur Natur im Gedicht. Zürich 1970, S. 19–33. [A. a. L.].
2. Lemke, Gerhard Hermann: Sun, moon and stars in German lit. since the Middle Ages. A complex of motivs relating to social changes. Diss. McGill Univ. (Canada) 1974. DAI. 35 (1974/75), S. 4434f. A.

GEWAND s. *KLEIDUNG*

466. GEYER, FLORIAN

1. Guggenheim, Ernst: Der Florian Geyer-Stoff in der dt. Dichtung. Berlin 1908. 134 S. (Diss. Leipzig). [B.: 22 T.], Nachtr. v. H. Knudsen in Euph. 18 (1911), S. 170f.
2. Falkenfeld, Hellmuth: Florian Geyer im Spiegel der Dichtung. In: Baden-Badener Bühnenbl. 5 (1925), Nr. 56. [D.].
3. Seufert, Heinrich: Florian Geyer in der Dichtung. In: Fränkische Mhe. 9 (1930), S. 233–35.
4. Schottenloher, Karl: Florian Geyer in der Dichtung. In: —: Bibliographie zur dt. Geschichte. ... 1517–85. I. (1933), S. 290. [B.: 15 T.: D., E.].
5. Geyer, Florian: In: Frenzel, StdW. 1970, S. 238f. [18. u. 19. Jh.].

467. GHETTO s. a. *JUDE*

1. Groß, Heinrich: Das Ghetto in der Dichtung. In: Allg. Ztg. d. Judentums 72 (1908), S. 68–70, 81–3.
2. Schiffmann, Mina: Die dt. Ghettogeschichte. Diss. Wien 1931. 179 Bl. (Masch.). [18., 19. Jh.].
3. Stoffers, Joannes Wilhelmus Henricus: Juden und Ghetto in der dt. Lit. bis zum Ausgang des Weltkrieges. Graz 1939. 800 S. (Diss. Nijmegen. Dt. Quellen u. Studien 12).

468. GIFT

1. Harnack, Erich: Das Gift in der dramatischen Dichtung und in der antiken Lit. Leipzig 1908. 78 S. [Dt. Lit. S. 66–77].

469. GLASMACHER

1. Blau, Josef: [Glasmacher]. In: Die Glasmacher im Böhmer- und Bayerwald in Volkskunde u. Kulturgeschichte. Kallmünz 1954, S. XIX. [B.: 15 T.: E., L.].

470. GLAUBE UND UNGLAUBE s. a. *GOTTSUCHER*

1. Allemann, Beda: Der Zwiespalt in der modernen Lit. In: Glaube und Unglaube in unserer Zeit. Zürich 1959, S. 25–48. [A. a. L.].

471. GLEICHEN, GRAF VON

1. T e t t a u, Wilhelm Johann Albert: Über die Quellen, die ursprüngliche Gestalt und die allmähliche Umbildung der Erzählung von der Doppelehe eines Grafen von Gleichen. Erfurt 1867. 144 S.
2. W e i l e n, Alexander v.: Der Graf von Gleichen in der dt. Dichtung und Sage. In: ZAGL. 2 (1885), S. 442–62.
3. S a u e r, Eberhard: Die Sage vom Grafen von Gleichen in der dt. Lit. Straßburg 1911. 104 S. (Diss. Straßburg).
4. P e r n i c e, Magdalene: Drei Gleichendramen aus der Zeit des dt. Idealismus. Diss. Greifswald 1925. 203 S. [J. H. v. Soden, Ch. W. Schütz, L. A. v. Arnim].
5. H ö f e r, Conrad: Die Gestaltung der Sage vom Grafen von Gleichen in der dt. Dichtung. In: Mitt. d. Ver. f. d. Gesch. u. Altertumskunde v. Erfurt. 50. H. (1935), S. 151–86. [16.–20. Jh.; bes. im D.].
6. W e i s e r t, John J.: Graf von Gleichen „Redivivus". In: MDU. 40 (1948), S. 465–70.
7. G l e i c h e n, Graf v.: In: Frenzel, StdW. 1970, 241–44. [D., E.: 17.–20. Jh.].

472. GLOCKE

1. B a d e r, Karl: Turm- und Glockenbüchlein. Eine Wanderung durch dt. Wächter- und Glockenstuben. Giessen 1903. 221 S. [Einleitendes §. 3–15].
2. P e s c h, Johannes: Die Glocken in Geschichte, Sage, Volksglaube und Dichtung. Dülmen i. W. 1918. 192 S. [Meist Anthologie].
3. S c h i c k, Erich: Die Glocken i. d. Dichtung. In: Reformierte Schweiz 4 (1947), S. 258–63. [L.].
4. K o p p e n, Erwin: Unheimliche Glocken. Variationen eines Motivs in der europäischen Lit. In: ASNS. 122 Jg. (1970/71), S. 401–19. [D., E., L., a. a. L.].

473. GLUCK, CHR. WILLIBALD VON

1. B a s e r, Friedrich: Gluck im Spiegel der dt. Dichtung. In: Westmark 8 (1940/41), S. 634f.

474. GLÜCK UND GLÜCKSRAD

1. D o r e n, Alfred: Fortuna im Mittelalter und in der Renaissance. In: Vorträge der Bibliothek Warburg 1922–1923. 1. Teil. Leipzig 1924, S. 71–144. [A. a. L.].
2. F a r w i c k, Leo: Die Auseinandersetzung mit der Fortuna im höfischen Barockroman. Diss. Münster 1941. 99 S.
3. F e u e r l i c h t, Ignace: Vom Wesen der dt. Idylle. In: GR. 22 (1947), S. 202–17.
4. S k o w r o n e k, Marianne: Fortuna und Frau Welt. Zwei allegorische Doppelgängerinnen des MA. Diss. FU. Berlin 1964. 122 S.
5. S a n d e r s, Willy: Glück. Zur Herkunft und Bedeutungsentwicklung eines ma. Schicksalsbegriffs. Köln 1965. 275 S. (Diss. Münster 1963, Niederdt. Studien 13). – R.: J. Göschel, Germanistik 8 (1967), Nr. 185.; D. H. Green, MLR. 61 (1966), S. 528–30; W. Kleiber, ASNS. 118. Jg. (1967), S. 210f.; G. Schieb, DLZ. 89 (1968), Sp. 220–23.
6. R ö d e r, Gerda: Glück und glückliches Ende im dt. Bildungsroman. München 1968. 235 S. (Diss. München 1966. Münchener Germ. Beitr. 2). [17. u. 18. Jh.]. – R.: R. Stempfer, EG. 24 (1969), S. 311f.
7. K i r c h n e r, Gottfried: Fortuna in Dichtung und Emblematik des Barock. Tradition und Bedeutungswandel eines Motivs. Stuttgart 1970. 266 S. (Diss. Mainz 1969). [Proteisches Glück und andere barocke Topoi wie Zeit, Occasio, Fatum, Providenz,

Tod]. – R.: H. Anton, Germanistik 13 (1972), Nr. 1788, W. Harms, AfdA. 85 (1974), S. 61–64; P. Skrine, MLR. 67 (1972), S. 210f.; J.-M. Valentin, EG. 26 (1971), S. 490f.
8. H i l l e, Ursula: Die Darstellung des Glückssuchers in der Kinder- und Jugendlit. der DDR. Ein Beitrag z. Entwicklung des sozialistischen Menschenbildes. Diss. Päd. H. Dresden 1971. 212 Bl. (Masch.).

475. GLÜCK IM WINKEL

1. S t o l z, Heinz: Der still Vergnügte. In: LE. 21 (1918/19), Sp. 650–56.

476. GLÜCKAUF

1. H e i l f u r t h, Gerhard: Die Glückauf-Formel in der Dichtung. In: –: Glückauf! Geschichte, Bedeutung und Sozialkraft des Bergmannsgrußes. Essen 1958, S. 158–172. [19. u. 20. Jh.].

477. GLÜCKSELIGKEIT

1. B e l u n - C i e r p k a, Stefanie: Die optimistische Weltanschauung in der dt. Gedankenlyrik der Aufklärungszeit. Diss. Heidelberg 1933. 120 S.

478. GNADE

1. S c h u é, Karl: Das Gnadebitten in der Dichtung. In: –: Das Gnadebitten in Recht, Sage, Dichtung u. Kunst. Aachen 1919, S. 234–51. [D., L.].
2. L e u t h o l d, Gottfried Rupprecht: „Gnade" und „Huld". (Ein Beitrag zur Wort- und Begriffsgeschichte aufgrund dt. Geistlichen- und Ritter-Dichtungen aus der Zeit der Salier und Staufer). Diss. Freiburg i. Br. 1953. 310 Bl. (Masch.).
3. A c k e r m a n n, Irmgard: Vergebung und Gnade im klassischen dt. Drama. München 1968. 250 S. (Diss. München). – R.: F. M. Fowler, GLL. 24 (1970/71), S. 107f. J. Whiton, Lessing Yearbook 2 (1970), S. 243f.

479. GODIVA

1. H ä f e l e, Karl: Die Godivasage und ihre Behandlung in der Lit. Heidelberg 1929. 314 S. [Auch Diss.]. (AF. 66). [Dt. Lit. S. 111–14 [L.], S. 151–74 [E.], S. 222–86 [D.].
2. G o d i v a. In: Frenzel, StdW. 1970, S. 244f. [A. a. L.].

480. GOETHE, JOHANN WOLFGANG VON s. a. BRION, FRIEDERIKE

1. D i c h t u n g e n über und Widmungen an Goethe. In: Goedeke 4. Bd. 2. Abt. ^{3}1910, S. 267–73 [B.] u. Nachträge in 4. Bd. 4. Abt. ^{3}1913, S. 19–23. [B.].
2. K ü h n, Julius: Der junge Goethe im Spiegel der Dichtung seiner Zeit. Heidelberg 1912. 132 S. (Diss. Heidelberg. Beitr. z. neueren Litgesch. NF. 1). [1771–1777].
3. M e r b a c h, Paul Alfred: Goethe-Dramen. In: ZBFr. NF. 13 (1921), S. 81–96. [Auch Goethe im Roman S. 92: 21 T.].
4. K i p p e n b e r g, Anton: Gedichte auf Goethe. In: –: Katalog der Sammlung Kippenberg 1. 2. Ausg. Leipzig 1928, S. 98–100. [B.].
5. K i p p e n b e r g, Anton: Goethe im Drama und auf der Bühne. In: –: Katalog der Sammlung Kippenberg 1.2. Ausg. Leipzig 1928, S. 123–26. [B.].
6. W a h l, Hans: Goethe-Novellen und -Anekdoten. In: Goethe 1937, S. 69–73 und 1938, S. 223f.
7. Joh. Wolfgang v. G o e t h e. In: Luther, DtG. 1943, Sp. 252–57. [B.].

8. **G o e t h e** im Drama und in der Erzählung. In: Kosch, LL. I. ²1949, S. 682f. [B.].
9. **J o h n s o n**, Kathryn Ann: Goethe and Charlotte von Stein in twentieth century German fiction. Diss. Univ. of Michigan, Ann Arbor, 1959. DA. 20 (1959/60), S. 1789. [E.].
10. **D i c h t u n g** um Goethe. Huldigungsgedichte. In: Goedeke 4. Bd. 5. Abt. Erg. zur 3. Aufl. 1960, S. 157–65. [B.].
11. **G o e t h e** in der Dichtung. In: Brockhaus Enzyklopädie 17 (1969), S. 500.
12. **G o e t h e**. In: Frenzel, StdW. 1970, S. 245–48. [18.–20. Jh.].

481. GÖTTER, ANTIKE

1. **F r i e d e m a n n**, Hermann: Die Götter Griechenlands. Von Schiller bis zu Heine. Diss. Berlin 1905. 76 S.
2. **R o b e r t s o n**, John George: The Gods of Greece in German poetry. In: –: Essays and addresses on literature. London 1935, S. 118–44. (Zuerst: Oxford 1924. 32 S.).
3. **R e h m**, Walther: Götterstille und Göttertrauer. Aufsätze zur dt. -antiken Begegnung. München 1951. 365 S. [Bes. S. 101–82. (L.)].

482. GÖTTLICHES

1. **K ä m p c h e n**, Paul Ludwig: Die numinose Ballade. Bonn 1930. 107 S. (Mnemosyne 4). [B.: 93 T.].

483. GOLDENES ZEITALTER

1. **P e t e r s e n**, Julius: Das goldene Zeitalter bei den dt. Romantikern. In: Die Ernte, Abhandlungen z. Literaturwissenschaft F. Muncker z. 70. Geburtstag. Halle 1926, S. 117–75.
2. **S v e n d s e n**, Paulus: Gullalderdrøm og utviklingstro. Oslo 1940. 508 S. [Auch dt. Lit.].
3. **A l v e r m a n n**, Hildegard: Der Gedanke des goldenen Zeitalters in der mittelalterlichen dt. Dichtung von 1060–1215. Diss. Köln 1943. 185 Bl. (Masch.).
4. **W a l k e r**, Roy: The Golden Feast; perennial theme in poetry. New York. 1952. 272 S. [Bes. S. 208–17].
5. **V e i t**, Walter: Studien zur Geschichte des Topos der Goldenen Zeit von der Antike bis zum 18. Jh. Diss. Köln 1961. 198 S. [A. a. L., in dt. Lit. bes. 17. u. 18. Jh.: E., L.].
6. **H e i n e r**, H. J.: Das „Goldene Zeitalter" in der dt. Romantik. Zur sozialpsychologischen Funktion eines Topos. In: ZfdPh. 91 (1972), S. 206–34.
7. **F l a v e l l**, M. Kay: „Arkadisch frei sei unser Glück". The myth of the golden age in eighteenth century Germany. In: Publications of the English Goethe Soc. 43 (1972/73), S. 1–27.

GOLDSUCHER s. *SUTTER, JOHANN AUGUST*

484. GOLEM

1. **L u d w i g**, Albert: Der Golem. In: Lit. 26 (1923/24), S. 602–03.
2. **H e l d**, Hans Ludwig: Das Gespenst des Golem. München 1927. 282 S. [In dt. Lit. S. 73–83.].
3. **R o s e n f e l d**, Beate: Die Golemsage und ihre Verwertung in der dt. Lit. Breslau 1934. 183 S. (Sprache u. Kultur d. germ. u. rom. Völker B. 5). [B.: 30 T.: D., E., L.: von Arnim bis Meyrink].

4. E s c h e r, Karl: Der Golem. In: Berliner Hefte 4, 1 (1949), S. 573—77.
5. G o l e m. In: Frenzel, StdW. 1970, S. 248—50. [Bes. E.: 19. Jh.].

485. GOTHA

1. E h w a l d, Rudolf: Gotha in der Dichtung des 16. u. 18. Jhs. In: Mitt. d. Vereinigung f. Gothaische Gesch. u. Altertumsforschung 1905, S. 58—84.

486. GOTIK

1. F r a n k l, Paul: The Gothic. Literary sources and interpretations through eight cent. Princeton, N. Y. 1960. 916 S. [Auch in der Dichtung].
2. R o b s o n - S c o t t, William Douglas: The literary background of the Gothic revival in Germany. Oxford 1965. 334 S. [Auch in der Dichtung.].

487. GOTT s. a. CHRISTENTUM, RELIGIOSITÄT, THEODIZEE

1. S c h r ö d e r, Cornelius: Gott und Seele in der jüngsten katholischen Lyrik. Paderborn 1927. 82 S.
2. W i l k e n s, Johannes: Der Kampf um Gott in der zeitgenössischen Dichtung. In: Die Furche 14 (1928), H. 2, S. 17—39.
3. S t o c k u m, Th. C. van: De Godsvoorstelling in den duitschen Minnezang voor Walther v. d. Vogelweide. Groningen 1931. 30 S.
4. S c h w a r z, Bertha: Das Gottesbild in höfischer Dichtung. Bonn 1933. 120 S. (Diss. Frankfurt 1934). — R.: L. Denecke, AfdA. 54 (1935), S. 47—49.
5. B r a n d t, Otto: Der Mißbrauch Gottes in der Dichtung. In: Österr. Rdsch. 2 (1936), S. 296—98.
6. K n e v e l s, Wilhelm: Gott und Volk in der neuesten dt. Lyrik. In: Dt. evang. Erziehung 48 (1937), S. 76—81.
7. S c h ä f e r, Hermann: Götter und Helden. Über religiöse Elemente in der germanischen Heldendichtung. Stuttgart 1937. 126 S. (Tübinger germ. Arbeiten 25. Diss. Tübingen).
8. W e r n e r, Horst: Religiöse Problematik im Schrifttum der Sturm- und Drangbewegung. Diss. TH. Danzig 1937. 92 S. [E.: 7 T.].
9. S c h m i d, Gertrud: Christlicher Gehalt und germanisches Ethos in der vorhöfischen Geistlichendichtung. Diss. Erlangen 1938. 142 S. (Erlanger Arbeiten zur dt. Lit. 9).
10. M u l o t, Arno: Welt- und Gottschau in der dt. Dichtung unserer Zeit. Stuttgart 1942. 186 S. (—: Die dt. Dichtung unserer Zeit III).
11. G r e n z m a n n, Wilhelm: Gott und Mensch im jüngsten dt. Roman. Bonn 1948. 61 S.
12. R a n k e, Friedrich: Gott und Welt in der dt. Dichtung der Stauferzeit. In: —: Gott, Welt und Humanität in der dt. Dichtung des Mittelalters. Basel 1952, S. 11—43. — R.: W. Mohr, Euph. 48 (1954), S. 491 f.; F. Tschirch, Theol. Litztg. 82 (1957), Sp. 600—02.
13. S c h r a d i, Manfred: Gott-Mensch-Problem und Christus-Darstellung im dt. Drama des 19. Jhs. Diss. Freiburg i. Br. 1954. 380 S. (Masch. vervielf.).
14. H a m e r s k i, Werner: „Gott" und „Vorsehung" im Lied und Gedicht des Nationalsozialismus. In: Publizistik 5 (1960), S. 280—300.
15. K o h l s c h m i d t, Werner: Das Gottesbild und sein Ersatz in der modernen Dichtung. In: Der Gottesgedanke im Abendland. Stuttgart 1964, S. 109—29. [D., E., L.].
16. H e s s e, Hans Rudolf: Gott in Person. Seine Gestalt im modernen dt. Drama. München 1969. 320 S. (Diss. München 1970).

17. R o t h e, Wolfgang: Der Mensch vor Gott. Expressionismus und Theologie. In: Expressionismus als Lit. Ges. Studien. Bern 1969, S. 37–66. [1910–1925].
18. P ö h l m a n n, Horst Georg: Gott in der modernen Dichtung. In: –: Der leere Richterstuhl. Anmerkungen eines Theologen zur modernen Dichtung. München 1970, S. 7–23.
19. K o p p e r s c h m i d t, Josef: Gott ist tot. Versuch über die literarische Umsetzung dieses Satzes. In: Der fragliche Gott. 5 Versuche einer Antwort. Düsseldorf 1973, S. 67–108.
20. K u r z, Paul Konrad: „Gott ist tot" in der dt. Lit. In: –: Über moderne Lit. IV. Frankfurt a. M. 1973, S. 191–240.
21. K l e i n, Johannes: Kampf um Gott in der dt. Dichtung. Berlin 1974. 420 S. [13.–20. Jh.].

488. GOTTESLÄSTERUNG

1. R i c h t e r, Fritz K.: Die Gotteslästerung in der neueren dt. Lit. In: Dt. Beitr. z. geistigen Überlieferung. München 2 (1953), S. 189–99. [G. Hauptmann, I. Langner, E. Wiechert, H. Ch. Kaergel u. a.].
2. R i c h t e r, Fritz K.: Auflehnung gegen Gott in der schlesischen Lit. In: Jb. der schlesischen Friedrich Wilhelm Univ. zu Breslau 15 (1970), S. 382–90.

489. GOTTESURTEIL

1. F e h r, Hans: Die Gottesurteile in der dt. Dichtung In: Festschr. G. Kisch. Stuttgart 1955, S. 271–81. [12.–15. Jh.].

490. GOTTFRIED VON STRASSBURG

1. S t e i n h o f f, Hans-Hugo: Stoffgeschichte. In: –: Bibliographie zu Gottfried von Straßburg. Berlin 1971, S. 87–98.

491. GOTTSCHED, JOHANN CHRISTOPH

1. R i e c k, Werner: Gottsched als literarische Gestalt. In: –: Johann Christoph Gottsched. Berlin 1972, S. 262.

492. GOTTSUCHER

1. P f l e g e r, Karl: Gottsucherdichtung. In: Über d. Wassern 5 (1912), S. 422–28.
2. W i e n, Alfred: Die entgötterte Welt und der Glaube. In: –: Die Seele der Zeit in der Dichtung um die Jahrhundertwende. Leipzig 1921, S. 115–161.
3. N i t s c h k e, Dolorosa: Studien zum Gottsuchertum in der schlesischen Lit. Diss. Freiburg/Schweiz 1935. 138 S. [17.–20. Jh.: D., E., L.].

493. GRABBE, CHRISTIAN DIETRICH

1. B e r g m a n n, Alfred: Grabbe als Gestalt des Dramas. In: Das Grabbe-Buch. Hrsg. von P. Friedrich u. F. Ebers. Detmold 1923, S. 89–103.
2. G r a b b e als Gegenstand der Dichtung. In: Goedeke 13. Bd. ²1938, S. 433. [B.].
3. S c h u b e r t, Gertrud: Grabbe als Held in Drama und Roman. Diss. Wien 1950. 132 Bl. (Masch.).
4. G r a b b e. In: Frenzel, StdW. 1970, S. 251f. [D., E., L.].

494. GRACCHEN

1. G r a c c h e n, Die. In: Frenzel, StdW. 1970, S. 252–55. [D., E.: 18./19. Jh.].

GRALSAGE s. *ARTUS, PARZIVAL*

495. GRATIA UND MISERICORDIA

1. H u p k a, Herbert: Gratia und Misericordia im Mhd. Zur Geschichte religiös-ethischer Bereiche im MA. (Masch.) [Z. T. motivgesch.].

496. GRAUBÜNDEN

1. C a m e n i s c h, Karl: Graubünden in der dt. Dichtung. Leipzig 1923. 96 S. (Die Schweiz im dt. Geistesleben 21). [Einl.].
2. R i e d i, Godehard: Bündner Landschaft in dt. Erzählung. Diss. Freiburg/Schweiz 1944. 109 S.
3. G r a u b ü n d e n in der Erzählung. In: Kosch, LL. I. ²1949, S. 718f. [B.].
4. S c h m i d, Martin: Dichter erleben Graubünden. In: Davoser Revue 30 (1954/55), S. 135–40, 173–78, 203–09. [S. Gessner, Goethe, G. Keller, C. F. Meyer, Rilke].
5. M ü l l e r, Paul Emanuel: Dichter erleben Graubünden. Chur 1972. 111 S. (Kristallreihe 7).

497. GRAUSAMKEIT s. a. *UNMENSCHLICHKEIT*

1. R a u, Hans: Die Grausamkeit in der Lit. In: –: Die Grausamkeit mit besonderer Bezugnahme auf sexuelle Faktoren. Berlin 1903, S. 214–41.

498. GRAZ

1. L ö s c h n i g g, Hanns: Die Stadt Graz und ihr Schloßberg in Kunst und Dichtung. Graz 1922. 46 S. (Grazer Stimmen 10).
2. G r a z in der Erzählung. In: Kosch, LL. I. ²1949, S. 720f. [B.].
3. G e l l, Ingrid: Das Bild der Stadt Graz im Wandel der Jahrhunderte. Eine Sammlung literarischer Texte vom MA. bis zur Gegenwart. Diss. Graz 1971. 261 Bl. (Masch.). [D., E., L.].

499. GRAZIE

1. P o m e z n y, Franz: Grazie und Grazien in der dt. Lit. des 18 Jhs. Hamburg 1900. 247 S. (Beiträge z. Aesthetik 7). – R.: G. Witkowski, ZBFr. 5 (1901/02), S. 201f.
2. V o l g e r, Bruno: Grazie und Grazien in der Anthologie und Lit. des 17. und die Entwicklung des Anmutsbegriffes im 18. Jh. In: Internat. Literaturberichte (Leipzig) 8 (1901), S. 51–54.
3. W i e s e, Benno von: Das verlorene und wieder zu findende Paradies. Eine Studie über den Begriff der Anmut bei Goethe, Kleist und Schiller. In: –: Von Lessing bis Grabbe. Düsseldorf 1968, S. 162–90.

500. GREGORIUS

1. G r e g o r i u s. In: Frenzel, StdW. 1970, S. 255–57. [D., E.: 12., 15. u. 20. Jh.].

501. GRENZ- UND AUSLANDSDEUTSCHTUM

1. K l e m e n z, Hans: Die Deutschen Österreichs im Spiegel des Zeitromans. Ein Beitrag zur Psychologie des Grenzlanddeutschtums. In: Dt. Bll. in Polen 2 (1925), S. 83–91.
2. K l e m e n z, Hans: Ost und West im Spiegel des Zeitromans. Ein weiterer Beitrag zur Psychologie des Grenzlanddeutschtums. In: Dt. Bll. in Polen 2 (1925), S. 226 bis 241. [Elsaß, Memelland, Ostmark].
3. K l e m e n z, Hans: Grenzlandprobleme in der neueren Romanliteratur. (Ergänzung früherer Beiträge zum gleichen Stoff.) In: Dt. Bll. in Polen 4 (1927), S. 289–93.
4. K r e y, Hans: Das Grenz- und Auslanddeutschtum in der erzählenden Lit. Stuttgart 1930. 72 S. Auch in: Der Auslanddeutsche 12 (1929), S. 328–42.
5. A n d r e s e n, Ingeborg: Unsere Grenzlandsheimat in der erzählenden dt. Dichtung. In: Der Schleswig-Holsteiner 12 (1931), S. 341–44.
6. K i n d e r m a n n, Heinz: Grenz- u. Auslandsdeutschtum in der Dichtung der Gegenwart. In: Völk. Kultur 3 (1935), S. 378–82, 506–09.
7. B r i n k m a n n, Hennig: Grenz- u. auslanddeutsches Schicksal in der Dichtung. In: ZDB. 12 (1936), S. 113–26. [E.: 70 T.].
8. M ü l l e r, Alwin: Grenz- und auslanddeutsche Dichtung im Deutschunterricht. In: ZDB. 12 (1936), S. 126–37.
9. W e r n e r, Helmut: Das deutsch-polnische Grenzlandproblem in der schlesischen Lit. im Zeitalter des Humanismus und des Barock. Diss. Breslau 1938. 108 S. (S. 64–107: dt. Lit.].
10. P e t e r s e n, O. v.: Grenzlandschicksal und Landschaft im Schrifttum des baltischen Deutschtums. In: ZDB. 15 (1939), S. 206–15.

502. GREUEL

1. K a u f m a n n, Jürg: Die Greuelszene im dt. Barockdrama. Zürich 1968. 132 S. (Diss. Zürich). [D., E., L., a. a. L.].

503. GRIECHENLAND s. a. ANTIKE

1. A r n o l d, Robert F.: Der dt. Philhellenismus. Kultur- und literarhistorische Untersuchungen. In: Euph. 2. Erg. H. 1896, S. 71–181. [18. u. 19. Jh.].
2. G r i e c h e n d i c h t u n g e n. In: Goedeke 8. Bd. 8. Buch, 1. Abt. ^{2}1905, S. 282 bis 93, 710–12. [B.: D., E., L.: 19. Jh.].
3. P e l z l, Herta: Die Idee des Griechentums in der modernen Lit. (1890–1920). Diss. Wien 1935. 175 Bl. [D.].
4. B e c k, Adolf: Griechisch-Deutsche Begegnung. Das dt. Griechenerlebnis im Sturm u. Drang. Stuttgart 1947. 127 S. – R.: F. Martini, Pforte 1 (1947/48), S. 804–07; H. Prang, DLZ. 71 (1950), Sp. 442–44.
5. S t e e n, Albert: Hellas ewig unsre Liebe. In: Die Sammlung 8 (1953), S. 138–47. [L., Griechenlandverehrung].
6. B e c h t l e, Richard: Wege nach Hellas. Studien zum Griechenlandbild dt. Reisender. Eßlingen 1959. 295 S. (Diss. München 1959). [Auch in der Dichtung.].
7. F r a n z, Hertha: Das Bild Griechenlands und Italiens in den mhd. epischen Erzählungen vor 1250. Berlin 1970. 475 S. (Diss. Univ. d. Saarlandes 1962, Verf.: Hertha Ruth H e s s e. PhStQ. 52). – R.: Ch. Gellinek, Seminar 8 (1972), S. 137f.; D. H. Green, MLR. 68 (1973), S. 220f.; G. P. Knapp, Germanistik 13 (1972), Nr. 4240; R. Pérennec, EG. 26 (1971), S. 484f.

504. GRILLPARZER, FRANZ

1. D i c h t u n g um Grillparzer. In: Goedeke Bd. 11,2 ^{2}1953, S. 144 [B.].

505. GRISELDIS

1. W e s t e n h o l z, Friedrich von: Die Griseldis-Sage in der Literaturgeschichte. Heidelberg 1888. 177 S. – R.: W. v. Biedermann, ZVLR. 2 (1889), S. 111–14; Ph. Strauch, AfdA. 14 (1888), S. 248–51.
2. W i d m a n n, Gustav: Griseldis in der dt. Lit. des 19. Jhs. Ein Beitrag zur Behandlung eines ma. Stoffes in der neuesten Zeit. Diss. Tübingen 1905. 47 S. [Teil 1. Vollständig in: Euph. 13 (1906), S. 1–47, 535–56, 14 (1907). S. 101–34.].
3. L a s e r s t e i n, Käte: Der Griseldisstoff in der Weltlit. Eine Untersuchung zur Stoff- und Stilgeschichte. Weimar 1926. 208 S. (FNLG. 58, Diss. München 1924). [A. a. L.]. – R.: R. F. Arnold, Lit. 29 (1926/27), S. 426; H. Heckel, ZfdPh. 56 (1931), S. 120 bis 22.; E. Sauer, Euph. 29 (1928), S. 322f.
4. G r i s e l d i s. In: Frenzel, StdW. 1970, S. 257–61. [D., E.: 16–20. Jh.].

GROSSER KURFÜRST s. *FRIEDRICH WILHELM VON BRANDENBURG*

506. GROSSMUTTER

1. M i n d e r, Robert: Brecht und die wiedergefundene Großmutter. In: Dichter in der Gesellschaft. Frankfurt a. M. 1966, S. 191–209.

507. GROSS-STADT s. a. *STADT*

1. H ü b n e r, Oskar: Im steinernen Meer. Großstadtgedichte. Berlin 1910. 200 S. [Vorwort z. Anthologie von Th. Heuss.] – R.: Ch. Flaskamp, Hochland 7, II (1909/10), S. 782–85.
2. M u c k e r m a n n, Friedrich: Großstadt und dt. Dichtung. In: Großstadt und Volkstum. Hamburg 1927, S. 7–26 und in: 75 Jahre Stella Matutina 1. Feldkirch 1931, S. 380–94. [Seit 1880].
3. L e p p l a, R.: Großstadtdichtung. In: Sachwörterbuch d. Deutschkunde 1 (1930), S. 500f.
4. H e r m a n n, Gerhard: Der Großstadtroman. Stettin 1931. 54 S. (Bücherei u. Bildungspflege, Beih. 12). [B., a. a. L.].
5. M u c k e r m a n n, Friedrich: Großstadt und dt. Dichtung. In: 75 Jahre Stella Matutina. Bd. 1. Feldkirch 1931, S. 380–94. [Seit 1880]
6. S t e l l a, Gertrude: Die Großstadt in der Lyrik. Diss. Wien 1935. 118 Bl. (Masch.). [19. u. 20. Jh.].
7. S c h e l o w s k y, Herbert: Das Erlebnis der Großstadt und seine Gestaltung in der neueren dt. Lyrik. Diss. München 1937. 123 S. [19. u. 20. Jh.].
8. F r a n k e, Hans: Der Großstadtroman. Versuch zur Abgrenzung eines dichterischen Themas. In: Bücherkunde 8 (1941), S. 135–41. Vgl. auch S. 225–28.
9. S c h n e i d e r, Karl Ludwig: Georg Heyms Gedicht „Der Gott der Stadt" und die Metaphorik der Großstadtdichtung. In: –: Zerbrochene Forman. Wort u. Bild im Expressionismus. Hamburg 1967, S. 109–33.
10. Über die großen S t ä d t e. Gedichte 1885–1967. Hrsg. von Fritz Hofmann, J. Schreck u. M. Wolter. Berlin 1968. 509 S. [Nachwort z. Anthologie: S. 473–88.].
11. R i h a, Karl: Die Beschreibung der „Grossen Stadt". Zur Entstehung des Großstadtmotivs in der dt. Lit. (ca. 1750– ca. 1850). Bad Homburg v. d. H. 1970. 182 S. (Diss. Frankfurt 1969. Frankfurter Beitr. z. Germanistik 11). – R.: R. L. Bodi, Germanistik 15 (1974), Nr. 3461; I. Österle, Das Argument 16 (1974), S. 132–36.
12. Deutsche G r o ß s t a d t l y r i k vom Naturalismus bis zur Gegenwart. Hrsg. von W. Rothe. Stuttgart 1973. 523 S. [Einleitung: S. 5–36]. – R.: G. C. Krischker, Die Horen 18 (1973), S. 53f.

508. GROTESKES

1. P e r n u s c h, Rudolf: Das Groteske. Studien zur grotesken Lyrik des 20. Jh. Diss. Wien 1954. 179 Bl. (Masch.).
2. J e n n i n g s, Lee Byron: The grotesque element in post-romantic German prose. 1832–1882. Diss. Univ. of Illinois 1955. 500 S. DA. 16 (1955/56), S. 121.
3. G r o ß, Wolfgang: Gedicht- und Bildstrukturen in Dichtung und Malerei des beginnenden 20. Jhs. Diss. Köln 1965. 225 S. [L., bes. S. 127–67, auch Verfremdung].
4. N e u b e r t, Werner: Die Groteske in unserer Zeit. In: Neue dt. Lit. 13 (1965), H. 1, S. 102–16.
5. H e i d s i e c k, Arnold: Das Groteske und das Absurde im modernen Drama. Stuttgart 1969. 144 S. ²1971. (Sprache u. Lit. 53). [18./19. Jh. S. 116–23]. – R.: R. Grimm 62 (1970), S. 299–301; K. Pietzcker, DtVjs. 45 (1971), S. 197–211.
6. D i e t r i c h, Margret: Das Groteske und das Absurde. In: –: Das moderne Drama. Strömungen, Gestalten, Motive. Stuttgart ³1974, S. 679–715. [A. a. L.].
7. S c h ü t z, Verna: The bizarre Lit. of H. H. Ewers, A. Kubin, G. Meyrink and K. H. Strobl. Diss. Univ. of Wisconsin 1974. 229 S. DAI. 35 (1974/75), S. 1671f. A.

509. GRÜNEWALD, MATTHIAS

1. H a n g, Adelheid: Grünewald im neuen dt. Roman. In: Die Westmark 6 (1938/39), S. 145–48.

510. GRUSS

1. B o l h ö f e r, Walther: Gruß und Abschied in ahd. und mhd. Zeit. Diss. Göttingen 1912. 79 S.

511. GUDRUN

1. B e n e d i c t, Siegmund: Die Gudrunsage in der neueren dt. Lit. Diss. Rostock 1902. 118 S. [Bes. im Drama.] – R.: W. Golther, StVLG. 2 (1902), S. 502f.; E. Martin, DLZ. 23 (1902), Sp. 2148; F. Panzer, ZfdPh. 35 (1903), S. 247f.
2. S c h r a m l, Karl: Die Gudrunsage in der neueren dt. Dichtung. Diss. Wien 1925. 43 Bl. (Masch.). [D., E.: 19. Jh.].
3. R a p p, Hugo: Die modernen Bearbeitungen der Gudrun. In: –: Das Problem des Tragischen in der Gudrunliteratur. Diss. Köln 1928, S. 77–107.
4. G u d r u n. In: Frenzel, StdW. 1970, S. 261–63.

512. GÜNTHER, JOHANN CHRISTIAN

1. P e e r, Richard: Joh. Christian Günther in der dramatischen Lit. der Deutschen. Diss. Wien 1909. 106 Bl. (Handschr.).
2. O s z c z i t y, Josef Thomas: Johann Christian Günther in der dt. Lit. Diss. Wien 1939. 519 Bl. (Masch.).

513. GUSTAV II. ADOLF, KÖNIG VON SCHWEDEN

1. W i l l i g, Eduard: Gustav II. Adolf., König von Schweden, im dt. Drama. Diss. Rostock 1907. 95 S. [Mit B.].
2. M i l c h, Werner: Gustav Adolf in der dt. und schwedischen Lit. Breslau 1928. 136 S. Repr. Nendeln 1974. (GAbbh. 59). (Diss. Breslau 1926 [1928] u. d. T.: Das Gustav-Adolf-Bild der dt. Lit. im Zusammenhang mit der schwedischen.). – R.: E. Alker, Lit. 32 (1929/30), S. 609; J. Paul, DLZ. 49 (1928), Sp. 1016–18; H.-F. Rosenfeld, AfdA. 49 (1930), S. 56f.

3. M e r b a c h, Paul Alfred: Die Gestalt Gustav Adolfs im europäischen Schrifttum. In: Die ev. Diaspora 14 (1932), S. 65–74, 136–46.
4. G u s t a v Adolf von Schweden in der Erzählung. In: Kosch, LL. I ²1949, S. 774f. [B.].
5. G u s t a v Adolf in Lyrik, Erzählung und Drama. In: Heinzel, LhE. 1956, S. 252f.
6. G u s t a v II. Adolf. In: Frenzel, StdW. 1970, S. 265–68. [D., E. bes. 19. Jh.].

514. GUTENBERG, JOHANNES

1. L u b l i n s k i, S.: Gutenberg, ein dramatisches Problem. In: BuW. 2, 2 (1899/1900), S. 1051–53. [Überblick].
2. V e l y, Willy: Johannes Gutenberg im Drama. In: BuW. 2, 2 (1899/1900), S. 824 bis 27.
3. H e i d e n h e i m e r, Heinrich: Vom Ruhme Johannes Gutenbergs. Eine literargesch. Studie. Mainz 1900. 87 S.
4. M e r b a c h, Paul Alfred: Gutenberg im Roman und Drama. In: Gutenberg-Jb. 5 (1930), S. 77–103. [18. u. 19. Jh., auch L.].
5. T h e e l e, Joseph: Das literarische Denkmal für Gutenberg. Mainz 1938. 44 S. (Kl. Druck d. Gutenberg-Ges. 32.). [A. a. L.].
6. K u n z e, Horst: Gutenberg in der schönen Lit. In: Arch. f. Buchgewerbe u. Gebrauchsgraphik 74 (1937), 259–263 u. in Rheinische Bll. 17 (1940), S. 177f.
7. O s c h i l e w s k i, Walther G.: Johannes Gutenberg in der dt. Lit. Ein bibliogr. Versuch. Hamburg 1941. 15 S. Auch in: Imprimatur 9 (1939/40), Beil. 11 S. [D., E., L.: 110 T.].
8. J o h s t, Volker: Gutenberg in der dt. Lit. und in dt.-sprachigen Übersetzungen. 1940–1965. In: Marginalien 1967, H. 28, S. 47–50. [B.: D., E.].

515. GUTSBESITZER

1. W e g n e r, Hans-Gerhard: Theodor Fontane und der Roman vom märkischen Junker. Diss. Berlin 1938. 174 S. (Palaestra 214). [18.–20. Jh.].
2. G u t s b e s i t z e r. In: Schmitt, BuA. 1952, Sp. 250–55. [B.].

516. GYGES

1. R e i n h a r d t, Karl: Gyges und sein Ring. In: –: Vermächtnis der Antike. Göttingen 1966, S. 175–83. [A. a. L.].

517. GYMNASIUM

1. B e n j a m i n, Conrad: Das dt. Gymnasium im Spiegel der Dichtung seit 1870. Progr. Berlin 1904. 19 S. [D., E.].

H

518. HAAR

1. M a s i u s, Hermann: Das Haar. In: –: Bunte Blätter. Altes und Neues. Halle 1892, S. 363–74. [L.].

HABSBURG s. *ÖSTERREICH*

519. HÄNDEL, GEORG FRIEDRICH

1. B a y e r, Karl Theodor: J. S. Bach und G. F. Händel in der Dichtung. In: DuV. 37 (1936), S. 235–55.

520. HÄSSLICHKEIT

1. H ö l z k e, Hermann: Das Häßliche in der modernen dt. Lit. Eine kritische Studie. Braunschweig 1902. 86 S. [D., E.: 19. Jh.].
2. E y k m a n, Christoph: Die Funktion des Häßlichen in der Lyrik G. Heyms, G. Trakls und G. Benns. Zur Krise der Wirklichkeitserfahrung im dt. Expressionismus. Bonn 1965. 306 S. (Diss. Bonn). ²1969. (Bonner Arb. z. dt. Lit. 11). – R.: S. Schlenstedt, WB. 1967, H. 2, S. 348f.; I. Seidler, GR. 42 (1967), 316f.
3. S e i t z, Barbara: Die Darstellung häßlicher Menschen in mhd. erzählender Lit. von der Wiener Genesis bis zum Ausgang des 13. Jh. Tübingen 1967. 88 S. (Diss. Tübingen).

521. HAGEN VON TRONJE

1. B a c k e n k ö h l e r, Gerd: Untersuchungen zur Gestalt Hagens von Tronje in den mittelalterlichen Nibelungendichtungen. Bonn 1961. 294 S. (Diss. Bonn 1960). – R.: M. Lemmer, Germanistik 3 (1962), Nr. 1948.
2. S o n n e n f e l d, Marion Wilma: The figure of Hagen in Germanic heroic poetry and in modern German literature. Diss. Yale Univ. 1966. 341 S. DAI. 27 (1966/67), S. 1795 A.

522. HALBE DECKE

1. W i l l i a m s, Ulla Vartio: Das Märe von der halben Decke in der mhd. Lit. Diss. Univ. of Kentucky 1971. 179 S. DAI. 32 (1971/72), S. 5207 A. [1320–1500].

HALSBANDAFFÄRE s. *CAGLIOSTRO*

523. HAMBURG

1. H e c k s c h e r, J.: Die Lit. des großen Brandes in Hamburg v. 5.–8. Mai 1842. In: Zs. des Vereins f. Hamburgische Geschichte 11 (1903), S. 25–179. [B.: S. 66–94; E., L.].
2. W i d m a n n, W.: Hamburg in der dramaturgischen Dichtung. In: Hamburgischer Correspondent, Beil. 31 (1908), Nr. 21, S. 81; Nr. 22, S. 86f.
3. P o e c k, Wilhelm: Neu-Hamburg im Roman. In: LE. 12 (1909/10), Sp. 621–25.
4. G a r b e, Robert: Dat oole Hammborg un sin Bedüdunk för de plattdüütshe Dichtunk. In: Hamburgische Zs. f. Heimatkultur 4 Jg., Dez. 1912, S. 1–3, 5. Jg., März 1913, S. 3–4 u. April 1913, S. 2–4. [18. u. 19. Jh.].
5. W i t t k o, Paul: Hamburg in der neuzeitlichen Lit. In: Niedersachsen 30 (1925), S. 678–87.
6. H a m b u r g und Altona. In: Luther, DtL. 1937, Sp. 240–55. [B.].
7. H a m b u r g in der Erzählung. In: Kosch, LL. I. ²1949, S. 810–14. [B.].
8. K a y s e r, Werner: Hamburg im Spiegel der dt. Lit. In: Die Kommunale Werbung Folge 4. 1951, S. 93–95.
9. H a m b u r g. In: Luther, LuL. 1954, Sp. 114–21. [B.].

524. HAMLET

1. G o e r r e s, Karlheinz: Hamlet im Spiegel der dt. Dichtung und Lit., insbes. der Romantik. Diss. Freiburg i. Br. 1951. 269 Bl. (Masch. vervielf.).
2. G l a s e r, Hermann: Hamlet in der dt. Lit. Diss. Erlangen 1952. 189 Bl. (Masch. vervielf.).
3. H a m l e t. In: Frenzel, StdW. 1970, S. 275–80. [D., E.: 18.–20. Jh.].

HANDSCHUH s. *SCHLEIER*

525. HANDWERK UND HANDWERKER

1. H a n s t e i n, Adalbert v.: Das Handwerk in der neueren dt. Dichtung. In: Die Umschau 8 (1904), S. 887–90.
2. K e l l e r, Albrecht: Die Handwerker im Volkshumor. Leipzig 1912. 184 S. [Auch in der Dichtung].
3. S a u e r, Will: Das Handwerk in der dt. Dichtung. In: Dt. Kulturwart 4, 1 (1937), S. 292–97. [15.–19. Jh.: D., E.].
4. R o b e r t s, Cecil Evan: Handwerk und Handwerker in der dt. Erzählung vom Ausgang des 18. Jhs. bis zur Gegenwart. Diss. Breslau 1939. 109 S.
5. M o r g a n, William Inghraham: The emergence of the artisan in the works of German classicism and romanticism. Diss. Univ. of Iowa 1951. 315 Bl.
6. H a n d w e r k e r. In: Schmitt, BuA. 1952, Sp. 255–59. [L.].
7. K u n a t h, Erwin: Das Handwerk in der Dichtung. In: Die Nation 10 (1960), S. 553–69, 631–55. [E. L.].
8. C r e u t z b u r g, Günter: Das Handwerk im Spiegel dt. sprachiger Literatur. In: Die Zunftlade. Das Handwerk im Spiegel der Lit. vom 15. bis 19. Jh. Berlin 1973, S. 7–89. [D., E.]. – R. D. Richter, Germanistik, 15 (1974), Nr. 4989.

526. HANNIBAL

1. F u n k, Franz: Die englischen Hannibaldramatisierungen mit Berücksichtigung der Bearbeitungen des Stoffes in den übrigen Literaturen. Diss. München 1912. 84 S. [Darunter 9 dt. T.: 19. Jh.].
2. B o r s t, Josef: Hannibal in der dt. Dichtung. In: Wiener Bll. f. die Freunde d. Antike 4 (1927), S. 55–57, 101–3. [D., L.: 17.–20. Jh.].
3. H a n n i b a l. In: Frenzel, StdW. 1970, S. 280–82. [D., E., L., a. a. L.].

527. HANNOVER

1. H a n n o v e r. In: Luther, DtL. 1937, Sp. 256–59. [B.].
2. H a n n o v e r in der Erzählung. In: W. Kosch, LL. I. ²1949, S. 823f. [B.].

528. HANNOVERLAND

1. S t e n d a l, Gertrud: Die hannoverschen Heimathymnen. Heimathymnen hannoverscher Landschaften. In: –: Die Heimathymnen der preußischen Provinzen und ihrer Landschaften. Heidelberg 1919, S. 116–28.

529. HANS HEILING

1. H a h n, Joh.: Hans Heiling in Sage und Dichtung. In: Unser Egerland 9 (1905), Nr. 2, S. 36–38. [Felsgruppe bei Karlsbad, auch Erdgeist.].

530. HANSE

1. M e r b a c h, Paul Alfred: Die Hanse im dt. dichterischen Schrifttum. Lübeck 1934. 69 S. (Pfingstbll. d. Hansischen Gesch. Vereins 24). [D., E.: 19. Jh. Auch J. Wittenborg, Cl. Störtebeker, J. Wullenweber].

531. HANSWURST s. a. NARR

1. R e u l i n g, Carlot: Die komische Figur in d. wichtigsten dt. Dramen bis zum Ende des 17. Jhs. Stuttgart 1890. 181 S. – R.: C. Heine, ZVLR. NF. 5 (1892), S. 131–33.
2. K n u d s e n, Hans: Komische Person. In: RL. I. 1925/26, S. 118f.
3. O b z y n a, Gertrude: Die Nachkommen der lustigen Person im österreichischen Drama des 19. Jhs. Diss. Wien 1941. 273 Bl. (Masch.).
4. R o m m e l, Otto: Die großen Figuren der Alt-Wiener Volkskomödie. Hanswurst, Kasperl, Thaddädl und Staberl, Raimund und Nestroy. Wien 1946. 54 S.
5. Z i t z e n b a c h e r, Walter: Hanswurst und die Feenwelt. Von Stranitzky bis Raimund. Graz 1965. 124 S. – R.: H. Seidler, Germanistik 7 (1966), Nr. 2336.

532. HARFE

1. K a z m a i e r, Martin: Harfenklänge. Anmerkungen zu Melancholie und Eskapismus des dt. Bürgertums. In: Rhetorik, Ästhetik, Ideologie. Stuttgart 1973, S. 277–317.

533. HARLEKIN

1. S t e i n m e t z, Horst: Der Harlekin. Seine Rolle in der dt. Komödientheorie und -dichtung des 18. Jhs. In: Neoph. 50 (1966), S. 95–106.

HARNISCH s. *HELM UND HARNISCH*

534. HAROLD, KÖNIG DER ANGELSACHSEN

1. H a r o l d, König der Angelsachsen. In: Frenzel, StdW. 1970, S. 283f. [19. Jh.].

535. HARZ

1. P r ö h l e, Heinrich: Der Harz und Kyffhäuser in Gedichten, Schilderungen und Aufsätzen. Berlin 1870. 116 S. [Einleitung: S. 1–22, sonst Anthologie].
2. B r a n d e s, Rudolf: Der Harz in der dt. Dichtung. In: Markwart 4 (1928), S. 43–46.
3. R i t s c h e r, Martin: Der Harz in der dt. Dichtung. In: Der Türmer 37, 1 (1935), S. 313–17. Auch in: Der Brocken 3 (1931), S. 55–58.
4. H a r z. In: Luther, DtL. 1937, Sp. 260–64. [B.].
5. Der H a r z in der Erzählung. In: Kosch, LL. I. ²1949, S. 846f. [B.].
6. H a r z - D i c h t u n g. In: Literarischer Führer durch die Bundesrepublik Deutschland. Frankfurt a. M. 1974, S. 452.

536. HASS s. a. *BRUDERZWIST, MENSCHENFEIND*

1. Z o r n, Joseph: Die Motive der Sturm- und Drang-Dramatiker, eine Untersuchung ihrer Herkunft und Entwicklung. Diss. Bonn 1909. 115 S. [Auch Liebe, Ehre u. andere Motive.]
2. W o l f f, Kurt E.: Motive und Stoffe des neueren niederdt. Dramas zwischen 1900–1933. Diss. Rostock 1935. 73 S. (Teildr.). [Auch andere Motive.]
3. J o e r d e n, Rudolf: Über den Haß in der Dichtung. In: Sammlung 2 (1946/47), S. 555–65.

4. H a y , Gerhard: Darstellung des Menschenhasses in der dt. Lit. des 18. und 19. Jhs. Frankfurt a. M. 1970. 237 S. (Diss. Bonn 1969). [D., E., L.: auch 16. u. 17. Jh., a. a. L.]. − R.: M. B. Benn, MLR. 67 (1972), S. 940f.; G. L. Fink, EG. 27 (1972), S. 108f.; N. Ritter, GQu. 46 (1973), S. 637−39; G. Sauter, Germanistik 15 (1974), Nr. 3459.

HASSLIEBE s. *ALBOIN UND ROSAMUNDE*

537. HAUS

1. H a u f f e n, Adolf: Das dt. Haus in der Poesie. Prag 1892. 24 S. (SGV. 163). [E., L.: 16.−19. Jh.].
2. K r a f t, Martin: „Schweizerhaus". Das Haus-Motiv im Deutschschweizer Roman des 20. Jhs. Bern 1971. 72 S. (EurH. 1, 50).

538. HAUSER, KASPAR

1. S t e r n, Olga: Kaspar Hauser in der Dichtung. Diss. Frankfurt a. M. 1925 [1926]. 104 S. (Masch.). [D., E.].
2. P e i t l e r, Hans und Hans L e y: Kaspar Hauser. Über 1000 bibliographische Nachweise. Ansbach 1927. 161 S. [B.: auch D., E.].
3. J u n g m a n n, Otto: Kaspar Hauser. Stoff und Problem in ihrer literarischen Gestaltung. Würzburg 1935. 114 S. (Diss. Frankfurt) [D., E.]. − R.: W. Kunze, Lit. 38 (1935/36), S. 140; E. Schröder, AfdA. 55 (1936), S. 155.
4. H a u s e r, Kaspar. In: Heinzel, LhE. 1956, S. 266f. [B.].
5. H a u s e r, Kaspar. In: Frenzel, StdW. 1970, S. 284−86. [D., E.: 19. u. 20. Jh., a. a. L.].
6. Kasper H a u s e r. In: Literarischer Führer durch die Bundesrepublik Deutschland. Frankfurt a. M. 1974, S. 6f.

539. HAYDN, JOSEPH

1. B ö h m e, Erdmann Werner: Joseph Haydn als Romanfigur. In: Dt. Musiker-Ztg. 63 (1932), S. 282.
2. B ü l o w, Paul: Joseph Haydn im Roman und in der Novelle. In: Zs. f. Musik 99 (1932), S. 299−301.

540. HEBBEL, FRIEDRICH

1. M e r b a c h, Paul Alfred: Friedrich Hebbel im dt. Lied. In: BuW. 15, 1 (1912/13) S. 485−90.
2. G e r l a c h, U. Henry: Hebbel als Thema von Dichtung und Feuilleton. In: −: Hebbel-Bibliographie. 1910−1970. Heidelberg 1973, S. 463−67.

541. HEBEL, JOHANN PETER

1. P r o ß, Hildegard: Hebel in der Dichtung. In: Goedeke 15. Bd. ²1966, S. 771−74. [B.: 50 T.].

542. HEGAU

1. O e f t e r i n g, Wilhelm Engelbert: Der Hegau als Schauplatz in der schönen Lit. Aus dem Nachlaß. In: Baden. Monographie einer Landschaft 3 (1951), Ausg. 2, S. 33−36 u. 9 (1957), Ausg. 6, S. 37−39.

543. HEIDE

1. E i c k, Hugo: Heidedichtung. In: Freistatt 6 (1904), H. 49, S. 980–83. [L.].
2. B r ä u t i g a m, Ludwig: Die Lüneburger Heide in der neueren Malerei und Dichtkunst. In: ZDU. 19 (1905), S. 640–50 [L.].
3. H i n k e l d e y n, A.: Die Heide im Spiegel der Dichtung. In: MBlIDL. 10 (1905/06), S. 110–20.
4. K ö n i g, Hans: Zur Heidelyrik. Ein Versuch. In: ZDU. 27 (1913), S. 50–52.
5. H u b e r, Karl: Die Heide in der Dichtung. In: LE. 20 (1917/18), Sp. 1279–90. [19./20. Jh.].
6. R e i n h o l d, Fedor: Die norddeutsche Heide als Gegenstand der Dichtung bei A. v. Droste-Hülshoff, Th. Storm u. H. Löns. Diss. Leipzig 1932. 141 S. [E., L.].
7. H e n n i g e r, Hans: Die Heide in der Malerei und Dichtung. In: OstMhe. 17 (1936), S. 187–89.
8. L ü n e b u r g e r H e i d e. In: Luther, DtL. 1937, Sp. 371–77 und in: Luther, LuL. 1954, Sp. 166–70. [B.].
9. M i n d e r, Robert: Lüneburger Heide, Worpswede und andere Heide- und Moorlandschaften. In: –: Dichter in der Gesellschaft. Frankfurt a. M. 1966, S. 265–86.
10. H e i d e d i c h t u n g. In: Literarischer Führer durch die Bundesrepublik Deutschland. Frankfurt a. M. 1974, S. 497f.

544. HEIDELBERG

1. R o s e n b e r g, Marc: Heidelberger Schloß-Literatur nach 1733. In: –: Quellen z. Geschichte d. Heidelberger Schlosses. Heidelberg 1882, S. 204–26. [B. Auch Schöne Lit.].
2. S a u e r, Fritz: Das Heidelberger Schloß im Spiegel der Lit. Heidelberg 1910. 80 S. (HeidelbAbhh. 27).
3. G o l d s c h m i t, Rudolf Karl: Das Heidelberger Schloß in der dt. Dichtung. In: PrJbb. 192 (1923), S. 29–42 und in: Die Pyramide. Wochenschrift z. Karlsruher Tagblatt 12 (1923), S. 107–09, 112f.
4. W i t k o p, Philipp: Heidelberg und die dt. Dichtung. Leipzig ²1925. 233 S. 1. Aufl. 1916.
5. D e r w e i n, Herbert: Ein Führer durch moderne Heidelberg-Erzählungen. In: Kurpfälzer Jb. 1928, S. 146–55.
6. D e r w e i n, Herbert: Heidelberg und die dt. Lit. In: Die Stadt Heidelberg. Berlin 1928, S. 76–90. (Monographien dt. Städte 28).
7. G o l d s c h m i t, Rudolf Karl: Heidelberg als Stoff und Motiv der dt. Dichtung. Berlin 1929. 47 S. (SMDL. 5). [D., E., L.: 15.–20. Jh.: 247 T.]. – R.: O. Cartellieri, ZGO. NF. 44 (1931), S. 163f.
8. H e i d e l b e r g. In: Luther, DtL. 1937, Sp. 266–71. [B.].
9. H e i d e l b e r g in Erzählung und Drama. In: Kosch, LL. II. ²1953, S. 883f. [B.].
10. G ü n t h e r, Herbert: Heidelberg und das neuere dt. Schrifttum. In: Meinecke, Friedrich Ernst: Große Liebe zu Heidelberg. Heidelberg 1954, S. 273–86.
11. L e t s c h, Maximilian: Die Vergangenheit, o du Teilhaber meiner Leiden. In: Bad. Heimat 43 (1963), S. 10–23. [L.].

545. HEIDEN s. a. CHRISTENTUM, KREUZZUG

1. N a u m a n n, Hans: Der wilde und der edle Heide. (Versuch über die höfische Toleranz.) In: Vom Werden des dt. Geistes. Festgabe G. Ehrismann. Berlin 1925, S. 80 bis 101.

2. S t e i n, Siegfried: Die Ungläubigen in der mhd. Lit. von 1050–1250. Diss. Heidelberg 1933. 99 S. Repr. Darmstadt 1963. 102 S. (Libelli 108). – R.: D. Rocker, EG. 21 (1966), S. 596f.
3. H a s h a g e n, Justus: Das Wiederaufleben des Heidentums auf der Höhe des Mittelalters. In: DuV. 42 (1942), S. 47–53.
4. K r a y, Anne-Marie: Der Glaubenskrieg und seine Darstellung in den Kreuzzugsepen des MA. Diss. Freiburg i. Br. 1950. 222 Bl. (Masch.). [Auch franz. Lit.].
5. H a a c k e, Diether: Weltfeindliche Strömungen und die Heidenfrage in der dt. Lit. von 1170–1230. Diss. Freie Univ. Berlin 1951. 309 Bl. (Masch.).
6. H e r m a n n, Annemarie: Osteuropäische Heidenvölker in der Dichtung der mhd. Blütezeit. Diss. Innsbruck 1952. 218 Bl. (Masch.).
7. H a t f i e l d, Henry: Aesthetic paganism in German lit. From Winckelmann to the death of Goethe. Cambridge, Mass. 1964. 283 S.
8. B r u m m a c k, Jürgen: Das Heidenbild der dt. Alexanderromane. In: –: Die Darstellung des Orients in den dt. Alexandergeschichten des MA. Berlin 1966, S. 88–114. (PhStQ. 29).

546. HEIDENGOTT

1. D e n e c k e, Ludwig: Ritterdichter und Heidengötter. (1150–1220). Leipzig 1930. 190 S. (Diss. Greifswald 1929. Form u. Geist 13.). [Heidnische Göttervorstellungen].

547. HEILER

1. H u g h e s, Muriel Joy: Women healers in mediaeval life and lit. New York 1943. 188 S. [Auch in dt. Dichtung].

548. HEILIGER (Allgemein) UND HEILIGES s. a. MÄRTYRER

1. M e r k e r, Paul: Studien zur neuhochdt. Legendendichtung. Leipzig 1906. 153 S. (Probefahrten 9). – R.: J. Plaut, ASNS. 117 (1906), S. 400–05.
2. F ü r s t, Rudolf: Die dt. Legendendichtung. In: LE. 9 (1906/07), Sp. 915–23.
3. F a e s i, Robert: Der Heilige in der modernen Dichtung. In: ZDK. 40 (1926), S. 34–49. [19. u. 20. Jh.: a. a. L.].
4. M e r k e r, Paul: Legende. In: RL. II. 1926/28, S. 176–200.
5. S c h m i t t, Anselm: Die dt. Heiligenlegende von Martin v. Cochem bis Alban Stolz. Freiburg i. Br. 1932. 76 S. (Diss. Freiburg i. Br. u. als Ausz. u. d. T.: M. v. Cochem u. die dt. Heiligenlegende in: Oberrhein. Pastoralbl. 34 (1932), S. 82–86, 115–21, 145–50, 176–80, 213–16, 280f.). – R.: F. Strunz, Lit. 35 (1932/33), Sp. 417f.; R. Newald, Litbl. 55 (1934), Sp. 211f.
6. S c h m i t t, Anselm: Deutsche Heiligenlegenden seit dem MA. In: Gral 27 (1932/33), S. 824–28.
7. D a b r o c k, Joseph: Die christliche Legende und ihre Gestaltung in moderner dt. Dichtung als Grundlage einer Typologie der Legende. Diss. Bonn 1934. 183 Bl. (Masch.). 74 S. (Teildr.), [65 T.].
8. D a x l b e r g e r, Rosa: Der Heilige in der dt. Dichtung zur Zeit des Expressionismus. 1910–27. Diss. München 1937. 92 S.
9. I t t n e r, Robert Theodore: The Christian legend in German literature since romanticism. Urbana, Illinois 1937. 127 S. (Ottendorfer Memorial Series of Germanic Monographs 28). [1830–1925]. – R.: A. Closs, MLR. 33 (1938), S. 469f.; Ch. Demmig, Lit. 40 (1938), S. 758f.; H. W. Hewitt-Thayer, JEGPh. 38 (1939), S. 469–71; E. Kast, Litbl. 60 (1939), Sp. 463f.; H. Rosenfeld, AfdA. 59 (1940), S. 146–48; H. Steinbauer, MDU. 31 (1939), S. 357f.

10. R e d l i c h, Karoline: Die katholische Legendendichtung der Gegenwart. Diss. Wien 1937. 165 Bl. (Masch.).
11. H a n s e l, Hans: Das Nachleben der Heiligen in der Dichtung und die stoffgeschichtliche Darstellung. In: Volk u. Volkstum 3 (1938), S. 231–51.
12. H e n n i g, John: Irish saints in early German Lit. In: Speculum 22 (1947), S. 358–74.
13. H o h l e r, August E: Das Heilige in der Dichtung. Zürich 1954. 215 S. (Zürcher Beitr. z. dt. Lit.- u. Geistesgesch. 10). [Bes. bei Klopstock u. Goethe].
14. S u d h o f, Siegfried: Die Legende. Ein Versuch zu ihrer Bestimmung. In: Studium Generale 11 (1958), S. 691–99.
15. R o s e n f e l d, Hellmut: Legende. In: RL. II. ^{2}1959, S. 13–31.
16. B ö h n e, Winfried: Legende. In: Lex. f. Theologie u. Kirche 6, ^{2}1961, Sp. 876–78.
17. K r a n z, Gisbert: Der Heilige in der modernen Lit. In: Geist u. Leben 34 (1961), S. 348–61. [D., E., L., a. a. L.].
18. R o s e n f e l d, Hellmut: Legende. Stuttgart 1961. 87 S. ^{3}1972. (Sammlung Metzler Abt. V,1). – R.: M. Lemmer, Germanistik 3 (1962), Nr. 1934.
19. W e h r l i, Max: Roman und Legende im dt. Hochmittelalter. In: Worte u. Werte. B. Markwardt z. 60. Geburtstag. Berlin 1961, S. 428–443.
20. R e i f, Emma: Studien zur christlichen Prosalegende der Gegenwart. Diss. Wien 1964. 178 Bl. (Masch.).
21. E v e r d i n g, August: Die Darstellung des Heiligen auf der Bühne. In: Interpretation der Welt. Festschrift f. R. Guardini z. 80. Geburtstag. Würzburg 1965, S. 392–409. [Überblick, a. a. L.].
22. K r a n z, Gisbert: Das Geheimnis des Heiligen in heutiger Dichtung. In: –: Heiligenleben als Bildungsgut in Schule, Erwachsenenbildung und Seelsorge. Paderborn 1965, S. 68–82.
23. B r i n k e r, Klaus: Formen der Heiligkeit. Studien zur Gestalt des Heiligen im mhd. Legendenepos des 12. u. 13. Jhs. Diss. Bonn 1966. 285 S.
24. D o r n, Erhard: Der sündige Heilige in der Legende des MA. München 1967. 162 S. (Diss. Kiel, MAe. 10). – R.: D. H. Green, MLR. 64 (1969), S. 447–49; V. Saxer, AfdA. 80 (1969), S. 111–15.
25. L e r m e n, Birgit H.: Moderne Legendendichtung. Bonn 1968. 302 S. (Diss. Freiburg/Schweiz. Abhh. z. Kunst-, Musik- u. Lit. Wiss. 53).
26. K u n z e, Konrad: Alemannische Legendare I. In: Alemannisches Jb. 1971/72, S. 20–45.
27. L e g e n d e. In: Wilpert, SdL. 1969, S. 426–28.
28. S e n g l e, Friedrich: Legende. In: –: Biedermeierzeit II. Die Formenwelt. Stuttgart 1972, S. 139–54.
29. Einzelne H e i l i g e n l e g e n d e n. In: Internationale Bibliographie zur Geschichte der dt. Lit. Teil 1. München 1969, S. 637–43. [B.].

549. HEILIGER GEIST

1. T i l l m a n n s, Barbara: Die sieben Gaben des Heiligen Geistes in der dt. Lit. des Mittelalters. Diss. Kiel 1963. 229 Bl. (Masch.). [12.–15. Jh.].
2. E g e r t. Eugene: The Holy Spirit in German lit. until the thirteenth century. Diss. Univ. of Texas. 1966. 328 S. DA. 27 (1966/67), S. 455 A. BA.: The Hague 1973. 261 S. (Studies in German Lit. 13).
3. E g e r t, Eugene: The votive mass of the Holy Spirit in middle high German lit. In: Essays on German lit. In honour of G. J. Hallamore. Toronto 1968, S. 3–18.

550. HEILIGES LAND

1. S t e p h a n, Heinz: Das Heilige Land in der neueren Dichtung. Köln 1931. 30 S. (Palästina-Hefte 3).

HEILSBRINGER s. ERLÖSUNG, CHRISTLICHE

551. HEILSERFAHRUNG

1. S c h ü l e r. Gisela: Dichtung als medicina mentis. Die Problematik der dichterischen Heilserfahrung bei Schiller, den Romantikern und Goethe. Diss. Bonn 1953. 212 Bl. (Masch.). [Dichtungstheoret. Topos].

552. HEILUNG

1. K a i s e r, Erich: Die Heilung. In: – Das Thema der unheilbaren Krankheit im „Armen Heinrich" Hartmanns von Aue und im „Engelhard" Konrads von Würzburg und weiteren mhd. Gedichten. Diss. Tübingen 1965, S. 67–103.

553. HEIMAT s. a. BLUT UND BODEN

1. S t e n d a l, Gertrud: Die Heimathymnen der preußischen Provinzen und ihrer Landschaften. Eine literarische Charakteristik. Heidelberg 1919. 204 S. (Literatur und Theater 3). [Heimatgedanke].
2. W i s e b a c h, Wilhelm: Die moderne dt. Heimatdichtung. In: Das Neue Reich 9 (1926/27), S. 294–96, 311–13, 334–36.
3. F l o e c k, Oswald: Volk und Heimat in der jüngeren katholischen Lit. In: SchZuk. 11 (1936), S. 1341–43, 1370–72, 1397f.
4. S c h ü t t e r l e, Paul Erich: Der Heimatroman in der dt. Presse der Nachkriegszeit. Diss. Heidelberg 1936. 118 S.
5. D i e c k, Leonore: Die literaturgeschichtliche Stellung der Heimatkunst. Diss. München 1938. 85 S.
6. B r u g g i s s e r, August: Heimat- und Weltgefühl in der schweizerischen Lyrik von Haller bis C. F. Meyer. Diss. Freiburg/Schweiz 1949. 87 S.
7. G r e i n e r, Martin: Heimatkunst. In: RL. I. ^{2}1958, S. 629–31.
8. M a u r e r, Georg: Zum Problem der Heimatdichtung. In: Neue dt. Lit. 3 (1955), S. 123–35 und in: –: Der Dichter und seine Zeit. Essays u. Kritiken. Berlin 1956, S. 108–24.
9. S c h r ö d e r, Rudolf Alexander: Heimat. Olten 1958. 34 S.
10. E d s e, I. M.: Das Bild der Heimat bei einigen ostpreußischen Autoren seit der Jahrhundertwende. Diss. Ohio State Univ. 1960. DA. 21 (1960/61), S. 2712f.
11. H e i d e g g e r, Martin: Sprache und Heimat. In: Hebbel-Jb. 1960, S. 27–50. [L. bes. bei J. P. Hebel].
12. L u b o s, Arno: Zum Problem der Heimatdichtung in der Gegenwart. In: Schlesien 9 (1964), S. 85–89.
13. R e m p e l, Hans: Aufstieg der deutschen Landschaft. Das Heimaterlebnis von Jean Paul bis Adalbert Stifter. Gießen 1964. 198 S.
14. E h n i, Jörg: Das Bild der Heimat im Schullesebuch. Tübingen 1967. 296 S. (Volksleben 16).
15. M e i d i n g e r - G e i s e, Inge: Land und Leute in unserer Dichtung? Dortmund 1969. 27 S. (Dortmunder Vorträge 89).
16. G r e v e r u s, Ina-Maria: Der territoriale Mensch. Ein literaturanthropologischer Versuch zum Heimatphänomen. Frankfurt a. M. 1972. 474 S. (Habil. Schr. Gießen).

[A. a. L.]. – R.: J. Hein, Germanistik 15 (1974), Nr. 3458; K. Rossbacher, Sprachkunst 4 (1973), S. 323–26.
17. M e t t e n l e i t e r, Peter: Destruktion der Heimatdichtung. Typologische Untersuchungen zu Gotthelf – Auerbach – Ganghofer. Tübingen 1974. 423 S. (Diss. Tübingen. Untersuchungen des L. Uhland Inst. der Univ. Tübingen 34).
18. R o s s b a c h e r, Karlheinz: Programm und Roman der Heimatkunstbewegung. Möglichkeiten sozialgeschichtlicher und soziologischer Analyse. In: Sprachkunst 5(1974), S. 301–26.
19. R o s s b a c h e r, Karlheinz: „Heimatkunstbewegung und Heimatroman". Stuttgart 1975. 280 S. (Lit-wiss. – Gesellschaftswiss. 13).

554. HEIMKEHRER

1. J e l l i n e k, Arthur L.: Das Motiv vom heimkehrenden Gatten in der dt. Dichtung. Diss. Wien 1903. 78 Bl. (Handschr.). [MA.].
2. E b e r l e, Mathilde: Die Bacqueville-Legende. Quellen- und Stoffgeschichte. Diss. Bern 1917. 104 S. [D., bes. S. 29–101].
3. R ö t t g e r, Hedwig: Der heimkehrende Gatte und sein Weib in der dt. Lit. seit 1890. Diss. Bonn 1934. 61 S. (Ausz.). [24 T.: D., E.].
4. H e u b n e r, Leonhard: Das dt. Heimkehrerdrama. In: Bausteine zum dt. Nationaltheater 4 (1936), S. 289–97.
5. N e u m a n n, Walter: Grundzüge der Technik des Heimkehrerdramas. Diss. Jena 1936. 72 S. [11 D.].
6. B e z d e k a, Johanna: Der Heimkehrer in der Dichtung der Gegenwart. Diss. Wien 1941. 117 Bl. (Masch.).
7. A n d e r s, William: Der Heimkehrer aus zwei Weltkriegen im dt. Drama. Diss. Univ. of Pennsylvania 1951. 277 Bl. (Masch., Mikrof.).
8. A n d e r s, William: Heimkehrsituation nach zwei Weltkriegen. In: GLL. 7 (1953/54), S. 170–79. [Überblick].
9. W h i t c o m b, Richard Owens: The „Heimkehrerroman". An analysis of its presentation in contemporary German lit. Diss. Standford Univ. 1964. 253 S. DA. 25 (1964/65), S. 4158f.
10. A r e n d t, Dieter: Heimkehr – wohin? Wandlungen eines literarischen Motivs. In: Hochland 60 1967/68), S. 448–62.

555. HEIMWEH

1. E r n s t, Fritz: Vom Heimweh. Zürich 1949. 127 S. [19. Jh., a. a. L.]. – R.: W. P. Friederich, Comp. Lit. 3 (1951), S. 190f.

556. HEINE, HEINRICH

1. D i c h t u n g e n an und nach Heine. In: Goedeke 14. Bd., ²1959, S. 261–263. [B.: 57 T.].
2. W i l h e l m, Gottfried: Literarische und künstlerische Behandlung von Heines Person und Werk. In: –: Heine-Bibliographie. Teil II. Weimar 1960, S. 229–242. [B.: D., E., L.].

557. HEINRICH I., DEUTSCHER KÖNIG

1. R a u s c h n i n g, Hildegard: Heinrich I. in der dt. Lit. Diss. Breslau 1920. 155 S. (Masch.). Ausz.
2. H e i n r i c h I. In: Frenzel, StdW. 1970, S. 287f. [D.: 19. Jh.].

558. HEINRICH II., DEUTSCHER KAISER

1. B a p i s t e l l a, Josef: Kaiser Heinrich II. der Heilige in der bildenden Kunst und in der Dichtung. In: Der Mainbote von Oberfranken 10 (1925), S. 79–81.

559. HEINRICH IV., DEUTSCHER KAISER

1. F a b i n i, Hermann: Kaiser Heinrich IV. in der dramatischen Lit. Diss. Wien 1909. 133 Bl. (Handschr.). [18. u. 19. Jh.].
2. K o l a r c z y k, Reinhold: Kaiser Heinrich IV. im dt. Drama. Ein Beitrag zur Geschichte der polit. Tendenzlit. Diss. Breslau 1933. 66 S. [18.–20. Jh.].
3. H e i n r i c h IV. In: Frenzel, StdW. 1970, S. 288–90. [D.: 18. u. 19. Jh.].

560. HEINRICH IV., KÖNIG VON FRANKREICH

1. H e i n r i c h IV. von Frankreich. In: Frenzel, StdW. 1970, S. 290–92. [19. u. 20. Jh., a. a. L.].

HEINRICH VIII., KÖNIG VON ENGLAND s. *ANNA BOLEYN*

561. HEINRICH, HERZOG VON BRAUNSCHWEIG

1. T h y m, Ursula: Herzog Heinrich von Braunschweig-Wolfenbüttel im historischen Lied seiner Zeit. Diss. Greifswald 1934. 55 S.

562. HEINRICH DER LÖWE, HERZOG VON SACHSEN

1. Z i m m e r m a n n, Paul: Heinrich der Löwe in dt. Sage und Dichtung. In: Braunschw. Magazin (Beil. z. Braunschw. Staatsztg.) 36 (1930), S. 17–32. [L.: 12. bis 16. Jh.].
2. H o p p e, Karl: Die Sage von Heinrich dem Löwen. Ihr Ursprung, ihre Entwicklung und Überlieferung. Bremen-Horn 1952. 124 S. – R.: W. Mohr, Euph. 48 (1954), S. 493–95; F. Neumann, Niederdt. Jb. 78 (1955), S. 148–53.
3. H e i n r i c h d e r L ö w e. In: Kosch, LL, II. ²1953, S. 898. [B.].
4. H e i n r i c h d e r L ö w e. In: Heinzel, LhE. 1956, S. 274–76. [B.].

563. HEINRICH VON OFTERDINGEN s. a. *TANNHÄUSER*

1. R i e s e n f e l d, Paul: Heinrich von Ofterdingen in der dt. Lit. Berlin 1912. 359 S. [13.–20. Jh.]. – R.: W. Nickel, ASNS. Bd. 134 (1916). S. 149f.; W. v. Unruh, DLZ, 34 (1913), Sp. 2210f.
2. M e s s, Friedrich: Heinrich von Ofterdingen. Wartburgkrieg u. verwandte Dichtungen. Weimar 1963. 244 S.
3. H e i n r i c h von Ofterdingen. In: Frenzel, StdW. 1970, S. 294–97. [D., E.: 19. u. 20. Jh.].

564. HEINRICH VON PLAUEN, HOCHMEISTER

1. D i e s c h, Carl: Heinrich von Plauen in der dt. Dichtung. In: Ostpreußen 700 Jahre dt. Land. Königsberg 1930, S. 33–39 [D., E., L., 19. u. 20. Jh.].

565. HEINRICH UND KUNIGUNDE

1. S c h r ö p f e r, Hans-Jürgen: „Heinrich u. Kunigunde". Untersuchungen zur Verslegende des Ebernand von Erfurt und zur Geschichte ihres Stoffs. Göppingen 1969. 233 S. (Diss. Köln, GAG. 8).

566. HEIRAT

1. F u h l r o t t, Otto: Das Motiv der ungleichen Heirat in der dt. Dramatik des 18. Jhs. Diss. Potsdam Päd. H. 1966. 354 Bl. (Masch.).
2. G e l l i n e k, Christian: Marriage by consent in literary sources of medieval Germany. In: Studia Gratiana 12 (1967), S. 555–79.

567. HELD UND HELDENSAGE

1. K r e y s s i g, Friedrich: Die nationale Heldensage in der zeitgenössischen Dichtung. In: –: Literarische Studien und Charakteristiken. Berlin 1882, S. 74–104. [19. Jh.].
2. M ö r n e r, Julius von: Die dt. und französischen Heldengedichte des Mittelalters als Quelle für die Culturgeschichte. Leipzig 1886. 180 S. [Dt. Lit. S. 1–101]. – R.: O. Henne am Rhyn, ZVLG., NF. 1 (1887/88), S. 286–88.
3. F a u s t, A. B.: The problematic hero in German fiction. In: PMLA. 16 (1901), S. 92–106. [19. Jh.].
4. B u c h m a n n, Rudolf: Helden und Mächte des romantischen Kunstmärchens. Beiträge zu einer Motiv- und Stilparallele. Leipzig 1910. 236 S. (UNSpLG. NF. 6). – R.: M. Pirker, Euph. 17 (1910), S. 443–46.
5. M ü l l e r - F r e i e n f e l s, Richard: Der „Held" in der modernen Lit. In: Die Tat 5,2 (1913/14), S. 820–28.
6. R ö h l, Hans: Charaktere in der dt. Dichtung des 19. Jhs. 1. Der Held. In: ZDK. 35 (1921), S. 369–77.
7. S c h n e i d e r, Hermann: Das mittelhochdeutsche Heldenepos. In: ZfdA. 58 (1921), S. 97–139.
8. A l b e r t, Waldemar: Die altdeutsche Heldensage in der neueren dt. Dichtung. Eine Kritik und Ergänzung der bezüglichen Lit. Diss. Wien 1922. 451 Bl. (Masch.).
9. S c h n e i d e r, Hermann: Heldenepos, Heldenlied. In: RL. I. 1925/26, S. 479–91.
10. K i e n a s t, Walther: Das Fortleben der altgermanischen Heldenlieder in den Epen des dt. MA. In: Dt. Rdsch. Bd. 208, 52 (1926), S. 46–54, 156–63.
11. S t r a u ß u n d T o r n e y, Lulu v.: Vom Helden in der Dichtung. In: Die Tat 18 (1926/27), S. 602–11. [E.: 20. Jh.].
12. S c h w i e t e r i n g, Julius: Der Wandel des Heldenideals in der epischen Dichtung des 12. Jhs. In: ZfdA. 64 (1927), S. 135–44 u. in: –: Philologische Schriften. München 1969, S. 304–13.
13. M e r t e n s, Heinz: Unheldenhafte u. heldenhafte Menschen bei den Wiener Dichtern um 1900. Bonn 1929. 192 S. (Mnemosyne 2). – R.: G. Bianquis, Revgerm. 21 (1931), S. 264f.; A. v. Grolman, NL. 32 (1931), S. 83f.; B. v. Wiese, ZDB. 7 (1931), S. 161.
14. L a n g e n b u c h e r, Hellmuth: Der heldische Gedanke in der dt. Dichtung. In: ZDB. 9 (1933), S. 511–20.
15. G a r t e, Hansjörg: Kunstform Schauerroman. Eine morphologische Begriffsbestimmung des Sensationsromans im 18. Jh. von Walpoles „Castle of Otranto" bis Jean Pauls „Titan". Leipzig 1935. 179 S. (Diss. Leipzig).
16. B á t o r i, Dagmár: A Heroismus az újabb német irodalomban. (Mit dt. Zusammenfassung: Der Heroismus in der neueren dt. Lit.). Budapest 1937. 76 S. Auch in: Jb. Dt. Inst. d. Königl. Ung. Péter Pázmány Univ. Budapest, Abt. 1: Literaturwiss., 2 (1937), S. 5–80.
17. G l a d e n, K.: Das Heldische und Abenteuerliche in der Lit. In: Die Bücherei 5 (1938), S. 393–404.
18. F r i n g s, Theodor: Europäische Heldendichtung. In: Neoph. 24 (1939), S. 1–26. [Auch in dt. Lit.].

19. S t e a r n s, Harold Everett: Germany's military heroes of the Napoleonic era in her post-war historical drama. Currents of German nationalism in recent historical plays. Pittsburgh, Pa. 1939. 147 S. [Yorck, Schill, Gneisenau u. a.]. – R.: H. C. Hatfield, GR. 15 (1940), S. 229f.
20. B e r g e r, Kurt: Menschenbild und Heldenmythos in der Dichtung des dt. Idealismus. Berlin 1940. 303 S. [Nur z. T. stoffgeschichtlich.].
21. G o t t s c h a l k, Hanns: Strachwitz und die Entwicklung der heldischen Ballade. Diss. Breslau 1940. 95 S.
22. K r a l i k, Dietrich von: Die geschichtlichen Züge der dt. Heldendichtung. Wien 1943. 38 S.
23. S u l z, Edith: Der romantische Held als Träger des Wunderbaren. In: –: Das Wunderbare im romantischen Kunstmärchen. Diss. Hamburg 1943, Bl. 103–13. (Masch.).
24. A n d e r s o n, Charlotte von Wymetal: The hero and his opponent in the heroic tragedy from Gottsched to Lessing. Diss. of Yale Univ. 1955. 352 S. DAI. 31 (1970/71), S. 5348 A.
25. G e i ß l e r, Rolf: Das Ethos des Helden im Drama der Gottsched-Zeit. Diss. Köln 1955. 133 Bl. (Masch.).
26. M e i d i n g e r - G e i s e, Inge: Der „negative Held". In: –: Welterlebnis in dt. Gegenwartsdichtung. I. Nürnberg 1956, S. 114–26.
27. K i n g, K. C.: On motives and literary sources in German heroic literature. In: Nottingham Mediaeval Studies 1 (1957), S. 57–74. [13.–16. Jh.].
28. S c h n e i d e r, Hermann und Wolfgang M o h r: Heldendichtung. In: RL. I. ²1957, S. 631–46. [Mit ausführl. B.].
29. F i s c h e r, Gertrud: Der Verfall des Gehaltes der heldischen Ballade von Strachwitz und Fontane zu den Epigonen (1840–1880). Diss. München 1958. 227 Bl.
30. B e t z, Werner: Die dt. Heldensage. In: Dt. Philologie im Aufriß. III ²1961, Sp. 1871–1970.
31. B r a e m e r, Edith: Problem „Positiver Held". Ein Diskussionsbeitrag. In: Neue dt. Lit. 9 (1961), S. 41–65. [Held d. sozialist. Realismus].
32. F r o m m, Hans: Das Heldenzeitlied des dt. Hochmittelalters. In: Neuphilol. Mitt. 62 (1961), S. 94–118.
33. D r e h e r, Walther: Der positive Held historisch betrachtet. In: Neue dt. Lit. 10 (1962), H. 3, S. 82–91. [Sozialistischer Standpunkt.]
34. S c h l e n s t e d t, Dieter: Zu Problemen des Menschenbildes in der jüngsten sozialistischen Romanlit. In: WB. 8 (1962), S. 509–40. [Sozialistischer Held].
35. P l a v i u s, Heinz: Der positive Held im sozialistischen Realismus und der neue Charakter der Arbeit. In: Dt. Zs. f. Philosophie 11 (1963), S. 933–55. [E.].
36. S p i e w o k, Wolfgang: Funktion und Gestalt der Heroik in der dt. Lit. um 1200. Zur Charakteristik des epischen Helden in der hochmittelalterlichen dt. Lit. und zum Wandel des Heldenideals. In: WZUG. 12, (1963), H.3. S. 363–68.
37. Z i p e s, Jack David: Studies of the romantic hero in German and American lit. Diss. Columbia Univ. 1965. 183 S. DA. 27 (1966/67), S. 191 A.
38. C o s m a n, Madeleine Pelner: The education of the hero in Arthurian romance. Chapel Hill, North Carolina 1966, XVII, 239 S. DA. 26 (1965/66), S. 2179f. – R.: Roberts, Romance Philology 22 (1969), S. 355–57.
39. D r e h e r, Ingmar: Untersuchungen zur sozialistischen Jugendlit. nach 1945. Probleme der Gestaltung des Helden und des Konflikts in der sozialistischen Jugenderzählung. Diss. Leipzig 1967. 494 Bl. (Masch. vervielf.).
40. M i c h e l e r, Renate: Der expressionistische Held im Drama und auf der Bühne. Diss. Wien 1967. 217 Bl.
41. B r u g g e r, Ilse M. de: Héroe y antihéroe en las letras alemanas del sigle XX. In: Boletin de estudios germanicos 7 (1968), S. 93–120.

42. W i e r l a c h e r, Alois: Der neue Held. In: —: Das bürgerliche Drama. München 1968, S. 44—85.
43. B a t t s, Michael: Heldendichtung. In: —: Hohes MA. München 1969. S. 55f.
44. H e r t i n g, Helga: Zum Heldischen in der sozialistisch-realistischen Lit. In: WB. 15 (1969). Sonderh. S. 205—19.
45. H ö g e l, Rolf: Der Held im Drama Georg Büchners, der Jungdeutschen und Friedrich Hebbels. Diss. Bonn 1969. 336 S. [1835—1854].
46. Z e i n d l e r, Peter: Der negative Held im Drama. Versuch einer Interpretation am Beispiel von Klingers „Sturm und Drang", Büchners „Dantons Tod" und Woyzeck" sowie Brechts „Baal". Zürich 1969. 105 S. (Diss. Zürich).
47. K e t e l s e n, Uwe-Karsten: Der „Held" im Drama des Dritten Reichs. In: —: Von heroischem Sein und völkischem Tod. Zur Dramatik des Dritten Reichs. Bonn 1970, S. 66—180. (Abhh. z. Kunst-, Musik- u. Lit. Wissenschaft 96). R.: A. v. Bormann, Germanistik 13 (1972), Nr. 783.
48. Z i p e s, Jack David: The great refusal. Studies of the romantic hero in German and American lit. Bad Homburg 1970. 158 S. (Diss. New York Univ. Ottendorfer Series NS. 2). — R.: R. C. Ball, Comp. Lit. 24 (1972), S. 189—91; H. S. Daemmrich, GR. 48 (1973), S. 63f.; S. Mews, GQu. 45 (1972), S. 167—69; E. Shaffer, MLR. 68 (1973), S. 462f. DAI. 27 (1966/67), S. 191 A.
49. S c h ö l l, Norbert: Der pikarische Held. Wiederaufleben einer literarischen Tradition nach 1945. In: Tendenzen der dt. Lit. seit 1945. Stuttgart 1971, S. 302—21. (Kröners Taschenb. 405).
50. H e r r m a n n, Wolfgang: Der allein ausziehende Held. Zur Problematik literarischer Wertung am Beispiel des Abenteuer- und Wildwestromans. In: DtVjs. 46 (1972), S. 320—58.
51. E h r i g, Heinz: Paradoxe und absurde Dichtung. München 1973. 394 S.
52. M a l e r, Anselm: Der Held im Salon. Zum antiheroischen Programm dt. Rokoko-Epik. Tübingen 1973. 224 S. (Studien z. dt. Lit. 37. Diss. Bonn 1966). [1740—1790].
53. S c h l a f f e r, Heinz: Der Bürger als Held. Sozialgeschichtliche Auflösungen literarischer Widersprüche. Frankfurt a. M. 1973. 156 S.
54. D i e b o l d, Markus: Das Sagelied. Die aktuelle dt. Heldendichtung der Nachvölkerwanderungszeit. Bern 1974. 119 S. (EurH. 1, 94).
55. G r e i n e r, Bernhard: Der „Held der Arbeit" als literarisches Leitbild. In: —: Die Lit. der Arbeitswelt in der DDR. Von der Allegorie zur Idylle. Heidelberg 1974, S. 55—98.
56. H o f f m a n n, Werner: Mittelhochdeutsche Heldendichtung. Berlin 1974. 229 S. (Grundlagen d. Germanistik 14).
57. M i l e s, David H.: The picaro's journey to the confessional. The changing image of the hero in the German Bildungsroman. PMLA. 89 (1974), S. 980—92.
58. W o o d s, William Forrester: The hero in search of himself. The ethical development of the hero in Yvain, Parzival and Garwein and the green knight. Diss. Indiana Univ. 1975. 298 S. DAI. 36 (1975), S. 2803 A.

568. HELENA

1. N a g e l, Siegfried Robert: Helena in der Faustsage. In: Euph. 9 (1902), S. 43—69.
2. O s w a l d, Eugene: The legend of fair Helen as told by Homer, Goethe and others. London 1905. 211 S. [A. a. L.].
3. H e l e n a. In: Frenzel, StdW. 1970, S. 297—301. [A. a. L.].
4. G l e n n, Jerry: Hofmannsthal, Hacks and Hildesheimer: Helen in the twentieth century. In: Seminar 5 (1969), S. 1—20.

569. HELGOLAND

1. H e l g o l a n d in der Erzählung. In: Kosch, LL. II. ²1953, S. 916. [B.].

570. HELL UND DUNKEL

1. F ä s s l e r, Vereni: Hell-Dunkel in der barocken Dichtung. Studien zum Hell-Dunkel bei J. Klaj, A. Gryphius und C. R. von Greiffenberg. Bern 1971. 96 S. (Diss. Zürich, EurH. 1, 44). – R.: C.-A. Zell, Germanistik 14 (1973), Nr. 1062.

571. HELM UND HARNISCH

1. D o u b e k, Fr.: Studien zu den Waffennamen in der höfischen Epik. Die Kopfbewehrung des höfischen Ritters. In: ZfdPh. 59 (1935), S. 313–53.
2. S i e b e l, Günter: Harnisch und Helm in den epischen Dichtungen des 12. Jhs. bis zu Hartmanns „Erek". Ein Beitrag zur Verwertbarkeit der Dichtung für die Realienforschung. Diss. Hamburg 1969. 225 S.

HELMBRECHT s. *MEIER HELMBRECHT*

572. HENKER

1. S c h n u r, Frank: Der Henker im dt. Drama von Gryphius bis Dürrenmatt. Diss. State Univ. of New York at Stony Brook 1972. 158 S. DAI. 32 (1971/72), S. 7003f. A.
2. S c h n u r, Frank: The executioner. A baroque figure on the modern German stage. In: GR. 48 (1973), S. 260–68.
3. A l e x a n d e r, Robert John: The execution scene in German baroque drama. Diss. Univ. of Wisconsin 1974. 511 S. DAI. 35 (1974/75), S. 2975f. A. [The execution of the protagonist].

573. HENNO

1. K r a f t, Rudolf: Reuchlins Henno. Geschichte eines Komödienstoffes. In: Beitr. z. Hess. Kirchengesch. 12 (1941), S. 299–324. [Z. T. auch in d. dt. Lit.].
2. M a î t r e P a t h e l i n. In: Frenzel, StdW. 1970, S. 456–58.

574. HERAKLES s. a. PHILOKTET

1. R i e d l, Franz: Der Sophist Prodikus und die Wanderung seines „Herakles am Scheidewege" durch die römische und dt. Lit. Progr. Laibach 1908. 46 S. [Dt. Lit.: S. 34–46].
2. T i s s o t, Will: Simson und Herkules in den Gestaltungen des Barock. Diss. Greifswald 1932. 146 S. [D., E.].
3. H e r a k l e s. In: Frenzel, StdW. 1970, S. 301–4. [A. a. L.].
4. S o k e l, Walter H.: Herakles. In: Herakles. München 1964. [Vorwort: S. 7–41.].

575. HERBST

1. B e c k, Adolf: Herbst und Herbstgefühl in der dt. Lyrik. In: Der Schwabenspiegel 19 (1925), S. 361f., 371f.
2. T i e g h e m, Paul van: L'automne dans la poésie ouest-européenne de Brockes à Lamartine (1720–1820). In: Mélanges d'histoire littéraire . . . à F. Baldensperger. T. 2. Paris 1930, S. 327–43. [A. a. L.].

3. F u s t e n, Ingeborg: Der Herbst in der dt. Dichtung des 18. und in der 1. Hälfte des 19. Jhs. Ein Beitrag zur Deutung der Natur-Symbolik. Diss. Köln 1954. 90 Bl. (Masch.).
4. D e s c h n e r, Karlheinz: Herbstgedichte. In: —: Kitsch, Konvention und Kunst. München 1957, S. 143—75.

HERKULES s. *HERAKLES*

HERMANN DER CHERUSKER s. *ARMINIUS*

576. HERMANN UND DOROTHEA
   1. H e r m a n n und Dorothea. Nachahmungen und Dichtungen auf Goethes Epos. In: Goedeke Bd. IV, 3. Abtl. ³1912, S. 352f. Dichterische Würdigungen und Nachahmungen. In: Goedeke Bd. IV, 5. Abtl. ³1960, S. 685f. (Erg.).

577. HERMETISMUS
   1. S c h ä f e r, Hans Dieter: Zur Spätphase des hermetischen Gedichts. In: Die dt. Lit. der Gegenwart. Stuttgart 1971, S. 148—69. [A. a. L.].

578. HERO UND LEANDER
   1. J e l l i n e k, Max Hermann: Die Sage von Hero und Leander in der Dichtung. Berlin 1890. 92 S. [A. a. L.]. — R.: W. v. Biedermann, ZVLR. NF. 5 (1892), S. 125f.; B. Hoenig, AfdA. 20 (1894), S. 35—8.
   2. M o n t g o m e r y, Marshall: Friedrich Hölderlin and the German Neo-Hellenic Movement. P. I. Oxford 1923, S. 80—106. [Hero und Leander in dt. Dichtung.]
   3. H e r o und Leander. In: Frenzel, StdW. 1970, S. 307—10. [Nur wenige dt. T.].

579. HERODES UND MARIAMNE
   1. L a n d a u, Marcus: Die Dramen von Herodes und Mariamne. In: ZVLG. NF. 8 (1895), S. 175—212, 279—317; 9 (1896), S. 185—223. [A. a. L.].
   2. B o r c h e r d t, Hans Heinrich: Der Bethlehemitische Kindermord und die Rachelklage in der Lit. In: Gottesminne 6 (1912), S. 26—40, 886—904. [13.—17. Jh.; a. a. L.].
   3. B e c k m a n n, Emmy: Die Motivierung des Konflikts in den bedeutenderen Herodes- und Mariamne-Dramen. In: NSpr. 23 (1915), S. 449—71.
   4. B r u n n e r, Hildegard: Herodes- und Mariamne-Dramen im 17. Jh. in Frankreich, Deutschland, Holland u. England. Diss. Wien 1931. 225 Bl. (Masch.). [Dt. Lit.: 66 Bl.].
   5. V a l e n c y, Maurice Jacques: The tragedies of Herod and Mariamne. New York 1940. 304 S. (Columbia Univ. Stud. in English and Comparative Lit. 145). [A. a. L.]. — R.: T. M. Campbell, GR. 16 (1941), S. 312—16; H. T. E. Perry, MLN. 56 (1941), S. 151f.; H. A. Pochmann, MDU. 33 (1941), S. 190; R. P. Rosenberg, GQu. 15 (1942), S. 114—16.
   6. H e r e n, Maria: Der Bethlehemitische Kindermord in der dt. Lit. des 17. Jhs. Diss. Wien 1960. 272 Bl. (Masch.). [D., L.: 13.—17. Jh., a. a. L.].
   7. H e r o d e s und Mariamne. In: Frenzel, StdW. 1970, S. 304—7. [16.—19.Jh., a. a. L.].

HERODIAS s. *JOHANNES DER TÄUFER, SALOME*

HEROLD s. THEATERHEROLD, WAPPEN

580. HEROSTRAT
1. M a r e s c h, Alfred: Herostrat im Drama der dt. Lit. Diss. Wien 1911. 214 Bl. (Handschr.).

581. HERRNHUTERTUM
1. B r o d b e c k, Christian: Das Herrnhutertum in der dt. Lit. In: Montagsbl. (Magdeburg) 74 (1932), S. 217—20. [E., L.].

582. HERRSCHER s. a. FÜRST UND FÜRSTENHOF, KAISER
1. S a n d r o c k, Lucie: Das Herrscherideal in der erzählenden Dichtung des dt. MA. Diss. Münster 1934. 67 S.
2. S c h u l z, Dora: Das Bild des Herrschers in der dt. Tragödie. Vom Barock bis z. Zeit d. Irrationalismus. Diss. München 1931. 113 S. [17. u. 18. Jh.: 85 T.].
3. S c h n e i d e r, Hermann: Herrscher und Reich in der dt. Heldendichtung. In: Das Reich. Idee und Gestalt. Festschr. f. Joh. Haller. Stuttgart 1940, S. 145—173. [6. bis 13. Jh.].
4. S c h m i d t, Gerhard: Die Darstellung des Herrschers in deutschen Epen des MA. Diss. Leipzig 1951. 117 Bl. (Masch.).
5. E n z e n s b e r g e r, Hans Magnus: Poesie und Politik. In: —: Einzelheiten II. Poesie und Politik. Frankfurt a. M. 1964, S. 113—36. [Herrscherlob].
6. H e l l m a n n, Manfred W.: Fürst, Herrscher und Fürstengemeinschaft. Untersuchungen zu ihrer Bedeutung als politischer Elemente in mhd. Epen. Diss. Bonn 1967, 336 S.
7. K n a p p e, Karl-Bernhard: Repräsentation und Herrschaftszeichen. Zur Herrscherdarstellung in der vorhöfischen Epik. München 1974. 299 S. (Münch. Beitr. z. Mediävistik u. Renaissanceforschung. Diss. Kiel 1971 u. d. T.: Repräsentation u. Zeichen).

583. HERZ
1. H a u f f e n, Adolf: Das Bild vom Herzensschlüssel. In: ASNS. Jg. 54, Bd. 105 (1900), S. 10—21. [Du bist min, ich bin din.].
2. M i l a n, Emil: Das Herz in der Sprache der Minnesinger. Diss. Zürich 1904. 95 S.
3. F i c k e l, Maria Erika: Die Bedeutung von „sêle". „lip" und „herze" in der frühmhd. Dichtung und in den Texten der mhd. Klassik. Diss. Tübingen 1949. 261 Bl. (Masch.).
4. R e i n e r t, Werner: Das Wort „Herz" und seine Bedeutung im Sturm und Drang. Diss. Freiburg i. Br. 1949. 146 Bl. (Masch.).
5. H e i m p l ä t z e r, Fritz: Die Metaphorik des Herzens im Minnesang des 12. und 13. Jhs. Diss. Heidelberg 1953. 183 Bl. (Masch.).
6. E r t z d o r f f, Xenja v.: Studien zum Begriff des Herzens und seiner Verwendung als Aussagemotiv in der höfischen Liebeslyrik des 12. Jhs. Diss. Freiburg i. Br. 1958. 297 S. (Masch. vervielf.). [In dt. Dichtung S. 214—63. [Vgl. auch Beitr. (Halle) 84 (1962), S. 249—301.].
7. E r t z d o r f f, Xenia v.: Das „Herz" in der lat.-theologischen und frühen volkssprachigen religiösen Lit. In: Beitr. (Halle) 84 (1962), S. 249—301. [Überarbeitete Fassung des 1. Teils von Nr. 583,6].

8. E r t z d o r f f, Xenja v.: Die Dame im Herzen und das Herz bei der Dame. Zur Verwendung des Begriffs „Herz" in der höfischen Liebeslyrik d. 11. u. 12. Jhs. In: ZfdPH. 84 (1965), S. 6–46. [A. a. L., Neufassung d. 2. Teils von Nr. 583,6].
9. R ü d i g e r, Horst: Die Metapher vom Herzen in der Lit. In: Das Herz im Umkreis des Denkens. Biberach a. d. Riß 1969, S. 87–134. [A. a. L.].
10. Das H e r z m ä r e. In: Frenzel, StdW. 1970, S. 310–12.
11. O h l y, Friedrich: Cor amantis non angustum. Vom Wohnen im Herzen. In: Gedenkschrift für W. Foerste. Köln 1970, S. 454–76.
12. B a e u m e r, Max I. „Fülle des Herzens". Ein biblischer Topos der romantischen Lit. In: Jb. der Dt. Schillerges. 15 (1971), S. 133–56. [abundantia cordis].
13. G e w e h r, Wolf: Der Topos „Augen des Herzens" -Versuch einer Deutung durch die scholastische Erkenntnistheorie. In: DtVjs. 46 (1972), S. 626–49. [Herz-Augen-Metaphorik].
14. B a u e r, Gerhard: Claustrum animae. Untersuchungen zur Geschichte der Metapher vom Herzen als Kloster 1. München 1973. 465 S. (Mannheim Habil. Schr.). [Einleitung S. 11–20]. R.: Pévennec, EG. 29 (1974), S. 374f.; F. Reske, Germanistik 15 (1974), Nr. 2064.
15. D a l e, Byron Craig: The use of herze, sin, muot, wan, witze and gemüete as mental faculties in the middle high German courtly epic. Diss. Univ. of Wisconsin-Madison 1974. 191 S. DAI. 35 (1975), S. 7297f. A.
16. H a t t o, Arthur T.: Die Höflichkeit des Herzens in der Dichtung der mhd. Blütezeit. In: Strukturen und Interpretationen. Stuttgart 1974, S. 85–101.

584. HERZOG ERNST

1. W e i t b r e c h t, Richard: Herzog Ernst von Schwaben in Geschichte, Sage und Dichtung. In: Geschichte von Württemberg 1. Stuttgart ²1889, S. 127–41.
2. S o n n e b o r n, Karl: Die Gestaltung der Sage vom Herzog Ernst in der altdeutschen Lit. Diss. Göttingen 1915. 51 S. (Teildr.). [12.–15. Jh.].
3. H i l d e b r a n d, Erich: Über die Stellung des Liedes vom Herzog Ernst in der mittelalterlichen Literaturgeschichte und Volkskunde. Halle 1937. 86 S. (Volk, ErgR. 2, Diss. Marburg 1937). [Z. T. stoffgeschichtlich.].
4. H e s e l h a u s, Clemens: Die Herzog-Ernst-Dichtung. Zur Begriffsbestimmung von Märe und History. In: DtVjs. 20 (1942), S. 170–99.
5. H e r z o g Ernst. In: Frenzel, StdW. 1970, S. 313f.

585. HERZOG VON LUXEMBURG

1. K i p p e n b e r g, Anton: Die Sage vom Herzog von Luxemburg und die historische Persönlichkeit ihres Trägers. Leipzig 1901. 280 S. [Dt. T. S. 141–239].

586. HESSE, HERMANN

1. W a i b l e r, Helmut: Hesse in der Dichtung. In: –: Hermann Hesse. Eine Bibliographie. Bern 1962, S. 327f. [B.].

587. HESSEN

1. S c h o o f, Wilhelm: Die dt. Dichtung in Hessen. Marburg 1901. 262 S. [Z. T. stoffgeschichtlich.].
2. G o t z e n, Josef: Hessen, Rheinhessen, Oberhessen, Hessen-Nassau [in der dt. Lit.]. In: Rheinlandkunde II. Düsseldorf 1926, S. 120–22. [B.: 52 T.: E.].
3. H e s s e n. In: Luther, DtL. 1937, Sp. 278–82. [B.].

588. HESSEN-NASSAU

1. S t e n d a l, Gertrud: Die hessen-nassauischen Heimathymnen. — Heimathymnen auf hessen-nassauische Landschaften. In: —: Die Heimathymnen der preußischen Provinzen und ihrer Landschaften. Heidelberg 1919, S. 128–39.

589. HEXE s. a. BERNSTEINHEXE

1. H e x e n w a h n und Hexenprozesse. In: Luther, DtG. 1943, Sp. 181–84. [B.].
2. H e x e n v e r f o l g u n g e n in Deutschland. In: Heizel, LhE. 1956, S. 293f.

590. HIDDENSEE

1. A l b r e c h t, Karl: Hiddensee in der Dichtung. In: Pommerland 6 (1921), S. 201–10.
2. B i e s e, Alfred: Dat söte Länneken. In: Pommerland. Ein Heimatbuch. Hrsg. v. H. Kasten u. K. Müller. Leipzig 1926, S. 26–31.

590a. HILDESHEIM

1. H e i n e m a n n, Erich: Hildesheim in der Feder des Dichters. In: Allg. Heimatkalender für Stadt und Land. Hildesheim 188 (1957), S. 47–50.
2. R a u t e n b e r g, Bruno: Hildesheim im Spiegel der Dichtung. In: Allg. Heimatkalender für Stadt und Land. Hildesheim 189 (1958), S. 43–52. [E.: 19./20. Jh.].

591. HIMMEL

1. S i e b e r t, Johannes: Himmels- und Erdkunde der Meistersänger. In: ZfdA. 76 (1939), S. 222–53.

592. HIMMEL, LEERER

1. G u t h k e, Karl Siegfried: Gespenster des leeren Himmels in der Lit. der Jahrhundertwende. In: —: Die Mythologie der entgötterten Welt. Göttingen 1971, S. 207–89. [Dt. Lit.: S. 254–70].

593. HIMMELFAHRT CHRISTI

1. R h e i n f e l d e r, Hans: Gedichte um Christi Himmelfahrt. In: Literaturwiss. Jb. NF. 6 (1965), S. 91–108. [17.–20. Jh., a. a. L.].

HIMMELSRAUM s. WELTRAUM

594. HIMMLISCHES FEUER

1. B l a s i u s, Theodor: Das himmlische Feuer. Eine motivgeschichtliche Studie. Diss. Bonn 1949. 163 Bl. (Masch.). [D.,L.: 17.–20. Jh., bes. S. 153–63.]

595. HIMMLISCHES JERUSALEM

1. R a a b, Karl: Die Parabeln vom himmlischen Jerusalem und von der minnenden Seele. In: Jahresbericht d. Landes-Obergymnasiums zu Leoben 1885, S. 11–19.
2. R e s k e, Hans-Friedrich: Jerusalem caelestis — Bildformeln und Gestaltungsmuster. Darbietungsformen eines christlichen Zentralgedankens in der dt. geistlichen Dichtung des 11. und 12. Jhs. Göppingen 1973. 307 S. (Diss. Tübingen. GAG. 95).
— E. Hellgardt, Germanistik 15 (1974), Nr. 5084.

HINRICHTUNG s. HENKER

596. HIOB

1. H ü g e l s b e r g e r, Josef: Der Dulder Hiob in der dt. Lit. Ein Beitrag zur Geschichte der biblischen Stoffe in Deutschland. Diss. Graz 1930. 152 Bl. (Handschr.). [D.: 11. bis 20. Jh.].
2. M a c l e a n, Hector: The Job drama in modern Germany. In: AUMLA. 1954, Nr. 2, S. 13–20. [E. Wiechert, Th. Haerten, W. Borchert.].
3. H i o b. In: Frenzel, StdW. 1970, S. 318–20. [D., L.: 16.–19. Jh.].
4. W i e l a n d t, Ulf: Hiob in der alt- und mhd. Lit. Diss. Freiburg i. Br. 1970. 150 S. – R.: H.-F. Reske, Germanistik 12 (1971), Nr. 307.
5. G l u t s c h, Karl Heinz: Die Gestalt Hiobs in der dt. Lit. des MA. Diss. Karlsruhe 1972. 186, XXV S. (Masch. vervielf.).

HIPPOLYTOS s. PHÄDRA UND HIPPOLYTOS

597. HIRTE s. a. SCHÄFER UND SCHÄFEREI

1. S c h o l t e, Jan Hendrik: Hirtendichtung. In: RL. I. 1925/26, S. 499–501.
2. H i r t e n d i c h t u n g. In: Wilpert, SdL. 1969, S. 327f.
3. R a m s e y e r, Rudolf: Das Bild des Küherwesens in Prosa und Poesie. In: –: Das altbernische Küher-Wesen. Bern 1961, S. 94–113.

598. HOCHGEBIRGE s. a. ALPEN

1. D r e y e r, Aloys: Hochgebirgsromane. In: –: Geschichte der alpinen Literatur. München 1938, S. 126–36.
2. H a r t l, Charlotte: Das Hochgebirge in der dt. Dichtung. Innsbruck 1961. 104 S.

599. HOCHSTAPLER

1. H a r m s e n, Hildegard: Das Problem des religiösen Hochstaplers in der neueren Dichtung. Diss. Freiburg i. Br. 1951. 215 Bl. (Masch.). [19. u. 20. Jh., E.: 18 T.].

600. HOCHZEIT

1. H a y n, Hugo: Bibliotheca Germanorum nuptialis. Verzeichnis von Einzeldrucken dt. Hochzeitsgedichte und Hochzeitsscherze in Prosa von Mitte des 16. Jhs. bis zur Neuzeit. Köln 1890. 89 S. [B.: 513 T.].
2. D e i t e r, H.: Niederdt. Hochzeitsgedichte. In: Niedersachsen 18 (1912/13), S. 403–408. [18. Jh.].
3. C l a u s s e n, Bruno: Das niederdt. Hochzeitsgedicht. In: Jb. d. Ver. f. niederdt. Sprachforschung 54 (1928), S. 52–59. [17. u. 18. Jh.].
4. J e r m a n n, Thomas Charles: Thematic elements in thirty neo-latin epithalamia and their correpondences in the German baroque Hochzeitsgedicht. Diss. Univ. of Kansas 1967. 330 S. DAI. 28 (1967/68, S. 5057 A.

HÖFLICHKEIT s. HERZ,

601. HÖLDERLIN, FRIEDRICH

1. P r o k s c h, Josef: Hölderlin in der dt. Dichtung Diss. Wien 1935. 125 Bl. (Masch.).

2. W o c k e, Helmut: Hölderlin im Spiegel dt. Dichtung. In: ZfAesth. 35 (1941), S. 242–266. [D., E., L.].
3. G l ä s e r, Friedrich: Das Krankheitsproblem Hölderlins in der Belletristik. Diss. Wien 1949. 90 Bl. (Masch.).
4. B ö s c h e n s t e i n, Bernhard: Hölderlin in der dt. und französischen Dichtung des 20. Jhs. In: Hölderlin-Jb. 16 (1969/70), S. 60–75. [L.].
5. B ö s c h e n s t e i n, Bernhard: Hölderlin in der dt. Dichtung des 20. Jhs. In: Neue Zürcher Zeitung Nr. 135 v. 22. 3. 1970, S. 53. [L.].

602. HÖLLE s. a. TEUFEL

1. R a t h j e n, Hans-Wilhelm: Die Höllenvorstellungen in der mhd. Lit. Diss. Freiburg i. Br. 1956. 215 Bl.
2. H e i d, Gertraud: Die Darstellung der Hölle in der dt. Lit. des ausgehenden Mittelalters. Diss. Wien 1957. 254 Bl. (Masch.).
3. S c h n i t z e r, Katharine: Die Darstellung der Hölle in der erzählenden Dichtung der Barockzeit. Diss. Wien 1961, 362 Bl. (Masch.).

603. HÖLLENFAHRT CHRISTI

1. S c h m i d t, Karl Wilhelm Christian: Die Darstellung von Christi Höllenfahrt in den dt. und den ihnen verwandten Spielen des MA. Diss. Marburg 1915. 139 S.
2. K r o l l, Josef: Gott und Hölle. Der Mythos vom Descensuskampfe. Leipzig 1932. 569 S. (Studien d. Bibliothek Warburg 20). [In dt. Lit.: S. 126–82].
3. K u n s t e i n, Elisabeth: Die Höllenfahrtsszene im geistlichen Spiel des dt. MA. Ein Beitrag zur ma. und frühneuzeitlichen Frömmigkeitsgeschichte. Diss. Köln 1972. 174 S. [13.–16. Jh.].

604. HÖLLENTOR

1. B i s e r, Eugen: Die beiden Tore. Religiöse Elemente im Schrifttum der Gegenwart. In: DU. 15 (1963), H. 4, S. 7–24. [Und Paradiesespforte].

605. HOFAMT

1. G r a f, Hildegard: Die vier germanischen Hofämter in der dt. Heldendichtung. Diss. Freiburg i. Br. 1963. 177 S. [Truchsess, Schenk, Marschall, Kämmerer].

606. HOFER, ANDREAS

1. D r a m e n, Novellen, Erzählungen und Gedichte, Hofer betreffend. In: Biograph. Lexikon des Kaiserthums Oesterreich. Th. 9. Wien 1863, S. 147f. [B. mit Erl.].
2. F r a n k l, Ludwig August: Andreas Hofer im Liede. Innsbruck 1884. 171 S.
3. D r e y e r, Aloys: Andreas Hofer im Spiegelbild der dt. Dichtung. In: Die Warte 7 (1905/06), S. 456–66. [D., E., L.].
4. M u m e l t e r, Manfred: Andreas Hofer im dt. Drama. Diss. Wien 1907. 97 Bl. (Masch.).
5. I s o l a n i, Eugen: Andreas Hofer auf der Bühne. In: Die dt. Bühne 2 (1910), S. 53–56. [19. Jh.].
6. D ö r r e r, Anton: Andreas Hofer auf der Bühne. In: Der Gral 5 (1910/11), S. 240–45, 365–72, 512–19, 646–54, 721–27 und BA. Brixen 1912. 89 S. (Diss. Innsbruck 1916). – R.: M. Koch, LCBl. 64 (1912), Sp. 208.
7. K o s c h, Wilhelm: Andreas Hofer im Leben und in der Dichtung. München-Gladbach 1916. 44 S. (Führer d. Volkes 17). [Z. T. in dt. Lyrik].

8. C a s t l e, Eduard: Andreas Hofer bei neueren Tiroler Dramatikern. In: Österr. Rdsch. 1 (1934/35), S. 474–80.
9. Andreas H o f e r und der Tiroler Aufstand. In: Luther, DtG. 1943, Sp. 301f. [B.].
10. Andreas H o f e r in der Dichtung. In: Kosch, LL. II. ²1953, S. 1019f. [B.].
11. L e c h n e r, Hermann: Andreas Hofer in der Dichtung. In: Österreich in Geschichte und Lit. 3 (1959), S. 157–61. [D., E., L.].
12. H o c h e n e g g, Hans: Die Tiroler Volkserhebung in Lit. und Kunst. In: –: Bibliographie z. Gesch. des Tiroler Freiheitskampfes von 1809. Innsbruck 1960, S. 29–31. [B.: 83 T.].
13. H o f e r, Andreas. In: Frenzel, StdW. 1970, S. 320–22. [D., E., L.: 19. u. 20. Jh.].
14. H o l e, Gerlinde: Andreas Hofer. In: –: Historische Stoffe im volkstümlichen Theater Württembergs seit 1800. Stuttgart 1964, S. 65–73 u. 189f. [B.].

607. HOFFMANN, ERNST TH. AMADEUS

1. E. Th. A. H o f f m a n n in Dichtungen. In: Goedeke 8. Bd. ²1905, S. 480, 713. [B.].
2. L u d w i g, Albert: E. Th. A. Hoffmanns Gestalt in der dt. erzählenden Dichtung. In: ASNS. Jg. 79, Bd. 147 (1924), S. 1–29. [Von 1818–1921].
3. E. Th. A. H o f f m a n n in Dichtungen. Gedichte auf Hoffmann. In: Goedeke 14. Bd. ²1959, S. 477–81. [B.: 58 T.].

608. HOFMEISTER

1. M e i e r, Werner: Der Hofmeister in der dt. Lit. des 18. Jhs. Diss. Zürich 1938. 107 S.

609. HOHENSTAUFEN

1. D e e t j e n, Werner: Immermanns „Kaiser Friedrich II". Ein Beitrag zur Geschichte der Hohenstaufendramen. Berlin 1901. 216 S. (LF. 21, Diss. Leipzig). [Stoffgesch. Einl.].
2. G a b r i e l, Alexis: Friedrich von Heyden, mit bes. Berücksichtigung der Hohenstaufendichtungen. Breslau 1901. 114 S. [Bes. S. 22f.; 76–91; D.: 19. Jh.]. – R.: R. F. Arnold, StVLG. 1 (1901), S. 372–76; W. Deetjen, Euph. 8 (1901), S. 431–33.
3. Die H o h e n s t a u f e n. In: Luther, DtG. 1943, Sp. 23–30. [B.].
4. S c h u s t e r, Karl: Die Politik der Hohenstaufen im dt. Drama. Diss. Wien 1952. 216 Bl. (Masch.). [18.–19. Jh.: 33 T.].
5. H o h e n s t a u f e n. In: Frenzel, StdW. 1970, S. 322–24.

610. HOHENTWIEL

1. W e i s s, Karl: Hohentwiel und Ekkehard in Geschichte, Sage und Dichtung. St. Gallen 1901. 343 S.
2. I h m e, Heinrich: Der Hohentwiel in der Dichtung (Hohentwiel-Bibliographie 6). In: Hohentwiel. Bilder aus der Geschichte des Berges. Konstanz 1957, S. 383f. [B.].

611. HOHENZOLLERN

1. F r i e d r i c h, Hermann: Über Hohenzollern-Dramen. Progr. Potsdam 1891. 16 S.
2. S t ü m c k e, Heinrich: Hohenzollernfürsten im dt. Drama. In: BuW. 3 (1900/01), S. 319–24, 385–92, 431–39. [18. u. 19. Jh.]. – R.: G. Minde-Pouet, DLZ. 25 (1904), Sp. 1182.

3. S t ü m c k e, Heinrich: Hohenzollernfürsten im Drama. Ein Beitrag zur vergleichenden Literatur- und Theatergeschichte. Leipzig 1903. 305 S. − R.: L. Geiger, LE. 6 (1903/04), Sp. 1001−3.

612. HOHER MUT

1. A r n o l d, August: Studien über den Hohen Mut. Leipzig 1930. 88 S. (Von dt. Poeterey 9; Diss. Frankfurt). − R.: K. H. Halbach, DLZ. 53 (1932), Sp. 449−52; A. Witte, Litbl. 54 (1933), Sp. 98−101.
2. N a u m a n n, Hans: Der Hohe Mut. In: Lit. 37 (1934/35), S. 331−34.
3. N a u m a n n, Hans: Der germanisch-deutsche Mensch des frühen Mittelalters. In: Der dt. Mensch. 5 Vorträge. Stuttgart 1935, S. 9−34.

613. HOHES LIED

1. O p p e l, Arnold: Das Hohelied Salomonis und die dt. religiöse Liebeslyrik. Diss. Freiburg i. Br. 1911. 66 S. [13.−19. Jh.].
2. G o e b e l, Martin: Die Bearbeitungen des Hohen Liedes im 17. Jh. Nebst einem Überblick über die Beschäftigung mit dem Hohen Liede in früheren Jahrhunderten. Diss. Leipzig 1914. 141 S.
3. L e s c h n i t z e r, Adolf: Untersuchungen über das Hohelied in Minneliedern. Diss. Heidelberg 1924. 142 S. (Masch.).

614. HOLLAND s. a. FLIEGENDER HOLLÄNDER

1. M e y e r, Herman: Das Bild des Holländers in der dt. Lit. In: Forschungsprobleme der vergleichenden Literaturgeschichte. Tübingen 1951, S. 171−88 [Bes. S. 177] und in: −: Zarte Empire. Studien zur Literaturgeschichte. Stuttgart 1963, S. 202−24.

HOLOFERNES s. JUDITH

615. HOMER

1. B l e i c h e r, Thomas: Homer in der dt. Lit. vom Frühhumanismus bis zur Aufklärung (1450−1740). Zur Rezeption der Antike u. zur Poetologie der Neuzeit. Stuttgart 1972. 313 S. (Diss. Mainz 1971, GAbh. 39). [Auch in d. Dichtung].

616. HOMOSEXUALITÄT

1. F u c h s, Hanns: Die Homosexualität im Drama der Gegenwart und der Zukunft. In: Die Kritik 17 (1901/02), S. 512−18.

617. HOMUNCULUS

1. L u d w i g, Albert: Homunculi und Androiden. In: ASNS. 137. Bd. (1918), S. 137 bis 53; 138. Bd. (1919), S. 141−55; 139. Bd. (1919), S. 1−25. [Bes. 18.−20. Jh., a. a. L.].
2. R a c k e r, Miriam: Gestalt und Symbolik des künstlichen Menschen in der Dichtung des 19. u. 20. Jhs. Diss. Wien 1932. 99 Bl. (Masch.).
3. K ü n s t l i c h e   M e n s c h e n. Dichtungen und Dokumente über Golem, Homunculi, Antroiden und liebende Statuen. Hrsg. Kl. Völker. München 1971. 515 S. [Nachwort: S. 425−96, a. a. L.].

618. HOSE

1. A l b e r t s e n, Leif Ludwig: Lederhosen in der neueren dt. Lit. In: Acta Germanica 7 (1972), S. 97–100. [19. Jh.].

HOTEL s. *GASTSTÄTTE*

619. HÜNINGEN

1. H a r i, K.: Schloß Hüningen nach der Deutung der Wappen und im Spiegel der Dichtung. Mit Vorwort von Ch. Stucky. Bern 1943. 50 S.

620. HÜTTE UND PALAST

1. M e y e r, Herman: Hütte und Palast. Vom Leben eines literarischen Topos. In: Forschungsbericht zur Germanistik 5 (1963), S. 1–19. [A. a. L.].
2. M e y e r, Herman: Hütte und Palast in der Dichtung des 18. Jhs. In: Formenwandel. Festschr. f. P. Böckmann. Hamburg 1964, S. 138–55. [L.].

HULD s. *GNADE, GRATIA UND MISERICORDIA*

621. HUMANITÄT

1. W i e s e, Benno v.: Das Humanitätsideal in der dt. Klassik. In: GRM. 20 (1932), S. 321–33.
2. F r i c k e, Gerhard: Das Humanitätsideal der klassischen dt. Dichtung und die dt. Gegenwart. In: ZDK. 48 (1934), S. 369–83, 673–90; 49 (1935), S. 313–33. Auch in: –: Vollendung und Aufbruch. Reden und Aufsätze zur dt. Dichtung. Berlin 1943, S. 251–327.
3. R a n k e, Friedrich: Der Humanitätsgedanke in der dt. Dichtung des MA. In: –: Gott, Welt und Humanität in der dt. Dichtung des Mittelalters. Basel 1952, S. 45–75.
4. R u p r e c h t, Erich: Die Idee der Humanität in der Goethezeit. In: Studium Generale 15 (1962), S. 179–201.

622. HUMBOLDT, WILHELM VON

1. H u m b o l d t, Wilhelm von: Dichterische Behandlung. In: Goedeke 14. Bd. ^{2}1959, S. 520f. [B.: 13 T.].

623. HUMORIST

1. B e r e n d, Eduard: Der Typus des Humoristen. In: Die Ernte. Abhandlungen z. Literaturwiss. F. Muncker z. 70. Geburtstag. Halle 1926. S. 93–115.

624. HUND

1. S p a h r, Blake Lee: Dogs and doggerel in the German baroque. In: JEGPh. 54 (1955), S. 380–86.
2. W o o d s, Barbara Allen: Goethe and the poodle motif. In: Fabula 1 (1958), S. 59 bis 75. [Teufel in Hundegestalt.]
3. S t u t z, Elfriede: Studien über Herr und Hund. In: Das Tier in der Dichtung. Heidelberg 1970, S. 200–38, 292–96.
4. G n ä d i g e r, Louise: Hiudan und Petitcreiu. Gestalt und Figur des Hundes in der ma. Tristandichtung. Zürich 1971. 107 S. [A. a. L.]. – R.: F. H. Bäuml, MDU. 64

(1972), S. 384f.; U. Gerdes, AfdA. 85 (1974), S. 175–79; D. E. Le Sage, GLL. 26 (1972/73), S. 348–51.

625. HUOTE

1. S e i b o l d, Lilli: Studien über die Huote. Berlin 1932. 119 S. (GSt. 123). – R.: L. Wolff, AfdA. 52 (1933), S. 135–37.

626. HUS, JOHANNES UND HUSSITENKRIEGE

1. K r a u s, Arnost: Husitství v literature, zeijméne německé. Prag 1917–23. 3 Bde. [Hus in der dt. Lit. des 15.–19. Jhs.]. – R.: A. Tibal, RevLittcomp. 4 (1924), S. 700 bis 702.
2. H u s s i t e n k r i e g e. In: Heinzel, LhE. 1956, S. 304f. [B.].

627. HUTTEN, ULRICH VON

1. V o i g t, Georg: Ulrich v. Hutten in der dt. Lit. Eine stoffgeschichtliche Untersuchung. Diss. Leipzig 1905. 76 S. [D., E., L.].
2. K o r r o d i, Eduard: Ulrich v. Hutten in dt. Dichtung. In: Wissen u. Leben 5, Bd. 9 (1911/12), S. 27–41. [L.: 18. u. 19. Jh.].
3. S c h o t t e n l o h e r, Karl: Ulrich v. Hutten in der Dichtung. In: –: Bibliographie zur dt. Geschichte ... 1517–85. I (1933) S. 384f. [B.: 20 T.: D., E., L.].
4. B e c k e r, Albert: Hutten-Sickingen im Zeitenwandel. Ein Beitrag zur Pfälzer Geistesgeschichte. Heidelberg 1936. 40 S. (Beitr. zur Heimatkunde der Pfalz 16). [D., E.].
5. H u t t e n, Ulrich v.: In: Frenzel, StdW. 1970, S. 329–31. [D., E.: 19. u. 20. Jh.].
6. U k e n a, Peter und Kristiane U l i a r c z y k: Deutschsprachige populäre Hutten-Lit. im 19. und 20. Jh. Eine bibliographische Übersicht. In: Daphnis 2 (1973), S. 166–84. [Mit T. von Gedichten, Dramen, Romanen u. Erzählungen über Hutten].

628. HYBRIS

1. G r o n i c k a, André v.: Humanität und Hybris im dt. Drama. In: GR. 38 (1963), S. 121–33. [19. u. 20. Jh.].

629. HYPATIA VON ALEXANDRIA

1. A s m u s, Rudolf: Hypatia in Tradition und Dichtung. In: StVLG. 7 (1907), S. 11–44. [D. E.: 18. u. 19. Jh., a. a. L.].

630. HYPOCHONDER s. a. MELANCHOLIE

1. B u s s e, Walter: Der Hypochondrist in der dt. Lit. der Aufklärung. Diss. Mainz 1952. 199 Bl. (Masch. vervielf.).

I

631. IDYLL s. a. SCHÄFER

1. B e c k, Hugo: Das genrehafte Element im dt. Drama des 16. Jhs. Berlin 1929. 146 S. (GSt. 66). [Bes. in Judithdramen und Fastnachtsspielen].
2. M e r k e r, Erna: Die Idylle. In: Rl. I. ²1958, S. 742–49.

3. S c h a t z k y, B. E.: Genre-painting and the German tragedy of common life. In: MLR. 54 (1959), S. 358–67.
4. S e y b o l d, Eberhard: Das Genrebild in der dt. Lit. Vom Sturm und Drang bis zum Realismus. Stuttgart 1967. 244 S. (Studien z. Poetik u. Gesch. d. Lit. 3). — R.: H. Seidler, DLZ. 90 (1969), Sp. 222–225.
5. E i s e n b e i ß, Ulrich: Das Idyllische in der Novelle der Biedermeierzeit. Stuttgart 1973. 152 S. (Studien z. Poetik u. Geschichte d. Lit. 36). — R.: R. Krohn, Germanistik 15 (1974), Nr. 5333.

632. IGLAU
1. L ä m m e l, Hans: Schöngeistiges Schrifttum. In: Iglauer Heimatbuch 1962. Heidelberg 1962, S. 476. [23. T.].

ILIAS s. *TROJANISCHER KRIEG*

ILMENAU s. *EICHE*

633. INDIANER s. a. *INKLE UND YARIKO*
1. B a r b a, Preston Albert: The North American Indian in German fiction. In: German-American Annals N. S. 11 (1933), S. 143–74.
2. A s h l i m a n, Dee L.: The America West in nineteenth-century German lit. The State Univ. Rutgers 1969. 293 S. DAI. 30 (1967/70), S. 2959f. A.

634. INDIEN
1. R e m y, Arthur F. J.: The influence of India and Persia on the poetry of Germany. New York 1901. 81 S. (Columbia Univ. Germanic Studies 1, Nr. 4). Repr. New York 1966. — R.: F. Schultz, AfdA. 30 (1906), S. 139f.
2. H o f f m a n n, Paul Theodor: Der indische und der dt. Geist von Herder bis zur Romantik. Eine literarhistorische Darstellung. Diss. Tübingen 1915, 100 S. [L.].
3. G l a s e n a p p, Helmuth v.: Indien in der Dichtung und Forschung des dt. Ostens. Königsberg 1930. 47 S. (Schr. d. Königl. Dt. Gesellsch. zu Königsberg 5).
4. W i l l s o n, Amos Leslie: The mythical image of India in early German romanticism. Diss. Univ. of Yale. New Haven, Conn. 1954.
5. G l a s e n a p p, Helmuth v.: Indien im dt. Gedicht. In: Mitteilungen. Institut für Auslandsbeziehungen 9 (1959), S. 120f.
6. G l a s e n a p p, Helmuth v.: Indien in der modernen dt. Lit. In: Deutsche Akademie f. Sprache u. Dichtung Darmstadt. Jahrbuch 1961, S. 32–35. [D., E., L.].
7. L o s c h, Hans: Einwirkung Indiens auf die dt. Dichtung. In: Dt. Philologie im Aufriß. III. ^{2}1962, Sp. 589–98. [Mit B.].
8. W i l l s o n, Amos Leslie: A mythical image. The ideal of India in German romanticism. Durham, N. C. 1964. 261 S. [D., E., L.] — R.: J. Schröder, ASNS. 117. Jg. (1966), S. 202. [Veränderte Fassung von Nr. 634, 4].
9. B a l k, Diethelm: Orient und orientalische Literaturen. In: RL. II. ^{2}1965, S. 816–69. [Indien und Buddhismus: S. 850–85.].
10. M a r á t h e, Mandakini: Spiegelungen Indiens in der dt. Lit. des 19. Jhs. Diss. Wien 1965. 240 Bl. (Masch.). [Auch 20. Jh.].
11. G a n e s h a n, Vridhagiri: Das Indienbild dt. Dichter um 1900. — Dauthendey, Bonsels, Mauther, Gjellerup, H. Kayserling u. St. Zweig. Ein Kapitel dt.-indischen Geistes-

lebens im frühen 20. Jh. Bonn 1975. 425 S. (Abhh. z. Kunst-, Musik- u. Lit.wiss. 187). Diss. München 1974/75.

635. INDUSTRIE s. a. *ARBEIT, ARBEITER UND ARBEITERKLASSE, MASCHINE, RUHRGEBIET, TECHNIK*

1. Z i m m e r m a n n, Felix: Die Industrie und der Ingenieur in Roman, Drama und Lyrik. In: –: Die Widerspiegelung der Technik in der dt. Dichtung von Goethe bis zur Gegenwart. Dresden 1913, S. 117–24. (Diss. Leipzig).
2. L e h m a n n, Karl: Das Lied der Arbeit. Die moderne Dichtung zwischen Hochöfen und Schloten. Leipzig 1924. 30 S.
3. V o l l m e r, Walter: Über Industriedichtung. In: Heimatbll. der Roten Erde 4 (1925), S. 302–04.
4. V o l l m e r, Walter: Über Industriedichtung im rheinisch-westfälischen Industriegebiet. In: Der Türmer 29, 3 (1926/27), S. 253–58. [L.].
5. W i n c k l e r, Josef: Die dt. Industrie-Lyrik. In: PädW. 34 (1927), S. 915–18. [Auch E.].
6. F r o b e n i u s, Volkmar: Die Behandlung von Technik und Industrie in der dt. Dichtung von Goethe bis zur Gegenwart. Diss. Heidelberg 1935. 211 S.
7. H o f f m a n n, Henriette: Eine Untersuchung über Kapital, Industrie und Maschine von Goethe bis Immermann. Diss. Wien 1942. 323 Bl. (Masch.).
8. S t a f, Hermann: Technik und Industrie im dt. Drama. Diss. Wien 1948. 146 Bl. (Masch.). [18.–20. Jh.].
9. F r i t s c h, Gerhard: Die Industrielandschaft in ihrer Darstellung durch die dt. Lyrik. Diss. Wien 1949. 135 Bl. (Masch.).
10. K r ä m e r, Karl Emerich: Die Entwicklung des Industrie-Volkstums an Rhein und Ruhr bes. im Spiegel der zeitgenössischen Lit. Diss. Bonn 1949. 114 Bl. (Masch.). [Z. T. in der Dichtung].
11. I n d u s t r i e. In: Schmitt, BuA. 1952, Sp. 265–69. [B.].
12. R o t h e, Wolfgang: Industrielle Arbeitswelt und Lit. In: Definitionen. Essays zur Lit. Frankfurt a. M. 1963, S. 85–116. [E., L.].

636. INEZ DE CASTRO

1. K r e i s l e r, Karl: Der Inez de Castro-Stoff im romanischen und germanischen, bes. im dt. Drama. Teil I, II. Progr. Kremsier 1908, 1909. 22, 25 S. (Diss. Wien 1905). [Teil II: dt. Lit.: 18.–20. Jh.].
2. H e i n e r m a n n, Heinrich Theodor: Ignaz de Castro. Die dramatischen Behandlungen der Sage in den romanischen Literaturen. Diss. Münster 1915. 112 S. [S. 100f. in dt. Lit.: 13 T.].
3. I n e s d e C a s t r o. In: Frenzel, StdW. 1970, S. 331–35. [Nur wenige dt. T.].

637. INGENIEUR

1. E g g e r s, A.: Der Ingenieurstand in der dt. Lit. In: Die Braunschweiger G. N. C.-Mschr. 14 (1927), S. 142–46 [E., L.].
2. I n g e n i e u r. In: Schmitt, BuA. 1952, Sp. 271–76. [B.].

638. INKLE UND YARIKO

1. S c h m i d, Christian Heinrich: Über die Dichter, welche die Geschichte von Inkle und Yariko bearbeitet haben. In: Dt. Monatsschrift 1799, S. 145–60 u. Stück 9, S. 74–80 [Nachtrag].

2. P r i c e, Lawrence Marsden: Inkle and Yarico in Germany and Switzerland. In: —: Inkle and Yariko Album. Berkeley 1937, S. 75–134, 163–67. [B.: 23 T.: D., E., L.].
3. B e u t l e r, Ernst: Inkle und Yariko. In: —: Essays um Goethe. 1. Wiesbaden ³1947, S. 453–61. [A. a. L.].
4. I n k l e und Yariko. In: Frenzel, StdW. 1970, 335–38. [A. a. L.].

639. INNERLICHKEIT

1. G i e b e l, Heinz: Untersuchungen zur Vorstellung des „Säkulums" bei Grimmelshausen, K. Ph. Moritz, Novalis und Raabe. Studien zum Problem der Zeit und Innerlichkeit in der neueren dt. Dichtung. Diss. Kiel 1951. 103 Bl. (Masch.).
2. S t a u b, Hans: Laterna Magica. Studien zum Problem der Innerlichkeit in der Lit. Zürich 1960. 130 S. (Züricher Beitr. z. dt. Lit.- u. Geistesgesch. 17). [A. a. L.].

640. INNSBRUCK

1. I n n s b r u c k in der Erzählung. In: Kosch LL. II. ²1953, S. 1114f. [B.].

641. INSEKT s. a. *BIENE, FLOH, SCHMETTERLING*

1. M a s i u s, Hermann: Fliege und Mücke. In: —: Bunte Blätter. Altes und Neues. Halle 1892, S. 324–39. [A. a. L.].
2. K n o r t z, Karl: Die Insekten in Sage, Sitte und Lit. Annaberg 1910. 151 S. [Biene, Floh, Laus, Spinne Fliege u. a.].

642. INSEL

1. B l u m e, Bernhard: Die Insel als Symbol in der dt. Lit. In: MDU. 41 (1949), S. 239 bis 47.
2. B r u n n e r, Horst: Die poetische Insel. Inseln und Inselvorstellungen in der dt. Lit. Stuttgart 1967. 294 S. (Diss. Erlangen-Nürnberg. GAbh. 21). [Auch fluchtutopische Insel u. Insel als poetischer Raum. 12.–20. Jh., a. a. L.]. – R.: S. L. Gilman, arcadia 7 (1972), S. 78–80; T. Kielinger, Neue dt. Hefte 15 (1968), H. 3, S. 204–08; R. Spaethling, GR. 44 (1969), S. 312–14; R. Stempfer, EG. 23 (1968), S. 688f.; C. H. Wilke, Jb. d. Jean-Paul-Ges. 3 (1968), S. 208–14.
3. S t ü n z i, Ursula: Die Insel. Literarische Inseltypen unter bes. Berücksichtigung der französ. Lit. Diss. Zürich 1973. 154 S. [Z. T. in dt. Lit].

INSEL FELSENBURG s. *UTOPIE*

643. INTRIGANT

1. K n o r r, Heinz: Wesen und Funktionen des Intriganten im dt. Drama von Gryphius bis zum Sturm und Drang. Diss. Erlangen 1951. 121 Bl. (Masch.). [43 T.].
2. H u b e r, Vita: Die Entwicklung der klassischen Intrigantenrolle im Wandel ihrer Darstellung auf dem dt.-sprachigen Theater vom 18. bis zur Mitte des 20. Jhs. Diss. Wien 1961. 197 Bl. (Masch.).

644. INZEST

1. R a n k, Otto: Das Inzestmotiv in Dichtung und Sage. Grundzüge einer Psychologie des dichterischen Schaffens. Leipzig ²1926. 652 S. (1. Aufl. 1912). Repr. Darmstadt 1974. [A. a. L.]. – R.: M. Bentley, JEGPh. 12 (1913), S. 478–82; Mette, Imago 17 (1931), S. 536–38.

645. IPHIGENIE

1. P r o k o p, Karl: Iphigenie in Delphi im Drama der dt. Lit. Diss. Wien 1908. 82 Bl. (Masch.).
2. J a n s e n, Heinrich: Die Sage von der Iphigenie in Delphi in der dt. Dichtung. Diss. Münster 1911. 152 S. [D.: 18. u. 19. Jh.: 11 T.].
3. H e i n e m a n n, Karl: Iphigenie. In: –: Die tragischen Gestalten der Griechen in der Weltlit. I. Leipzig 1920, S. 104–16. (Das Erbe der Alten NF. 3).
4. S t a m m i n g e r, Annemarie: Gestaltung des Iphigeniendramas. Wandlungen des tragischen Bewußtseins. Diss. Erlangen 1945. 120 Bl. (Masch.). [A. a. L.].
5. P h i l i p p, Elfriede: Die Iphigeniensage von Euripides bis G. Hauptmann. Diss. Wien 1948. 135 Bl. (Masch.).
6. U r n e r, Hans: Iphigeniens Heimkehr in der Dichtung der Gegenwart. In: Gottes ist der Orient. Festschr. f. O. Eißfeldt. Berlin 1959, S. 187–97. [D.]. u. in: WZUH. 7 (1957/58), S. 739–49.
7. N e u e r e Iphigeniedramen. In: Goedeke IV, 5. 1960, S. 647f. u. IV, 3. 1912, S. 280, Nr. 2.
8. H e i t n e r, Robert R.: The Iphigenia in Tauris theme in drama of the eighteenth century. In: CompLit. 16 (1964), S. 289–309. [A. a. L.].
9. B l u m e n t h a l, Lieselotte: Iphigenie von der Antike bis zur Moderne. In: Natur und Idee. Weimar 1966, S. 9–40. [A. a. L.].
10. L o h n e r, Edgar: Iphigenie. In: Theater der Jahrhunderte. Iphigenie. München 1966, S. 9–30. (Vorwort). [A. a. L.].
11. I p h i g e n i e. In: Frenzel, StdW. 1970, S. 339–45.

646. IRENE, SCHÖNE

1. Ö f t e r i n g, Michael St.: Die Geschichte von der schönen Irene in der französischen und dt. Lit. In: ZVLR. NF. 13 (1899), S. 27–45, 146–65.
2. T r o s t l e r, Josef: Zu den dt. Bearbeitungen der Geschichte von der schönen Irene. In: Ungarische Rdsch. 3 (1914), S. 462–66.
3. I r e n e, Die schöne. In: Frenzel, StdW. 1970, S. 345–47. [A. a. L.].

647. IRLAND

1. H e n n i g, John: Ireland's place in nineteenth-century German poetry. In: GLL. 8 (1954/55), S. 201–07. [L.: 18. u. 19. Jh.].

IRRSINN s. WAHNSINN

648. IRRTUM s. a. VERIRREN

1. C o t t a v. C o t t e n d o r f, Franz: Über Irrtum und Erkennung im neueren Trauerspiel. Diss. Tübingen 1923. 179 Bl. (Masch.).

ISAAK s. ABRAHAM UND ISAAK

ISLAM s. MOHAMMED

649. ISLAND

1. H e r r m a n n, Paul: Island in der modernen dt. Dichtung. In: Mitt. d. Islandfreunde 8 (1920), S. 31–36; 9 (1921), S. 2–10.

ISOLDE s. *TRISTAN UND ISOLDE*

650. ISOLIERTER

1. C a s t l e, Eduard: Die Isolierten. Varietäten eines litterarischen Typus. Berlin 1899. 76 S. − R.: R. F. Arnold, ZOeG. 51 (1900), S. 757−67; E. Petzet, StVLG. 2 (1902), S. 250; G. Ranschoff, AfdA. 27 (1901), S. 216−18.
2. B e r g m a n n, Rolf: Der Elfenbeinerne Turm in der dt. Lit. In: ZfdA. 92 (1963), S. 292−320. [A. a. L., Isolierung des Dichters von der Gesellschaft. Hierzu R. Urbach: Neues Forum 17 (1970, S. 115.]
3. D i e c k m a n n, Liselotte: Symbols of isolation in some late nineteenth-century poets. In: Studies in Germanic languages and literatures. In memory of F. O. Nolte. St. Louis 1963, S. 133−48. [D., L., a. a. L.].

651. ISTEINER KLOTZ

1. S c h ä f e r, Hermann: Der Isteiner Klotz als Schauplatz in der Dichtung. In: Markgräfler Jb. 3 (1954), S. 10−23. [E., L.].

652. ITALIEN UND ITALIENER

1. Č e r n o h o u s, Hildegard: Das Gesicht Italiens in den dt. Briefen, Reisebeschreibungen u. Novellen des 19. Jhs. gezeigt an einer Auswahl von Dichtern. Diss. Wien 1937. 156 Bl. (Masch.).
2. R ü d i g e r, Horst: Die Entdeckung Italiens für die dt. Lit. In: Geistige Arbeit 5 (1938), Nr. 6, S. 9f.
3. R ü d i g e r, Horst: Italien im klassisch-romantischen Roman. In: Dt. Bücherfreund 6 (1938) H. 6, S. 6−11.
4. H ä u s l e r, Regina: Italienische Typen in der Dichtung. In: −: Das Bild Italiens in der dt. Romantik. Bern 1939, S. 120−41. (Spr. u. Dichtg. 63). − R.: H. Rüdiger, Lit. 42 (1939/40), S. 205f.
5. B o h n e n b l u s t, Gottfried: Italien in der Dichtung der dt. Schweiz. In: −: Vom Adel des Geistes. Zürich 1944, S. 435−52.
6. E m r i c h, Wilhelm: Das Bild Italiens in der dt. Dichtung. In: Studien zur dt.-italienischen Geistesgeschichte. Köln 1959. S. 21−45 und in: −: Geist und Widergeist. Frankfurt a. M. 1965, S. 258−86. [E., L.: 17.−20. Jh.].
7. R e q u a d t, Paul: Die Bildersprache der dt. Italiendichtung. Von Goethe bis Benn. Bern 1962. 323 S. − R.: A. Closs, AfdA. 77 (1966), S. 45−47; B. Picke, GR. 39 (1964), S. 77−79; E. Thurnher, Lit. wiss. Jb. 4 (1963), S. 261−63.
8. L e s s e r, Jonas: Deutsche Südsehnsucht. In: Dt. Rdsch. 89 (1963), H. 8, S. 37−50. [18. u. 19. Jh.].
9. F r a n z, Hertha: Das Bild Griechenlands und Italiens in den mhd. epischen Erzählungen vor 1250. Berlin 1970. 475 S. (PhStQ. 52, Diss. Univ. d. Saarlandes 1962, Verf.: Hertha Ruth H e s s e). − R.: D. H. Greèn, MLR. 68 (1973), S. 220f.; G. P. Knapp, Germanistik 13 (1972), Nr. 4240.

J

653. JAGD s. a. *FALKE*

1. D e i m a n n, Wilhelm: Jagdliche Dichtungen. In: RL. II. 1926/28, S. 13f.
2. D e i m a n n, Wilhelm: Ein Birschgang durch die Geschichte der jagdlichen Dichtung. In: Markwart 3 (1927), S. 17−19. [12.−20. Jh.].

3. D e i m a n n, Wilhelm: Von neuer Jagddichtung. In: Markwart 3 (1927), S. 30–32.
4. N i e w ö h n e r, Heinrich: Jagdgedichte. In: VerfLex. II. 1936, Sp. 561–67. [14./ 16. Jh.].
5. E i l e r s, Konrad: Deutsche Jagddichtung. In: Handbuch der dt. Jagd Bd. 2. Berlin 1941, S. 299–307.
6. J ä g e r. In: Schmitt, BuA. 1952, Sp. 277–98. [B.].
7. H a t t o, Arthur Thomas: Poetry and the hunt in medieval Germany. In: AUMLA 25 (1966), S. 33–56.
8. R i c h t e r, Marcelle Thiébaux: The allegory of love's hunt. A medieval genre. Diss. Columbia Univ. 1962. 415 S. DA. 26 (1965/66), S. 7300. [13.–15. Jh., a. a. L.].

654. JAHN, FRIEDRICH LUDWIG

1. J a h n in der Dichtung. In: Goedeke 14. Bd. ²1959, S. 624–27. [B.: 65 T.].

655. JAHRESZEITEN

1. W e b e r, Karl: Das Motiv des Jahreszyklus und seine Verwendung in der dt. Lit. der Neuzeit. Diss. Wien 1949. 258 Bl. (Masch.).
2. S c h o l z, Wilhelm v.: Die Jahreszeiten. Improvisationen. In: Studium generale 9 (1956), S. 1–5.
3. H e u s c h e l e, Otto: Hin geht die Zeit... Der Jahreslauf im Spiegel der Dichtung. In: Baden-Württemberg 19 (1970), H. 6, S. 26–29.
4. K u h n, Dorothea: Auch ich in Arkadien. Kunstreisen nach Italien 1600–1900. Stuttgart ²1966. 288 S. (Kataloge. Sonderausstellung des Schiller-Nationalmuseums 16). [L.].

656. JAHRHUNDERTFEIER

1. H o l z h a u s e n, Paul: Der Urgroßväter Jahrhundertfeier. In: Beil. z. Allg. Zeitung. München 1900, Nr. 296, S. 1–5; 297, 4–7; 1901, Nr. 19, 2–6; 20, 3–6; 59, 1–5; 60, 3–8; 108, 1–4; 109, 4–7; 126, 1–4; 127, 2–7; 128, 1–5.
2. S a u e r, August: Die dt. Säkulardichtungen an der Wende des 18. und 19. Jhs. Hrsg. u. eingel. (Dt. Lit. Denkmale d. 18. u. 19. Jhs. 91–104). Berlin 1901. 654 S. [Einl. S. XXVII–CLXXII].
3. K l u c k h o h n, Paul: Die Wende vom 19. zum 20. Jh. in der dt. Dichtung. In: DtVjs. 29 (1955), S. 1–19.

657. JAKOBE VON BADEN

1. L o d e n s t e i n, Josef: Jakobe von Baden in der Dichtung. In: Meine Heimat 8 (1934), H. 11, S. 4–6. [D., E.: 19. u. 20. Jh.].

JAKOBINER s. *REVOLUTION (Frankreich)*

658. JAPAN

1. H a m m i t z s c h, Horst: Ostasien und die dt. Lit. In: Philologie i. Aufriß III. ²1960, Sp. 599–612.
2. B a l k, Diethelm: Orient und orientalische Literaturen. In: RL. II. ²1965, S. 816 bis 69. [Japan: S. 866–69.].
3. M i y a s h i t a, Keizo: „Die Schweiz in Japan". Das Japanesenland in den Schwyzer Fastnachtsspielen. In: Doitsu Bungaku 1973, H. 51, S. 87–95.

JASON s. *MEDEA*

659. JEAN PAUL

1. B e r e n d, Eduard und Johannes K r o g o l l: Jean Paul in erzählender und dramatischer Darstellung. In: –: Jean-Paul-Bibliographie. Stuttgart 1963, S. 255–60. (Vgl. auch S. 253–55: Satiren und Parodien auf J. P. u. S. 242–50: Gedichte an und über J. P.). [B.].

660. JEANNE d' ARC, HEILIGE s. a. *JUNGFRAU, KRIEGERISCHE*

1. B u l t h a u p t, Heinrich: Die Jungfrau von Orleans in Geschichte und Dichtung. In: Masken 6 (1911), S. 513–18, 529–33, 545–52, 566–70.
2. M a u s s e r, Otto: Die Jungfrau von Orleans in der Lit. In: Walhalla 8 (1912), S. 74 bis 101. [Z. T. dt. Lit.].
3. B o s t o c k, J. Knight: The maid of Orleans in German literature. In: MLR. 22 (1927), S. 298–309. [D.: 18.–20. Jh.].
4. J a n, Eduard v.: Das literarische Bild der Jeanne d'Arc. (1429–1926). Halle 1928. 199 S. (Beihefte z. ZRPh. 76). [A. a. L.] – R.: H. Gmelin, NSpr. 38 (1930), S. 344f.; A. Götze, ASNS. 84 (1929), S. 287f.; V. Klemperer, Litbl. 50 (1929), Sp. 192–95.
5. G r e n z m a n n, Wilhelm: Die Jungfrau von Orleans in der Dichtung. Berlin 1929. 74 S. (SMDL. 1). [D., E.: 18.–20. Jh.: 10 dt. T., a. a. L.]. – R.: O. H. Brandt, Lit. 31 (1928/29), S. 742; W. Fischer, Beibl. z. Anglia 40 (1929), S. 245–48; E. v. Jan, DLZ. 50 (1929), Sp. 2497–99.
6. H a r t m a n n, Walter: Dramaturgische Beobachtungen an Jeanne d'Arc-Dramen. Diss. Wien 1948. 107 Bl. (Masch.). [A. a. L.].
7. J e a n n e d' A r c in Lyrik, Erzählung und Drama. In: Heinzel, LhE. 1956, S. 320f.
8. E i c k h o r s t, William: Recent German dramatic treatments of the Joan of Arc theme. In: Arizona Quarterly 17 (1961), S. 323–32.
9. J a n, Eduard v.: Das Bild der Jeanne d'Arc in den letzten zehn Jahren. In: Romanistisches Jb. 12 (1961), S. 136–50. [A. a. L.].
10. S t o r z, Gerhard: Jeanne d'Arc in der europäischen Dichtung. In: Jb. d. Dt. Schillergesellschaft 6 (1962), S. 107–48. [A. a. L.].
11. P e t e r m a n n, Renate: Die Tradition des Jeanne-d'Arc-Stoffes in der dt. Nationallit. Diss. Greifswald 1963. 409 Bl. (Masch.).
12. B a r l o w, D.: The Saint Joan theme in modern German drama. In: GLL. 17 (1963/64), S. 250–58.
13. D e m e t z, Peter: Die heilige Johanna. In: Theater der Jahrhunderte. Die heilige Johanna. München 1964, S. 9–28. [Vorwort].
14. J a n, Eduard von: Jeanne d'Arc im Geistesleben der Gegenwart. In: GRM. NF. 15 (1965), S. 414–20.
15. B r e t t s c h n e i d e r, Werner: Die Jungfrau von Orleans im Wandel der Lit. Hollfeld 1970. 70 S. [A. a. L.].
16. J u n g f r a u von Orleans. In: Frenzel, StdW. 1970, S. 380–86.

661. JEDERMANN

1. G o e d e k e, Karl: Every-Man, Homulus und Hekastus. Hannover 1865. 232 S.
2. B r e c h t, Walther: Die Vorläufer von Hofmannsthals „Jedermann". In: Österr. Rdsch. 20 (1924), S. 271–87.
3. L i n d n e r, Herbert: Hugo von Hofmannsthals „Jedermann" und seine Vorgänger. Diss. Leipzig 1928 [1929]. 125 S.

4. S t o c k u m, Th. C. v.: Das Jedermann-Motiv und das Motiv des Verlorenen Sohnes im niederländischen u. im niederdt. Drama. Amsterdam 1958. (Mededelingen d. Koninkl. Nederlandse Akad. van Wetenschappen. Afd. Letterkunde N. R. D. 21, Nr. 7, S. 199–219). – R.: D. Brett-Evans, GLL. 13 (1959/60), S. 159.
5. W i e m k e n, Helmut: Vom Sterben des reichen Mannes. Bremen 1965. 420 S. (Sammlung Dieterich 298). [Einleitung S. IX–XLIX, a. a. L.].
6. K n u s t, Herbert: Moderne Variationen des Jedermann-Spiels. In: Adolf-Helen Festschr. New York 1968, S. 309–41. [15.–20. Jh.].
7. J e d e r m a n n. In: Frenzel, StdW. 1970, S. 347–49. [A. a. L.].

662. JENA

1. J e n a in der Erzählung. In: Kosch, LL. II. ²1953, S. 1144f.

663. JENATSCH, GEORG

1. K e n n g o t t, A: Jürg Jenatsch in Geschichte, Roman und Drama. In: Washington Univ. Studies 2 (1915), Nr. 2, S. 177–220.
2. J e c k l i n, Constanz: Georg Jenatsch in der Dichtung. In: Bündner Monatsbl. 1944, S. 82–90.
3. G a r t m a n n, Balzer: Georg Jenatsch in der Lit. Disentis 1946, 142 S. (Diss. Bern). [D., E., L.: 40 T.].
4. J e n a t s c h, Jürg: In: Frenzel, StdW. 1970, S. 349–51. [Bes. 19. u. 20. Jh.].

663a. JENSEITS s. a. TOD

1. D i n z e l b a c h e r, Peter: Die Jenseitsbrücke im MA. Wien 1973. 258 S. (Dissertationen der Univ. Wien 104). [In dt. Lit. S. 121–40. A. a. L.].

664. JEPHTHAS TOCHTER

1. P o r w i g, Johanna: Der Jephtastoff in der dt. Dichtung. Diss. Breslau 1932. 114 S. [14.–20. Jh.].
2. S y p h e r d, Wilbur Oven: Jephthah and his daughter. A study in comparative literature. Newark (Delaware) 1948. 278 S. [Nur wenige dt. T.]. – R.: W. P. Friederich, GR. 25 (1950), S. 69–71; R. C. G. Loomis, Comp. Lit. 1 (1949), S. 285.
3. J e p h t h a s   T o c h t e r. In: Frenzel, StdW. 1970, S. 351–54. [D., E.: 16.–20. Jh., a. a. L.].

664a. JEREMIAS

1. S t a u d e, Paul: Jeremia in Malerei und Dichtkunst. In: PädMag. H. 316. Langensalza 1907. 20 S.

665. JESUIT

1. N ö b a u e r, Michael: Der Jesuit im Spiegel der dt. dramatischen Lit. Diss. Wien 1915. 211 Bl. (Handschr.).
2. P s c h o r n, Hermann: Der Jesuitenorden als Stoffquelle moderner Dramendichtung. Wien 1947. 39 S.

666. JESUS s. a. KALVARIENBERG, KREUZHOLZ, OSTERN, WEIHNACHTEN

1. W e r n e r, Richard Maria: Moderne Messiasdichtungen. In: –: Vollendete und Ringende. Minden 1900, S. 281–96.

2. H e i n e, Gerhard: Dichtungen über Christus und Christen. In: Christl. Welt 16 (1902), Sp. 806–09. [D., E.].
3. N i p p o l d, Friedrich: Das deutsche Christuslied des 19. Jhs. Leipzig 1903. 389 S.
4. K a p p s t e i n, Theodor: Die Gestalt Jesu in der modernen Dichtung. In: –: Ahasver in der Weltpoesie. Berlin 1906, S. 96–145 u. in: BuW. 8 (1905/06), S. 221–28, 273 bis 77. [D., E., L., a. a. L.].
5. S t e i n, B.: Christus in der neueren Dichtung. In: BüWe. 4 (1906/07), S. 116–120, 136–40. [Vgl. auch S. 233–37].
6. P h i l i p p i, Fritz: Das Jesus-Drama. Eine literarische Übersicht. In: Christl. Welt 21 (1907), Sp. 31–35.
7. S c h ö n f e l d, Fritz: Das Jesusbild nach der Darstellung moderner Dichter und der historische Jesus. Progr. Strehlen 1907. 24 S.
8. S t e i n, Bernhard: Christus in der modernen Lit. Die katholische Christusdichtung. In: –: Neuere Dichter im Lichte des Christentums. Ges. Aufsätze. Ravensburg 1907, S. 300–42.
9. Die G e s t a l t Jesu in der modernen Dichtung. I. II. In: Die Studierstube 6 (1908), S. 339–46, 404–09. [D., E., L.].
10. G ü n t h e r, Rudolf: Das dt. Christuslied des 19. Jhs. In: Eckart 3 (1908/09). S. 164 bis 78.
11. L u t h e r, Arthur: Jesus und Judas in der Dichtung. Ein Beitrag zur vergleichenden Literaturgeschichte. Hanau 1910. 50 S. – R.: W. Wolff, LE. 14 (1911/12), Sp. 141f.
12. F r i e d r i c h, Paul: Das Christusdrama der Gegenwart. In: BuW. 14,2 (1911/12), S. 393–97.
13. K r a p p, Lorenz: Das Heilandsbild in der modernen Dichtung. In: Der Gral 7 (1912/13), S. 669–75, 730–37. [E., L.].
14. K o b e r, August Heinrich: Christusdichtung. In: ZDU. 31 (1917) S. 94–100. [9.–19. Jh.].
15. A l v e r d e s, Paul: Der mystische Eros in der geistlichen Lyrik des Pietismus. Diss. München 1922. 159 S. (Masch.).
16. L a n g e, Dorothea: Das Christusdrama im 19. und 20. Jh. Diss. München 1921 [1924]. 129 S. [50 T.].
17. P e t z o l d, Gertrud v.: Heilandsbilder im dt. Roman der Gegenwart. Diss. Gießen 1924. 71 S.
18. K n e v e l s, Wilhelm: Die moderne dt. Christuslyrik. In: Der Geisteskampf der Gegenwart 1925, H. 2., S. 60–69.
19. K u r z w e i l, Eugen: Das Christusproblem im neueren dt. Drama. Diss. Wien 1925. 163 Bl. (Masch.).
20. W e n d l a n d, Johannes: Das Kreuz Christi in der neueren Lit. In: Christl. Welt 39 (1925), Sp. 292–96, 344–49, 622.
21. S p i e r o, Heinrich: Die Heilandsgestalt in der neueren dt. Dichtung. Berlin 1926. 336 S. [18.–20. Jh.]. – R.: E. Fascher, Christl. Welt 1927, S. 1027; H. Lilienfein. Lit. 29 (1926/27), S. 672; W. Vollert, Geisteskampf d. Gegenwart 62, S. 300–03; W. Teufel, Schwabenspiegel 21 (1927), S. 233f., 244f.
22. V o l l e r t, W.: Die Heilandsgestalt bei dt. Dichtern. In: Der Geisteskampf 62 (1926), S. 300–03. [L.].
23. M ü l l e r, Alwin: Christi Geburt auf der Bühne. In: Eckart 3 (1926/27), S. 473–80.
24. R ö t t g e r, Karl: Die moderne Jesus-Dichtung. Eine Anthologie. Gotha 1927. 243 S. [Einl. S. 1–40]. – R.: H. Lilienfein. Lit. 29 (1926/27), S. 672.
25. T e u f e l, Wilhelm: Jesus in der neueren dt. Dichtung. In: Der Schwabenspiegel 21 (1927), S. 233–34, 244f.
26. V o l l e r t, W.: Stimmen dt. Dichter über die Sehnsucht nach dem Christusglauben. In: Der Geisteskampf 65 (1929), S. 300–05, 341–44. [L.].

27. R e d l i c h, Virgil: Das Christusproblem in der modernen schönen Lit. In: SchZuk. 6 (1930), S. 83–84, 133–35.
28. M a s c h e k, Hermann: Die Christusgestalt im Drama des dt. Mittelalters. In: Jb. d. Österr. Leo-Ges. 1932, S. 59–100. (Diss. Wien 1931. 152 Bl. Masch.).
29. R e u s l e r, Karl Wilhelm: Christusdramen. In: Das dt. Drama in Gesch. u. Gegenwart 4 (1932), S. 22–51.
30. D i t t m a r, Hans: Das Christusbild in der dt. Geistlichendichtung der Cluniazenserzeit. Diss. Erlangen 1934. 104 S. (Erlanger Arbeiten z. dt. Lit. 1).
31. K o r f f, Hans: Christus in der dt. Dichtung. In: Dt. Pfarrerbl. 38 (1934), S. 375 bis 377, 385–87, 398f. [L.].
32. W o l f s k e h l, Marie-Luise: Die Jesusminne in der Lyrik des dt. Barock. Diss. Giessen 1934. 182 S. (GBDPh. 34). – R.: W. P. Friederich, GR. 10 (1935), S. 130f.
33. H e u s e r, Adolf: Die Erlösergestalt in der belletristischen Lit. seit 1890 als Deuterin der Zeit. Bonn 1936. 197 S. (Grenzfragen zw. Theol. u. Philos. 3). [A. a. L.]. – R.: Chr. Tränckner, Lit. 38 (1935/36), S. 390.
34. S t i e g l e r, Leopoldine: Der Christusroman in der neueren Lit. Diss. Wien 1936. 143 Bl. (Masch.).
35. L á s z l ó, Blázy: A megváltó képe az ujapp német irodalomban. Budapest 1938. 90 S. Auch in: Literaturwiss. Jb. d. Dt. Inst. d. Königl. Ungar. Péter Pázmány Univ. Budapest 5 (1939), S. 667–756. [Der Erlöser in der neueren dt. Lit.: 19. u. 20. Jh.].
36. P f a n n m ü l l e r, Gustav: Jesus im Urteil der Jahrhunderte. Die bedeutendsten Auffassungen Jesu in Theologie, Philosophie, Literatur und Kunst bis zur Gegenwart. Berlin ²1939. 574 S. [Jesus und die Lit. S. 493–545: D., E., L.].
37. W i d e m a n n - K e l d e n i c h, Elisabeth: Die Christusgestalt in der neueren dt. Epik. Diss. München 1948. 61 Bl. (Masch.). [9 T.].
38. G r o s s e, Helmut: Das Christusbild der romantischen Dichtung. Diss. Marburg 1949. 121 Bl. (Masch.).
39. K u d e r, Adeline: Die Christusfigur bei Hauptmann, Rosegger u. Frenssen. Diss. Wien 1949. 168 Bl. (Masch.).
40. B u b, Douglas Frederick: Das Leiden Christi als Motiv im dt. Kirchenliede der Reformation und des Frühbarock. Diss. Bern 1951. 159 S.
41. H a u s c h i l d t, Karl: Die Christusverkündigung im Weihnachtslied unserer Kirche. Göttingen 1952. 232 S.
42. B e n - C h o r i n, Schalom: Das Jesus-Bild im modernen Judentum. In: Zs. f. Religions- u. Geistesgesch. 5 (1953), S. 231–57, und in: Judenhass – Schuld der Christen? ! Essen 1964, S. 139–72. [D., E., L.: 20. Jh.].
43. Die G e s t a l t Jesu Christi im modernen Roman. In: Herder-Korrespondenz 7 (1953), S. 463–68. [Seit 1950].
44. J e s u s Christus in der Dichtung. In: Kosch, LL. II. ²1953, S. 1151f.
45. S c h r a d i, Manfred: Gott-Mensch-Problem und Christus-Darstellung im dt. Drama des 19. Jhs. Diss. Freiburg i. Br. 1954. 380 S. (Masch. vervielf.).
46. S c h i r m b e c k, Heinrich: Der moderne Jesus-Roman. Die Wiederkehr des Teufels. In: Christliche Dichter der Gegenwart. Hrsg. von H. Friedmann u. O. Mann. Heidelberg 1955, S. 436–55. [A. a. L.].
47. H u m b e l, Frid: Die Jesusgestalt in der Dichtung der Gegenwart. Aeschi bei Spiez (Schweiz) 1958. 48 S. [D., E.: 28 T.].
48. G r e n z m a n n, Wilhelm: Christus-Thematik in der heutigen Lit. In: StdZ. Jg. 84. Bd. 164 (1958/59), S. 97–113. [A. a. L.].
49. H i n t e r h ä u s e r, Hans: Die Christusgestalt im Roman des „Fin de Siècle". In: ASNS. 113 Jg. (1961/62), S. 1–21. [A. a. L.].
50. B ü h l e r, Paul: Die Bedeutung des Christusimpulses als Motiv moderner Dichtungen. Dornach 1962. 94 S. [Anthroposophisch, a. a. L.].

51. W e g e n a e r, Polykarp: Die Idee der Nachfolge Christi in der Dichtung der Gegenwart. In: Nachfolge Christi in Bibel, Liturgie u. Spiritualität. Maria Laach 1962, S. 7–29. (Liturgie u. Mönchtum. Laacher Hefte 31). [A. a. L.].
52. W e r t h e m a n n, Helene: Studien zu den Adventsliedern des 16. u. 17. Jhs. Zürich 1963. 190 S. (Basler Stud. z. histor. u. systemat. Theologie 4).
53. S c h n e i d e r, Reinhold: Der Einzige. Christus im dt. Gedicht. In: –: Verpflichtung und Liebe. Freiburg i. Br. 1964. S. 210–19.
54. M a g n u s, Rosemarie: Die Christusgestalt im Passionsspiel des dt. MA. Diss. Frankfurt a. M. 1965. 316 S. [Bis 16. Jh.].
55. E p p e l s h e i m e r, Rudolf: Mimesis und Imitatio Christi bei Loerke, Däubler, Morgenstern, Hölderlin. München 1968. 268 S.
56. S c h i r m b e c k, H.: Der moderne Jesus-Roman. Die Wiederkehr des Teufels. In: Christliche Dichter im 20. Jh. Bern 1968, S. 445–63.
57. M a s s e r, Achim: Bibel, Apogryphen und Legenden. Geburt und Kindheit Jesu in der religiösen Epik des dt. MA. Berlin 1969. 332 S. – R.: B. Murdoch, MLR. 66 (1971), S. 920–22.
58. J e s u s. In: Frenzel, StdW. 1970, S. 354–58.
59. K u r z, Paul Konrad: Der zeitgenössische Jesus-Roman. In: Jesus von Nazareth. Mainz 1972, S. 110–34. Auch in: –: Über moderne Lit. II. Frankfurt a. M. 1971, S. 174–201.
60. Z i o l k o w s k i, Theodore: Fictional transfigurations of Jesus. Princeton, New Jersey 1972. 315 S. [A. a. L.]. – R.: M. Cadot, EG. 29 (1974), S. 135f.; A. Fink, Germanistik 15 (1974), Nr. 4988.
61. E y k m a n, Christoph: Die Christus-Gestalt in der expressionistischen Dichtung. In: Wirkendes Wort 23 (1973), S. 400–10. [D., L.].

JOHANN VON LEIDEN s. *WIEDERTÄUFER*

667. JOHANNA („PÄPSTIN")
   1. Z o b e l t i t z, Fedor v.: Die „Päpstin Johanna". Ein Beitrag zur Kuriositätenlit. In: ZBFr. 2,2 (1898/99), S. 279–90, 437–39.
   2. K r a f t, Werner: Die Päpstin Johanna, eine motivgeschichtliche Untersuchung. Diss. Frankfurt a. M. 1925. 180 Bl. (Masch.). [15.–20. Jh.].
   3. M e r k e r, Paul: Achim von Arnims „Päpstin Johanna". In: Festschr. Theodor Siebs z. 70. Geburtstag 1933, S. 291–322. (GAbh. 67). [Z. T. allgemein stoffgeschichtlich: 15.–19. Jh., a. a. L.].
   4. P ä p s t i n J o h a n n a. In: Frenzel, StdW. 1970, S. 573–75.

668. JOHANNES DER TÄUFER s. a. *SALOME*
   1. G o m b e r t, Ludwig: Johannes als Spiel von Johannes dem Täufer und die älteren Johannesdramen. Breslau 1908. 107 S. (GAbhh. 31). [Einl.]. – R.: K. Reuschel, DLZ. 31 (1910), Sp. 170f.
   2. T h u l i n, Oskar: Johannes der Täufer im geistlichen Schauspiel des MA. und der Reformationszeit. Leipzig 1930. 150 S. (Studien über christl. Denkmäler 19). [A. a. L.]. – R.: J. Bolte, DLZ. 51 (1930), Sp. 982–84; R. Stumpfl, Euph. 32 (1931), S. 248f.
   3. P r e u ß, Hans: Johannes in den Jahrhunderten. Gütersloh 1939. 184 S. [Z. T. auch in der Dichtung].
   4. R e x, Isolde: Johannes der Täufer in der neueren dt. Lit. Diss. Wien 1952. 310 Bl. (Masch.). [D., L.: 9.–20. Jh.: 75 T.].
   5. J o h a n n e s der Täufer. In: Frenzel, StdW. 1970, S. 358–63. [16.–20. Jh., a. a. L.].

669. JOSEPH IN ÄGYPTEN s. a. POTIPHAR

1. W e i l e n, Alexander v.: Der ägyptische Joseph im Drama des 16. Jhs. Wien 1887. 196 S. – R.: H. Holstein, ZVLR. 1 (1887/88), S. 384–88; R. M. Werner, AfdA. 15 (1889), S. 40–69. [A. a. L.].
2. N a b h o l z-Oberlin, Margarete: Der Josephsroman in der dt. Lit. von Grimmelshausen bis Thomas Mann. Diss. Basel 1950. 91 S.
3. S i n g e r, Herbert: Joseph in Ägypten. Zur Erzählkunst des 17. und 18. Jhs. In: Euph. 48 (1954), S. 249–79. [B.: 19 T.: E., D., L.].
4. J o s e p h in Ägypten. In: Frenzel, StdW. 1970, S. 365–68. [D., E., 16.–20. Jh., a. a. L.].
5. S c h m i d t, Josef: Die Josephsfigur in der Barockdichtung Deutschlands. In: Colloquia Germanica 1971, S. 245–55. [D., E.].
6. D e r p m a n n, Manfred: Die Josephgeschichte. Auffassung und Darstellung im MA. Ratingen 1974. 262 S. (Diss. Münster 1972, Mittellatein. Jb. Beih. 13). [Ausblick auf deutschsprachige Lit.: S. 255–62.].

670. JOSEPH II., DEUTSCHER KAISER

1. J o s e p h II. In: Heinzel, LhE. 1956, S. 339–41. [B.].

671. JOURNALIST s. a. REDAKTEUR

1. H a n d l, Willi: Journalisten im Drama. In: Schaubühne 3, 1 (1907), S. 194–98.
2. E s t e r, Karl d': Die Presse in der Satire. In: Zeitungswiss. 6 (1931), S. 209–14.
3. E s t e r, Karl d': Die Presse und ihre Leute im Spiegel der Dichtung. Eine Ernte aus drei Jahrhunderten. Würzburg 1941. 635 S. (Zeitung u. Leben 90). – R.: J. Kirchner, ZfB. 59 (1942), S. 182f.
4. J o u r n a l i s t e n im Drama. In: Kosch, W.: Dt. Theaterlexikon II. 1954, S. 920f. [B.].
5. H o f m a n n, Ruth: Die Presse und ihre Leute in der Lit. unserer Zeit. Diss. Wien 1957. 203 Bl. (Masch.).

JUD SÜSS s. OPPENHEIMER, JOSEPH

672. JUDAS ISCHARIOTH s. a. SÜNDENLOHN

1. F r e y t a g, H.: Judas Ischarioth in der dt. Wissenschaft, Predigt, Dichtung und bildenden Kunst unseres Jhs. In: Protest. KirchenZtg. 43 (1896), S. 769–777, 792 bis 799, 813–18, 841–45.
2. W ü n s c h e, August: Die Judasdramen in der neueren dt. Lit. In: Internat. Literaturberichte (Leipzig) 8 (1901), S. 185–87, 198–201, 210–13, 224–26, 235–38.
3. K i n z e n b a c h: Die Judasdramen in der neueren dt. Lit. In: Das Pfarr-Haus 19 (1903), S. 55–59, 68–72.
4. E n g e l, Jakob: Judas Ischarioth in der erzählenden und dramatischen Dichtung der Neuzeit. In: DtEvRs. 1 (1907), S. 259–62, 308–10.
5. L u t h e r, Arthur: Jesus und Judas in der Dichtung. Ein Beitrag zur vergleichenden Literaturgeschichte. Hanau 1910. 50 S. – R.: W. Wolff, LE. 14 (1911/12), Sp. 141f.
6. B ü c h n e r, Anton: Das Judasproblem. In: ZDU. 27 (1913), S. 693–98.
7. B ü c h n e r, Anton: Judas Ischarioth in der dt. Dichtung. Ein Versuch. Freiburg i. Br. 1920. 82 S. – R.: H. Fischmann, LE. 23 (1920/21), Sp. 1263f.
8. J u d a s Ischarioth im mittelalterlichen Drama. In: Baden-Badener Bühnenbl. 1 (1921), Nr. 39.

9. K r a u ß, R.: Judas Ischarioth in der dt. Dichtung. In: Der Schwabenspiegel 24 (1930), S. 115f.
10. B r e i t e n b u c h e r, Jacques Robert: Die Judasgestalt in den Passionsspielen. Diss. The Ohio Univ. 1934.
11. B l ö c k e r, Günter: Der notwendige Mensch. Die literarische Deutung der Judasfigur. In: Neue dt. Hefte Jg. 1 (1954), S. 64–69. [E.: 20. Jh.].
12. J u d a s Ischarioth. In: Frenzel, StdW. 1970, S. 368–71. [D., E.: 18.–20. Jh., a. a. L.].

673. JUDE s. a. GHETTO

a. Ewiger Jude (Ahasver)

1. H a u f f, Gustav: Die Sage vom Ewigen Juden und ihre dichterische Behandlung. In: Dt. Museum 17 (1867), S. 72–82, 102–18.
2. H e l b i g, Friedrich: Die Sage vom ewigen Juden, ihre poetische Wandlung und Fortbildung. Berlin 1874. 56 S. (SGV. IX, 196). [A. a. L.].
3. E n g e l, Karl: Ahasverus, der ewige Jude. In: –: Zusammenstellung der Faustschriften vom 16. Jh. bis Mitte 1884. Oldenburg 1885, S. 618–37. [B., a. a. L.].
4. N e u b a u r, Leonhard: Bibliographie der Sage vom ewigen Juden. In: ZfB. 10 (1893), S. 249–67, 297–316 u. 28 (1911), S. 495–509. [Auch in dt. Dichtung].
5. N e u b a u r, Leonhard: Die Sage vom ewigen Juden. 2. Ausg. Leipzig 1893. Mit Erg. u. d. T.: Neue Mitteilungen über die Sage vom ewigen Juden. Leipzig 1893, 132, 24 S. [A. a. L.]. – R.: K. Engel, ZVLR. 7 (1894), S. 234–37.
6. Der ewige J u d e und der Teufel in der jüngsten dt. Poesie. In: Grenzboten 54,3 (1895), S. 73–83.
7. N o v e r, Jakob: Die Sage vom ewigen Juden. In: –: Deutsche Sagen in ihrer Entstehung, Fortbildung und poetischen Gestaltung I. Gießen 1895, S. 1–88. [Bes. S. 27ff.].
8. E s c h e l b a c h, Hans: Über die poetischen Bearbeitungen der Sage vom ewigen Juden. Baden-Baden 1897. 24 S.
9. P f u n g s t, A.: Neuere Dichtungen vom ewigen Juden. In: Neue literarische Bll. 3 (1897), S. 160f.
10. F ü r s t, Rudolf: Ahasver-Dichtungen. In: LE. 6 (1903/04), Sp. 1467–77, 1539–49. [D., E., L.].
11. F r a n k l, Oskar: Der Jude in den dt. Dichtungen des ausgehenden 15., 16. und 17. Jhs. Mähr.-Ostrau 1905. 144 S. (Diss. Wien 1904). – R.: H. Michel, DLZ. 26 (1905), Sp. 2441–44; P. Stachel, AfdA. 32 (1908), S. 240.
12. H e l l e r, Otto: Ahasver in der Kunstdichtung. In: MPhil. 3 (1905), S. 61–68. [Krit. Überblick, z. T. a. a. L.].
13. P r o s t, Johann: Die Sage vom ewigen Juden in der neueren dt. Lit. Leipzig 1905. 167 S. [D., E., L.: 18.–20. Jh.: 69 T.]. – R.: R. Fürst, LE. 8 (1905/06), Sp. 1582f.; M. Koch, StVLG. 6 (1906), S. 389–91; F. Schulze, AfdA. 31 (1907), S. 183–85.
14. S c h o l z, Wilhelm v.: Der Meister von Palmyra und Ahasver. In: –: Gedanken zum Drama und andere Aufsätze über Bühne und Lit. München 1905, S. 94–112.
15. S o e r g e l, Albert: Ahasver-Dichtungen seit Goethe. Leipzig 1905. 172 S. (Diss. Leipzig. Probefahrten 6). [A. a. L.]. – R.: L. Fränkel, LCBl. 58, Sp. 471–79; R. Fürst, LE. 8 (1905/06), Sp. 1581f.; St. Hock, AfdA. 31 (1907), S. 185–92; M. Koch, StVLG. 6 (1906), S. 389–92.
16. K a p p s t e i n, Theodor: Ahasver in der Weltpoesie. Mit einem Anhang: Die Gestalt Jesu in der modernen Dichtung. Berlin 1906, S. 1–95. [A. a. L.]. – R.: R. Fürst, LE. 8 (1905/06), Sp. 1580–84; M. Koch, StVLG (1906), S. 392–94.

17. K ö n i g, Eduard: Ahasver „der ewige Jude" nach seiner ursprünglichen Idee und seiner literarischen Verwertung betrachtet. Gütersloh 1907. 74 S. [Bes. 19. Jh.].
18. N e u b a u r, Leonhard: Zur Geschichte und Bibliographie des Volksbuchs von Ahasverus. In: ZBFr. NF. 5 (1913/14), S. 211–23. [B.: 15 T.].
19. L a n d a, M. J.: The Jew in drama. London 1926. 340 S. [In dt. Lit.: S. 254–71].
20. Z i r u s, Werner: Der ewige Jude in der Dichtung, vornehmlich in der englischen und deutschen. Leipzig 1928. 159 S. (Palaestra 162). [E., L.].
21. Z i r u s, Werner: Ahasverus der Ewige Jude. Berlin 1930. 77 S. (SMDL. 6). [D., E., L.: 19. u. 20. Jh.: 190 dt. T.]. – R.: O. H. Brandt, Lit. 34 (1931/32), S. 533; A. Leschnitzer, DLZ. 51 (1930), Sp. 1406–11.
22. G i e l e n, Jos. J.: De wandelende jood in volkskunde en letterkunde. Amsterdam 1931. 254 S. [A. a. L. Ausführl. B. S. 219–27.]
23. G l ä s e n e r, Henri: Le type d' Ahasvérus aux XVIIIe et XIXe siècles. In: RevLittcomp. 11 (1931), S. 373–97.
24. F r e i m a n n, Aron: Dichtungen, Dramen, Erzählungen, Romane. In: –: Katalog der Judaica u. Hebraica d. Stadtbibliothek Frankfurt a. M. 1932. Bd. Judaica S. 155–65. [B.]. Repr. Graz 1968.
25. H o l d s c h m i d t, Hans Carl: Der Jude auf dem Theater des dt. MA. Emsdetten 1935. 176 S. (Die Schaubühne 12).
26. A n d e r s o n, George Kumler: The wandering jew returns to England. In: JEGPh. 45 (1946), S. 237–50. [17. Jh.].
27. A n d e r s o n, George Kumler: The legend of the wandering jew. Providence 1965. 489 S. [A. a. L.].
28. A h a s v e r. In: Frenzel, StdW. 1970, S. 15–21. [A. a. L.].

b. Allgemein

1. C a r p i n: Der Jude im modernen Roman. In: Monatsschrift f. neue Lit. u. Kunst 1 (1896/97), S. 662–76.
2. C a r r i n g t o n, Herbert: Die Figur des Juden in der dramatischen Lit. des 18. Jhs. Diss. Heidelberg 1897. 85 S. [B.: 73 T.]. – R.: F. E. Hirsch, AfdA. 28 (1902), S. 71f.
3. L u b l i n s k i, Samuel: Jüdische Charaktere bei Grillparzer, Hebbel und Otto Ludwig. Berlin 1899. 120 S.
4. L a n d a u, Richard: Die Juden im dt. Drama seit Lessing. In: Im deutschen Reich. Zs. d. Central-Vereins dt. Staatsbürger jüd. Glaubens 10 (1904), S. 3–8, 146–49, 268–75, 326–33, 387–99.
5. G r o ß, Heinrich: Das Ghetto in der Dichtung. In: Allg. Ztg. d. Judentums 72 (1908), S. 68–70, 81–83.
6. B a s s, Josef: Die Darstellung des Juden im dt. Roman des 20. Jhs. In: MGWJ. 57 (1913), S. 641–65; 58 (1914), S. 97–112, 209–40, 359–77, 483–504, 562–85; 59 (1915), 13–33, 82–90, 213–26; 60 (1916), 140–48, 302–12.
7. Z w e i g, Arnold: Biblische Stücke, Judenstücke. In: –: Juden auf der dt. Bühne. Berlin 1927. S. 255–67.
8. S a b a t z k y, Kurt: Der Jude in der dramatischen Gestaltung. Königsberg 1930. 67 S. [A. a. L.]. – R.: H. Georg, Lit. 34 (1931/32), S. 49.
9. G o e b e l, Franz Maria: Jüdische Motive im märchenhaften Erzählungsgut. Diss. Greifswald 1932. 291 S.
10. L a n c z e n e r, Etie: Jüdische Sagen und ihre Verwertung in der modernen dt. Lit. Versuch einer systematischen Darstellung. Diss. Wien 1937. 156 Bl. (Masch.).
11. Z i m m e r m a n n, Werner: Die Gestalt des Juden in der dt. Dichtung der Aufklärungszeit. In: ZDK. 54 (1940), S. 245–53.

12. F r e n z e l, Elisabeth: Judengestalten auf der dt. Bühne. München ²1942. 272 S. (Diss. Berlin 1938 u. d. T.: Die Gestalt des Juden auf der neueren dt. Bühne). [18.–20. Jh.: 308 T.]. – R.: J. L. Schücking, Lit. 44 (1941/42), S. 89f.
13. B i e b e r, Hugo: Jews and Jewish problems in German literature. In: Jewish People Past and Present 3. New York 1952, S. 239–56.
14. Jewish L i f e in poetry and fiction. In: German Jewry. Its history, life and culture. London 1958, S. 118–20. [E., L., B.: 61 T.].
15. H e s e l h a u s, Clemens: Vom Geist der jüdischen Dichtung in der Moderne. In: Ernte der Synagoga Recklinghausen. Frankfurt a. M. 1962, S. 77–91.
16. H u m b e l, Frid: Das Schicksal des jüdischen Volkes und seiner großen Gestalten in der alttestamentlichen Zeit im Spiegel der Dichtung der Gegenwart. Aeschi b. Spiez 1963. 54 S. (Schriftenreihe der Besinnung 3).
17. G e a r h a r t, Ezra Frederich: The treatment of the jew in works of Buchholz, Grimmelshausen and Happel. Diss. Indiana Univ. 1965. 232 S. DA. 26 (1965/66), S. 2750.
18. W i g h t m a n, Rose Schipper: The changing image of the jew as reflected in the German drama in the time of Lessing and Heine. Diss. Wayne State Univ. 1967. 236 S. DAI. 31 (1970/71), S. 2407 A.
19. L a n d a, Myer Jack: The jew in drama. New York 1969. 340 S. [On the continent: S. 254–73].
20. M a i e r, Kurt Salomon: Images of the jew in postwar German fiction and drama (1945–65). Diss. Columbia Univ. 1969. 284 S. DAI. 33 (1972/73), S. 318f. A.
21. L a u c k n e r, Nancy Ann: The image of the jew in the postwar German novel. Diss. Univ. of Wisconsin 1971. 420 S. DAI. 32 (1971/72), S. 3312f. A.
22. A n g e l, Pierre: Le personnage juif dans le roman allemand (1855–1915). Montreal 1973. 224 S. (Germanica 12). – R.: J. Ridé, EG. 28 (1973), S. 503–07.
23. J e n z s c h, Helmut: Jüdische Figuren in dt. Bühnentexten des 18. Jhs. Eine systematische Darstellung auf dem Hintergrund der Bestrebungen zur bürgerlichen Gleichstellung der Juden nebst einer Bibliographie nachgewiesener Bühnentexte mit Judenfiguren der Aufklärung. Diss. Hamburg 1974. 436 S.
24. L a u c k n e r, Nancy Ann: The surrogate jew in the postwar German novel. In: MDU. 66 (1974), S. 133–44.
25. M a y e r, Hans: Jüdische Kunstfiguren im bürgerlichen Roman. In: –: Außenseiter. Frankfurt a. M. 1975, S. 381–413. [A. a. L.].

674. JUDENVERFOLGUNG, NATIONALSOZIALISTISCHE

1. M u r d o c h, Brian: Transformations of holocaust. Auschwitz in modern lyric poetry. In: Comp. Lit. Studies 11 (1974), 2, S. 123–50.

675. JUDITH

1. T e u b e r, Valentin: Die mittelalterlichen Gedichte von der Judith in ihrem Verhältnisse zu einander untersucht. Progr. Komotau 1907. 17 S.
2. B a l t z e r, Otto: Die dramatischen Bearbeitungen des Judith-Stoffes in der dt. Lit. Diss. Greifswald 1922. 371 Bl. (Masch.) [16.–20. Jh.].
3. P u r d i e, Edna: The story of Judith in German and English literature. Paris 1927. 161 S. [103 T.]. (Bibliothèque de la Revue de litt. comparée 39). – R.: A. M. Killen, RecLittcomp. 8 (1928), S. 758–62.
4. B a l t z e r, Otto: Judith in der dt. Lit. Berlin 1930. 62 S. (SMDL. 7). [D., E., L.: 11. bis 20. Jh.; 50 T., a. a. L.]. – R.: O. H. Brandt, Lit. 32 (1929/30), S. 664; A. Leschnitzer, DLZ. 54 (1933), Sp. 544–46; R. Stumpfl, Euph. 32 (1931), S. 261–63.
5. J u d i t h. In: Frenzel, StdW. 1970, S. 371–73. [D.: 16.–19. Jh., a. a. L.].

6. Hein, Jürgen: Aktualisierungen des Judith-Stoffes von Hebbel bis Brecht. In: Hebbel-Jb. 1971/72 (1971), S. 63–92. [D.].
7. Beck, Hugo: Die Judithdramen. In: –: Das genrehafte Element im dt. Drama des 16. Jhs. Berlin 1929, S. 17–79. (GSt. 66).

676. JÜDIN VON TOLEDO

1. Wurzbach, Wolfgang v.: Die „Jüdin von Toledo" in Geschichte und Dichtung. In: JbGrillpGes. 9 (1899), S. 86–127. [A. a. L.].
2. Jüdin von Toledo. In: Frenzel, StdW. 1970, S. 374–77. [A. a. L.].

677. JÜNGSTER TAG

1. Reuschel, Karl: Untersuchungen zu den dt. Weltgerichtsdichtungen des 11. bis 15. Jhs. 1. Teil. Diss. Leipzig 1895. 44 S.
2. Reuschel, Karl: Die dt. Weltgerichtsspiele des Mittelalters und der Reformationszeit. Eine literarhistorische Untersuchung. Leipzig 1906. 206 S. (Teutonia 4). – R.: K. Euling, ZfdPh. 43 (1911), S. 245–53; R. M. Meyer, ASNS. 118 (1907), S. 405f.
3. Grau, Gustav: Quellen und Verwandtschaften der älteren germanischen Darstellungen des Jüngsten Gerichts. Diss. Göttingen 1908. 288 S.
4. Bolte, Johannes: Drei Schauspiele vom sterbenden Menschen. Leipzig 1927, S. V–XXII. [16. Jh.].
5. Balthasar, Hans Urs v.: Geschichte des eschatologischen Problems in der modernen dt. Lit. Diss. Zürich 1930. 221 S.
6. Falk, Friedrich: Die Eschatologie und ihre Symbole. In: –: Die religiöse Symbolik der dt. Arbeiterdichtung der Gegenwart. Stuttgart 1930, S. 134–61.
7. Falk, Friedrich: Eschatologie in der dt. Arbeiterdichtung. In: Die christl. Welt 45 (1931), Sp. 421–28, 509f., 548–52.
8. Hahn, Erwin: Der letzte Mensch. Ein Beitrag zur Eschatologie in der neueren Dichtung. Diss. Wien 1936. 95 Bl. (Masch.).
9. Katz, Marianne: Messianismus, Chiliasmus u. Eschatologie in der dt. Dichtung des 17. Jhs. Diss. Wien 1938. 86 Bl. (Masch.).
10. Steigleder, Paul: Das Spiel vom Antichrist. Eine geistesgeschichtliche Untersuchung. Diss. Bonn 1938. 79 S. (Bonner Beitr. z. Dt. Philologie 6).
11. Schumann, Detlef W.: Motifs of cultural eschatology in post-expressionistic German poetry. In: MDU. 34 (1942), S. 247–61.
12. Dörrer, Anton: Ludus de Antichristo (Antichristdramen). In: VerfLex. III. 1943, Sp. 87–185.
13. Schumann, Detlev W.: Motifs of cultural eschatology in German poetry from naturalism to expressionism. In: PMLA. 58 (1943), S. 1125–77.
14. Eggers, Hans: Fünfzehn Vorzeichen des jüngsten Tages. In: VerfLex. 4 (1953), Sp. 722–24; 5 (1955), Sp. 1139–48. [Auch dt. Dichtung betr.].
15. Schmidt, Rudolf Wolfgang: Die Endzeitvorstellungen bei Novalis. Studien zum Problem der Eschatologie in der dt. Romantik. Diss. Wien 1956. 207 Bl. (Masch.).
16. Korn, Dietrich: Das Thema des Jüngsten Tages in der dt. Lit. des 17. Jhs. Tübingen 1957. 139 S. (Diss. Münster 1956). [L.]. – R.: W. Dietze, WB. 5 (1959), S. 579–82; A. Moret, EG. 14 (1959), S. 6f.; H. Powell, MLR. 52 (1957), S. 620f.
17. Schwab, Ute: Zum Thema des Jüngsten Gerichts in der mhd. Lit. In: Annali. Sez. Germanica. Istituto Universitario Orientale di Napoli 2 (1959), S. 1–49; 3 (1960), S. 51–65; 4 (1961), S. 11–73.
18. Arendt, Dieter: Apokalyptik in neuerer dt. Lyrik. In: Hochland 58 (1965/66), S. 140–52.

19. R o t t, Wilfried: Die eschatologischen Vorstellungen im Kirchenlied des 17. Jhs. Diss. Wien 1968. 444 Bl. (Masch.).
20. A n t i c h r i s t. In: Frenzel, StdW. 1970, S. 47–49. [A. a. L.].
21. S t e i n b a c h, Rolf: Eschatologische Spiele. In: –: Die dt. Oster- und Passionsspiele des MA. Köln 1970, S. 266f.
22. J e n s c h k e, Georg: Untersuchungen zur Stoffgeschichte, Form und Funktion ma. Antichristspiele. Diss. Münster 1971. 400 S.
23. A i c h e l e, Klaus Erwin: Das Antichristdrama des MA., der Reformation und Gegenreformation. Diss. Columbia Univ. 1972. 356 S. DAI. 33 (1972/73), S. 2919 A.
24. H o f f m a n n, Dieter: Das Weltende in der zeitgenössischen Lit. Mainz 1972. 39 S. (Akad. d. Wiss. u. d. Lit., Abhh. d. Klasse d. Lit. 1971/72, Nr. 4). [A. a. L.].

678. JUGEND s. a. ERZIEHER UND ERZIEHUNG, KIND UND KINDHEIT, KNABE, MÄDCHEN, VATER UND SOHN

1. G e i g e r, Albert: Jugendromane. In: LE. 7 (1904/05), Sp. 768–73.
2. Z i e l e r, Gustav: Frühlings Erwachen. In: LE. 9 (1906/07), Sp. 1648–51.
3. K i e f e r, Otto: Der Knabe in der Lit. In: LE. 18 (1915/16), Sp. 1297–1304.
4. B r a m s t e d t, Ernst Kohn: Jugendliches Gruppenleben als Thema des modernen Romans. In: ZDB. 6 (1930), S. 623–33.
5. E i c h b a u m, Gerda: Die Krise der modernen Jugend im Spiegel der Dichtung. Erfurt 1930. 165 S. (Veröffentlichungen der Akademie gemeinnütziger Wissenschaften zu Erfurt 21; Diss. Gießen 1929 [1930]. (1880–1914). – R.: O. H. Brandt, Lit. 32 (1929/30), S. 60f.; E. Heuß-Knapp, DLZ. 53 (1932), Sp. 920f.; B. v. Wiese, ZDB. 7 (1931), S. 161.
6. S c h ä f e r, Adelheid: Jugend und Schule im Schrifttum der Gegenwart. In: Allg. dt. Lehrerztg. 59 (1930), S. 657–59. [E.].
7. E i c h b a u m, Gerda: Jugendprobleme im Spiegel der dt. Dichtung (1880–1930). In: ZDB. 7 (1931), S. 612–21.
8. G r o l m a n, Adolf v.: Der junge Mensch im zeitgenössischen dt. Roman. In: Weltstimmen 5 (1931), S. 542–56.
9. H a g b o l d t, Peter: Der Kampf des jungen Menschen im neueren dt. Drama. In: MPhil. 28 (1931), S. 337–52.
10. P e r l, Walter Hermann: Die junge Generation in der epischen Dichtung der Gegenwart. In: Das junge Deutschland 25 (1931), S. 488–97. [22 T.].
11. V o r w a h l, Heinrich: Das Bild der Jugend im neuesten Schrifttum. In: MHSch. 30 (1931), S. 633–52.
12. E s p e, H.: Die Inflationsjugend im Spiegel der dt. Lit. In: Die dt. Schule 36 (1932), S. 131–35.
13. J o b, Jakob: Die Jugend in der neueren dt. Dichtung. In: Schweizer Erziehungs-Rdsch. 4 (1932), S. 230–35.
14. G r o l m a n, Adolf v.: Die ethische Lage der heutigen Jugend im zeitgenössischen Roman. In: Pharus 24, 1 (1933), S. 200–14.
15. K a l c h r e u t e r, Hermann: Das Bild der Jugend in der Lit. der Gegenwart. In: Südwestdt. Schulbll. 50 (1933), S. 1–19. [E.: 21 T.].
16. B r e w e r, Edward Vere: Die ewige Jugend und early German Romanticism. In: JEGPh. 35 (1936), S. 352–62.
17. H i l g e r s, Christian H.: Jugend und Alter in letzten Alterswerken des Dichters. Diss. Köln 1936. 112 S. [19. u. 20. Jh.].
18. K e l l e r, Hans: Jugend und Erziehung in der modernen dt. Dichtung. Diss. Zürich 1938. 173 S.

19. P e r l h e f t e r, Rita Stephanie: Kindheit und Jugend. Probleme der jüngsten dt. Dichtung. Diss. Wien 1938. 179 Bl. (Masch.).
20. J a p p e, Hajo: Jugend deutschen Geistes. Das Bild des Jünglings in der Blüte der dt. Dichtung. Berlin 1939. 444 S. [Klopstock bis Hölderlin]. – R.: F. Beissner, Geistige Arbeit 7 (1940), Nr. 13, S. 4: E. Kast, ZfAesth. 35 (1941), S. 72–75; Peters, Theol. Litbl. 61 (1940), Sp. 132f.
21. S c h w a r z, Wolfgang: Der Mythos des Jünglingshaften in der dt. Dichtung vom Ausgang des Naturalismus bis in unsere Zeit. Breslau 1940. 194 S. [L.].
22. W e h r l i, Max: Deutsche Jugend in der Dichtung. H. Carossa, L. Rinser, I. Seidel. In: Neue Schweizer Rundschau NF. 9 (1941/42), S. 532–36.
23. A m m a n n - M e u r i n g, Freddy: Jugend-Erleben in dichterischer Schau. Eine vergleichende Studie. In: Schweiz. Monatsh. 26 (1946/47), S. 285–93.
24. M a j u t, Rudolf: Der Jugendroman. In: Dt. Philologie im Aufriß. II. ^{2}1960, Sp. 1697–1706. [20. Jh.].
25. J e n s, Walter: Das Bild des Jugendlichen in der modernen Lit. In: Die Jugend in den geistigen Auseinandersetzungen unserer Zeit. Göttingen 1962, S. 103–118.
26. J e n s, Walter: Erwachsene Kinder. Das Bild des Jugendlichen in der modernen Poesie. In: –: Statt einer Literaturgeschichte. 5. Aufl. Pfullingen ^{5}1962, S. 135–59. [A. a. L.].
27. B i e n, Günter: Das Bild des Jugendlichen in der modernen Lit. In: Dt. Rundschau 90 (1964), S. 40–45.
28. H o r n s t e i n, Walter: Der Jüngling in der Welt der anakreontischen Dichtung. In: –: Vom „jungen Herrn" zum „hoffnungsvollen Jüngling". Heidelberg 1965, S. 39–44.
29. B i e n, Günter: Das Bild des Jugendlichen in modernen Dichtungen. In: DU. 21 (1969), H. 2, S. 5–27. [E.].
30. G e r h a r d, Melitta: Das Zielbild „Hoher Jugend" – ein Leitgedanke von Winckelmann bis George. In: Jb. d. Fr. Dt. Hochstifts 1971, S. 448–55.

679. JUGENDBEWEGUNG

1. K r a u ß e, Karl: Die Jugendbewegung im Spiegel dt. Dichtung. Diss. Leipzig 1938, 157 S. – R.: H. Rüdiger, Lit. 43 (1940/41), S. 33.

JULIA s. *ROMEO UND JULIA*

680. JULIANUS APOSTATA

1. A r n o l d, Robert F. und Karl K i p k a: Nachträge zur Geschichte der Julian-Dichtungen. In: StVLG. 5 (1905), S. 330–36.
2. F ö r s t e r, Richard: Kaiser Julian in der Dichtung alter und neuer Zeit. In: StVLG. 5 (1905), S. 1–120, 271. [Bes. D.: 19. Jh.].
3. P h i l i p, Käthe: Julianus Apostata in der dt. Lit. Berlin 1929. 78 S. (Diss. Heidelberg. SMDL. 3). [D., E., L.: 11.–19. Jh.]. – R.: R. Alewyn, DLZ. 50 (1929), Sp. 1727–31; R. Newald, Lit. Hdw. 66 (1930), S. 946; E. Richtsteig, Phil. Wschr. 50 (1930), Sp. 406–09; R. Stadelmann, Hist. Zs. 142 (1930), S. 158f.
4. J u l i a n A p o s t a t a. In: Frenzel, StdW. 1970, S. 77–79. [A. a. L.].

681. JUNGBRUNNEN

1. P a t r z e k, Nikolaus: Das Motiv des Jungbrunnens in der dt. Lit. des Mittelalters. In: Lebendige Tradition. 400 Jahre humanist. Gymnasium in Würzburg. Würzburg 1961, S. 227–42. [Auch als Mythos und Topos.]

682. JUNGFRAU, ERLÖSTE

1. G ü l z o w, Erich: Rügensche Erlösungssagen. In: NdZfVk. 21 (1943), S. 23–31. [Stoff von der erlösten Jungfrau bei Chamisso, Arndt u. G. Hauptmann].

683. JUNGFRAU, KRIEGERISCHE

1. K r e u z e r, Helmut: Die Jungfrau in Waffen. Hebbels „Judith" und ihre Geschwister von Schiller bis Sartre. In: Untersuchungen zur Lit. als Geschichte. Festschr. f. B. Wiese. Berlin 1973, S. 363–84.

JUNGFRAU VON ORLEANS s. *JEANNE d'ARC*

684. JUNGGESELLE

1. H u g h e s, William Nolin: The „Unbeweibte" as a character in German literature. Diss. Univ. of Northwestern, Evanston, Ill. 1955. 169 S. DA. 15 (1955), S. 2206f. [18. bis 20. Jh.].

685. JURA, SCHWEIZER

1. F i s c h e r, Eduard: Der Jura in der Dichtung. In: Die Alpen 29 (1953), S. 287–90.

JURIST s. *RECHTSANWALT, RICHTER*

K

686. KADETTENHAUS

1. M i n d e r, Robert: Kadettenhaus, Gruppendynamik und Stilwandel von Wildenbruch bis Rilke und Musil. In: – Kultur u. Lit. in Deutschland und Frankreich. Frankfurt 1962, S. 73–93. (Insel-Bücherei Nr. 771).
2. G e r s d o r f f, Ursula v.: Zum Bild des Kadettenhauses in der dt. Lit. In: Wehrwiss. Rundschau 15 (1965), S. 524–28.

687. KÄMPFERIN

1. R ö h l, Hans: Charaktere in der dt. Dichtung. 6. Die Kämpferin. In: ZDK. 36 (1922), S. 471–75. [H. v. Kleist, Fr. Hebbel, L. Tieck.]

688. KÄRNTEN

1. G l a w i s c h n i g, Gerhard: Kärnten in der Lit. In: N i e d e r l, R.: Kärnten. Klagenfurt 1950, S. 227–32.
2. N u ß b a u m e r, Erich: Geistiges Kärnten. Literatur- u. Geistesgeschichte des Landes. Klagenfurt 1956. 648 S. [In D., E., L. auch als Stoff].
3. G r a d e r, Franz: Kärnten in der Lit. Autoren- und Schrifttumsverzeichnis. Klagenfurt 1960. 87 S. [B. auch für die Dichtung.

689. KAHNFAHRT

1. B l u m e, Bernhard: Die Kahnfahrt. Ein Beitrag zur Motivgeschichte des 18. Jhs. In: Euph. 51 (1957), S. 355–84. [L.].

690. KAIN UND ABEL

1. W i n z e r, Johannes: Die ungleichen Kinder Evas in der Lit. des 16. Jhs. Diss. Greifswald 1908. 81 S. [S. 42–79: D.: 8 T.].
2. B o l t e, Johannes: Die ungleichen Kinder Evas. In: —: Anmerkungen zu den Kinder- und Hausmärchen der Brüder Grimm 3. Leipzig 1918, S. 308–21.
3. W o l f r a m, Margarethe: Die Kaindramen der dt. Lit. Diss. Wien 1923. 121 Bl. (Masch.).
4. B r i e g e r, Auguste: Kain und Abel in der dt. Dichtung. Berlin 1934. 76 S. (SMDL. 14). [E., D., L.: 13.–20. Jh.: 94 T.]. – R.: J. H. Scholte, De Weegschaal 3 (1936/37, S. 44.
5. R o t h s c h i l d, Jacob: Kain und Abel in der dt. Lit. Diss. Frankfurt 1934. 151 S. [D., E., L.: 12.–20. Jh.].
6. E y b e r g, Johannes: Die Zwillinge. Kain und Abel in der Goethe-Zeit. Stuttgart 1947. 146 S. [Z. T. im Drama].
7. A h r e n s, Hans: Die Bibel im Spiegel dt. Geisteslebens. Das Kain- und Abel-Motiv. In: Dt. Bibel-Archiv Hamburg. Jahresbericht 1949/50. Hamburg 1950, S. 1–6. [1. Beigabe]. [11.–20. Jh.].
8. K a i n und Abel. In: Frenzel, StdW. 1970, S. 386–89. [D.: 16.–20. Jh.].

691. KAISER *(Allgemein)*

1. S c h e r e r, Fr. Jos.: Die Kaiser-Idee des dt. Volkes in Liedern seiner Dichter seit 1806. Progr. Arnsberg 1879. 21 S.
2. M e n g e, Karl: Kaisertum und Kaiser bei den Minnesängern. Progr. Köln (Marzellen-Gymnasium) 1880, S. 1–34 [Auch Reich, Reichsinsignien, Krone].
3. K n e p p e r, Joseph: Nationaler Gedanke und Kaiseridee bei den elsässischen Humanisten. Freiburg i. Br. 1898. 207 S.
4. U h l, Wilhelm: Der Kaiser im Liede. Königsberg 1899. 28 S. – R.: H. Meyer, AfdA. 27 (1901), S. 95 f.
5. Z i n c k, Paul: Die Kaiseridee im dt. Lied. Ein kurzer Streifzug durch die politische Lyrik. In: ZDU. 20 (1906), S. 737–52. [12.–19. Jh.].
6. V o g t, Friedrich: Das Königs- und Kaiserideal in der dt. Dichtung des Mittelalters. Marburg 1908. 28 S. (Marburger akad. Reden 19).
7. B e c k e r, Albert: Rhein und Kaisersage. In: NdZfVk. 4 (1926), S. 129–40.
8. A d a m, Auguste: Kaiser u. Reich in der Dichtung des dt. Humanismus. Diss. Wien 1938. 139 Bl. (Masch.).

KALIFORNIEN s. *SUTTER, JOHANN AUGUST*

692. KALVARIENBERG

1. R o t h, Elisabeth: Der volkreiche Kalvarienberg in Lit. und Kunst des Spätmittelalters. Berlin 1958. 172 S. ²1967. 174 S. (PhStQ. 2) – R.: H. Adolf, JEGPh. 60 (1961), S. 128–31; J. Carles, EG. 24 (1969), S. 119f.; R. L. Füglister, ZfdPh. 79 (1960). S. 330–33; F. P. Pickering, MLR. 55 (1960), S. 128f.

KAMISARDEN s. *CEVENNEN-AUFSTAND*

693. KAMPF s. a. *SPEERKAMPF, WEHRVERFASSUNG, ZWEIKAMPF*

1. B o d e, Friedrich: Die Kampfesschilderungen in den mhd. Epen. Greifswald 1909. 302 S. (Diss. Greifswald).

2. B r ö m s e, Heinrich: Kampf im altdeutschen Lied. In: NuS. Bd. 164, 42 (1918), S. 199–204.
3. S c h e r r e r, Max: Kampf und Krieg im dt. Drama von Gottsched bis Kleist. Zur Form- und Sachgeschichte der dramatischen Dichtung. Zürich 1919. 428 S. (Abschn. I als Diss. München 1917 u. d. T.: Technik u. Auffassung des Kampfes im dt. Drama des 18. Jh.). – R.: F. Schoenemann, MLN. 34 (1919), S. 7; J. Sprengler, LE. 21 (1918/19), Sp. 1394f.
4. W e r n i g g, Ferdinand: Die Darstellung der Massenkämpfe in der mhd. Dichtung. Diss. Wien 1934. 156 Bl. (Masch.).
5. B r u m m a c k, Jürgen: Kampf- und Waffenschilderungen. In: –: Die Darstellung des Orients in den dt. Alexandergeschichten des MA. Berlin 1966, S. 69–87.
6. S c h ä f e r - M a u l b e t s c h, Rose Beate: Studien zur Entwicklung des mhd. Epos. Die Kampfschilderung in „Kaiserchronik", „Rolandslied", „Alexanderlied", „Eneide" u. a. 1. 2. Göppingen 1972. 743 S. (GAG. 22/23). – R.: J. Glier, Germanistik 15 (1974), Nr. 5099.

694. KANADA

1. B o e s c h e n s t e i n, Hermann: Is there a Canadian image in German lit? In: Seminar 3 (1967), Nr. 1, S. 1–20. [Auch in der Dichtung].

695. KAPITAL s. a. GELD

1. H o f f m a n n, Henriette: Eine Untersuchung über Kapital, Industrie und Maschine von Goethe bis Immermann. Diss. Wien 1942. 323 Bl. (Masch.).
2. K o e t t e r, Carl Eric: Economics and finance of the Gründerjahre in the German novel, 1875–1900. Diss. Univ. of Virginia 1943. 136 S.

696. KARFREITAG

1. F r e y b e, Albert: Der Karfreitag in der dt. Dichtung. Gütersloh 1877. 125 S.
2. F r e y b e, Albert: Karfreitag und dt. Karfreitagsdichtung. In: Der Alte Glaube 11 (1909/10), Sp. 600–08.
3. R e i m é r d e s, Ernst Edgar: Karfreitag in der dt. Dichtung. In: Die Wartburg 9 (1910), S. 119–21. [12.–18. Jh., Überblick].

697. KARFUNKEL

1. Z i o l k o w s k i, Theodore: Der Karfunkelstein. In: Euph. 55 (1961), S. 297–326. [E., L.: 12.–20. Jh., auch als Metapher].

698. KARL I., KÖNIG VON ENGLAND

1. F e r t i g, Reinhard: Die Dramatisierungen des Schicksals Karls I. von England bes. A. G. Butler's Tragödie „Charles the First". Diss. Erlangen 1910. 98 S. [A. a. L.].
2. K a r l I. und Cromwell. In: Frenzel, StdW. 1970, S. 397–400. [Nur wenige dt. T.].

699. KARL V., DEUTSCHER KAISER

1. S c h o t t e n l o h e r, Karl: Karl V. in der Dichtung. In: –: Bibliographie zur dt. Geschichte ... 1517–85, III. 1936, S. 65f. [B.: 16 T.: D., E.].
2. K a r l V. In: Kosch, LL. II. ^{2}1953, S. 1218f. [B.].

700. KARL XII., KÖNIG VON SCHWEDEN

1. B a u m b a u e r, Karl: Karl XII. im neueren dt. Drama. In: Die Westmark 4 (1936/37), S. 220–22.
2. M i t z k a, Walter: Niederdt. Preisgedichte auf Karl XII. von Schweden. In: Festschr. f. Ludwig Wolff z. 70. Geburtstag. Neumünster 1962, S. 331–35.
3. K a r l XII. v o n S c h w e d e n. In: Frenzel, StdW. 1970, S. 401–03.

701. KARL DER GROSSE, DEUTSCHER KAISER

1. R e u s c h e l, Karl: Die Sage vom Liebeszauber Karls des Großen in dichterischen Behandlungen der Neuzeit. In: Philologische u. volkskundliche Arbeiten K. Vollmöller z. 16. Okt. 1908. Erlangen 1908, S. 371–89. [L.].
2. A r e n s, Eduard: Kaiser Karls Sage in Romanzen und Liedern. Gesammelt und eingeleitet. Köln 1924. 253 S. [Einl. S. 3–25].
3. A r e n s, Eduard: Kaiser Karl segnet die Reben, eine literar- und sagengeschichtliche Studie. In: Eichendorff-Kalender 16 (1925), S. 12–64.
4. W i c k, Johanna Evangelista: Karl der Große in der neuzeitlichen dt. Dichtung. Diss. Wien 1932. 258 Bl. (Masch.).
5. K ö s t e r, Rudolf: Karl der Große als politische Gestalt in der Dichtung des dt. Mittelalters. Diss. Hamburg 1939. 129 S. (Hansische Forschungen 2). [Bis 1700]. – R.: F. Maurer, Litbl. 63 (1942), Sp. 253f.; E. Ziehen, DLZ. 63 (1942), Sp. 359–62.
6. F o l z, Robert: Le souvenir et la légende de Charlemagne dans l'empire germanique médiéval. Paris 1950. 624 S. [Bes. S. 317–34]. (Publications de l'université de Dijon 7).
7. K a r l der Große im Drama und in der Erzählung. In: Kosch, LL. II. ²1953, S. 1217f. [B.].
8. L o h s e, Gerhart: Das Nachleben Karls des Großen in der dt. Lit. des MA. In: Karl der Große. Lebenswerk und Nachleben 4. Düsseldorf 1967, S. 337–47. [A. a. L.].
9. K a r l d e r G r o ß e. In: Frenzel, StdW. 1970, S. 389–97. [D., E., a. a. L.].

702. KARLSBAD

1. K a r e l l, V.: Karlsbad in der dt. Dichtung. In: Sudetenland 1 (1941), 2. S. 22–23.

703. KARLSRUHE

1. B e n t m a n n, Friedrich: Das Karlsruher Gymnasium im Spiegel der Lit. In: Jahresbericht 1960/61 Bismarck-Gymnasium Karlsruhe, S. 63–101.
2. B e n t m a n n, Friedrich: Karlsruhe im Blickfeld der Lit. Karlsruhe 1969. 108 S.

704. KARTOFFEL

1. V ö l k s e n, Wilhelm: Auf den Spuren der Kartoffel in Kunst und Lit. Hildesheim 1964. 64 S. [L.: 18.–20. Jh.].

KASPERL s. *HANSWURST*

705. KASSANDRA

1. L e d e r g e r b e r, Karl: Kassandra. Das Bild der Prophetin in der antiken und insbesondere in der älteren abendländischen Dichtung. Diss. Fribourg [1950]. 119 S.
2. K a s s a n d r a. In: Frenzel, StdW. 1970, S. 403–05. [D.: 19. u. 20. Jh.].

706. KATHARINA, HEILIGE

1. B o b b e, Heinrich: Mittelhochdeutsche Katharinen-Legenden in Reimen. Berlin 1922. 71 S. (GSt. 19).
2. A s s i o n, Peter: Die Mirakel der hl. Katharina von Alexandrien. Diss. Heidelberg 1909. 621 S. [13.–19. Jh.].

KATTE, HANS HERMANN VON s. *FRIEDRICH II., DER GROSSE*

707. KATZE

1. L e p p m a n n, Franz: Kater Murr und seine Sippe von der Romantik bis zu V. Scheffel und G. Keller. München 1908. 86 S. – R.: F. Deibel, LE. 11 (1908/09), Sp. 1325f.
2. S c h u m a c h e r, Rösli und Edgar: Die Dichter – Scherze – Die Prominenten. In: –: Das Katzenbuch. Ein Brevier. Zürich 1954, S. 111–95. [19. Jh., a. a. L.].

KAUFFUNGEN, KUNZ VON s. *PRINZENRAUB, SÄCHSISCHER*

708. KAUFMANN

1. H a n s t e i n, Adalbert v.: Die verschiedenen Stände im Lichte der neueren dt. Dichtung. 1. Der Kaufmann. In: Die Umschau 5 (1901), S. 772–75, 789–92.
2. S c h n e i d e r, Eduard: Der Kaufmann in der erzählenden Poesie. In: Baltische Mschr. Bd. 54, 44 (1902), S. 289–309.
3. B o r n s t e i n, Paul: Der Kaufmannsstand in der neueren Lit. In: WestMh. 94 (1903), S. 684–98.
4. K a u f m a n n, Max Rudolf: Der Kaufmannsstand in der dt. Lit. Diss. Bern 1908. 89 S. [E.].
5. N o l t e, Peter: Der Kaufmann in der dt. Sprache und Lit. des MA. Diss. Göttingen 1909. 100 S.
6. K a u f m a n n, Max Rudolf: Der Kaufmannsstand in der dt. Lit. bis zum Ausgang des 17. Jhs. In: Grenzboten 69, 4 (1910), S. 110–21. (S. 636 Erg. von W. Janell).
7. B o r n s t e i n, Paul: Der Kaufmann im Spiegel der neueren Dichtung. In: Der Kaufmann und das Leben. (Beibl. z. Zs. f. Handelswiss. u. Handelspraxis) 1 (1911/12), S. 27–29, 37–40, 67–70, 85f., 112–14.
8. M e c h e l, Kurt: Die Historie von vier Kaufmännern und deren dramatische Bearbeitungen in der dt. Lit. des 16. und 17. Jhs. Diss. Halle 1914. 65 S.
9. D ü r r e, Konrad: Die Mercatorszene im lateinisch-liturgischen, altdt. und altfranzösischen religiösen Drama. Diss. Göttingen 1915. 100 S. [Im 1. Teil auch in dt. Lit.].
10. B ü r i n g, Wilhelm: Der Kaufmann in der Lit. Leipzig ³1920. 64 S. [13.–19. Jh. A. a. L.].
11. F ü r s t, Ludwig: Der Kaufherr in der dt. Lit. In: LE. 24 (1921/22), Sp. 1471–77.
12. R ö h l, Hans: Der Kaufmann im Spiegel des dt. Romans der Gegenwart. In: Zs. f. handelswissenschaftl. Forschungen 17 (1923), S. 53–69. [20. Jh.].
13. O b s t - H a r n i s c h, Elisabeth: Der Kaufmannsroman. In: Der Kaufmann und das Leben. Beibl. z. Zs. f. Handelswiss. u. Handelspraxis 17 (1924), Nr. 6, S. 44–47.
14. R o t h e, Edith: Die Stellung des Kaufmanns und Bürgers in der mhd. Epik des 12. u. 13. Jhs. Diss. Leipzig 1925. 88 S. (Masch.).
15. E g g e r s, A.: Der Kaufmannsstand in der dt. Lit. In: Die Braunschweiger GNC. Mschr. 13 (1926), S. 428–30.
16. L a x y, Helene: Der dt. Kaufmannsroman von Thomans Mann: Buddenbrooks (1901) bis zur Gegenwart (1926). Wirtschaftswiss. Diss. Köln 1927. 78 S. [59 T.].

17. B a a s c h, Ernst: Der Kaufmann in der dt. Romanlit. des 18. Jhs. In: Aus Sozial- u. Wirtschaftsgeschichte. Gedächtnisschrift f. Georg v. Below. Stuttgart 1928, S. 279 bis 298.
18. L ü c k e, Theodor: Der Kaufmann im Roman. In: Zs. f. handelswissenschaft. Forschung 22 (1928), S. 1–36. [17.–19. Jh.].
19. S c h e u r e r, Frédéric: Le commerçant dans le roman allemand de 1796 jusqu'a nos jours. Thèse Neuchâtel 1930. 269 S. [40 T.].
20. K o c k j o y, Wolfgang: Der dt. Kaufmannsroman. Leipzig 1933. 221 S. (Diss. Freiburg i. Br. 1932. Der Roman in Gruppen- u. Einzeldarst. I). [16.–20. Jh., B.: S. 209 bis 221].
21. S c h m i t z, Erich: Der dt. Kaufmannsroman. In: Die BüWe. 30 (1933), S. 65–71, 136–39.
22. K a u f m a n n. In: Schmitt, BuA. 1952, Sp. 307–19. [B.].
23. L ü b b e m e y e r, Heinrich: Der Kaufmann in der modernen Lit. In: Wirtschaft u. Erziehung 5 (1953), S. 154–59.
24. N o t h m a n n, Karl-Heinz: Erziehung und Werdegang des Kaufmanns im Spiegel dt. Romane des 19. Jhs. Diss. Hamburg 1970. 188 S. [Auch 18. Jh.].
25. R o h r m a n n, Pamela Jane: The role of the merchant in 15th and 16th century German lit. and its background in medieval lit. Diss. Case Western Reserve Univ. 1971. 164 S. DAI. 32 (1971/72), S. 1526f. A.

KAUZ s. SONDERLING

709. KEIE s. a. ARTUS
1. L e G r a n g e, G. J.: Die Rolle, die der Ritter Keie in der mhd. Dichtung spielt. Diss. Pretoria 1966. 97 S. (Masch.).

710. KELLERSEE
1. S t r u c k, Otto: Der Kellersee. 1. Der See in Dichtung und Kunst. In: Die Heimat (Nordelbingen) 46 (1936), S. 234–36.

711. KERZE
1. S c h m i d t - W i e g a n d, Ruth: Walthers Kerze (84, 33). Zur Bedeutung von Rechtssymbolen für die intentionalen Daten in ma. Dichtung. In: ZfdPh. 87 (1968), Sonderheft S. 154–85. [Das Rechtssymbol Kerze als kaiserliche Gnade].

KEUSCHE NONNE s. NONNE, KEUSCHE

712. KIEL
1. K a r d e l, Harboe: Die Stadt Kiel in der Literatur. Diss. Kiel 1921. [Ausz.]. Auch in: Nordelbingen (Jahrbuch) 5 (1926), S. 125–213.

713. KIND UND KINDHEIT s. a. JUGEND, MÄDCHEN
1. G a u d y, Alice von: Das Kind im Drama. In: BuW. 1,1 (1898/99), S. 543–47. [A. a. L.].
2. G e e r i n g, Agnes: Die Figur des Kindes in der mhd. Dichtung. Zürich 1899. 120 S. (Diss. Bern. Abh. d. Gesellschaft f. dt. Sprache in Zürich 4). – R.: E. Martin, DLZ. 21 (1900), Sp. 2656f.

3. P o r i t z k y, J. E.: Das Kind in der Weltliteratur. In: LE. 3 (1900/01), Sp. 1665–73. [A. a. L. Erg. von Sulger-Gebing in LE. 4 (1901/02), Sp. 141].
4. A r n o l d, Friedrich Carl: Das Kind in der dt. Lit. des 11.–15. Jhs. Diss. Greifswald 1905. 165 S.
5. L o h a n, Robert: Das natürliche Kind im dt. Drama. Diss. Wien 1906. 72 Bl. (Handschr.). [18. u. 19. Jh.].
6. B ä u m e r, Gertrud: Kinderpsychologie in der modernen Dichtung. In: Der Säemann 3 (1907), S. 81–89, 106–10.
7. L e d e r e r, Max: Die Gestalt des Naturkindes im 18. Jh. Progr. Bielitz 1907–1908, S. 7–51. (Diss. Wien 1905).
8. K r a e g e r, Heinrich: Die Darstellung des Kindes in alter und neuer Lit. In: –: Vorträge und Kritiken. Oldenburg 1911, S. 24–92. [D., a. a. L.].
9. W i l l m a n n, Otto: Die Poesie der Kinderstube. In: –: Aus Hörsaal und Schulstube. Freiburg i. Br. ²1912, S. 154–66.
10. B a r n s t o r f f, Hermann: Kind und Schule in der dt. schönen Lit. unserer Zeit. In: MDU. 18 (1917), S. 2–10, 33–39.
11. R ö t h l i s b e r g e r, Blanca: Das Kind in der neueren erzählenden Lit. der dt. Schweiz. Bern 1919. 147 S. Repr. Nendeln 1970. (Sprache u. Dichtung 21). – R.: A. Ineichen, DLZ. 46 (1925), Sp. 913–15; W. Kosch, ZBFr. 11 (1919), Beibl. Sp. 220; J. Reichelt, LE. 21 (1918/19), Sp. 1203f.
12. S t o c k m e y e r, Clara: Aufklärung und Sturm u. Drang im Spiegel der Kinderrolle. In: ZDK. 37 (1923), S. 169–82. [A. a. L.].
13. W a h l, Viktor: Die Gestaltung des Kindes in dt. Dichtungen. Diss. Freiburg i. Br. 1923. 121 Bl. (Masch.). [18.–20. Jh.].
14. W i n t e r h o l e r, Hans: Eltern und Kinder in der dt. Lit. des 18. Jhs. Gießen 1924. 112 S. (Diss. Giessen. GBDPh. 11). [A. a. L.].
15. W o l f f, Hilde: Die Darstellung des Kindes in der dt. Dichtung des ausgehenden 18. Jhs. Diss. Köln 1924. 111 Bl. (Masch.).
16. G r o l m a n, Adolf v.: Typen moderner Kindheitsdichtung. In: Orplid 1 (1924/25), H. 5/6, S. 1–16 u. in: Kindheitsdichtung der Gegenwart. Leipzig 1924, S. 1–16 (Wege nach Orplid 3).
17. R o c k e n b a c h, Martin: Kindheitsdichtung der Gegenwart. In: Orplid 1 (1924/25), H. 5/6, S. 108–11. [Nachwort].
18. S c h a u k a l, Richard v.: Kindheitsdichtung in der Weltlit. In: Orplid 1 (1924/25), H. 5/6, S. 23–29. [Bes. dt. Lit.].
19. E i s e l e, Karl: Das Kinderland im Lichte neuzeitlicher Poesie. Bremen 1925. 32 S. [L.].
20. R o t h e r, Magdalena: Die Darstellung der Kindergestalten im höfischen Epos. Diss. Greifswald 1930. 62 S. [12.–14. Jh.].
21. S p e y e r, Marie: Kind und Kindersinn in der Romantik. In: –: Erinnerungsblätter. Luxemburg 1930, S. 115–186.
22. G r o l m a n, Adolf v.: Kind und junger Mensch in der Dichtung der Gegenwart. Berlin 1930. 249 S. und in: ZDK. 45 (1931), S. 809–14. (Erg.). – R.: O. Abetz, NL. 32 (1931), S. 36f.
23. K a s p e r, Alfons: Kindheit und Jugend im Spiegel der modernen Dichtung. In: Lit. Hdw. 67 (1930/31), Sp. 137–46.
24. W ü r t z, Hans: Das Waisenkind in der schönen Lit. In: Waisenhilfe 51 (1931), S. 129–32, 161–65, 202–06, 219–23, 234–39. [247 T.].
25. R e i n l e i n, Barthel: Dichter gestalten Kindheit und Jugend. In: Die Scholle 8,2 (1931/32), S. 379–82.

26. G r a u c o b, Karl: Kindliches und jugendliches Seelenleben in dt. Dichtung. Erfurt 1936. 75 S. (D., E., L.: 18.–20. Jh.: 41 T.). – R.: A. v. Grolman, NL. 38 (1937), S. 88.
27. K i n d, Hansgeorg: Das Kind in der Ideologie und der Dichtung der dt. Romantik. Diss. Leipzig 1936. 112 S. [L.].
28. G u r l i t t, Winfried: Kindheit und Jugend im Spiegel der Erinnerung. In: Lit. 39 (1936/37), S. 204–07.
29. B e i n l i c h, Alexander: Kindheit und Kindesseele in der dt. Dichtung um 1900. Diss. Breslau 1937. 130 S. (Spr. u. Kultur d. germ. u. rom. Völker B, 23). – R.: E. Darge, Lit. 41 (1938/39), S. 505 f.; E. Horbach, De Weegschaal 6 (1939/40), S. 108; W. Kohlschmidt, AfdA. 60 (1941), S. 139.
30. K o c h, Willi A.: Das Kind in der Dichtung. In: Eckart 14 (1938), S. 6–9.
31. K l a t t, Fritz: Kindheit und Heimat im Weltbild dt. Dichter. In: Die Erziehung 14 (1938/39), S. 391–98.
32. S c h e r e r, Alfred Charles: Formative influences in the life of the child in German prose fiction of the 19th century. Diss. Univ. of Illinois, Urbana, 1939. 502 Bl. (Masch.).
33. B e i n l i c h, Alexander: Zum Verhältnis von kindes- und jugendpsychologischer Forschung und dichterischer Darstellung des Kindes. In: Zs. f. pädag. Psychologie 41 (1940), S. 37–40.
34. L i n p i n s e l, Elsbet: Das Kind und die Jugend in der Literatur. In: Der Bücherwurm 27 (1941/42), S. 167–82.
35. J a h n, Frieda: Die autobiographische Kindheitsdichtung der Gegenwart. Diss. Wien 1942. 355 Bl. (Masch.).
36. O t t, Viktor: Studien zur Darstellung des Kindes in der modernen Schweizer Erzählungslit. St. Gallen 1944. 147 S. (Diss. Freiburg/Schweiz).
37. T e u c h e r, Eugen: Das Kind in der Lit. Die Gestalt des Kindes in der schweizerischen Romanlit. des 19. u. 20. Jhs. In: Juventus Helvetica Bd. II. Zürich ²1944, S. 265–367. [Mit Anthologie].
38. M e i d i n g e r - G e i s e, Inge: Die Kinder des Chaos und ihr literarisches Portrait. In: Welt und Wort 7 (1952), S. 407–11.
39. E b n e r, Franz: Das Seelenleben des Kindes und des Jugendlichen in der deutschsprachigen Erzählung des 20. Jhs. Diss. Wien 1953. 151 Bl. (Masch.).
40. T i e d e m a n n, Hilde: Das Kind in der literarischen Darstellung der dt. Dichtung des 12. u. 13. Jhs. Diss. Heidelberg 1957. 116 Bl. (Masch.).
41. H e i s e, Ursula: Kindergestalten in moderner Dichtung. Hinweise für Privat- u. Klassenlektüre. In: DU. 11 (1959), H. 6, S. 94–112.
42. H e n s e l, Barbara: Das Kind u. der Jugendliche in der dt. Roman- u. Erzähllit. nach d. 2. Weltkrieg. Diss. München 1962. 167 S.
43. S c h l u d e r m a n n, Brigitte: Untersuchungen zum Motiv Kindheit in der dt. Lit. von Parzival bis zur Gegenwart. Winnipeg 1965. 191 S. (Diss. Univ. of Manitoba). [Selbstreferat in Germanistik 7 (1966), Nr. 2332].
44. H a g e n, Rainer: Mignon lebt. Kinder in der dt. und der französischen Lit. beschrieben und verglichen. In: Eckart-Jb. 1966/67, S. 88–102. [E.].
45. H a g e n, Rainer: Kinder, wie sie im Buche stehen. München 1967. 138 S. [D., E., a. a. L.].
46. S ö n t g e r a t h, Alfred: Pädagogik und Dichtung. Das Kind in der Lit. des 20. Jhs. Stuttgart 1967. 170 S. – R.: R. Lassahn, Pädagogische Rundschau 21 (1967), S. 952 bis 956.
47. F l e i s c h e r, Margarete B.: Die Gestalt des Kindes in der dt. Prosalit. von 1832 bis 1857. Diss. Ohio State Univ. 1968. 514 S. DAI. 30 (1969/70), S. 487 f. A.

48. S t ö c k l i, Rainer: Die Rückkehr des romantischen Romanhelden in seine Kindheit. Diss. Freiburg/Schweiz 1970. 175 S. [1770–1830].
49. M ü l l e r, Joachim: Die Gestalt des Kindes und des Jugendlichen in der dt. Lit. von Goethe bis Th. Mann. Berlin 1971. 38 S. (Sitz. Ber. d. Sächs. Akad. d. Wiss. zu Leipzig, Phil.-hist. Kl. 116,1).
50. S t e i n m a n n, Theo: Der Hang zum Bösen. – Kinder im Spiegel neuerer Lit. In: Neues Hochland 64 (1972), S. 227–42. [A. a. L.].
51. G r a y, Ursula: Das Bild des Kindes im Spiegel der altdt. Dichtung und Lit. Frankfurt 1973. 374 S. (Diss. Heidelberg. EurH. 1,91). [1125–1550].
52. S t r o z y k, F. Peter: The figure of the child in selected German Novellen of the nineteeth century. Diss. State Univ. of New York at Binghamton 1974. 208 S. DAI. 35 (1974/75), S. 2301 A.

714. KINDERMINNE

1. W e n d t, Erwin: Das Motiv der Kinderminne. In: –: Sentimentales in der dt. Epik des 13. Jhs. Diss. Freiburg i. Br. 1930, S. 28–40.

715. KINDERSPIEL

1. P a w e l, Jaro: Das Kinderspiel in den Dichtungen des Mittelalters. In: Zs. f. d. österr. Turnwesen 1 (1885), S. 12–18, 76–80, 122–27.

716. KINDERTOD

1. K e h r e r, Josef: Die dt. Kindertotenlieder vom Anfang des 17. Jhs. bis zur Gegenwart. Diss. Wien 1914. 87 S. (Handschr.). [Dichter des 17.–19. Jhs. auf den Tod eigener Kinder].
2. H a r t m a n n, Waltraut: Das Motiv des Kindertodes in der neueren dt. Erzählkunst. Diss. Erlangen 1953. 166 Bl. (Masch.). [Auch 18. u. 19. Jh., 25 T.].

717. KINDESMORD s. a. HERODES, MEDEA

1. B o e n i g k, Otto v.: Die Kindesmörderin in der dt. Lit. In: –: Das Urbild von Goethes Gretchen. Greifswald 1919, S. 9–24.
2. R a m e c k e r s, Jan Matthias: Der Kindesmord in der Lit. der Sturm- und Drangperiode. Ein Beitrag zur Kultur- und Literaturgeschichte des 18. Jhs. Rotterdam 1927. 281 S. [D., E., L.]. (Diss. Amsterdam).
3. K u p k e, L.: Die Kindesmörderin im Spiegel der Lit. In: Neue dt. Frauen-Ztg. 7 (1932) 5, S. 77–79.
4. S c h r ö d e r, Ernst: Die Pfarrerstochter von Taubenhain. Stoff- und motivgeschichtliche Studien zur Volkskunde und Literaturwissenschaft. Diss. Kiel 1933. 85 S. [Bes. D., E., L.: 19. Jh.].
5. S a d d e l e r, Heinz Hubert: Die Muttergestalt im Drama des Sturmes und Dranges. Diss. Münster 1938. 94 S. [Als Kindesmörderin.]
6. W e b e r, Beat: Die Kindesmörderin im dt. Schrifttum von 1770 bis 1795. Bonn 1974. 196 S. (Abhh. z. Kunst-, Musik- u. Lit. Wiss. 162). [D., E., L.]. – R. Ch. Siegrist, Germanistik 16 (1975), Nr. 2654.

718. KIRCHE

1. N o r d m a n n, Walter: Der Kirchengedanke in der modernen Lyrik. In: Zeitwende 7,2 (1931), S. 271–76.

719. KLABAUTERMANN

1. M ü l l e r, Conrad: Der Klabautermann in Sage und Dichtung. In: —: Germanistische Erinnerungen. Der Alma Mater Vratislaviensis z. Jubelstrauß gebunden. Berlin 1911, S. 91—99. [E., L.].

KLÄGER s. *GERICHTSVERHANDLUNG*

720. KLAGE s. a. *TOTENKLAGE*

1. K o c h, Rudolf: Klagen ma. Didaktiker über die Zeit. Diss. Göttingen 1931. 64 S. [Über Dichtung, Geld, Wucher, Rittertum].
2. B a l d, Jan James: The Klagelied: a study of the German secular song of complaint and protest, 1450—1650. Diss. Univ. of Illinois 1936. 268 S.
3. F r e n z e n, Wilhelm: Klagebilder und Klagegebärden in der dt. Dichtung des höfischen Mittelalters. Diss. Bonn 1936. 85 S. (Bonner Beitr. z. dt. Phil. 1). — R.: K. H. Halbach, DLZ. 60 (1939), Sp. 1275—78.
4. B o c h i n g e r, Richard: Die Klage im Gedicht der Gegenwart. In: DU. 6 (1954), H. 6, S. 56—77.

721. KLASSENBEWUSSTSEIN s. a. *ARBEITER UND ARBEITERKLASSE*

1. Das proletarische K l a s s e n b e w u ß t s e i n im Spiegel der sozialen Dichtung. In: Arbeiterjugend 18 (1926), S. 298—301, 331—35. [L.].

722. KLAUSEN

1. T h u r n h e r, Eugen: Klausen in dt. Dichtung. In: Der Schlern 46 (1972), S. 372—80. [E., L.: Bes. 19. u. 20. Jh.].

723. KLEIDUNG s. a. *MANTEL, MODE*

1. L o y, Sebastian: Stoffe und Kleidung im Mittelalter, dargestellt an Hand der mhd. Dichtungen unter besonderer Berücksichtigung der Dichtungen von 1180—1220. Diss. Freiburg i. Br. 1923. 140 Bl. (Masch.).
2. B e r t e l t, Elfriede: Gewandschilderungen in der erzählenden höfischen Dichtung des 12. und 13. Jhs. Diss. Münster 1936. 44 S.

724. KLEINSTADT

1. S c h r ö t e r, Wilhelm: Die dt. Kleinstadt in der Dichtung. Progr. Oschersleben 1906. 22 S. [D., E.: 18. u. 19. Jh.].
2. B r o m b a c h e r, Kuno: Krähwinkel im Lustspiel. In: Baden-Badener Bühnenbl. 1 (1921), Nr. 101/102.

725. KLEIST, HEINRICH VON

1. M i n d e - P o u e t, Georg: Heinrich v. Kleist als Bühnenheld. In: BuW. 7 (1904/05), S. 447—52.
2. P e t e r s e n, Julius: Heinrich von Kleist im Roman. Eine Studie über das Verhältnis dichterischer und wissenschaftlicher Lebensdarstellung. In: Jb. d. Kleistges. 18 (1938), S. 117—39.
3. L e p u s c h i t z, Richard: Heinrich von Kleist in der Dichtung. Diss. Wien 1949. 292 Bl. (Masch.).

    4. R o t h e, Eva: Kleist in der Dichtung. In: Jb. der Schillergesellschaft 5 (1961), S. 537–39. [B.: D., E., L.].
    5. K l e i s t, Heinrich v.: In: Frenzel, StdW. 1970, S. 408–11.

726. KLEOPATRA

1. M ö l l e r, Georg Hermann: Die Auffassung der Kleopatra in der Tragödienlit. der romanischen und germanischen Nationen. Ulm 1888. 94 S. (Diss. Freiburg i. Br.). [7 dt. T.]. – R.: M. Koch, ZVLR. 2 (1889), S. 388f.
2. M ö l l e r, Georg Hermann: Beiträge zur dramatischen Cleopatra-Literatur. Progr. Schweinfurt 1907. 39 S. [B.: 8 dt. T.].
3. V r a n c k e n, Sigrid: Das Antonius-Cleopatramotiv in der dt. Lit. Diss. Bonn 1930. 39 S. [Teildr.: 18. Jh.].
4. K l e o p a t r a. In: Frenzel, StdW. 1970, S. 411–15. [Nur wenige dt. T.].

727. KLINGSOR

1. H o l l ä n d e r, Theresia: Klingsor. Eine stoffgeschichtliche Untersuchung. Diss. Wien 1927. 88 Bl. (Masch.). [D., E., L.: 12.–19. Jh.].
2. W o l f, Norbert Richard: Die Gestalt Klingsors in der dt. Lit. des MA. In: Südostdt. Semesterbll. München 19 (1967), S. 1–19.

728. KLOSTER

1. S t r a u s s, Heinz: Der Klosterroman von Millers „Siegwart" bis zu seiner künstlerischen Höhe bei E. T. A. Hoffmann. Diss. München 1921 [1922]. 105 Bl. (Masch.). [18. u. 19. Jh., 101 T.].

KLYTÄMNESTRA s. *AGAMEMNON*

729. KNABE

1. K i e f e r, Otto: Der Knabe in der Lit. In: LE. 18 (1915/16), Sp. 1296–1303. [13.–20. Jh., Überblick].

730. KÖCHIN, NASCHHAFTE

1. R ö h r i c h, Lutz: Die naschhafte Köchin. In: –: Erzählungen des späten Mittelalters u. ihr Weiterleben in Lit. u. Volksdichtung bis zur Gegenwart. Bd. 1. Bern 1962, S. 192–203, 291–94. [Mit Anthologie.]

731. KÖHLER

1. R e i m e r, Walther: Der Köhler als dichterische Gestalt. Über Kohlenbrenner und Kohlenmeiler im Spiegel der Lit. In: Ekkart. Jb. für das Badner Land 1968, S. 51–58.

732. KÖLN

1. T h e e l e, Joseph: Der Kölner Dom in der dt. Dichtung. Köln 1923. 135 S. (Strom-Bücher 7). [Bes. L.].
2. G o t z e n, Josef: Köln und Kölner Dom in der Literatur. In: Rheinlandkunde II. Düsseldorf 1926, S. 140–44. [B.: 94 T.: D., E.].
3. C l e m e n, Paul: Domdichtung. In: –: Der Dom zu Köln. Düsseldorf 1937, S. 15f. (Die Kunstdenkmäler der Stadt Köln I, 3). [B.].

4. K ö l n. In: Luther, DtL. 1937, Sp. 323–29. [B.].
5. K ö l n am Rhein in der Dichtung. In: Kosch, LL. II. ²1953, S. 1333f. [B.].
6. K ö l n. In: Luther, LuL. 1954, Sp. 147–50. [B.].

KÖNIGE, DREI s. *DREI KÖNIGE, HEILIGE*

733. KÖNIGSBERG

1. W i l m, Bruno: Königsberg in der neueren dt. Dichtung. In: Ostdt. Mhe. 14 (1933/34), S. 687–93.
2. K ö n i g s b e r g in der Erzählung. In: Kosch, LL. II. ²1953, S. 1340. [B.].

KÖNIGSMARCK, GRAF s. *AHLDEN, SOPHIE DOROTHEA VON*

KÖNIGSWINTER s. *SIEBENGEBIRGE*

734. KÖRNER, THEODOR

1. S c h u l t z, Karl: Theodor Körner im Drama und Festspiel. Diss. Rostock 1923. 85 Bl. (Masch.). [19. u. 20. Jh.: 47 T.].

735. KÖSLIN

1. K a s t e n, Hermann: Köslin im Spiegel der Dichtung. In: Unser Pommerland 16 (1931), S. 473–76.

736. KOHLHAAS, MICHAEL

1. W o l f f, Eugen: Der Michael Kohlhas-Stoff auf der Bühne. In: BuW. 2 (!899/1900), S. 847–53, 895–99.
2. M e r b a c h, Paul Alfred: Michael-Kohlhas-Dramen. Ein brandenburgisches Kapitel vergleichender Literaturgeschichte. In: Brandenburgia 25 (1916), S. 1–19.
3. K o h l h a a s, Michael. In: Frenzel, StdW. 1970, S. 415f. [D., E.: 19.–20. Jh.].
4. S c h i l l i n g e r, Herbert: Michael Kohlhaas in der dt. Lit. Ein Beitrag zur Stoff- und Motivgeschichte. Diss. Wien 1970. 247 Bl. (Masch.). [D., E.: 19. u. 20. Jh.].

737. KOLONIALPOLITIK

1. K i l i a n, Eugen: Englische Kolonialpolitik im Spiegel dt. Bühnenkunst. In: Der Merker 8 (1917), S. 326–30.
2. M a r a s s, Ferdinand: Der dt. Kolonialroman. Diss. Wien 1935. 132 Bl. (Masch.).
3. B e y e r, Friedrich-Heinz: Das Kolonialproblem im dt. Drama von heute. In: Der dt. Schriftsteller 3 (1938), S. 57–60.
4. P a t z l a f f, Georg: Die Kolonien und der Kolonialgedanke in der dt. erzählenden schönen Lit. der Vorkriegszeit. Diss. Greifswald 1939. 206 Bl. (Masch.).

738. KOLONISATION

1. K r o g m a n n, Willy: Motivübertragung und ihre Bedeutung für die literar-historische Forschung. In: Neoph. 17 (1932), S. 17–32. [Siedlungsgedanke in Goethes Faust.].

KOMISCHE FIGUR s. *HANSWURST, NARR*

KOMPONIST s. MUSIKER

739. KONFLIKT
1. H a r t i n g e r, Walfried und Klaus W e r n e r: Zur Konfliktgestaltung in der sozialistisch-realistischen Lit. und Kunst. In: WB. 18 (1972), H. 9, S. 119–30.

740. KONRADIN, HERZOG VON SCHWABEN
1. D e e t j e n, Werner: Immermanns „Kaiser Friedrich II." Ein Beitrag zur Geschichte der Hohenstaufendramen. Berlin 1901. 216 S. (Diss. Leipzig. LF. 21). [S. 7: 37 Bearbeitungen d. Konradinstoffes].
2. J e l l i n e k, Artur L.: Konradin-Dramen. In: StVLG. 2 (1902), S. 104–06. [47 T., a. a. L.].
3. S c h e i d, Nicolaus: Konradin im Drama. In: StdZ. Bd. 97 (1919), S. 474–77.
4. S a u e r, Willi: Konradin im dt. Drama. Eine literarhistorische Abhandlung über 94 dt. Konradindramen. Halle 1926. 213, 29 S. (Diss. Marburg 1920. [1923]).
5. K o n r a d i n. In Kosch, LL. II. ^{2}1953, S. 1362–64. [B.].
6. K o n r a d i n. In: Luther, DtG. 1943, Sp. 29f., 398 und in: Luther, LuL. 1954, Sp. 438. [B.]. (Vgl. auch E. Karg-Gasterstädt, VerfLex. II. 1936, Sp. 929–31 u. V. 1955, Sp. 569).
7. K o n r a d i n. In: Frenzel, StdW. 1970, S. 421f. [D., E.: 16.–20. Jh.].
8. M ü l l e r, Andreas: Konradin in der Lit. In: –: Das Konradin-Bild im Wandel der Zeit. Bern 1972, S. 111–42 u. 161f. (Geist und Werk der Zeiten 34). [D., E.].

741. KONSTANTIN I., DER GROSSE
1. W o l f r a m, Herwig: Das Bild Constantins des Großen bei den Deutschen von Regino von Prüm bis Walther von der Vogelweide. Diss. Wien 1957. 143 Bl. (Masch.). [Auch in der Dichtung].

742. KONSTANZER KONZIL
1. F i n k e, Heinrich: Dichtungen über das Konzil. Oswald v. Wolkenstein. In: –: Bilder vom Konstanzer Konzil. Heidelberg 1963, S. 74–84. (Neujahrsbll. d. Bad. Histor. Komm. NF. 6).

743. KOPERNIKUS
1. R i c h t e r, Karl: Die kopernikanische Wende in der Lyrik von Brockes bis Klopstock. In: Jb. d. Dt. Schillerges. 12 (1968), S. 132–69.

744. KORNEUBURG
1. G ü t t e n b e r g e r, Heinrich: Korneuburg und seine Landschaft im dt. Schrifttum. In: –: Heimatfahrten von heute und gestern. Wien 1925, S. 301–17. [13.–19. Jh.].

745. KOSCIUSZKO, TADEUSZ
1. A r n o l d, Robert Franz: Tadeusz Kosciuzko in der dt. Lit. Berlin 1898. 44 S. u. in: ZVLR. NF. 13 (1899), S. 206–10. [Nachträge]. – R.: J. Caro, ZVLR. NF. 12 (1898), S. 491–93.
2. K o z i e l e k, Gerard: Der Kosciuszko-Aufstand in der zeitgenössischen dt. Romantik. In: Zs. f. Slavische Philologie 31 (1963), S. 241–61.

KOSMAS, HEILIGER s. *DAMIAN, HEILIGER*

KOSMOS s. *RAUM*

746. KOTZEBUE, AUGUST VON

1. J a c o b, Herbert: August von Kotzebue in der Dichtung. In: Goedeke 15. Bd. ²1966, S. 276–78. [B. 18 T.].

747. KRÄMER

1. W i r t h, Ludwig: Die Krämerscenen. In: –: Die Oster- und Passionsspiele bis zum 16. Jh. Halle 1889, S. 168–85.
2. B ä s c h l i n, Alfred: Die altdt. Salbenkrämerspiele. Diss. Basel 1929. 115 S. [13. bis 17. Jh.].

KRAFTMEIER s. *BRAMARBAS*

748. KRANKENSCHWESTER

1. C a r s t e n, Paul: Die Schwester in der modernen Lit. In: –: Literarisches aus der Medizin. Medizinisches aus der Lit. Berlin 1931, S. 117–125. [E.]. – R.: W. Milch, Lit. 33 (1930/31), S. 712f.
2. K r a n k e n s c h w e s t e r. In: Schmitt, BuA. 1952, Sp. 347–51. [B.].

749. KRANKHEIT s. a. *ARZT*

1. F r i e d m a n n, Fritz: Verbrechen und Krankheit im Roman und auf der Bühne. Berlin 1889. 51 S. [A. a. L.].
2. A u g s t e i n, Carl: Dichterische Darstellung des Sterbens, der Krankheit und des Wahnsinns. In: –: Medizin und Dichtung. Stuttgart 1917, S. 23–45.
3. S t e r n, Erich: Krankheit als Gegenstand dichterischer Darstellung. In: Lit. 28 (1925/26), S. 702–07. [A. a. L.].
4. K u n k e l, Georg: Die Darstellung körperlicher Krankheiten im dt. Drama seit Lessing. Diss. München 1926. 79 S.
5. M i l c h, Werner: Zum Problem der Krankheit in der Dichtung der dt. Romantik. In: Arch. f. Gesch. d. Medizin 23 (1930), S. 213–35.
6. S p a m e r, Adolf: Krankheit und Tod als Metapher. Zu Geschichte und Sinndeutung eines volkstümlichen Scherz- und Kampfbildes. In: NdZfVk. 17 (1939), S. 131–53; 18 (1940), S. 34–67; 19 (1941), S. 1–44; 20 (1942), S. 1–17.
7. G e b h a r d t - W ä g e r, Gusti: Die Dichtung des 18. Jhs. in ihrem Verhältnis zur körperlichen Krankheit. Diss. Erlangen 1948. 88 Bl. (Masch.). [E., L.].
8. K a i s e r, Erich: Das Thema der unheilbaren Krankheit im „Armen Heinrich" Hartmanns von Aue und im „Engelhard" Konrads von Würzburg und weiteren mhd. Gedichten. Diss. Tübingen 1965. 129 S. [Aussatz].
9. S c h m i d t, Peter: Gesundheit und Krankheit in romantischer Medizin und Erzählungskunst. In: Jb. d. Freien Dt. Hochstifts 1966, S. 197–228.
10. H e s e l h a u s, Clemens: Die Metaphorik der Krankheit. In: Poetik und Hermeneutik 3 (1968), S. 407–33. [A. a. L.].
11. K o l l e r, Erwin: Der Motivkreis von Krankheit und Verwundung. Funktion und sprachliche Verwirklichung in dt. Dichtungen des MA. Diss. Innsbruck 1971. 225 Bl. (Masch.).

750. KRAUSE, KARL CHR. FRIEDRICH

1. R i e d e l, Kurt: Karl Krauses Spuren im schöngeistigen Schrifttum. 2. Aufl. Dresden 1941. 28 S. (Karl Krause-Schriftkreis Sende 6). [L.: 19. Jh.].

751. KREIDEKREIS

1. K r e i d e k r e i s. In: Frenzel, StdW. 1970, S. 422f.

752. KREUZHOLZ

1. W ü n s c h e, August: Der Lebensbaum als Kreuzholz Jesu. In: –: Die Sagen vom Lebensbaum und Lebenswasser. Leipzig 1905, S. 23–55. (Ex Oriente Lux I, H. 2/3).

KREUZIGUNG s. *KALVARIENBERG*

753. KREUZZUG s. a. *HEIDEN*

1. W o l f r a m, Georg: Kreuzpredigt und Kreuzlied. In: ZfdA. 30 (1886), S. 89–132. [12. u. 13. Jh.: L.].
2. S c h i n d l e r, Hermann: Die Kreuzzüge in der altprovenzalischen und mhd. Lyrik. Progr. Dresden. 1889. 49 S.
3. S c h n e i d e r, Hermann: Kreuzzugsliteratur. In: RL. II. 1926/28, S. 134–41.
4. C o l l e v i l l e, Maurice: Les chansons allemandes de croisade en moyen haut-allemand. Paris 1936. 180 S.
5. K r e u z z u g. In: Luther, DtG. 1943, Sp. 76f. [B.].
6. K r a y, Anne-Marie: Der Glaubenskrieg und seine Darstellung in den Kreuzzugsepen des Mittelalters. Diss. Freiburg i. Br. 1950. 222 Bl. (Masch.). [Auch franz. Lit.].
7. B a c h, H.: Det femte Korstog i samtidens franske og tyske digtning. Kopenhagen 1952. 80 S. [Kreuzzug 1217–21]. – R.: W. Baetke DLZ. 75 (1954), Sp. 546–48.
8. S c h o l z, Manfred: Die Kreuzzüge in der Spruchdichtung. In: –: Der Wandel der Reichsidee in der nachwaltherischen Spruchdichtung. Diss. Freie Univ. Berlin 1952, Bl. 65–82. (Masch.).
9. C u r r l e, Günther: Die Kreuzlyrik Neidharts, Tannhäusers und Freidanks und ihre Stellung in der mhd. Kreuzugslyrik. Diss. Tübingen 1957. 152 Bl. (Masch.). [1190 bis 1230].
10. S c h n e i d e r, Hermann und Friedrich Wilhelm W e n t z l a f f - E g g e b e r t: Kreuzzugsliteratur. In: RL. I. 2. Aufl. 1958, S. 885–95.
11. W e n t z l a f f - E g g e b e r t, Friedrich Wilhelm: Geschichtliche und dichterische Wirklichkeit in der dt. Kreuzzugslyrik. In: Glaube und Geschichte. Festgabe J. Lortz Bd. 2. Baden-Baden 1958, S. 273–86.
12. W e n t z l a f f - E g g e b e r t, Friedrich Wilhelm: Kreuzzugsdichtung des Mittelalters. Studien zu ihrer geschichtlichen und dichterischen Wirklichkeit. Berlin 1960. 402 S. [A. a. L.]. – R.: A. Close, MLR. 56 (1961), S. 620f.; H. Eggers, Germanistik 2 (1961), Nr. 243; H. Fischer, Lit. Wiss. Jb. 4 (1963), S. 255–58; G. Meissburger, ASNA. 198 (1962), S. 390–402; W. Schröder, AfdA. 73 (1962), S. 6–13; U. Schwab Annali, Sez. Germ. 4 (1961), S. 223–38.
13. K a p l o w i t t, Stephen Joseph: Influences and reflections of the crusades in medieval German epics. Diss. Univ. of Pennsylvania 1962. 530 Bl. (Masch.). – R.: Selbstref., Germanistik 4 (1963), Nr. 832.
14. W e n t z l a f f - E g g e b e r t, Friedrich Wilhelm: Wandlungen der Kreuzzugsidee in der Dichtung vom Hoch- zum Spät-MA. In: Wirkendes Wort 12 (1962), S. 1–7. Auch in: –: Belehrung und Verkündigung. Berlin 1975, S. 75–85.

15. S p i e w o k, Wolfgang: Die Bedeutung des Kreuzzugserlebnisses für die Entwicklung der feudalhöfischen Ideologie und die Ausformung der mittelalterl. dt. Lit. In: WB. 9 (1963), S. 669–83.
16. H a a s, Alois: Aspekte der Kreuzzüge in Geschichte und Geistesleben des ma. Deutschlands. In: AKultG. 46 (1964), S. 185–202. [Auch in d. Dichtung].
17. I n g e b r a n d, Hermann: Interpretationen zur Kreuzzugslyrik Friedrichs von Hausen, Albrechts von Johansdorf, Heinrichs von Rugge, Hartmanns von Aue u. Walthers von d. Vogelweide. Diss. Frankfurt a. M. 1966. 241 S.
18. B ö h m e r, Maria: Untersuchungen zur mhd. Kreuzzugslyrik. Roma 1968. 115 S. (Studi di filologia tedesca 1). – R.: R. Doney, JEGPh. 69 (1970), S. 481 f.; H. J. Gernentz, DLZ. 91 (1970), Sp. 503–05; D. H. Green, MLR. 66 (1971), S. 210 f.; L. Okken, Neoph. 55 (1971), 455 f.; St. L. Wailes, MDU. 62 (1970), S. 411 f.
19. K r e u z z u g s d i c h t u n g. In: Wilpert, SdL. 1969, S. 410.
20. M ü l l e r, Ulrich: Tendenzen und Formen. Versuch über mhd. Kreuzzugsdichtung. In: „Getempert und gemischet". Für W. Mohr z. 65. Geburtstag. Göppingen 1972, S. 251–80. (GAG. 65).

754.– KRIEG s. a. APPENZELLER KRIEG, BAUERNKRIEG, FLOTTE, KAMPF, MILITARIS-
760. MUS, TROJANISCHER KRIEG

754. Allgemein

1. B i e s e, Alfred: Poesie des Krieges und der Krieg in der Poesie. In: Konservative Mschr. 72,1 (1914/15), S. 61–69, 117–28.
2. B e h a g h e l, Otto: Der Krieg im altdeutschen Epos. In: WestMh. 59 (1915), S. 669 bis 676.
3. Z e i t l e r, Julius: Kriegsdichtung vor dem Kriege. In: ZBFr. NF. 7, 1 (1915), S. 20 bis 27.
4. R e u s c h e l, Karl: Kriegspoesie. In: RL. II. 1926/28, S. 141–43.
5. B r i n k m a n n, Hennig: Der Krieg als schöpferisches Ereignis. In: ZDB. 12 (1936), S. 1–14. [18. u. 19. Jh.].
6. K r i e g s d i c h t u n g. In: Wilpert, SdL. 1969, S. 410–12.
7. N e i s, Edgar: Der Krieg im dt. Gedicht. Hollfeld/Obfr. 1971. 112 S. (Interpretationen motivgleicher Gedichte in Themengruppen 3). [19. u. 20. Jh.].

755. Dreißigjähriger Krieg s. a. Frieden, Westfälischer

1. S t ü m c k e, Heinrich: Deutschlands große Kriege im Spiegel der dramatischen Dichtung. 1. Der 30jährige Krieg. In: –: Theater und Krieg. Oldenburg 1915, S. 41–57.
2. S t u d e n t k o w s k i, Konrad: Der Dreißigjährige Krieg im Spiegel der historischen Novelle. Ein Beitrag zur Stoffgeschichte und zur Geschichte der historischen Novelle. Jena 1934. 144 S. (Jenaer germanist. Forschungen 26). [Von Stifter bis Albr. Schaeffer].
3. W a l t e r, Brigitte: Friedenssehnsucht und Kriegsabschluß in der dt. Dichtung um 1650. Diss. Breslau 1940. 91 S. [48 T.].
4. Der D r e i ß i g j ä h r i g e K r i e g. In: Luther, DtG. 1943, Sp. 137–168. [B.].
5. S c h n e i d e r, Hermann: Der Dreißigjährige Krieg und die dt. Dichtung. In: Der Friede in Osnabrück 1648. Oldenburg 1948, S. 135–46.
6. Der D r e i ß i g j ä h r i g e K r i e g in der Erzählung. In: Kosch, LL. I. ^{2}1949, S. 372f. [B.].
7. M u n c k e r, Gabriele M.: War in German literature of the 17th century. Diss. Univ. of Cincinnati 1950.
8. W e b e r, Willi Erich: Die Motive Krieg und Frieden in der Dichtung des dt. Barock. Diss. Marburg 1950. 178 Bl. (Masch.).

9. W e i t h a s e, Irmgard: Die Darstellung von Krieg und Frieden in der dt. Barockdichtung. Weimar 1953. 128 S. (Studienbücherei 14). Auch in: WZUJ. 1 (1951/52), Gesellsch.- u. Sprachwiss. R., H. 2, S. 47–64.

10. Der Dreißigjährige Krieg in Lyrik, Erzählung und Drama. In: Heinzel, LhE. 1956, S. 139–44. [B.].

756. Siebenjähriger Krieg

1. S c h w a r z e, Karl: Der Siebenjährige Krieg in der zeitgenössischen dt. Lit. Kriegserleben und Kriegserlebnis in Schrifttum und Dichtung des 18. Jhs. Diss. Göttingen 1936. 235 S. (Neue Forschungen 29). – R.: F. Brüggemann, DLZ. 58 (1937), Sp. 1757–1760; F. J. Schneider, AfdA. 57 (1938), S. 22–24.

2. Der Siebenjährige Krieg. In: Luther, DtG. 1943, Sp. 201–06. [B.].

757. Freiheitskriege

1. E b e r h a r d t: Über die Kriegslieder aus der Zeit der Befreiungskriege 1813–1815 und des deutsch-französischen Krieges 1870–1871. Teil 1. 2. Progr. Strausberg 1879. 1881. 14, 21 S.

2. K o b e r s t e i n, Karl: Die dt. Dichtung und die Befreiungskriege. In: WestMh. 62 (1887), S. 465–76. [L.].

3. B ä h r, Paul: Vergleichung der Lyrik der Befreiungskriege mit der Lyrik des dt.-französischen Krieges von 1870–1871. Halle 1888. 59 S.

4. S t a h l, Sophus: Die Entwicklung der Affekte in der Lyrik der Freiheitskriege. Diss. Leipzig 1908. 202 S.

5. T h o m a, Gustav: Westfalens Anteil an der Dichtung der Befreiungskriege. Diss. Münster 1910. 159 S.

6. G e b e r t, Wilhelm: Der Anteil der dt. Lit. an der Erhebung von 1813. In: ZDU. 27 (1913), S. 107–118. [L.].

7. L a n d s b e r g, Hans: Die Freiheitskriege im Lichte der dt. Dichtung. In: Bll. d. Dt. Theaters 3 (1913/14), Nr. 48, S. 769–72.

8. S t ü m c k e, Heinrich: Deutschlands große Kriege im Spiegel der dramatischen Dichtung. 3. Die Freiheitskriege. In: –: Theater und Krieg. Oldenburg 1915, S. 68–86.

9. W a r s t a t, W.: Deutsche Kriegsdichtung heut und vor hundert Jahren. In: Grenzboten 74,2 (1915), S. 179–88.

10. K o s c h, Wilhelm: Deutsche Dichter vor und nach 1813. Befreiungskampf und Burschenschaft im Spiegel der zeitgenössischen dt. Dichtung. Stuttgart 1925. [Einleitung S. VII–XIII].

11. F a s s b i n d e r, Klara Marie: Die Befreiungskriege im dt. Drama der Gegenwart. In: Saarbrücker Bll. 4 (1925/26), S. 17–19.

12. K r z i s c h, Susanne Maria: Der Tiroler Freiheitskrieg von 1809 in der dt. Dichtung. Diss. Wien 1939. 186 Bl. (Masch.).

13. P r o p s t, Karl: Die epische Dichtung der dt. Freiheitskriege. Diss. Wien 1940. 143 Bl. (Masch.).

14. H a u e r, Karl: Die Dichtung der Tiroler Freiheitskriege in den Jahren 1796, 1797 und 1809. Diss. Innsbruck 1941. 162 Bl. (Masch.).

15. Der Freiheitskampf. In: Luther, DtG. 1943, Sp. 303–10. [B.].

16. Befreiungskriege im Drama und in der Erzählung. In: Kosch, LL. I. ²1949, S. 121. [B.].

17. A d a m, Günter: Die vaterländische Lyrik zur Zeit der Befreiungskriege. Studie zur Tendenzdichtung. Diss. Marburg 1962. 345 Bl. (Masch.).

758. Deutsch-Französischer Krieg

1. S c h l ü t e r, Joseph: Der dt. Krieg von 1870/71 im dt. Lied. Coblenz 1872. 24 S.
2. O b e r m a n n, Bruno: Die Kriegsdichtung der Jahre 1870 und 1871. Progr. Zeitz 1884. 26 S.
3. U n b e s c h e i d, Hermann: Die Kriegspoesie von 1870/71 und das „Kutschkelied". In: ZDU. 9 (1895), S. 309–25.
4. H o l l y, Franz Jakob: Der deutsch-französische Krieg im Lichte der vaterländischen Poesie. Frankfurt a. M. 1896. 30 S. (Frankf. Br. NF. XVII, H. 3).
5. F r i t s c h e, Ernst Georg Oswald: Die französische Kriegslyrik des Jahres 1870/71 in ihrem Verhältnis zur gleichzeitigen deutschen. Progr. Zwickau 1899. 40 S.
6. K l e m p e r e r, Viktor: Die Lyrik des siebziger Krieges. In: Grenzboten 69 (1910), S. 595–609.
7. N e u m a n n, Rolf: Die dt. Kriegsdichtung von 1870/71. Breslau 1910. 138 S. (Diss. München 1910). [D., E., L.].
8. S t ü m c k e, Heinrich: Deutschlands große Kriege im Spiegel der dramatischen Dichtung. 5. 1864, 1866 und 1870/71. In: –: Theater und Krieg. Oldenburg 1915, S. 102–115.
9. G o e b e l, Julius: Die dt. Erhebung von 1870 im Spiegel der deutsch-amerikanischen Dichtung. In: Jb. d. Deutschamerikaner f. d. Jahr 1918. Chicago 1917. S. 38–45.

759. Erster Weltkrieg und Nachkriegszeit *s. a. Langemarck*

1. E l s t e r, Hanns Martin: Die dt. Kriegsballade. In: BuW. 16,2 (1914), S. 468–478.
2. B a b, Julius: Die Kriegslyrik von heute. In: LE. 17 (1914/15), Sp. 5–8, 342–48, 795–800, 858–64; 18 (1915/16), Sp. 863–68, 924–29, 1247–60; 19 (1916/17), Sp. 549–54; 20 (1917/18), Sp. 449–61; 22 (1919/20), Sp. 145–57.
3. B r a n d t, Otto H.: Der Geist der dt. Kriegslyrik. In: Eckart 9 (1914/15), S. 199 bis 218, 285–304.
4. E l s t e r, Hanns Martin: Die dt. Kriegsdichtung. In: Eckart 9 (1914/15), S. 16–26, 99–109. [16.–19. Jh.].
5. H o c h d o r f, Max: Die Dichtung vom Krieg. In: Sozialist. Mhe. 21 (1915), Bd. 3, H. 24, S. 1244–47.
6. S t ü m c k e, Heinrich: Bühnenstrategie. In: Österreich. Rdsch. 42 (1915), S. 66–70.
7. W i p p e r m a n n, F.: Die westfälische plattdeutsche Kriegsdichtung. In: BüWe. 14 (1916/17), S. 272–76.
8. B i e s e, Alfred: Der Weltkrieg im Spiegel dt. Dichtung. In: Konservative Mschr. 75.2 (1918), S. 701–07, 767–73. [D., E., L.].
9. B a b, Julius: Die deutsche Kriegslyrik 1914–1918. Eine kritische Bibliographie. Stettin 1920. 180 S. [432 T.].
10. R e i s m a n n - G r o n e, Theodor: Die ersten Versuche der Darstellung des Erdenkrieges. In: Hellweg 2 (1922), S. 417–19.
11. H e w e t t - T h a y e r, Harvey W.: The novel of the Great War. In: –: The modern novel. Boston 1924, S. 214–53.
12. B a c h m a n n, Heinrich: Der Weltkrieg im Spiegel der Dichtung. In: BüWe. 25 (1928) S. 252–58; 26 (1929), S. 95–100. [D., E., L.].
13. H e r z i g, Stella: Österreichische Kriegslyrik 1914–1918. Diss. Wien 1928. 157 Bl. (Masch.).
14. M a u s, Theodor: Neueste Kriegsdichtung. In: ZDK. 43 (1929), S. 591–98.
15. R i n t e l e n, Dietrich: Das Kriegserlebnis in der Literatur. In: Markwart 5 (1929), S. 49–64. [E.].
16. B r a n d, Guido K.: Siebzehn gegen den Krieg. In: Lit. 32 (1929/30), S. 338–40. [E.].

17. J u n k e r, Walter: Das Kriegserlebnis im dt. und ausländischen Roman. In: Geisteskultur 39 (1930), S. 121–38. [B.: 179 T., a. a. L.]; 41 (1932), S. 75–84. [B.: 106 T., auch Erlebnisse und Tagebücher].
18. W i e s e, Benno v.: Das Bild des Krieges in der dt. Lit. der Gegenwart. In: ZDB. 6 (1930), S. 8–15.
19. B o s t o c k, Id. Knight: Some well-known German war novels, 1914–30. Oxford 1931. 25 S.
20. C y s a r z, Herbert: Zur Geistesgeschichte des Weltkriegs. Die dichterischen Wandlungen des dt. Kriegsbilds 1910–1930. Halle 1931. 200 S. – R.: A. Busse, JEGPh. 32 (1933), S. 126–30. Unveränderter Abdruck mit einem neuen Schlußstück „Literarische Perspektiven des Zweiten Weltkriegs" u. d. T.: Zur Geistesgeschichte der Weltkriege. Bern 1973. 214 S.
21. J i r g e l, Ernst: Die Wiederkehr des Weltkrieges in der Lit. Wien 1931. 260 S. (Kleine histor. Monographien 31). [E. L.: Überblick].
22. C e s a n a, Angelo: Das Gesicht des Weltkrieges in der Lit. Basel 1932. 28 S.
23. E l s n e r, Richard: Der Weltkrieg im Drama seiner Zeit. In: Das dt. Drama in Gesch. u. Gegenwart 5 (1933), S. 55–76.
24. H a g b o l d t, Peter: Ethical and social problems in the German war novel. In: JEGPh. 22 (1933), S. 21–32.
25. L i n d e n, Walther: Volkhafte Dichtung von Weltkrieg u. Nachkriegszeit. In: ZDK. 48 (1934), S. 1–22. [E.: 50 T.].
26. P e a c o c k, Ronald: The Great War in German lyrical poetry. 1914–18. Proceedings of the Leeds Philosophical Society, literary and historical section 3 (1934), S. 189–243. [B.: S. 231–43].
27. P o n g s, Hermann: Krieg als Volksschicksal im dt. Schrifttum. Ein Beitrag zur Lit. Gesch. der Gegenwart. Stuttgart 1934. 91 S. Erweitert aus: DV. 35 (1934), S. 40 bis 86, 182–219.
28. S c h w i n g e r, Reinhold: Deutsche Weltkriegsdichtung in Schulausgaben. In: ZDK. 48 (1934), S. 238–43. [B.: 33 T.].
29. P o n g s, Hermann: Neue Kriegs- und Nachkriegsbücher. In: DuV. 37 (1936), S. 219 bis 235.
30. H o f f m a n n, Helmut: Mensch und Volk im Kriegserlebnis, dargestellt an typischen dt. Dichtungen aus der Zeit des Weltkrieges. Berlin 1937. 81 S. Reprint Nendeln 1967. (GSt. 189). [E.: 21 T.].
31. R e y, Wilhelm: Die Bewältigung des Weltkrieges im nationalen Kriegsroman. Diss. Frankfurt a. M. 1937. 75 S.
32. S c h a r m a n, Rachel: Der österreichische Kriegsroman. Diss. Wien 1937. 179 Bl. (Masch.).
33. W e i s s, Artur: Die Wiederkehr des Weltkrieges im dt. Drama. Diss. Wien 1937. 144 Bl. (Masch.).
34. P o n g s, Hermann: Weltkrieg und Dichtung. In: DuV. 39 (1938), S. 193–212.
35. S c h l ö t e r m a n n, Heinz: Das dt. Weltkriegsdrama 1919–1937. Diss. Jena 1939. 175 S. (Das Nationaltheater 2).
36. K i n d e r m a n n, Heinz: Die Weltkriegsdichtung der Deutschen im Ausland. Berlin 1940. 136 S. – R.: G. Fittbogen, DLZ. 62 (1941), Sp. 499f.
37. P f e i l e r, William K.: War and the German mind. The testimony of men of fiction who fought at the front. New York 1941. 349 S. [Etwa 100 T.]. – R.: H. W. Hewitt-Thayer, JEGPh. 42 (1943), S. 461–64; E. Rose, GR. 17 (1942), S. 149f.
38. J e c h l, Maria: Die Probleme der Nachkriegszeit in der dt. Frauendichtung. Diss. Wien 1942. 94 Bl. (Masch.).
39. S c h e r r e r, Paul: Kriegsweihnachten 1914/1944. In: Schweizer Mhe. 24 (1944/45), S. 596–607.

40. M e l n i t z, William: Die Gestaltung des Kriegs- und Revolutions-Erlebnisses auf den Bühnen der Weimarer Republik. 1919–1925. Diss. Univ. of California, Los Angeles 1947. 317 S.
41. A u g é e, Jean: L'image du combattant dans le roman de guerre français et allemand (1914–1918). Thèse Paris 1955. 374 S. (Masch. vervielf.). [215 T.].
42. R e c k n a g e l, Rolf: Der erste Weltkrieg und die Novemberrevolution von 1918 im Werk fortschrittlicher bürgerlicher Schriftsteller. In: Die Nation 8 (1958), H. 11, S. 775–800.
43. B e r n h a r d, Hans-Joachim: Der Weltkrieg 1914–18 im Werk Ernst Jüngers, Erich Maria Remarques und Arnold Zweigs. Diss. Rostock 1959. 314 Bl. (Masch.).
44. B o w r a, Maurice: Poetry and the First World War. Oxford 1961. 35 S. [L., a. a. L.].
45. S c h o n a u e r, Franz: Glorifizierung des Krieges. In: –: Deutsche Lit. im Dritten Reich. Freiburg i. Br. 1961, S. 61–76. [E., L.].
46. B e t z e n, Klaus: Deutung und Darstellung des Krieges in der dt. Epik des 20. Jhs. In: DU. 14 (1962), H. 1, S. 49–62. [1. u. 2. Weltkrieg].
47. P a v e l, Petr.: Bemerkungen zu einigen dt. Prosawerken über den 1. Weltkrieg. In: Germanica Wratislaviensia 7 (1962), S. 19–34.
48. K o l a k o w s k y, Erika: Es kommt auf den Standpunkt an. Deutung u. Darstellung d. Krieges in der dt. Epik d. 20. Jhs. In: Deutschunterricht (Berlin) 16 (1963), S. 118 bis 128. [1. u. 2. Weltkrieg. Erwiderung zu Nr. 759, 46.].
49. P e r e z, Hertha: Primul război mondial în proza antimilitaristă germană. In: Revista de filologia romanică şi german. 7 (1963), S. 107–20. [Mit franz. Zusammenfassung].
50. G r u b e r, Helmut: „Neue Sachlichkeit" and the world war. In: GLL 20 (1966/67), S. 138–49.
51. W e l t k r i e g s d i c h t u n g. In: Wilpert, SdL. 1969, S. 844–46.
52. W e l z i g, Werner: Der Kriegsroman. In: –: Der dt. Roman im 20. Jh. Stuttgart ²1970. S. 150–73. [Auch 2. Weltkrieg].
53. W a n d r e y, Uwe: Das Motiv des Krieges in der expressionistischen Lyrik. Hamburg 1972. 299 S. (Geistes- u. sozialwiss. Diss. 23).

760. Zweiter Weltkrieg und Nachkriegszeit

1. S c h w a b - F e l i s c h, Hans: Die Literatur der Obergefreiten. Neue dt. Kriegsromane und Kriegstagebücher. In: Der Monat 4, 1 (1951/52), S. 644–51.
2. G ü n t h e r, Helmut: Die dt. Kriegslit. 1945–1952. In: Welt u. Wort 8 (1953), S. 179 bis 184.
3. G ü n t h e r, Helmut: Die neue dt. Kriegsdichtung und die Schule. In: Die Schulwarte 6 (1953), S. 577–86.
4. G ü n t h e r, Helmuth: La litt. allemande de guerre. Un bilan de huit années. In: Allemagne d'aujourd'hui 1954, S. 692–704.
5. S c h o n a u e r, Franz: Sie kämpften im Dunkel. Der Zweite Weltkrieg in der dt. Lit. In: Zeitwende 25 (1954), S. 189–92.
6. S k a r k e, Heinz: Die Probleme der ersten Nachkriegszeit im österreichischen Roman. Diss. Wien 1955. 147 Bl. (Masch.).
7. C w o j d r a k, Günther: Die literarische Aufrüstung. Berlin 1957. 109 S. [Auch in d. E.]. – R.: W. Pallus, WB. 4 (1958), S. 588–92.
8. K a n t, Hermann und Frank W a g n e r: Die große Abrechnung. Probleme der Darstellung des Krieges in der dt. Gegenwartslit. In: Neue dt. Lit. 5 (1957), H. 12, S. 124 bis 139.
9. K a r l, Günther P.: Zur Darstellung des zweiten Weltkrieges in der Romanlit. Westdeutschlands. In: Einheit 12 (1957) H. 2, S. 207–14.

10. W a g n e r, Frank-Friedrich: Der literarische Ausdruck faschistischer Tendenzen in Westdeutschland, untersucht an Kriegsromanen. Diss. Berlin 1957. 215 Bl. (Masch.).
11. W e l t k r i e g, Erster 1914–18, Zweiter 1939–45 in der Dichtung. In: Kosch, LL. IV. ²1958, S. 3291f. [B.].
12. G e r s d o r f f, Ursula v.: Das Erlebnis des Zweiten Weltkrieges in der dt. Lit. In: Jahresbibliographie d. Bibliothek f. Zeitgeschichte, Weltkriegsbücherei 32 (1960), S. 411–26. [D., E., L.: 335 T.].
13. M a j u t, Rudolf: Der Roman des 2. Weltkriegs. In: Dt. Philologie im Aufriß. II. ²1960, Sp. 1781–84.
14. P a a r, Ilona: Beiträge zur geistigen Auseinandersetzung mit dem zweiten Weltkrieg im dt. Drama. Diss. Wien 1960. 240 Bl. (Masch.). [D., E., L.].
15. Der zweite W e l t k r i e g und Nachkriegsschicksale in Roman und Erzählung. Ein Bücherverzeichnis. Mainz (Städt. Volksbücherei) 1960. 22 S. [B.].
16. H o r s t, Karl August: Der Kriegsroman. In: –: Kritischer Führer durch die dt. Lit. d. Gegenwart. München 1962, S. 137–43.
17. B e r n h a r d, Hans-Joachim: Über den antikommunistischen Charakter verfälschender Darstellungen des 2. Weltkrieges in der Lit. Westdeutschlands. In: WZUR. 13 (1964), H. 1, S. 121–29. [E.].
18. B a u m g a r t, Reinhard: Unmenschlichkeit beschreiben. Weltkrieg und Faschismus in der Lit. In: Merkur 19 (1965), S. 37–50 und in: –: Lit. für Zeitgenossen. Frankfurt a. M. 1966, S. 12–36.
19. J u s t, Gottfried: Versuche, nicht zu vergessen. Wie dt. Schriftsteller den Krieg bewältigen. In: Frankfurter Hefte 23 (1968), S. 119–24.
20. B u r k h a r t, Sylvia Davis: World War II in German drama. The individual versus war. Diss. Univ. of Cincinnati 1969. 217 S. DAI. 30 (1969/70), S. 2998f. A.
21. A d a m s k i, Marek: Zur Kriegsproblematik im westdt. Hörspiel der 50er Jahre. In: Germanica Wratislaviensia 15 (1971), S. 61–83.

KRIEGSRECHT s. WEHRVERFASSUNG

KRIEMHILD s. BRÜNHILD

761. KRITIK, LITERARISCHE
1. M ü l l e r, Karl Friedrich: Die literarische Kritik in der mhd. Dichtung und ihr Wesen. Frankfurt a. M. 1933. 116 S. (Diss. Heidelberg. Dt. Forschungen 26). Repr. Darmstadt 1967. – R.: G. Ehrismann, Litbl. 56 (1935), Sp. 437f.; A. Witte, AfdA. 53 (1934), S. 77f.
2. K n o r r, Friedrich: Kritik u. Auslegung in der dt. Dichtung des Hochmittelalters. In: Zs. f. dt. Geisteswissenschaft 1 (1938/39), S. 432–47.

762. KRITISCHES ALTER
1. L u d w i g, Albert: Das Motiv vom kritischen Alter. Eine Studie zum „Mann von fünfzig Jahren" und ähnlichen Stoffen. In: Euph. 21 (1914), S. 63–72.

763. KRÜPPEL s. a. BUCKLIGER
1. W ü r t z, Hans: Krankheit in Lit. und darstellender Kunst. V. Der Krüppel in der Lit. In: Med. Mitt. 4 (1932), S. 165–68, 200–03. [A. a. L.].
2. W ü r t z, Hans: Der Krüppel in der schönen Lit. – Schöne Lit. über Krüppel, geordnet nach Verfassern, mit kurzer, das Krüppelproblem behandelnder Inhaltsangabe. In: –: Zerbrecht die Krücken. Leipzig 1932, S. 190–348. [D., E., L.: 805 T., a. a. L.].

3. P a g e l, Friedrich: Die Abnormen in der schönen Lit. In: Enzyklopäd. Handbuch der Heilpädagogik 1. ²1934, Sp. 1602–26 [E., D.: vorwiegend Krüppel.].

764. KRUZIFIX

1. T a r d e l, Hermann: Zur Stoffgeschichte von Chamissos Künstlerlegende „Das Kruzifix". In: ASNS. 124 (1904), S. 282–90.

765. KÜNSTLER s. a. BILDHAUER, DICHTER, MALER, MUSIKER, SCHAUSPIELER

1. B o r n s t e i n, Paul: Die Darstellung der Künstlerbohème in der modernen Lit. In: NuS. Bd. 107 (1903), S. 319–51. [A. a. L.].
2. R ö h l, Hans: Charaktere in der dt. Dichtung des 19. Jhs. 2. Der Künstler. In: ZDK. 35 (1921), S. 454–63.
3. K r i e n i t z, Willi: Das dt. Künstlerdrama in der ersten Hälfte des 19. Jhs. Ein Beitr. zur Stoffgeschichte des Dramas. Diss. Leipzig 1922 [1923]. 228 Bl. (Masch.).
4. M a r c u s e, Herbert: Der dt. Künstlerroman. Diss. Freiburg i. Br. 1922. 454 Bl. (Masch.).
5. G o l d s c h m i d t, Helene: Das dt. Künstlerdrama von Goethe bis R. Wagner. Weimar 1925. 161 S. (FNLG. 57; Diss. München 1924). – R.: H. Knudsen, Lit. 28 (1925/26), S. 56; W. Liepe, AfdA. 46 (1927), S. 50–52.
6. H e c k e l, Hans: Das Bild des Künstlers im neueren dt. Roman. Eine Skizze. In: Bausteine. Festschr. Max Koch dargebracht. Breslau 1926, S. 1–28. [Von Heine bis Th. Mann].
7. Z o h n e r, Alfred: Das dt. Künstlerdrama. Diss. Wien 1926. 273, 15 Bl. (Masch.).
8. D e e t j e n, Werner: Künstlerdrama. In: RL. II. 1926/28, S. 169–72.
9. H e c k e l, Hans: Künstlerroman. In: RL. II. 1926/28, S. 172–75.
10. H e c k e l, Hans: Die Gestalt des Künstlers in der Romantik. In: Litwiss. Jb. d. Görresges. 2 (1927). S. 50–83.
11. L e v y, Erna: Die Gestalt des Künstlers im dt. Drama von Goethe bis Hebbel. Berlin 1929. 155 S. (GSt. 68), Repr. Nendeln 1967. – R.: J: Dresch, Revgerm. 21 (1930), S. 65.
12. L a s e r s t e i n, Käte: Die Gestalt des bildenden Künstlers in der Dichtung. Berlin 1931. 79 S. (SMDL. 12). [D., E., L.: 18.–20. Jh.: 167 T.]. – R.: H. Cysarz, DLZ. 53 (1932), Sp. 2229–31; K. Oppert, ZfAesth. 26 (1932), S. 217–20.
13. R a u s c h, Lotte: Die Gestat des Künstlers in der Dichtung des Naturalismus. Diss. Gießen 1932. 65 S.
14. O b e n a u e r, Karl Justus: Die Problematik des ästhetischen Menschen in der dt. Lit. München 1933. 411 S. [18.–20. Jh.]. – R.: J. Petersen, DLZ. 55 (1934), Sp. 1894 bis 1897. – R.: W. Kohlschmidt, Theol. Lit. Zeitg. 60 (1935), S. 287–95.
15. S m i t h, Mary J.: The artist and society in the modern German novel. In: Modern Languages 14 (1933), S. 175–84.
16. A b e n d r o t h, Walter: Künstlerromane. In: DV. 18 (1936), S. 521–26.
17. K r i e n i t z, Willi: Das Künstlerdrama. In: Allg. Musikztg. 64 (1937), S. 437–39, 453–55.
18. C o l l i n s, Ralph Stokes: The artist in modern German drama (1885–1930). Baltimore, Md. 1940. 135 S. (Diss. Johns Hopkins University 1938). – R.: T. M. Campbell, MLJ. 26 (1942), S. 631f.; E. F. Hauch, MLQ. 2 (1941), S. 334f.; F. W. Kaufmann, JEGPh. 42 (1943), S. 302f.; W. A. Reichart, MDU. 34 (1942), S. 202f.; D. W. Schumann, GQu. 14 (1941), S. 192–94.
19. D a c h s e l, Joachim: Der Künstler am Hofe als Gestalt der neueren dt. Dichtung. Ein Beitr. z. Gesch. d. Verhältnisses von Kunst, Gemeinschaft und Staat zueinander. Diss. Leipzig 1945. 133 Bl. (Masch.).

20. Gerber, Dora: Studien zum Problem des Künstlers in der modernen deutschschweizerischen Lit. Carl Spitteler, Walther Siegfried, Paul Ilg, Albert Steffen. Diss. Bern 1948. 112 S. (Sprache u. Dichtung 72). – R.: W. P. Friedrich, GR. 25 (1950), S. 71f.
21. Pasinetti, Pier-Maria: Life for art's sake. Studies in the lit. image of the romantic artist. Diss. Yale Univ. 1949. 224 S.
22. Deibl, Maria: Die Gestalt des bildenden Künstlers in der romantischen Dichtung. Diss. Wien 1954. 259 Bl. (Masch.).
23. Granzow, Hermann: Künstler und Gesellschaft im Roman der Goethezeit. Untersuchung zur Bewußtwerdung neuzeitlichen Künstlertums in der Dichtung vom „Werther" bis zum „Kater Murr". Diss. Bonn 1959. 185 S. (Masch.). [1774 bis 1822].
24. Hering, Gerhard Friedrich: Der Künstler im Drama. In: –: Der Ruf zur Leidenschaft. Improvisationen über das Theater. Köln 1959, S. 247–57. [Überblick].
25. Majut, Rudolf: Der Künstlerroman. In: Dt. Philologie im Aufriß. II. ^{2}1960, Sp. 1457–60, 1554–74, 1706–11. [20. Jh.].
26. Karoli, Christa: Ideal und Krise enthusiastischen Künstlertums in der dt. Romantik. Bonn 1968. 272 S. (Diss. München 1965. Abhh. z. Kunst-, Musik- u. Lit. geschichte 48). – R.: D. H. Haenicke, Colloquia Germanica 1971, S. 330–33; J. Trainer, MLR. 65 (1970), S. 941f.
27. Künstlerdrama. In: Wilpert, SdL. 1969, S. 416f.
28. Künstlerroman. In: Wilpert, SdL. 1969, S. 417f.
29. Suboczewski, Irene: The figure of the artist in modern drama from Ibsen to Pirandello. Diss. Univ. of Maryland 1970. 322 S. DAI. 31 (1970/71), S. 6074 A. [A. a. L.].
30. Welzig, Werner: Der Künstlerroman. In: –: Der dt. Roman im 20. Jh. Stuttgart ^{2}1970, S. 74–94.
31. Lengborn, Thorbjörn: Schriftsteller und Gesellschaft in der Schweiz. Eine Studie zur Behandlung der Gesellschaftsproblematik bei Zollinger, Frisch und Dürrenmatt. Frankfurt a. M. 1972. 340 S. [Künstler und Gesellschaft bes. S. 71–76, 131–42, 233–40].

KÜNSTLICHER MENSCH s. *GOLEM, HOMUNCULUS*

766. KÜSTER

1. Grenacher-Berthoud, Béatrice: Darstellung des Sigristen und seiner Tätigkeiten in Erzählungen und Romanen. In: –: Der Sigrist. Das Küster-und Mesneramt einst und heute. Winterthur 1972, S. 123–40. [A. a. L.]. (Diss. Zürich 1972. 24 S. Teildr.).

767. KULTPROBLEM

1. Tappe, Walter: Das Kultproblem in der dt. Dramatik vom Sturm und Drang bis Hebbel. Berlin 1925. 96 S. (GSt. 37, Diss. München 1924). [Kultproblem als religionsgeschichtliches Thema].

768. KUNST UND KUNSTWERK s. a. *BAMBERGER REITER, KÖLN, NAUMBURGER STIFTERGESTALTEN*

1. Ilg, Albert: Beiträge zur Geschichte der Kunst und der Kunsttechnik aus mhd. Dichtungen. Wien 1892. 187 S.

2. W a e t z o l d t, Wilhelm: Malerromane und Gemäldegedichte. In: WestMh. 58. Bd. 116 (1914), S. 735–47. Auch in: Jb. d. Fr. Dt. Hochstifts 1913, S. 24–30.
3. S c h w i e t e r i n g, Julius: Mittelalterliche Dichtung und bildende Kunst. In: ZfdA. 60 (1923), S. 113–27 und in: –: Philologische Schriften. München 1969, S. 216–27.
4. B a u m a n n, Hanny Elisabeth: Die bildende Kunst im dt. Bildungsroman. Diss. Bern 1933. 149 S. [18. u. 19. Jh.: 13 T.].
5. R o s e n f e l d, Hellmut: Das dt. Bildgedicht. Seine antiken Vorbilder und seine Entwicklung bis zur Gegenwart. Leipzig 1935. 272 S. (Palaestra 199). – R.: K. K. Eberlein, DLZ. 56 (1935), Sp. 2228–30; F. Panzer, Litbl. 59 (1938), Sp. 88–90.
6. B o e s c h, Bruno: Die Kunstanschauung in der mhd. Dichtung von der Blütezeit bis zum Meistergesang. Bern 1936. 271 S. (Diss. Bern). – R.: H. O. Burger, DLZ. 59 (1938), Sp. 600–604.
7. B r i n s c h w i t z, Eva-Maria: Die bildende Kunst als Erlebnisinhalt und Formelement in der Prosadichtung der letzten Jahrzehnte. Diss. Breslau 1943. 163 Bl. (Masch.).
8. S c h u s,t e r, Christian: The work of art in German literature; methods and techniques of description from 1755–1830. Diss. Columbia Univ. Philadelphia 1949. 205 S. [Auch E. u. L.].
9. H i n r i c h s, Else: Das Verhältnis von Kunst und Leben in der österreichischen Dichtung von Franz Grillparzer bis Hugo v. Hofmannsthal. Diss. Bern 1954. 144 S.
10. P u c k e t t, Hugh W.: Art versus life in German lit. In: Rice Institute Pamphlet 41 (1954), Nr. 3, S. 26–40.
11. R e e d, Eugene E.: The union of the arts in the German romantic novel. Diss. Univ. of Texas 1954. 143 S.
12. B e b e r m e y e r, Gustav: Gemäldegedicht. In: RL. I. 2. Aufl. 1957, S. 552–56.
13. H o c k, Hans Joachim: Die Schilderungen von Bildwerken in der deutschsprachigen Epik von 1100–1250. Diss. Heidelberg 1958. 383 Bl. (Masch.). [A. a. L.].
14. B e b e r m e y e r, Gustav: Literatur und bildende Kunst. In: RL. II. 2. Aufl. 1959, S. 82–103. [Bes. S. 95–103].
15. W a l d e, Ingrid Barbara: Untersuchungen zur Literaturkritik und poetischen Kunstanschauung im dt. MA. Diss. Innsbruck 1961. 284 Bl. (Masch.). [Bes. Bl. 164–259].
16. K i r c h g r a b e r, Jost: Meyer, Rilke, Hofmannsthal. Dichtung und bildende Kunst. Bonn 1971. 120 S. (Abhh. z. Kunst-, Musik- u. Lit. wissenschaf 106).

769. KUPPLERIN

1. L e u b e, Eberhard: Die „Celestina". München 1971. 62 S. (Lit. und Dialog 5). [Z. T. stoffgeschichtlich, a. a. L., Spanien 16. Jh.].
2. H o r s t m e y e r, Gabriele: Die Kupplerin. Studien zur Typologie im dramatischen Schrifttum Europas von den Griechen bis zur Französischen Revolution. Diss. Köln 1972. 141 S. [A. a. L.].

770. KURIE, RÖMISCHE

1. N i t z, Ernst: Die Beurteilung der römischen Kurie in der dt. Lit. des 13. und der 1. Hälfte des 14. Jhs. Diss. Berlin 1930. 75 S.

KURISCHE NEHRUNG s. MEMELLAND

771. KURMARK

1. L ü d t k e, Franz: Die Landschaft der Kur- und Grenzmark im Gedicht. In: Dt. Kulturwart 2 (1935), S. 290–96.

2. U r b a n, Paul: Die Kurmark im Spiegel der dt. Lit. In: Dt. Kulturwart 2 (1935), S. 276–79. [E.].

772. KURPFALZ

1. C u l m a n n, Hellmut: Die Kurpfalz im historischen Roman. In: Die Westmark 8 (1940/41), S. 785–87.

773. KURTISANE

1. L a n d s i t t e l, Fritz: Die Figur der Kurtisane im dt. Drama des 18. Jhs. Diss. Heidelberg 1923. 151 Bl. (Masch.).

774. KUSS

1. J o n e s, George Fenwick: The kiss in middle high German Lit. In: Studia neophilologica 38 (1966), S. 195–210.

KYFFHÄUSER s. *HARZ*

L

775. LACHEN

1. H ö l l e r e r, Walter: Zwischen Klassik und Moderne. Lachen und Weinen in der Dichtung einer Übergangszeit. Stuttgart 1958. 503 S. [1832–1856]. – R.: W. D. Williams, MLR. 54 (1959), S. 288–90.
2. K r e m e r, Karl Richard: Das Lachen in der dt. Sprache und Lit. des Mittelalters. Diss. Bonn 1960. 204 S. [A. a. L.].
3. K e l l e r, Hans: Lachen und Weinen. Ein Versuch anthropologischer Literaturbetrachtung. In: GRM. 38 (1957), S. 309–28.

776. LÄCHERLICHES

1. K ö s t e r, Heinrich: Das Phänomen des Lächerlichen in der Dichtung um 1800. Diss. Freiburg i. Br. 1956. 226 Bl. (Masch.).

LANDLEBEN s. *BAUER, SCHÄFER*

777. LANDSCHAFT s. a. *NATUR UND NATURGEFÜHL, WUNSCHLANDSCHAFT*

1. K a m m e r e r, Friedrich: Zur Geschichte des Landschaftsgefühls im frühen 18. Jh. Berlin 1909. 265 S. [L.]. – R.: O. Walzel, AfdA. 35 (1912), S. 232–42.
2. D a r g e l, Felix Alexander: Die Landschaftsschilderung in der erzählenden Dichtung Goethes, Hölderlins und der älteren Romantik. Diss. Heidelberg 1921. 90 Bl. (Masch.).
3. S c h u l z, Hanna: Die Landschaft im mhd. Epos. Diss. Freiburg i. Br. 1924. 171 S. (Masch.).
4. D o n a t, Walter: Die Landschaft bei Tieck und ihre historischen Voraussetzungen. Frankfurt a. M. 1925. 137 S. (Dt. Forschungen 14). [Auch in der dt. Lit. d. 18. u. 19. Jhs.].
5. S c h m ü c k e r, Else: Die dt. Landschaft im dt. Roman der Gegenwart. In: Mädchenbildung auf christl. Grundlage 21 (1925), S. 465–70.

6. B i e d e r, Gertrud: Natur- und Landschaft in der dt. Barocklyrik. Diss. Zürich 1927. 78 S. [1635–1674].
7. H a p p, A.: Die Landschaftsbetrachtung im klassischen Deutschland. In: Kunstwart 40 (1927), S. 137–43.
8. B r ö s e l, Kurt: Veranschaulichung im Realismus, Impressionismus und Frühexpressionismus. München 1928. 63 S. (Diss. Bonn. Wortkunst NF. 2).
9. L a t z k e, Rudolf: Die österreichische Landschaft in der österreichischen Dichtung um die Wende des 18. und 19. Jhs. In: Jb. f. Landeskunde v. Niederösterreich NF. 21 (1928), S. 307–36.
10. L e n z e n, Hans Lorenz: Dichtung der Landschaft. In: LitHdw. 65 (1928/29), Sp. 321–326.
11. E l l i n g e r, Georg: Städte- und Landschaftsgedichte. In: RL. IV. 1931, S. 89f.
12. R u p p e, Hans: Park und Landschaft von der Anakreontik bis zur Frühromantik. Diss. Wien 1930. 139 Bl. (Masch.).
13. S c h a e f e r, Oda: Schlesische Landschaft in schlesischer Dichtung. In: Der Wanderer im Riesengebirge 52 (1932), S. 26–28.
14. K r e c h, Paul: Die Rolle der Natur im Sturm- und Drangdrama. Diss. Erlangen 1933. 196 S. (U. d. T.: Die Landschaft im Sturm- und Drangdrama. Berlin 1933; Theater u. Drama 4). – R.: G. Keferstein, DLZ. 56, 1 (1935), Sp. 465–68.
15. L a n g e n b u c h e r, Hellmuth: Dichtung aus Landschaft und Bauerntum. In: ZDK. 47 (1933), S. 362–83.
16. B ö h e i m, Julius: Das Landschaftsgefühl des ausgehenden Mittelalters. Diss. Leipzig 1934. 132 S. Repr. Hildesheim 1973. (Beitr. z. Kulturgesch. d. MA. u. d. Renaissance 46). [In der Dichtung: S. 1–79]. – R.: H. Grundmann, ZfAesth. 29 (1935), S. 165 bis 169; H. Kunisch, AfdA. 57 (1938), S. 18–22; O. Mann, DLZ. 55 (1934), Sp. 2470–72.
17. D ü t t i n g, Hanna: Die Landschaftsschilderung in der dt. Lit. des 16. Jhs. Diss. Münster 1934. 103 S. [D., E., L.].
18. E n g e l, Gertraud: Die orientalische Landschaft in der österreichischen Dichtung des 19. Jhs. Diss. Wien 1934. 156 Bl. (Masch.).
19. H a m i l t o n, Jean Isabel: Landschaftsverwertung im Bau höfischer Epen. Diss. Bonn. 1934. 103 S.
20. B r i n k m a n n, Hennig: Dichtung der Landschaft. In: Das dt. Wort 11 (1935), Nr. 1, S. 1–6. [E.].
21. B e h r, Johannes: Die dt. Landschaften im Bilde dt. Dichtung. In: Der dt. Buchhandlungsgehilfe 4 (1936), S. 69–80.
22. D a r g e, Elisabeth: Naturgefühl und Landschaftsdarstellung in der dt. Dichtung seit 1880. In: JsBSchlesGes. 108 (1936), S. 163f. (Vortragsbericht).
23. K u t z l e b, Hjalmar: Landschaft und Dichtung. In: Die Neue Dt. Schule. 10 (1936), S. 68–74.
24. M o r e t, André: Les différentes conceptions de la nature et du paysage dans le lyrisme allemand du baroque. In: Revgerm. 27 (1936), S. 109–30.
25. L u t h e r, Arthur: Deutsches Land in dt. Erzählung. Ein literarisches Lexikon. Leipzig ²1937. 862 Sp. – R.: E. Ackerknecht, Die Bücherei 4 (1937), S. 520f.; F. Geldner, ZfB. 55 (1938), S. 227–29; E. Schröder, AfdA. 58 (1939), S. 185; E. Semrau, ZfdPh. 63 (1938), S. 336–39; F. W. Wentzlaff-Eggebert, DLZ. 61 (1940), Sp. 16–18.
26. M e s s e r s c h m i d t - S c h u l z, Johanne: Zur Darstellung der Landschaft in der dt. Dichtung des ausgehenden Mittelalters. Diss. Breslau 1938. 119 S. [14.–16. Jh.] (Spr. u. Kultur d. germ. u. rom. Völker. B. 28). – R.: H. Kunisch, AfdA. 58 (1939), S. 125–31; E. Sander, Lit. 43 (1940/41), S. 85f.
27. O r t h, Irene: Die Landschaft als Lebensraum im deutschen Roman der Gegenwart. Dargestellt am Werk Grieses, Pleyers u. Waggerls. Diss. Würzburg 1941. 69 S.

28. S h e a r s, Lambert A.: The treatment of landscape in some recent German writers. In: GQu. 16 (1943), S. 1–7.
29. W e s s e l s, Paulus Bernhardus: Die Landschaft im jüngeren Minnesang. Maestricht 1945. 149 S. (Diss. Nymwegen). – R.: A. Moret, EG. 5 (1950), S. 65f.
30. L a n g e n, August: Verbale Dynamik in der dichterischen Landschaftsschilderung des 18. Jhs. In: ZfdPh. 70 (1947/48), S. 249–318.
31. F r i t s c h, Gerhard: Die Industrielandschaft in ihrer Darstellung durch die dt. Lyrik. Diss. Wien 1949. 135 Bl. (Masch.).
32. J o h n s o n, Hildegard Binder: Geography in German literature. In: GQu. 24 (1951), S. 230–38. [Dt. Landschaften].
33. G r u e n t e r, Rainer: Landschaft. Bemerkungen zur Wort- und Bedeutungsgeschichte. In: GRM. 34 (1953), S. 110–20.
34. L u t h e r, Artur und Heinz F r i e s e n h a h n: Land und Leute in dt. Erzählung. Ein bibliogr. Literaturlexikon. Stuttgart 1954. 556 Sp. (Rd. 8000 T. zu 430 Orten und rd. 2200 T. zu 700 Personen).
35. M ü l l e r, Andreas: Landschaftserlebnis und Landschaftsbild. Studien zur dt. Dichtung des 18. Jhs. und der Romantik. Stuttgart 1955. 247 S. [Auch 14.–17. Jh. im Überblick]. – R.: G. Baumann, ASNS. Bd. 193 (1956/57), S. 273–84; G. Konrad, Welt u. Wort 11 (1956), S. 193; H. Salascheck, Furche 14 (1958), S. 11f.
36. A n g e r, Alfred: Landschaftsstil des Rokoko. In: Euph. 51 (1957), S. 151–91.
37. D e s c h n e r, Karlheinz: Landschaftsschilderungen. In: –: Kitsch, Konvention und Kunst. München 1957, S. 19–104.
38. A u e r, Annemarie: Die Landschaft der Dichter. In: Neue dt. Lit. 6 (1958), H. 2, S. 80–94. [18.–20. Jh. im Überblick].
39. M a j u t, Rudolf: Der Landschaftsroman (Der Roman der dt. Landschaft). In: Dt. Philologie im Aufriß, II. ²1960, Sp. 1499–1507, 1637–63, 1656–64.
40. S c h i l d t, Joachim: Gestaltung und Funktion der Landschaft in der dt. Epik des Mittelalters (1050–1250). Diss. Berlin 1960. 168 Bl. (Masch.). – Selbstref. in: Germanistik 3 (1962), Nr. 249.
41. G r u e n t e r, Rainer: Das wunnecliche tal. In: Euph. 55 (1961), S. 341–404. [Minnegrotte].
42. G r u e n t e r, Rainer: Zum Problem der Landschaftsdarstellung im höfischen Versroman. In: Euph. 56 (1962), S. 248–78.
43. M a h e r Ali Ragheb, Moustafa: Das Motiv der orientalischen Landschaft in der dt. Dichtung von Klopstocks Messias bis zu Goethes Divan. Diss. Köln 1962. 151 S.
44. K r o l o w, Karl: Lyrik und Landschaft. In: Jahresring 1962/63. Beitr. z. dt. Lit. u. Kunst d. Gegenwart, S. 61–85. [18. u. 19. Jh.].
45. M i c h e l, Karl Markus: Die Mulde. Etüde mit Zitaten. In: Zeugnisse. Th. W. Adorno z. 60. Geb. Tag. Frankfurt 1963. S. 183–212. [18. Jh., Höhle und heimliches Tal als locus amoenus]
46. R o ß, Werner: Landschaftsschilderungen. Textanalyse als Hilfsmittel zur Aufsatzerziehung. In: DU. 15 (1963), H. 5, S. 91–103. [19./20. Jh.].
47. R e m p e l, Hans: Aufsiteg der deutschen Landschaft. Das Heimaterlebnis von Jean Paul bis Adalbert Stifter. Gießen 1964. 198 S.
48. S c h i l d t, Joachim: Zur Gestaltung und Funktion der Landschaft in der dt. Epik des MA. In: Beitr. (Halle) 86 (1964), S. 279–307.
49. B i l l e n, Josef: Baum, Anger, Wald und Garten in der mhd. Heldenepik. Diss. Münster 1965. 170 S.
50. M i n d e r, Robert: Lüneburger Heide, Worpswede und andere Heide- und Moorlandschaften. In: –: Dichter in der Gesellschaft. Frankfurt a. M. 1966, S. 265–86.

51. E n z i n g e r, Moritz: Die Landschaft zwischen Brenner und Garda im dt. Schrifttum. In: Germanistische Studien. Innsbruck 1969, S. 127–49. (Innsbrucker Beitr. z. Kulturwissenschaft 15).
52. Y o s h i j i m a, Shigeru: Die Landschaft in der höfischen Dichtung des MA. In: Doitsu Bungaku 43 (1969), S. 130–40.
53. J a e c k l e, Erwin: Das Landschaftsgedicht. In: –: Signatur der Herrlichkeit. 6 Vorträge zur Natur im Gedicht. Zürich 1970, S. 55–69. [A. a. L.].
54. B r o w n, Ella Lees: The uses of the landscape. A study in eighteenth century poetry. Diss. Univ. of Washington 1972. 256 S. DAI. 33 (1972/73), S. 1160 A.
55. E b e r s b a c h, Volker: „Der Mensch in allem deutlich". Landschaftsbezogene sozialistische Gegenwartslyrik der DDR. Studie zu drei Lyriken. In: WB. 19 (1973), H. 11, S. 83–112.
56. L a n d s c h a f t und Raum in der Erzählkunst. Darmstadt 1975. 486 S. (Wege der Forschung 418). [Mit 15 Beiträgen].

LANDSTREICHER s. *FAHRENDE, VAGABUND*

778. LANGEMARCK s. a. *KRIEG (ERSTER WELTKRIEG UND NACHKRIEGSZEIT)*

1. M a u s, Theodor: Langemarck-Geschichte und Dichtung. In: ZDB. 13 (1937), S. 498–504.
2. F u c h s, Johann: Langemarck in der dt. Lit. Diss. Wien 1940. 67 Bl. (Masch.).

779. LANZELOT

1. K l a p p e r, Joseph: Lanzelot. In: VerfLex. III. 1943, Sp. 23–27.
2. M i n i s, C.: Lanzelot. In: VerfLex. V. 1955, Sp. 592–98.
3. L a n z e l o t. In: Frenzel, StdW. 1970, S. 425–27. [D., E.: 18.–20. Jh.].

LASTER s. *TUGEND UND LASTER*

780. LATINITÄT

1. S c h m i d t, Adalbert: Das Erlebnis der Latinität in der österreichischen Dichtung seit der Jahrhundertwende. In: Marginalien zur poetischen Welt. Festschr. f. R. Mühlher. Berlin 1972, S. 369–97. [Bekenntnisse zur antiken Welt, 19./20. Jh.].

781. LAUDON, GIDEON VON

1. J a n k o, Wilhelm von: Laudon im Gedicht und Liede seiner Zeitgenossen. Wien 1881. 160 S. [Vorwort zur Anthologie. S. VII–XI].

782. LAUENBURG (POMMERN)

1. R a e c k, Fr.: Das blaue Ländchen (Lauenburg) im Spiegel der Literatur. In: Heimatkalender f. d. Kreis Lauenburg 1929, S. 34–40.

783. LAZARUS

1. N a h d e, Ernst: Der reiche Mann und der arme Lazarus (Lucas XVI, 19–31) im Drama des 16. Jhs. Diss. Jena 1928 [1929]. 21 S. (Teildr.).

LEANDER s. *HERO UND LEANDER*

784. LEBENSABEND s. a. *ALTER*
   1. M e y e r, Herman: De Levensavond als litterair motief. Inaugurele Rede. Amsterdam 1947. 20 S. [19. Jh.].
   2. S t o c k u m, Th. C. van: Levensavond en ouder domsdysphorie. In: —: Ideologische Zwerftochten. Groningen 1957, S. 292—304 und in Neoph. 32 (1948), S. 62—69.

785. LEBENSAUFFASSUNG
   1. B i e s e, Alfred: Lebensbejahung in neuerer dt. Dichtung. In: Konservative Mschr. 67 (1909/10), S. 50—55, 157—164, 267—73, 490—97, 1042—46, 1165—1169, 1279 bis 1285. (Auch Progr. Neuwied 1912. 24 S.).
   2. B i e t a k, Wilhelm: Das Lebensgefühl des „Biedermeier" in der österreichischen Dichtung. Wien 1931. 253 S. (Diss. Wien 1929). [1815—1848].
   3. M a j u t, Rudolf: Lebensbühne und Marionette. Ein Beitrag z. seelengeschichtl. Entwicklung von der Genie-Zeit bis zum Biedermeier. Berlin 1931. 143 S. (GSt. 100).
   4. A r n o l d, Hans: Lebensdrang und Todesverlangen in der dt. Lit. von 1850—1880 im Zusammenhang mit der Philosophie Schopenhauers. Diss. Heidelberg 1934. 118 S.
   5. D a r g e, Elisabeth: Lebensbejahung in der dt. Dichtung um 1900. Diss. Breslau 1934. 273 S. (Deutschkundl. Arbeiten A. 1). [1890—1910]. — R.: H. Gumbel, DLZ. 57 (1936), Sp. 1915—20; W. Kohlschmidt, AfdA. 54 (1935), S. 193—95; F. A. Voigt, ZfdPh. 60 (1935), S. 297—302; F. K. Richter, JEGPh. 42 (1943), S. 459—61.
   6. K n o l l, Samson B.: Vergänglichkeitsbewußtsein und Lebensgenuß in der dt. Barocklyrik. In: GR. 11 (1936), S. 246—57.
   7. B u z á s, László: Der Vergleich des Lebens mit dem Theater in der dt. Barockliteratur. Pécs (Fünfkirchen) 1941. 93 S. (Diss. Pécs, Specimina diss. Facultatis philos. 208). [Schauspielmetapher].
   8. J á s z i, Andrew Oscar: Untersuchungen zur Idee des Lebens in der dt. Dichtung um 1900. Diss. Harvard Univ. 1947.
   9. R e m i z, Gisela v.: Lebensgefühl, Liebe und Frauen im Drama der dt. Neuromantik. Diss. Halle 1948. 138 Bl. (Masch.).
   10. C y s a r z, Herbert: Wandlungen des Lebensbegriffs von Goethe zur Gegenwart. In: Beiträge zur Einheit von Bildung und Sprache im geistigen Sein. Festschr. f. E. Otto. Berlin 1957, S. 405—27.
   11. R i e d e r, Heinz: Österreichische moderne Studien zum Welt- und Menschenbild in ihrer Epik und Lyrik. Bonn 1968. 135 S. (Abhh. z. Kunst-, Musik- und Lit. Wissenschaft 60).
   12. H a r t m a n n - W i n k l e r, Waltraut: Lebensbewältigung im Kinderbuch. Eine psychologische Analyse und Interpretation des Motivs der Lebensbewältigung im Volksmärchen und in der Kindergeschichte der Gegenwartslit. Wien 1970. 164 S. (Wiener Studien z. pädagogischen Psychologie 2).
   13. R u s t e r h o l z, Peter: Theatrum vitae humanae. Funktion und Bedeutungswandel eines poetischen Bildes. Studien zu den Dichtungen von A. Gryphius, Ch. Hofmann v. Hofmannswaldau und D. C. Lohenstein. Berlin 1970. 169 S. (PhStQ. 51). [Schauspiel als Topos und Metapher].
   14. E i t e l, Wolfgang: Der Dichter und das Schauspiel des Lebens. Bemerkungen zu einem Bildmotiv in der Lit. des 19. Jhs. In: Beitr. z. vergl. Literaturgeschichte. Festschr. f. K. Wais z. 65. Geburtstag. Tübingen 1972, S. 265—79. [A. a. L.].
   15. G a a r, Alice Carol: German science fiction. Variations on the theme of survival in the space-time continuum. Diss. Univ. of North Carolina 1973. 318 S. DAI. 34 (1973/74), S. 2623 A. [Überleben].

LEBENSBAUM s. *KREUZHOLZ*

786. LEHENSEID

1. D o h s e, Jutta: Zu „helfe und rât". Der Lehenseid in der mhd. Dichtung. In: Getempert und gemischet. Für W. Mohr z. 65. Geburtstag. Göppingen 1972, S. 219–29. (GAG 65).

787. LEBENSKAMPF

1. M ü l l e r, H. R.: Der Kampf um das Leben in der modernen Dichtung. In: Wingolfsnachrichten 4 (1937), Sp. 185–91.

LEGENDE s. *HEILIGER*

788. LEHRER s. a. *ERZIEHER UND ERZIEHUNG, HOFMEISTER, SCHÜLER, SCHULE*

1. R o s i k a t, A.: Der Oberlehrer im Spiegel der Dichtung. In: ZDU. 18 (1904), S. 617 bis 633, 687–703.
2. W o h l r a b e, Wilhelm: Der Lehrer in der Literatur. Osterwieck ^{3}1905. 563 S. [Mit vielen Textproben. Bes. Volksschullehrer].
3. E b n e r, Eduard: Der „Professor" in der modernen dt. Lit. In: ZDU. 21 (1907), S. 349–70.
4. S c h u l t z, Adolf: Der dt. Schulmann im Spiegel der vaterländischen Lit. des 16. und 17. Jhs. Bielefeld 1907. (Päd. Abh. NF. 12, H. 10, S. 185–214).
5. B o s c h, Joh.: Der Schulmeister in Dichtungen. In: Kath. Zs. f. Erziehung u. Unterricht 57 (1908), S. 309–12; 58 (1909), S. 512–17. [A. a. L.].
6. E b n e r, Eduard: Magister, Oberlehrer, Professoren. Wahrheit und Dichtung in Literaturausschnitten aus 5 Jahrhunderten. Nürnberg 1908. 306 S. – R.: P. Cauer, DLZ. 29 (1908), Sp. 965–68; W. Fries, Lehrproben u. Lehrgänge aus d. Praxis d. Realschulen 1908, S. 345–51 [Erg.]; R. Jahnke, MHSch. 8 (1909), S. 48–50; H. Königsbeck, ZGymn. 62 (1908), S. 578–81.
7. S c h l e s i e r, Emil: Der Volksschullehrer in der dt. Lit. In: ZDU. 23 (1909), S. 163 bis 78, 225–33.
8. F r i e s, W.: Der Schulmeister in Dichtungen. In: KZEU. 59 (1910), S. 397–403. [D., E.].
9. G e r s t e r, Matthäus: Der Lehrer im Spiegel der schwäbischen Dichtung. Stuttgart 1911. 20 S. (Der Schwäbische Schulmann 8). [E.].
10. P a g e l, Friedrich: Das Schulproblem im Lichte moderner Lit. In: Die Schule 15 (1911), S. 693–413, 465–87.
11. R i c e k, Leopold Georg: Die Gestalt des Volksschullehrers im Lied, Im Roman und auf der Bühne. Eine literarisch-kritische Studie. Wien 1914. 154 S.
12. S o m m e r f e l d, Martin: Der Schulmeister. In: LE. 18 (1915/16), Sp. 529–36.
13. R u l a n d, Ilse: Tübinger Professoren in der Literatur. In: Oberdeutschland Bd. 6 (1922), S. 322–29.
14. H a f n e r, Gotthilf: Die Gestalt des Lehrers im dt. Drama. In: Württemb. LehrerZtg. 84 (1924), S. 267–73.
15. B ö h m e, Walter: Die Gestalt des Lehrers in Komödie und Drama. In: PädW 33 (1926), S. 360–65. [6 T.].
16. P r a s t o r f e r, Wilhelm: Vom Lehrer in der dt. Dichtung. In: Österreichische Pädagogische Warte 23 (1928), S. 301–3. [D., E.: 17.–19. Jh.].
17. D a h m e n, Hans: Lehrer und Schüler von ehedem und heute. In: Hochland 27 (1929/30), S. 510–24. [E.].
18. H o h m a n n, Walter: Der Philologe im Spiegel der öffentlichen Meinung. In: Dt. Philologenbl. 39 (1931), S. 103–06. [E.: Nachkriegszeit des 1. Weltkriegs].

19. S c h r ö d e r, A.: Schüler und Lehrer höherer Schulen in der neueren dt. Romandichtung. In: ZDK. 45 (1931), S. 508–30. [E.: 61 T.].
20. W e n d t, Hans: Religionsunterricht und Religionslehrer in neuerer Dichtung. In: Zs. f. d. ev. Religionsunterricht 42 (1931), S. 49–57. [E.].
21. S o m m e r f e l d, Martin: Die Gestalt des Lehrers in der dt. Lit. In: GQu. 10 (1937), S. 107–122.
22. P i c h l e r, Anton: Aufgabe und Gestalt des Lehrers in der dichterischen Darstellung durch Berufskollegen. In: —: Der Beitrag des Lehrerstandes zur neueren Literatur. Vertreter, Bedeutung und Probleme dieser Dichtung. Diss. Wien 1938, S. 77–90.
23. P r a n g, Helmut: Die Gestalt des Lehrers in der neueren dt. Dichtung. In: Die Erziehung 13 (1938), S. 429–38.
24. K e l l e r, Hans: Die Gestalt des Lehrers im modernen Schulroman. In: Schweizer Erziehungs-Rdsch. 11 (1938/39), H. 3, S. 50–54.
25. K i r c h e r, Wilhelm: Die Gestalt des Lehrers in der dt. Dichtung. In: Bücherkunde 9 (1942), S. 74–77.
26. V o l k s s c h u l l e h r e r und Studienrat. In: Schmitt, BuA. 1952, Sp. 556–70, 516–20. [B.].
27. B ö t t c h e r, Kurt: Das Bild des deutschen Lehrers in Literatur und Wirklichkeit. In: Neue Dt. Lit. 3 (1955), Nr. 9, S. 72–94 [19. Jh.] u. in: Geist und Zeit 1956, H. 4, S. 102–25.
28. H a c k e l, Walter: Prügelpädagoge oder Menschenbildner? Die Gestalt des Lehrers in der dt. Lit. In: Pädagogik 10 (1955), S. 965–68.
29. L e h m a n n, Karl: Die Gestalt des Lehrers in der dt. Lit. Frankfurt a. M. ³1955. 182 S. (1. Aufl.: 1942). [139 T.] – R.: K. Böttcher, Neue dt. Lit. 4 (1956), H. 1, S. 147f. E. Kast, DLZ. 64 (1943), Sp. 516.
30. W e n k e m a n n, Wilhelm: Die Lehrer der Volksschule im Spiegel der erzählenden Lit. In: Unsere Schule 10 (1955), S. 268–79. [Nach 1945].
31. L e h r e r in der Erzählung. In: Kosch, LL. III. 2. Aufl. 1956, S. 2621–25. [B.].
32. G r e g o r - D e l l i n, Martin: Wie sich die Lehrer gleichen. Schüler und Schulmänner in der Lit. In: Magnum 1964 H. 14 (Juni), S. 34f.
33. Z a c h a r i a s, Ernst-Ludwig: Die Darstellung des Lehrers in der sozialistischen und in der bürgerlich-antiimperialistischen erzählenden dt. Lit. Pädagog. Diss. Potsdam 1964. 430 Bl. (Masch. vervielf.). [1871–1953].
34. D i w i s c h, Franz: Die Gestalt des Lehrers in der Lit. Wien 1969. 335 S. [Einleitung z. Anthologie S. 9–18].
35. S c h l e n s t e d t, Dieter: Lehrer und Schüler im Spiegel literarischer Entwicklungen. In: WB. 16 (1970), H. 12, S. 120–57.
36. H e r t i n g, Helga: Die Lehrerfigur in der Gegenwartslit. In: —: Unser Zeitgenosse in der epischen Lit. Berlin 1971, S. 52–69.

789. LEIBESÜBUNG

1. P a w e l, Jaro: Die leibliche Erziehung und die Pflege der Leibesübungen in den Dichtungen des MA. In: Zs. f. d. österr. Turnwesen 2 (1886), S. 176–81, 218–24, 253–57.
2. V o g t, Martin: Der Sport im MA. In: Geschichte des Sports aller Völker und Zeiten 1. Leipzig 1926, S. 163–237.
3. B r ü g g e m a n n, Siegfried: Leibesübungen in der neueren dt. Dichtung. In: Leibesübungen und körperliche Erziehung 54 (1935), S. 440–45.
4. M e r t e n s, Heinrich: Dichtung der Leibesübung. Diss. Bonn 1937. 41 S. [D., E., L.; a. a. L.].

5. S c h ö n f e l d, Herbert: Neue Dichtung vom Sport im dt. Unterricht. In: ZDB. 14 (1938), S. 79—87.
6. K o p p, Karl H.: Ritterliche Leibeskultur im Spiegel des ma. dt. Entwicklungsromans. Diss. Wien 1952. 251 Bl. (Masch.).
7. S e e r i n g, Herbert: Die ritterlichen Leibesübungen in den höfischen Epen. In: Wolfram-Jb. 1953, S. 48—100; 1954, S. 7—42. (Diss. Bonn 1948, Masch.).
8. O s c h a t z, Hermann: Körperkultur und Sport in der schöngeistigen Lit. der Gegenwart. In: Therapie und Praxis der Körperkultur 3 (1954), S. 882—90. [E., L.].
9. G ö h l e r, Josef: Die Leibesübungen in der dt. Sprache und Lit. In: Dt. Philologie im Aufriß III. 1957, Sp. 1945—2006; 2. Aufl. III. 1962, Sp. 2973—3050. (Auch Sonderdruck: Frankfurt 1962. 78 S.). [L.: 12.—20. Jh.].
10. B r u n n s t e i n e r, Ernst: Dichtung und Sport. Das Sporterlebnis des Dichters und sein Wirken als Erzieher. Graz 1965. 96 S. (Masch.). [D., E., L.].
11. S c h w a r z, Karl: Sport als Motiv in der Weltlit. In: Die Leibeserziehung 1965, H. 9, S. 317—46. [B. mit 470 Nr.].
12. K r e u t z e r, Leo: Das geniale Rennpferd. Über Sport und Lit. In: Akzente 17 (1970), S. 559—74. [E., L., a. a. L.].
13. G r a s s h o f f, Kurt: Romane und Erzählungen vom Sport und Lit. zwischen 1900 und 1970. In: Leibesübungen 22 (1971), H. 6, S. 13—16. [B., a. a. L.].
14. G r a s s h o f f, Kurt: Der Sport als Motiv in der zeitgenössischen erzählenden Lit. — eine Übersicht. In: Die Leibeserziehung 20 (1971), S. 122—27. [A. a. L.].
15. K r u g, Gerhard: Sport und moderne Lit. In: Sportkritisch. Bern 1972, S. 169—87. [E., a. a. L.].
16. N i e d e r m a n n, Erwin: Sport als Motiv im Nibelungenlied u. in anderen mhd. Dichtungen aus Österreich. Wien 1972. 81 S. (Theorie u. Praxis d. Leibesübungen 45).

790. LEICHE

1. S u c h i e r, Walther: Der Schwank von der viermal getöteten Leiche in der Lit. des Abend- und Morgenlandes. Halle 1922. 76 S. [5 dt. T.].

791. LEID

1. M a u r e r, Friedrich: Leid. Studien zur Bedeutungs- und Problemgeschichte, bes. in den großen Epen der Staufischen Zeit. München 1951. 283 S. (Bibliotheca Germanica 1). [3]1964 [Auch motivgeschichtlich]. — R.: S. Beyschlag, GRM. 33 NF. 2 (1951/52), S. 328f.; W. W. Chambers, MLR. 48 (1953), S. 485f.; C. Minis, Euph. 3. F. 46 (1952), S. 107—109; H. E. Keller, ZRPh. 71 (1955), S. 88—90.
2. A l b e r t, Christine Ottilie H.: Leiderfahrung und Leidüberwindung in der dt. Lyrik des 17. Jhs. Diss. München 1956. 173 Bl. (Masch.).
3. F a l k, Walter: Leid und Verwandlung. Rilke, Kafka, Trakl. Salzburg 1961. 499 S. [Auch Qual u. Schwermut].

792. LEIDENSCHAFT

1. J o s w i g, Horst: Leidenschaft und Gelassenheit in der Lyrik des 18. Jhs. Von Günther bis Goethe. Berlin 1938. 120 S. (Neue dt. Forsch. Abt. Neuere dt. Lit. Gesch. 17, Diss. Danzig 1937). — R.: A. Cloß, AfdA. 76 (1939), S. 139—41; R. Immerwahr, GR. 14 (1939), S. 298f.
2. R u p p e r t, Hans: Die Darstellung der Leidenschaften und Affekte im Drama des Sturmes und Dranges. Berlin 1941. 136 S. (Diss. Bonn. Neue dt. Forschungen, Abt. Neuere dt. Literaturgeschichte 34). — R.: F. Martini, DLZ. 63 (1942), Sp. 862—846.

793. LEIPZIG

1. F r a n k e n, J.: „Milieu" Leipzig. Begriff der Milieu-Dichtung und ihre Entwicklung in Leipzig. 1887–1899. In: Die redenden Künste 6 (1900), H. 19–22.
2. S o m m e r, P.: Leipzig in der neueren Romanlit. In: Leipziger Lehrerzeitung 27 (1920), Lit. Beil. Nr. 2, S. 14.
3. L e i p z i g. In: Luther, DtL. 1937, Sp. 352–58. [B.].
4. L e i p z i g in der dt. Erzählung. In: Kosch, LL. II. ²1953, S. 1494f. [B.].
5. L e i p z i g. In: Luther, LuL. 1954, Sp. 159–62. [B.].
6. R o t h e, Edith: Die Messe in der schönen Lit. In: –: Bibliographie zur Geschichte der Stadt Leipzig. Sonderbd. I: Die Leipziger Messe. Leipzig 1957, S. 177–79. [B.].
7. R o t h e, Edith: Schöne Lit. In: Bibliographie zur Geschichte der Stadt Leipzig. Sonderbd. II. Leipzig 1961, S. 442–44. [B.].
8. R o t h e, Edith: Leipzig in der schönen Lit. In: –: Bibliographie zur Geschichte der Stadt Leipzig. Sonderbd. III: Die Kunst. Weimar 1964, S. 232–38. [B.].

794. LENCLOS, NINON DE

1. S c h e i n e r, Peter Walter: Der Ninon-Stoff. In: –: Oedipusstoff und Oedipusmotiv in der dt. Lit. Diss. Wien 1964, Bl. 266–73. (Masch.). [19./20. Jh.].

795. LENIN

1. R o s t, Gottfried und Annemarie H a h n: Die Gestalt Lenins in der Lit. In: –: Die Oktoberrevolution im Spiegel dt. sprachiger Belletristik. Leipzig 1967, S. 57–70. [E., D., L.].
2. G o l i k, Iwan: Lenin in der dt. Lit. In: WB. 16 (1970), H. 2, 182–92. [D., E., L.].

796. LENZ, JAKOB MICHAEL REINHOLD

1. H a r r i s, Edward P.: J. M. R. Lenz in German lit. In: Colloquia Germanica 1973, S. 214–33. [D., E., L.].

796a. LERCHE

1. D o e b e l e - F l ü g e l, Verena: Die Lerche als literarisches Motiv in der dt. Dichtung. Berlin 1977 (ca. 368 S.).

797. LESSING, GOTTHOLD EPHRAIM

1. M e r b a c h, Paul Alfred: Gotthold Ephraim Lessing als dramatis persona. In: Lessingbuch. Berlin 1926, S. 46–65.
2. S e i f e r t, Siegfried: Literarische und künstlerische Behandlung von Lessings Persönlichkeit und Werk. In: –: Lessing. Bibliographie. Berlin 1973, S. 767–85. [B.].

LEYDEN, JOHANN VON s. *WIEDERTÄUFER*

798. LIBERALISMUS

1. G a l l e y, Eberhard: Der religiöse Liberalismus in der dt. Lit. von 1830–1880. Diss. Rostock 1934. 116 S.
2. R i e d e r, Heinz: Liberalismus als Lebensform in der dt. Prosaepik des 19. Jhs. Berlin 1939. 91 S. (GSt. 212).

799. LIBUSSA

1. G r i g o r o v i t z a, Emanuel: Libussa in der dt. Lit. Berlin 1901. 87 S. − R.: H. Jantzen, LE. 4 (1901/02), Sp. 572f.; E. Steig, Euph. 11 (1904), S. 189; G. A. Thal, StVLG. 5 (1905), S. 504−12.
2. T h a l, Gustav: Die Libussa- und Wlastasage in ihren Quellen und dt. Bearbeitungen. Diss. Wien 1902. 221 Bl. (Handschr.).
3. L i b u s s a. Zur Stoffgeschichte. In: Goedeke 8. Bd. ²1905, S. 438−40. [B.].
4. L i b u s s a. In: Frenzel, StdW. 1970, S. 430−32. [In dt. Lit.: 16.−19. Jh.].

800. LICHT

1. P o n g s, Hermann: Die Lichtsymbolik in der Dichtung seit der Renaissance. In: Studium generale 13 (1960), S. 628−46, 682−731.
2. L a n g e n, August: Zur Lichtsymbolik der dt. Romantik. In: Märchen, Mythos, Dichtung. Festschr. f. F. v. der Leyen. München 1963, S. 447−85.

801. LIEBE s. a. EHE, EROTIK, MINNE

1. G ö t t e, Rudolf: Liebesleben und Liebesdienst in der Liebesdichtung des dt. MA. In: ZKultG. 4. F. 1 (1894), S. 426−466.
2. H o r n e r, Emil: Die ewige Liebe. Ein Lustspielmotiv auf der Wanderung. In: ZVLR. NF. 11 (1897), S. 449−66. [D,, a. a. L.].
3. M e y e r, Ernst: Die gereimten Liebesbriefe des dt. MA. Diss. Marburg 1899. 110 S.
4. E r n s t, G. Ph. Gotthold: Die Heriode in der dt. Lit. Diss. Heidelberg 1901. 137 S. [17. u. 18. Jh., Liebesmotiv in fingierten dichterischen Briefen].
5. M e y e r, Ernst: Der dt. poetische Liebesbrief. Eine kultur- u. literarhistorische Studie. In: ZDU. 17 (1903), S. 393−408. [11.−19. Jh.].
6. L i p p m a n n, Jakob: Die Liebe in der dramatischen Lit. Ein Streifzug durch das Drama der Weltlit. Berlin 1904. 160 S. [A. a. L.].
7. N o w a c k, Wilhelm: Liebe und Ehe im dt. Roman zu Rousseaus Zeiten: 1747 bis 1774. Bern 1906. 121 S. − R.: K. Jahn, LE. 11 (1908/09), Sp. 1401f.
8. B o r i n s k i, Karl: Die beiden Geschlechter in der Dichtung. In: Mann und Weib in ihren Beziehungen zueinander. Bd. II, Stuttgart 1908, S. 569−636. [A. a. L.].
9. B a r t h, Bruno: Liebe und Ehe im altfranzösischen Fablel und in der mhd. Novelle. Berlin 1910. 273 S. (Palaestra 97). − R.: K. Euling, DLZ. 35 (1914), Sp. 416−20.
10. L e o n h a r d t, Wilhelm: Liebe und Erotik in den Uranfängen der dt. Dichtkunst. Dresden 1910. 183 S.
11. G l e i c h e n - R u ß w u r m, Alexander v.: Der Weg der Empfindsamkeit. (Das Liebesmotiv in der Lit. des 17. u. 18. Jhs. bis zu den Klassikern). In: LE. 15 (1912/13), Sp. 809−14. [A. a. L.].
12. B r u i n i e r, Johann W.: Minnesang. Die Liebe im Liede des dt. MA. Leipzig 1913. 130 S. (Aus Natur u. Geisteswelt 404).
13. S c h i e r, Alfred: Die Liebe in der Frühromantik mit besonderer Berücksichtigung des Romans. Marburg 1913. 200 S. (Beiträge z. dt. Lit.wissenschaft 20). Repr. New York 1968.
14. W a l z e l, Oskar: Neue Wege dt. Liebesdichtung. In: Orplid 1 (1924), H. 3/4, S. 13 bis 21.
15. F u n k e, P.: Die Liebe in der Münsterländer Dialektdichtung. In: Heimatbll. der Roten Erde 4 (1925), S. 134−39.
16. L i n g e l b a c h, Helene: Zum Thema der Liebesheiligung in neuerer dt. Lyrik. In: Die Frau 35 (1927/28), S. 85−94, 156−62.
17. R o y e n, Eduard: Die Auffassung der Liebe im jungen Deutschland. Diss. Münster 1928. 145 S. [Bes. E.].

18. S p a r o w i t z, Erich: Die Liebe im Geniedrama des 18. Jhs. Diss. Wien 1929. 90 Bl. (Masch.).
19. R o c k e n b a c h, Martin: Liebesdichtung der jungen Generation. In: Die Horen 5 (1930), S. 1049–56.
20. G r o l m a n, Adolf v.: Das Problem der Liebe in der Dichtung der Gegenwart. In: ZDK. 45 (1931), S. 81–92. [Bes. E.].
21. K l u c k h o h n, Paul: Die Auffassung der Liebe in der Lit. des 18. Jhs. u. in der dt. Romantik. Halle ²1931. 640 S. Tübingen ³1966. 651 S. – R.: W. Rasch, DLZ. 53 (1932), Sp. 1452–59; R. Unger, AfdA. 43 (1924), S. 75–82.
22. K u b i t z, Emilie Ida W.: Die Auffassung der Liebe im poetischen Realismus. Diss. Univ. of Illinois, Urbana 1932.
23. S t e r n, Gerhard Wilhelm: Die Liebe im dt. Roman des 17. Jhs. Berlin 1932. 251 S. (GSt. 120). Repr. Nendeln 1967. – R.: R. Alewyn, ZDK. 47 (1933), S. 207; Cl. Lugowski, DLZ. 54 (1933), Sp. 698–701.
24. W a l z e l, Oskar: Die Liebe in der Dichtung der Gegenwart. In: Der Kleine Bund 13 (1932), S. 301–03, 308–10.
25. B a u ß, Hermann: Studien zum Liebesdialog in der höfischen Epik. Diss. Marburg 1937. 82 S. – R.: K. H. Halbach, DLZ. 63 (1942), Sp. 161 f.
26. R i c h e y, Margaret F.: Essays on the mediaeval German love lyric. Oxford 1943 115 S. (German Medieval Series, B. 1).
27. R e m i z, Gisela von: Lebensgefühl, Liebe und Frauen im Drama der dt. Neuromantik. Diss. Halle 1948. 138 Bl. (Masch.).
28. B r a u n, Felix: Die Idee der Liebe in der Dichtung Österreichs. In: –: Das musische Land. Innsbruck 1952, S. 29–53. [Nächstenliebe]. Auch in: Gloria dei 4 (1949/50), S. 296–312.
29. B r i n k m a n n, Hennig: Liebeslyrik der dt. Frühe in zeitlicher Folge. Düsseldorf 1952. 439 S. [Geleit: S. 5–95]. – R.: K. Bischoff, DLZ. 74 (1953), Sp. 599–602.
30. W i c k e, Ernst-August: Das Phänomen der Menschenliebe im expressionistischen Drama als säkularisierte Form der christlichen Agape. Diss. Marburg. 1952. 224 Bl. (Masch.).
31. W o l f f, Ludwig: Die mythologischen Motive in der Liebesdarstellung des höfischen Romans. In: ZfdA. 84 (1952/53), S. 47–70 und in: –: Kleine Schriften zur altdt. Philologie. Berlin 1967, S. 143–64.
32. K a n d u t h, Erika: Der Petrarkismus in der Lyrik des dt. Frühbarock. Vorbereitung, Entwicklung, Auswirkungen. Diss. Wien 1953. 210 Bl. (Masch.).
33. A l k e r, Ernst: Das Problem der Liebe in der modernen dt. Lit. In: Anima 12 (1957), S. 219–26.
34. D e s c h n e r, Karlheinz: Liebesbegegnungen. In: –: Kitsch, Konvention und Kunst. München 1957, S. 105–42.
35. B e c h e r, Hubert: Liebe und Ehe in der modernen Lit. Frankfurt a. M. 1959. 64 S. [A. a. L.].
36. B e r e n t, Eberhard Ferdinand: Die Auffassung der Liebe bei Opitz und Weckherlin und ihre geschichtlichen Vorstufen. Diss. Cornell Univ., Ithaca (N. Y.) 1960. 223 S.
37. M a j u t, Horst: Der Problemkreis der „neuen Sittlichkeit" in Liebe und Ehe. In: Dt. Philologie im Aufriß. ²1960. Sp. 1581–99.
38. H o r s t, Eberhard: Wandlungen der Liebeslyrik. In: Neue dt. Hefte Nr. 86, 1962, S. 110–15.
39. K a s c h n i t z, Marie Luise: Liebeslyrik heute. Wiesbaden 1962. 20 S. (Abhh. d. Akad. d. Wiss. u. Lit. 1962, Nr. 3).
40. M i t t n e r, Ladislao: Freundschaft und Liebe in der dt. Lit. des 18. Jhs. In: Stoffe, Formen, Strukturen. Studien z. dt. Lit. H. H. Borcherdt z. 75. Geburtstag. München 1962, S. 97–138. [D., E., L.]

41. Wegenaer, Polykarp: Trachten des Fleisches – Trachten des Geistes. Zur Darstellung der Liebe u. Ehe im Roman d. Nachkriegszeit. In: Leben aus der Taufe. Maria Laach 1963, S. 204–14. (Liturgie u. Mönchtum. 33/34).
42. Fechner, Jörg-Ulrich: Der Antipetrarkismus. Studien zur Liebessatire in barocker Lyrik. Heidelberg 1966. 150 S. (Diss. Heidelberg 1964. Beitr. z. neueren Literaturgeschichte 3. F., B. 2.). –R.: F. v. Ingen, Neoph. 52 (1968), S. 324–26; A. Menhennet, MLR. 64 (1969), S. 218–20.
43. Freese, Wolfgang: Mystischer Moment und reflektierte Dauer. Zur epischen Funktion der Liebe im modernen dt. Roman. Göppingen 1969. 265 S. (Diss. Tübingen. GAG. 14).
44. Schirmer, Karl-Heinz: Liebe und Ehe. In: –: Stil- und Motivuntersuchungen zur mhd. Versnovelle. Tübingen 1969, S. 134–236. (Hermaea NF. 26). – R.: D. H. Green, MAe. 39 (1970), S. 338–41; R. W. Schröder, Beitr. (Tüb.) 92 (1970), S. 247–55.
45. Seim, Jürgen: Das Thema „Liebe" in der Lyrik unserer Zeit. Wuppertal 1969. 35 S. (Das Gespräch 81).
46. Berent, Eberhard: Die Auffassung der Liebe bei Opitz und Weckherlin und ihre geschichtlichen Vorstufen. The Hague 1970. 169 S. (Studies in German Lit. 15).
47. Lederer, Gerda: Studien zur Stoff- und Motivgeschichte des Barockzeitalters. Diss. Wien 1970. 651 Bl. (Masch.). [D., E., L., Bl. 341–558: Liebesmotive der Schäferdichtung].
48. Ritter-Santini, Lea: Der goldene und der bleierne Pfeil. Die Wunde der Nymphe Daphne. In: Jb. d. Schillergesellschaft 16 (1972), S. 659–88. [A. a. L.].
49. Dronke, Peter: Wandlungen der Liebeslyrik. In: –: Die Lyrik des MA. Eine Einführung. München 1973, S. 113–81.
50. Froehlich, Jurgen: Erscheinungsformen der Liebe in der frühexpressionistischen Lyrik. Diss. Univ. of California, Riverside 1973. 251 S. DAI. 35 (1974/75), S. 449 A.
51. Holtorf, Arne: Neujahrswünsche im Liebeslied des ausgehenden MA. Göppingen 1973. 399 S. (Diss. München 1970, GAG. 20).

802. LIEBE, EWIGE

1. Horner, Emil: Die ewige Liebe. Ein Lustspielmotiv auf der Wanderung. In: ZVLR. NF. 11 (1897), S. 449–66. [D.].

803. LIEBESKRIEG

1. Kohler, Erika: Liebeskrieg. Zur Bildersprache der höfischen Dichtung des MA. Stuttgart 1935. 180 S. (Tübinger germ. Arb. 21).

804. LIEBESPFAND

1. Meisen, Karl: Liebespfänder in ma. und neuerer Zeit. In: Rhein. Jb. für Volkskunde 4 (1953), S. 142–204. [Geschenk].

805. LINDE

1. Plaumann, Emil: Die dt. Lindenpoesie. Progr. Danzig 1890. 47 S. [L.: 12.–19. Jh.]. – R.: E. Kossmann, AfdA. 18 (1892), S. 134–43.
2. Fischer, Hans: Die dt. Lindenpoesie. In: Neuphilol. Bll. 16 (1908), S. 385–407. [12.–19. Jh.].
3. Hatto, A. T.: The lime-tree and early German, Goliard and English lyric poetry. In: MLR. 49 (1954), S. 193–209.

4. O e t t l i, P. H.: The lime-tree in middle high German lyric and narrative poetry synopsis. In: AUMLA. 12 (1969), S. 355 f.
5. R u d l o f f, Karl: Die Linde in Geschichte und Dichtung. In: Zs. d. Gesellsch. f. Beförderung d. Geschichts-, Altertums- u. Volkskunde von Freiburg 9 (1890), S. 77 bis 92.

806. LINZ

1. K l i e r, Karl Magnus: Linz im Liede. In: Jb. d. Stadt Linz 1954, Linz 1955, S. 553–80. [18. u. 19. Jh.].
2. H a s l i n g e r, Franz: Literarisches Ehrenbuch der Donaustadt Linz. Stadt und Umgebung in der Schau älterer und neuerer Dichter. Linz ^{2}1956. 352 S. [E., L.].

807. LIPPE

1. W e h r h a n, Karl: Die lippische Dichtung. In: Lippischer Kalender 1926, S. 96 bis 102.
2. B r u d e r, Willy: Das Lipperland in Lied und Dichtung. In: Lippische Staatszeitung 9 (1937), Nr. 114 u. 161.
3. H a n s e n, Wilhelm: Lippe in der Dichtung. In: –: Lippische Bibliographie. Detmold 1957, Sp. 692–704. [131 T.: D., E., L.].

808. LIST

1. H e r m a n s, Gertrud: List. Studien zur Bedeutungs- und Problemgeschichte. Diss. Freiburg i. Br. 1953. 255 Bl. (Masch.). [Bes. 12. u. 13. Jh.].

809. LISZT, FRANZ

1. B a y e r, Karl Theodor: Franz Liszt in der Dichtung. In: Deutsche Musikkultur 1 (1936/37), S. 226–232, 285–296.
2. L i s z t, Franz. In: Frenzel, StdW. 1970, S. 432–35.

LITERAT s. SCHRIFTSTELLER

810. LOB UND PREIS s. a. STADT

1. H a u f f e n, Adolf: Zur Litteratur der ironischen Enkomien. In: Vierteljahrschr. f. Lit. Gesch. 6 (1893), S. 161–85. [A. a. L.].
2. K r a u ß, Paul Gerhardt: The Loblied; study of the German secular song of praise, 1450–1650. Diss. Univ. of Illinois, Urbana 1936. 279. S.
3. H a m m e r, William: Latin and German encomia of cities. Diss. Chicago 1937. 78 S. [15.–18. Jh.: 59 T.].
4. H a l l e r, Rudolf: Lobgedicht. In: RL. II. ^{2}1965, S. 223–26.
5. G e o r g i, Annette: Das lateinische und dt. Preisgedicht des MA. in der Nachfolge des genus demonstrativum. Berlin 1969. 205 S. (PhStQ. 48). – R.: F. H. Bäuml, MDU. 63 (1971), S. 303f.; W. T. H. Jackson, GQu. 44 (1971), S. 564–66.
6. M ü l l e r, Ulrich: Die politischen Preisgedichte des dt. MA. (1150–1466). In: –: Untersuchungen zur politischen Lyrik des dt. MA. Göppingen 1974, S. 413–64.

811. LOCUS AMOENUS

1. G r u e n t e r, Rainer: Studien zu einem topischen Naturbild (locus amoenus) in der dt. Dichtung des d. MA. Habil. Schr. FU. Berlin. 1956. 277 S.

2. G r u e n t e r, Rainer: Das wunnecliche tal. In: Euph. 55 (1961), S. 341–404. [Minnegrotte].
3. M i c h e l, Karl Martin: Die Mulde. Etüde mit Zitaten. In: Zeugnisse. Th. W. Adorno z. 60. Geburtstag. Frankfurt a. M. 1963, S. 183–212. [Höhle und heimliches Tal als locus amoenus].
4. B i l l e n, Josef: Baum, Anger, Wald und Garten in der mhd. Heldenepik. Diss. Münster 1965. 170 S.
5. B r u n n e r, Horst: Die poetische Insel. Inseln und Inselvorstellungen in der dt. Lit. Stuttgart 1967. 294 S. (Diss. Erlangen-Nürnberg GAbh. 21). [Auch Insel als poetischer Raum]. – R.: S. L. Gilman, arcadia 7 (1972), S. 78–80; R. Spaethling, GR. 44 (1969), S. 312–14.
6. T h o s s, Dagmar: Studien zum locus amoenus im MA. Wien 1972. 176 S. (Diss. Wien 1969. (Masch.). Wiener romanist. Arb. 10). [Auch in dt. Lit.].
7. G a r b e r, Klaus: Der locus amoenus und der locus terribilis. Bild und Funktion der Natur in der dt. Schäfer- und Landlebendichtung des 17. Jhs. Köln 1974. 383 S. (Diss. Bonn. Lit. u. Leben NF. 16). [A. a. L.; loc. amoen.: Quelle, Bächlein, Brunnen, Aue, Wiese; loc. terr.: Einsiedelei, Wüstenei, Wald, Gebirge, Insel, Felsen].

LODBROK s. *RAGNAR*

812. LOHENGRIN

1. G o l t h e r, Wolfgang: Lohengrin, Sage und Dichtung. In: Bayreuther Taschenbuch 1894, S. 68–86.
2. L a m p p, Friedrich: Die Schwanrittersage (Lohengrin) in der Lit. Progr. Ratibor 1914. 23 S.
3. F r e y, Anna Louise: The swanknight legend, its background, early development and treatment in the German poems: 1. Parzival. 2. Der Schwanritter. 3. Der Lohengrin. 4. Der Lorengel. 5. Lohengrin. Diss. Nashville, Tenn. 1931. 135 S.
4. S c h w a n r i t t e r. In: Frenzel, StdW. 1970, S. 670–72.

813. LORELEI

1. L e i m b a c h, Carl Ludwig: Die Lorelei. Die Lorelei-Dichtungen mit bes. Rücksicht auf die Ballade von H. Heinze. Wolfenbüttel 1879. 50 S.
2. S e e l i g e r, Hermann: Die Loreleysage in Dichtung und Musik. Leipzig 1898. 118 S.
3. P o r t e r f i e l d, Allen Wilson: Graf von Loeben and the legend of Lorelei. In: MPhil. 13 (1915/16), S. 305–32.
4. B e u t l e r, Ernst: „Der König in Thule" und die Dichtungen von der Lorelay. In: –: Essays um Goethe. Bd. 2. Wiesbaden ³1947, S. 307–369, ⁶1962, S. 332–86.
5. E h r e n z e l l e r - F a v r e, Rotraud: Loreley, Entstehung und Wandlung einer Sage. Flensburg 1948. 1975. (Diss. Zürich).
6. L u n, Luigi: Considerazioni filologico-linguistiche sul problema di parentela dei nomie dei motivi per il Laurin e la Loreley (Lore-Leonore). In: –: Loreley. Firenze ²1949, S. 5 bis 46.
7. B ü r g e r, Gerhard: Die Lurley in Reisebeschreibungen, Dichtungen und Urkunden. In: Im Zauber der Loreley. St. Goarshausen 1952, S. 25–51. – R.: W. H. Struck, Nassauische Annalen 64 (1953), S. 199f.
8. L u n, Alois: Loreley. Geschichte eines Motives. In: Le Lingue straniere 9 (1960), Nr. 1, S. 11–20.
9. D e r c h e, Roland: Lorelei. In: –: Quatre mythes poétiques. Paris 1962, S. 159–96. [A. a. L.].

10. M i n d e r, Robert: Thèmes littéraires allemands. Le thème de la Loreley. In: Annuaire du Collège de France 64 (1964), S. 489–92.
11. L o r e l e i. In: Frenzel, StdW. 1970, S. 435–37.
12. L u n, Alois: Das Motiv der Loreley von Heine bis Catalani. Salzburg 1970. 27 S.

LOTHRINGEN s. *ELSASS UND LOTHRINGEN*

814. LUCRETIA s. a. *BRUSTUS D. Ä.*
1. G a l i n s k y, Hans: Der Lucretia-Stoff in der Weltlit. Breslau 1932. 235 S. (Diss. Breslau. Sprache u. Kultur d. germ.-rom. Völker, B 3). – R.: E. Semrau, ZfdPh. 60 (1935), S. 9–94.
2. L u c r e t i a. In: Frenzel, StdW. 1970, S. 439–43.
3. S t e i n, Peter: Die Lucretia. Sinnbezogene Geschehensgestaltung im frühen höfischen Bereich. In: –: Die Rolle des Geschehens in früher dt. Epik. Diss. Salzburg 1970, Bl. 330–85. (Masch.).

815. LUDWIG IV., DER BAYER, DEUTSCHER KAISER
1. S i m h a r t, Max: Ludwig der Bayer und Friedrich der Schöne im dt. Drama. In: Bayerland 25 (1913/14), S. 823–26.
2. K i l i a n, Eugen: Der Mühldorfer Streit in dt. Dichtung. Zum 600. Gedächtnistag der Schlacht von Mühldorf (28. 9. 1322). In: Baden-Badener Bühnenbl. 2 (1922), Nr. 110. [D.].

816. LUDWIG I., KÖNIG VON BAYERN
1. G e d i c h t e an und auf Ludwig I., Huldigungen, Satiren. In: Goedeke 12. Bd. ²1929, S. 459–67. [B.].

817. LUDWIG XI., KÖNIG VON FRANKREICH
1. D e h n e, Wilhelm: Die Darstellung der Persönlichkeit Ludwigs XI. von Frankreich in der Lit. Diss. Greifswald 1929. (Roman. Forschungen 43, S. 161–302). [Dt. Lit. S. 276–93.].
2. L u d w i g XI. In: Frenzel, StdW. 1970, S. 443–45.

818. LUDWIG WILHELM, MARKGRAF VON BADEN-BADEN (TÜRKEN-LOUIS)
1. E c k e r t, Helmut: Markgraf Ludwig Wilhelm von Baden-Baden in zeitgenössischen Gedichten u. Flugschriften. In: ZGO. NF. 45 (1932), S. 607–44. [1655–1707].

819. LÜBECK
1. F u n k, Martin: Lübische politische Dichtungen aus der Zeit vor 100 Jahren. In: Zs. d. Vereins f. Lübeckische Geschichte u. Altertumskunde 15 (1913). S. 111–53.
2. L ü b e c k. In: Luther, DtL. 1937, Sp. 366–70. [B.].
3. L ü b e c k in der Erzählung. In: Kosch, LL. II. ²1953, S. 1589f. [B.].

820. LÜGE s. a. *MÜNCHHAUSEN, WAHRHEIT UND LÜGE*
1. M ü l l e r - F r a u r e u t h, Karl: Die dt. Lügendichtungen bis auf Münchhausen. Halle 1881. 142 S. Repr. Hildesheim 1965.
2. L u d w i g, Albert: Der Lügner. In: LE. 23 (1920/21), Sp. 1347–58. [A. a. L.].

3. W e i n r e i c h, Otto: Antiphanes und Münchhausen. Das antike Lügenmärlein von den gefrorenen Worten und sein Fortleben im Abendland. Wien 1942. 144 S. (Sitzungsber. Akad. d. Wiss. Wien, PhilHistKl. 220, 4). [S. 45–122: 16.–20. Jh., a. a. L.: Lügenerzähler].

LÜNEBURGER HEIDE s. *HEIDE*

LUFTFAHRT s. *FLIEGER, FLUG*

821. LUISE, KÖNIGIN VON PREUSSEN

1. B e l l i n g, Eduard: Die Königin Luise in der Dichtung. Berlin ²1890. 219 S. [Vorwort S. V–XV].
2. K i r c h e i s e n, Friedrich Max: Die Königin Luise in der Geschichte und Lit. Systematische Zusammenstellung der über sie erschienenen Einzelschriften. Jena 1906. 63 S. [B.: S. 58–63: L.].
3. D r e y h a u s, Hermann: Die Königin Luise in der Dichtung ihrer Zeit. Berlin 1926. 95 S.
4. Die Königin L u i s e in der Dichtung. In: Zs. d. Geschichtsvereins Mülheim a. d. Ruhr 29 (1935), NF. 2, S. 18f. [B.: 6 T.].
5. L u i s e, Königin von Preussen. In: Frenzel, StdW. 1970, S. 445f. [D., E., L.: 19. u. 20. Jh.].

822. LUTHER, MARTIN

1. G ü n t h e r, Ernst: Martin Luther in der romantischen Dichtung. In: Deutsch-evang. Bll. 26 (1901), S. 694–707.
2. W a r m u t h, Kurt: Martin Luther in der neueren Lyrik. In: Wiss. Beilage der Leipziger Ztg. 1902, S. 81–84.
3. H a c k e m a n n, August: Martin Luther in der neueren Lyrik. In: Evang. Schulbl. 50 (1906), S. 27–35. [19. Jh.].
4. Z a b e l, Amalie: Lutherdramen des beginnenden 17. Jhs. Diss. München 1910. 68 S. [7 T.].
5. B r u n n e m a n n, Anna: Luther in der erzählenden Dichtung. In: ZDU. 31 (1917), S. 510–18.
6. K ü h l h o r n, Walther: Luther in der dramatischen Dichtung. In: ZDU. 31 (1917), S. 503–10. (Vgl. auch: ZDK. 44 (1930), S. 71–73).
7. M u r a l t, Adolf v.: Luther in der dt. Dichtung. In: Die Furche 8 (1917/18), S. 15f.
8. S t o r c k, Karl: Lutherdichtungen. In: Der Türmer 20, 1 (1917/18), S. 243–48.
9. J e s c h, Martin: Die Person Luthers in der dramatischen Literatur des 16. Jhs. Diss. Leipzig 1918. 153 Bl. (Masch.).
10. H e r z f e l d, Guenter: Martin Luther im Drama von vier Jahrhunderten, ein Beitrag zur Geschichte des Dilettantismus. Mit der Bibliographie des gesamten Stoffes. Diss. Köln 1922. 122 S. (Masch.).
11. S c h e l z i g, Alfred: Luther im Drama. In: Eckart 9 (1933), S. 501–04.
12. S c h o t t e n l o h e r, Karl: Luther-Dichtung. In: –: Bibliographie zur dt. Geschichte. 1517–85. I. 1933, S. 623–28 [B.: 117 T.: D., E., L.].
13. H i l d e b r a n t, Gustaf: Lutherdramen. Dramen der Luther-Renaissance von der Jahrhundertwende bis zur Gegenwart. Eine literargeschichtliche Betrachtung. Cottbus 1937. 38 S.
14. Dr. Martin L u t h e r. In: Luther, DtG. 1943, Sp. 91–94. [B.].

15. Martin L u t h e r in Lyrik, Erzählung und Drama. In: Heinzel, LhE. 1956, S. 452f. [B.].
16. L u t h e r, Martin. In: Frenzel, StdW. 1970, S. 447–49. [D., E., L.].
17. L u t h e r in der Dichtung. In: Brockhaus Enzyklopädie Bd. 11 ¹⁷1970. S. 710.
18. P o h l m a n n, Horst Georg: Das Lutherbild der modernen Dichtung. In: –: Der leere Richterstuhl. München 1970, S. 44–51.
19. L u t h e r als Bühnenheld. Hamburg 1971. 114 S. (Zur Sache H. 8).
20. A l a n d, Kurt: Martin Luther in der modernen Lit. Ein kritischer Dokumentenbericht. Witten 1973. 474 S. 2. Teil in der Dichtung, a. a. L.]. – R.: H. Andreas, Neue dt. Hefte 20 (1973), H. 2, S. 195–98; A. Fink, Germanistik 15 (1974), Nr. 4970.

LUZIFER s. *HÖLLE, TEUFEL*

823. LYSISTRATA
1. L y s i s t r a t a. In: Frenzel, StdW. 1970, S. 451f. [D.: 19. u. 20. Jh.].

M

MADONNA s. *MARIA, HEILIGE*

824. MÄDCHEN s. a. *VATER UND TOCHTER*
1. S c h m i d t, Rudolf: Die weibliche Jugend. In: –: Die Frau in der dt. Lit. des 16. Jhs. Diss. Straßburg 1917, S. 14–42.
2. Z e r o m s k i, Charlotte v.: Halbwüchsige Mädchen im Spiegel dt. Dichtung. In: Lit. 31 (1928/29), S. 519–21. [E.].
3. W e s l y, Margot: Das junge Mädchen im dt. Roman des 18. Jhs. bis zum Beginn des Sturm und Dranges. (Unter bes. Berücksichtigung des gleichzeitigen französischen und englischen Romans). Diss. Leipzig 1933. 96 S.
4. M o h l, Anna: Mädchengestalten in der neueren dt. Dichtung. Diss. Wien 1938. 94 Bl. (Masch.).
5. N a s o, Eckart v.: Das Mädchen in der dt. Dichtung. In: Das Spiegelbild. Ein Buch der Mädchen. Recklinghausen 1941, S. 85–90. [Überblick].

825. MÄRCHEN
1. B e n z, Richard: Märchendichtung der Romantiker. Gotha 1908. 262 S. ²1926. [Bes. S. 83–262].
2. K o b e r, Margarete: Das dt. Märchendrama. Frankfurt a. M. 1925. 148 S. Repr. Hildesheim 1973. (Dt. Forsch. 11). [Verschiedene Märchenmotive, 18.–20. Jh.].
3. B ä u e r l e, Dorothea: Das nach-romantische Kunstmärchen in der dt. Dichtung. Diss. Heidelberg 1937. 96 S.
4. R a p m u n d, Annelise: Märchen und Volkssage in der dt. Dichtung von der Aufklärung bis zum Sturm und Drang. Diss. Köln 1937. 98 S. [1750–1790].
5. D e n e w a, Wena St.: Das österreichische Märchendrama in der Biedermeierzeit. Diss. München 1940. 114 S. [Märchen u. Märchenhaftes als Lieblingsmotiv].
6. P r ö p s t l, Ellen: Neuromantische Prosamärchendichtung. Diss. München 1950. 142 Bl. (Masch.). [Mit ausführlicher B. auf Bl. 129–42].

826. MÄRTYRER

1. M a r i g o l d, Walter Gordon: The development of the German martyr play in the 17th and 18th centuries. Diss. Toronto 1953. 170 Bl. (Masch.).
2. S z a r o t a, Elida Maria: Künstler, Grübler und Rebellen. Studien zum europäischen Märtyrerdrama des 17. Jhs. Bern 1967. 396 S. [A. a. L.]. – R.: H. Bekker, MDU. 62 (1970), S. 193–96; H. Hatzfeld, Colloquia Germanica 1968, S. 210–12; J. M. Valentin, EG. 23 (1968), S. 663f.

827. MÄZEN

1. M c D o n a l d, William C.: German medieval literary patronage from Charlemagne to Maximilian I. Amsterdam 1973. 220 S. (Amsterdamer Publikationen zur Sprache und Lit. 10).

828. MAGDEBURG s. a. STADT (Allgemein)

1. M a g d e b u r g. In: Luther, DtL. 1937, Sp. 381–84. [B.].
2. M a g d e b u r g in der Erzählung. In: Kosch, LL. II. ²1953, S. 1615f. [B.].

829. MAGELONE

1. N u s s e r, Helga: Die Dramatisierungen des Magelonestoffes im 16. Jh. Diss. Wien 1964. 410 Bl. (Masch,). [Auch 19. Jh., D. L.].
2. M a g e l o n e, Die schöne. In: Frenzel, StdW. 1970, S. 452–54.

830. MAGIE s. a. OKKULTES, ZAUBEREI

1. Z i m m e r h a c k l, Franz: Magie in der dt. Romantik. Diss. Wien 1935. 144 Bl. (Masch.).
2. W a g m a n, Frederick Herbert: Magie and Natural Science in German baroque literature. New York 1942. 178 S.
3. R a m m i n g, Johannes: Die Bedeutung der Magie in der Dichtung der dt. Romantik. Diss. Zürich 1948. 119 S. [D., E., L.].
4. C e r m a k, Robert: Der magische Roman. (H. H. Ewers, G. Meyrink, F. Spunda). Diss. Wien 1949. 150 Bl. (Masch.).

831. MAIFEIER

1. P i l z, Günther: Der 1. Mai im Spiegel von Deutschlands Lyrik. In: Heute und Morgen 1954, S. 258–62.
2. F r i e d r i c h, Cäcilia und Wolfgang: Ideologische Tendenzen in Maidichtungen der Jahrhundertwende. In: WZUH. 14 (1965), S. 65–71.

832. MAINAU

1. P r e i s e n d a n z, Karl: Gedicht um Reichenau und Mainau. Konstanz 1929. 101 S. [Einleitung S. 3–6]. – R.: E. Fehrle, DLZ. 51 (1930), Sp. 1226–28.

MAINBRÜCKE s. FRANKFURT a. M.

833. MAINZ

1. B i n k, Hermann: Das schöne Mainz im Spiegel der Dichtung. In: Spessart 20 (1934), H. 2, S. 4–6. [E., L.].

2. M a i n z. In: Luther, DtL. 1937, Sp. 385−89. [B.].
3. M a i n z in der Erzählung. In: Kosch, LL. II. ²1953, S. 1622f. [B.].

MAÎTRE PATHÉLIN s. *HENNO*

834. MALER s. a. *KÜNSTLER, KUNST UND KUNSTWERK*

1. W a e t z o l d t, Wilhelm: Malerromane und Gemäldegedichte. In: WestMh. 58. Bd. 116 (1914), S. 735−47. [Auch in: Jb. d. Fr. Dt. Hochstifts 1913, S. 24−30].
2. K e i m, H. W.: Der Maler im Roman. In: LE. 21 (1918/19), Sp. 456−65.
3. B e b e r m e y e r, Gustav: Malerroman. In: RL. II. 1926/28, S. 328−32.
4. H a r n i s c h, Käthe: Deutsche Malererzählungen. Die Art des Sehens bei Heinse, Tieck, Hoffmann, Stifter und Keller. Berlin 1938. 106 S. (Diss. München. Neue dt. Forschungen 179). [Z. T. motivgeschichtlich]. − R.: E. Kast, ZfAesth. 33 (1939), S. 85f; G. Küntzel, AfdA. 59 (1940), S. 17−19; H. Rosenfeld, DLZ. 60 (1939), Sp. 450−54.
5. K u n s t m a l e r. In: Schmitt, BuA. 1952, Sp. 354−73. [B.].

835. MANN

1. S t r i n z, Martha: Der Mann in der modernen Frauenliteratur. In: Die Frau 10 (1902/03), S. 103−12. [19. Jh.].
2. H o p p e - M e y e r, Else: Der Typus des Mannes in der Dichtung der Frau. In: ZDK. 44 (1930), S. 209−31. [18.−20. Jh.].
3. H o p p e, Else: Liebe und Gestalt. Der Typus des Mannes in der Dichtung der Frau. Hamburg 1934. 304 S. − R.: H. A. Korff, ZDB. 11 (1935), S. 406−07; W. Schuster, Die Bücherei 3 (1936), S. 291.

MANN ZWISCHEN ZWEI FRAUEN s. *GLEICHEN, GRAF VON*

836. MANTEL

1. P o l h e i m, Karl: Die Mantelgedichte. Aus: −: Der Mantel. In: Corona Quernea, Festg. f. K. Strecker. Leipzig 1941, S. 49−64. [10 dt. T.: 13. u. 19. Jh., a. a. L. Gereimte Bitte um die Mantelgabe].

MARAT, JEAN s. *CORDAY, CHARLOTTE*

837. MARGARETA, HEILIGE

1. V o g t, Friedrich: Über die Margaretenlegenden. In: Beitr. (Halle) 1 (1874), S. 263 bis 287.
2. A n d e l, Gerrit Gijsbertus van den: Die Margaretalegende in ihren mittelalterlichen Versionen. Groningen-Batavia 1933. 165 S. (Diss. Amsterdam). − R.: G. Eis, AfdA. 53 (1934), 170−74.

838. MARIA, HEILIGE

1. H o f s t e t t e n, Franz Alfred: Maria in der dt. Dichtung des Mittelalters. Frankfurt a. M. 1895. 35 S. (FrankfBr. 16, 6).
2. K ü c h e n t h a l, Paul: Die Mutter Gottes in der altdeutschen schönen Lit. bis zum Ende des 13. Jhs. Braunschweig 1898. 60 S. (Diss. Göttingen).

3. G y s t r o w, Ernst: Marienlyrik. In: –: Der Katholizismus und die moderne Dichtung. Minden 1900, S. 78–87. [Überblick].
4. S a l z e r, A.: Die Symbolik in den dt. Mariendichtungen des MA. In: Die Kultur (Wien) 4 (1902/03), S. 178–88.
5. K o b e r, August Heinrich: Zur Geschichte der dt. Mariendichtung. In: ZDU. 28 (1914), S. 595–619, 691–700. [9.–17. Jh.].
6. S t r u n z, Franz: Das Marienmotiv. In: LE. 21 (1918/19), Sp. 576–86.
7. B o c k e m ü h l, Erich: Neudeutsche Mariendichtung. In: Christl. Welt 37 (1923), Sp. 350–56 und in: Ostdt. Mhe. 8 (1927), S. 657–71.
8. L a y e r, Gertrud: Madonnenkult und Madonnenideal in der Romantik. Diss. Tübingen 1925. 126 S. (Masch.). [D., E., L.].
9. H ü b n e r, Arthur: Mariendichtung. In: RL. II. 1926/28, S. 332–35.
10. B o c k e m ü h l, Erich: Die moderne Mariendichtung. Eine Anthologie. Gotha 1928. 146 S. [Einführung]. – R.: A. Stockmann, StdZ. 115 (1928), S. 305–07.
11. R a n d e n b o r g h, Elisabeth v.: Magd des Herrn. Zur Bewertung der Mariendichtung. In: Eckart 4 (1928), S. 386–89.
12. B o c k e m ü h l, Erich: Neuzeitliche Mariendichtung. In: Christl. Welt 45 (1931), Sp. 1094–96, 1150–54.
13. H e i l e r, Anne Marie: Die Gottesmutter in der alten dt. Dichtung. In: Die Hochkirche 13 (1931), S. 214–228.
14. P i n d e r, Wilhelm: Die dichterische Wurzel der Pietà. In: –: Ges. Aufsätze aus d. Jahren 1907–35. Leipzig 1938, S. 29–49.
15. R i e d l e r, Kurt: Die Mutter Gottes unter den Protestanten. In: Schweizerische Rdsch. 40 (1940/41), S. 386–96. [L.].
16. S c h r o e d e r, Mary Juliana: Mary-verse in Meistergesang. Washington, D. C. 1942. 283 S. (Catholic Univ. of America, Studies in German 16). Repr. New York 1970. – R.: F. H. Ellis, MDU. 36 (1944), S. 446–48.
17. G o e n n e r, Mary Ellen: Mary-verse of the Teutonic knights. Diss. Catholic Univ. of America 1944. 246 S. (Cath. Univ. of America, Studies in German 19). Repr. New York 1970.
18. M e r k l e, Gottlieb: Die Gottesmutter in der Literatur des MA. In: –: Die geistesgeschichtlichen Voraussetzungen des gegenreformatorischen Marienideals. Diss. Tübingen 1945, Bl. 438–447. (Masch.).
19. H e n d r i c k s, Marianne: Die Madonnendichtung des 19. und 20. Jhs. Diss. Marburg 1948. 186 Bl. (Masch.). [Auch 10.–18. Jh.].
20. G a u l, Hilde: Der Wandel des Marienbildes in der dt. Dichtung und bildenden Kunst vom frühen zum hohen MA. Diss. Marburg 1949. 166 Bl. (Masch.).
21. H e r m a n o w s k i, Georg: Das Marienlob in der jüngsten dt. Dichtung. In: Begegnung 4 (1949), S. 129–31. [L.].
22. R o o s, Heinrich: Das Ave der dt. Frühzeit. In: Peter Eismann: Das gekrönte Jahr 2. München 1950, S. 260–67. [9.–12. Jh.].
23. S c h i m m e l p f e n n i g, Reintraud: Die Geschichte der Marienverehrung im dt. Protestantismus. Paderborn 1952. 164 S. [L.: 16.–20. Jh.].
24. S e e w a l d, Gerd: Die Marienklage im mittellat. Schrifttum und in den germanischen Literaturen des MA. Diss. Hamburg 1953. 157, 52 Bl. (Masch.).
25. B ü s e, Kunigunde: Das Marienbild in der dt. Barockdichtung. Interpretationen und Untersuchungen. Düsseldorf 1956. 211 S. (Diss. Münster 1956).
26. B i n d s c h e d l e r, Maria: Mittelalterliche Marienlyrik. In: DU. 9 (1957), H. 2, S. 30–37.
27. G ö ß m a n n, Maria Elisabeth: Die Verkündigung an Maria im dogmatischen Verständnis des MA. München 1957. 303 S. [In dt. Dichtung: S. 89–118, 174–200, 250–70].

28. J a n t s c h, Heinz Gerhard: Mariendichtung: In: —: Studien zum Symbolischen in frühmhd. Lit. Tübingen 1959, S. 180—202.
29. M e i e r, Theo: Die Gestalt Marias im geistlichen Schauspiel des dt. Mittelalters. Berlin 1959. 248 S.. (PhStQ. 47). — R.: J. E. Engel, JEGPh. 60 (1961), S. 127f.; F. C. Tubach, MDU. 53 (1961), S. 216f.
30. F r o m m, Hans: Mariendichtung. In: RL. II. ²1960, S. 271—91.
31. W a p n e w s k i, Peter: Mariendichtung. In: RGG. 4 ³1960, S. 758—60.
32. H a u f e, Eberhard: Zur Geschichte der dt. Mariendichtung. In: —: Deutsche Mariendichtung aus neun Jahrhunderten. Berlin 1961, S. 353—81.
33. K a r r e r, Otto: Maria in Dichtung und Deutung. Eine Auswahl. Zürich 1962. 424 S. [Einführung: S. 9—15, Nachwort: S. 421—24.].
34. R u p p, H.: Marienleben. In: Lex. f. Theologie u. Kirche 7. ²1962, Sp. 70f.
35. S c h a c h e r, Alois: Maria in der dt. Dichtung des MA. bis zum Ende des 12. Jhs. Diss. Freiburg/Schweiz 1962. 152 S.
36. S c h l ö s s e r, Felix: Die Anfänge der Marienlyrik in der volkssprachlichen Lit. des MA. In: Maria im Kult. Essen 1964, S. 86—114. (Mariologische Studien 3). [1150 bis 1250, a. a. L.].
37. S t o l l e n w e r k, Theo: Deutsche Marienlyrik im Deutschunterricht der Oberstufe. In: DU. 16 (1964), H. 5, S. 57—75.
38. B ü h l e r, Hannelore: Die Marienlegenden als Ausdruck ma. Marienverehrung. Diss. Köln 1965. 136 S.
39. K e s t i n g, Peter: Maria-Frouwe. Über den Einfluß der Marienverehrung auf den Minnesang bis W. von der Vogelweide. München 1965. 158 S. (MAe. 5). — R.: O. Kratina, MDU. 60 (1968), S. 194f.
40. E l s e n, Albert: Te matrem praedicamus. Dichtung um das Gnadenbild der Trösterin der Betrübten. In: Luxemburger Marienkalender 85 (1966), S. 65—76.
41. W e b e r, Hans Heinrich: Studien zur dt. Marienlegende des MA. am Beispiel des Theophilus. Diss. Hamburg 1966. 191 S.
42. S a l z e r, Anselm: Die Sinnbilder und Beiworte Mariens in der dt. Lit. und lat. Hymnenpoesie des MA. Eine literarhistorische Studie. Linz 1893. 617 S. Repr. Darmstadt 1967.
43. W i m m e r, Erich: Maria im Leid. Die Mater dolorosa insbes. in der dt. Lit. und Frömmigkeit des MA. Diss. Würzburg 1968. 170 S. (Teildr.).
44. B i n d s c h e d l e r, Maria: Gedanken zur Marienlyrik des MA. und der Romantik. In: Geschichte, Deutung, Kritik. Literaturwissenschaftliche Beiträge z. 65. Geburtstag W. Kohlschmidts. Bern 1969, S. 79—90.
45. M a r i e n d i c h t u n g. In: Wilpert, SdL. 1969, S. 469f.
46. A p p e l h a n s, Peter: Untersuchungen zur spätma. Mariendichtung. Die rhythmischen mhd. Mariengrüße. Heidelberg 1970. 144 S. (Diss. Hamburg. Germanische Bibliothek 3). — R.: O. Sayce, MLR. 66 (1971), S. 934f.; F. V. Spechtler, ZDP. 92 (1973), S. 461—63.
47. L o r e n z, Dieter: Studien zum Marienbild in der dt. Dichtung des hohen und späten MA. München 1970. 171 S. (Diss. München).
48. M a r i a. In: Frenzel, StdW. 1970, S. 458—63.
49. K e r n, Peter: Trinität, Maria, Inkarnation. Studien zur Thematik der dt. Dichtung des späteren MA. Berlin 1971. 293 S. (Diss. Bonn 1968, Philol. Studien u. Quellen 55).
50. S c h ä f e r, Gerhard M.: Untersuchungen zur dt. sprachigen Marienlyrik des 12. und 13. Jhs. Göppingen 1971. 161 S. (GAG. 48).
51. H a i b a c h - R e i n i s c h, Monika: Ein neuer „Transitus Mariae" des Pseudo-Melito. Rom 1962. 337 S. (Bibliotheca Assumptionis B. Virginis Mariae 5). [Auch in dt. Dichtung d. MA.].

839. MARIA AEGYPTIACA

1. K u n z e, Konrad: Studien zur Legende der hl. Maria Aegyptiaca im dt. Sprachgebiet. Berlin 1969. 220 S. (PhStQ. 49). [Nur z. T. in dt. Dichtung].

840. MARIA MAGDALENA, HEILIGE

1. W i r t h, Ludwig: Maria Magdalenascenen. In: —: Die Oster- und Passionsspiele bis zum 16. Jh. Halle 1889, S. 215—24.
2. B e c k e r, Marie Luise: Maria Magdalena in der Kunst. In: BuW. 5, 2 (1903), S. 975—90, 1019—30. [D.].
3. O e h l, Wilhelm: Die Gestalt der sündigen Maria Magdalena in der Legende und dem Drama des dt. Mittelalters. Diss. Wien 1905. 124 Bl. (Handschr.).
4. B a u, Adolf: Maria Magdalena in der dt. Lit. Diss. Wien 1909. (Handschr.) 81 Bl. [Mittelalter bis 1900].
5. R ü d i g e r, Gertrud von: Magdalenenliteratur vom Mittelalter bis zur Gegenwart. In: Die Frau 18 (1911), S. 464—71.
6. B a t h, Marie: Untersuchungen des Johannesspiels, der Blindenheilungs- und der Maria-Magdalenenscenen in den dt. ma. Passionsspielen. Diss. Marburg 1919. 176 S. [Maria Magdalena: S. 95—173].
7. H o f f m a n n, Maria Norberta: Die Magdalenenszenen im geistlichen Spiel des dt. MA. Diss. Münster 1933. 67 S. — R.: H. Hansel, Litbl. 56 (1935), Sp. 298—304; F. O. Knoll, ZfdPh. 59 (1934), S. 275; G. Skopnik, AfdA. 53 (1934), S. 78—80.
8. K n o l l, Friedrich-Otto: Die Rolle der Maria-Magdalena im geistlichen Spiel des MA. Leipzig 1934. 122 S. (Diss. Greifswald, Germanisch u. Deutsch 8). — R.: A. Dörrer, DLZ. 56 (1935), Sp. 115—17; H. Hansel, Litbl. 56 (1935), Sp. 298—304; R. Stumpfl., AfdA. 53 (1934), S. 146f.
9. H a n s e l, Hans: Maria Magdalena im Wandel der Zeiten. In: FuF. 11 (1935), S. 157 bis 159 [Überblick, z. T. dt. Dichtung].
10. H a n s e l, Hans: Die Maria Magdalenen-Legende. Eine Quellenuntersuchung. Bottrop i. W. 1937. 143 S. (Diss. Greifswald, Greifswalder Beitr. z. Lit.- und Stilforschung 16, 1).
11. H a n s e l, Hans: Maria Magdalena. In: VerfLex. III. 1943, Sp. 232—44.
12. G a r t h, Helen M.: St. Mary Magdalene in mediaeval literature. Diss. Johns Hopkins Univ. Baltimore 1949. 114 S. (J. Hopkins Univ. studies in historical and political sciences 67, 3).
13. C h a u v i n, Mary John: The role of Mary Magdalene in medieval drama. Diss. Catholic University Washington 1951. 208 Bl.
14. M a r i a M a g d a l e n a. In: Frenzel, StdW. 1970, S. 463—66.
15. F ü n t e n, Wiltrud aus der: Maria Magdalena in der Lyrik des MA. Düsseldorf 1966. 232 S. (Diss. Münster 1964, Wirkendes Wort 3). [Vor allem in lat. Dichtung].

841. MARIA VON BRABANT

1. K ö n i g, Josef Walter: Der „Gattenmord zu Donauwörth" in der dt. Lit. In: Schwäbische Bll. f. Volksbildung und Heimatpflege 15 (1964), S. 19—21. [D., E., L.: 18./19. Jh.].

842. MARIA STUART, KÖNIGIN VON SCHOTTLAND

1. K i p k a, Karl: Maria Stuart im Drama der Weltliteratur, vornehmlich des 17. und 18. Jhs. Leipzig 1907. 423 S. (Bresl. Beitr. 9). — R.: R. F. Arnold u. V. v. Demelic, LE. 10 (1907/08), Sp. 1206—09; W. v. Wurzbach, StVLG. 9 (1909), S. 380—83.

2. **L u d w i g**, Albert: Deutsche Jakobitendichtung. In: Türmer 23, 2 (1920/21), S. 404 bis 407. [Auch Karl I., König v. England].
3. **M a r i a   S t u a r t** in Lyrik, Erzählung und Drama. In: Heinzel, LhE. 1956, S. 469 bis 473. [B.]
4. **M a r i a   S t u a r t**. In: Frenzel, StdW. 1970, S. 466–69.

843. MARIA THERESIA, DEUTSCHE KAISERIN

1. **A d a m**, Hildegard: Maria Theresia in Roman und Drama. Diss. Wien 1935. 239 Bl. (Masch.).
2. **M a r i a   T h e r e s i a**. In: Heinzel, LhE. 1956, S. 473–75. [B.].

MARIAMNE s. *HERODES UND MARIAMNE*

844. MARIENBURG

1. **H o h l b a u m**, Robert: Die Marienburg im Drama. Diss. Wien 1910. 128 Bl. (Handschr.). (19. Jh.).
2. **P o m p e c k i**, Bruno: Die Marienburg in der dt. Dichtung. Eine literarhistorisch-bibliographische Skizze. Danzig 1913. 65 S.

845. MARIONETTE s. a. *AUTOMATE*

1. **R a p p**, Eleonore: Die Marionette in der dt. Dichtung vom Sturm und Drang bis zur Romantik. Leipzig 1924. 53 S. (Diss. München 1917).
2. **M a j u t**, Rudolf: Lebensbühne und Marionette. Ein Beitrag zur seelengeschichtlichen Entwicklung von der Genie-Zeit bis zum Biedermeier. Berlin 1931. 143 S. (GSt. 100).
3. **K r e p l i n**, Dietrich: Die Marionette in der dt. Dichtung. In: –: Das Automaten-Motiv bei E. T. A. Hoffmann. Diss. Bonn 1957, Bl. 2–6. (Masch.).
4. **R a p p**, Eleonore: Die Marionette im romantischen Weltgefühl. Ein Beitrag zur dt. Geistesgeschichte. Bochum 1964. 189 S. (Forschung und Lehre 1). [Neubearbeitung von Nr. 845, 1].

846. MARKOLF

1. **K ö l b**, Erika: Markolf in den ma. Salomondichtungen und in dt. Wortgeographie. Diss. Marburg 1952. 153 Bl. (Masch.). [Dt. Lit. Bl. 33–44].
2. **R o s e n f e l d**, Hans Friedrich: Salman und Morolf (Salomon und Markolf). In: VerfLex. IV. 1953, Sp. 4–21.
3. **C a t h o l y**, Eckehard: Das Fastnachtspiel des Spätmittelalters. Gestalt und Funktion. Tübingen 1961. 382 S. (Hermaea NF. 8).
4. **S a l o m o n** und Markolf. In: Frenzel, StdW. 1970, S. 653–55.

847. MARTIN, HEILIGER

1. **R e u s c h e l**, Karl: Martinslied. In: RL. II. 1928/29, S. 335.
2. **W a g n e r**, Hans: Die rheinischen Martinslieder in liedgeographischer und motivgeschichtlicher Darstellung. Diss. Köln 1933. 71 S. [Auch in: Rheinische Vierteljahrsblätter 3 (1933), S. 161–91, 320–55].
3. **S e e m a n n**, Erich: Martinslied. In: RL. II. ^{2}1965, S. 291f.

848. MARTJE FLORIS

1. K r o g m a n n, Willy: Dichtungen um Martje Floris'Gesundheit. Neumünster 1940. 172 S. [Einleitung S. 1–25; Eiderstedter Trinkspruch].

849. MASANIELLO

1. K o h l r a u s c h, Robert: Masaniello. In: BuW. 15, 2 (1913), S. 476–84.
2. H a l l g a r t e n, Robert: Alexander Fischer. In: Abhh. z. dt. Lit. geschichte. F. Munkker z. 60. Geburtstag. München 1916, S. 108–61. [D.].
3. G i l m o r e, Edith Spacil: Masaniello in German literature. Diss. Yale Univ. New Haven, Conn. 1950. 254 Bl. (Masch.).
4. M a s a n i e l l o. In: Frenzel, StdW. 1970, S. 470–72. [D., E.: 17.–20. Jh., a. a. L.].
5. R u d o l p h, Johanna: Das Masaniello-Thema im Spiegel der dt. Klassik. In: Goethe 30 (1968), S. 43–64.

850. MASCHINE s. a. TECHNIK

1. K i s t e n m a c h e r, Hans Werner: Maschine und Dichtung. Ein Beitrag zur Geschichte der dt. Lit. im 19. Jh. Diss. München 1914. 76 S.
2. W o l f f, Walter: Technik und Dichtung. Ein Überblick über 100 Jahre dt. Schrifttums. Leipzig 1923. 173 S. [Anthologie mit stoffkundlichen Einführungen].
3. E i s e n t h a l, Wilhelm: Die Maschine im Spiegel der Lit. In: Der neue Pflug 4 (1929) H. 4, S. 17–24.
4. J o s t, Theodor: Mechanisierung des Lebens und moderne Lyrik. Bonn 1934. 148 S. (Mnemosyne 16). [20. Jh.].
5. N a d l e r, Josef: Die Maschine, der Arbeiter und ihre Dichtung. In: Jb. d. Kaiser-Wilhelm-Gesellschaft 1941, S. 190–214.
6. H o f f m a n n, Henriette: Eine Untersuchung über Kapital, Industrie und Maschine von Goethe bis Immermann. Diss. Wien 1942. 323 Bl. (Masch.).

851. MASKERADE

1. A r e n d t, Dieter: Die romantische Maskerade und Redoute. In: –: Der „poetische Nihilismus" in der Romantik 1. Tübingen 1972, S. 105–29.

852. MASOCHIST

1. H e l l e r, Peter: The masochistic rebel in recent German lit. In: JAAC. 11 (1952/53), S. 198–213. [E., D.].
2. N o l t e, Charles Miller: The role of masochism in German drama. DA. 28 (1967/68), S. 3811 A.

853. MASSE

1. H a r n a p p, Egon: Masse und Persönlichkeit im Drama. Diss. München 1933. 87 S.
2. R i c h t e r, Joachim: Massen und Massenführung in der dt. Lit. der Zeit des Expressionismus. Diss. FU. Berlin 1955. 146 Bl. (Masch.).

854. MATHEMATIKER

1. E b n e r: Der Mathematiker in der neueren Lit. In: Die Umschau 9 (1905), S. 821 bis 826.
2. W e n d t, Hans: Schulmathematik in belletristischer Beleuchtung. In: Dt. Philologenblatt 37 (1929), S. 599f.

855. MATTHIAS, KÖNIG VON UNGARN

1. S z e n t - I v a n y i, Bela v.: Matthias Corvinus in der dt. Lit. In: Ungarische Jbb. 20 (1940), S. 246–66. [D., E.: 18. u. 19. Jh.].

856. MAXIMILIAN I., DEUTSCHER KAISER s. a. ANNA VON DER BRETAGNE

1. P i c k, Robert: Kaiser Maximilian I. in den epischen Dichtungen der Österreicher am Anfang des 19. Jhs. Diss. Wien 1908. 103 Bl. (Handschr.).
2. W a a s, Glenn Elwood: The legendary character of Kaiser Maximilian. New York 1941. 227 S. (Columbia Univ. Germanic Series. NS. 14). Repr. New York 1966. – R.: A. Taylor, MLQ. 3 (1942), S. 318f. [Auch in d. Dichtung bis z. 20. Jh.].
3. L a e t z i g, Charlotte: Die Gestalt Kaiser Maximilians in der deutschsprachigen Dichtung seiner Zeit. Diss. Wien 1955. 212 Bl. (Masch.). [L.: 16. Jh.].
4. M a x i m i l i a n I. In: Frenzel, StdW. 1970, S. 472–74.

857. MAXIMILIAN II., KÖNIG VON BAYERN

1. H o r n u n g, Alois: König Maximilian II. von Bayern im Lichte der zeitgenössischen wissenschaftlichen und schönen Lit. Diss. München 1921. 141 Bl. (Masch.).

858. MÂZE

1. E i c h l e r, Sigurd: Studien über die Mâze. Ein Beitrag zur Begriffs- und Geistesgeschichte der höfischen Kultur. Diss. Bonn 1942. 97 S. (Bonner Beitr. z. dt. Philologie 13).

859. MAZEPPA, IWAN

1. L e w i c k y i, Wassyl: Der Hetman Iwan Mazepa in der dt. Lit. In: Ruthenische Revue 2 (1904), S. 596–99, 611–15, 637–44. [D., E., L.: 19. Jh.: 4 T.].
2. M a z e p p a. In: Frenzel, StdW. 1970, S. 474. [A. a. L.].

860. MECKLENBURG

1. S c h r ö d e r, Carl: Mecklenburg und die Mecklenburger in der schönen Lit. Berlin 1909. 488 S. (Mecklenburg. Geschichte in Einzeldarstellungen 11/12). [E., L.].
2. K r ü g e r, Heinrich K. A.: Meckelborg in de ni plattdütsche Lit. In: De Eekboom 38 (1920), H. 9/10, S. 182f. [E.].
3. M e c k l e n b u r g. In: Luther, DtL. 1937, Sp. 401–05. [B.].
4. M e c k l e n b u r g in der Erzählung. In: Kosch, LL. II. ²1953, S. 1679f. [B.].

861. MEDEA

1. H e i n e m a n n, Karl: Medea. In: –: Die tragischen Gestalten der Griechen in d. Weltlit. II. Leipzig 1920, S. 9–27. (Das Erbe d. Alten NF. 4).
2. R e n n e r, Robert: Medea, eine Studie. In: Bayr. Bll. f. d. Gymnasial-Schulwesen 62 (1926), S. 262–73, 326–30.
3. B l o c k, Achim: Medea-Dramen der Weltlit. Diss. Göttingen 1958. 280 S. (Masch.). [A. a. L.].
4. F r i e d r i c h, Wolf Hartmut: Medeas Rache. Von Grillparzer zu Euripides. In: Nachrichten d. Akademie d. Wiss. in Göttingen, Phil. hist. Kl. 1960, S. 67–111 und in: –: Vorbild und Neugestaltung. Göttingen 1967, S. 7–56.
5. K l e i n h a r d t, Werner: Medea, Originalität und Variation in der Darstellung einer Rache. Diss. Hamburg 1962. 137 S. [A. a. L.].
6. M e d e a. In: Frenzel, StdW. 1970, S. 475–79. [D.: 18. u. 19. Jh.].

862. MEDUSA

1. C l o s s, August: Medusa's mirror. Studies in German lit. London 1957. 262 S. − R.: J. Bithell, GLL. 11 (1957/58), S. 233f.; T. E. Carter, AUMLA. 1957, Nr. 7, S. 74f.

863. MEER s. a. SEEFAHRT

1. B i e s e, Alfred: Die Poesie des Meeres und das Meer in der Poesie. In: PrJbb. 88 (1897), S. 279−301 und in: −: Pädagogik und Poesie 1. Berlin 1900, S. 217−40. [A. a. L.].
2. M e l c h i o r, Felix: Das Meer in der dt. Dichtung. In: −: Heinrich Heines Verhältnis zu Byron. Berlin 1903, S. 95−117.
3. S c h u l t z e, Siegmar: Meer-Romantik. In: −: Die Entwicklung des Naturgefühls in der dt. Lit. des 19. Jhs. Halle 1907, S. 144−50. (Leipzig ²1911).
4. K o c h, Joseph: Das Meer in der mhd. Epik. Diss. Münster 1910. 99 S.
5. P o e c k, Wilhelm: Die See in der Erzählung. In: Eckart 6 (1911/12), S. 722−28.
6. P o e c k, Wilhelm: Die See in der plattdeutschen Lyrik. In: Grenzboten 71, 4 (1912), S. 173−82.
7. B u b e, Wilhelm: Seegeschichten. In: Das Volks- u. Jugendschrifttum. Beil. z. Deutscher Volkswart 1 (1914), S. 50−52, 57−60, 73−77. [E.: 19. Jh.].
8. R e u s c h e l, Karl: Meeresdichtung. In: RL. II. 1926/28, S. 336f.
9. E n g e r t, Rolf: Das Meer als Symbol. Berlin 1929. 28 S. (Meereskunde XVII, 2, H. 188. [L.].
10. H o p p e, Gerhard: Das Meer in der dt. Dichtung von Friedrich L. Graf zu Stolberg bis Heinrich Heine. Diss. Marburg 1929. 55 S. [L.].
11. M ü l l e r, G.: Meer und Mensch im Spiegel neuerer Dichtung. Berlin 1932. 28 S. (Meereskunde Bd. 18, 2. H. 198).
12. T i e g h e m, Paul v.: Les débuts de la poésie de la mer au 18ᵉ siecle. In: Neoph. 23 (1938), S. 437−43. [17. u. 18. Jh., a. a. L.].
13. S t a m m l e r, Wolfgang: See und Dichtung. In: Geistige Arbeit 6 (1939) Nr. 23, S. 9−11; Nr. 24, S. 7−9.
14. C a r l s s o n, Anni: Der Meeresgrund in der neueren Dichtung. Abwandlungen eines symbolischen Motivs von H. C. Andersen bis Thomas Mann. In: DtVjs. 28 (1954), S. 221−33. [A. a. L.].
15. S c h a e f e r, Irmgard: Das Meermotiv in der neueren dt. Dichtung. Diss. Bonn 1955. 282 Bl. (Masch.). [D., E., L.: 19. u. 20. Jh.].
16. O t t e n, Paul: Watt und Meer im Spiegel heimatlicher Dichtung. In: Ostfreesland 45 (1962), S. 83−89.
17. M e e r e s d i c h t u n g. In: Wilpert, SdL. 1969, S. 479f.

864. MEIER HELMBRECHT

1. M a y e r, Moritz: Wernhers des Gärtners „Meier Helmbrecht" in seinen neuhochdt. Bearbeitungen. Diss. Wien 1908. 94 Bl. (Handschr.).
2. S c h o l z, Ferdinand: „Meier Helmbrecht" im neueren dt. Drama. Diss. Wien 1938. 146 Bl. (Masch.).
3. M e i e r H e l m b r e c h t. In: Frenzel, StdW. 1970, S. 479f. [Bes. D.: 20. Jh.].

MEISTERSINGER s. SACHS, HANS

865. MELANCHOLIE s. a. *PESSIMISMUS, WELTSCHMERZ*

1. K a h n, Charlotte: Die Melancholie in der dt. Lyrik des 18. Jhs. Heidelberg 1932. 143 S. (Beitr. z. neueren Litgesch. NF. 21). – R.: O. H. Brandt, Lit. 35 (1932/33), S. 545; F. J. Schneider, AfdA. 52 (1933), S. 76–78.
2. R e u t e r, Eva: Die Schwermut als eine Grundstimmung der modernen Dichtung in den Werken von R. M. Rilke, G. Trakl und H. v. Hofmannsthal. Diss. Innsbruck 1949. 175 Bl. (Masch.).
3. W o n d e r l e y, Wayne: Some notes on hypochondria and melancholy in German literature of the early 18th century. In: PhilQu. 30 (1951), S. 186–93.
4. B a u e r, Johann: Die Wehmut des romantischen Menschen. Diss. Freiburg i. Br. 1953. 417 Bl. (Masch.).
5. M a t t e n k l o t t, Gert: Melancholie in der Dramatik des Sturm und Drang. Stuttgart 1968. 184 S. (Diss. FU. Berlin 1967, Studien z. Allg. u. Vergl. Lit.wiss. 1). – R.: J. Osborne, MLR. 66 (1971), S. 214 f.; Th. P. Saine, GR. 44 (1969), S. 297–99; T. K. Thayer, GQu. 43 (1970), 282 f
6. S c h m i d t - D e n g l e r, Wendelin: Ehre und Melancholie im Drama des Sturm und Drang. In: Sprachkunst 3 (1972), S. 11–30. [D., E.].
7. O b e r m ü l l e r, Klara: Studien zur Melancholie in der dt. Lyrik des Barock. Bonn 1974. 186 S. (Studien z. Germanistik, Angl. und Komparatistik 19).

866. MELUSINE s. a. *UNDINE*

1. S c h o r b a c h, Karl: Die Historie von der schönen Melusine. In: ZBFr. 1, 1 (1897/98), S. 132–42.
2. F l o e c k, Oswald: Das Melusinenmotiv. In: –: Die Elementargeister bei Fouqué und anderen Dichtern der romantischen und nachromantischen Zeit. Heidelberg 1909, S. 48–61.
3. Die G e s c h i c h t e von der schönen Melusine. Neu hrsg. von Fedor v. Zobeltitz. Hamburg 1925, S. 5–20. [Einführung].
4. S c h r ö d e r, W. J.: Melusine. In: VerfLex. V. 1955, Sp. 676–78.
5. M e l u s i n e. In: Frenzel, StdW. 1970, S. 480–82. [Dt. T.: 16., 19. u. 20. Jh.].

867. MEMELLAND

1. S c h u m a n n, Harry: Die Kurische Nehrung und ihre dichterische Bezwingung. In: LE. 18 (1915/16), Sp. 279–86, 342–50.
2. B i n k, Karl: Land und Leute des Memelgebiets im Spiegel dt. Dichtung. In: Der ostpreußische Erzieher 1934, S. 207–11.
3. N a u j o k, Rudolf: Das Memelland in seiner Dichtung. Memel 1935. 126 S. [E., L.].
4. W i l m, Bruno: Die Kurische Nehrung und das Kurische Haff in der neueren dt. Dichtung. In: Ostdt. Mhe. 17 (1936), S. 219–22 u. 18 (1937), S. 275–79.
5. S z a m e i t a t, Max: Das Memelland in seiner Dichtung. In: –: Bibliographie des Memellandes. Würzburg 1957, S. 174–201 (Nr. 1878–2193). [Stoffgeschichtliches und B. für D., E., L.].

868. MENNONITEN

1. S c h o w a l t e r, Otto: Die Mennoniten in der dt. Lit. In: Mennonitisches Lexikon 2. Frankfurt a. M. 1937, S. 662–69. [17.–20. Jh.].
2. S c h o w a l t e r, Otto: Die Mennoniten in der allgemeinen dt. Lit. In: Beiträge zur Geschichte der Mennoniten. Festgabe für D. Chr. Neff z. 70. Geburtstag. Weierhof (Pfalz) 1938, S. 83–88. (Schriftenreihe des Mennonit. Geschichtsvereins 1). [Auch in D., E., L.].

869. MENSCHENBILD s. a. *BEWEGUNG, MENSCHLICHE – ERZIEHER UND ERZIEHUNG*

1. A p p e l, Paul: Die Schilderung der körperlichen Erscheinung des Menschen im dt. Roman zwischen 1870 und 1900. Diss. Gießen 1924. 97 Bl. (Masch.).
2. F l e m m i n g, Willi: Die Auffassung des Menschen im 17. Jh. In: DtVjs. 6 (1928), S. 403–46. [D., E., L.].
3. W y r s c h, Kurt: Der Mensch in der Lyrik. Von Stefan George bis Franz Werfel. In: Jb. d. Verbandes der Renaissance-Gesellschaften 8 (1929–30), S. 37–58.
4. J u n g k u n z, Antonie Claire: Menschendarstellung im dt. höfischen Roman des Barock. Berlin 1937. 230 S. (GSt. 190).
5. B e c k m a n n, Johann Heinz: Der Mensch in der gegenwärtigen Prosadichtung. In: Dt. Wort 14 (1938), S. 321–33.
6. K n o r r, Friedrich: Die Menschenwelt in der dt. Epik des Hochmittelalters. In: Zs. f. dt. Geisteswiss. 1 (1938/39), S. 26–40.
7. K r a m p, Willy: Über den „wahren Menschen" in der Dichtung. In: Eckart 16 (1940), S. 161–65.
8. S t r e c k, Robert: „Das Menschenleben" in Gedichten Goethes, Claudius', Liliencrons, Eichendorffs und Georges. In: ZfDwiss. 2 (1940), S. 65–78.
9. W o e l k e r, Eva-Maria: Menschengestaltung in vorhöfischen Epen des 12. Jhs. Berlin 1940. 285 S. (GSt. 221).
10. P y r i t z, Hans: Mensch und Schicksal in der dt. Novelle des 20. Jhs. In: DuV. 42 (1942), H. 3, S. 76–94.
11. B o u r b e c k, Christine: Schöpfung und Menschenbild in dt. Dichtung um 1940. Berlin 1947. 153 S. (Religion u. Dichtung 1). [Hausmann, Peters, Bergengruen].
12. F l e m m i n g, Willi: Das Werden des Menschenbildes der dt. Klassik. Mainz 1947. 24 S. (Mainzer Univ. Reden 6).
13. K a u t z, Adelheid: Das Menschenbild in der Romantik. Diss. Köln 1948. 208 Bl. (Masch.).
14. M ü h l h e r, Robert: Der Mensch in der Dichtung. In: Wissenschaft und Weltbild 3 (1950), A. 391–99. [Überblick, 18.–20. Jh.].
15. U l s h ö f e r, Robert: Der Wandel des Menschenbildes in der Dichtung des 19. Jhs. In: DU. 3 (1951), H. 6, S. 4–43.
16. R a n g, Bernhard: Das Bild des Menschen in der modernen Erzählung. In: Börsenbl. f. d. Dt. Buchh. 8 (1952), Red. Tl., S. 354–56, 361 f. [A. a. L.].
17. C y s a r z, Herbert: Die Wesenszüge des Menschen im heutigen Roman. In: Universitas 8 (1953), S. 679–84. [A. a. L.].
18. K o h l s c h m i d t, Werner: Die entzweite Welt. Studien zum Menschenbild in der neueren Dichtung. Gladbeck 1953. 196 S. (Glaube u. Forschung 3).
19. M o h r, Wolfgang: Wandel des Menschenbildes in der mittelalterlichen Dichtung. In: Wirkendes Wort. 1. Sonderh. 1953, S. 37–48 und in: Wirkendes Wort, Sammelbd. 2. Düsseldorf 1962, S. 127–38.
20. W a g e m a n n, Eberhard: Die Personalität im dt. Drama des 16. Jhs. Diss. Göttingen 1953. 512 S. (Masch.).
21. W ö n n e, Friedrich: Das Menschenbild der zeitgenössischen Dichtung (Dargest. an Th. Mann, E. Wiechert u. W. Bergengruen). In: Pastoralbll. 93 (1953), S. 259–73, 326–46, 410–25.
22. F r i t z s c h, Robert: Das Bild des Menschen im Roman der Gegenwart. Versuch einer Typologie. In: Welt und Wort 9 (1954), S. 365–370, 399–402. [A. a. L.].
23. S e l l g r a d, Rudolf: Mensch und Welt im dt. Kirchenlied vom 16. bis zum 18. Jh. Diss. Köln 1955. 91 Bl. (Masch.).
24. B ö s c h e n s t e i n, Hermann: Der reine Mensch. Die Biographie im dt. Nachkriegsroman. Heidelberg 1958. 130 S.

25. B r e n t a n o, Bernard v.: Das Menschenbild in der modernen Lit. In: —: Schöne Lit. und öffentliche Meinung. Wiesbaden 1962, S. 54—81.
26. I b e l, Rudolf: Mensch der Mitte. George, Carossa, Weinheber. Hamburg 1962. 268 S.
27. R u p p, Heinz: Einige Gedanken zum Menschenbild der dt. höfischen Dichtung. In: DU. 14 (1962), H. 6, S. 5—20.
28. M o h r, Wolfgang: Wandel des Menschenbildes in der ma. Dichtung. Düsseldorf 1963, S. 127—138. (Wirkendes Wort, Sammelbd. 2).
29. A r p, Joachim: Der Mensch in der niederdt. Komödie. Neumünster 1964. 87 S. (Forschungen NF., Reihe B, 5).
30. G e e r d t s, Hans Jürgen: Bemerkungen zur Gestaltung des Menschenbildes in der neuen sozialistischen Epik. In: WB. 10 (1964), S. 105—20.
31. S e n g l e, Friedrich: Formen des idyllischen Menschenbildes. In: Formenwandel. Festschr. f. P. Böckmann. Hamburg 1964, S. 156—71. [E., L.]. Auch in: —: Arbeiten z. dt. Lit. Stuttgart 1965, S. 212—31 u. in: Ruperto Carola 17 (1965), S. 81—89.
32. B o c k, Sigrid: Probleme des Menschenbildes in Erzählungen und Novellen. Beitrag zur Geschichte der sozialistisch-realistischen Erzählungskunst in der DDR von 1956/57—1963. Diss. Berlin Inst. f. Gesellschaftswiss. 1965. 284 Bl. (Masch.).
33. P u r d i e, Edna: Some renderings of humanitas in German in the 18th century. In: —: Studies in German lit. of the 18th century. London 1965, S. 151—71.
34. B e c k m a n n, Heinz: Jedermänner unserer Tage. Das Schicksal des Menschen im modernen Drama. In: Wort u. Wahrheit 21, 1 (1966), S. 361—74. [A. a. L.].
35. B l a n k e, Huldrych: Das Menschenbild in der modernen Lit. als Frage an die Kirche Zürich 1966. 63 S. [A. a. L.].
36. S p i e w o k, Wolfgang: Das Menschenbild der dt. Lit. um 1200. In: WB. 12 (1966), S. 652—68 und in: WZUG. 15 (1966), S. 505—13.
37. T s c h e c h, Johannes: Das Menschenbild im Spiegel der Dichtung unserer Zeit. In: Zwanzig Jahre danach. Besinnung u. Ausblick. München 1966, S. 45—64.
38. W e l z i g, Werner: Anmerkungen zur Menschenzeichnung in der modernen Epik. In: Sprachkunst als Weltgestaltung. Festschr. f. H. Seidler. München 1966, S. 372 bis 83.
39. G r o s s e, Anneliese: Zur Struktur des Menschenbildes in der westdt. epischen Lit. der Gegenwart (1963—1965). Diss. Inst. f. Gesellschaftswiss. beim ZK. d. SED Berlin 1967. 503 Bl. (Masch. vervielf.).
40. H a a s e, Horst: Zum Menschenbild in der gegenwärtigen dt.sprachigen bürgerlichen Lyrik und in der sozialistischen Lyrik der DDR. In: Das sozialistische Menschenbild. Weg und Wirklichkeit. Leipzig 1967, S. 327—35.
41. H o l l s t e i n, Walter: Das Menschenbild im dt. Illustriertenroman. Ein publizistikwiss. Beitr. z. Selbstverständnis d. BRD zur Zeit der Prosperität (1955—1962). Diss. Münster 1967. 159 S.
42. S c h u h m a n n, Klaus: Menschenbild und Konfliktgestaltung im sozialistischen Gegenwartshörspiel. In: Das sozialistische Menschenbild. Weg und Wirklichkeit. Leipzig 1967, S. 337—48.
43. B r a u e r, Wolfgang: Das Menschenbild im westdt. Lesebuch. In: WB. 14 (1968), S. 117—47.
44. H a g e l w e i d e, Gert: Das publizistische Erscheinungsbild des Menschen im kommunistischen Lied. Eine Untersuchung der Liedpublizistik der KPD (1919—1933) und der SED (1945—1960). Bremen 1968. 371 S.
45. S a n d e r, Volkmar: Die Faszination des Bösen. Zur Wandlung des Menschenbildes in der modernen Lit. Göttingen 1968. 93 S. [D., E., L.]. (Schriften z. Lit. 10). — R.: W. Hinderer, GQu. 43 (1970), S. 298—300; D. Jost, MDU. 61 (1969), S. 209f.; J. L. Sammons, GR. 44 (1969), S. 154—58.

46. B i n d e r, Wolfgang: Das Bild des Menschen in der modernen dt. Lit. Zürich 1969. 48 S. (Schriften z. Zeit 31). [Überblick, bes. 20. Jh.].
47. B ü h l e r, Hermann: Studien zum Menschenbild im Roman der Frühromantik. Zürich 1969. 233 S. (Diss. Bern).
48. H a r t w i g, Wolfgang: Menschengemeinschaft und Führungskräfte. Aspekte der Abbildung sozialistischer Menschenentwicklung in Werken der sozialistischen Gegenwartslit. (bes. d. Jahre 1951/52–1965). Diss. Rostock, F. f. Gesellschaftswiss. 1969. 201 Bl. (Masch.).
49. K a u f m a n n, Hans: Zum Menschenbild in der dt. Lit. in der ersten Hälfte des 20. Jhs. In: Doitsu Bungaku 43 (1969), S. 1–12.
50. K r i p p e n d o r f, Klaus und Klaus G e i ß l e r: Das sozialistische Menschenbild in jüngster epischer Lit. In: WB. 15 (1969), H. 5, S. 1108–13.
51. L e n z e r, Rosemarie: Menschen in der Entscheidung. In: Konturen und Perspektiven. Zum Menschenbild in der Gegenwartslit. der Sowjetunion und der DDR. Berlin 1969, S. 47–67.
52. M a u r e r, Friedrich: Die Ehre im Menschenbild der dt. Dichtung um 1200. In: Geschichte, Deutung, Kritik. Literaturwiss. Beitr. z. 65. Geburtstag W. Kohlschmidts. Bern 1969, S. 30–44 und in: –: Dichtung und Sprache des MA. Bern ²1971, S. 406 bis 20.
53. R i c h t e r, Hans: „Daß der Mensch dem Menschen ein Helfer ist . . .". Zum Menschenbild in neuen Erzählwerken der DDR. In: WB. 15 (1969), H. 5, S. 1056–75.
54. R o s e n b e r g, Rainer: Zum Menschenbild der realistischen bürgerlichen dt. Lit. des 19. Jhs. In: WB. 15 (1969), H. 6, S. 1125–50.
55. D a m m, Sigrid: Probleme der Menschengestaltung im Drama Hauptmanns, Hofmannsthals und Wedekinds. Diss. Jena, Gesellschaftswiss. F. 1970. 269, 34 Bl. (Masch.).
56. D i e c k m a n n, Liselotte: Zum Bild des Menschen im 18. Jh.: Nathan der Weise, Iphigenie, die Zauberflöte. In: Festschr. f. D. W. Schumann. München 1970, S. 89 bis 96.
57. H a y, Gerhard: Darstellung des Menschenhasses in der dt. Lit. des 18. u. 19. Jhs. Frankfurt a. M. 1970. 237 S. (Diss. Bonn 1969). [A. a. L., D., E., L., auch 16. u. 17. Jh.]. – R.: M. B. Benn, MLR. 67 (1972), S. 940f.; G. L. Fink, EG. 27 (1972), S. 108f.; N. Ritter, GQu. 46 (1973), S. 637–39; G. Sauder, Germanistik, 15 (1974), Nr. 3459.
58. R i e d e l, Walter: Der neue Mensch. Mythos und Wirklichkeit. Bonn 1970. 124 S. (Stud. z. Germanistik, Angl. u. Komparatistik 6). – R.: H. G. Herman, MDU. 64 (1972), S. 176f.; N. Hopster, Germanistik 13 (1972), Nr. 778.
59. R ö h n e r, Eberhard: Das literarische Menschenbild und der Revolutionär unsrer Tage. Zum Verhältnis von Wirklichkeit und Ideal. In: Einheit 25 (1970), S. 1538–48.
60. H a r t w i g, Wolfgang: Über einige Aspekte der Gestaltung von Menschengemeinschaft und Führungskräften in Werken unserer neuen epischen Lit. In: WZUR 20 (1971), S. 13–20.
61. K l i n g e, Reinhold: Mensch und Gesellschaft im Spiegel neuerer Romane. In: DU. 23, 2 (1971), S. 86–102.
62. A l t n e r, Manfred: Das sozialistische Menschenbild in der Kinder- und Jugendlit. der DDR. Berlin 1972. 79 S.
63. K u r z, Paul Konrad: Was ist der Mensch? Sätze, Erfahrungen, Vorstellungen zeitgenössischer Lit. In: StdZ. 97 (1972), H. 1, S. 3–18.
64. W e i s b a c h, Reinhard: Menschenbild. Dichter und Gedicht. Aufsätze zur dt. sozialistischen Lyrik. Berlin 1972. 292 S. (Diss. Berlin Akad. d. Wiss. d. DDR 1972).
65. K i e n e c k e r, Friedrich: Der Mensch im modernen Drama. Eine Handreichung zur Interpretation. Essen 1973. 176 S. (Christl. Strukturen in der mod. Welt 11).

66. K l u g e, Gerhard: Die Rehabilitierung des Ich. Einige Bemerkungen zu Themen und Tendenzen in der Lyrik der DDR der 60er Jahre. In: Poesie und Politik. Stuttgart 1973, S. 206–35. (Sprache u. Lit. 73).
67. W e b b, Benjamin Daniel: The devise of the „New Man". An analysis of ten plays from late German expressionism. Göppingen 1973. 186 S. (GAG. 90).
68. W i t z k e, Horst: Untersuchungen zum Menschen- und Gesellschaftsbild in der kleinbürgerlich-reformistischen dt. Arbeiterdichtung 1914–1945. Diss. Jena 1973. 285 Bl. (Masch.).
69. K e t e l s e n, Uwe K.: Das „sozialistische Menschenbild als dramentheoretisches Problem in der DDR-Lit. In: Basis 5 (1975), S. 65–79.

870. MENSCHENFEIND

1. B o l i n, Wilhelm: Der Menschenfeind. Eine literarhistorische Studie. In: Euph. 19 (1912), S. 323–34. [A. a. L.].
2. K o l i s c h, Käthe: Timon von Athen im dt. Drama. Diss. Wien 1935. 97 Bl. (Masch.).

871. MENSCHENKENNTNIS

1. H o f f m a n n, Arthur: Menschenkenntnis und Erziehertum in dt. Dichtung. In: Die Volksschule 32 (1937), S. 785–94.

MERKER s. *HUOTE*

872. MERLIN s. a. *ARTUS*

1. H o l z a m e r, Wilhelm: Merlindichtungen. In: LE. 3 (1900/01), Sp. 530–32.
2. S c h i p r o w s k i, Erwin Alexander: Der Zauberer Merlin in der dt. Dichtung. Breslau 1933. 134 S. (Diss. Breslau). [Vor allem 19. u. 20. Jh.]. – R.: E. Schröder, AfdA. 52 (1933), S. 156.
3. W e i ß, Adelaide Marie: Merlin in German literature. A study of the Merlin legend in German literature from medieval beginnings to the end of romanticism, Washington, D. C. 1933, 152 S. (Catholic Univ. of America Studies in German 3). – R.: A. F. J. Remy, GR. 10 (1935), S. 131 f.
4. W a l l n e r, Hilda: Moderne dt. Merlindichtungen. Diss. Wien 1936. 80 Bl. (Masch.). [D., E., L.].
5. Z u m t h o r, Paul: Merlin le prophète. Un thème de la littérature polémique de l'historiographie et des romans. Lausanne 1943 318 S. (Diss. Genève) Repr. Genève 1973). [Dt. Lit.: S. 275–288].
6. M e r l i n. In: Frenzel, StdW. 1970, S. 484–88. [D., E., L.: 15., 19. u. 20. Jh.].
7. M e r l i n in der neueren dt. Dichtung. In: Castrum Peregrini 1964, H. 62/63, S. 89 bis 113. [L.: 19./20. Jh.].
8. V i e l h a u e r, Inge: Merlin in der neueren dt. Dichtung. In: Galfredus Monmutensis. Das Leben des Zauberers Merlin. Amsterdam ²1964, S. 89–113. [D., L.: 18. bis 20. Jh.].
9. B r o g s i t t e r, Karl Otto: Die Gestalt Merlins. In: –: Artusepik. Stuttgart ²1971, S. 36–40.

873. MEROPE

1. B r o c k, Joseph: Lessing und Hygin. In: –: Hygins Fabeln in der dt. Lit. München 1913, S. 97–132. [Merope-Dramatisierungen im 18. u. 19. Jh.].
2. M e r o p e. In: Frenzel, StdW. 1970, S. 488–90. [Nur wenige dt. T.].

MESMER s. *KÜSTER*

874. MESMER, FRANZ ANTON
1. F r a n k e, Hans: Spuren des Mesmerismus in der dt. Lit. In: Lit. 37 (1934/35), S. 87–91.
2. F r a n k e, Hans: Mesmer, der Mesmerismus und die dt. Dichtung. In: Schwaben 12 (1940), S. 121–24.

875. METALL
1. W e b e r, Klaus: Das Reich der Steine und Metalle in der Dichtung dt. Romantiker. Ein Beitr. zur Deutung des romantischen Symbolismus. Diss. Köln 1953. 241 Bl. (Masch.).

876. METAMORPHOSE
1. H e s e l h a u s, Clemens: Metamorphose-Dichtungen und Metamorphose-Anschauungen. In: Euph. 47 (1953), S. 121–46. [Gestaltwandel allg. u. meist in ausl. Dichtung.].

877. MEXIKO
1. K a h a n e, Henry R.: Historia mexicana en la literatura alemana neo-romántica. In: Memoria del segundo Congreso ... de Lit. Iberoamericana 1940. Berkeley 1941, S. 77–84. [3 T.].
2. E r o b e r u n g von Mexiko. In: Frenzel, StdW. 1970, S. 491–96.

878. MICHELANGELO, BUONAROTTI
1. S o m m e r, Lotte: Die Michelangelo-Gestalt in der neueren Dichtung. Versuch eines Querschnitts. In: ZDK. 46 (1932), S. 301–5.
2. O b e r h o l z e r, Niklaus: Das Michelangelo-Bild in der dt. Lit. Beitrag zur Geschichte der Künstlerdichtung. Freiburg/Schweiz 1969. 219 S. (Diss. Freiburg/Schweiz. Seges 12). [E., D., L.].
3. K r a n z, Gisbert: Michelangelo gedeutet von Dichtern. In: Neue dt. Hefte 22 (1975), 1, S. 56–67. [L.: 17.–20. Jh., a. a. L.].

879. MIGNON
1. F l a s h a r, Dorothea: Bedeutung, Entwicklung und literarische Nachwirkung von Goethes Mignongestalt. Berlin 1929. 132 S. (GST. 65).
2. M a z z u c c h e t t i, Lavinia Jollos: Mignon von Goethe bis Hauptmann. In: Schweizer Mhe. 45 (1965/66), S. 359–72.

MILES GLORIOSUS s. *BRAMARBAS*

MILITÄR s. *OFFIZIER, SOLDAT*

880. MILITARISMUS
1. A l l e n, Ronald Alexander: Militarism in German drama since 1889. Diss. Univ. of Chicago 1928. 355 Bl. (Masch.). Ausz. 8 S.

2. C w o j d r a k, Günther: Die literarische Aufrüstung. Berlin 1959. 109 S. [Auch in d. E.].
3. H e r m s d o r f, Klaus: Apologie und Kritik des dt. Militarismus in der zeitgenössischen Romanlit. Westdeutschlands. In: Frieden – Krieg – Militarismus im kritischen und sozialistischen Realismus. Berlin 1961, S. 139–63.
4. S c h o l z, Gerhard: Die Friedensfrage nach 1870/71 in vergleichender literarhistorischer Beleuchtung. In: Frieden – Krieg – Militarismus im kritischen und sozialistischen Realismus. Berlin 1961, S. 21–54.
5. N a h r g a n g, Wilbur Lee: Attitudes toward war in German prose lit. of the second world war: 1945–1960. Diss. Univ. of Kansas 1966. 221 S. DA. 27 (1966/67), S. 1831 A.

881. MINNE s. a. EROTIK, LIEBE
1. S o k o l o w s k y, Rudolf: Der altdt. Minnesang in der dt. Dichtung der Jahre 1780 bis 1845. In: –: Der altdt. Minnesang im Zeitalter der dt. Klassiker und Romantiker. Dortmund 1906, S. 69–166.
2. G l e i c h e n - R u ß w u r m, Alexander v.: Frau Minne. In: LE. 12 (1909), Sp. 229 bis 37.
3. B r u i n i e r, Johann W.: Minnesang. Die Liebe im Liede des dt. Mittelalters. Leipzig 1913. 130 S. (Aus Natur u. Geisteswelt 404).
4. K l u c k h o h n, Paul: Der Minnesang als Standesdichtung. In: ALG. 11 (1914), S. 389–410.
5. K a i s e r, Elsbet: Frauendienst im mhd. Volksepos. Diss. Marburg 1921. 106 S. Repr. Nendeln 1974. (GAbh. 54).
6. N a g e l, Albert: Die Ideengrundlagen des Minnesangs von den Anfängen bis Walther. Diss. Heidelberg 1930. 94 S.
7. R a n k e, Friedrich: Zur Rolle der Minneallegorie in der dt. Dichtung des ausgehenden Mittelalters. In: Festschr. Th. Siebs z. 70. Geb. Tag. Breslau 1933, S. 199–212. (GAbh. 67), und in: –: Kleinere Schriften. Bern 1971, S. 36–45.
8. B r i n k m a n n, Hennig: Erscheinung und Entfaltung des dt. Minnesangs. In: ZDK. 50 (1936), S. 503–19.
9. S c h m i d, Peter: Die Entwicklung der Begriffe „minne" und „liebe" im dt. Minnesang bis Walther. In: ZfdPh. 66 (1941), S. 137–63.
10. N i e w ö h n e r, Heinrich: Minnereden und -allegorien. In: VerfLex. III. 1943, Sp. 404–24.
11. L a u f f e r, Otto: Frau Minne in Schrifttum und bildender Kunst des dt. Mittelalters. Hamburg 1947. 91 S.
12. E y r i c h, Annelore: Frauenminne und Gottesminne. Studien zur Wandlung der höfischen Minneanschauung in der späthöfischen Zeit. Diss. Freiburg i. Br. 1953. 174 Bl. (Masch.).
13. F u r s t n e r, H.: Studien zur Wesensbestimmung der höfischen Minne. Groningen 1956. 235 S. – R.: G. R. Finch, MLR. 53 (1958), S. 446f.; A. Moret, EG. 13 (1958), S. 51f.; P. Wapnewski, Euph. 51 (1957), S. 452–61.
14. G r u e n t e r, Rainer: Bemerkungen zum Problem des Allegorischen in der Minneallegorie. In: Euph. 51 (1957), S. 2–22.
15. K o l b, Herbert: Der Begriff der Minne und das Entstehen der höfischen Lyrik. Tübingen 1958. 432 S. [Bes. S. 7–127].
16. N e u m a n n, Friedrich: Minnesang. In: RL. II. ^{2}1960, S. 303–14.
17. P o m a ß l, Gerhard: Die Reaktionen der Frau auf Minnesang und Minnedienst in der dt. Lyrik des 12. und 13. Jhs. Diss. Jena 1960. 153 Bl. (Masch.).

18. Der dt. Minnesang. Aufsätze zu seiner Erforschung. Darmstadt 1961. 456 S. (Wege der Forschung 15).
19. Schweikle, Günther: Minne und Mâze. Zu Aller werdekeit ein füegerinne (Walther 46, 32). In: DtVjs. 37 (1963), S. 498–528.
20. Spiewok, Wolfgang: Minneidee und feudalhöfisches Frauenbild. In: WZUG. 12 (1963), S. 481–90.
21. Batts, Michael: Lyrische Dichtung. In: –: Mittelalter. München 1969, S. 42–48. [B.].
22. Glier, Ingeborg: Der Minneleich im späten 13. Jh. In: Werk – Typ – Situation. Studien zu poetologischen Bedingungen in der älteren dt. Lit. Stuttgart 1969, S. 161 bis 183.
23. Gray, Clayton: Motifs of classical Minnesang. Their origin, content and development. Diss. Univ. of California, Berkeley 1969. 232 S. DAI. 30 (1969/70), S. 1981 A.
24. Minnesang. In: Wilpert, SdL. 1969, S. 487–90.
25. Blank, Walter: Die dt. Minneallegorie. Gestaltung und Funktion einer spätma. Dichtungsform. Stuttgart 1970. 276 S. (GAbh. 34). – R.: I. Glier, AfdA. 85 (1974), S. 40–46.
26. Glier, Ingeborg: Artes amandi. Untersuchungen zu Geschichte, Überlieferung und Typologie der dt. Minnereden. München 1971. 467 S. (Münchener Texte u. Untersuchungen z. Dt. Lit. des MA. 34).
27. Hofmann, Winfried: Die Minnefeinde in der dt. Liebesdichtung des 12. und 13. Jhs. Eine begriffsgeschichtliche und sozialliterarische Untersuchung. Diss. Würzburg 1974. 206 S.
28. Wenzel, Horst: Frauendienst und Gottesdienst. Studien zur Minne-Ideologie. Berlin 1974. 220 S. (Diss. Karlsruhe 1971 u. d. T.: Studien z. Frauendienst in d. mhd. Dichtung. PhStQ. 74).

882. MINNESKLAVE

1. Maurer, Friedrich: Der Topos von den „Minnesklaven". In: DtVjs. 27 (1953), S. 182–206 u. in: –: Dichtung u. Sprache d. MA. Bern 1963, S. 224–48.

MISERICORDIA s. *GRATIA UND MISERICORDIA*

883. MISSIONAR

1. Missionar. In: Schmitt, BuA. 1952, Sp. 388–94. [B.].
2. Engel, Carlo: Bibliographie zur Missionslit. und Weihnachtserzählung. In: Studien z. Jugendlit. 1960, H. 6, S. 83–120.
3. Iben, Gerd: Zum Wesen und zur Formung der Missionslit. In: Studien z. Jugendlit. 1960, H. 6, S. 7–37.

MISSVERGNÜGTER s. *PESSIMISMUS*

884. MITLEID

1. Kracher, Francis Waldemar: Dramatische Mitleidsmittel im modernen dt. Drama. Diss. Univ. of Chicago 1913. 149 S.
2. Sziva, József: Pesszimizmus, részvét és szeretet. Jelentés az újabb német irodalom tárgyában. Budapest 1941. 205 S. [Pessimismus, Mitleid und Nächstenliebe in der neueren dt. Lit. Mit dt. Zusammenfassung, D., E.: 1839–1937].
3. Grosse, Siegfried: Der Gedanke des Erbarmens in den dt. Dichtungen des 12. und des beginnenden 13. Jhs. Diss. Freiburg i. Br. 1952. 279 Bl. (Masch.).

885. MITSCHULD

1. G e i g e r, Heinz: Die Etablierung des Terrors und die Frage nach der Mitschuld. In: —: Widerstand und Mitschuld. Düsseldorf 1973, S. 97—167. (Lit. in d. Gesellschaft 9).

886. MITTAG

1. B o l l n o w, Otto Friedrich: Der Mittag. In: Studia philosophica 6 (1948), S. 25—57. [A. a. L.].
2. H a g e m e y e r, Eva Viktoria: Der Mittagsgedanke bei Hölderlin, Eichendorff und Nietzsche. Diss. Univ. of Washington 1970. 272 S. DAI. 32 (1971/72), S. 432 A. [Z. T. in der Dichtung].

887. MITTELALTER *(Allgemein)*

1. S a l o m o n, Gottfried: Das Mittelalter als Ideal in der Romantik. München 1922. 127 S. [Nur z. T. in d. Dichtung].
2. W a l z e l, Oskar: Zur Umwertung des dt. MA. in der Dichtung der Gegenwart. In: Euph. NF. 36 (1935), S. 419—35.
3. S c h r e i n e r t, Kurt: Die Gewinnung des MA. als Stoff in der neudeutschen Dichtung bis zu Benedikte Naubert. In: —: Benedikte Naubert. Ein Beitrag z. Entstehungsgesch. d. histor. Romans in Deutschland. Berlin 1941, S. 9—27. (GSt. 230).

888. MITTLER

1. Z a u n e r, Friedrich: Die Rolle des Mittlers im tragischen Theater der Gegenwart. Diss. Wien 1960. 191 Bl. (Masch.).

889. MODE *s. a. KLEIDUNG*

1. S c h m i d t, Erich: Der Kampf gegen die Mode in der dt. Lit. des 17. Jhs. In: —: Charakteristiken I. Berlin ²1902, S. 60—79.

890. MÖNCH *s. a. BENEDIKTINER, JESUIT, KLOSTER*

1. R i t t e r, Franz: Die Legende vom „Ertrunkenen Glöckner". Diss. Straßburg 1913. 91 S. [14. u. 19. Jh.].
2. R i e t s c h e l, Olga: Der Mönch in der Dichtung des 18. Jhs. (einschl. d. Romantik). Diss. Leipzig 1934. 86 S. [D., E., L.].
3. M ö n c h. In: Schmitt, BuA. 1952, Sp. 395—400. [B.].
4. M ö n c h in der Erzählung. In: Kosch, LL. II. ²1953, S. 1753f. [B.].
5. B o g l e r, Theodor: Der Mönch in der zeitgenössischen Lit. In: Mönchtum in der Entscheidung. Ges. Aufsätze. Maria Laach 1952, S. 73—90. (Liturgie u. Mönchtum 3. F. H. XI). [A. a. L.].

891. MOHAMMED

1. K r ü g e r - W e s t e n d, Herman: Mohammed-Dramen. Bremen 1914. 22 S.
2. L e i x n e r, Leopold: Mohammed in der dt. Dichtung. Diss. Graz 1932. 194 Bl. (Masch.). [D., E., L.].
3. M e r b a c h, Paul Alfred: Mohammed in der Dichtung. In: Moslemische Revue 11 (1935), S. 18—32.
4. M o h a m m e d. In: Frenzel, StdW. 1970, S. 500—04. [D., E., L.: 18.—20. Jh.].

5. S h a r i f, Ghazi: Die Gestalt Mohammeds bei Klabund, Fr. Wolf und J. Tralow. Diss. Leipzig 1970. 179 Bl. (Masch. vervielf.). [D., E., a. a. L.].
6. R a s h i d, Adnan Mohamed: Die literarische Darstellung des Propheten Mohammed in der dt. Lit. unter Berücksichtigung des Zeitraumes von 1917–1967. Diss. Techn. Univ. Hannover 1973. 234 S. [D., E.].

892. MOND

1. B l a s i u s, Hermann: Der Mond in Sage und Dichtung. In: –: Bunte Blätter. Altes und Neues. Halle 1892, S. 375–84. [L.].
2. B i e s e, Alfred: Der Mond ist aufgegangen. In: Niedersachsen 29 (1924), S. 77–80. [L.: 17.–20. Jh.].
3. S t e g m a n n, Victor: Mond. In: Handwörterb. d. dt. Aberglaubens 6. 1934/35, Sp. 477–534. [Sp. 533f.: Mondglaube in der Lit.].
4. B e t t e x, Albert: Der Mond in Dichtung und Volksglauben. In: Du. Schweizer Monatsschr. 7 (1947), Mai, S. 22–24. [L.].
5. N e s k e, Brigitte: Das Mondbuch. Der Mond in der dt. Dichtung. Pfullingen 1958. 130 S. [Einleitung zur Anthologie: S. 5–7].
6. B e n d e r, Hans: Lunarische Chronik. Zitate und Zeichen. In: Jahresring 1959/60, S. 344–55.
7. I h l e n f e l d, Kurt: Ein völlig deutscher Gegenstand. In: –: Zeitgesicht. Witten 1961. S. 202–206, 397–401.
8. A r e n t, Dieter: Die Umwertung des poetischen Mond-Bildes in der Moderne. In: Welt und Wort 20 (1965), S. 183–87. [L.].
9. S p i n n e r, Kaspar Heinrich: Der Mond in der dt. Dichtung von der Aufklärung bis zur Spätromantik. Bonn 1969. 112 S. (Diss. Zürich 1968. Abhh. z. Kunst-, Musik- u. Lit. wiss. 67).
10. N e i s, Edgar: Der Mond in der dt. Lyrik. Hollfeld 1970. 80 S. (Interpretationen motivgleicher Gedichte in Themengruppen 1).
11. M a r t i n i, Fritz: Der Mond als literarisches Motiv. In: Die Funkpostille 1970, S. 78–80.

893. MORALKRISE

1. Der M e n s c h am Ende der Moral. Analysen an Beispielen neuerer Lit. Düsseldorf 1971. 115 S.

MORD s. *VERBRECHER*

894. MORGEN s. a. *TAGESANBRUCH*

1. B e r g e n t h a l, Ferdinand: Der Morgen. In: Die dt. höhere Schule 10 (1943), S. 14–21.

MORGENLAND s. *ORIENT*

895. MORITZ, KURFÜRST VON SACHSEN

1. M e r b a c h, Paul Alfred: Kurfürst Moritz von Sachsen im dt. Drama. In: Der Zwinger 5 (1921), S. 95–103.
2. M o r i t z von Sachsen. In: Frenzel, StdW. 1970, S. 504f. [D., E.: 17.–20. Jh.].

896. MOSEL

1. G o t z e n, Josef: Mosel [in der dt. Literatur]. In: Rheinlandkunde II. Düsseldorf 1926, S. 130–32. [B.: 45 T.: E., L.].

897. MOSES

1. S c h ä c h t e r, Sara: Moses in der dt. Dichtung seit dem 18. Jh. Diss. Wien 1935. 81 Bl. (Masch.). [D., E., L.].
2. H u m b e l, Frid: Das Schicksal des jüdischen Volkes und seiner großen Gestalten in der alttestamentlichen Zeit im Spiegel der Dichtung der Gegenwart (1901–1961). Aeschi/Schweiz 1963. 54 S. [D., E.]. (Schriftenreihe d. Besinnung 3).
3. M o s e s. In: Frenzel, StdW. 1970, S. 506–11.

898. MOZART, WOLFGANG AMADEUS s. a. DON JUAN

1. B ö h m e, Erdmann Werner: Mozart in der schönen Lit., eine motivgeschichtliche Abhandlung mit einer über 500 Werke umfassenden Bibliographie. Greifswald 1932. 120 S. (Aus: Bericht über d. musikwiss. Tagung des Mozarteum in Salzburg, 1932, S. 179–299). [D., E., L.]. – R.: G. Ellinger, AfdA. 53 (1934), S. 84.
2. S t e n k e, Emilie: Mozart in der dt. Dichtung. Diss. Wien 1936. 173 Bl. (Masch.).
3. B ö h m e, Erdmann Werner: Mozart im neueren Roman. In: Musica 5 (1951), S. 539f.
4. E n g e l, Hans: Mozart in der philosophischen und ästhetischen Lit. In: Mozart-Jb. 1953, S. 64–80.
5. M o z a r t in der Erzählung. In: Kosch. LL. II. ^{2}1953, S. 1783. [B.].
6. M ü h l b e r g e r, Josef: Mozart in der Dichtung. In: Mozart. Aspekte. Freiburg i. Br. 1956, S. 321–40.
7. V a l e n t i n, Erich: Das magische Zeichen. Mozart in der modernen Dichtung. In: Mozart-Jb. 1956, S. 7–13.
8. B ö h m e, Erdmann Werner: Mozart in der schönen Lit. In: Mozart-Jb. 1959, S. 165 bis 187. SA. u. d. T.: Mozart in der schöngeistigen Lit. Eine motivgeschichtliche Abhandlung II. Teil. Salzburg 1960, 27 S. [D., E., L.: 187 T.].
9. M o z a r t. In: Frenzel, StdW. 1970, S. 511–14. [D., E., L.: 18.–20. Jh.].

MÜHLDORFER STREIT s. LUDWIG IV., DER BAYER

899. MÜHLE

1. P e t a k, Artur: Die Lieder von der schönen Müllerin, ein Beitrag zur Mühlenromantik. Progr. Iglau 1904/05. 37 S.
2. O t t e n, Paul: Ostfrieslands Mühlen im Spiegel heimatlicher Dichtung. In: Ostfreesland 47 (1964), S. 87–92.

900. MÜNCHEN

1. H a u s h o f e r, Max: Münchener Romane. In: LE. 6 (1903/04), Sp. 701–04.
2. M ü n c h e n. In: Luther, DtL. 1937, Sp. 419–35 und in: Luther, LuL. 1954, Sp. 187–196. [B.].
3. M ü n c h e n in der Erzählung. In: Kosch, LL. III. ^{2}1956, S. 1810–14. [B.].
4. H o l l w e c k, Ludwig: Im Hofbräuhaus und auf dem Nochherberg. In: –: Karikaturen. München 1973. S. 126–28.

901. MÜNCHHAUSEN s. a. LÜGE

1. Z o b e l t i t z, Fedor v.: Münchhausen und die Münchhausiaden. In: ZBFr. 1,1 (1897/1898), S. 247–54.
2. S c h w e i z e r, Werner: Die Wandlungen Münchhausens. Leipzig 1921. 175 S. (Teildr. als Diss. Leipzig). – R.: K. Kaderschafka, LCBl. 74 (1923), Sp. 451; E. Sauer, Euph. 25 (1924), S. 260–62.
3. R e h m, Walther: Münchhauseniade. In: RL. II. 1926/28, S. 423–24.
4. K l i n k o w s t r o e m, Carl v.: Münchhausiaden vor Münchhausen. In: Lit. 38 (1935/36), S. 16–18.
5. S c h w e i z e r, Werner Rudolf: Münchhausen und Münchhausiaden. Werden und Schicksale einer dt.-englischen Burleske. Bern 1969. 420 S. [E., L.: 18.–20. Jh. Mit B.: 291 T.].
6. W a c k e r m a n n, Erwin: Münchhausiaden in dt. Sprache. In: –: Münchhausiana. Bibliographie der Münchhausen-Ausgaben und Münchhausiaden. Stuttgart 1969, S. 129–58. (Bibliographien d. Antiquariats F. Eggert 4).
7. M ü n c h h a u s e n. In: Frenzel, StdW. 1970, S. 514–16. [18.–20. Jh.].

902. MÜNSTER (WEST.) s. a. WIEDERTÄUFER

1. M ü n s t e r. In: Luther, DtL. 1937, Sp. 435–39. [B.].
2. M ü n s t e r in der Erzählung. In: Kosch, LL. III. ²1956, S. 1816f. [B.].

903. MÜNZER, THOMAS

1. B e s s e n r o d t, Otto: Thomas Müntzer in Roman und Novelle. In: Pflüger (Mühlhausen) 2 (1925), H. 5, S. 236–39 und in: Thomas Müntzer und der Bauernkrieg in Nordwest-Thüringen. Hrsg. v. B. Klett. Mühlhausen i. Th. 1925, S. 44–47.
2. M e r b a c h, Paul Alfred: Thomas Münzer in Drama und Roman. In: Mühlhäuser Geschbll. 31 (1932), S. 89–120.
3. S c h o t t e n l o h e r, Karl: Thomas Münzer in der Dichtung. In: –: Bibliographie zur dt. Geschichte. 1517–85. II. 1935, S. 73f. [B.: 13 T.: D., E.].
4. M ü n z e r, Thomas: In: Frenzel, StdW. 1970, S. 516–18. [D., E.: 19. u. 20. Jh.].

904. MUSCHEL

1. K r a f t, Werner: Die Muschel. In: –: Wort und Gedanke. Kritische Betrachtungen zur Poesie. Bern 1959, S. 117–27. [L., Muschel als Symbol].

905. MUSIK

1. M e n g e w e i n, C.: Die Musik im Lichte der Poesie. In: Die Tonkunst 9 (1905), S. 53–56, 75–78. [L. 19. Jh.].
2. P l e n z a t, Fritz: Die Musik im Spiegel der musikalischen Unterhaltungslit. der dt. Romantik. Diss. Leipzig 1919. 302 Bl. (Masch.).
3. U n g e r, Hermann: Die Musik in der dt. Ballade. In: DV. 12 (1930), S. 366–69.
4. G a n z e r, Karl: Dichtung und Musik im Anfang des 18. Jhs. Diss. Würzburg 1931. 69 S.
5. H o h l b a u m, Robert: Musik und Dichtung. In: Lit. 38 (1935/36), S. 416–19.
6. W e h l e, G. F.: Wie die dt. Dichtung Musik und Musiker karikiert. In: Zs. f. Musik 104 (1937), S. 124–29.
7. S o r e n s e n, Margot Ida Sigrid: Musik und Gesang im mhd. Epos. Diss. Univ. of Philadelphia 1939. 168 S.
8. M u s i k. In: Luther, DtG. 1943, Sp. 263–70, 361–70. [B.].

9. R a u h u t, Franz: Gedichte über Musik. In: Romanist. Jb. 2 (1949), S. 296–307. [A. a. L.].
10. R u b i n, David George: Music in the modern novel. Diss. Columbia Univ. 1954. 240 S. DA. 14 (1953/54), S. 2352 A. [A. a. L.].
11. T a y l o r, Ronald J.: The musical knowledge of the middle high German poet. In: MLR. 49 (1954), S. 331–38. [Z. T. motivgeschichtlich].
12. K o l b, Herbert: Über das Verhältnis von Sprache und Musik in der höfischen Lyrik. In: –: Der Begriff der Minne und das Entstehen der höfischen Lyrik. Tübingen 1958, S. 305–24.
13. R e i c h e r t, Georg: Literatur und Musik. In: RL. II. ^{2}1959, S. 143–63. [In dt. Dichtung S. 161–63 mit ausführl. B.].
14. R i e d e l, Herbert: Die Darstellung von Musik und Musikerlebnis in der erzählenden dt. Dichtung. Bonn ^{2}1961. 702 S. (Diss. Bonn 1956, Abhh. z. Kunst-, Musik- u. Lit. wissenschaft 12). [9.–20. Jh.] – R.: K. H. Bertau, EG. 16 (1961), S. 281 f.; Ch. Petzsch, Germanistik 3 (1962), Nr. 1306.
15. H a m m e r s t e i n, Reinhold: Die Musik der Engel in der Literatur. In: –: Die Musik der Engel. Bern 1962, S. 15–191. [Z. T. auch in dt. Dichtung].
16. M i t t e n z w e i, Johannes: Das Musikalische in der Lit. Ein Überblick von Gottfried von Straßburg bis Brecht. Halle 1962. 576 S.
17. J ü r g e n s e n, Hans Peter: Die Musik in der dt. Dichtung bis zum Ende des 13. Jhs. Diss. Kiel 1963. 170 Bl. (Masch.).
18. B o l e t t a, William Louis: The role of music in medieval German drama. Easter plays and passion plays. Diss. Vanderbilt Univ. 1967. 225 S. DA. 28 (1967/68), S. 4117 f. A.
19. W o l f, Richard: Das Thema Musik im dt. Gedicht. In: Deutschunterricht für Ausländer 17 (1967), S. 180–89.
20. R o e m e r, Hans Erwin: The treatment of music in the German picaresque baroque novel. Diss. Case Western Reserve Univ. 1968. 175 S. DA. 29 (1968/69), S. 1214 A.
21. S c h e r, Steven Paul: Verbal music in German lit. New Haven 1968. 181 S. (Yale Germanic studies 2). Diss. Yale Univ. 1966. 282 S. u. d. T.: Verbal music, devices and techniques. Evocations of music in modern German lit. DA. 27 (1966/67), S. 3063 A. [A. a. L.]. – R.: R. P. Newton, MLN. 86 (1971), S. 723–25.
22. M c C o r t, Demis Peter: Wilhelm Heinrich Riehl and the tradition of German music-fiction. Diss. Johns Hopkins Univ. 1970. 288 S. DAI. 31 (1970/71), S. 2393 A.

906. MUSIKER *(Allgemein)*
1. P r ü m e r s, Adolf: Musiker-Romane. In: Neue Zs. f. Musik 80 (1913), S. 233–35.
2. R o s e n t h a l, Friedrich: Der Musiker im Drama. In: LE. 20 (1917/18), Sp. 17–20.
3. M a r c u s e, Herbert: Der Dt. Künstlerroman. Diss. Freiburg i. Br. 1922. 454 Bl. (Masch.). [Kap. 5–10].
4. B a y e r, Karl Theodor: Musiker und Musik in der Dichtung. In: Bücherei und Bildungspflege 10 (1930), S. 330–42. [E., L.].
5. B ü l o w, Paul: Musikalische Belletristik und ihre Verwendung im Unterricht. In: Die Musikpflege 1 (1930/31), S. 536–545. [E.].
6. M e n c k, Hans Friedrich: Der Musiker im Roman. Ein Beitr. z. Geschichte der vorromant. Erzählungslit. Heidelberg 1931. 127 S. (Beitr. z. neueren Lit. Gesch. NF. 18). [17. u. 18. Jh.: 24 T.].
7. B ü l o w, Paul: Musik u. Musiker in der neueren dt. Lit. In: ZDK. 46 (1932), S. 736–744. [E.].
8. B ö h m e, Erdmann Werner: Musik und Musiker im Roman um 1930. Greifswald 1933. 13 S.

9. G u t t m a n n, Erich: Die dt. romantische Musikererzählung nach E. T. A. Hoffmann. Ein Beitrag zur Geschichte des historisch-biographischen Künstlerromans und der Künstlernovelle in Deutschland. Diss. Breslau 1934. 47 S. (Teildr.).
10. T i e g e l, Eva: Das Musikalische in der romantischen Prosa. Diss. Erlangen 1934. 54 S. [Auch Musik betr., nur z. T. stoffgeschichtlich].
11. S z ö l l ö s i, Klára: Der Musiker in d. dt. Lit. vom 17. Jh. bis zu Th. Mann u. Werfel. In: Jb. d. Dt. Inst. d. Kgl. Ung. Péter Pázmany Universität Abt. 1: Literaturwiss. 1 (1936), S. 157–228. [Mit dt. Zusammenfassung, S. 227f.].
12. S o r g a t z, Heimfried: Musiker u. Musikanten als dichterisches Motiv. Eine Studie zur Auffassung und Gestaltung des Musikers in der erzählenden Dichtung vom Sturm u. Drang bis zum Realismus. Diss. Marburg 1939. 133 S. (Literarhist.-musikwiss. Abhh. 6).
13. R e i c h, Willy: Musik in der Lit. In: Stimmen. Monatsbll. f. Musik. 1 (1947/48), S. 278–84; 2 (1948/49), S. 377–81.
14. P l e s s k e, Hans-Martin: Musik im Spiegel der Belletristik. In: Musica 5 (1951), S. 505–07.
15. K o m p o n i s t. In: Schmitt, BuA. 1952, Sp. 326–44. [B.].
16. M u s i k e r. In: Schmitt, BuA. 1952, Sp. 400–12. [B.].
17. B r o w n, Calvin Smith: Tones into words. Musical compositions as subjects of poetry. Athens (Georgia) 1953. 171 S. [17.–20. Jh., a. a. L.].
18. M o s e r, Hans Joachim: Musiker in der Dichtung. In: –: Musiklexikon 2. Hamburg ⁴1955, S. 831f.
19. S c h ä f e r, Walter: Der Wandel eines Leitmotivs. Ein Beitrag zur Interpretation von Novellen des 19. Jhs. In: DU. 8 (1956), H. 3, S. 54–59.
20. S c h o o l f i e l d, George Clarence: The figure of the musician in German literature. Chapel Hill 1956. 204 S. (Univ. of North Carolina, Studies in Germanic lang. and lit. 19). Repr. New York 1966. – R.: J. H. Kneisel, JEGPh. 56 (1957), S. 450–52; B. Q. Morgan, Comp. Lit. 10 (1958), S. 178f.; E. Schwarz, MDU. 49 (1957), S. 152f. [Auch Diss. Univ. of Princeton 1949. 436 S. DA. 15 (1954/55), S. 829.
21. S a l m e n, Walter: Der fahrende Musiker im europäischen MA. Kassel 1960. 244 S. (Die Musik im alten u. neuen Europa 4).

907. MUSIKINSTRUMENT

1. T r e d e r, Dorothea: Die Musikinstrumente in den höfischen Epen der Blütezeit. Greifswald 1933. 57 S. (Diss. Greifswald). [28 Instrumente]. – R.: E. W. Böhme, ZfdPh. 60 (1935), S. 413f.; H. Spanke, AfdA. 53 (1934), S. 124–26; J. Whyle, JEGPh. 34 (1935), S. 575f.

908. MUSTAPHA

1. S t r e i b i c h, August: Mustapha und Zeangir, die beiden Söhne Solimans des Grossen in Geschichte und Dichtung. Diss. Freiburg i. Br. 1903. 94 S. [A. a. L.: 16. bis 19. Jh.].
2. L e h m a n n, Arnold: Das Schicksal Mustaphas, des Sohnes Solymans II. in Geschichte u. Lit. Diss. München 1907. 124 S. [S. 94–106: dt. Lit.].
3. M u s t a p h a. In: Frenzel, StdW. 1970, S. 518–22. [17.–20. Jh., nur wenige dt. T.].

909. MUTTER

1. C r e p a z, Adele: Die Mutter im Liede. In: Mutterschaft und Mütter. Leipzig 1905, S. 167–93. [L., a. a. L.].

2. R a d e l, Frieda: Die uneheliche Mutter in der Dichtung und im Leben. Leipzig 1912. 26 S. (Kultur u. Fortschritt 416/17).
3. W e r n e r, Oscar Helmuth: The unmarried mother in German literature. With special reference to the period 1770–1800, New York 1917. 127 S. Repr. New York 1966. (Columbia Univ. Germanic studies 22).
4. Z o l l i n g e r, Max: Die Rolle der Mutter im bürgerlichen Trauerspiel. In: Lit. 27 (1924/25), S. 571f.
5. G r a u s, Maria: Held und Mutter in der erzählenden Dichtung des dt. Mittelalters. Diss. Münster 1934. 57 S.
6. D a r g e, Elisabeth: Märchenbild und Mutter. Das Frauenbild in der dt. Dichtung der letzten Jahrzehnte. In: Lit. 39 (1936/37), S. 715–17.
7. H e i t i n g, Ingeborg: Der Muttergedanke als Zeitausdruck in neuerer Literatur. Diss. Bonn 1938. 55 S.
8. S a d d e l e r, Heinz Hubert: Die Muttergestalt im Drama des Sturmes und Dranges. Diss. Münster 1938. 94 S.
9. S c h ü t t r u m p f, Irmgard: Das Mutter-Kind-Problem im dt. Frauenroman z. Z. der Frauenbewegung. Diss. Leipzig 1938. 131 S.
10. S t a r k l o f f, Edmund: Liebe und Verehrung der Mutter – das große Thema in der dt. Dichtung, einst und jetzt. In: Ostdt. Mhe. 19 (1938), S. 473–76.
11. W i p p e r m a n n, Ferdinand: Die Mutter bei unseren plattdt. Dichtern. In: Niederdt. Welt 16 (1941), S. 79–81.
12. G r o s s m a n n, Maria: Die Bildgestalt der Mutter in dt. Selbstzeugnissen bis zur Romantik. Diss. Jena 1945. 194 Bl. (Masch.). [Auch in E. u. L.: 17.–19. Jh.].
13. K i r c h b e r g e r, Edith L.: The role of woman as mother in the German epic of the 12th and early 13th centuries. Diss. Univ. of Wisconsin 1949. (Univ. of Wisc. Summaries of theses 10 (1947/49), S. 636f.
14. W i n g e r t e r, Lorenz: Die Mutter in der pfälzischen Dichtung. In: Pälzer Feierowend 7 (1955), Nr. 18, S. 6f.
15. L o d e r h o s e, Karl-Erich: Das Antlitz der Mutter im Spiegel der Lit. Bad Homburg v. d. H. 1959. 103 S.

MUTTER GOTTES s. *MARIA, HEILIGE*

910. MYTHOLOGIE

1. S t r i c h, Fritz: Die Mythologie in der dt. Lit. Von Klopstock bis Wagner. 1. 2. Halle 1910. Repr. Bern 1970. [D., E., L.]. – R.: B. Bennett, GQu. 45 (1972), S. 684–702.
2. M ü h l h e r, Robert: Dichtung der Krise. Mythos und Psychologie in der Dichtung des 19. u. 20. Jhs. Wien 1951. 566 S.
3. R e i c h h a r t, Herbert: Der griechische Mythos im modernen dt. und österreichischen Drama. Diss. Wien 1951. 99 S. (Masch.).
4. D o r n h e i m, Alfred: Vom Sein der Welt. Beitr. zur mythologischen Literaturgeschichte von Goethe bis zur Gegenwart. Mendoza (Argentinien) 1958. 434 S.
5. D i e t r i c h, Margret: Antiker Mythos im modernen Drama. In: Das moderne Drama. Strömungen, Gestalten, Motive. Stuttgart 1961, S. 388–426. ^{3}1974, S. 558–68.
6. A l e r, Jan: Mythical consciousness in modern German poetry. In: Reality and creative vision in German lyrical poetry. London 1963, S. 183–97.
7. A l e r, Jan: Mythische verbeeldingen in de moderne duitse vertelkunst. In: Forum d. letteren 4 (1963), S. 22–40.
8. M o s e r, Hugo: Mythos und Epos in der hochma. dt. Dichtung. In: Wirkendes Wort 15 (1965), S. 145–57.

9. M a g r i s, Claudio: Der Habsburgische Mythos in der österreichischen Lit. (Il mito Absburgico nella letteratura austriaca moderna, dt.) Salzburg 1966. 355 S. [D., E., L.].
10. S c h m i d t - H e n k e l, Gerhard: Mythos und Dichtung. Zur Begriffs- und Stilgeschichte der dt. Lit. im 19. u. 20. Jh. Berlin 1967. 295 S.
11. W o l f f, Ludwig: Die mythologischen Motive in der Liebesdarstellung des höfischen Romans. In: —: Kleinere Schriften zur altdt. Philologie. Berlin 1967, S. 143—64.
12. R o s t e u t s c h e r, Joachim: Goethe, Hegel, Schelling, Schiller, Hölderlin und die Mysterien von Eleusis. In: Acta Germanica 2 (1968), S. 11—19. [Verwandlung des Demeter-Mythos in d. Dichtung seit 1776].
13. S e c c i, Lia: Il mito Greco nel teatro tedesco espressionista. Roma 1969. 335 S.
14. G u t h k e, Karl Siegfried: Die Mythologie der entgötterten Welt. Ein literarisches Thema von der Aufklärung bis zur Gegenwart. Göttingen 1971, 372 S. [A. a. L.]. — R.: M. Beller, arcadia 8 (1973), S. 207—09; P. Salm, JEGPh. 72 (1973), S. 409—11.
15. W h i t e, John J.: Mythology in the modern novel. A study in prefigurative techniques. Princeton NY. 1971. 264 S. [A. a. L., überarbeitete Diss. London].
16. S c h l e n s t e d t, Silvia: Gedanken zur Verwendung mythologischer Motive in der sozialistischen Dichtung. In: WB. 18 (1972), H. 8, S. 186—92.
17. F l a v e l l, M. Kay: „Arkadisch frei sei unser Glück". The myth of the golden age in eighteenth-century Germany. In: Publ. of the English Goethe Soc. 43 (1972/73), S. 1—27.
18. H a t f i e l d, Henry: Clashing myths in German lit. From Heine to Rilke. Cambridge, Mass. 1974. 222 S. — R.: D. St. Peters, GR. 50 (1975), S. 140—48.
19. S c h u m a c h e r, Hans: Mythisierende Tendenzen in der Lit. 1918—1933. In: Dt. Lit. in der Weimarer Republik. Stuttgart 1974, S. 281—303.

N

NACHKRIEGSZEIT s. *KRIEG (Erster und Zweiter Weltkrieg)*

911. NACHT

1. S c h a a b, A.: Das Nachtgefühl in unserer Poesie. In: Monatsbll. f. dt. Lit. 7 (1902/03), S. 15—25, 81—87.
2. B a u e r, Erik: Die Nacht in der dt. Lyrik. Diss. Wien 1914. 128 Bl. (Handschr.). [Mittelalter bis 1900].
3. G r o ß, Ruth v.: Die Nacht in der Dichtung von der Renaissance bis zur Romantik. Diss. Frankfurt a. M. 1923. 141 Bl. (Masch.).
4. K l e t t e, Ilse: Die Nacht in den Dichtungen der Romantik. Diss. Greifswald 1924. 112 S. (Masch.).
5. B e c k, Georg: Drei Nachtgedichte. In: ZDK. 44 (1930), S. 251—56. [G. Keller, E. Mörike, M. Greif].
6. D i e n e r, Gottfried: Die Nacht in der dt. Dichtung von Herder bis zur Romantik. Diss. Würzburg 1930 (1931). 58 S. [L.].
7. L a n d s b e r g, Erika: Das Nachtmotiv in den philosophischen Lehrgedichten von Haller bis Herder. Diss. Köln 1935. 101 S. (Masch.).
8. S c h r a m m, Werner: Die Gestaltung der Nacht in der Märchendichtung der Romantik. Diss. München 1963. 138 S.
9. H ü b e r t, Gerda: Abend und Nacht in Gedichten verschiedener Jahrhunderte. T. 1.2. Diss. Tübingen 1964. 300 S., 52 Bl. [Bes. 19. u. 20. Jh. mit Anthologie].

10. L e o p o l d s e d e r, Johann: Das Nachtstück der Romantik und die Struktur des Grotesken. Ein Beitrag zur Entwicklungsgeschichte des Nachtstückes. Diss. Wien 1964. 613 Bl. (Masch.). [18./19. Jh.].
11. H i n m a n, Martha Mayo: The night motif in German baroque poetry. In: GR. 42 (1967), S. 83—95. [L.].
12. T i e g h e m, Paul van: Imitations allemandes. In: La poésie de la nuit et des tombeaux en Europe au 18ᵉ siècle. Genève 1970, S. 118—25. Repr. der Ausg. v. 1921.
13. A r e n d t, Dieter: Die romantische Poesie der Friedhofs-Nacht. In: —: Der „poetische Nihilismus" in der Romantik 1. Tübingen 1972, S. 214—38.
14. L e o p o l d s e d e r, Johann: Groteske Welt. Ein Beitrag zur Entwicklungsgeschichte des Nachtstücks in der Romantik. Bonn 1973. 208 S. [E.]. (Abhh. z. Kunst-, Musik- u. Lit. wissenschaft 127).

912. NACKTHEIT

1. R a n k, Otto: Die Nacktheit in Sage und Dichtung. In: Imago 2 (1913), S. 209—47.
2. S t e i n b e r g, Anna: Studien zum Problem des Schönheitsideals in der dt. Dichtung des Mittelalters. In: Archivum Neophilologicum 1 (1930), S. 46—60.

913. NÄCHSTENLIEBE

1. B r a u n, Felix: Die Idee der Liebe in der Dichtung Österreichs. In: —: Das musische Land. Innsbruck 1952, S. 29—53. Auch in: Gloria dei 4 (1949/50), S. 296—312.
2. W i c k e, Ernst-August: Das Phänomen der Menschenliebe im expressionistischen Drama als säkularisierte Form der christl. Agape. Diss. Marburg 1952. 224 Bl. (Masch.).

914. NAHRUNG

1. J o n e s, George Fenwick: The function of food in mediaeval German literature. In: Speculum 35 (1960), S. 78—86.

915. NAIVE

1. S c h l ü c h t e r e r, Heinrich: Der Typus der Naiven im dt. Drama des 18. Jhs. Berlin 1910. 125 S. (LF. 42: Diss. Heidelberg). — R.: W. Stammler, Euph. 22 (1919), S. 113—19.
2. D o n n e r, Wolf: Der naive Typus als dramatische Figur bei Schiller, Kleist, Grillparzer und Wagner. Diss. Köln 1967. 188 S.

916. NAME

1. B o e s c h, Bruno: Über die Namengebung mhd. Dichter. In: DtVjs. 32 (1958), S. 241—62.

917. NAPOLEON I., KAISER VON FRANKREICH

1. N i e m e y e r, Eduard: Die Schwärmerei für Napoleon in der dt. Dichtung. In: ALG. 4 (1875), S. 507—17.
2. R e i n h a r d s t o e t t n e r, Karl v.: Napoleon I. in der zeitgenössischen Dichtung. In: —: Aufsätze und Abhandlungen, vornehmlich zur Literaturgeschichte. Berlin 1887, S. 71—109. [A. a. L.].
3. V o r e t z s c h, Carl: Gaudys Kaiserlieder und die Napoleondichtung. In: PrJbb. 95 (1899), S. 412—96. [A. a. L.].

4. E w e r t, Max: Neue Napoleonsliteratur. II. Belletristische. In: LE. 3 (1900/01), Sp. 968–70.
5. B r i e g e r, Lothar: Napoleon I. im dt. Drama. In: Magazin für Lit. d. In- u. Auslandes 70 (1901), S. 513–18.
6. H o l z h a u s e n, Paul: Napoleon im dt. Drama. In: BuW. 2 (1899/1900), S. 725 bis 734 und 3 (1901), S. 336. [Nachtrag v. Stümcke].
7. S c h n e i d e r, Georg: Napoleon und die Napoleoniden auf der Bühne. In: VelKlMhh. 16. 2 (1901/02), S. 653–57. [A. a. L.].
8. H o l z h a u s e n, Paul: Napoleons Tod im Spiegel der zeitgenössischen Presse und Dichtung. Frankfurt a. M. 1902. 117 S. [Bes. S. 68–91].
9. G a e h t g e n s z u Y s e n t o r f f, Hermann: Napoleon I. im dt. Drama. Frankfurt a. M. 1903. 149 S. (Diss. Rostock 1903). – R.: R. F. Arnold, LE. 6 (1903/04), Sp. 1026f.; H. Hofmann, ZVLR. NF. 14 (1904), S. 477f.
10. F r i e d r i c h, Paul: Napoleon-Dichtungen. In: LE. 12 (1909/10), Sp. 690–96.
11. H o l z h a u s e n, Paul: Napoleon in der dt. lyrischen Dichtung. In: Zeiten u. Völker 8 (1911), S. 20–26.
12. H o l z h a u s e n, Paul: Napoleon im dt. Epos und Drama. In: Zeiten u. Völker 8 (1911), S. 142–46.
13. K l e i n, Oscar: Napoleon I. auf der Bühne. In: Der neue Weg 42 (1913), S. 497 bis 499.
14. W e n c k e r, Friedrich: Dichter um Napoleon. Eine Auswahl der Napoleonpoesie. Berlin 1913. 190 S. (Einleitung S. 9–11).
15. H a r n a c k, Otto: Zur Geschichte der dt. Napoleondichtung. In: Der Greif 1, 2 (1913/14), S. 223–27.
16. H i r s c h s t e i n, Hans: Napoleon I. im dt. Drama der Gegenwart. In: BuW. 16, 2 (1913/14), S. 312–18.
17. H e l l m a n n, Oskar: Napoleon im Spiegel der Dichtung. Glogau 1914. 144 S. [Einleitung].
18. L e l b a c h, Karl: Napoleon in der Auffassung und in den Versuchen künstlerischer Gestaltung im Drama bei Grilparzer, Grabbe und Hebbel. Diss. Bonn 1914. 78 S.
19. S t ü m c k e, Heinrich: Deutschlands große Kriege im Spiegel der dramatischen Dichtung. 4. Die dramatischen Satiren wider Napoleon aus der Zeit der Freiheitskriege. In: –: Theater und Krieg. Oldenburg 1915, S. 86–101.
20. G e i g e r, Ludwig: Die dt. Napoleonkarikatur und Napoleondichtung. In: VelKlMhh. 31 (1916/17), S. 473–84. [L.].
21. T a n n e b e r g e r, Irmgard: Die Gestalt Napoleons in der dramatischen Dichtung. In: Baden-Badener Bühnenbl. 7 (1927) Nr. 60.
22. S c h ö m a n n, Milian: Weltanschauliche und stilgeschichtliche Wandlungen im dt. Napoleondrama. Diss. Bonn 1929. 42 S. [Teildr.].
23. S c h ö m a n n, Milian: Napoleon in der dt. Lit. Berlin 1930. 86 S. (SMDL. 8; Diss. Bonn 1929). [D., E.: 19. u. 20. Jh.: 70 T.: a. a. L.].
24. R o s e n t h a l, Friedrich: Napoleon im Drama und auf dem Theater. In: Gral 27 (1932/33), S. 722–28.
25. E e k, Dirk van: Napoleon im Spiegel der Goetheschen und der Heineschen Dichtung. Diss. Amsterdam 1933. 140 S.
26. C o h n, Fritz L.: The worship of Napoleon in German poetry. In: MLQ. 1 (1940), S. 539–49. [19. Jh.].
27. S t ä h l i n, Friedrich: Die Maske – Dichter. In: –: Napoleons Glanz und Fall im dt. Urteil. Wandlungen des dt. Napoleonbildes. Braunschweig 1952, S. 65–75. [19. u. 20. Jh.].
28. N a p o l e o n I. im Drama und in der Erzählung. In: Kosch, LL. III. ²1956, S. 1840f. [B.].

29. Napoleon I. in Lyrik, Erzählung und Drama. In: Heinzel, LhE. 1956, S. 526 bis 528. [B.].
30. Hermand, Jost: Napoleon im Biedermeier. In: –: Von Mainz nach Weimar (1793–1919), Studien zur dt. Lit. Stuttgart 1969, S. 99–128. [D., L.].
31. Napoleon, In: Frenzel, StdW. 1970, S. 522–28. [D., E., L., a. a. L.].
32. Paterson, Sandra Georgina: The treatment of the Napoleonic wars in German historical fiction. Diss. Vanderbilt Univ. 1971. 251 S.

918. NARR s. a. HANSWURST

1. Holstein, Hugo: Leimstange, Leimstenger, Leimstengler. In: ALG. 10 (1881), S. 576–82. [D.: 16./17. Jh.].
2. Helbig, Fr.: Die Narrenwelt der Bühne. In: WestMh. 62 (1887), S. 654–65.
3. Bebermeyer, Gustav: Narrenliteratur. In: RL. II. 1926/28, S. 445–48 u. II. ²1965, S. 592–98.
4. Hesse, Walter: Das Schicksal des Lalebuches in der dt. Lit. Diss. Breslau 1929. 167 S. [16.–20. Jh.: Narrengesellschaft].
5. Held, Marieluise: Das Narrenthema in der Satire am Vorabend und in der Frühzeit der Reformation. Diss. Marburg 1945. 260 Bl. (Masch.).
6. Peppard, Murray B.: „Narr" and „Narrheit" (1795 to 1855): a study of the concept of folly in the German romantic movement and its echoes up to 1855. Diss. Yale Univ., New Haven, Conn. 1948.
7. Wyss, Heinz: Der Narr im schweizerischen Drama des 16. Jhs. Diss. Bern 1959. 253 S. (Sprache u. Dichtung NF. 4). – R.: D. v. Abbé, GLL. 14 (1960/61), S. 69 bis 71; J. Lefebvre, EG. 15. (1960), S. 380f.
8. Meyer, Herman: Der Narr als Vorläufer des Sonderlings. In: –: Der Sonderling in der dt. Dichtung. München 1963, S. 23–33.
9. Knight, K. G. Seventeenth-century views of human folly. In: Essays in German lit. I. London 1965, S. 52–71.
10. Northcott, Kenneth J.: The fool in early new high German lit. Some observations. In: Essays in German lit. I. London 1965, S. 29–51.
11. Könneker, Barbara: Wesen und Wandlung der Narrenidee im Zeitalter des Humanismus. Wiesbaden 1966. 390 S. – R.: A. Haas, Wirkendes Wort 18 (1968), S. 357f.; O. Herding, arcadia 2 (1967), S. 324f.; G. Pauline, Erasmus 20 (1968), S. 604–07; F. J. Stopp, MLR. 62 (1967), S. 740–42.
12. Hohendahl, Peter Uwe: Weltschmerz und Narrheit. In: –: Das Bild der bürgerlichen Welt im expressionistischen Drama. Heidelberg 1967, S. 269–93.
13. Lefebvre, Joël: Les fols et la folie. Etude sur les genres du comique et la création littéraire en Allemagne pendant la Renaissance. Paris 1968. 454 S. [Mit umfassender B.].
14. Baumgaertel, Gerhard: Formen der Narrenexistenz in der dt. Lit. der fünfziger und sechziger Jahre. In: Revue des langues viv. 38 (1972), S. 517–26.
15. Bodensohn, Anneliese: Die Provokation des Narren 1. Frankfurt 1972. 156 S.

919. NARZISS s. a. SPIEGELSYMBOL

1. Mitlacher, Heinz: Die Entwicklung des Narzißbegriffs. In: GRM. 21 (1933), S. 373–83. [Rückert, Rilke, H. Hesse].
2. Mühlher, Robert: Narciss und der phantastische Realismus. In: –: Dichtung der Krise. Wien 1951, S. 407–540.
3. Vinge, Luise: The Narcissus theme in western european lit. up to the early 19th century. Lund 1967. 448 S. (Diss. Lund). [A. a. L., mit umfangreicher B.]. – R.:

D. Briesemeister, ASNS. 120 Jg. (1968), S. 202–04; J. Donovan, MLR. 63 (1968), S. 924f.; E. Hatzantonis, Comp. Lit. 21 (1969), S. 181–83; R. Wisniewski, JEGPh. 68 (1969), S. 471f.

4. N a r z i ß. In: Frenzel, StdW. 1970, S. 528–33. [D., E., L.: 19. u. 20. Jh.].

920. NASE

1. W e i n r e i c h, Otto: Ein Epigramm des Kaisers Trajan und sein literarisches Nachleben. In: Die Antike 17 (1941), S. 229–48. [Lange Nase; a. a. L.].

921. NATHAN DER WEISE

1. S t ü m c k e, Heinrich (Hrsg.): Die Fortsetzungen, Nachahmungen und Travestien von Lessings „Nathan der Weise". Berlin 1904, S. VII–LVI [Vorwort, 12 T.: 18. u. 19. Jh.].

922. NATION

1. S e i d l e r, Manfred: „Landessprache" – Stellungnahme zur Nation in zeitgenössischer Dichtung. In: Nationalismus in Germanistik und Dichtung. Dokumentation des Germanistentages in München 1966. Berlin 1967, S. 347–59. [Kurzhinweise].

NATIONALBEWUSSTSEIN s. *VATERLAND*

923. NATIONALSOZIALISMUS

1. G i l l e, Hans: Das Neue Deutschland im Gedicht. In: MHSch. 34 (1935), S. 161–75.
2. M a j u t, Rudolf: Der Zeitroman um die nationalsozialistische Periode. In: Dt. Philologie im Aufriß. 2. Aufl. II, 1960, Sp. 1785–89.
3. S c h o n a u e r, Franz: Die Parteidichtung. In: –: Deutsche Lit. im Dritten Reich. Freiburg i. Br. 1961, S. 105–24. [D., L.].
4. B u t z l a f f, Wolfgang: Die Darstellung der Jahre 1933–1945 im dt. Drama. In: DU. 16 (1964), H. 3, S. 25–38. [46 T.].
5. R e s z l e r, André: Le national-socialisme dans le roman allemand contemporain (1933–1958). Genève 1966. 158 S.
6. W a l t e r, Hans-Albert: Das Bild Deutschlands im Exilroman. In: Neue Rundschau 77 (1966), S. 437–58.
7. M e i e r, Elisabeth: Entstehung und Konsolidierung des Dritten Reiches im Spiegel der dt. Nachkriegslit. In: Der Mensch am Ende der Moral. Düsseldorf 1971, S. 63–91.

924. NATUR UND NATURGEFÜHL s. a. *EXOTIK, LANDSCHAFT*

1. W i n t e r, Richard: Beiträge zur Geschichte des Naturgefühls. Progr. Harburg 1882/83. 38 S. [16.–18. Jh.].
2. B i e d e r m a n n, Karl: Die Natur als Gegenstand poetischer Empfindung und Darstellung. In: NuS. 26 (1883), S. 95–118. [17.–19. Jh.].
3. U r b a c h, Theodor: Zur Geschichte des Naturgefühls bei den Deutschen. Progr. Dresden 1885. 25 S. [12.–19. Jh.].
4. D r e e s, Heinrich: Die poetische Naturbetrachtung in den Liedern der dt. Minnesänger. Wernigerode 1888. 60 S. – R.: A. Biese, ZVLR. 7 (1894), S. 332f.
5. L ü n i n g, Otto: Die Natur, ihre Auffassung und poetische Verwendung in der altgermanischen und mhd. Epik bis zum Abschluß der Blütezeit. Diss. Zürich 1888. 313 S. [Licht, Elemente, Pflanze, Tier, Landschaft]. – R.: E. Ballerstedt, AfdA. 16

(1890), S. 71–74; A. Biese, ZVLR. 7 (1894), S. 328–30; L. Fränkel, Litbl. 11 (1890), Sp. 439–44.
6. M a r o l d, K.: Über die poetische Verwertung der Natur u. ihrer Erscheinungen in den Vagantenliedern und im dt. Minnesang. In: ZfdPh. 23 (1891), S. 1–26. – R.: A. Biese, ZVLR. 7 (1894), S. 330–32.
7. B i e s e, Alfred: Die Entwicklung des Naturgefühls im Mittelalter und in der Neuzeit. Leipzig ²1892. 460 S. – R.: G. Heß, ZVLR. 2 (1889), S. 114–118. [A. a. L.].
8. B i e s e, Alfred: Zur Literatur der Geschichte des Naturgefühls. In: ZVLR. 7 (1894), S. 311–40.
9. G j e r s e t, Knut: Der Einfluß von James Thomson's „Jahreszeiten" auf die dt. Lit. des 18. Jhs. Diss. Heidelberg 1898. 76 S.
10. B a t t, Max: The treatment of nature in German literature from Günther to the appearance of Goethe's Werther. Diss. Univ. of Chicago 1901. 112 S. – R.: R. F. Arnold, AfdA. 29 (1904), S. 310–12.
11. C o o k e, Arthur B.: The development of the nature-sense in the German lyric. Spartanburg 1901. 119 S. (Univ. of Virginia Studies in Teutonic languages 3). – R.: M. Batt, MLN. 16 (1901), Sp. 487–90.
12. H o f f m a n n - K r a y e r, Eduard: Die Entwicklung des Naturgefühls in dt. Dichtung und Kunst. In: StVLG. 1 (1901), S. 145–81. [L.: 11.–19. Jh.].
13. A d a m, Julie: Der Natursinn in der dt. Dichtung. 1. 2. Wien 1906–08. 232, 467 S. [Anthologie mit einführenden Texten].
14. S c h u l t z e, Siegmar: Die Entwicklung des Naturgefühls in der dt. Literatur des 19. Jhs. 1. T.: Das romantische Naturgefühl. Halle 1907. 170 S. (Leipzig ²1911).
15. L e d e r e r, Max: Die Gestalt des Naturkindes im 18. Jh. Progr. Bielitz 1907/08, S. 7–51.
16. H a a k h, Elisabeth: Die Naturbetrachtung bei den mhd. Lyrikern. Leipzig 1908. 88 S. (Teutonia 9). – R.: F. Panzer, Litbl. 31 (1910), Sp. 228f.; A. Wallner, AfdA. 34 (1910), S. 157–60.
17. A l b e r t, Ernst: Das Naturgefühl L. H. Chr. Höltys und seine Stellung in der Entwicklung des Naturgefühls innerhalb der dt. Dichtung des 18. Jhs. Dortmund 1910. 137 S. (Schriften der literarhistor. Gesellsch. Bonn 8), [Bes. S. 1–38].
18. B a u m g a r t e n, Bruno: Die Naturanschauung der Romantiker. In: ZDU. 24 (1910), S. 761–90.
19. S t o c k m a y e r, Gertrud: Über Naturgefühl in Deutschland im 10. und 11. Jh. Berlin 1910. 86 S. Repr. Hildesheim 1973. (Beitr. z. Kulturgesch. d. MA. u. d. Renaissance 4).
20. A d a m, Julie: Das Naturgefühl in dem dt. Schrifttum des MA. In: Xenien 4 (1911), S. 321–40.
21. S c h u l t z e, Siegmar: Das Naturgefühl der Romantik. Leipzig ²1911. 170 S.
22. M o r g a n, Bayard Quincy: Nature in middle high German lyrics. Göttingen 1912. 220 S. (Hesperia 4).
23. S t o e c k l i n, Adèle: Die Schilderung der Natur im dt. Minnesang und im älteren dt. Volkslied. Straßburg 1913. 125 S. (Diss. Basel 1912/13).
24. O r l o w s k i, Franz: Das Naturgefühl in der dramatischen Dichtung bis 1779. Progr. Memel 1913. 68 S.
25. S c h u l t z, Paul: Die Schilderung exotischer Natur im dt. Roman mit bes. Berücksichtigung von Charles Sealsfield. Diss. Münster 1913. 104 S. [12.–19. Jh.].
26. G a n z e n m ü l l e r, Wilhelm: Das Naturgefühl im MA. Leipzig 1914. 304 S. Repr. Hildesheim 1974. (Beitr. z. Kulturgesch. d. MA. u. d. Renaissance 18). – R.: F. Kammerer, AfdA. 39 (1920), S. 85–87.
27. G a n z e n m ü l l e r, Wilhelm: Die empfindsame Naturbetrachtung im MA. In: AKultG. 12 (1916), S. 195–228.

28. B i n d e r, Karl: Die äußere Natur im dt. Naturalismus. Diss. Wien 1920. 159 Bl. (Handschr.).
29. W i e n, Alfred: Naturanschauung und Naturgefühl. In: –: Die Seele der Zeit in der Dichtung um die Jahrhundertwende. Leipzig 1921, S. 69–114.
30. K n o w l t o n, E. C.: Natur in early German. In: JEGPh. 24 (1925), S. 409–12.
31. B i e s e, Alfred: Das Naturgefühl im Wandel der Zeiten. Leipzig 1926. 275 S. [A. a. L.]. – R.: M. Sommerfeld, Lit. 30 (1927/28), S. 487.
32. K u b l e r, Ernest August: Die Entwicklung des Naturgefühls in der deutsch-schweizerischen Literatur. Diss. Cornell Univ. Ithaca, N. Y. 1926. 226 S.
33. B i e d e r, Gertrud: Natur und Landschaft in der dt. Barocklyrik. Diss. Zürich 1927. 78 S. [1635–74].
34. R o c k e n b a c h, Martin: Zur Naturdichtung der jungen Generation. Ein Rundgang. in: Orplid 5 (1928/29), H. 3/4, S. 33–52. [Winter, Baum, Herbst].
35. W ü h r e r, Karl: Romantik im MA. Beitrag zur Geschichte des Naturgefühls, im besonderen des 10. und 11. Jhs. Leipzig 1930. 76 S. (Veröffentl. d. Seminars f. Wirtschafts- u. Kulturgesch. an d. Univ. Wien 6). [Auch 19. Jh.]. – R.: H. Brinkmann, DLZ., F. 3, 2 (1931), Sp. 1548–52.
36. F l e m m i n g, Willi: Der Wandel des dt. Naturgefühls vom 15. zum 18. Jh. Halle 1931. 144 S. (DtVjs. Buchr. 18). – R.: E. Feise, MLN. 49 (1934), S. 58–60; G. Fricke, ZDB. 8 (1932), S. 568f.; O. A. Kubitz, JEGPh. 35 (1936), S. 147–49; W. Milch, DLZ. 55 (1934), Sp. 2322–26; E. Semrau, ZfdPh. 60 (1935), S. 408–10.
37. H o e r n e r, Margarete: Die Naturanschauung des Spätbarock in Lit. und bildender Kunst. In: ZfÄsth. 25 (1931), H. 2, S. 143–49.
38. L i n g e l b a c h, Helene: Über Naturreligion im Zeitalter Goethes. In: ZDK. 45 (1931), S. 110–20.
39. O p p e n h e i m, Horst: Naturschilderung und Naturgefühl bei den frühen Meistersingern Leipzig 1931. 81 S. (Diss. Greifswald. Form u. Geist 22).
40. I m m, Emil: Wandlungen des Natur- und Landschaftsgefühls. In: Der Schwarzwald 35 (1932), S. 146–48, 163–69.
41. B e u t l h a u s e r, Else: Untersuchungen über das romantische Naturgefühl im MA. speziell über das 12. und 13. Jh. in Österreich und Bayern. Diss. Wien 1933. 83, 80 Bl. (Masch.).
42. M u n r o, Donald Farnham: Nature-feeling in modern German poetry. Diss. Univ. of Illinois Urbana 1933. 326 S. [Holz, Dehmel, Hofmannsthal, Liliencron, George].
43. S c h ü t z e, Georg: Das Naturgefühl um die Mitte des 18. Jhs. in der Lyrik von Pyra bis Claudius. Diss. Leipzig 1933. 169 S. (Masch.).
44. N e u n h e u s e r, Hanns: Natur und Mensch in der Dichtung. In: Gestalt und Zeit 3 (1933/34), S. 337–45.
45. H a m i l t o n, Jean Isabel: Landschaftsverwertung im Bau höfischer Epen. Diss. Bonn 1934. 103 S.
46. H e r d e n, Herminia: Das romantische Naturgefühl der ma. Vaganten. Diss. Wien 1934. 81 Bl. (Masch.). [Auch lat. Lit.].
47. S n e l l, Herta: Wandel des Naturerlebens. In: Lit. 37 (1934/35), S. 383–86.
48. K a s p e r, Alfons: Naturgefühl und Landschaftsdichtung im Wandel der Zeiten. In: SchZuk. 10 (1935), S. 1082–84, 1112–14.
49. H i r s c h f e l d, Alice: Die Natur als Hieroglyphe. Breslau 1936. 81 S. [Bes. b. Herder, Lenz u. Novalis].
50. M o r e t, André: Les différentes conceptions de la nature et du paysage dans le lyrisme allemand du baroque. In: Revgerm. 27 (1936), S. 109–30.
51. G ü n t h e r, Joachim: Die poetische Eroberung der Natur. In: Lit. 39 (1936/37), S. 645–48; 709–11.

52. S c h n e i d e r, Ludwig: Die Naturdichtung des dt. Minnesangs. Berlin 1938. 114 S. (Diss. Heidelberg, Neue dt. Forschungen 175). [Natureingänge]. – R.: H. Kunisch, AfdA. 58 (1939), S. 125–31.
53. W i e g a n d, Carl Friedrich: Naturbetrachtung in der Dichtung. In: Volkshochschule 8 (1939), S. 211–18, 246–51.
54. H o r n a d a y, Clifford Lee: Nature in the German novel of the late eighteenth century, 1770–1800. New York 1940. 221 S. (Columbia Univ. Germanic Studies. N. S. 10.) Repr. New York 1966. – R.: H. G. Atkins, MLR. 36 (1941), S. 145f.; John R. Frey, MDU. 33 (1941), S. 236f.; H. W. Hewett-Thayer, GR. 17 (1941), S. 141f.; A. M. Klett, MLJ. 26 (1942), S. 312f.
55. O e f t e r i n g, Hans-Gerhart: Naturgefühl und Naturgestaltung bei den alemannischen Dichtern von Beat L. Muralt bis Jeremias Gotthelf. Berlin 1940. 176 S. (GSt. 226, Diss. Freiburg i. Br. 1939). – R.: E. Kast, ZGO. NF. 54 (1941), S. 662.
56. S c h m i d t, Kurt Oskar: Der Wandel des Naturgefühls in der erzählenden Dichtung der Gegenwart. Königsberg 1940. 154 S. (Schriften d. Albertus-Univ. Geisteswiss. R. 28; Diss. Königsberg 1940). – R.: E. Ackerknecht, Lit. 43 (1940/41), S. 198f.; E. Kast, DLZ. 62 (1941), Sp. 1072–75; B. Schaerffenberg, Geistige Arbeit 8 (1941), Nr. 21, S. 11.
57. W e i s g a l l, Hugo: Primitivism and related ideas in seventeenth century German lyric poetry. Diss. Johns Hopkins Univ. Baltimore (Maryland) 1940. 256 S. [Rückkehr zur Natur].
58. W i e g a n d, Carl Friedrich: Wandlungen in der dichterischen Wiedergabe des Natureindrucks. In: Schweizer Mhe. 20 (1940/41), S. 279–91. [L.].
59. A l b r e c h t, Erich August Gottlieb: Primitivism and related ideas in eighteenth century German lyric poetry, 1680–1740. Diss. Johns Hopkins Univ., Baltimore 1941. (Publ. 1950). 110 S. [Rückkehr zur Natur].
60. M i t t e l b a c h, Hilde: Natur und Landschaft im klassisch-höfischen Epos. Diss. Bonn 1941. 80 S. [Elemente, Tiere u. Pflanzen].
61. O b e n a u e r, Karl Justus: Die Naturanschauung der Goethezeit. In: Von dt. Art in Sprache und Dichtung 4 (1941), S. 157–203.
62. S c h e i b e r, Hedwig: Natur und Mensch in der dt. Lyrik der Gegenwart. Diss. Münster 1943. 114 Bl. (Masch.).
63. M e i s l, Martha: Der Wandel des Naturgefühls in der Dichtung des österreichischen Spätbarock. Diss. Wien 1946. 171 Bl. (Masch.).
64. R u n g e, Edith Amelie: Primitivism and related ideas in Sturm und Drang literature. Göttingen 1946. 303 S. (Hesperia 21). [1770–1790]. – R.: H. C. Hatfield, GR. 22 (1947), S. 229–31.
65. K r i s c h e r, Anna Barbara: Studien zum Naturgefühl der romantischen Dichtung. Diss. Wien 1947. 131 Bl. (Masch.).
66. M o r e t, André: La nature dans le Minnesang. In: EG. 3 (1948), S. 13–24.
67. D i e l, Karl: Rus amato silvasque. Ein unterrichtlicher Exkurs über das Naturgefühl in der dt. Klassik. In: Die Pädagog. Provinz 9 (1955), S. 618–24.
68. G r u e n t e r, Rainer: Studien zu einem topischen Naturbild (locus amoenus) in der dt. Dichtung des MA. Habil. Schr. FU. Berlin 1956. 277 S.
69. S c h n e e b a u e r, Helmuth: Studien zur Naturauffassung in der geistlichen Lyrik des Barockzeitalters. Diss. Wien 1955. 177 Bl. (Masch.).
70. S c h w a r z, Georg: Die Naturdichter. In: Welt u. Wort 13 (1958), S. 134f.
71. R ö t h, Dieter: Dargestellte Wirklichkeit im frühneuhochdt. Prosaroman. Die Natur und ihre Verwendung im epischen Gefüge. Diss. Göttingen 1960. 385 Bl. (Masch. vervielf.).
72. T i e g h e m, Paul v.: Le sentiment de la nature dans le Préromantisme européen. Paris 1960. 275 S. [A. a. L.]. – R.: E. v. Jan, ASNS. 114 (1962/63), S. 279–82.

73. M e i x n e r, Horst: Naturalistische Natur. Bild u. Begriff der Natur im naturalistischen dt. Drama. Diss. Freiburg i. Br. 1961. 296 Bl. (Masch.).
74. W u l f f e n, Barbara v.: Der Natureingang in Minnesang und frühem Volkslied. München 1963. 87 S. (Diss. München).
75. L a n g e n, August: Die Feier der Natur. Zur Geschichte eines Topos im 18. und 19. Jh. In: Festschr. J. Quint. Bonn 1964, S. 149−62. [L.].
76. R e i n i g e r, Anton: Natur als Gehalt der Lyrik von Brockes bis Heine. Diss. Wien 1966. 234 Bl. (Masch.).
77. L e c k e, Bodo: Das Stimmungsbild. Musikmetaphorik und Naturgefühl in der dichterischen Prosaskizze 1721−1780. Göttingen 1967. 192 S. (Palaestra 247).
78. W o l f e, Cynthia Nash: The concept of nature in five religious poets of the seventeenth century. Spee, Vaughan, Silesius, Herbert and Gryphius. Diss. Indiana Univ. 1967, 246 S. DA. 28 (1967/68), S. 2272 A. [A. a. L.].
79. B ö c k m a n n, Paul: Anfänge der Naturlyrik bei Brockes, Haller und Günther. In: Literatur und Geistesgeschichte. Festg. f. H. O. Burger. Berlin 1968, S. 110−26.
80. M o h r, Wolfgang: Die Natur im ma. Liede. In: Geschichte, Deutung, Kritik. Lit.wissenschaftliche Beitr. z. 65. Geburtstag W. Kohlschmidts. Bern 1969, S. 45−63.
81. C l o ß, August: The poet's tool. Love and nature in contemporary German poetry. In: Modern Languages 51 (1970), S. 14−19.
82. H e r r m a n n, Hans Peter: Naturnachahmung und Einbildungskraft. Zur Entwicklung der dt. Poetik von 1670 bis 1740. Bad Homburg v. d. H. 1970. 315 S. (Ars poetica Studien B 8).
83. J a e c k l e, Erwin: Signatur der Herrlichkeit. Sechs Vorträge zur Natur im Gedicht. Zürich 1970. 107 S. [A. a. L., Gestirne, Elemente, Landschaft, Tier, Pflanze]. − R.: H. D. Schäfer, Germanistik 14 (1973), Nr. 2049.
84. J ä g e r, Hans-Wolf: Das Naturbild als politische Metapher im Vormärz. In: Zur Lit. der Restaurationsepoche 1815−1848. Stuttgart 1970, S. 405−40. [Morgen, Strom, Wald, Garten. S. 418−22: Gewitter].
85. L e d e r e r, Gerda: Die Naturmotive. In: −: Studien zur Stoff- und Motivgeschichte der Schäferdichtung des Barockzeitalters. Diss. Wien 1970. Bl. 563−90. (Masch.).
86. R i h a, Karl: Das Naturgedicht als Stereotyp der dt. Nachkriegslyrik. In: Tendenzen der dt. Lit. seit 1945. Stuttgart 1971, S. 157−78. (Kröners Taschenausg. 405).
87. G r o s s e, Ernst Ulrich: Zum Topos der Naturanrufung durch den Liebenden. In: Toposforschung. Frankfurt a. M. 1972, S. 213−33.
88. E i s e n b e i ß, Ulrich: Das Idyllische in der Novelle der Biedermeierzeit. Stuttgart 1973. 152 S. (Diss. München 1971. Studien zur Poetik u. Geschichte d. Lit. 36).
89. K r o l o w, Karl: Eine folgerichtige Entwicklung. Das neue dt. Naturgedicht. In: Die Lit. der BRD. München 1973, S. 381−433.
90. G a r b e r, Klaus: Der locus amoenus und der locus terribilis. Bild und Funktion der Natur in der dt. Schäfer- und Landlebendichtung des 17. Jhs. Köln 1974. 383 S. (Diss. Bonn. Lit. u. Leben NF. 16). [A. a. L.].
91. S c h ä f e r, Hans Dieter: Naturdichtung und Neue Sachlichkeit. In: Dt. Lit. in der Weimarer Republik. Stuttgart 1974, S. 359−81.

925. NATURRELIGION, MODERNE

1. U e b i s, Walter: Naturreligiöse Züge im dt. Schrifttum um 1900. Diss. Köln 1952. 285 Bl. (Masch.). [1888−1918].

926. NATURWISSENSCHAFT

1. W a g m a n, Frederick Herbert: Magic and Natural Science in German baroque literature; study in the prose forms of the later seventeenth century. New York 1942.

178 S. (Columbia Univ. Germanic stud. n. s. Nr. 13). — R.: L. Edelstein, MLN. 60 (1945), S. 58—61.
2. F e u c h t m ü l l e r, Rupert: Dichtung u. Naturwissenschaft von G. Th. Fechner bis Friedrich Schnack. Diss. Wien 1946. 142 Bl. (Masch.).
3. U m b a c h, William Eckhard: The reflection of natural science in German literature from 1830 to 1859. Diss. Univ. of Michigan 1950. 174 S. DA. 10, Nr. 3 (1950), S. 153.
4. R i c h t e r, Karl: Die kopernikanische Wende in der Lyrik von Brockes bis Klopstock. In: Jb. d. dt. Schiller-Ges. 12 (1968), S. 132—69.
5. R i c h t e r, Karl: Literatur und Naturwissenschaft. Eine Studie zur Lyrik der Aufklärung. München 1972. 237 S. (Theorie u. Geschichte der Lit. und d. Schönen Künste 19).
6. S c h a t z b e r g, Walter: Scientific themes in the popular lit. and the poetry of the German enlightenment 1720—1760. Bern 1973. 349 S. (German studies in America 12).
7. C h a r b o n, Rémy: Die Naturwissenschaften im modernen dt. Drama. Zürich 1974. 282 S. (Zürcher Beitr. z. dt. Lit.- u. Geistesgeschichte 41).

927. NAUMBURGER STIFTERGESTALTEN

1. S k u h r o v e c - H o p p, Helene: Die Stiftergestalten des Naumburger Doms in der Dichtung. Diss. Wien 1943. 174 Bl. (Masch.). [14 T.: D., E., L.: 20. Jh.].
2. U t a von Naumburg. In: Frenzel, StdW. 1970, S. 759 f. [D., E., L.].

928. NAUSIKAA

1. H o r n e r, Emil: Nausikaa-Dramen. In: BuW. 13, 1 (1910/11), S. 379—87.
2. H e i l b o r n, Johanna: Nausikaa in der dt. Dichtung. Diss. Breslau 1921. 90 Bl. (Masch.). [Bes. D.: 19. Jh.]
3. H ö l l r i e g e l, Heinrich: Odysseus und Nausikaa im dt. Drama der Jahrhundertwende. Diss. Wien 1936. 114 Bl. (Masch.).
4. N a u s i k a a. In: Frenzel, StdW. 1970, S. 533—35. [19. u. 20. Jh.].

929. NEBEL

1. B l ü h m, Elger: Nebel als Erscheinung und Symbol in dt. Gedichten vom 18. bis zum 20. Jh. In: Beiträge z. dt. und nord. Lit. Festgabe f. L. Magon. Berlin 1958, S. 113 bis 136.

NEFFE s. *ONKEL UND NEFFE*

930. NEGER

1. M a j u t, Rudolf: Kreneks Jonny-Dichtung im geistesgeschichtlichen Zusammenhang des Weltschmerzes und des Rousseauismus. In: GRM. 16 (1928), S. 437—58. [Dt. Lit.: S. 454—58.].
2. W o o d s o n, Leroy H.: American negro slavery in the works of F. Strubberg, F. Gerstäcker und O. Ruppius. Diss. The Catholic Univ. of America, Washington 1949. 234 S.

NEGERSKLAVEREI s. *SKLAVEREI*

931. NEID

1. S c h o e c k, Helmut: Der Neider in der Dichtung. In: —: Der Neid. Freiburg i. Br. 1966, S. 151–86. [A. a. L.].

932. NEIDHART VON REUENTAL UND DAS VEILCHEN

1. G u s i n d e, Konrad: Neidhart mit dem Veilchen. Breslau 1899. 242 S. (GAbbh. 17). [Bes. S. 231–37: 14.–19. Jh.].
2. N e i d h a r t. In: Frenzel, StdW. 1970, S. 535–37. [Wenige dt. T. aus d. 14.–16. u. 19. Jh.].

933. NEKROPHILIE

1. H e n t i g, Hans v.: Fabeln und Dichtung nekrotroper Färbung. In: —: Der nekrotrope Mensch. Stuttgart 1964, S. 58–65. [A. a. L.].

934. NEKTANEBOS

1. W e i n r e i c h, Otto: Der Trug des Nektanebos. Wandlungen eines Novellenstoffes. Leipzig 1911. 164 S. [A. a. L.].

935. NERO

1. G o t t s c h a l l, Rudolf v.: Dramaturgische Parallelen. 2. Die Cäsaren-Dramen. In: —: Studien zur neuen dt. Lit. ^{2}1892, S. 37–95.
2. E n g e l, Jakob: Kaiser Nero in der Dichtung. In: PrJbb. 105 (1901), S. 468–87. [A. a. L.].
3. K o r z e n i o w s k i, Josef: Kaiser Nero im Drama. Diss. Wien 1911. 140 Bl. (Handschr.). [A. a. L.].
4. F l u c h, Hans Franz Josef: Nerodarstellungen, insbesondere in der dt. Lit. Diss. Giessen 1924. 104 Bl. (Masch.). [40 dt. T.].
5. N e r o. In: Frenzel, StdW. 1970, S. 537–39. [D.: 17.–20. Jh.].
6. B a u e r, Roger: Nero de inferno levatus. In: Euph. 66 (1972), S. 238–52. [A. a. L.].

936. NETTELBECK, JOACHIM CHRISTIAN

1. N e t t e l b e c k. Dichterische Behandlungen. In: Goedeke 14. Bd. ^{2}1959, S. 80. [B.].

937. NEUJAHR

1. H o l t o r f, Arne: Neujahrswünsche im Liebesliede des ausgehenden MA. Göppingen 1973. 399 S. Diss. München 1970, GAG. 20.

938. NIBELUNGEN

1. R ö p e, Georg Reinhard: Die moderne Nibelungendichtung. Mit bes. Rücksicht auf Geibel, Hebbel und Jordan. Hamburg 1869. 224 S.
2. R e h o r n, Karl: Die Nibelungen in der dt. Poesie. Progr. Frankfurt a. M. 1876. 53 S. [18. u. 19. Jh.].
3. W o l z o g e n, Hans v.: Der Nibelungenmythos in der dt. Lit. In: —: Der Nibelungenmythos in Sage und Lit. Berlin 1876, S. 55–143.
4. R e h o r n, Karl: Die dt. Sage von den Nibelungen in der dt. Poesie. Frankfurt a. M. 1877. 229 S. [13.–19. Jh., bes. D.].
5. S t a m m h a m m e r, Josef: Die Nibelungen-Dramen seit 1850 und deren Verhältnis zu Lied und Sage. Leipzig 1878. 168 S.

6. S t e i n, A.: Die Nibelungensage im dt. Trauerspiel. Progr. Mülhausen i. Els. 1882, 1883. 43, 44 S.
7. B a r t s c h, Karl: Die dichterische Gestaltung der Nibelungensage. In : —: Ges. Vorträge und Aufsätze. Freiburg i. Br. 1883, S. 86—108.
8. K o c h, Ernst: Die Sage vom Kaiser Friedrich im Kyffhäuser. Überblick über die moderne Nibelungendichtung. Die Waberlohe in der Nibelungendichtung. Leipzig 1886. 74 S. [S. 50—61].
9. G o t t s c h a l l, Rudolf v.: Dramaturgische Parallelen. 1. Die Nibelungen. In: —: Studien zur neueren dt. Lit. Berlin ²1892, S. 3—37. [D., L.].
10. W e i t b r e c h t, Carl: Die Nibelungen im modernen Drama. Zürich 1892. 37 S.
11. G r u e n e r, G.: The Nibelungenlied and Sage in modern poetry. In: PMLA. 11 (1896), S. 220—57.
12. N o v e r, Jakob: Nibelungen. In: —: Deutsche Sagen in ihrer Entstehung, Fortbildung und poetischen Gestaltung 2. Gießen 1896, S. 1—238. [Bes. S. 113ff.].
13. W i l m a n n s, Wilhelm: Der Untergang der Nibelunge in alter Sage und Dichtung. Berlin 1903. 43 S. (Abh. d. Kgl. Ges. d. Wiss. zu Göttingen, Phil. hist. Kl. NF. 7,2).
14. K ä m m e r e r, Max: Der Held des Nordens von Friedrich de la Motte Fouqué und seine Stellung in der dt. Lit. Diss. Rostock 1909. 135 S.
15. V o l l m e r, Hans: Das Nibelungenlied, erläutert und gewürdigt, mit einem Überblick über die Sage und die neuere Nibelungendichtung. Leipzig ⁴1915. 212 S.
16. D i e f f e n b a c h e r, Ruth J.: Nibelungen. In: —: Dramatisierungen epischer Stoffe (vom MA. bis zur Neuzeit) in der dt. Lit. seit 1890. Diss. Heidelberg 1935, S. 77 bis 89, 127—28. [23 T.].
17. T h o r p, Mary: The study of the Nibelungenlied. Oxford 1940, S. 189—91. [B.: 64 T.].
18. G r ü n a n g e r, Carlo: La poesia dei Nibelunghi. In: ACME. (Annali della Fac. di Filosofia e Lettere dell'Università di Milano) 4 (1951), S. 35—84; 5 (1952), S. 103 bis 144. [12.—19. Jh.].Auch in: —: Scritti minore di letteratura tedesca. Brescia 1962, S. 55—146.
19. T o n n e l a t, Ernest: La légende des Nibelungen en Allemagne au XIXe siècle. Paris 1952. 156 S. (Publications de la Fac. des lettres de l'Univ. de Strasbourg 119). — R.: J. Dresch, EG. 9 (1954), S. 75; Th. C. v. Stockum, Neoph. 37 (1953), S. 173f.; J. R. Wilkie, MLR. 49 (1954), S. 257f.
20. H e u s l e r, Andreas: Nibelungensage und Nibelungenlied. Die Stoffgeschichte des dt. Heldenepos. 5. Ausg. Dortmund 1955. 164 S. Repr. Darmstadt 1973.
21. N i b e l u n g e n. In: Frenzel, StdW. 1970, S. 539—47. [D., E., L.].
22. S c h u l z, Holger: Der Nibelungenstoff auf dem dt. Theater. Diss. Köln 1973. 235 S.

939. NIEDERBAYERN

1. K a r e l l, Viktor: Niederbayern in der dt. Dichtung. In: Der Zwiebelturm 10 (1955), S. 243—46.

940. NIEDERELBE

1. J a c o b s e n, John: Die Niederelbe in der Lit. In: DithmBll. 14 (1938), S. 183—188.

941. NIEDERRHEIN

1. S t o l z, Heinz: Der Niederrhein. In: LE. 20 (1917/18), Sp. 949—54.
2. S t o l z, Heinz: Der Niederrhein in der Dichtung. Köln 1922. 109 S. (Saaleck-Bücher 3). [E., L.].

3. S t o l z, Heinz: Der Niederrhein im Roman. In: Hellweg 2 (1922), S. 773–75, 813 bis 815.
4. G o t z e n, Josef: Niederrhein [in der dt. Literatur]. In: Rheinlandkunde II, Düsseldorf 1926, S. 134–36. [B.: 59 T.: D., E.].
5. F u n k e, Wilhelm: Der Niederrhein im dt. Schrifttum. In: PädW. (1934), S. 231 bis 241.

942. NIEDERSACHSEN

1. R o s e n d a h l, Erich: Niedersächsische Literaturgeschichte. Hildesheim 1932. 302 S. [Auch stoffgeschichtlich].
2. P e i n e, Renate: Niedersächsische Landschaft im Roman und in der Dichtung. In: —: Niedersachsen. Ein Bücherverzeichnis. Wolfsburg (Stadtbücherei) 1958. S. 30–38. [B.].
3. B y l, Jürgen: Interpretationen ostfriesischer Heimatdichtung. In: Ostfriesland 1961, 3, S. 7–10; 4, S. 21–25.

943. NIHILISMUS s. a. PESSIMISMUS

1. H o f, Walter: Stufen des Nihilismus. Nihilistische Strömungen in der dt. Lit. vom Sturm und Drang bis zur Gegenwart. In: GRM. NF. 13 (1963), S. 397–423. [E., L.].
2. A r e n d t, Dieter: Der poetische Nihilismus in der Romantik. 1. 2. Tübingen 1972. 566 S. (Studien z. dt. Lit. 29. 30).

944. NIKOLAUS VON DER FLÜE, HEILIGER

1. Z i m m e r m a n n, Wilhelm: Bruder Klaus im Drama. In: Vaterland (Luzern), Nr. 287, 1947, S. 1.
2. N i k l a u s von Flüe. In: Kosch, LL. 3. Bd. 1956, S. 1893. [B.].

945. NIKOLAUS VON KUES

1. K r e m e r, Peter: Nikolaus von Kues und seine Schriften in der schöngeistigen Lit. Trier 1963. 16 S. (Kleine Schriften d. Cusanus-Ges. 2). [E.: 7 T.].

NINON–STOFF s. LENCLOS, NINON DE

946. NIOBE

1. S c h o p p e r, Franz: Der Niobemythos in der Lit. mit bes. Berücksichtigung der Antike. Progr. Landskron i. Böhmen 1914. 32 S. (Diss. Wien 1907, 88 Bl. handschr.). [D.: 18. u. 19. Jh.].
2. N i o b e. In: Frenzel, StdW. 1970, S. 547. [D., L.: 16., 18. u. 19. Jh.].

947. NOBISKRUG

1. T a r d e l, Hermann: Moderne Nobiskrug-Dichtungen. In: NdZfVk. 3 (1925), H.1, S. 31–40. [D., E., L.: Mythisches Wirtshaus zur Hölle, Todesproblem].

948. NONNE

1. T w r d y, Marie: Die Nonnenlieder in der dt. Lit. Diss. Wien 1914. 118 Bl. (Handschr.). [Z. T. stoffgesch.].
2. H e s s l e r, Mary Gretchen: The nun in German literature. Diss. Univ. of Illinois, Urbana 1944. 425 S.

949. NONNE, KEUSCHE

1. B o l t e, Johannes: Die märkische Sage von der keuschen Nonne. In: ZVVolksk. 35 (1925), S. 98–103.

NORDAMERIKA s. *AMERIKA*

950. NORDDEUTSCHLAND

1. T r ü p e r, Johann Hellmut: Die norddeutsche Landschaft in der Auffassung der neueren Zeit. Diss. Jena 1928. 32 S. Vollständig u. d. T.: Die norddeutsche Landschaft in der Kunst. Hannover 1928. 246 S. (Beitr. z. niedersächs. Literaturgesch. Bd. 1).

951. NORDFRIESLAND

1. R i e m a n n, Else: Nordfriesland in der erzählenden Dichtung seit Anfang des 19. Jhs. Leipzig 1910. 154 S. (Probefahrten 16, Diss. Leipzig).
2. K r o g m a n n, Willy: Friesische Lit. In: RL. I ²1958, S. 485–94. [Auch stoffgeschichtlich].
3. K r o g m a n n, Willy: Friesische Dichtung. In: Dt. Philologie im Aufriß. II. ²1960, Sp. 2445–72. [Auch als Stoff d. Dichtung].

952. NORDISCHES

1. O p p e l, Horst: Studien zur Auffassung des Nordischen in der Goethezeit. Halle 1944. 243 S. (DtVjs. Buchreihe 28).

953. NORD-SÜDPROBLEM

1. P a n k r a t z, Friederika: Das Nord-Südproblem in der niedersächsichen Dichtung des 19. Jhs. Diss. Wien 1939. 145 Bl. (Masch.).

954. NOTBURGA, HEILIGE

1. P f a u n d l e r, Wolfgang von: Sankt Notburga. Eine Heilige aus Tirol. Wien 1962. 312 S. [In der Dichtung: S. 265–300. B.: D., E., L.].

NOVEMBERREVOLUTION s. *REVOLUTION (Deutschland)*

955. NÜRNBERG

1. H e e r w a g e n, Heinrich und Friedrich B o c k: Historische Romane, Erzählungen und andere Dichtungen über Nürnberg. In: Mitt. d. Vereins f. Gesch. d. Stadt Nürnberg 22 (1918), S. 305–63; 27 (1928), S. 420f.; 37 (1940), S. 62–65; 38 (1941), S. 286–88. [Berichtszeit: 1911–1940].
2. M a h l, Ilse: Nürnberg in der Lit. der dt. Romantik. In: Luginsland 8 (1931), Nr. 9, S. 2–4. [E.].
3. S e u f e r t, Heinrich: Nürnberg in der dt. Erzählung. In: Fränkische Mhe. 10, 2 (1931), S. 33f.
4. N ü r n b e r g. In: Luther, DtL. 1937, Sp. 459–66. [B.].
5. A i g n e r, Ernestine: Die Entdeckung Nürnbergs. Die Stadt u. ihre Menschen im Spiegel der Dichtung. Diss. Wien 1948. 76 Bl. (Masch.).
6. F i s c h e r, Karl: Romane und Erzählungen über Nürnberg. In: Mitt. d. Ver. f. Gesch. d. Stadt Nürnberg 42 (1951), S. 83. [Berichtszeit: 1941–1950].

955a. NYMPHE

1. M u t h m a n n, Friedrich: Nymphen als Personifikationen von Quellen in der Dichtung und bildenden Kunst. In: –: Mutter und Quelle. Basel 1975, S. 436–45.

O

956. OBERBAYERN

1. O b e r b a y e r n. In: Luther, DtL. 1937, Sp. 467–74 und in: Luther, LuL. 1954, Sp. 211–15. [B.].

OBERFRANKEN s. BAMBERG, FRANKENLAND

957. OBERON

1. L i n d n e r, Felix: Zur Geschichte der Oberonsage. Rostock 1902. 18 S.

958. OBERPFALZ

1. W i n k l e r, Karl: Literaturgeschichte des oberpfälzisch-egerländischen Stammes 1. Kallmünz 1940. 711 S. [Auch stoffgeschichtlich, D., E., L.].

959. OBERRHEIN s. a. BADEN. ELSASS UND LOTHRINGEN, SCHWARZWALD

1. B a a d e r, Emil: Die oberrheinische Landschaft im Spiegel der Frauendichtung. In: Land am Oberrhein. Karlsruhe 1942 (Herbstausg.), S. 61.

960. OBERSCHLESIEN

1. Z i v i e r, Ezechiel: Oberschlesien in der Literatur. In: Oberschlesien 2 (1903/04), S. 145–52, 217–20.
2. K a i s i g, Karl: Oberschlesien im Spiegel dt. erzählenden Schrifttums. In: Der Oberschlesier 12 (1930), S. 871–75.
3. M o s l e r, Josef: Betrachtung über oberschlesische Romane. In: Schlesische Mhe. 13 (1936), S. 252–59.

961. OBSZÖNITÄT

1. K r o h n, Rüdiger: Der unanständige Bürger. Untersuchungen zum Obszönen in den Nürnberger Fastnachtspielen des 15. Jhs. Kronberg 1974. 260 S. (Diss. Karlsruhe).

962. ODENWALD

1. G o t z e n, Josef: Neckar, Odenwald und Bergstraße [in der dt. Literatur]. In: Rheinlandkunde II. Düsseldorf 1926, S. 119f. [B.: 20 T.: E.].
2. G ü t e r b o c k, Gotthilde: Der Odenwald in der Dichtung. In: Der Odenwald. Essen 1959, S. 155–59. [E., L.].

963. ODYSSEUS s. a. NAUSIKAA

1. G a u d e, Paul: Das Odysseusthema in der neueren dt. Lit. besonders bei Hauptmann und Lienhard. Halle/Saale 1916 58 S. (Diss. Greifswald).

2. H ö l l r i e g e l, Heinrich: Odysseus und Nausikaa im dt. Drama der Jahrhundertwende. Diss. Wien 1936. 114 Bl. (Masch.).
3. M a t z i g, Richard Blasius: Odysseus. Studie zu antiken Stoffen in der modernen Lit., bes. im Drama. St. Gallen 1949. 95 S. (Diss. Fribourg). [Dt. Lit. S. 57–86 für 1904–25. Insges. 158 Stoffe und Motive mit 247 bibliogr. Nachweisen].
4. Z i o l k o w s k i, Theodore: The Odysseus theme in recent German fiction. In: Comp. Lit. 14 (1962), S. 225–41.
5. L ä m m e r t, Eberhard: Das expressionistische Verkündigungsdrama. In: Lit. und Gesellschaft. Festschr. f. B. v. Wiese. Bonn 1963, S. 309–29.
6. O d y s s e u s. In: Frenzel, StdW. 1970, S. 548–54. [16.–20. Jh.].

964. ÖDIPUS

1. H e i n e m a n n, Karl: Ödipus und die Seinen. In: –: Die tragischen Gestalten der Griechen in der Weltlit. II. Leipzig 1920, S. 45–50. (Das Erbe d. Alten NF. 4).
2. S c h e i n e r, Peter Walter: Oedipusstoff und Oedipusmotive in der dt. Lit. Diss. Wien 1964. 354 Bl. (Masch.). [D., E.].
3. D i e t r i c h, Margret: Das Labdakidenschicksal. In: –: Das moderne Drama. Stuttgart ^{3}1974, S. 581–99. [A. a. L.]. (Kröners Taschenausg. 220).
4. Ö d i p u s. In: Frenzel, StdW. 1970, S. 554–58. [18.–20. Jh., a. a. L.].

965. ÖSTERREICH s. a. DONAUMONARCHIE

1. G ü t t e n b e r g e r, Heinrich: Heimatfahrten von heute und gestern. Wien 1925. 517 S.
2. S c h e d l, Herbert: Oberösterreich im Spiegel seiner modernen Dichtung. In: Die Kultur 4 (1926), Nr. 21/22. S. 1–4.
3. A l k e r, Ernst: Finis Austriae im Roman. In: Lit. Hdw. 64 (1928), S. 273–83.
4. L a t z k e, Rudolf: Die österreichische Landschaft in der österreichischen Dichtung um die Wende des 18. und 19. Jhs. In: Jb. f. Landeskunde v. Niederösterreich NF. 21 (1928), S. 307–36.
5. W o l f, Norbert: Das historisch-patriotische Drama in Österreich vor Grillparzer. Diss. Wien 1933. 197 Bl. (Masch.).
6. V a n c s a, Kurt: Österreichische Geschichte im Roman. In: Österr. Rdsch. 1 (1934/35), S. 60–71. [32 T.: 1900–35].
7. T s c h e r n e, Friedrich: Deutsches Reich und österreichischer Staat in der Wiener Dichtung des ausgehenden 18. und beginnenden 19. Jhs. Diss. Wien 1935. 156 Bl. (Masch.).
8. B u x b a u m, Günther: Österreichs Geschichte in der Erzählung. In: Die österr. Schule 13 (1936), S. 652–63.
9. S t r u c k, Gustav: Österreichische Geschichte in der österreichischen Dichtung. Ein Kapitel zeitgemäßer Literaturgeschichte. In: Lübeckische Bll. 80 (1938), S. 235–37. [D., E., L.].
10. W a l l i, Ilse: Das liberale Österreich im Spiegel des österreichischen Zeitromans. Diss. Wien 1938. 97 Bl. (Masch.).
11. S c h m i d t, Leopold: Wurzeln und Wege der dichterischen Gestaltung volkhaften Lebens in Österreich. In: DuV. 40 (1939), S. 8–31.
12. N a d l e r, Josef: Literaturgeschichte Österreichs. Salzburg ^{2}1951. 568 S. [Auch stoffgesch. Hinweise].
13. H o f m a n n s t h a l, Hugo v.: Österreich im Spiegel seiner Dichtung. In: –: Ges. Werke, Prosa III. Frankfurt a. M. 1952, S. 333–49. Zuerst in: Die neue Rundschau 34 (1923), S. 541–52.
14. J a m b o r, Walter: Das Österreichbild in unserer zeitgenössischen Lit. Wien 1962. 153 S. (Schriften d. Buchklubs d. Jugend 16). [Bes. E.].

15. M a g r i s, Claudio: Der habsburgische Mythos in der österreichischen Lit. (Il mito Absburgica nella letteratura austriaca moderna, dt.). Salzburg 1966. 355 S. [D., E., L.].
16. K r o l, Ulrike: Habsburger Dramen vor Grillparzer. Diss. Wien 1970. 192 Bl. (Masch.).
17. M a r t i n, Werner: Der österreichische Februaraufstand von 1934 in der dt. sprachigen Lit. In: WB. 16 (1970), H. 4, S. 117–135. [D., E., L.].
18. S c h m i d t, Adalbert: Der Österreich-Gedanke in der Dichtung des 20. Jhs. In: Geschichte in der österreichischen Lit. des 19. und 20. Jhs. Wien 1970, S. 111–33.
19. G r o ß b e r g, Mimi: Die k. u. k. Armee in der österreichischen Satire. Wien 1974. 53 S. und in: Literatur und Kritik 8 (1973), S. 367–71.

966. OFFIZIER

1. A n t r o p p, Theodor: Der Offizier im Spiegel der dt. Dichtung. In: Deutsch-Österreich 4 (1914/15), S. 226–30.
2. K i e f e r, Otto: Der Offizier in der dt. Lit. In: LE. 17 (1914/15), Sp. 965–72.
3. W e s t e r m a n n, Ruth: Die Gestalt des Offiziers in dt. Dichtung. In: Frauenkultur 1940, H. 8, S. 6–8.

967. OKKULTISMUS s. a. *GEISTERSEHER, GESPENST, MAGIE, ÜBERNATÜRLICHES, UNHEIMLICHES*

1. M a y e r, Theodor Heinrich: Okkulte Romane. In: Roseggers Heimgarten 49 (1925), S. 883–88.
2. S t r a u m a n n, Heinrich: Justinus Kerner und der Okkultismus in der dt. Romantik. Horgen 1928. 143 S. (Wege zur Dichtung 4).
3. K l e i n, Kurt: Form und Funktion paraphysischer Phantome in Dichtungen der Romantik. Diss. Leipzig 1949. 165 S. (Masch.).

968. OMNIPOTENZ

1. W o l f f, Hans M.: Die Omnipotenz als literarisches Motiv. In: Neophilologus 22 (1937), S. 270–80.

969. ONKEL UND NEFFE

1. B e l l, Clair Hayden: The sister's son in the medieval German epic; a study in the survival of matriliny. Berkeley, Cal. 1922. (Univ. of California publ. in mod. phil. Bd. 10, S. 67–182). – R.: F. Ranke, AfdA. 44 (1925), S. 193 f.

970. OPFERGEDANKE, VATERLÄNDISCHER

1. L e h m a n n, Heinz: Der Opfergedanke in der dt. Kampflyrik 1914–1941. Diss. Königsberg 1942. 98 Bl. (Masch.).

971. OPHELIA

1. B l u m e, Bernhard: Das ertrunkene Mädchen. Rimbauds Ophélie und die dt. Lit. In: GRM. NF. 4 (1954), S. 108–19.
2. K r a f t, Werner: Ophelie. In: –: Augenblicke der Dichtung. München 1964, S. 184 bis 198. [A. a. L.] und in: Merkur 14, 2 (1960), S. 930–42. [A. a. L.].
3. R ü e s c h, Jürg Peter: Das Ophelia-Motiv. In: –: Ophelia. Zum Wandel des lyrischen Bildes im Motiv der „navigatio vitae" bei Arthur Rimbaud und im dt. Expressionismus. Zürich 1964, S. 102–56. (Diss. Zürich).

4. H i l t o n, Jan: Ophelia. Variations on a theme. In: Affinities. Essays in German and English lit. London 1971. S. 320.
5. Z ü r c h e r, Hanspeter: Stilles Wasser. Narziss und Ophelia. in der Dichtung und Malerei um 1900. Bonn 1975. 134 S. (Abhh. z. Kunst-, Musik- u. Lit. wiss. 184).

972. OPPENHEIMER, JOSEPH
1. H a y n, Hugo: Süß-Oppenheimer-Bibliographie. Ein Beitrag zur Kuriositätenliteratur. In: ZBFr. 8 (1904/05), S. 448–52. [51 T.: auch in d. Schönen Lit.]. – R.: P. Marx, ZBFr. NF. 9,1 (1917), S. 33 f.
2. J u d S ü ß. In: Frenzel, StdW. 1970, S. 373 f. [D., E.: 19. u. 20. Jh.].

973. OPTIK
1. T r a u t m a n n, Hans: Das visuelle und akustische Moment im mhd. Volksepos. Diss. Göttingen 1917. 122 S. [Visuelle u. akustische Darstellungselemente].
2. H o r s t, Karl August: Optische Spiele. In: Dt. Beiträge 4 (1950), S. 458–64. [Fernrohr in d. Dichtung].
3. I s k r a, Wolfgang: Die Darstellung des Sichtbaren in der dichterischen Prosa um 1900. Münster 1967. 74 S. (Münsterische Beitr. z. dt. Lit. wissenschaft 2).

974. ORESTIE
1. L a b a t t, Irene Maria: Die Orestie im modernen französischen und dt.-sprachigen Drama. Diss. Innsbruck 1966. 314 Bl. (Masch.).
2. S e i d l i n, Oskar: Die Orestie heute. Enthumanisierung des Mythos. In :–: Von Goethe zu Th. Mann. Göttingen ²1969, S. 208–25. [Zuerst in Dt. Rundschau 83 (1957), S. 1163–74.
3. O r e s t s R a c h e. In: Frenzel, StdW. 1970, S. 558–62.

975. ORGEL
1. G l a b b a t z: Orgel und Orgelspiel in der neueren dt. Schönen Lit. In: Mschr. f. Gottesdienst u. kirchl. Kunst 13 (1908), S. 320–25. [L.: 19. Jh.].

976. ORIENT s. a. *CHINA, INDIEN, JAPAN, TÜRKEI UND TÜRKEN*
1. Z i n g e r l e, Pius: Über die morgenländischen Elemente in der dt. Poesie. Bozen 1862. 15 S. (Progr. Meran). [D., E., L.].
2. S c h u l t z e, Siegmar: Orient-Romantik. In: –: Das Naturgefühl der Romantik. Leipzig ²1911, S. 150–70. [Auch Exotik].
3. H i r s c h m ü l l e r, Wenzel: Der Orient im mhd. Epos. Diss. Wien 1916. 589 S. (Handschr.).
4. K a i n z, Friedrich: Orientalisierende Dichtung. In: RL. II. 1926/28, S. 541–48.
5. E n g e l, Gertraud: Die orientalische Landschaft in der österreichischen Dichtung des 19. Jhs. Diss. Wien 1934. 156 Bl. (Masch.).
6. M ö h r k e, Edwin: Die Spur des Orients in der neueren dt. Dichtung. In: Geistige Arbeit 3 (1936), Nr. 15, S. 11 f. [19. Jh.].
7. H u l t s c h, Paul: Der Orient in der dt. Barockliteratur. Diss. Breslau 1938. 99 S. [D., E.].
8. S p i e s, Otto: Der Orient in der dt. Lit. I. II. Kevelaer 1950, 1951. 32, 32 S. [D., E., L.]. (Berckers Kleine Volksbibliothek 18. 19).
9. M ü h l h e r, Robert: Der Orient in der dt. Dichtung. In: Orient und Okzident in Vergangenheit und Gegenwart. Graz 1960, S. 104–10. [Überblick].

10. B a b i n g e r, Franz: Orient und dt. Lit. In: Dt. Philologie im Aufriß. III. ²1962, Sp. 565–88.
11. H a m m i t z s c h, Horst: Ostasien und die dt. Lit. In: Dt. Philologie im Aufriß. 2. Aufl. III. 1962, Sp. 599–612.
12. M a h e r Ali Ragheb Moustafa: Das Motiv der orientalischen Landschaft in der dt. Dichtung von Klopstocks Messias bis zu Goethes Divan. Diss. Köln 1962. 151 S.
13. B a l k e, Diethelm: Orient und orientalische Literaturen. In: RL. II. ²1965, S. 816–69. [Türkei, Indien, China, Japan in d. dt. Dichtung].
14. B r u m m a c k, Jürgen: Die Darstellung des Orients in den dt. Alexandergeschichten des MA. Berlin 1966. 178 S. (Diss. Tübingen. PhStQ. 29). – R.: D. H. Green, MLR. 63 (1968), S. 745–47; A. Mihm, AfdA. 80 (1969), S. 120–29; R. Wisbey, GLL. 22 (1968/69), S. 249f.
15. S z k l e n a r, Hans: Studien zum Bild des Orients in vorhöfischen dt. Epen. Göttingen 1966. 246 S. (Diss. FU. Berlin, Palaestra 243). – R.: H. Adolf, JEGPh. 67 (1968), S. 110 bis 112; W. Bachofer, Germanistik 8 (1967), Nr. 3242; D. H. Green, GLL. 22 (1968/69), S. 247–49.
16. G u i r g u i s, Fawzy D.: Bild und Funktion des Orients in Werken der dt. Lit. des 17. u. 18. Jhs. Diss. FU. Berlin 1972. 358 S. [D., E.].

977. ORPHEUS

1. K i s t l e r, Mark Oliver: Orphism and the legend of Orpheus in German literature of the 18th century. Diss. Univ. of Illinois, Urbana, 1948. 206 Bl. (Masch.).
2. R e h m, Walther: Orpheus. Der Dichter und die Toten. Selbstdeutung und Totenkult bei Novalis, Hölderlin, Rilke. Düsseldorf 1950. 704 S. Repr. Darmstadt 1972. – R.: C. David, EG. 6 (1951), S. 136f.; E. Lachmann, DLZ. 72 (1951), Sp. 346–51.
3. Z i e g l e r, Konrat: Orpheus in Renaissance und Neuzeit. In: Form und Inhalt. Kunstgeschichtliche Studien. Festschr. O. Schmitt. Stuttgart 1950, S. 239–56. [Z. T. in der Dichtung].
4. K a b e l, Rainer: Orpheus in der dt. Dichtung der Gegenwart. Diss. Kiel 1965. 278 Bl. (Masch.).
5. O r p h e u s. In: Frenzel, StdW. 1970, S. 562–68. [A. a. L.].
6. S t r a u s s, Walter Ad.: Descent and return. The Orphic theme in modern Lit. Cambridge, Mass. 1971. 287 S. [A. a. L.]. – R.: J. D. Ireson, MLR. 68 (1973), S. 902f.

978. ORTSNAME

1. L u d w i g, Albert: Ortsnamen in neuerer dt. Lyrik. Zur Geschichte eines technischen Mittels. In: ASNS. 152. Bd. (1927), S. 1–17, 161–77.

979. OSNABRÜCK

1. G r a b e n h o r s t, Georg: Osnabrück im niedersächsischen Schrifttum. In: Niedersachsen 35 (1930), S. 506–10.

OSTASIEN s. *ORIENT*

980. OSTDEUTSCHLAND

1. O s t d e u t s c h e s S c h i c k s a l in der Dichtung. In: Bücherei des Dt. Ostens. Herne 1973, S. 716–19. [B.].

981. OSTERN

1. W i r t h, Ludwig: Die Oster- und Passionsspiele bis zum 16. Jh. Beitr. zur Geschichte des dt. Dramas. Halle 1889. 351 S.
2. F r e y b e, Albert: Ostern in dt. Sage, Sitte und Dichtung. Gütersloh 1893. 137 S. [D., E., L.].
3. B o s c h, Johannes: Ostergedanken in dt. Dichtungen. In: Dichterstimmen der Gegenwart 25 (1911), S. 268–72. [L.].
4. G s p a n n, Johannes Chr.: Die Osteridee in der dt. Poesie. In: Alte und Neue Welt (Einsiedeln) 57 (1923), H. 7, S. 301–02. [L.: 19. Jh.].
5. G o t z e n, Josef: Osterlied. In: RL. II. 1926/28, S. 552–56.
6. N i e d n e r, Helmut: Die dt. und französischen Osterspiele bis zum 15. Jh. Bln 1932. 186 S. (GSt. 119).
7. H a r t l, Eduard: Das Drama des MA. Sein Wesen und sein Werden. Osterspiele. Leipzig 1937. 317 S. Repr. Darmstadt 1964.
8. K o t h e, Josef: Die dt. Osterlieder des MA. Diss. Breslau 1939. 132 S. – R.: Th. Kochs, DLZ. 61 (1940), Sp. 575 f.
9. F e c h t e r, Werner: Ostern als Metapher in mhd. Dichtungen. In: Beitr. (Tüb.) 85 (1963), S. 289–96.
10. G r o s s e, Siegfried: Ursprung und Entwicklung der österlichen Spiele des MA. In: DU. 17 (1965), H. 2, S. 80–94.
11. I h l e n f e l d, Kurt: Über das Schreiben von Ostergedichten. In: Gestalt, Gedanke, Geheimnis. Festschr. f. J. Pfeiffer zu s. 65. Geburtstag. Berlin 1967, S. 195–211.
12. T h o r a n, Barbara: Studien zu den österlichen Spielen des dt. MA. Diss. Bochum 1969. 408 S.
13. S t e i n b a c h, Rolf: Osterspiele. In: –: Die dt. Oster- und Passionsspiele des MA... nebst einer B. z. dt. geistlichen Spiel des MA. Köln 1970, S. 257–62. (Diss. Köln. Kölner germanist. Studien 4). – R.: W. F. Michael, GR. 48 (1973), S. 315–17.
14. H e n n i g, Ursula: Die Ereignisse des Ostermorgens in der „Erlösung". Ein Beitrag zu den Beziehungen zwischen geistlichem Spiel und erzählender Dichtung des MA. In: Mediaevalia litteraria. Festschr. f. H. d. Boor. München 1971, S. 507–29.

982. OSTEUROPA

1. T e s k e, Hans: Der Osten in der dt. Dichtung des Mittelalters. In: Zs. f. Dt. Geisteswiss. 1 (1938/39), S. 119–29. [Und Ostdeutschland].

983. OSTFRIESLAND

1. O s t f r i e s l a n d. In: Luther, DtL. 1937, Sp. 491–93. [B.].
2. O s t f r i e s l a n d in der Erzählung. In: Kosch, LL. III. 2. Aufl. 1956, S. 1957 f. [B.].
3. B y l, Jürgen: Interpretationen ostfriesischer Heimatdichtung. In: Ostfriesischer Heimatdichtung. In: Ostfriesland 1961, 3, S. 7–10; 4, S. 21–25.

984. OSTPREUSSEN s. a. MEMELLAND

1. S c h u l z, Otto: Ostpreußen in der dt. Dichtung. In: Lehrerzeitung f. Ost- u. Westpreussen 44 (1913), S. 193 f.
2. S t e n d a l, Gertrud: Heimathymnen ostpreußischer Landschaften. In: –: Die Heimathymnen der preußischen Provinzen und ihrer Landschaften. Heidelberg 1919, S. 168–77.
3. W i l m, Bruno (Hrsg.): Ost- und Westpreußen im Spiegel dt. Dichtung. Frankfurt a. M. 1921. 197 S. [Auch Lyrik des Memellandes betr.].

4. P l e n z a t, Karl: Die ostpreußische Heimat, ihre Geschichte, ihr Leben in Lyrik, Epik und Dramatik. In: —: Ostpreußische Heimatliteratur. Ein Ratgeber und Wegweiser. Königsberg 1922, S. 124—29. [B.: 94 T.].
5. S t a l l b a u m, Otto: Die Landschaft in der jüngsten ostpreuß. Dichtung. In: ZDK. (1934), S. 106—14. [E., L.].
6. H e r r m a n n, Wolfgang: Ostpreußen lebt in seinen Dichtern. Ein Überblick über die zeitgenöss. Dichtung Ostpreußens. In: Ostpreuß. Erzieher 1935, S. 609—14.
7. S c h r ö d e r, Wilhelm: Die ostpreußische Heimaterzählung. In: Der Ostpreuß. Erzieher 1935, S. 76—81.
8. O s t p r e u ß e n. In: Luther, DtL. 1937, Sp. 493—99 und in: Luther, LuL. 1954, Sp. 224—28. [B.].
9. O s t p r e u ß e n in der Erzählung. In: Kosch, LL. III. ²1956, S. 1958f. [B.].
10. E d s e, Ilsedore Maria: Das Bild der Heimat bei einigen ostpreußischen Autoren seit der Jahrhundertwende. Diss. Ohio State Univ., Columbus, 1960. 258 S. (Masch.). DA. 21 (1960/61), S. 3712f.

985. OTTO III., DEUTSCHER KAISER

1. M o r g e n r o t h, Albert: Kaiser Otto III. in der dt. Dichtung. Diss. Breslau 1922. 129 Bl. (Masch.). [D., L., Auszug gedr.].
2. O t t o n e n im Drama und in der Erzählung. In: Kosch, LL. III. 2. Aufl. 1956, S. 1967. [B.].
3. O t t o III. In: Frenzel, StdW. 1970, S. 568—70. [D., E.: 16, 18.—20. Jh.].

986. OTTO DER SCHÜTZ

1. N o l l, Gustav: Otto der Schütz in der Literatur. Straßburg 1906. 143 S. (Diss. Tübingen 1906). — R.: C. Enders, LE. 10 (1907/08), Sp. 212f.; A. L. Jellinek, ZBFr. 5 (1901), Beibl. z. H. 8, S. 2; J. Joester, DLZ. 28 (1907), Sp. 1319—21; E. Schröder, Zs. d. Ver. f. hess. Gesch. 40 (1905), S. 184—87; O. Walzel, AfdA. 33 (1909), S. 224—26.
2. O t t o der Schütz. In: Frenzel, StdW. 1970, S. 571—73. [D., E.: 18. Jh.].

987. OTTOKAR II. VON BÖHMEN s. a. RUDOLF I. VON HABSBURG

1. G l o s s y, Carl: Zur Geschichte des Trauerspiels: „König Ottokars Glück und Ende". In: JbGrillpGes. 9 (1899), S. 213—47. [Ottokar-Dramen vor Grillparzer].
2. K i l i a n, Eugen: König Ottokar im Drama. In: Baden-Badener Bühnenbl. 3 (1923), Nr. 54.
3. O t t o k a r von Böhmen. In: Frenzel, StdW. 1970, S. 571—73. [D., E.: 18. u. 19. Jh.].

OXYMORON s. WIDERSPRÜCHLICHKEIT

P

PALÄSTINA s. HEILIGES LAND

PALAST s. HÜTTE UND PALAST

988. PALM, JOHANN PHILIPP

1. H o l z h a u s e n, Paul: Der dt. Buchhändler Johann Philipp Palm im Leben und auf der Bühne. In: BuW. 8, 2 (1905/06), S. 1031–41.
2. P a l m, Johann Philipp. In: Frenzel, StdW. 1970, S. 575 f. [D., E.: 19. u. 20. Jh.].

989. PAMELA

1. P u r d i e, Edna: Some adventures of „Pamela" on the continental stage. In: –: Studies in German lit. of the 18th century. London 1965, S. 62–89.

990. PANDORA

1. K o h l s c h m i d t, Werner: Goethes Pandora und die Tradition. In: –: Form und Innerlichkeit. München 1955, S. 50–79. [Wieland, Herder, Goethe].
2. P a n d o r a. In: Frenzel, StdW. 1970, S. 576–80.
3. V o g e l, Gerhard: Der Mythos von Pandora. Die Rezeption eines griechischen Sinnbildes in der dt. Lit. Hamburg 1972. 225 S. (Diss. Hamburg 1969. Hamburger philol. Studien 17). [16.–19. Jh.]. – R.: Th. Bleicher, Germanistik 16 (1975), Nr. 854.

991. PANEUROPA

1. G e i ß l e r, Ewald: Paneuropa in der dt. Dichtung der Gegenwart. Langensalza 1930. 76 S. (Pädag. Magazin H. 1298).

992. PANTHEISMUS s. a. *NATURRELIGION*

1. M e n s c h, Hermann: Der Pantheismus in der poetischen Lit. der Deutschen im 18. u. 19. Jh. Progr. d. Realschule Gießen I u. II für 1883, S. 1–14.
2. W e i ß, Walter: Heines, Lenaus und Immermanns Kritik am Pantheismus. Zur Krise d. Pantheismus in d. Dichtung der Restaurationszeit. In: Innsbrucker Beitr. z. Kulturwiss. 6 (1959), S. 191–221.
3. W e i ß, Walter: Enttäuschter Pantheismus. Zur Weltgestaltung der Dichtung in der Restaurationszeit. Dornbirn 1962. 336 S. (Gesetz u. Wandel 3). [Bes. Lenau, Platen, Heine, Grabbe, Büchner].

992a. PANZERKREUZER POTEMKIN

1. R i c h t e r, Rolf: Eisensteins „Panzerkreuzer Potemkin" in der dt. Lit. In: Neue dt. Lit. 9 (1961), H. 4, S. 167–71.

993. PARACELSUS

1. M ü l l e r, Helene: Die Gestalt des Paracelsus in Sage und Dichtung. Eine stoffgeschichtliche Studie. Diss. Wien 1935. 234 Bl. (Masch.).
2. S c h o t t e n l o h e r, Karl: Paracelsus in der Dichtung. In: –: Bibliographie zur dt. Geschichte. 1517–85. II, 1935, S. 124. [B.: 13 T.: D., E.].
3. R e c l a m, Ernst Heinrich: Die Gestalt des Paracelsus in der Dichtung. Leipzig 1938. 106 S. (Diss. Leipzig). [Bes. S. 7–25; 22 T.].
4. W e i m a n n, Karl-Heinz: Paracelsus in der Weltlit. In: GRM. NF. 11 (1961), S. 241–74. [D., E., L., a. a. L.].
5. W e i m a n n, Karl-Heinz: Paracelsus in der schönen Lit. und Sage. In: –: Paracelsus-Bibliographie 1932–1960. Wiesbaden 1963, S. 90.
6. F r e n z e l, Elisabeth: Paracelsus als literarisches Motiv. In: Ciba-Symposium 12 (1964), S. 190–96. [D., E., L.: 18.–20. Jh.].

7. H a d l e y, Michael L.: Paracelsus als Thema in der dt. und europäischen Lit. Diss. Univ. of Manitoba, Winnipeg 1964. 198 S. (Masch.). – Selbstref. Germanistik 6 (1965), Nr. 1716.
8. P a r a c e l s u s. In: Frenzel, StdW. 1970, S. 580f. [D., E., L.: 19. u. 20. Jh.].

994. PARADIES

1. P e t e r s, Elisabeth: Quellen und Charakter der Paradiesvorstellungen in der dt. Dichtung vom 9. bis 12. Jh. Breslau 1915. 153 S. Repr. Nendeln 1974. (GAbhh. 48).
2. D ö r r e r, Anton: Paradies-(Paradeis-)Spiele. In: VerfLex. V. 1955, Sp. 841–62.

995. PARADIESEHE

1. N o r t h c o t t, Kenneth J.: Paradisiacal love in early middle high German Lit. In: Festschr. f. Taylor Starck. The Hague 1964, S. 164–75.

996. PARIS

1. S c h w e i g e r, Maria: Paris im Erlebnis der dt. Dichter von Herder bis R. M. Rilke (Wanderungen und Wandlungen). Diss. München 1943. 199 Bl. (Masch.).

997. PARISER KOMMUNE *(1871)*

1. K a i s e r, Bruno: Die Pariser Kommune im dt. Gedicht. Berlin 1958. 167 S. [Einleitung zur Anthologie S. 5–10.].
2. F r i e d r i c h, Cäcilia: Die Gestaltung der Pariser Kommune in der frühen sozialistischen Lyrik. In: WB. 18 (1972), H. 3, S. 144–60.

PARK s. *LANDSCHAFT*

998. PARZIFAL

1. B i r c h - H i r s c h f e l d, Adolf: Die Sage vom Gral. Ihre Entwicklung und dichterische Ausbildung in Frankreich und Deutschland im 12. u. 13. Jh. Leipzig 1877. 291 S. Repr. Wiesbaden 1969. [In dt. Lit. S. 243–91].
2. H e r t z, Wilhelm: Die Sage von Parzifal und dem Gral. In: Parzival von W. v. Eschenbach. Neu bearb. von W. Hertz. Stuttgart 1898, S. 413–66. – R.: A. E. Schönbach, DLZ. 19 (1898), Sp. 307–11.
3. M u n c k e r, Franz: Die Gralsage bei einigen Dichtern der neueren dt. Lit. München 1902. (Sitzungsber. d. Bayr. Ak. d. Wiss. Phil. Kl. 1902, H. 3. S. 325–82).
4. F r i t z e, Edmund: Die Gralsage und die Parzivaldichtung. In: Protestantenbl. 39 (1906), Sp. 660–63, 680–84, 708–11, 732–35.
5. G o l t h e r, Wolfgang: Parzival und der Gral in dt. Sage des Mittelalters und der Neuzeit. Leipzig 1913. 62 S. (Xenienbücher 5). Auch in: –: Zur dt. Sage und Dichtung. Leipzig 1911, S. 154–93.
6. P f i t z n e r, Hans: Der Parzivalstoff und seine Gestaltungen. In: –: Vom musikalischen Drama. Ges. Aufsätze. München 1915, S. 207–54.
7. G o l t h e r, Wolfgang: Parzival und der Gral in der Dichtung des Mittelalters und der Neuzeit. Stuttgart 1925. 372 S. [12.–20. Jh., a. a. L.]. – R.: J. F. D. Blöte, AfdA. 45 (1927), S. 174–79; E. Hartl, Litbl. 51 (1930), Sp. 337–39; G. Rosenhagen DLZ. 48 (1927), Sp. 151–57.
8. G o l t h e r, Wolfgang: Parzival in der dt. Lit. Berlin 1929. 66 S. (SMDL. 4). [D., E.: 12.–20. Jh.; a. a. L.]. – R.: K. H. Halbach, DLZ. 51 (1930), Sp. 398–400; E. Hartl, Litbl. 51 (1930), Sp. 337–39; L. Mis, Revgerm. 22 (1931), S. 200f.

9. K o b i l i n s k y, L.: Der Tempel des heiligen Grales als Dichtung und Wahrheit. In: Bayreuther Bll. 55 (1932), S. 21–28, 94–108.
10. P e r t o l d, Margareta: Die Parzivalgestalt in der neuen Dichtung. Diss. Wien 1935. 117 Bl. (Masch.). [D., E.].
11. B e c h e r, Hubert: Der ewige Parzival. In: StdZ. 133 (1938), S. 368–79.
12. M e r g e l l, Bodo: Der Gral in Wolframs Parzival. Entstehung und Ausbildung der Gralsage im Hochmittelalter. Halle 1952. 176 S.
13. A d o l f, Helen: Visio Pacis. Holy city and grail. An attempt at an inner history of the grail legend. Pennsylvania State Univ. 1960. 217 S. [A. a. L.]. – R.: H. Eggers, Germanistik 2 (1961), S. 531f. Weitere 17 R. s. Bumke, Joachim: Die Wolfram von Eschenbach-Forschung seit 1945. München 1970, S. 362, Anm. 31.
14. H e r m a n d, Jost: Gralsmotive um die Jahrhundertwende. In: DtVjs. 36 (1962), S. 521 bis 543. [D., E., L.] und in: –: Von Mainz nach Weimar. Stuttgart 1969, S. 269–97.
15. P a r z i v a l. In: Frenzel, StdW. 1970, S. 581–84.

99. PASSION s. a. JESUS

1. W i r t h, Ludwig: Die Oster- und Passionsspiele bis zum 16. Jh. Halle 1889. 351 S.
2. W a c k e r n e l l, J. E. (Hrsg.): Altdt. Passionsspiele aus Tirol. Graz 1897. CCCXIV, 550 S.
3. F e i g l, Walter: Geschichte des Passionsspieles in Österreich. Diss. Wien 1926. 424 Bl. (Masch.). [13.–20. Jh.].
4. G o t z e n, J.: Passionslied. In: RL. II. 1926/28, S. 654–58.
5. S t a m m l e r, Wolfgang: Passionsspiel. In: RL. II. 1926/28, S. 234–37.
6. D ö r r e r, Anton: Altdt. Karwochen- und Fronleichnamsspiele Südtirols im Zeitalter des Barock und Rokoko. In: Lit.wiss. Jb. d. Görresgesellschaft 3 (1928), S. 86–132; 4 (1929), S. 61–82.
7. A s c h e n b r e n n e r, Anna Maria: Passionsspiele in Österreich von 1900 bis zur Gegenwart. Diss. Wien 1952. 249 Bl. (Masch.).
8. P i c k e r i n g, Frederick P.: Das gotische Christus-Bild. Zu den Quellen ma. Passionsdarstellungen. In: Euph. 47 (1953), S. 16–37.
9. D ö r r e r, Anton: Passionen und Passionsspiele in Tirol. In: Dt. Jb. f. Volkskunde 2 (1956), S. 319–24. [17.–20. Jh.].
10. W e r n e r, Siegfried: Studien zu den Passions- und Osterspielen des dt. MA. in ihrem Übergang vom Latein zur Volkssprache. Berlin 1963. 151 S. (PhStQ. 18) – R.: P. Salmon, MLR. 60 (1965), S. 138f.; F. Weber, ZfdPh. 84 (1965), S. 311f.; L. Wolff, AfdA. 77 (1966), S. 115–18.
11. S t e i n b a c h, Rolf: Passionsspiele. In: –: Die dt. Oster- und Passionsspiele des MA. Köln 1970, S. 249–56. [B.].
12. B e r g m a n n, Rolf: Studien zur Entstehung und Geschichte der dt. Passionsspiele des 13. und 14. Jhs. München 1972. 298 S. (Münstersche MA.-Schriften 14). – R.: J. Janota, Germanistik 14 (1973), Nr. 4564; H. Linke, AfdA. 85 (1974), S. 19–26; W. F. Michael, JEGPh. 72 (1973), S. 68–70.

1000. PASSIVITÄT

1. J o h a n n s e n, Hans Peter: Die seelische Passivität im Roman der Jahrhundertwende und ihre innere Überwindung (1890–1910). Diss. Kiel 1933. 99 S. [Passiver Held].

PATRIOTISMUS s. *VATERLAND*

1001. PAULUS. APOSTEL

1. E m r i c h, Wilhelm: Paulus im Drama. Berlin 1934. 145 S. (Diss. Frankfurt a. M.) (SMDL. 13). [D., E., L.: 13.–20. Jh.: 188 T.]. – R.: H. Rosenfeld, ZfdPh. 61 (1936), S. 105–08.
2. P a u l u s. In: Frenzel, StdW. 1970, S. 584–86. [D., E.: 16.–20. Jh.]

1002. PAZIFISMUS

1. B e h l, C. F. W.: Pazifismus und Dichtung. In: LE. 21 (1918/19), Sp. 1287–93.

1003. PECHVOGEL s. a. SCHLEMIHL

1. B e r e n d, Eduard: „Auch Einer". In: LE. 22 (1919/20), Sp. 769–74. [Tücke des Objekts].

1004. PELIKAN

1. G r a h a m, Victor E.: The pelican as image and symbol. In: RevLittcomp. 36 (1962), S. 235–43. [A. a. L.]

PENELOPE s. ODYSSEUS

PERIKLES s. ASPASIA

1005. PERLE

1. O h l y, Friedrich: Tau und Perle. In: Beitr. (Tüb.) 95 (1973), Sonderh. S. 406–23.

1006. PERSEPHONE

1. S c h m i d t, Erich: Proserpina. In: –: Charakteristiken 2. Reihe. Berlin ²1912, S. 165 bis 84.
2. S i e g r i s t, Christoph: Proserpina. Ein griechischer Mythos in der Goethezeit. Diss. Zürich 1962. 195 S. [D., L.].
3. A n t o n, Herbert: Der Raub der Proserpina. Literarische Traditionen eines erotischen Sinnbildes und mythischen Symbols. Heidelberg 1967. 139 S. (Heidelberger Forschungen 11).
4. P e r s e p h o n e. In: Frenzel, StdW. 1970, S. 588–93. [D., E., L.: 17.–20. Jh. A. a. L.].

PERSIEN s. INDIEN

1007. PERSÖNLICHKEITS-SPALTUNG

1. B a r t h o l o m a e, Ulf: Die Doppelpersönlichkeit im Drama der Moderne. Diss. Erlangen-Nürnberg 1967. 211 S.

1008. PESSIMISMUS s. a. MELANCHOLIE, WELTSCHMERZ

1. K a i n z, Friedrich: Pessimistische Dichtung. In: RL. II. 1926/28, S. 663–76.
2. K r a u s s, Ingrid: Studien über Schopenhauer und den Pessimismus in der dt. Lit. des 19. Jhs. Bern 1931. 198 S. (Sprache u. Dichtung 47).
3. W a i s, Kurt K. T.: Die pessimistische Literaturgeneration von 1880. In: GRM. 19 (1931), S. 371–86. [A. a. L.].

4. W a h l m ü l l e r, Franz: Der Kulturpessimismus in der dt. Dichtung von 1912–1932. Diss. Wien 1939. 215 Bl. (Masch.).
5. H e n t s c h e l, Cedric: The Byronic Teuton. Aspects of German pessimism 1800 bis 1933. London 1940. 234 S.
6. S z i v a, Jozsef: Pesszimizmus, részvét és szeretet. Jelentés az újabb német irodalom Aárgyában. (Pessimismus, Mitleid u. Nächstenliebe in der neueren dt. Lit. Mit dt. Zusammenfassung). Budapest 1941. 205 S. [1839–1937].
7. W o n d e r l e y, A. Wayne: The origins of Pessimism in German literature of the early eighteenth century. In: Univ. of Wisconsin summaries of doctoral dissertations Madison, Wisc. 6 (1942), S. 316–18.
8. K ü f n e r, Hans Karl: Der Mißvergnügte in der Lit. der dt. Aufklärung 1688–1759. Diss. Würzburg 1960. 190 Bl. (Masch.). [L.].
9. B u r g e r, Heinz Otto: Die Geschichte der unvergnügten Seele, ein Entwurf. Rektoratsrede. Erlangen 4. 11. 1959. Erlangen 1961. 23 S. (Erlanger Universitätsreden NF 6) u. in: DtVjs. 34 (1960), S. 1–20. – R.: W. Martens, Germanistik 3 (1962), Nr. 1381.
10. E y k m a n, Christoph: Geschichtspessimismus in der dt. Lit. des 20. Jhs. Bern 1970. 138 S. – R.: K. Bullivant, MLR. 67 (1972), S. 949f.; D. Kößler, Germanistik 13 (1972), Nr. 1988; R. W. Last, GLL. 26 (1972/73), S. 339f.; N. Ritter, GQu. 46 (1973), S. 96 bis 99.
11. H o f, Walter: Pessimistisch-nihilistische Strömungen in der dt. Lit. vom Sturm und Drang bis zum Jungen Deutschland. Tübingen 1970. 238 S. (Untersuchungen z. dt. Lit. geschichte 3). [Bes. S. 33–93]. – R.: M. B. Benn, MLR. 66 (1971), S. 947–49; P. Roubiczek, GLL. 26 (1972/73), S. 75–77.
12. H o f, Walter: Der Weg zum heroischen Realismus. Pessimismus und Nihilismus in der dt. Lit. von Hamerling bis Benn. Bebenhausen 1974. 301 S. [Bes. L.].

1009. PEST

1. B a u m g a r t e n, Ruth: Die Pest in der schönen Lit. Diss. med. Frankfurt a. M. 1949. 114 S. (Masch.). [Bes. L., a. a. L.].

PETER DER GROSSE s. *ALEXEI (ALEXIS) UND PETER DER GROSSE*

1010. PETER VON HAGENBACH

1. E n g e l b e r g e r, Josef: Peter von Hagenbach in der Lit. In: Jb. des Sundgauvereins Bd. 7 (1939), S. 140–42.

1011. PETER VON KASTILIEN

1. S c h o n s, Emily: New material on the dramatic treatment of Peter the Cruel of Castile and the diffusion of the legend in France, Germany and England. Chicago 1936. 114 S. (Diss. Univ. of Chicago 1932), [Dt. Lit. S. 79–96].
2. I n e z d e C a s t r o. In: Frenzel, StdW. 1970, S. 331–35.

1012. PETRARKA

1. S o u v a g e o l, Hugo: Petrarka in der dt. Lyrik des 17. Jhs. Diss. Leipzig 1911. 85 S. [Nachahmung von auf Petrarka zurückgehenden poetischen Motiven].

1013. PETRUS, APOSTEL

1. C u l l m a n n, Fritz: Der Apostel Petrus in der älteren dt. Lit., mit besonderer Berücksichtigung seiner Darstellung im Drama. Gießen 1928. 54 S. (GBDPh. 22; Diss. Gießen). [13.–16. Jh.].
2. T a p p e r, Heinrich: Die Gestalt des Petrus in der Lit. des ausgehenden Mittelalters und des 16. Jhs. Diss. Frankfurt a. M. 1935. 103 S. [14.–16. Jh.].
3. O b e r f e u e r, Lore: Das Petrusbild der geistlichen Dichtung der Karolingerzeit. Diss. Freiburg i. Br. 1949. 166 Bl. (Masch.). [In dt. Dichtung S. 67–155].

1014. PFALZ s. a. KURPFALZ, OBERPFALZ

1. G o t z e n, Josef: Pfalz [in der dt. Literatur]. In: Rheinlandkunde II. Düsseldorf 1926, S. 128f. [B.: 28 T.: E.].
2. P f a l z in der Erzählung. In: Kosch, LL. III. ^{2}1956, S. 2032f. [L.].
3. T h i e l e, Herbert: Kleines literarisches Skizzenbuch. In: Eberhard G e i s e r: Am Oberrhein. Speyer 1960, S. 43–59. [Bes. Speyer].

PFARRER s. GEISTLICHER

1015. PFARRERSTOCHTER

1. A n g e r m a n n, August: Pfarrerstöchter in der dt. Dichtung. In: –: Deutsche Pfarrerstöchter. Essen 1955, S. 39–59. [L.].

1016. PFARRHAUS

1. B a u r, Wilhelm: Das Pfarrhaus in der Literatur der klassischen Zeit. In: –: Das dt. evangelische Pfarrhaus. Bremen ^{3}1884, S. 217–50. [18. Jh.].
2. R ö s c h, Lydia: Der Einfluß des evangelischen Pfarrhauses auf die Lit. des 18. Jhs. Diss. Tübingen 1932. 93 S.
3. M i n d e r, Robert: Das Bild des Pfarrhauses in der dt. Lit. von Jean Paul bis Gottfried Benn. Wiesbaden 1959. 78 S. und in: –: Kultur u. Literatur in Deutschland u. Frankreich. Franfurt a. M. 1962, S. 44–72 ^{2}1963. Auch in: –: Acht Essays zur Lit. Frankfurt a. M. 1969, S. 76–98. – R.: H. Plard, EG. 16 (1961), S. 136–40.

1017. PFAU

1. A r e n d t, Dieter: Im Pfauenspiegel. Über drei Pfauengedichte unserer Zeit. In: Zeitwende 35 (1964), S. 33–39.

1018. PFERD

1. F r o e h n e r, Reinhard: Tierkrankheiten und Beurteilung des Pferdes in der mittelalterlichen Dichtung. In: –: Kulturgeschichte der Tierheilkunde. Bd. 2. Konstanz 1954, S. 176–93.
2. G l e i s, Paul G.: Urjan (Parzifal, Book X). From Wolfram von Eschenbach to Hans Sachs, Hebel and Schinderhannes. In: On romanticism and the art of translation. Festschr. E. H. Zeydel. Princeton, NJ. 1956, S. 47–66. [Pferdediebstahl].
3. H e r r, Alfred: Pferde im Jugendbuch. In: Jugendschriften-Warte 11 (1959), S. 75–78. [45 T., a. a. L.].
4. G i l m a n, Sander L.: The uncontrollable steed. A study of the metamorphosis of a literary image. In: Euph. 66 (1972), S. 32–54. [18.–20. Jh., a. a. L.].

5. S c h ö n e f e l d, Walter: Roß, Reiter und wütendes Heer. Vorstudien zur Tradition eines altgermanischen Motivs in Sage und Dichtung. Diss. Rutgers Univ., NJ. 1973. 359 S. DAI. 34 (1973/74), S. 2654 A.

1019. PFINGSTEN
1. G o t z e n, Josef: Pfingstlied. In: RL. II. 1926/28, S. 676–79.

1020. PFLANZE
1. W ü n s c h e, August: Die Pflanzenfabel in der mittelalterlichen dt. Lit. In: ZVLR. NF. 11 (1897), S. 373–441.
2. W ü n s c h e, August: Die Pflanzenfabel in der neueren dt. Lit. In: ZDU. 16 (1902), S. 20–47, 73–110. [18. u. 19. Jh.].
3. W ü n s c h e, August: Die Pflanzenfabel in der Weltlit. Leipzig 1905. 184 S. [S. 40–184 in dt. Lit. des 14.–19. Jhs.].
4. P e t e r s, Hermann: Aus der Geschichte der Pflanzenwelt in Wort und Bild. Mittenwald 1928. 176 S. [A. a. L., 29 Pflanzen in der Dichtung].
5. G u t t e n b e r g, Maria Theodora v.: Pflanzenmotive in moderner Epik. Diss. München 1958. 180 Bl. (Masch. vervielf.). [20. Jh.].
6. J a e c k l e, Erwin: Das poetische Herbarium. In: –: Signatur der Herrlichkeit. 6 Vorträge zur Natur im Gedicht. Zürich 1970, S. 71–88. [A. a. L.].
7. T e l l e, Joachim: Chymische Pflanzen in der dt. Lit. In: Medizinhistorisches Journal 8 (1973), S. 1–34. [S. 30–34: Wiederherstellung im palingenetischen Vorgang, 20. Jh.].

1021. PFORZHEIMER
1. G m e l i n, Moriz: Die Sage von dem Heldentod der 400 Pforzheimer. In: –: Beiträge zur Geschichte der Schlacht bei Wimpfen. Karlsruhe 1880, S. 33–37. [B.: 10 T.: D., E., L.; 1622].
2. H o f m a n n, Karl: Der Heldentod der 400 Pforzheimer bei Wimpfen. In: –: Aus badischen Landen. Beitr. z. Heimatgeschichte. Weinheim 1917, S. 24–32.

1022. PHÄDRA UND HIPPOLYTOS
1. H e i n e m a n n, Karl: Phädra. In: –: Die tragischen Gestalten der Griechen in der Weltlit. II. Leipzig 1920, S. 73–79. (Das Erbe der Alten NF. 4).
2. W i e s e, Georg: Die Sage von Phädra und Hippolytos im dt. Drama. Diss. Leipzig 1923. 97 Bl. (Masch.). [18. u. 19. Jh.].
3. T s c h i e d e l, Hans Jürgen: Phaedra und Hippolytus. Variationen eines tragischen Konfliktes. Diss. Erlangen-Nürnberg 1969. 301 S. [Dt. Bearbeitungen: S. 92–100].
4. P h ä d r a. In: Frenzel, StdW. 1970, S. 596–600. [Nur wenige dt. T.].

1023. PHILEMON UND BAUCIS
1. L a n d a u, Marcus: Die Erdenwanderungen der Himmlischen und die Wünsche der Menschen. In: ZVLR. 14 (1901), S. 1–41. [D., L.].
2. B e l l e r, Manfred: Philemon und Baucis in der europäischen Lit. Stoffgeschichte und Analyse. Heidelberg 1967. 164 S. (Diss. Mainz 1965. Studien z. Fortwirken der Antike 3). [D., E., L.: 18.–20. Jh., a. a. L.]. – R.: H. Anton, ASNS. 120 (1968), S. 296f.; W. B. Fleischmann, Comp. Lit. Stud. 6 (1969), S. 501f.; K. Stackmann, arkadia 4 (1969), S. 93–99.
3. P h i l e m o n und Baucis. In: Frenzel, StdW. 1970, S. 600–2. [D., L.: 18.–20. Jh.].

PHILIPP II. VON SPANIEN s. *DON CARLOS*

1024. PHILISTER

1. M c I l v e n n a, Estelle: The „Philistine" in Sturm und Drang. In: MLR. 33 (1938), S. 31–39.
2. W e s t e r k a m p, Ulrich: Beitrag zur Geschichte des literarischen Philistertypus mit bes. Berücksichtigung von Brentanos Philisterabhandlung. Diss. München 1941. 124 Bl. (Masch.). [E., L.: 18. u. 19. Jh.].
3. M e y e r, Herman: Der Bildungsphilister. In: –: Zarte Empirie. Stuttgart 1963, S. 179 bis 201. Zuerst in: Verzamelde opstellen. Festschr. f. J. H. Scholte, Amsterdam 1948, S. 285–303.

1025. PHILOKTET

1. P h i l o k t e t. In: Frenzel, StdW. 1970, S. 609–11. [Nur wenige dt. T.].

PHILOLOGE s. *LEHRER*

PHYLLIS s. *ARISTOTELES*

1026. PHYSIK

1. K i r s c h, Edgar: Menschen wollen Menschen werden. Die Welt der Chemie und Physik in der dt. Lit. des 20. Jhs. Halle 1967. 68 S. [D., E., L.].
2. G e i g e r, Heinz: Galilei und die Folgen. Reflexionen über die gesellschaftliche Verantwortung des Wissenschaftlers. In: –: Widerstand und Mitschuld. Düsseldorf 1973, S. 68 bis 96. (Lit. in der Gesellschaft 9). [Atomphysiker, D. nach 1943].

PIETA s. *MARIA, HEILIGE*

1027. PILATUS

1. S t o e p h a s i u s, Renata v.: Die Gestalt des Pilatus in den mittelalterlichen Passionsspielen. Diss. Berlin 1938. 108 S. [A. a. L.]. – R.: M. B. Evans, GR. 15 (1940), S. 148 bis 51.

1028. PILGER

1. K i e n i t z, Eva Marie: Der Pilger als dichterische Gestalt im 19. Jh., ihre Voraussetzungen und ihre Auswirkungen. Diss. Münster 1952. 159 Bl. (Masch.). [Auch 12.–18. Jh. im Überblick].
2. B ö h m e r, Maria: Untersuchungen zur mhd. Kreuzungslyrik. Rom 1968. 115 S. (Studi di filologia tedesca 1). – R.: J. Carles, EG. 25 (1970), S. 85 f.; R. Doney, JEGPh. 69 (1970), S. 481f.; H. J. Gernentz, DLZ. 91 (1970), S. 503–5; U. Müller, AfdA. 80 (1969), S. 148–51; St. L. Wailes, MDU. 62 (1970), S. 411f. [Pilgerfahrt ins hl. Land].

1029. PLATANE

1. S c h r ö d e r, Franz Rolf: Die Platane am Ilissos. In: GRM. 35 (1954), S. 81–107. [A. a. L.].

1029a. PLATEN, AUGUST VON

1. R e d e n b a c h e r, Fritz: Platen in dichterischer Darstellung — Gedichte auf Platen. Im: —: Platen-Bibliographie. 2. bis 1970 ergänzte Aufl. Hildesheim 1972, S. 114—38, 174—76. [B.].

1030. POCKEN

1. M e y e r, Margarete: Die Poscken in der schönen Lit. Diss. med. Frankfurt a. M. 1947. 33. S. (Masch.). [A. a. L.].

1031. POLEN

1. A r n o l d, Robert Franz: Geschichte der dt. Polenlit. Bd. 1: Von den Anfängen bis 1800. Halle 1900. 298 S. Repr. 1966. [Auch stoff- und motivgeschichtlich].
2. T i m m, Bruno: Die Polen in den Liedern dt. Dichter. Lissa 1907. 35 S.
3. H o l z h a u s e n, Paul: Das Polentum im dt. Denken und Dichten. In: Hochland 14, II (1916/17), S. 183—97. [E., L.].
4. S o m m e r f e l d, Martin: Ein polnischer Freiheitskampf (1830) im dt. Lied. In: Hamburgischer Correspondent, Beilage 1917, Nr. 1.
5. B o d m a n n, Anton: Die polnische Bewegung von 1830 und die Blütezeit der dt. Polenlyrik 1830—1834. Diss. Münster 1926. 150 S. (Masch.).
6. A r n o l d, Robert Franz: Polenliteratur. In: RL. II. 1926/28, S. 710f.
7. R o e r, Walther: Die soziale Bewegung vor der dt. Revolution 1848 im Spiegel der zeitgenössischen politischen Lyrik. Münster 1933. 314 S. (Diss. Münster).
8. W e r n e r, Helmut: Das deutsch-polnische Grenzlandproblem in der schlesischen Lit. im Zeitalter des Humanismus und des Barock. Diss. Breslau 1938. 108 S. [S. 64—107: dt. Lit.].
9. J e s i o n o w s k i, Alfred: Problem polski na Śląsku w świetle nowszej beletrystyki niemieckiej. (Das polnische Problem in Schlesien im Lichte der neueren dt. Belletristik). Katowice 1939. 98 S.
10. S c h u l z e - M a i z i e r, Friedrich: Polenschicksal im Spiegel dt. Schrifttums. In: Wir und die Welt 1 (1939), S. 22—26.
11. B u s s e, Gisela: Die Polen im Spiegel der Wiener Dichtung vom Untergang bis zum Vormärz (1795—1848). Diss. Wien 1944. 67 Bl. (Masch.).
12. B i a n q u i s, Geneviève: La Pologne dans la poésie allemande (1772—1832). In: Revlittcomp. 23 (1949), S. 57—70.
13. H ä c k e l, Manfred: Skizze zu einer Geschichte der dt. Polenliteratur unter bes. Berücksichtigung der Lyrik aus den Jahren 1830—34. Diss. Jena 1954. 246 Bl. (Masch.).
14. U r b a n o w i c z, Mieczyslaw: Polska w literaturze niemieckiej na Slasku w i polowie XIX w. (Polen in dt. dt. Lit. Schlesiens in der 1. Hälfte d. 19. Jhs). In: Germanica Wratislaviensia 3 (1959), S. 23—45, Serie A, 20. [Mit dt. Inhaltsangabe].
15. S ł u g o c k a, Ludmilla: Die dt. Polenlit. auf dem Gebiet der DDR in der Zeit von 1945—1960. Poznań 1964. 192 S.
16. C h o d e r a, Jan: Die dt. Polenlit. 1918—1939. Stoff- und Motivgeschichte. Poznań 1966. 357 S. (Prace Wydziału filologicznego. Ser. filologia germánska 3).
17. C h o d e r a, Jan: Literatura niemiecka o Polsce w latach 1918—1939. Katowice 1969. 420 S. [Erweiterte Übersetzung von Nr. 1031, 16]. — R.: K. Koczy, Germanistik 12 (1971), Nr. 3514.
18. H e r m s d o r f, Klaus: Wende zum Übernationalen. Motive und Motivationen des Polenbildes in der dt. Lit. zwischen den Weltkriegen. In: WB. 16 (1970), H. 12, S. 190—204.
19. S ł u g o c k a, Ludmila: Polen in der Lit. der DDR. In: WB. 16 (1970), H. 6, S. 164—87.
20. W a g n e r, Frank: Deutsch-polnische Begegnungen in der DDR-Lit. In: WB. 16 (1970), H. 8, S. 191—203.

21. W e r n e r , Hans-Georg: Die Bedeutung des polnischen Aufstandes 1830/31 für die Entwicklung der politischen Lyrik in Deutschland. In: WB. 16 (1970), H. 7, S. 158–75.
22. W i l l , Arno: Polska i Polacy w niemieckief prozie literackiej XIX wieku. (Polen und die Polen in der dt. literar. Prosa d. 19. Jhs.). Wroclaw 1970. 123 S. – R.: J. Chodera, Germanistik 12 (1971), Nr. 3514.
23. W i l l , Arno: Der polnische Novemberaufstand im Lichte der dt. Belletristik des 19. Jhs. In: WZUG. 20 (1971), S. 259–65. [Polnische Erhebung 1830/31. E.].
24. S ł u g o c k a , Ludmila: Der Novemberaufstand 1830 in der polnischen und dt. Poesie. In: Mickiewicz-Bll. 17 (1972), H. 51, S. 134–49.
25. S z a r o t a , Elida Maria: Enfin Mickiewicz vint... In: Mickiewicz-Blätter 17 (1972), H. 50, S. 78–96.
26. D e d e c i u s , Karl: Deutsche und Polen in ihren literarischen Wechselbeziehungen. Stuttgart 1973. 84 S. [17.–20. Jh., L.].
27. W h i t o n , Helga Bosiljka: Der Wandel des Polenbildes in der dt. Lit. des 19. Jhs. Diss. Univ. of Minnesota 1973. 287 S. DAI. 34 (1973/74), S. 7206 A.

1032. POLITIK s. a. STAAT

1. M a r g g r a f f , Hermann: Politische Gedichte aus Deutschlands Neuzeit. Von Klopstock bis auf die Gegenwart. Leipzig 1843. 423 S. [Einleitung S. 3–44 zur Anthologie].
2. P r u t z , Robert Eduard: Die politische Poesie der Deutschen. Leipzig 1845. (Prutz's Taschenbuch, S. 253–459).
3. D r e e s , Heinrich: Die politische Dichtung der dt. Minnesinger seit W. von der Vogelweide. Progr. Wernigerode 1887. 27 S.
4. B a i e r , Gustav: Charakteristik der dt. politischen Lyrik des 13. Jhs. In: ASNS. Bd. 81, 42 (1888), S. 1–82.
5. T r ä g e r , Paul: Die politische Dichtung in Deutschland. Ein Beitrag zu ihrer Geschichte während der 1. Hälfte unseres Jhs. Diss. München 1895. 44 S. [L.].
6. P e t z e t , Christian: Die Blütezeit der dt. politischen Lyrik von 1840–50. München 1903. 519 S. Mit Anthologie. – R.: A. Gottlieb, Die Neue Zeit 21, 1 (1902/03), S. 30 bis 32; 21, 2 (1902/03), S. 835–37; St. Hock, Euph. 11 (1904), S. 186–89.
7. P i n n o w , Hermann: Untersuchungen zur Geschichte der politischen Spruchdichtung im 13. Jh. Diss. Bonn 1906. 53 S.
8. S u t e r m e i s t e r , Werner: Zur politischen Dichtung der dt. Schweiz 1830–48. Bern 1907. 80 S. (Neujahrsbl. d. literar. Gesellsch. Bern f. 1908).
9. B e n ö h r , Franz: Die politische Dichtung aus und für Schleswig-Holstein in den Jahren von 1840–1864. Schleswig 1911. 153 S.
10. P o l l a k , Valentin: Die politische Lyrik und die Parteien des dt. Vormärz. Wien 1911. 53 S.
11. B r o e c k e r , Alexander: Die Wirkung der dt. Revolution auf die Dichtung der Zeit, mit Berücksichtigung der politischen Lyrik. Diss. Bonn 1912. 86 S.
12. K o s c h , Wilhelm: Die dt. Lyrik unter dem Einfluß der Tendenzen vor und nach 1848. In: ZDU. 27 (1913), S. 161–76.
13. T i è c h e , Henry Ernest: Die politische Lyrik der dt. Schweiz von 1830–1850. Diss. Bern 1917. 94 S.
14. P r u t z , Hans: Zur Geschichte der politischen Komödie in Deutschland. München 1919. 58 S. (SBBayr. Akad. d. Wiss. philos. hist. Kl. 3. Abh.). – R.: E. Rose, GRM. 11 (1923), S. 117–20.
15. H a f f n e r , Oskar: Vormärzliche politische Mundartendichtung aus Baden. Karlsruhe 1920. 20 S. (Vom Bodensee zum Main 4). [Einleitung zur Anthologie].
16. K o b l e r , Johann: Oberösterreichs politische Dichtung im 19. Jh. Diss. Wien 1921. 100 S. (Handschr.).

17. W a r t u s c h, Rudolf: Die politische dt. Lyrik der 30er und 40er Jahre des 19. Jhs. in ihrem Verhältnis zu den Tendenzen der Burschenschaft. Diss. Prag 1921. 115 S. (Handschr.).
18. S c h ö n i g, Rudolf: Die politische Dichtung Schwabens nach Uhland (1819–1949). Diss. Tübingen 1922. 93 Bl. (Masch.).
19. B e c k e r, Johanna: Der Einheitsgedanke bei den schwäbischen Dichtern der 40er Jahre. Diss. Münster 1923. 143 S. (Masch.).
20. H e c k e l, Hans: Politische Dichtung. In: RL. II. 1926/28, S. 711–18.
21. B i r k, Bernhard: Ein Jahrhundert schwäbischer politischer und patriotischer Dichtung. Diss. München 1927. 132 S. [19. Jh.].
22. S c h w e r i n g, Julius: Die politische Dichtung in Westfalen während des 19. Jhs. In: –: Literarische Streifzüge u. Lebensbilder. Münster 1930, S. 67–86, 325 f. u. in: Westfälische Studien. Leipzig 1928, S. 195–210.
23. S c h w e r i n g, Julius: Zur Geschichte der politischen Dichtung Deutschlands im 18. Jh. In: –: Literarische Streifzüge u. Lebensbilder. Münster 1930, S. 1–21, 317–23.
24. H a a c k e, Ulrich: Politische und soziale Fragen in der modernen Dichtung und ihre Bedeutung für die Schule. In: ZDB. 7 (1931), S. 506–17. [D., E.].
25. R o m m e l, Otto: Der österreichische Vormärz. 1816–1847. Leipzig 1931. 334 S. [Einführung S. 5–19]. (1. Aufl. u. d. T.: Die politische Lyrik des Vormärz und des Sturmjahres. Wien 1912. 188 S.).
26. W i e s e, Benno v.: Politische Dichtung Deutschlands. Berlin 1931. 129 S. [Ende d. 18. Jhs. bis z. 20. Jh.]. – R.: G. Fricke, DLZ. 53 (1932), Sp. 1166–72.
27. R o e r, Walther: Die soziale Bewegung vor der dt. Revolution 1848 im Spiegel der zeitgenössischen politischen Lyrik. Münster 1933. 314 S.
28. W i e s e, Benno v.: Politische Lyrik. 1756–1871. Berlin 1933. 150 S. (Literarhist. Bibliothek 6). [Nachwort S. 146–50].
29. S c h w a r z, Peter Paul: Dichtung und Politik. Versuch einer soziologischen Darstellung der Beziehungen zwischen Dichtung und Politik im Deutschland der Nachkriegszeit. Diss. Heidelberg 1934. 47 S.
30. W i e s e, Benno v.: Politische Dichtung in Deutschland. In: ZDB. 10 (1934), S. 65–74. [Überblick].
31. B r ü c k, Max v.: Zur politischen Dichtung der Deutschen. In: Hochland 32,2 (1935), S. 364–73.
32. G i l l e, Hans: Das Neue Deutschland im Gedicht. In: MHSch. 34 (1935), S. 161–75.
33. C l e v e, Lotte: Das politisch-historische Drama vom Naturalismus bis zum Ende des Weltkriegs. Diss. Rostock 1936. 69 S.
34. B a l d, Gustav: Die politisch-satirische Lyrik, ein publizistisches Kampfmittel. Diss. Erlangen 1937. 120 S. (Masch.).
35. B u l s t, Walther: Politische und Hofdichtung der Deutschen bis zum hohen MA. In: DtVjs. 15 (1937), S. 189–202.
36. G e n t, Herta: Die mhd. politische Lyrik. 17 Längsschnitte. Breslau 1938. 178 S. (Diss. Breslau, Dt. kundliche Arbeiten A, 13).
37. G i e s e, Rudolf: Politische Haltung und politische Motive im Drama der Klassiker (Goethe, Schiller, Kleist). Diss. Hamburg 1938. 110 S.
38. D e n e c k e, Rolf: Politische Lyrik als Spiegel dt. Schicksals. In: Bücherkunde 7 (1940), S. 189–95.
39. G o r m a n n, Gertrud Elisabeth: Dt.-österreichische Dichter zum politischen Geschehen von 1815–1871. Diss. Münster 1942. 196 Bl. (Masch.). [Bes. L.].
40. L a n g o s c h, Karl: Politische Dichtung um Kaiser Friedrich Barbarossa. Berlin 1943. 305 S. [Einführung S. 7–96].
41. V e l i n, Thomas: Politische Poesie zur Sonderbundzeit. In: Schweizer Rundschau 47 (1947/48), S. 344–52. [Schweiz, 1830–50, L.].

42. D e m l, Ferdinand: Von dt. Dichtung vor und um 1848. In: Aufbau 4, 1 (1948), S. 109 bis 113.
43. S c h m i d t, Anne: Die politische Spruchdichtung. Eine soziale Erscheinung des 13. Jhs. In: Wolfram-Jb. 1954, S. 43–109.
44. G r e i n e r, Martin: Politik und Dichtung 1830–1850. In: Die Sammlung 11 (1956), S. 289–95.
45. P o l i t i k in der Erzählung. In: Kosch, LL. III. ²1956, S. 2084. [B.].
46. M c N e e l y, James Alexander: Political themes in the literature of the German enlightenment. Diss. Univ. of California, Berkeley 1958. 264 S.
47. Z ö l l e r, Joseph Othmar: Geister, die stets verneinen. Politik im dt. Roman. In: Die politische Meinung 6 (1961), H. 66, S. 60–74.
48. B i n g e l, Horst (Hrsg.): Zeitgedichte. Deutsche politische Lyrik seit 1945. München 1963. 131 S. [Nachwort S. 121–23].
49. K l e i n, Karen Wilk: A study of the political lyric in France and Germany, 1180–1230. Diss. Columbia Univ. 1963. 265 S. DA. 25 (1964/65), S. 7244f. – The Hague 1971. 212 S. u. d. Haupttitel: The partisan-voice. (Studies in general and comparative lit. 7). – R.: U. Müller, Germanistik 13 (1972), Nr. 384; L. T. Topsfield, MAe. 43 (1974), S. 278 bis 281.
50. K i s c h k e, Karl Harald: Typologie der politischen Lyrik des Vormärz. Diss. Mainz 1964. 128 S.
51. S c h ö n e, Albrecht: Über politische Lyrik im 20. Jh. Mit einem Textanhang. Göttingen 1965. 82 S. ³1972. 95 S. – R.: K. G. Just, Germanistik 7 (1966), Nr. 2895.
52. J u s t, Klaus Günther: Zwischen Verlorenem Paradies und Utopie. Politische Dichtung in Deutschland. In: Übergänge. Probleme und Gestalten der Lit. Bern 1966, S. 42–57.
53. K e l s c h, Wolfgang: Der zornige Poet. Zum Problem der engagierten Dichtung auf der Oberstufe. In: DU. 18 (1966), H. 2, S. 104–19.
54. S i t t n e r, Gernot: Politik und Lit. 1870/71. Die Spiegelung des politischen Geschehens zur Zeit des dt.-französischen Krieges in der zeitgenössischen dt. Lit. Diss. München 1966. 133 S.
55. W e r n e r, Hans-Georg: Geschichte des politischen Gedichts in Deutschland von 1815 bis 1840. Habil. Schr. Halle-Wittenberg 1966. Berlin 1969. 461 S. Berlin ²1972. – R.: F. Mende, DLZ. 94 (1973), S. 217–20.
56. K a r s t, Theodor: Politisch-soziale Gedichte. Beispiele zu einem thematischen Längsschnitt vom MA. bis zur Gegenwart. In: DU. 19 (1967), S. 64–92.
57. M o h r, Wolfgang und Werner K o h l s c h m i d t: Politische Dichtung. In: RL. III. ²1967, S. 157–220.
58. Z i p e s, Jack David: Documentary drama in Germany. Mending the circuit. In: GR. 42 (1967), S. 49–62.
59. B e n d e r, Hans: Über politische Gedichte. In: Jahresring 68/69 (1968), S. 224–44.
60. K n o c h e, Walter: The political poetry of the third Reich. Themes and Metaphers. Diss. Ohio State Univ. 1968. 190 S. DA. 29 (1968/69), S. 3145 A.
61. M á d l, Antal: Der Weg zur politischen Dichtung in Österreich. In: Arbeiten zur dt. Philologie 3 (1968), S. 117–30. [Überblick].
62. M ü s e l, A.: Das politische Massenlied in der DDR. In: Dt. Studien 6 (1968), H. 23, S. 264–78.
63. R e a d, Ralph Russell: The politization of modern German historical drama. Diss. Univ. of California, Berkeley 1968. 286 S. DAI. 30 (1969/70), S. 1178 A.
64. M á d l, Antal: Politische Dichtung in Österreich (1830–1848). Budapest 1969. 357 S. – R.: J.-L. Baudet, EG. 25 (1970), S. 116; M. Kuhne, DLZ. 91 (1970), S. 326–29.
65. P l o s s, Emil: Der Beginn der politischen Dichtung in dt. Sprache. In: ZfdPh. 88 (1969), S. 1–18.
66. P o l i t i s c h e D i c h t u n g. In: Wilpert, SdL. 1969, S. 579–81.

67. G r a b , Walther und Uwe F r i e s e l: Noch ist Deutschland nicht verloren. Eine historisch-politische Analyse unterdrückter Lyrik von der Französischen Revolution bis zur Reichsgründung. München 1970. 342 S.
68. W e l z i g, Werner: Der politische Roman. In: –: Der dt. Roman im 20. Jh. Stuttgart ²1970, S. 120–50.
69. B o r m a n n, Alexander v.: Politische Lyrik in den sechziger Jahren. Vom Protest zur Agitation. In: Die dt. Lit. der Gegenwart. Stuttgart 1971, S. 170–91.
70. G i r s c h n e r - W o l d t, Ingrid: Theorie der modernen politischen Lyrik. Berlin 1971. 151 S. (Diss. FU. Berlin).
71. H i n d e r e r, Walter: Von den Grenzen moderner politischer Lyrik. In: Akzente 18 (1971), S. 505–19 und in: Theorie der politischen Dichtung. München 1973, S. 167–80.
72. J ä g e r, Hans-Wolf: Politische Metaphorik im Jakobinismus und im Vormärz. Stuttgart 1971. 173 S. [1789–1848].
73. P l o s s, Emil: Akzente politischer Dichtung. Von W. von d. Vogelweide bis U. von Hutten. In: Dichtung, Sprache, Gesellschaft. Frankfurt a. M. 1971, S. 163–68.
74. S t e i n, Peter: Politisches Bewußtsein und künstlerischer Gestaltungswille in der politischen Lyrik 1780–1848. Hamburg 1971. 262 S. (Geistes- u. sozialwiss. Dissertationen 12).
75. F i n g e r h u t, Karl-Heinz und Norbert H o p s t e r: Politische Lyrik. Arbeitsbuch. Mit Einführung in Verfahren zur Erarbeitung politischer Gedichte. Frankfurt a. M. 1972. 184 S. [19. u. 20. Jh. mit Anthologie].
76. H i n d e r e r, Walter: Sprache und Methode. Bemerkungen zur politischen Lyrik der 60er Jahre. In: Revolte und Experiment. Die Lit. der 60er Jahre in Ost u. West. Heidelberg 1972, S. 98–143. (Poesie u. Wissenschaft 35).
77. S c h i l l e r, Dieter: Plädoyer für das politische Gedicht. In: WB. 18 (1972), H. 5, S. 104–28. [Sozialist. Dichtung].
78. S k o r n a, Hans Jürgen: Zur didaktischen Erschließung politischer Dichtung. Bochum 1972. 187 S. (Kamps pädagog. Taschenbücher 61).
79. D e n k l e r, Horst: Restauration und Revolution. Politische Tendenzen im dt. Drama zwischen Wiener Kongreß und Märzrevolution. München 1973. 384 S. – R.: K.-H. Fingerhut, Germanistik 15 (1974), Nr. 3809; W. Dietze, DLZ. 95 (1974), Sp. 340–42.
80. F e t z, Gerald Alan: The political chanson in German lit. from Wedekind to Brecht. Diss. Univ. of Oregon 1973. 303 S. DAI. 34 (1973/74), Nr. 7749 A.
81. H i n d e r e r, Walter: Probleme der politischen Lyrik heute. In: Poesie und Politik. Stuttgart 1973, S. 91–136. (Sprache u. Lit. 73).
82. R a d d a t z, Fritz J.: Proletarische Lyrik in der Weimarer Republik. In: Frankfurter Hefte 28 (1973), S. 897–906.
83. T h e o r i e der politischen Dichtung. 19 Aufsätze. Hrsg. Peter Stein. München 1973. 275 S.
84. K l e i n s c h m i d t, Erich: Die mhd. und lateinische politische Dichtung bis 1300. In: –: Herrscherdarstellung, untersucht an Texten über Rudolf I. von Habsburg. Bern 1974, S. 139–60.
85. M ü l l e r, Ulrich: Untersuchungen zur politischen Lyrik des dt. MA. Göppingen 1974. 607, 12 S. Habil. Schr. Stuttgart 1971, GAG. 55/56.
86. W i l k e, Jürgen: „Das Zeitgedicht". Seine Herkunft und frühe Ausbildung. Meisenheim 1974. 384 S. (Dt. Studien 21).
87. R e i s n e r, Hanns-Peter: Literatur unter der Zensur. Die politische Lyrik des Vormärz. Stuttgart 1975. 121 S. (Literaturwiss. – Gesellschaftswiss. 14).

1033. POMMERN *s. a. RÜGEN*

1. A l t e n b u r g, Otto: Pommersche Volkstypen in der Dichtung. In: Jahresbericht d. Stettiner Stadtgymnasiums 1911/12, Stettin 1912, S. 138–49.

2. S t e n d a l, Gertrud: Die pommerschen Heimathymnen. In: —: Die Heimathymnen der preußischen Provinzen und ihrer Landschaften. Heidelberg 1919, S. 108—16.

3. W a l t e r, Otto: Der pommersche Heimatroman. In: Heimatleiw un Muddersprak, Beil. d. Greifswalder Ztg. 1 (1922), Nr. 11.

4. T h i l o, Martin: Historische Erzählungen aus Pommerns Vergangenheit. Stettin 1924. 28 S. [E.: 31 T.].

5. E b e l, Hans: Pommersche Dichtung von den Anfängen bis zum Beginn des 18. Jhs. In: Monatsbll. d. Ges. f. Pomm. Geschichte 42 (1928), S. 66—78, 142—49, 164—172, 174—79, 189—94; 43 (1929), S. 2—4, 18—23, 50—55, 66—73.

6. P o m m e r n. In: Luther, DtL. 1937, Sp. 510—15. [B.].

7. P o m m e r n in der Erzählung. In: Kosch, LL. III. ^{2}1956, S. 2087f. [B.].

1034. POMPEJI

1. M ü l l e r, Werner Achilles: Pompeji. In: —: Die archäologische Dichtung. Königsberg 1928, S. 7—21.

2. L e p p m a n n, Wolfgang: Pompeji. Eine Stadt in Lit. und Leben. München 1966. 256 S. [A. a. L.]. — R.: P. Gontrum, Comp. Lit. 19 (1967), S. 369—73; U. Rüdiger, arcadia 2 (1967), S. 227f.

PORTRÄT s. *SELBSTPORTRÄT, LITERARISCHES*

1035. POSEN

1. M i n d e - P o u e t, Georg: Die Provinz Posen in der modernen dt. Dichtung. In: Protokolle d. Hauptversammlung d. Dt. Gesch. u. Altertumsvereins in Posen 1910. Berlin 1911, S. 194—209.

2. S t e n d a l, Gertrud: Die posenschen Heimathymnen. In: Die Heimathymnen der preussischen Provinzen und ihrer Landschaften. Heidelberg 1919, S. 161—66.

3. P o s e n in der Erzählung. In: Kosch, LL. III. ^{2}1956, S. 2093. [B.].

1036. POST

1. M e t z l e r, Josef Maria: Die Post in Geschichte, Humor und Poesie. Innsbruck 1923. 38 S. [19. Jh.: L.].

2. M ü l l e r, Eugen: Die Post in der Poesie bis zum Ende des 17. Jhs. In: Heimatbll. der Roten Erde 4 (1925), S. 124—29. [L.: 15.—17. Jh.].

3. R e i n d l, Josef: Kunst und Poesie im Verkehr. München 1925. 105 S. [Post, Eisenbahn, Schiffahrt].

4. M ü l l e r, Eugen: Die Post in der Poesie im 18., 19. und 20. Jh. In: Heimatbll. der Roten Erde 5 (1926), S. 164—71. [L.].

1037. POTIPHAR s. a. *JOSEPH IN ÄGYPTEN*

1. S c h n i t z e r, Manuel: Der Fall Potiphar. Hamburg 1921. 128 S. [D., E., L.: 17.—19. Jh.].

1038. POTSDAM

1. P o t s d a m in der Erzählung. In: Kosch, LL. III. ^{2}1956, S. 2097. [B.].

1039. PRAG

1. H a a s, Gustav: Prag in der dt. Dichtung der Gegenwart. In: Der Auslanddeutsche 6 (1923), Nr. 24, S. 689–91.
2. K i r s c h, Paul und Arthur W e r n e r: Der Prager dt. Student im Gedicht. Prag 1929. 88 S. [Einleitung].
3. P r a g in der dt. Dichtung. Praha 1932. 125 S. (Dt. Lektüre 19). [Einleitung S. 3–6 zur Anthologie].
4. P r a g. In: Luther, DtL. 1937, Sp. 520–23. [B.].
5. P r a g im Drama und in der Erzählung. In: Kosch, LL. III. ²1956, S. 2099–2101. [B.].

PRAHLHANS s. *BRAMARBAS, EULENSPIEGEL, MÜNCHHAUSEN*

PREIS s. *LOB*

PRESSE s. *JOURNALIST*

1040. PREUSSEN

1. K i e f e r, Wilhelm: Preußen im Drama der Gegenwart. Vier Kronprinzen-Dramen. In: BuW. 17 (1915), S. 166–77.
2. K l a t t, Ernst: Von Scott über Fontane zu Molo. Ein Beitrag zur Stil- und Stoffgeschichte des dt. Romans. In: LE. 23 (1920/21), Sp. 515–19. [Zusammenbruch 1806].
3. K l e u k e r, Robert: Das Preußentum in der Dichtung. In: ZDK. 48 (1934), S. 383–94. [D., E., L.].
4. P r e m, Erich: Die neue Preußenlegende in der Dichtung des 20. Jhs. Diss. Wien 1938. 145 Bl. (Masch.).

PRIESTER s. *GEISTLICHER*

PRINZ EUGEN s. *EUGEN, PRINZ VON SAVOYEN*

1041. PRINZENRAUB, SÄCHSISCHER (1455)

1. K o l b e, Max: Der sächsische Prinzenraub in der dt. Lit. Diss. Wien 1913. 190 Bl. (Handschr.).
2. M e r b a c h, Paul Alfred: Der Prinzenraub. Ein stoffgeschichtlicher Beitrag z. sächs. Geschichte. In: Neues Archiv f. sächs. Gesch. u. Altertumskunde 50 (1929), S. 77–98. [D.: 16.–19. Jh.].
3. K a u f f u n g e n, Kunz von: In: Kosch, LL. II. ²1953, S. 1232.
4. B e c k, Carl: Der sächsische Prinzenraub im Volkslied und Epos. In: Freiberger Forschungshefte Reihe D, H. 22, 1957, S. 211–23.

PROLETARIAT s. *ARBEITER UND ARBEITERKLASSE*

1042. PROMETHEUS

1. D r i e s m a n s, Heinrich: Die Prometheus-Dichtung. In: LE. 11 (1908/09), Sp. 1197 bis 1206.
2. F r ä n k e l, Jonas: Wandlungen des Prometheus. Bern 1910. 36 S. (Berner Univ. Schriften 2). [A. a. L.].

3. Gleichen-Russwurm, Alexander v.: Die Prometheussage in der Weltliteratur. In: —: Prometheus des Aeschylos in dt. Nachdichtung aus dem Griechischen. Jena 1912, S. 64–112.
4. Ludwig, G. G.: Drei Gestaltungen des Prometheus. In: Die Neue Zeit (Stuttgart) 31,1 (1913), S. 111–16, 255–60, 419–22, 660–63.
5. Heinemann, Karl: Prometheus. In: —: Die tragischen Gestalten der Griechen in der Weltlit. I. Leipzig 1920, S. 19–39. (Das Erbe der Alten NF. 3).
6. Marcus, Erich: Prometheus in der Dichtungsgeschichte. In: Blätter d. dt. Theaters 11 (1924), S. 93–95. [Überblick].
7. Egner, Heinz: Gestaltwandel des Prometheus in der dt. Lit. des 19. Jhs. Diss. Wien 1940. 70 Bl. (Masch.).
8. Träger, Claus: Prometheus – unmittelbare und mittelbare Produktion der Geschichte. In: Literaturgeschichte als geschichtlicher Auftrag. W. Krauss z. 60. Geb. Tag. Berlin 1961, S. 187–225, 275–93.
9. Trousson, Raymond: Le thème de Prométhée dans la littérature européenne. T. 1. 2. Genève 1964. 561 S. [A. a. L., mit umfassender Bibliographie S. 489–541]. – R.: R. Ball, Comp. Lit. 21 (1969), S. 76–87; W. Krauss, DLZ. 86 (1965), Sp. 496–98; P. Moreau, RevLittcomp. 41 (1967), S. 291–96; P. Pollard, MLR. 83 (1968), S. 661f.
10. Prometheus. In: Frenzel, StdW. 1970, S. 611–16. [D., L., bes. 19. u. 20. Jh., a. a. L.].

1043. PROPHETEN

1. Rudwin, Josef M.: Die Prophetensprüche und -zitate in religiösen Dramen des dt. Mittelalters. In: Saat auf Hoffnung 50 (1913), S. 123–47.

PROSERPINA s. *PERSEPHONE*

1044. PROTEST

1. Arnold, Heinz Ludwig: Ausdrucksformen des Protestes in der zeitgenössischen Prosalit. In: —: Brauchen wir noch die Lit.? Düsseldorf 1972, S. 124–33. (Lit. in der Gesellschaft 13).

1045. PROTESTANT UND PROTESTANTISMUS

1. Weitbrecht, Richard: Der Protestantismus in der dt. Dichtung des 19. Jhs. In: Der Protestantismus am Ende des 19. Jhs. II. Berlin 1902, S. 785–808.
2. Staude, Herbert: Der evangelische Mensch in der Schau zeitgenössischer Dichter. In: Neues sächs. Kirchenbl. 41 (1934), Sp. 257–63, 273–80, 304–16. [E.].

1046. PROVINZ

1. Mecklenburg, Norbert: Provinz im dt. Gegenwartsroman. In: Akzente 22 (1975), H. 2, S. 121–28.

PROZESS s. *GERICHTSVERHANDLUNG*

1047. PSALM

1. Psalmendichtung. In: Goedeke 2. Bd. ²1886, S. 172–75. [B. 16. Jh.].

1048. PSYCHE s. a. *AMOR UND PSYCHE*

1. W e i d l i n g, Friedrich: Drei deutsche Psyche-Dichtungen. Jauer 1903. 23 S.

1049. PÜCKLER-MUSKAU, HERMANN VON

1. D i c h t u n g um Pückler. In: Goedeke 14. Bd. ²1959, S. 727–29. [B.: 39 T.].

1050. PUPPE

1. B a r t h, Emil: Die Puppe und ihre Dichter. In: Lit. 28 (1925/26), S. 69–72.

1051. PUTBUS

1. A l b r e c h t, Karl: Putbus in der Dichtung. In: Rügensche Heimat, Beil. d. Rüg. Ztg. 6 (1929), Nr. 9.

1052. PYGMALION

1. B u s k e, Walter: Pygmaliondichtungen des 18. Jhs. In: GRM. 7 (1915/19), S. 345–54. [A. a. L.].
2. S c h l ü t e r, Hermann: Das Pygmalion-Symbol bei Rousseau, Hamann, Schiller. 3 Studien zur Geistesgeschichte der Goethezeit. Zürich 1968. 123 S. (Diss. Zürich). [E., L.: 18./19. Jh.].
3. S c k o m m o d a u, Hans: Pygmalion bei Franzosen und Deutschen im 18. Jh. Wiesbaden 1970. 34 S. (Sitz. Ber. d. wiss. Ges. an. d. J. W. Goethe-Univ. Frankfurt 8 (1969), Nr. 3).
4. P y g m a l i o n. In: Frenzel, StdW. 1970, S. 616–19. [D., L., a. a. L.].
5. D ö r r i e, Heinrich: Pygmalion. Ein Impuls Ovids und seine Wirkungen bis in die Gegenwart. Opladen 1974. 102 S. [A. a. L.]. – W. Dimter, Germanistik 16 (1975), Nr. 2644.

1053. PYRAMUS UND THISBE

1. H a r t, Georg: Ursprung und Verbreitung der Pyramus- und Thisbe-Sage. Progr. Passau 1889. 56 S. (Diss. München). [A. a. L.].
2. S c h a e r, Alfred: Die dramatische Bearbeitung der Pyramus-Thisbe-Sage in Deutschland im 16. und 17. Jh. Schkeuditz 1909. 128 S.
3. P y r a m u s und Thisbe. In: Frenzel, StdW. 1970, S. 619–21. [Nur wenige dt. T.].
4. S c h m i t t v o n M ü h l e n f e l s, Franz: Pyramus und Thisbe. Rezeption eines Ovidischen Stoffes in Lit., Kunst und Musik. Heidelberg 1972. 164 S. (Diss. Heidelberg 1971. Studien zum Fortwirken der Antike 6). [Z. T. auch in dt. Lit.].

R

1054. RABE

1. M e s s e l k e n, Hans: Die Signifikanz von Rabe und Taube in der ma. dt. Lit. Ein stoffgeschichtlicher Beitrag zum Verweisungscharakter der Dichtung. Diss. Köln 1965. 243 S.

1055. RACHE s. a. *BLUTRACHE*

1. B e e s e, Heinz: Die Rache als Motiv und Problem im Drama des Sturms und Drangs. Diss. Hamburg 1960. 412 S. (Masch. vervielf.).

2. S c h r ö d e r , Franz Rolf: Dichterrache. In: Dichtung und Deutung. Gedächtnisschrift f. H. M. Wolff. Bern 1961, S. 117−30. [Literarische Rache, a. a. L.].
3. K l e i n h a r d t , Werner: Medea. Originalität und Variation in der Darstellung einer Rache. Diss. Hamburg 1962. 137 S. [A. a. L.].

RACHELKLAGE s. *HERODES*

1056. RADEGUNDE, HEILIGE
1. V o r e t z s c h , Karl: [Radegunde-Dichtungen]. In: −: Das Ende des Königreichs Thüringen im Jahre 531 in Geschichte, Sage u. Dichtung. Naumburg-Saale 1943, S. 79−90.

1057. RÄUBER s. a. *BAYRISCHER HIESEL, RITTER, SCHINDERHANNES*
1. A p p e l l , Johann Wilhelm: Die Ritter-, Räuber- und Schauerromantik. Zur Geschichte der dt. Unterhaltungslit. Leipzig 1859. 92 S.
2. R i t t e r - u n d R ä u b e r r o m a n e . In: Goedeke Bd. 5, 2 ²1893, S. 500−39. [B.].
3. F r i c k , Reinhold: Karl Moors Vorbilder und Nachläufer. In: Korrespondenz-Bl. f. d. Höh. Schulen Württembergs 14 (1907), S. 270−82, 308−19, 351−60.
4. V u l p i u s , Wolfgang: Rinaldo Rinaldini als ein Lieblingsbuch seiner Zeit literarhistorisch untersucht. Diss. München 1922. 92 S. (Masch.).
5. H e i n e , Heinrich: Ritter-, Räuber- und Geisterromane und ihr Verleger Fürst in Nordhausen. In: Der Roland von Nordhausen 7 (1929), S. 25−38.
6. M u r p h y , Agnes Genevieve: Banditry, chivalry, and terror in German fiction, 1790 to 1830. Diss. Univ. of Chicago 1935. 76 S.
7. B a u e r , Konrad Friedrich: Der röchelnde Gänsekiel oder: Ein Schock Titel zum Gruseln. In: ZBFr. 3. Folge 40 (1936), S. 80−83. [B.: 60 T.: E.].
8. W e b e r , Winfried-Johannes: Die dt. Räuberromane und ihr Einwirken auf Karl May. Diss. Berlin 1941. 223 Bl. (Masch.).
9. G e n i n , L. E.: Die volkstümliche dt. Räuberdichtung im 18. Jh. als Protest gegen den Feudalismus. In: WB. 6 (1960), S. 727−46 [Meist Volksdichtung].
10. R a u e r s , Friedrich: Gefahren der Straße, Straßenraub, Räuberkrüge und Mordwirtshäuser. In: −: Kulturgeschichte der Gaststätte. Teil 2. Berlin 1942, S. 806−44. [Auch in der Dichtung].

1058. RAFFAEL
1. H o p p e , Wilhelm: Das Bild Raffaels in der dt. Lit. von der Zeit der Klassik bis zum Ausgang des 19. Jhs. Eine stoffgeschichtliche Untersuchung. Diss. Frankfurt a. M. 1935. 180 S. Repr. Hildesheim 1974. (Frankf. Quellen u. Forschungen z. germ. u. rom. Philologie 8). [D., E., L.: 21 T.]. − R.: K. Hoppe, Litbl. 58 (1937), Sp. 239f.; H. Rosenfeld, AfdA. 55 (1936), S. 89f.
2. R a f f a e l. In: Frenzel, StdW. 1970, S. 621−23. [E., L.: 18.−20. Jh., a. a. L.].

1059. RAGNAR, DÄNENKÖNIG
1. P u s c h n i g , Otto: Die Ragnar Lodbrokssage in der dt. Lit. In: Jahresber. Staats-Oberrealschule Laibach 1909/10, S. 1−44. [16.−19. Jh., L.].

1060. RAIMUND, FERDINAND
1. B r u k n e r , Fritz: Ferdinand Raimund in der Dichtung seiner Zeitgenossen. Gedichte an Raimund nebst einer Reihe von ungedr. Briefen. Wien 1905. 99 S. [Anthologie mit bibliogr. Anmerkungen].

2. Ferdinand Jakob R a i m u n d. Literarische Darstellung der Person. In: Goedeke Bd. 11, 2. ²1953, S. 329. [B.].

1061. RASSENGEDANKE

1. F r e n z e l, Elisabeth: Der Rassegedanke im Drama seit Franz Grillparzer. In: Dt. Dramaturgie 1 (1942), S. 14–18.

RATGEBER, FALSCHER s. *VERRÄTER*

1062. RATTENFÄNGER

1. S p a n u t h, Heinrich: Der Rattenfänger von Hameln. Hameln ²1969. 144 S.

1063. RAUCHER s. a. *TABAK UND TABAKSPFEIFE*

1. W o l f, Ch.: Elsässische Raucherlyrik. In: Elsaßland 15 (1935), S. 215 f.

1064. RAUM s. a. *WOHNRAUM*

1. J u n k e r, Christof: Das Weltraumbild in der dt. Lyrik von Opitz bis Klopstock. Berlin 1932. 126 S. (Diss. München 1931). (GSt. 111). Repr. Nendeln 1967. – R.: H. Pyritz, AfdA. 52 (1933), S. 105–07.
2. K i r c h e n b a u e r, Lina: Raumvorstellungen in frühmhd. Epik. Diss. Heidelberg 1933. 88 S.
3. S c h ä f e r, Horst: Das Raumproblem im Drama des Sturm und Drang. Emsdetten 1938. 109 S. (Die Schaubühne 23).
4. K o b e l, Erwin: Untersuchungen zum gelebten Raum in der mhd. Dichtung. Zürich 1951. 157 S. (Diss. Zürich. Zürcher Beitr. z. dt. Sprach- u. Stilgesch. 4).
5. M e y e r, Herman: Raumgestaltung und Raumsymbolik in der Erzählungkunst. In: Studium Generale 10 (1957), H. 10, S. 620–30 und in: –: Zarte Empirie. Studien zur Lit. geschichte. Stuttgart 1963, S. 33–56. [19. Jh.].
6. W e h r l i, Max: Dichter und Weltraum. In: Schweiz. Mhe. 41 (1961/62), S. 881–92. [L.: 17.–19. Jh.].
7. L o e v e n i c h, Heinz: Zur Bedeutung des Raumes in Erzählungen. In: DU. 15 (1963), H. 3, S. 98–112.
8. T h i e r s c h, Hans: Die kosmischen Visionen Jean Pauls u. die kosmischen Vorstellungen in der dt. Dichtung d. 18. Jh. Diss. Göttingen 1963. 204 Bl. (Masch.). [Himmel, Hölle, Weltall].
9. U s i n g e r, Fritz: Tellurische und planetarische Dichtung. Wiesbaden 1964. 13 S. (Akad. d. Wiss. u. d. Lit. Mainz, Abhh. d. Kl. d. Lit. 1963, 4). [E., L.: 19. u. 20. Jh.].
10. H i n t z e, Joachim: Das Raumproblem im modernen dt. Drama und Theater. Marburg 1969. 252 S. (Diss. Marburg. Marburger Beitr. z. Germanistik 24).
11. D e C o r t, J.: Das Raumgefüge als Gestaltungselement in der epischen Dichtung. In: ASNS. 122 (1970/71), S. 321–40.
12. H i l l e b r a n d, Bruno: Erlebter und geplanter Raum in der Lit. des 18. und 19. Jhs. In: –: Mensch und Raum im Roman. Studien zu Keller, Stifter, Fontane. München 1971, S. 37–106. (Diss. München). [S. 329 f.: –: Lit. zum Raum in der Dichtung].
13. A s s e r t, Bodo: Der Raum in der Erzählkunst. Wandlungen der Raumdarstellungen in der Dichtung des 20. Jhs. Diss. Tübingen 1973. 300 S.
14. F r e y, Bettina: Der epische Raum. Eine Untersuchung zum Roman der Frühromantik. Diss. Wien 1973. 163 Bl. (Masch.).

15. S c h l a f f e r, Heinz: Lyrik im Realismus. Studien über Raum und Zeit in den Gedichten Mörikes, der Droste und Liliencrons. Bonn ²1973. 129 S. (Abhh. z. Kunst-, Musik- u. Lit. wissenschaft 38). 1. Aufl. 1966.
16. L a n d s c h a f t und Raum in der Erzählkunst. Darmstadt 1975. 486 S. (Wege der Forschung 418). [15 Beiträge].

1065. REALISMUS

1. B r i n k m a n n, Richard: Wirklichkeit und Illusion. Studien über Gehalt und Grenzen des Begriffes Realismus für die erzählende Dichtung des 19. Jhs. Tübingen 1957. 347 S.
2. H e a l d, David: Realism in medieval German lit. In: GLL. 21 (1967/68), S. 335–45.
3. M a r t i n i, Fritz: Realismus. In: RL. Bd. 3 ²1968, S. 343–65.
4. B e g r i f f s b e s t i m m u n g des literarischen Realismus. Darmstadt 1969. 496 S. (Wege d. Forschung 212). ²1974. [17 Beitr. zum Thema].
5. B r i n k m a n n, Richard: Zum Begriff des Realismus für die erzählende Dichtung des 19. Jhs. In: Begriffsbestimmung des literarischen Realismus. Darmstadt 1969, S. 222–35. ²1974.
6. S o z i a l i s t i s c h e r R e a l i s m u s. In: Wilpert, SdL. 1969, S. 720f.

REBE s. *WEIN*

1066. RECHT s. a. *GERICHTSVERHANDLUNG*

1. S c h r o e d e r, Richard: Beiträge zur Kunde des dt. Rechts aus dt. Dichtern. In: ZfdA. 13 (1867), S. 139–61.
2. J e l l i n e k, Georg: Die Idee des Rechts im Drama in ihrer historischen Entwicklung. In: –: Ausgew. Schriften und Reden. Berlin 1911, S. 208–33. [A. a. L.].
3. M a n n h e i m, Hermann: Rechtsgefühl und Dichtung. In: Zs. f. Rechtsphilosophie in Lehre und Praxis 3 (1921), S. 251–89. [D., E.].
4. M ü l l e r, Georg: Recht und Staat in unserer Dichtung. Flüchtige Bilder für nachdenkliche Leute. Hannover 1924. 178 S. [D., E., L.: 13.–20. Jh.]. – R.: H. Fehr, DLZ., 46 (1925), Sp. 2249–52.
5. H e r r n r i t t: Der Rechtsgedanke im modernen Drama. In: Juristenztg. 32 (1927), Sp. 1450–55.
6. F e h r, Hans: Das Recht in der Dichtung. Bern 1931. 580 S. – R.: W. Schulte, BüWe 29 (1932), S. 55f.; H. Teske, HistZs. 146 (1932), S. 131f.
7. M ü l l e r, Georg: Justiz im Roman und auf der Bühne. In: Deutschlands Erneuerung 16 (1932), S. 238–40.
8. F e h r, Hans: Rechtsprobleme in der dt. Dichtung der Gegenwart. In: Zs. f. Schweizerisches Recht NF. 52 (1933), S. 49–77.
9. F e h r, Hans: Die Dichtung im Recht. Bern 1936. 327 S.
10. S c h w a r z, Otfried: Das Recht in den sozialen Dramen, erläutert am Arbeitsvertrag. Jur. Diss. Erlangen 1936. 62 S. [B.: 17 T., 19. Jh.].
11. S u b a k, Ilse: Gericht und Recht im modernen dt. Drama. Diss. Wien 1936. 202 Bl. (Masch.).
12. Das R e c h t in der Kunst. Berlin 1938. 208 S. [Aufsatzsammlung betr. O. Ludwig, H. v. Kleist, J. Paul, W. Busch].
13. V o s, A. T.: Van den Vos Reinaerde tot de Gelaarsde Kat. Een en ander over Recht en Rechtspraak in de litteratuur. Assen 1940. 64 S. [13.–20. Jh., a. a. L.].
14. M a h r e r, Joachim: Dichtung und Recht. Eine Untersuchung ihrer Beziehungen. Jur. Diss. Basel 1941. 95 Bl. (Masch.). [Auch Recht als dichterisches Motiv].

15. B o r g e r, Ludwig H.: Das Recht in der Literatur der dt. Romantik. Jur. Diss. Erlangen 1943. 144 Bl. (Masch.). [Auch in der Dichtung].
16. W o l f, Erik: Vom Wesen des Rechts in dt. Dichtung. Hölderlin, Stifter, Hebel, Droste. Frankfurt a. M. 1946. 358 S. − R.: H. Giese, Philos. Lit.-Ztg. 1, 2 (1950), S. 81−84.
17. F e h r, Hans: Die Dichtung des MA. als Quelle des Rechts. In: Festschrift Karl Haff z. 70. Geburtstag. Innsbruck 1950, S. 62−66.
18. G e r s t e n b e r g, Ekkehard: Recht und Staat in Goethes „Götz von Berlichingen". Mit einer Bibliographie über Recht und Unrecht in der Dichtung. Diss. Würzburg 1952. 146 Bl. (Masch.). [B.: S. I−VIII: 162 T.].
19. F e h r, Hans: Kunst und Recht. In: Forschungen und Fortschritte 27 (1953), S. 148 bis 150. (S. 149: Das Recht in der Dichtung). [Überblick].
20. W o h l h a u p t e r, Eugen: Dichterjuristen 1−3. Tübingen 1953−1957.
21. G e r s t e n b e r g, Ekkehard: Das Recht in der Dichtung. Einführung in die Lit. und B. In: Archiv f. Rechts- und Sozialphilosophie 41 (1954/55), S. 98−109.
22. S t u t z, Elfriede: Frauenrecht und Frauenliebe in hochmittelalterlicher Dichtung. In: Mädchenbildung und Frauenschaffen 5 (1955), S. 293−300.
23. F r i e d l ä n d e r, Max: Rechtsanwälte und Anwaltsprobleme in der schönen Lit. In: Anwaltsblatt 6 (1956), S. 151−218. [A. a. L.].
24. W o h l h a u p t e r, Eugen: Recht in der Dichtung. In: Die Rechtsfibel. Bamberg 1956, S. 24−27.
25. M i t t e i s, Heinrich: Recht und Dichtung. In: Die Rechtsidee in der Geschichte. Weimar 1957, S. 681−97. [z. T. stoffgeschichtlich].
26. S c h a a l, Gerhard: Grundströmungen rechtlichen Denkens im Spiegel zeitgenössischer dt. Dichtung. Diss. Tübingen 1957. 105 Bl. (Masch.).
27. W o h l h a u p t e r, Eugen: Juristen als Künstler. In: −: Dichterjuristen III. Tübingen 1957, S. 403−59. [16.−20. Jh.].
28. R a d b r u c h, Gustav: Recht und Dichtung. In: −: Vorschule der Rechtsphilosophie. Göttingen ²1959, S. 93−97.
29. K a n z o g, Klaus: Literatur und Recht. In: RL. II. ²1960, S. 164−95. [Auch in der Dichtung].
30. H e r z f e l d, Ignaz: Justiz im Rampenlicht. Basel 1961. 139 S. [A. a. L.].
31. M i t t l e r, Elmar: Juristen und Richter in Werken des MA. In: −: Das Recht in Heinrich Wittenwilers „Ring". Freiburg i. Br. 1967, S. 164−74. (Diss. Freiburg i. Br. 1966).
32. R e i f f e n s t e i n, Ingo: Rechtsfragen in der dt. Dichtung des MA. Salzburg 1966. 23 S. (Salzburger Univ. Reden 12).

1067. RECHTSANWALT

1. H a e n s e l, Carl: Die Rechtswahrer in der Dichtung. In: Das Recht in der Kunst. Berlin 1938, S. 66−77.
2. R e c h t s a n w a l t. In: Schmitt, BuA. 1952, Sp. 430−33. [B.].
3. R e c h t s a n w a l t in der Erzählung. In: Kosch, LL. III. ²1956, S. 2173. [B.].

1068. REDAKTEUR s. a. JOURNALIST

1. T e ß m e r, Hans: Der Redakteur in der modernen Lit. In: LE. 23 (1920/21), Sp. 70−77.

1069. REFORMATION

1. H o l s t e i n, Hugo: Die Reformation im Spiegelbilde der dramatischen Lit. des 16. Jhs. Halle 1886. 287 S. (Schriften d. Ver. f. Reformationsgesch. 4. 14/15). Repr. Nieuwkoop 1967.

2. M e y e r, D.: Die Reformation der dt. Schweiz im Gewande der dramatischen Dichtung. In: Theol. Zs. aus der Schweiz 9 (1892), S. 121–28, 163–76.
3. Z i e l e r, Gustav: Reformations-Dramen. In: LE. 7 (1904/05), Sp. 1335–37.
4. H e i n e, Gerhard: Reformationsdichtungen. In: Christl. Welt 32 (1918), Sp. 423f.
5. J a k o b e r, Robert: Reformation und Gegenreformation im historischen Roman. In: Die Wartburg 31 (1932), S. 9–21.
6. W i l d h a b e r, Arno: Das Bild der Reformation in der jungdeutschen Epoche. Diss. Bern 1936. 227 S. [E., L.].
7. R e f o r m a t i o n. In: Luther, DtG. 1943, Sp. 94–110. [B.].
8. K i n d, Helmut: Das Zeitalter der Reformation im historischen Roman der Jungdeutschen. Göttingen 1969. 160 S. – R.: H. Koopmann, Germanistik 13 (1972), Nr. 1913; S. Schlaifer, EG. 26 (1971), S. 400f.; P. Skrine, MLR. 67 (1972), S. 946f.

1070. REFORMER, SOZIALER

1. K o l n h o f e r, Anna: Die Gestalt des sozialen Reformers in der Dichtung des dt. Naturalismus u. Expressionismus. Diss. Wien 1937. 161 Bl. (Masch.).

1071. REICHENAU *(Insel und Kloster)*

1. P r e i s e n d a n z, Karl: Die Reichenau in der neueren Lit. In: Die Kultur der Abtei Reichenau II. Halbbd. München 1925, S. 1077–88. [E., L.].
2. P r e i s e n d a n z, Karl: Gedichte um Reichenau und Mainau. Konstanz 1929. 101 S. [Einl. S. 3–6]. – R.: E. Fehrle, DLZ. 51 (1930), Sp. 1226–28.
3. P r e i s e n d a n z, Karl: Die Reichenau in der neueren Dichtung. In: Die Pyramide 14 (1925), Nr. 28, S. 147f. [E., L.].

1072. REICHSGEDANKE

1. Z e y d e l, Edwin Hermann: The Holy German empire in German literature, New York 1918. 144 S. (Diss. Columbia Univ. 1918). Repr. New York 1966.
2. G e i s l e r, Walter: Fürsten und Reich in der politischen Spruchdichtung des dt. MA. nach Walther von der Vogelweide. Greifswald 1921. 77 S.
3. T e s k e, Hans: Die andere Seite. Der Reichsgedanke des MA. in welfischer Dichtung. In: DV. 17, 2 (1935), S. 813–17.
4. T s c h e r n e, Friedrich: Deutsches Reich und Österreichischer Staat in der Wiener Dichtung des ausgehenden 18. und beginnenden 19. Jhs. Diss. Wien 1935. 156 Bl. (Masch.).
5. E d e r, Heinrich: Die Gestalt des Reiches in der politischen Lyrik der Jahre 1840–1870. Diss. Wien 1937. 178 Bl. (Masch.).
6. G i d á l y, Edeltraut Maria: Der Reichsgedanke in der katholischen Dichtung der Gegenwart. Diss. Wien 1937. 149 Bl. (Masch.). [D., E., L.].
7. K l a s s e n, Ernst: Geschichts- und Reichsbetrachtung in der Epik des 12. Jhs. Diss. Bonn 1938. 64 S. (Bonner Beitr. z. dt. Philologie 7). [Staufisches Reich].
8. E r c k m a n n, Rudolf: Der Reichsgedanke im Werk schwäbischer Dichter. In: Schwaben 11 (1939), S. 300–12.
9. L a n g e n b u c h e r, Hellmuth: Die Reichsidee. In: –: Die dt. Gegenwartsdichtung. Berlin 1939, S. 212–25. [D., E., L.].
10. M u l o t, Arno: Das Reich in der dt. Dichtung unserer Zeit. Stuttgart 1940. 96 S. (–: Die dt. Dichtung unserer Zeit II, 1). ^{2}1944. – R.: R. Ibel, Lit. 42 (1939/40), S. 519; E. E. Miller, MLQ. 1 (1940), S. 569f.; J. Müller, DLZ. 62 (1941), Sp. 450–52; E. H. Zeydel, GR. 15 (1940), S. 307.
11. P o t t h o f f, Ernst: Der Reichsgedanke und die nordische tragische Dichtung. In: Der Wagen. Ein Lübeckisches Jahrbuch. 1940, S. 80–92.

12. S c h n e i d e r, Hermann: Herrscher und Reich in der dt. Heldendichtung. In: Das Reich. Idee und Gestalt. Festschr. f. Joh. Haller. Stuttgart 1940, S. 145–73. [6.–13. Jh.].
13. D i e d e r i c h s, Arthur: Das Reich in der Dichtung unserer Zeit. In: Mschr. f. d. dt. Geistesleben 1941, S. 65–71.
14. H e r k e, Günter: Gesamtdt. Volks- u. Reichsbewußtsein in der Schweiz von 1848 bis zur Reichsgründung. In: Reich und Reichsfeinde 2. Hamburg 1941, S. 159–245. [E., L.].
15. K i n d e r m a n n, Heinz: Der großdt. Reichsgedanke in der Dichtung. In; –: Kampf um die dt. Lebensform. Wien 1941, S. 373–447. [L.: 1866–1938].
16. S c h r o t t, Ludwig: Das Reich bei den altbayrischen Heimatdichtern. In: Das Innere Reich 8 (1941/42), S. 150–158.
17. S c h o l z, Manfred: Der Wandel der Reichsidee in der nachwaltherschen Spruchdichtung. Diss. FU. Berlin 1952. 234 Bl. (Masch.).
18. N e l l m a n n, Eberhard: Formen der Reichsidee in der dt. Dichtung des 12. Jhs. Annolied, Kaiserchronik, Rolandslied, Eraclius. Diss. Freiburg i. Br. 1958. 149 Bl. (Masch.). U. d. T.: Die Reichsidee in dt. Dichtungen der Salier- und frühen Stauferzeit. Berlin 1963. 209 S. (PhStQ. 16). – R.: M. S. Batts, JEGPh. 63 (1964), S. 552–55; R. N. Combridge, MLR. 60 (1965), S. 135 f., J. Rauch, GQu. 39 (1966), S. 231–34; G. Schieb, DLZ. 87 (1966), Sp. 411 f.

1073. REICHSKRONE

1. W e t t e r, Max: Der weise ins riches krone. In: Geistesgeschichtliche Perspektiven. Bonn 1969, S. 61–111. [Oberster Stein in d. Reichskrone].

1074. REICHSTADT, HERZOG VON

1. R e i c h s t a d t, Herzog von: In: Frenzel, StdW. 1970, S. 624–26. [A. a. L., E. D.].

1075. REICHTUM

1. H a r d e r, Franz: Die Schuld „des reichen Mannes" in Urteilen der späteren Lit. In: Beitr. 50 (1927), S. 132–42. [mhd.].
2. B u t t k e, Herbert: Studien über Armut und Reichtum in der mhd. Dichtung. Diss. Bonn 1938. 122 S. [9.–13. Jh.].
3. H e r t e l, Gerhard: Die Allegorie von Reichtum und Armut. Ein aristophanisches Motiv und seine Abwandlungen in der abendländischen Lit. Nürnberg 1969. 202 S. (Diss. Erlangen-Nürnberg, Erlanger Beitr. z. Sprach- u. Kunstwiss. 33). – R.: J. Werner, DLZ. 92 (1971), Sp. 659–62.

1076. REINEKE FUCHS

1. K e l l e n, Toni: Reineke Vos, seine Vorgänger und seine Nachfolger. In: Niedersachsen 22 (1916/17), S. 303–307.
2. D o h s e, Richard: „Reinke de Vos" und die plattdt. Tierdichtung. In: Festschr. ehem. Abiturienten des Friedrich-Franz-Gymnasiums in Parchim 1919, S. 155–68.
3. D a e g l a u, Grete: Reineke Fuchs jubiliert! Die Tiere im dt. Leben. In: Bücherkunde 10 (1943), S. 210–14.
4. S t o r o s t, Joachim: Die Vorgeschichte des Reinhart Fuchs. In: Worte und Werte. Bruno Markwardt z. 60. Geburtstag. Berlin 1961, S. 410–27. [Auch in dt. Lit.].
5. R e i n e k e F u c h s. In: Frenzel, StdW. 1970, S. 626–29. [A. a. L.].

1077. REISE s. a. WANDERER, WEITGEREISTER

1. B r e c h, John: Heinrich Heine und die jungdt. Reiselit. in ihren Hauptvertretern. Diss. München 1922. 145 Bl. (Masch.). [Reisebild in der E. bei Heine, Laube, Gutzkow, Wienbarg, Mundt].
2. D o e r k, Berta: Reiseroman und -novelle in Deutschland von Hermes bis Heine. Ein Beitrag zur Entwicklungsgeschichte des Reiseromans. Diss. Münster 1925. 132 S. (Auszug: 5 S.).
3. R e h m, Walter: Reiseroman. In: RL. III. 1928/29, S. 44–47.
4. R a u e r s, Friedrich: Bäder, Spielbäder, Seebäder, Sommerfrischen, Wintersportplätze u. ihre Gaststätten. In: –: Kulturgeschichte der Gaststätte. Teil 2. Berlin ²1942, S. 860 bis 929. [Bäder- und Vergnügungsreisen].
5. M a j u t, Rudolf: Der feuilletonistische Reiseroman. In: Dt. Philologie im Aufriß. II. ²1960, Sp. 1417–27.
6. G o v e, Philip Babcock: The imaginary voyage in prose fiction. A history of its criticism and a guide for its study with an annotated check list of 215 imaginary voyages from 1700 to 1800. London 1961. 445 S. [58 dt. T.: 1724–1776].
7. L i n k, Manfred: Der Reisebericht als literarische Kunstform von Goethe bis Heine. Diss. Köln 1963. 196 S. [Auch Reisedichtungen].
8. R e i s e l i t e r a t u r. In: Wilpert, SdL. Stuttgart 1969, S. 631–33. [A. a. L.].

1078. REISESEGEN

1. M o s e r, Hugo: Vom Weingartner Reisesegen zu Walters Ausfahrtsegen. Gereimte Gebetsegen des frühen und hohen Mittelalters. In: Beitr. (Halle) 82 (1961), S. 69–89. (Sonderband).

1079. RELIGION UND RELIGIOSITÄT s. a. CHRISTENTUM

1. B i e d e r m a n n, Alois Emanuel: Der religiöse Roman. In: –: Ausgewählte Vorträge und Aufsätze. Berlin 1885, S. 51–83.
2. W e t z s t e i n, Oskar: Die religiöse Lyrik der Deutschen im 19. Jh. Ein Beitrag zur Literaturgeschichte der Neuzeit. Neustrelitz 1891. 336 S.
3. F r o m m e l, Otto: Neuere dt. Dichter in ihrer religiösen Stellung. Berlin 1902. 237 S.
4. D u n k m a n n, Karl: Das religiöse Motiv im modernen Drama. Berlin 1903. 62 S.
5. S c h m i d t, Expeditus: Religiöse Stimmungen in neuen Dramen. In: Die Warte 5 (1904), S. 270–76.
6. F r o m m e l, Otto: Das Religiöse in der modernen Lyrik. Tübingen 1911. 71 S. (Lebensfragen 24).
7. W e l d e m a n n, August: Die religiöse Lyrik des dt. Katholizismus in der 1. Hälfte des 19. Jhs. Leipzig 1911. 135 S. (Probefahrten 19). – R.: E. Geiger, AfdA. 35 (1912), S. 257–62; K. Pfleger, Über den Wassern 5 (1912), S. 269f.
8. L i e p e, Wolfgang: Das Religionsproblem im neueren Drama von Lessing bis zur Romantik. Halle 1914. 267 S. (Hermaea 12). – R.: H. Lilienfein, LE. 17 (1914/15), Sp. 1525f.; J. Petersen, AfdA. 39 (1920), S. 151–58. Repr. Wiesbaden 1972.
9. H e r p e l, Otto: Die Frömmigkeit der dt. Kriegslyrik. Giessen 1917. 182 S. – R.: A. Brausewetter, LE. 19 (1916/17), Sp. 1543f.
10. K o b e r, August Heinrich: Geschichte der religiösen Dichtung in Deutschland. Essen 1919. 348 S. [D., L.]. – R.: R. Paulsen, LE. 23 (1920/21), Sp. 762–64.
11. B e c k m a n n, Emmy: Die Religion in der neuen Dichtung. In: Hilfe 27 (1921), S. 44 bis 46, 57–59.
12. K r ä m e r, Philipp: Das Religiöse in der modernen Lyrik. Barmen 1922. 20 S. (Zeitfragen der Jugend 10).

13. S c h l e m m e r, Hans: Die Religion im modernen dt. Roman. In: Zs. f. d. ev. Religionsunterricht an höh. Lehranstalten 34 (1923), S. 70–78.
14. R u d w i n, Maximilian Josef: A historical and bibliographical survey of the German religious drama. Pittsburgh, Pa. 1924. 286 S. (Univ. of Pittsburgh studies in language and lit.). [Auch nach Stoffen]. – R.: R. F. Arnold, Lit. 27 (1924/25), S. 435; N. C. Brooks, MLN. 41 (1926), S. 137f.; J. G. Robertson, MLR. 20 (1925), S. 373; L. Wolff, Theolog. Litztg. 50 (1925), Sp. 413.
15. S t a m m l e r, Wolfgang: Das religiöse Drama im dt. MA. Leipzig 1925. 41 S.
16. B r a u n, Harald: Neue Religiosität in der Dichtung. In: Eckart 2 (1925/26), S. 342 bis 44.
17. M o h m e, Erwin Theodore: Die freireligiösen Anschauungen im Drama und Roman der neueren dt. Lit. (1885–1914). Diss. New York Univ. 1926. 156 S. (Ottendorfer Memorial series of Germanic monographs 17). – R.: E. Rose, JEGPh. 28 (1929), S. 457f.
18. K n e v e l s, Wilhelm: Das Religiöse in der neuesten lyrischen Dichtung. Gießen 1927. 94 S. – R.: B. v. Wiese, ZDB. 7 (1931), S. 161.
19. H u g, Alfons: Religiöse Dichtung der Gegenwart. In: Benedikt. Mschr. 11 (1929), S. 405–09. [L.].
20. K n e v e l s, Wilhelm: Auffindung und Deutung des Religiösen in der neuesten weltlichen Dichtung. In: ZThK. N. F. 10 (1929), S. 338–47. [L.].
21. R ö t t g e r, Karl: Religiöse Dichtung der Neuzeit. In: Der Schwabenspiegel 23 (1929), S. 33–35. [L.].
22. F a l k, Friedrich: Die religiöse Symbolik der dt. Arbeiterdichtung der Gegenwart. Stuttgart 1930. 240 S. (Veröffentlichungen d. oriental. Seminars d. Univ. Tübingen 3).
23. K o c h, Josef: Das religiöse Problem in der modernen dt. Lit. In: ZfkR. 7 (1930), S. 100 bis 15, 161–68.
24. G e b h a r d, Walther: Religionssoziologische Probleme im Roman der dt. Aufklärung. Diss. Gießen 1931. 116 S.
25. R e i n d o r f, Berta: Das Religionsproblem in einigen dt. Romanen um die Jahrhundertwende (1890–1910), Diss. Wien 1931. 140 Bl. (Masch.).
26. S i n g e r, Samuel: Die religiöse Lyrik des MA. Bern 1933. 142 S. (Neujahrsbl. d. Lit. Gesellschaft Bern NF. 10). [A. a. L.].
27. S i g n e r, Leutfrid: Die Linie des Religiösen in der neuern dt. Dichtung. In: Schweiz. Rdsch. 33 (1933/34), S. 1014–19, 1079–84.
28. D i e k m a n n, Ernst: Die religiöse Problematik der Neuromantik. Ein Beitrag zum Geist-Seele-Problem in der neuesten Lit. Diss. Münster 1934. 198 S.
29. R a u s c h, Walter: Darstellung jugendlicher Religiosität in neuerer dt. Dichtung. Diss. Bonn 1934. 55 S. (Teildr.). [114 T.].
30. Z o r b, Elizabeth Helene: Religiöse Strömungen in der schlesischen Dichtung der Gegenwart. Diss. Freiburg i. Br. 1934. 120 S.
31. H a r r i s o n, Margaret Hayne: Modern religious drama in Germany and France. Boston 1936. 236 S. – R.: E. Hofacker, GR. 13 (1938), S. 67f.
32. D i e s e n b e r g, Hans: Studien zur religiösen Gedankenwelt in der Spruchdichtung des 13. Jhs. Diss. Bonn 1937. 83 S.
33. W ü r t e n b e r g, G.: Welt, Mensch und Gott in der religiösen Lyrik der Gegenwart. In: Zs. f. Religionspsychologie 10 (1937), S. 20–35.
34. E y b e r g, Wilhelm: Das religiöse Drama von 1912 bis 1922. Diss. Wien 1938. 149 Bl. (Masch.).
35. T i n n e f e l d, Nora: Das Religiöse in der Dichtung des dt. Arbeiters. In: StdZ. 136 (1939), S. 90–96.
36. R e i e r, Herbert: Der religiöse Umbruch unserer Zeit im Spiegel des älteren schöngeistigen Schrifttums. In: Dt. Glaube 1941, S. 102–12.

37. Stahlmann, Hans: Religiöses Erleben in der Weltkriegsdichtung. In: ZDB. 18 (1942), S. 123–31.
38. Odor, Anna Frances: The religious renascence in the modern German novel. Diss. Univ. of Illinois, Urbana 1944. 227 S.
39. Wunderlich, Eva C.: The religious revival in contemporary German literature. In: GR. 24 (1949), S. 279–302. [Seit 1933].
40. Hohoff, Curt: Das religiöse Problem in der erzählenden Lit. In: Hochland 42 (1949/50), S. 178–87. [A. a. L.].
41. Grenzmann, Wilhelm: Der religiöse Roman im dt. Schrifttum der Gegenwart. In: DU. 3 (1951), H. 3, S. 66–85.
42. Ouwendijk, Dick: Die religiöse Problematik im modernen Roman. Düsseldorf 1951. 24 S. [A. a. L.].
43. Graber, Paul Albert: Religious types in some representative German novels of the age of enlightenment. Diss. State Univ. of Iowa 1953. 248 Bl. DA. 14 (1953/54), S. 125f.
44. Thornton, Karin: Religion in early romantic novels. Diss. Columbia Univ. New York 1955. 251 S. DA. 15 (1954/55), S. 1403.
45. Röbbeln, Ingeborg: Theologie und Frömmigkeit im dt.-evang.-lutherischen Gesangbuch des 17. und frühen 18. Jh. Göttingen 1957. 470 S. (Diss. Göttingen. Forschungen z. Kirchen- u. Dogmengeschichte 6).
46. Hepperle, Edgar: Mittelhochdeutsche religiöse Spruchlyrik in ihrem Verhältnis zu den frühdt. kleineren dichterischen Denkmälern religiöser u. theologischer Art. Diss. Tübingen 1958. 166 Bl. (Masch.).
47. Mann, O.: Dichtung und Religion. In: Die Religion in Geschichte u. Gegenwart 3. Aufl. Bd. 2, 1958, Sp. 181–89.
48. Brinkmann, Hennig: Das religiöse Drama im MA. Arten und Stufen. In: Wirkendes Wort 9 (1959), S. 257–74.
49. Rupp, Heinz: Deutsche religiöse Dichtungen des 11. u. 12. Jhs. Freiburg i. Br. 1958. 324 S. – R.: L. Wolff, GRM. 40 (1959), S. 433–37.
50. Majut, Rudolf: Der religiös-philosophische Roman. In: Dt. Philologie im Aufriß. II, ^{2}1960, Sp. 1447–52.
51. Majut, Rudolf: Der theologische Roman. In: Dt. Philologie im Aufriß. II. ^{2}1960, Sp. 1735–52. [20. Jh.].
52. Grenzmann, Wilhelm: Religiöse Problematik in der modernen Dichtung. In: Vorträge des 42. Bibliothekarskursus 19.–23. 9. 1960. Bonn 1961, S. 12–28.
53. Hahn, Friedrich: Theologische Motive in moderner Lit. In: Der Evangelische Erzieher 14 (1962), S. 10–23. [A. a. L.].
54. Rennhofer, Friedrich: Religiöse Dichtung. In: –: Bücherkunde des katholischen Lebens. Bibliogr. Lexikon d. Religiösen Lit. der Gegenwart. Wien 1961, S. 40–42, 54f. 1. Nachtrag (1967), S. 27f.
55. Sullivan, John Herman: The German religious sonnet of the 17th century. Diss. Univ. of California, Berkeley 1966. 360 S. DA. 28 (1967/68), S. 204 A.
56. Hahn, Friedrich: Zwischen Verkündigung und Kitsch. Religiöse Probleme in der heutigen Jugendlit. Weinheim 1968. 98 S.
57. Welzig, Werner: Der historische, der religiös-historische und der religiöse Roman. In: –: Der dt. Roman im 20. Jh. Stuttgart ^{2}1970, S. 327–73.
58. Lindemann, Klaus: Geistlicher Stand und religiöses Mittlertum. Ein Beitrag zur Religionsauffassung der Frühromantik in Dichtung und Philosophie. Frankfurt a. M. 1971. 307 S. (Diss. Freiburg i. Br. 1970. Gegenwart der Dichtung 5).
59. Rupp, Heinz: Deutsche Religiöse Dichtungen des 11. und 12. Jhs. Bern ^{2}1971. 302 S. – R.: M. Schmidt, Colloquia Germanica 1973, S. 349.

60. G ö t t e r t, Karl-Heinz: Devotio-Andâht. Frömmigkeitsbegriff und Darstellungsprinzip im legendarischen Erzählen des hohen MA. In: Zeiten und Formen in Sprache und Dichtung. Festschr. f. F. Tschirch. Köln 1972, S. 151–69.

1080. REMBRANDT, HARMENSZ VAN RIJN

1. B r o m, Gerard: Rembrandt in de literatuur. In: Neoph. 21 (1936), S. 161–91. [Schöne Lit. nur z. T.].

1081. RENAISSANCE

1. R e h m, Walther: Das Werden des Renaissancebildes in der dt. Dichtung. Vom Rationalismus bis zum Realismus. München 1924. 192 S. (Diss. München 1923), – R.: A. Pache, SchL. 26 (1925), S. 24.
2. P o l l e y, Otto M.: Entwicklung des Renaissancebildes in der dt. Dichtung nach C. F. Meyer. Diss. Graz 1937. 145 Bl. (Masch.). [Ital. Renaissance, D., E.].

1082. REPTIL

1. K n o r t z, Karl: Reptilien und Amphibien in Sage, Sitte und Lit. Annaberg 1911. 90 S. [Schlange, Frosch, Kröte].

1083– REVOLUTION
1088

1083 Amerika (1776)

1. H a t f i e l d, James Taft und Elfrieda H o c h b a u m: The influence of the American revolution upon German literature. In: Americana Germanica 3 (1899/1900), S. 338 bis 85.
2. W a l z, John A.: The American Revolution and German literature. In: MLN. 16 (1901), Sp. 336–51, 411–18, 449–62.
3. K i n g, Henry Safford: Echoes of the American Revolution in German literature. Berkeley, Calif. 1929. 193 S. (Univ. of California Publ. in mod. phil. vol. 14, Nr. 2, 1929, Diss. Univ. of Calif. 1925). – R.: C. A. Williams, JEGPh. 35 (1936), S. 433f.; E. H. Zeydel, MDU. 22 (1930), S. 157f.

1084. Deutschland (1848 und 1918)

1. B r o e c k e r, Alexander: Die Wirkung der dt. Revolution auf die Dichtung der Zeit, mit bes. Berücksichtigung der politischen Lyrik. Diss. Bonn 1912. 86 S. [1848].
2. D o h n, Walter: Das Jahr 1848 im dt. Drama und Epos. Stuttgart 1912. 294 S. (Bresl. Beitr. NF. 32). – R.: L. Krähe, LE. 15 (1912/13), Sp. 1448f.; E. Sauer, Euph. 22 (1915), S. 386–91.
3. B e t z, Gottlieb: Die deutschamerikanische patriotische Lyrik der Achtundvierziger und ihre historische Grundlage. New York 1916. 131 S. (Americana Germanica, n. s. 22). – R.: E. G. Gudde, JEGPh. 20 (1921), S. 266–70.
4. B a b, Julius: Die dt. Revolutionslyrik. Wien 1919. 337 S. [Einführung S. 5–16].
5. K a n n e n g i e s s e r, Josef Konrad: Die Sturmjahre 1848 und 1849 und die politische Lyrik in Westfalen. Diss. Münster 1925. 123 S.
6. B r u d e r, Erhard Jurrian: Die Revolution im jüngsten dt. Drama. In: Orplid 1 (1924/25), H. 11, S. 38–47.
7. B i r k, Bernhard: Die Revolution von 1848 in der schwäbischen politischen Dichtung. In: –: Ein Jahrhundert schwäbischer politischer und patriotischer Dichtung. Diss. München 1927, S. 109–23. [L.].

8. U n d e r b e r g, Elfriede: Die Dichtung der ersten dt. Revolution. 1848–1849. Leipzig 1930. 325 S. [Einführung: S. 5–13].
9. R e v o l u t i o n 1848–1849. In: Luther, DtG. 1943, Sp. 315–22. [B.].
10. D r e s c h, J.: La Révolution de 1848 et la littérature allemande. In: RevLittcomp. 22 (1948), S. 176–99. [19. Jh.].
11. S i e b e r, Siegfried: Die 48er Revolution im Spiegel des politschen Liedes. In: Aufbau 4, 1 (1948), S. 191–96. [L.].
12. K a i s e r, Bruno: Wir kommen! Die Novemberrevolution im Spiegel der zeitgenössischen Lyrik. In: Neue dt. Lit. 6 (1958), H. 10, S. 86–99.
13. M a t v e e v a, V. P.: Poezija revoljucii 1848 goda v Germanii Sostavlenie, predislovie i primečanija. Moskva 1958. 302 S.
14. P r i e b e, Traute: Die dt. Novemberrevolution im Roman. In: Der Bibliothekar 12 (1958), S. 1030–35.
15. R e c k n a g e l, Rolf: Der erste Weltkrieg und die Novemberrevolution von 1918 im Werk fortschrittlicher bürgerlicher Schriftsteller. In: Die Nation 8 (1958), H. 11, S. 775–800.
16. S a g a v e, Pierre-Paul: Französische Politik in dt. Dichtung. In: Jahresring 1964/65. Beitr. z. dt. Lit. u. Kunst d. Gegenwart. S. 269–80.
17. D e n k l e r, Horst: Revolutionäre Dramaturgie und revolutionäres Drama in Vormärz und Märzrevolution. In: Gestaltungsgeschichte und Gesellschaftsgeschichte. Stuttgart 1969, S. 306–37.
18. R e i m e r, Robert Charles: The tragedy of the revolutionary. A study of the drama-of-revolution of E. Toller, Fr. Wolf and B. Brecht. 1918–1933, Diss. Univ. of Kansas 1971. 178 S. DAI. 32 (1971/72), S. 5802 A.
19. M c N a m a r a, Alexander: The revolutionary scene in the social drama of the twenties. Diss. Indiana Univ. 1971. 215 S. DAI. 32 (1971/72), S. 5237f. A.
20. R i h a, Karl: Zur literarischen Rezeption der Revolution von 1848/49 . . . In: H a r t w i g, Helmut u. Karl Riha: Politische Aesthetik und Öffentlichkeit. Steinbach 1974, S. 141–226.

1085. Frankreich *(1789) s. a. Pariser Kommune (1871)*

1. Die französische R e v o l u t i o n im Spiegel dt. Dichtung. Berlin 1889. 28 S. (Neue Litterar. Volkshefte 7).
2. H i r s c h s t e i n, Hans: Die französische Revolution im dt. Drama und Epos nach 1815. Stuttgart 1912. 384 S. (Bresl. Beitr. NF. 31). [B.: 303 T.]. – R.: L. Krähe, LE. 15 (1912/13), Sp. 1448f.; A. v. Weilen, DLZ. 35 (1914), Sp. 2310f.
3. S a u e r, Eberhard: Die französische Revolution von 1789 in zeitgenössischen dt. Flugschriften und Dichtungen. Weimar 1913. 89 S. (FNLG. 44).
4. S a u e r, Eberhard: Die französische Revolution in den Gedichten Klopstocks und der Göttinger. In: Euph. 21 (1914), S. 551–64.
5. H i r s c h s t e i n, Hans: Die französische Revolution im Spiegel der zeitgenössischen dt. Dichtung. In: Die Ähre 3 (1915), H. 37/38, S. 13–18.
6. B r ü c k n e r, Emma: Die französische Revolution in der österreichischen Dichtung jener Zeit. Diss. Wien 1940. 298 Bl. (Masch.).
7. B o u c h e r, Maurice: La révolution de 1789 vue par les écrivains allemands ses contemporains: Klopstock, Wieland, Herder, Schiller, Kant, Fichte, Goethe. Paris 1954. 187 S. (Etudes de littérature étrangère et comparée 30). [Auch Dichtung betr.].
8. V o e g t, Hedwig: Die dt. jacobinische Lit. und Publizistik 1790–1800. Berlin 1955, 244 S. [Z. T. in der Lit.].
9. Die französische R e v o l u t i o n in Lyrik, Erzählung und Drama. In: Heinzel, LhE. 1956, S. 197–200. [B.].

10. S a g a v e, Pierre-Paul: De quelques thèmes révolutionnaires français dans la littérature allemande. In: Hommage à M. Marache. Paris 1972, S. 421–30.
11. H a y f a, Nour Al-Dine: Der „republikanische" Gedanke in Freiheitsdramen und -Gedichten aus dem Umkreis des späten Schiller. Diss. Frankfurt 1974. 319 S.
12. Deutsche L i t e r a t u r und Französische Revolution. Sieben Studien. Göttingen 1974. 191 S. [Auch in dt. Dichtung].

1086. Russland (1917)
1. R o s t, Gottfried und Annemarie H a h n: Die Oktoberrevolution im Spiegel dt.sprachiger Belletristik. Eine bibliographische Information über die literarische Gestaltung der Oktoberrevolution. Leipzig 1967. 78 S.
2. N é m e d i, Lajos: Über den Widerhall der großen sozialistischen Oktoberrevolution in der dt. Lit. In: Arbeiten zur dt. Philologie (Debrecen) 4 (1969), S. 95–114. [Überblick für 1917–1924].
3. K o t t o w s k i, Werner: Die Novemberrevolution und das bürgerliche dt. Drama zwischen 1917 und 1920. (Vom Krisen- und Kriegssujet zum Revolutionssujet). Diss. Berlin Humboldt Univ. 1970. 355 Bl. (Masch. vervielf.).

1087. Schweiz (1798–1803)
1. T r ö s c h, Ernst: Die helvetische Revolution im Lichte der deutsch-schweizerischen Dichtung. Leipzig 1911. 228 S. (UNSpLG. NF. 10). – R.: LE. 14 (1911/12), Sp. 1085 f.; E. Geiger, AfdA. 38 (1919), S. 161–66.

1088. Ungarn (1848/49)
1. H ä c k e l, Manfred: Der Befreiungskampf des ungarischen Volkes 1848/49 in der dt. Lit. der Zeit. In: Studien zur Geschichte der dt.-ungarischen Beziehungen. Berlin 1969, S. 298–319. [L.].

1089. REVOLUTIONÄR
1. M i t t e n z w e i, Werner: Das Bild des Revolutionärs in der sozialistischen Lit. In: Begegnung und Bündnis. Berlin 1973, S. 80–91. Auch in: Revolution und Lit. Frankfurt a. M. 1972, S. 11–44, 522f. u. 459–521, 553–55 (Revolution u. Reform im westdt. Drama).

1090. RHEIN s. a. DAMPFSCHIFFAHRT, NIEDERRHEIN, OBERRHEIN
1. N o v e r, Jakob: Der Vater Rhein in Sage und Dichtung. Eine poetische Wanderung von der Quelle bis zum Meere. Mainz 1882. 320 S. [L.].
2. S c h u l t z e, Siegmar: Die Rhein-Romantiker. In: –: Die Entwicklung des Naturgefühls in der dt. Lit. des 19. Jhs. Halle 1907, S. 128–39, Leipzig ²1911.
3. P f l e g e r, Luzian: Die politische Rheindichtung. In: Über den Wassern 4 (1911), S. 221 bis 229, 262–69. [L.: 19. Jh.].
4. S t e n d a l, Gertrud: Die Rheinlieder. In: –: Die Heimathymnen der preußischen Provinzen und ihrer Landschaften. Heidelberg 1919, S. 14–41.
5. S t e p h a n, Heinz: Die Entstehung der Rheinromantik. Köln 1922. 111 S. (Rheinische Sammlung 3). – R.: E. H. Zeydel, JEGPh. 24 (1924), S. 155–58.
6. W a l z e l, Oskar: Rheinromantik. In: –: Vom Geistesleben alter und neuer Zeit. Leipzig 1922, S. 440–66. [L.: 19. Jh.]. Zuerst in: –: Vom Geistesleben des 18. u. 19. Jhs. Leipzig 1911, S. 256–89.

7. L e h m a n n, Karl: Vom dt. Rhein. Die rheinische Gegenwart im Spiegel der Dichtung. Eine Skizze. Leipzig 1924. 25 S. [L.].
8. S t e r n b e r g, Leo: Des dt. Rheines Dichtung. In: Rhein. Beobachter 3 (1924), S. 469 bis 471.
9. B e c k e r, Albert: Rhein und Kaisersage. In: NdZfVk. 4 (1926), S. 129–40.
10. G o t z e n, Josef: Der Rhein und die rheinischen Lande in der Dichtung. In: Rheinlandkunde II. Düsseldorf 1926, S. 106–56. [B.: 1047 T.: D., E., L.].
11. R e u s c h e l, Karl: Rheinpoesie. In: RL. III. 1928/29, S. 48f.
12. S a r n e t z k i, Dietmar Heinrich: Die Rheindichtung seit der Romantik. In: Schünemanns Mhe. 3 (1929), S. 901–906.
13. S a r n e t z k i, Dietmar Heinrich: Das Lied vom Rhein 1. Ratingen 1941, S. 7–17.
14. S c h w a b, Lucien: Le Rhin et la littérature allemande. In: Le Rhin, Nil de l'Occident, Paris 1946, S. 225–45. [19. Jh.]. – R.: J. F. Angelloz, Mercure de France 300 (1947), S. 734–37; Ch. Dédéyan, Rev. de litt. comp. 21 (1947), S. 625–30.
15. W a l z e l, Oskar: Der rheinischen Dichtung von heute. In: Rheinisches Athenäum. Jb. f. rhein. Dichtung 1 (1948), S. 24–41. [19. Jh.].
16. O t t e n d o r f f - S i m r o c k, Walther: Die Stimme des Rheins. Der Strom im Spiegel der Dichter des 18. und 19. Jhs. Honnef/Rh. 1956. 200 S. [L.].
17. J u n k e r, Ernst Wiegand: Rheindichtung bei Goethe und im neunzehnten Jh. In: –: und Robert Wolff: Der Rhein im Spiegel d. Dichtung von Goethe bis George. Heidelberg 1974. 56 S.

1091. RHEINLAND

1. S t e n d a l, Gertrud: Heimathymnen rheinischer Landschaften. In: –: Die Heimathymnen der preußischen Provinzen und ihrer Landschaften. Heidelberg 1919, S. 41–60.
2. S a r n e t z k i, Dietmar Heinrich: Die rheinische Dichtung. In: Rhein. Heimatbll. 1924, S. 178–82.
3. H e n g s t e n b e r g, Ernst: Gestalten und Probleme der rheinischen Dichtung der Gegenwart. Hildesheim 1925. 147 S. [Mit B.].
4. W e n z, Richard: Die rheinische Dichtung. Eine Betrachtung. In: –: 1000 Jahre rheinische Dichtung. Leipzig 1925, S. 378–473. [9.–20. Jh.].
5. G o t z e n, Josef: Einzelne rheinische Orte [in der dt. Literatur]. In: Rheinlandkunde II. Düsseldorf 1926, S. 136–48. [B.: 228 T.: D., E., L.].
6. S t a n g, Sigmund: Rheinlandsdramen. In: StdZ. 57, Bd. 112 (1926/27), S. 54–64.
7. R h e i n l a n d. In: Luther, DtL. 1937, Sp. 536–42. [B.].
8. P o n g s, Hermann: Rheinische Stammesseele in der Dichtung der Gegenwart. In: DuV. 39 (1938), S. 85–127.
9. L i n d e n, Walther: Deutsche Dichtung am Rhein. Literaturgeschichte d. fränkischen Rheinlande. Ratingen 1944. 477 S. [Auch stoffliche Hinweise].
10. K r ä m e r, Karl Emerich: Die Entwicklung des Industrie-Volkstums an Rhein und Ruhr bes. im Spiegel der zeitgenössischen Lit. Diss. Bonn 1949. 114 Bl. (Masch.). [Z. T. in der Dichtung].
11. R h e i n l a n d. In: Luther, LuL. 1954, Sp. 240–44. [B.].
12. R h e i n l a n d e in der Erzählung. In: Kosch, LL. III. ²1956, S. 2223–25. [B.].
13. E n d e r s, Carl: Dichtung und Geistesgeschichte um den Rhein von den Anfängen bis zur Gegenwart. Ratingen 1957. 750 S. [Auch stofflich in D., E., L.].

RHEINPFALZ s. *KURPFALZ, PFALZ*

1092. RICHTER s. a. *GERICHTSVERHANDLUNG, RECHT*

1. R i c h t e r. In: Schmitt, BuA. 1952, Sp. 435–39. [B.].

1093. RIENZI, COLA DI

1. R i e n z i. In: Frenzel, StdW. 1970, S. 629–31. [A. a. L.].

1094. RIESE

1. S i e f e r t, Georg: Zwerge und Riesen. In: NJbbKlAltGL. 10 (1902), S. 362–94, 433 bis 449, 473–95. [Z. T. auch in dt. Lit.].
2. A h r e n d t, Ernst Herwig: Der Riese in der mhd. Epik. Diss. Rostock 1923. 127 S. [A. a. L.].

1095. RIESENGEBIRGE s. a. RÜBEZAHL

1. H i l l e b r a n d, Lucie: Das Riesengebirge in der dt. Dichtung. Breslau 1922. 183 S. (Diss. Breslau 1921). – R.: K. Conrad, Wir Schlesier 2 (1922), S. 199f.; V. Rosenberg, WIR., 42 (1922), S. 80; E. Freund, LE. 24 (1921/22), Sp. 1141.
2. B e c k, Karl: Das Riesengebirge in der dt. Dichtung. In: Der Schatzgräber 5 (1926), H. 5, S. 4–7.
3. R i e s e n g e b i r g e in der Erzählung. In: Kosch, LL. III. ^{2}1956, S. 2247f. [B.].
4. H i l l e b r a n d, Lucie: Das Riesengebirge in der Dichtung aus sechs Jahrhunderten. München 1960. 85 S. [Mit stoffgesch. Einl. E., L.: 17.–20. Jh.].

1096. RIESENSPIELZEUG

1. H ö t t g e s, Valerie: Die Sage vom Riesenspielzeug. Jena 1931. 126 S. (Dt. Arbeiten der Univ. Köln 4). [Auch z. T. in dt. Lit.].

1097. RILKE, RAINER MARIA

1. R i t z e r, Walter: Rilke in der Erzählung und im Gedicht. In: –: Rainer Maria Rilke Bibliographie. Wien 1951, S. 295f. [B.: 19 T.].

1098. RING s. a. VENUSRING

1. K l o s t e r h a l f e n, Carl Heinz: Ringmotive im Drama. In: –: Ringe und Kreise. Macht und Magie. Emsdetten 1967, S. 67–109. (Die Schaubühne 66).

1099. RITTER s. a. ARTUS, RÄUBER

1. B r a h m, Otto: Das dt. Ritterdrama des 18. Jhs. Straßburg 1880. 235 S. (QFSpKG. 40). – R.: F. Muncker, ALG. 10 (1881), S. 411–15.
2. R i t t e r r o m a n e. In: Goedeke 2. ^{2}1886, S. 19–22. [B.: 16. Jh.].
3. S c h m i d t, Erich: Der christliche Ritter, ein Ideal des 16. Jhs. In: Dt. Rundschau Bd. 64. 16 (1890), S. 194–210. [Auch im D.]. Repr. Hildesheim 1965 und in: –: Charakteristiken, Berlin ^{2}1912.
4. R i t t e r - und Räuber r o m a n e. In: Goedeke 5. Bd. ^{2}1893, S. 500–39. [B.: D., E.: 19. Jh.].
5. M ü l l e r - F r a u r e u t h, Karl: Die Ritter- und Räuberromane. Ein Beitr. zur Bildungsgeschichte des dt. Volkes. Halle 1894. 112 S. [18. u. 19. Jh.]. – R.: C. Heine, ZVLR. NF. 10 (1896), S. 277–80; A. Köster, AfdA. 23 (1897), S. 294–301.
6. B e r g n e r, Heinrich: Der christliche Ritter in Dichtung und bildender Kunst. In: ZBFr. NF. 6, 2 (1915), S. 237–68.
7. L u d w i g, Albert: Ritterdrama und Familiengemälde. In: Das dt. Drama. München 1925, S. 405–36.
8. M ü l l e r, Günther: Ritter- und Räuberroman. In: RL. III. 1928/29, S. 57–59.

9. B a u e r, Rudolf: Der historische Trivialroman in Deutschland im ausgehenden 18. Jh. Diss. München 1930. 99 S. [Bes. S. 30–46].
10. M a ß m a n n, Ernst Heinrich: Schwertleite und Ritterschlag. Dargestellt auf Grund der mhd. literarischen Quellen. Diss. Hamburg 1933. 225 S. [1150–1550]. – R.: E. Schröder, AfdA. 53 (1934), S. 88f.
11. P i e t z n e r, Fritz: Schwertleite und Ritterschlag. Diss. Heidelberg 1934. 137 S. [12. bis 16. Jh.].
12. B a u e r, Konrad Friedrich: Der röchelnde Gänsekiel oder: Ein Schock Titel zum Gruseln. In: ZBFr. 3. F. 40 (1936), S. 80–83. [B.: 60 T.: E.].
13. N a u m a n n, Hans: Der staufische Ritter. Leipzig 1936. 147 S.
14. R i t t e r. In: Luther, DtG. 1943, Sp. 57–60. [B.].
15. W e n t z l a f f - E g g e b e r t, Friedrich Wilhelm: Ritterliche Lebenslehre und antike Ethik. In: DtVjs. 23 (1949), S. 252–73.
16. C o r d e s, Gerhard: Norddeutsches Rittertum in der dt. Dichtung des Mittelalters. In: Niedersächs. Jb. f. Landesgesch. 33 (1961), S. 143–57.
17. M e i s s b u r g e r, Gerhard: De vita christiana. Zum Bild des christlichen Ritters im Hochmittelalter. In: DU. 14 (1962), H. 6, S. 21–34.
18. B u m k e, Joachim: Studien zum Ritterbegriff im 12. und 13. Jh. Heidelberg 1964. 170 S. (Beih. z. Euph. 1) – R.: F. Neumann, GRM. 46 (1965), S. 102–06; V. Schupp, ASNS. 118 (1967), S. 135–37; G. Schweikle, Germanistik 6 (1965), S. 71f.
19. H o l e, Gerlinde: Ritter- und Räuberromantik. In: –: Historische Stoffe im volkstümlichen Theater Württembergs seit 1800. Stuttgart 1964, S. 35–64 u. 187–89. [B.].
20. M o h r, Wolfgang: Arme Ritter. In: ZfdA. 97 (1968), S. 127–34.
21. K u h n, Hugo: Die Klassik des Rittertums in der Stauferzeit 1170–1230. In: Annalen der dt. Lit. Stuttgart ²1971, S. 99–177.
22. R e u t e r, Hans Georg: Die Lehre vom Ritterstand. Zum Ritterbegriff in Historiographie und Dichtung vom 11. bis zum 13. Jh. Köln 1971. ²1975. 175 S. (Diss. Marburg 1970, Neue Wirtschaftsgeschichte 4). – R.: Ch. Gellinek, Colloquia Germanica 1974, 1/2, S. 130–32; R. H. Schüppert, Beitr. (Tüb.) 95 (1973), S. 460–63; G. Vollmann-Profe, GRM. NF. 22 (1972), S. 436–39.
23. S c h r ö d e r, Werner: Zum Ritter-Bild der frühmhd. Dichter. In: GRM. NF. 22 (1972), S. 333–51.

1100. RITTERORDEN, DEUTSCHER s. a. DEUTSCHER ORDEN

1. G u l h o f f, Franz: Der dt. Ritterorden in der dt. Dichtung des Mittelalters. Progr. Zaborze O.-S. 1907. 24 S.
2. Deutscher R i t t e r o r d e n. In: Heinzel, LhE. 1956, S. 132f. [B.].

1101. ROBERT DER TEUFEL

1. T a r d e l, Hermann: Die Sage von Robert dem Teufel in neueren dt. Dichtungen und in Meyerbeers Oper. Berlin 1900. 82 S. (FNLG. 14). [19. Jh.]. – R.: A. Dessoff, StVLG. 2 (1902), S. 503–06; W. Haynel, LE. 3 (1900/01), Sp. 1724; K. Reuschel, Euph. 7 (1900), S. 684; E. Wechssler, DLZ. 21 (1900), Sp. 1754–56.
2. K i p p e n b e r g, Anton: Die Sage von Robert dem Teufel in Deutschland und ihre Stellung gegenüber der Faustsage. In: StVLG. 4 (1904), S. 308–33. [A. a. L.].
3. T a r d e l, Hermann: Neuere Bearbeitungen der Sage von Robert dem Teufel. In: StVLG. 4 (1904), S. 334–45.
4. R o b e r t der Teufel. In: Frenzel, StdW. 1970, S. 631–33. [D., L.: 19. Jh.].

1102. ROBESPIERRE, MAXIMILIEN DE

1. L e h n, Maria: Robespierre in der dt. Lit. Diss. Wien 1915. 193 Bl. (Handschr.).
2. R o b e s p i e r r e. In: Frenzel, StdW. 1970, S. 633–36. [D., E.: 19. Jh.].

1103. ROBINSON s. a. WELTFLUCHT

1. W a g n e r, H. F.: Robinson in Österreich. Ein Beitrag zur Geschichte der dt. Robinson-Lit. Salzburg 1886. 27 S.
2. K i p p e n b e r g, August: Robinson in Deutschland bis zur Insel Felsenburg (1731–43). Hannover 1892. 142 S. [A. a. L.]. – R.: H. Ullrich, ZVLR. 6 (1893), S. 259–66.
3. K l e e m a n n, Selmer: Zur Geschichte der Robinsonaden. In: Euph. 1 (1894), S. 603f. [Ergänzug zu Nr. 1103, 2].
4. U l l r i c h, Hermann: Robinson und Robinsonaden. Bibliographie, Geschichte, Kritik. Ein Beitrag zur vergl. Literaturgeschichte, im bes. zur Geschichte des Romans u. zur Geschichte der Jugendlit. T. I. Bibliographie. Weimar 1898. 248 S. (LF. 7). [A. a. L.]. – R.: F. Bobertag, ZVLR. NF. 13 (1899), S. 102–04; M. Hippe, ESt. 26 (1899), S. 405 bis 411; L. Fränkel, LCBl. 1898, Sp. 1950–52; P. Strauch, AfdA. 27 (1901), S. 246–48; F. v. Zobeltitz, ZBFr. 2, 2 (1898/99), S. 386–88; H. Ullrich [Nachträge] in: ZBFr. 8 (1904/05), S. 1–10. 11 (1907/08), S. 444–56, 489–98; NF. 11 (1919/20), S. 35–41.
5. M i l d e b r a t h, Berthold: Die dt. „Aventuriers" des 18. Jhs. Diss. Würzburg 1907. 147 S. [20 T.] – R.: W. Brecht, AfdA. 34 (1910), S. 175–77.
6. L i e s e g a n g, Erich: Vergessene Robinsonaden. In: Bll. f. Volksbibliotheken u. Lesehallen 13 (1911), S. 118–23.
7. B r a n d l, Leopold: Vordefoesche Robinsonaden in der Weltliteratur. In: GRM. 5 (1913), S. 233–61. [A. a. L.].
8. B r ü g g e m a n n, Fritz: Die Motive der Insel Felsenburg im Robinson Crusoe und in den Robinsonaden bis 1731. In: –: Utopie und Robinsonade. Weimar 1914, S. 87–144. (FNLG. 46). [A. a. L.].
9. U l l r i c h, Hermann: Defoes Robinson Crusoe. Die Geschichte eines Weltbuches. Leipzig 1924. 108 S. [Auch in dt. Dichtung].
10. P r e s t e l, J.: Robinson. In: Jugend und schönes Schrifttum, hrsg. v. F. Fikenscher u. J. Prestel. Ansbach 1925, S. 155–86.
11. R e h m, Walther: Robinsonade. In: RL. III. 1928/29, S. 59–62.
12. S t o c k u m, Theodorus Cornelis van: Robinson Crusoe, Vorrobinsonaden und Robinsonaden. In: –: Von Friedrich Nicolai bis Th. Mann. Groningen 1962. S. 24–38. [A. a. L.].
13. B r u n n e r, Horst: Kinderbuch und Idylle. Rousseau und die Rezeption des Robinson Crusoe im 18. Jh. In: Jb. d. Jean-Paul-Ges. 2 (1967), S. 85–116.
14. B r u n n e r, Horst: Robinsonade und Robinsonadeninsel. In: –: Die poetische Insel. Stuttgart 1967, S. 95–102.
15. R o b i n s o n a d e. In: Wilpert, SdL. 1969, S. 647f.
16. R o b i n s o n. In: Frenzel, StdW. 1970, S. 637–39. [A. a. L.].
17. R e h m, Walther und Werner K o h l s c h m i d t: Robinsonade. In: RL. III. ^{2}1971, S. 475–80.
18. G r o h n e r t, Dietrich: Robinson zwischen Trivialität und Sozialutopie. Bemerkungen zu Entstehung und Autorenabsicht dt. Robinsonaden. In: WZPHP. 16 (1972), H. 2, S. 411–21.

1104. RODENSTEINER

1. L o r e n t z e n, Theodor: Die Sage vom Rodensteiner, eine historisch-kritische Darstellung. Heidelberg 1903. 70 S. [Auch in D., E., L.].

2. L a n g g u t h, A.: Der Rodensteiner in Sage und Dichtung. In: Burschenschaftl. Bll. 18 (SS. 1904). S. 165–67.
3. M e i s i n g e r, Theodor: Literarische Bearbeitungen und Umgestaltungen der Sage vom Rodenstein. In: –: Der Rodensteiner. Darmstadt 1954, S. 90–161. [D., E., L.].
4. M ö s s i n g e r, Friedrich: Die Sage vom Rodensteiner. Verbreitung, Motive u. Entstehungsgeschichte. Mainz 1962. 77 S. [Z. T. in d. Dichtung].
5. R o d e n s t e i n e r, Der. In: Frenzel, StdW. 1970, S. 639f. [D., E., L.].

1105. ROLAND

1. E i c k e, Theodor: Zur neueren Literaturgeschichte der Rolandsage in Deutschland und Frankreich. Leipzig 1891. 56 S. (Diss. Marburg). – R.: M. Koch, ZVLR. 6 (1893), S. 256–59; H. Varnhagen, DLZ. 13 (1892), Sp. 1618f.
2. R o l a n d. In: Frenzel, StdW. 1970, S. 642–45. [A. a. L.].

1106. ROM

1. R e h m, Walther: Europäische Romdichtung. München ²1960. 274 S. (1. Aufl. 1939). – R.: H. Rüdiger, Lit. 42 (1939/40, S. 253f.; F. M. Wassermann, Comp. Lit. 14 (1962), S. 397–99; H. Werner, ZfKG. 59 (1940), S. 468–70.
2. L e s s e r - S h e r m a n, Ursula: Rom in der dt.sprachigen Lit. des MA. Diss. Univ. of Pennsylvania 1974. 339 S. DAI. 36 (1975), S. 916 A. [Auch röm. Kaiser].

1107. ROMANTIK

1. Z i o l k o w s k i, Theodore: Das Nachleben der Romantik in der modernen dt. Lit. In: Das Nachleben der Romantik in der modernen dt. Lit. Heidelberg 1969, S. 19–31. (Poesie und Wissenschaft 14).

1108. ROMEO UND JULIA

1. F i s c h e r, L. H.: Die Sage von Romeo und Julia in dt. Prosadarstellungen des 17. Jhs. In: JbDSHG. 25 (1890), S. 124–31.
2. P r e g l a u, Ilse: „Romeo und Julia" in dt. Epik. Diss. Graz 1945. 135 Bl. (Masch.). [Gegenseitige Feindschaft der Eltern, gegenseitige Liebe ihrer Kinder].
3. R o m e o und Julia: In: Frenzel, StdW. 1970, S. 645–49. [A. a. L.].

ROSAMUNDE s. *ALBOIN UND ROSAMUNDE*

1109. ROSE

1. R ü h l e, Otto: Die Rose im Lichte der Dichtung und Kultur. In: Monatsbll. f. dt. Literaturgeschichte 1 (1896/97), S. 146–62. [L.].
2. F i n s t e r w a l d e r, Karl: Die Rose, eines der drei Wahrzeichen dt. Dichtung. In: Festschrift z. d. 300jährigen Jubiläum des Kgl. Gymn. z. Coblenz. 1882, S. 54–72.
3. G r a f f u n d e r, P.: Die Rose in Sage und Dichtung. Prag 1896. 13 S. (GSV. 217).
4. F e h r l e, Ernst: Garten, Rose und Rosengarten im dt. MA. Diss. Heidelberg 1924. 129 S. (Masch.).
5. L' A i g l e, Alma de: Die Rose in der Dichtkunst. In: –: Begegnung mit Rosen. Hamburg 1957, S. 9–13. [L., a. a. L.].
6. S i t t e, Eberhard: Vom Röslein auf der Heiden. In: DU. 11 (1959), H. 3, S. 96–111.

1110. ROSENGARTEN

1. B i l l e n, Josef: Rosengarten. In: –: Baum, Anger, Wald und Garten in der mhd. Heldenepik. Diss. Münster 1965, S. 81–107.

1111. ROTTWEIL

1. O e c h s l e r, Robert: Rottweil in seinen Beziehungen zur schönen Lit. Rottweil 1908. 61 S. [E., L.].

1112. ROUSSEAU

1. B ö s c h e n s t e i n, Bernhard: Die Transfiguration Rousseaus in der dt. Dichtung um 1800: Hölderlin – Jean Paul – Kleist. In: Jb. d. Jean-Paul-Ges. 1 (1966), S. 101–16 und in: –: Studien zur dt. Dichtung des Absoluten. Freiburg i. Br. 1968, S. 11–24.

1113. RUDEL, JAUFRE

1. B l u m, Paul: Der Troubadour Jaufre Rudel und sein Fortleben in der Lit. In: Jahresber. Brünn 1911/12, S. 3–17. [A. a. L.].
2. Z a d e, Lotte: Der Troubadour Jaufre Rudel und das Motiv der Fernliebe in der Weltlit. Diss. Greifswald 1920. 76 S. [Meist ausländ. Lit.].
3. R u d e l, Jaufre: In: Frenzel, StdW. 1970, S. 652 f. [E., L.: 19.–20. Jh.].

1114. RUDOLF I. VON HABSBURG s. a. OTTOKAR II. VON BÖHMEN

1. S c h l e g e l, August Wilhelm: Gedichte auf Rudolf von Habsburg von Zeitgenossen. In: Deutsches Museum. Wien 1 (1812), S. 289–323. Repr. Hildesheim 1973.
2. S o f f é, Emil: Rudolf v. Habsburg im Spiegel der dt. Dichtung. Brünn 1893. 16 S. (Progr. d. Staats-Oberrealschule). [13.–19. Jh.].
3. V a n c s a, Max: Rudolf von Habsburg in der Dichtung. In: Österr. Rdsch. 55 (1918), S. 114–20.
4. S c h o l z, Manfred: Die Spruchdichtung und Rudolf von Habsburg. In: Der Wandel der Reichsidee in der nachwaltherischen Spruchdichtung. Diss. Freie Univ. Berlin 1952, S. 146–67. (Masch.).
5. H e b e r l e, Johann A.: Kaiser Rudolf bei Grillparzer und in moderner Gestaltung. In: Wächter 35/36 (1954/55), S. 45–50.
6. T r e i c h l e r, Willi: Mittelalterliche Erzählungen und Anekdoten um Rudolf von Habsburg. Bern 1971. 159 S. (Diss. Zürich. Geist und Werk der Zeiten 26).
7. K l e i n s c h m i d t, Erich: Herrscherdarstellung. Zur Disposition ma. Aussageverhaltens, untersucht an Texten über Rudolf I. von Habsburg. Bern 1974. 380 S. (Diss. Freiburg i. Br. Bibliotheca Germanica 17). [S. 139–60: Die mhd. und lat. politische Dichtung bis 1300].

1115. RÜBEZAHL

1. B e c k, Karl: Das Riesengebirge in der dt. Dichtung. In: Der Schatzgräber 5 (1926), H. 5, S. 4–7.
2. D w o r s c h a k, Hanns: Rübezahl in Forschung und Dichtung. In: Freie Welt 9 (1928/29), S. 141–49.
3. G r o e g e r, Alfred Carl: Rübezahl: Wettermacher, Schatzhüter und Kobold. Entstehung, Wandlung und Verbreitung der Sage vom Geist des Riesengebirges. In: Schlesien 9 (1964), S. 219–238.

1116. RÜCKKEHR ZUR NATUR

1. W e i s g a l l, Hugo: Primitivism and related ideas in seventeenth century German lyric poetry. Diss. Johns Hopkins Univ. Baltimore (Maryland) 1940. 256 S.
2. A l b r e c h t, Erich August Gottlieb: Primitivism and related ideas in eighteenth century German lyric poetry, 1680–1740. Diss. Johns Hopkins Univ. Baltimore 1941. (Publ. 1950). 110 S.
3. R u n g e, Edith Amelie: Primitivism and related ideas in Sturm und Drang literature. Baltimore 1946. (Hesperia 21). – R.: H. C. Hatfield, GR. 22 (1947), S. 229–31.

1117. RÜDIGER VON BECHELAREN

1. S c h u l z, Holger: Rüdiger-Dramen. In: –: Der Nibelungenstoff auf dem dt. Theater. Diss. Köln 1972, S. 176–80. [B. mit Inhaltsangaben].

1118. RÜGEN

1. A l b r e c h t, Karl: Rügen in der Dichtung. 1–12. In: Heimatkalender f. d. Kreis Rügen 3 (1910), S. 87f.; 4 (1911), S. 73f.; 5 (1912), S. 70–75; 6 (1913), S. 78–82; 7 (1914), S. 76–80; 8 (1915), S. 85–88; 9 (1916), S. 84–87; 10 (1917), S. 94–98; 11 (1918), S. 98–103; 12 (1919), S. 74–79; 13 (1920), S. 68–72; 15 (1922), S. 72–77.
2. A l b r e c h t, Karl: Rügen in der neuesten Dichtung. In: Unser Pommerland 8 (1923), S. 219–23.
3. R ü g e n in der Erzählung. In: Kosch, LL. III. ²1956, S. 2337f. [B.].

1119. RUHRGEBIET

1. S t a n g, Sigmund: Das Ruhrgebiet in der Dichtung. In: StdZ. 53. Bd. 105 (1922/23), S. 79f.
2. H e s s e, Otto Ernst: Das Ruhrrevier in der dt. Dichtung. Berlin 1923. 40 S. [Einl. S. 3 bis 6, sonst Anthologie].
3. W a r b u r g, Ernst: Das Ruhrgebiet in der dt. Dichtung. In: WestMh. 67. Bd. 134 (1923), S. 289–92.
4. P o t t h o f f, Adolf: Ruhrland. Das Ruhrgebiet im Spiegel der Dichtung. In: SchL. 25 (1924), S. 47–51.
5. G o t z e n, Josef: Die Ruhr und das Industriegebiet [in der dt. Lit.]. In: Rheinlandkunde II. Düsseldorf 1926, S. 125f. [B.: 22 T.: E.].
6. O e l l e r s, Werner: Das Ruhrgebiet in der erzählenden Lit. In: Gral 28 (1933/34), S. 534–40.
7. G r i s a r, Erich: Das Ruhrgebiet in der dt. Dichtung. In: Weg und Ziel. Ein Buch der dt. Sozialdemokratie. Berlin 1952, S. 141–45. [E., L.].
8. R u h r g e b i e t. In: Literarischer Führer druch die BRD. Frankfurt a. M. 1974, S. 375.
9. S t u m p p, Karl: Das Schrifttum über das Deutschtum in Russland. Eine Bibliographie. Tübingen ²1970. 74 S. [Romane, Erzählungen, Gedichte: S. 21f., 37–39, 56f.].

1120. RUINE

1. S c h m i d t, Erich: Die Ruine als dichterisches Motiv. In: DLZ. 33 (1912), Sp. 1634 bis 1636. [Überblick: 17.–19. Jh.: E., L.].
2. S t o l d t, Hans-Herbert: Geschichte der Ruinen-Poesie in der Romantik. Diss. Kiel 1925. 103 S. (Masch.). [A. a. L.].
3. K a n d e r, Lotte: Die dt. Ruinenpoesie des 18. Jhs. bis in die Anfänge des 19. Jhs. Diss. Heidelberg 1933. 107 S.

1121. RUMÄNIEN s. a. *SIEBENBÜRGEN*

1. H e l t m a n n, Adolf: Das Rumänentum im Spiegel der neueren siebenbürgisch-deutschen Prosadichtung. In: Volk im Osten 4 (1943), H. 4, S. 28–33.
2. J a c o v e s c u, Isabella: Das rumänische Volkstum in der neueren Dichtung der Siebenbürger Sachsen. Diss. Wien 1944. 188 Bl. (Masch.).

1122. RUSSLAND

1. I s e n b e c k, Heinrich: Rußland in der politischen Lyrik des vormärzlichen Deutschland. Diss. Münster 1929. 74 S. [1813–1848].

S

1123. SAALE

1. B ä r w i n k e l, Paul: Die Saale in Geschichte und Dichtung. In: Thüringen 6 (1930), S. 46–48.

1124. SAARLAND

1. S c h w e i t z e r v o n C o e l l e n, Ignaz A.: Saarland im Spiegel der Dichtung. Köln 1932. 31 S. [E., L.: 14.–20. Jh.].

1125. SABINE, SCHÖNE

1. B a r t e l t, Wilhelm: Die schöne Sabine in Sage, Dichtung und Geschichte. Neuruppin 1932. 40 S. (Veröffentlichungen d. Histor. Vereins d. Grafsch. Ruppin 5). [Bes. S. 3 bis 7; Sabine Schott, geb. 1715 u. Kronprinz Friedrich].

1126. SACHS, HANS

1. E i c h l e r, Ferdinand: Das Nachleben des Hans Sachs vom 16. bis ins 19. Jh. Leipzig 1904. 234 S. – R.: K. Drescher, DLZ. 26 (1905), Sp. 2573.
2. B a b e r a d t, Friedrich: Hans Sachs im Andenken der Nachwelt. Mit besonderer Berücksichtigung des Dramas des 19. Jhs. Halle 1906. 74 S. (Diss. Rostock 1905). [22 T.].
3. N a g e l, Willibald: Die Meistersinger in der dt. Kunst. In: –: Studien zur Geschichte der Meistersänger. Langensalza 1909, S. 198–216. (Musikalisches Magazin 27).
4. S i n g e r, Kurt: Hans-Sachs-Dramen. In: Wagner-Jb. 4 (1912), S. 52–61.
5. R o e d d e r, Edwin C.: Richard Wagners „Die Meistersinger von Nürnberg" and its literary precursors. In: Transactions of the Wisconsin Academy of Sciences, Art and Letters. 20 (!922), S. 85–129.
6. K o c h, Georg Leopold: Hans Sachs als Dramen- und Opernfigur. In: Der neue Weg 55 (1926), S. 43f.
7. S c h o t t e n l o h e r, Karl: Hans Sachs in der Dichtung. In: –: Bibliographie zur dt. Geschichte. 1517–85. II, 1935, S. 212f. [B.: 24 T.: D., E.].

1127. SACHSEN (PROVINZ)

1. S t e n d a l, Gertrud: Heimathymnen sächsischer Landschaften. In: –: Die Heimathymnen der preußischen Provinzen und ihrer Landschaften. Heidelberg 1919, S. 139–48.

1128. SACHSEN UND THÜRINGEN

1. S c h a e f e r, Gustav: Sachsen und Thüringen im Spiegel der Dichtung. Berlin 1928. 258 S.

1129. SÄKULARISATION

1. B i n d e r, Wolfgang: Grundformen der Säkularisation in den Werken Goethes, Schillers und Hölderlins. In: ZfdPh. 83 (1964), S. 42–69. Sonderh.

1130. SAELDE s. a. SCHICKSAL

1. S c h a r m a n n, Theodor: Studien über die Saelde in der ritterlichen Dichtung des 12. und 13. Jhs. Diss. Frankfurt 1935. 95 S. – R.: A. Witte, DLZ. 59 (1938), Sp. 597–99.

SÄNGER s. SCHAUSPIELER

SÄNGERKRIEG s. TANNHÄUSER

1131. SALOME s. a. JOHANNES DER TÄUFER

1. B e c k e r, Marie Luise: Salome in der Kunst des letzten Jahrtausends. In: BuW. 4 (1901/02), S. 157–65, 201–09 [D.].
2. D a f f n e r, Hugo: Salome. Ihre Gestalt in Geschichte und Kunst. Dichtung – Bildende Kunst – Musik. München 1912. 406 S. [D., E., L.]. – R.: G. A. Bogeng, ZBFr. NF. 4 (1912/13), S. 508 f.
3. R e i m a r u s Secundus: Stoffgeschichte der Salome-Dichtungen nebst einer Analyse des Marcus-Evangeliums. Leipzig 1913. 111, 199 S. (Neue Titelfassung der 1. Ausg. Leipzig 1907, 1909). [D., E., L., bes. 18–20. Jh., a. a. L.].

SALOMON UND MARKOLF s. MARKOLF

1132. SALZBURG

1. B l a a s, Erika: Salzburgs Antlitz in der Dichtung des 19. und 20. Jhs. Diss. Innsbruck 1949. 258 Bl. (Masch.). [D., E., L.].
2. S a l z b u r g in der Erzählung. In: Kosch, LL. III. ^{2}1956, S. 2374 f.

1133. SALZKAMMERGUT

1. N a d l e r, Josef: Das Salzkammergut in der dt. Dichtung. In: Viertelj. schr. Adalbert-Stifter-Inst. d. Landes Oberösterreich 3 (1954), S. 34–44.

1133 a. SAND, KARL LUDWIG

1. B u s c h, Julius: Karl Ludwig Sand [in der dt. Lit.]. In: Mannheimer Geschichtsbll. 20 (1919), Nr. 1–3. Sp. 10 f., 17.

1134. SANKT GALLEN

1. C l a r k, James M.: St. Gall in romance. In: –: The abbey of St. Gall. A centre of literature and art. Cambridge 1926, S. 259–72.

1135. SAPPHO

1. W e d d i g e n, Otto: Die dramatische Bearbeitung der „Sappho" in der dt. Lit. In: –: Aufsätze und Reden. Leipzig 1902, S. 50–55.
2. W a n d e r, Moses: Der Sapphostoff. Diss. Wien 1913. 261 Bl. (Handschr.). [D., E., L., a. a. L.].
3. W i d m a n n, Wilhelm: Sappho in der dramatischen Dichtung und Musik. In: Merker 9 (1918), S. 159–63, 193–98, 233–40.
4. R ü d i g e r, Horst: Sappho. Ihr Ruf und Ruhm bei der Nachwelt. Leipzig 1933. 203 S. (Das Erbe der Alten R. 2, H. 21). [Karschin, Grillparzer, Rilke].
5. S a p p h o. In: Frenzel, StdW. 1970, S. 655–57. [A. a. L.].

SATAN s. *TEUFEL*

1136. SAUL

1. H i r s c h b e r g, Leopold: Saul-Tragödien. In: AZtg. Judent. 74 (1910), S. 222–224, 234–36, 259–61.
2. B e r g e n t h a l, Hugo: König Saul im dt. Drama (1500–1900). Diss. Univ. of New York 1941. 180 S. (Auszug: New York 1946. 22 S.).
3. S a u l. In: Frenzel, StdW. 1970, S. 661–63. [Bes. im Drama d. 19. u. 20. Jhs.].

1137. SAVONAROLA, GIROLAMO

1. B r i e, Maria: Savonarola in der dt. Lit. Breslau 1903. 96 S. (Diss. Heidelberg). – R.: A. Fries, StVLG. 6 (1906), S. 157–60; R. Fürst LE. 7 (1904/05), Sp. 605 f.
2. T e i c h m a n n, Alfred: Savonarola in der dt. Dichtung. Berlin 1937. 127 S. (SMDL. 16, Diss. Breslau). [E., D.: 19. u. 20. Jh.: 33 T.]. – R.: H. Hillebrandt, Geistige Arbeit 5 (1938), Nr. 17, S. 4; J. H. Scholte, De Weegschaal 5 (1938/39), S. 43 f.
3. S a v o n a r o l a. In: Frenzel, StdW. 1970, S. 663–65. [D., E.: 19. u. 20. Jh.].

1138. SCHACH

1. K i e f e r, Alfred: Das Schachspiel in Lit. und Kunst. München 1958. 233 S. [Vorwiegend jedoch Anthologie].
2. W e i g a n d, Waldemar: „Daß guldin spil" in der allgemeinen dt. Lit. In: –: Das königliche Spiel. Berlin 1959, S. 31 f.

1139. SCHACHALLEGORIE

1. K l i e w e r, Heinz-Jürgen: Die ma. Schachallegorie und die dt. Schachzabelbücher in der Nachfolge des Jacobus de Cessolis. Diss. Heidelberg 1966. 266 S. [In der dichterischen Eigenart der dt. Übersetzungen].

1140. SCHÄFER UND SCHÄFEREI s. a. *HIRTE*

1. R ü h l e, Friedrich: Das dt. Schäferspiel des 18. Jhs. Diss. Halle 1885. 44 S.
2. W a l d b e r g, Max: Schäferlyrik. In: –: Die deutsche Renaissance-Lyrik. Berlin 1888, S. 83–200. [A. a. L.].
3. N e t o l i c z k a, Oskar: Schäferdichtung und Poetik im 18. Jh. Diss. Jena 1889. 61 S. (Erweitert in: Vierteljahresschr. f. Lit. Gesch. 2 (1889), S. 1–89).
4. E s k u c h e, Gustav: Zur Geschichte der dt. Idyllendichtung. Beil. z. Jahresbericht d. Realgymnasiums Siegen 1894. 27 S.

5. A n d r e e n, Gustav Albert: Studies in the idyl in German lit. Rock Island, Illinois, 1902. 96 S. (Augustana library-publications 3). [Auch Hirte, Nymphe].
6. U l l r i c h, Johann: Über die Schäferdichtungen des Gekrönten Blumenordens an der Pegnitz. Diss. Wien 1907. 106 Bl. (Handschr.).
7. N i n g e r, Karl: Dt. Schäferspiele des 17. Jhs. Diss. Wien 1923. 84 Bl. (Handschr.). [12 T.].
8. M e y e r, Heinrich: Der dt. Schäferroman des 17. Jhs. Diss. Freiburg i. Br. 1928. 136 S. – R.: A. Götze, Litbl. 50 (1929), Sp. 93f.
9. M e y e r, Heinrich: Schäferroman. In: RL. III. 1928/29, S. 151–54.
10. M e y e r, Heinrich: Schäferdichtung. In: ZDB. 5 (1929), S. 129–34.
11. S c h a u m a n n, Ursula: Zur Geschichte der erzählenden Schäferdichtung in Deutschland. Diss. Heidelberg 1931. 50 S.
12. C a r n a p, Ernst Günter: Das Schäferwesen in der dt. Literatur des 17. Jhs. und die Hirtendichtung Europas. Diss. Frankfurt 1939. 81 S. [D., E., L.].
13. M o r o t, André: Le mythe de la pastourelle allemande. In: EG. 3 (1948), S. 187–93.
14. F e u e r l i c h t, Ignace: Die dt. Idylle seit Gessner. In: MLQ. 11 (1950), S. 58–72.
15. H e e t f e l d, Gisela: Vergleichende Studien zum dt. und französischen Schäferroman. Diss. München 1954. 149 Bl. (Masch.). [17. Jh.].
16. E i k e l, Elfriede: Die Entstehung der religiösen Schäferlyrik. Von Petrarca bis Spee. Diss. Heidelberg 1956. 217 Bl. (Masch.). [A. a. L.].
17. H i r s c h, Arnold: Die Entstehung der modernen Seelenlage im Schäferroman. In: –: Bürgertum und Barock im dt. Roman. Köln ²1957, S. 89–106, 118–32. (Lit. und Leben NF. 1).
18. J a c o b e i t, Wolfgang: Der Schäfer in Lied und Spruch. In: –: Schafhaltung und Schäfer in Zentraleuropa bis zum Beginn des 20. Jhs. Berlin 1961, S. 434–471.
19. S c h ä f e r r o m a n. In: Wilpert, SdL. 1969, S. 677f.
20. A n g e r, Alfred: Deutsche Rokoko-Dichtung. Ein Forschungsbericht. In: DtVjs. 36 (1962), S. 614–48. [Schäferdichtung: S. 626–34 mit grundlegender B.].
21. B ö s c h e n s t e i n - S c h ä f e r, Renate: Idylle. Stuttgart 1967. 125 S. [Bukolisches Idyll, locus amoenus].
22. D e d n e r, Burghard: Wege zum „Realismus" in der aufklärerischen Darstellung des Landlebens. In: Wirkendes Wort 18 (1968), S. 303–19.
23. M a c h é, Ulrich: Opitz „Schäfferey von der Nimfen Hercinie" in seventeenth-century German lit. In: Essays on German lit. In honour of G. J. Hallamore. Toronto 1968, S. 34–40.
24. D e d n e r, Burghard: Topos, Ideal und Realitätspostulat. Studien zur Darstellung des Landlebens im Roman des 18. Jhs. Tübingen 1969. 176 S. (Diss. Tübingen. Studien z. dt. Lit. 16). – R.: G. Sauder, Germanistik 12 (1971), Nr. 489; H. Schlaffer, AfdA. 84 (1973), S. 185–91.
25. H o f f m e i s t e r, Gerhart: Die spanische Diana in Deutschland. Zur Rezeption des Schäferromans im 17. Jh. Diss. Univ. of Maryland 1970. 297 S. DAI. 31 (1970/71), S. 2345 A.
26. L e d e r e r, Gerda: Studien zur Stoff- und Motivgeschichte der Schäferdichtung des Barockzeitalters. Diss. Wien 1970. 651 Bl. (Masch.). [D., E., L.].
27. G a r b e r, Klaus: Forschungen zur dt. Schäfer- und Landlebendichtung des 17. und 18. Jh. In: Jb. für internationale Germanistik 3 (1971), S. 226–42.
28. H o f f m e i s t e r, Gerhart: Die spanische Diana in Deutschland. Vergleichende Untersuchungen zu Stilwandel und Weltbild des Schäferromans im 17. Jh. Berlin 1972. 209 S. (PhStQ. 68).
29. G a r b e r, Klaus: Der locus amoenus und der locus terribilis. Bild und Funktion der Natur in der dt. Schäfer- und Landlebendichtung des 17. Jhs. Köln 1974. 383 S. (Diss. Bonn. Lit. und Leben NF. 16). [A. a. L.].

SCHAM s. *SCHULD*

SCHATTENVERKAUF s. *SCHLEMIHL*

1141. SCHATTENVERLUST

1. H o f f m a n n, Ernst Fedor: Spiegelbild und Schatten. Zur Behandlung ähnlicher Motive bei Brentano, Hoffmann und Chamisso. In: Lebendige Form. Interpretationen zur dt. Lit. Festschr. f. H. E. K. Henel. München 1970, S. 167–88.

1142. SCHATZ IM BERG

1. I s e l i n, Ernesta: Die Sage vom Schatz im Berge u. ihre literarische Verarbeitung. Diss. Wien 1938. 163 Bl. (Masch.).

1143. SCHAUSPIELER s. a. *THEATER*

1. L a n d a u, Markus: Schauspieler als Bühnenfiguren. In: BuW. 3 (1901), S. 740–44.
2. B e c k e r, Marie Luise: Moderne Theaterromane. In: BuW. 10, 1 (1907/08), S. 182–90.
3. R o s e n t h a l, Friedrich: Der Schauspieler in der Lit. In: LE. 18 (1915/16), Sp. 721 bis 727, 799–806.
4. D o h s e, Hermann: Der Schauspieler im dt. Drama des 19. Jhs. Diss. Rostock 1923. 151 Bl. (Masch.).
5. P i e t s c h - E b e r t, Lilly: Die Gestalt des Schauspielers auf der dt. Bühne des 17. und 18. Jhs. Berlin 1942. 135 S. (Theatergesch. Forsch. 46, Diss. Frankfurt). – R.: W. Boehlich, ZfdPh. 69 (1944/45), S. 244–47.
6. R e i c h, John Theodor: The actor in German fiction from Goethe to Mörike (1776 to 1832). Diss. Cornell Univ. Ithaca, N. Y. 1945. 219 S.
7. S c h a u s p i e l e r. In: Schmitt, BuA. 1952, Sp. 450–68. [B.].
8. S ä n g e r. In: Schmitt, BuA. 1952, Sp. 441–47. [B.].
9. S c h a u s p i e l e r in der Erzählung. In: Kosch, LL. III. ^{2}1956, S. 2419–25. [B.].
10. R o s e n b a u m, Uwe: Die Gestalt des Schauspielers auf dem dt. Theater des 19. Jhs. mit der bes. Berücksichtigung der dramatischen Werke von H. Bahr, A. Schnitzler und H. Mann. Diss. Köln 1971. 275 S. [Auch 17. u. 18. Jh.].

SCHEIDEWEG s. *WEG*

1144. SCHEINBUSSE

1. H a r k o r t, Fritz: Die Schein- und Schattenbußen im Erzählgut. Diss. Kiel 1956. 408 Bl. (Masch. vervielf.). [A. a. L.].

1145. SCHEINTOD

1. W i l f l i n g, Maria Magdalena: Der Scheintod in der Lit., mit bes. Berücksichtigung des Dramas „Das zweite Leben" von Georg Hirschfeld und der Quelle dieses Dramas. Diss. Wien 1912. 152 Bl. (Handschr.). [A. a. L.].

1146. SCHELM s. a. *EULENSPIEGEL*

1. B e c h t o l d, A.: Schelmenroman. In: RL. Bd. 3. 1928/29, S. 164–67.
2. H a t f i e l d, Theodore M.: Some German Picaras of the 18th century. In: JEGPh. 31 (1932), S. 509–29.

3. G ü n t h e r, Helmut: Der ewige Simplizissimus. Gestalt und Wandlungen des dt. Schelmenromans. In: Welt und Wort 10 (1955), S. 1–5. [17.–20. Jh.].
4. S c h w a b - F e l i s c h, Hans: Schelme und Hochstapler. In: Akzente 3 (1956), S. 76 bis 84.
5. B e c k, Werner: Die Anfänge des dt. Schelmenromans. Studien z. frühbarocken Erzählung, Zürich 1957. 179 S. (Diss. Zürich; Zürcher Beitr. z. vergl. Lit. Gesch. 8).
6. M a j u t, Rudolf: Der Schelmenroman. In: Dt. Philologie im Aufriß. II. ²1960, Sp. 1711 bis 1724. [20. Jh.].
7. P f i s t e r, Franz Josef: Die Entwicklung des dt. Schelmenromans. Motivuntersuchungen. Diss. Univ. of Washington 1966. 305 S. DA. 27 (1966/67), S. 4263 A.
8. S c h u m a n n, Willy: Wiederkehr der Schelme. In: PMLA. 81, 1 (1966), S. 467–74. [E.].
9. M e i n e r s, Irmgard: Schelm und Dümmling in Erzählungen des dt. MA. München 1967. 214 S. (Diss. Bonn 1965, Münchener Texte u. Untersuchungen z. dt. Lit. d. MA. 20). – R.: I. Köppe, DLZ. 90 (1969), S. 409–13; H. Lixfeld, Beitr. (Tüb.) 90 (1968), S. 391 f.; R. v. Ooij, Neoph. 55 (1971), S. 105 f.
10. W i l l, Wilfried van der: Pikaro heute. Metamorphosen des Schelms bei Th. Mann, Döblin, Brecht, Grass. Stuttgart 1967. 77 S. – R.: M. Cock, MLR. 65 (1970), S. 230 f.; R. Grimm, MDU. 60 (1968), S. 181 f.
11. H e i d e n r e i c h, Helmut: Bibliographie zur pikaresken Lit. In: Pikarische Welt. Darmstadt 1969, S. 479–501. (Wege d. Forschung 163). [A. a. L.].
12. S c h e l m e n r o m a n. In: Wilpert. SdL. 1969, S. 683 f. [A. a. L.].
13. B e r n a r t, Heinz: Der dt. Schelmenroman im 20. Jh. Das Phänomen Schelm und sein Ursprung. Diss. Wien 1970. 248 Bl. (Masch.). [A. a. L., 17.–20. Jh.].
14. D i e d e r i c h s, Rainer: Strukturen des Schelmischen im modernen dt. Roman. Düsseldorf 1971. 111 S. (Diss. Zürich). [Bes. bei Th. Mann u. G. Grass.].
15. S e i f e r t, Walter: Die pikareske Tradition im dt. Roman der Gegenwart. In: Die dt. Lit. d. Gegenwart. Stuttgart 1971, S. 192–210.
16. D e m e t z, Peter: Till Eulenspiegel und seine Vetternschaft. Vom Überleben der Plebejer. In: Literatur und Kritik 8 (1973), S. 299–309. [A. a. L.].
17. A r e n d t, Dieter: Der Schelm als Widerspruch und Selbstkritik des Bürgertums. Vorarbeiten zu einer literatur-soziologischen Analyse der Schelmenlit. Stuttgart 1974. 123 S. [A. a. L.].

1147. SCHELTE UND SCHMÄHUNG

1. M ü l l e r, Ulrich: Schelte und Schmähung. In: –: Untersuchungen zur politischen Lyrik des dt. MA. Göppingen 1974, S. 464–73.

1148. SCHICKSAL

1. M i n o r, Jacob: Die Schicksals-Tragödie in ihren Hauptvertretern. Frankfurt a. M. 1883. 189 S.
2. F a t h, Jacob: Die Schicksalsidee in der dt. Tragödie. Diss. Leipzig 1895. 35 S.
3. M i n o r, Jacob: Zur Geschichte der dt. Schicksalstragödie und zu Grillparzers „Ahnfrau". In: JbGrillpGes. 9 (1899), S. 1–85.
4. A l p e r n, Naftali: Die Schicksalstragödie und ihre Parodien. Diss. Wien 1905. 88 Bl. (Handschr.).
5. S c h i c k s a l s t r a g ö d i e n. In: Goedeke 8. Bd. 8. Buch, 1. Abt. ²1905, S. 314–17. [B.: 19. Jh.].
6. C l a a s s e n, Peter A.: The fate-question in the dramas and dramatical concepts of Schiller in contrast to the real so-called fate-dramas. Diss. Univ. of Chicago 1908. 126 S.

7. G ö r l a n d, Albert: Die Idee des Schicksals in der Geschichte der Tragödie. Tübingen 1913. 149 S. [A. a. L.].
8. H e i n r i c h, Gusztáv: A német végzeldráma. [Das dt. Schicksalsdrama.] Budapest 1917. 119 S.
9. S c h m i d t, Walter: Die Schicksalstragödien des 19. Jhs. im Verhältnis zu Schillers „Braut von Messina" unter Berücksichtigung der philosophischen Grundlagen. Diss. Rostock 1922. 97 Bl. (Masch.).
10. A r n o l d, Robert Franz: Fatalistisches Schauerdrama. In: Das dt. Drama. München 1925, S. 543–56.
11. E n z i n g e r, Moritz: Das dt. Schicksalsdrama. Innsbruck 1922. 48 S. – R.: H. Schneider, AfdA. 44 (1925), S. 90f.
12. M a u t n e r, Franz Heinrich: Die Aufnahme des dt. Schicksalsdramas. Diss. Wien 1925. 152 Bl. (Masch.).
13. H i r s c h, Siegmund: Die Schicksalstragödie im Spottbild der Satire. In: ZDK. 40 (1926), S. 276–84. [19. Jh.].
14. H a n k a m e r, Paul: Schicksalstragödie. In: RL. III. 1928/29, S. 167–75.
15. K l e m a n n, Elisabeth: Die Entwicklung des Schicksalsbegriffs in der dt. Klassik und Romantik. Diss. Heidelberg 1937. 175 S.
16. P y r i t z, Hans: Mensch und Schicksal in der dt. Novelle des 20. Jhs. In: DuV. 42 (1942), H. 3, S. 76–94.
17. S t a k e m e i e r, Eduard: Der Schicksalsglaube im Spiegel der modernen Dichtung. In: –: Über Schicksal und Vorsehung. Luzern 1949, S. 96–123. [D., E., L.].
18. S a l z e r, Alois: Der Schicksalsbegriff in der mhd. Dichtung. Diss. FU. Berlin 1953. 355 Bl. (Masch.). [gelücke, heil, saelde. Nur z. T. motivgeschichtlich].
19. E n g e l m a n n, Günther: Die Geschichte als göttliche Macht (Der Schicksalsgedanke im historischen Drama). In: –: Das historische Drama im ausgehenden 19. Jh. unter dem Zeichen d. Renaissancismus u. d. nationalen Einigung. Diss. München 1957, S. 43–80.
20. H a b e r l e r, Brigitte: Die deutsche Schicksalsnovelle des 19. Jhs. Diss. Wien 1957. 389 Bl. (Masch.).
21. T h i e r g a r d, Ulrich: Schicksalstragödie als Schauerlit. Diss. Göttingen 1957. 135 Bl. (Masch.).
22. W o h l h a u p t e r, Eugen: Schicksalstragödie und Kriminalistik. In: –: Dichterjuristen III. Tübingen 1957, S. 463–68.
23. H o r s t, Karl August: Menschen und Schicksale im dt. Roman der letzten 15 Jahre. In: Universitas 17 (1962), S. 1189–96.
24. W e r n e r, Rudolf: Die Schicksalstragödie und das Theater der Romantik. Diss. München 1963. 145 S.
25. S c h i c k s a l s t r a g ö d i e. In: Wilpert, SdL. 1969, S. 684–86.
26. M i t t n e r, Ladislao: L'avvicinarsi del destino nell 'epos medio alto tedesco. In: Studi di letteratura religiosa tedesca. Firenze 1972, S. 221–44.
27. Š k r e b, Zdenko: Die deutsche sogenannte Schicksalstragödie. In: Jb. d. Grillparzer-Ges. NF. 9 (1972), S. 193–237.

1149. SCHIFF s. a. DAMPFSCHIFFAHRT, DONAUSCHIFFAHRT, SEEFAHRT, SEEMANN
1. S c h r ö d e r, Heinrich: Zur Waffen- und Schiffskunde des dt. MA. bis um das Jahr 1200. Eine kulturgeschichtliche Untersuchung auf Grund der ältesten dt. volkstümlichen und geistlichen Dichtungen. Diss. Kiel 1890. 48 S. [Schiff: S. 40–44].
2. M ü l l e r, Conrad: Mythische Wunder- und Riesenschiffe. In: –: Germanistische Erinnerungen. Der Alma Mater Vratislaviensis zum Jubelstrauß gebunden. Berlin 1911, S. 108 bis 120. [L., a. a. L.].

3. B l u m e, Bernhard: Lebendiger Quell und Flut des Todes. Ein Beitrag zu einer Literaturgeschichte des Wassers. In: arcadia 1 (1966), S. 18–30. [A. a. L.].
4. G r u e n t e r, Rainer: Das Schiff. Ein Beitrag zur historischen Metaphorik. In: Tradition und Ursprünglichkeit. Akten des 3. internationalen Germanistenkongresses 1965 in Amsterdam. Bern 1966, S. 86–101. [Auch Schiffbruch].
5. S c h m i d t k e, Dietrich: Geistliche Schiffahrt. Zum Thema des Schiffes der Buße im Spätmittelalter. In: Beitr. (Tüb.) 91 (1969), S. 357–85; 92 (1970), S. 115–77. [Nur z. T. in der Dichtung].

1150. SCHIFFBRUCH s. a. ROBINSON, SCHIFF

1. B l u m e, Bernhard: Das Bild des Schiffbruchs in der Romantik. In: Jb. d. Dt. Schillerges. 2 (1958), S. 145–61. [L.].
2. B l u m e, Bernhard: Sein und Scheitern. Zur Geschichte einer Metapher. In: GRM. 40 (1959), S. 277–87. [A. a. L.].
3. W a i s, Kurt: Die Errettung aus dem Schiffbruch. Melville, Mallarmé und einige dt. Voraussetzungen. In: DtVjs. 34 (1960), S. 21–45.

1151. SCHILDBÜRGER

1. B a u s i n g e r, Hermann: Schildbürgergeschichten. In: DU. 13 (1961), H. 1, S. 18–44.

1152. SCHILL, FERDINAND VON

1. M a k o w s k y, Emil: Ferdinand von Schill im dt. Drama und Epos. Diss. Wien 1911. 146 Bl. (Masch.).
2. K e r n, Alfred: Ferdinand von Schill in der zeitgenössischen Lit. Diss. Wien 1934. 287 Bl. (Masch.). [Z. T. in D. u. E.].
3. S c h i l l, Ferdinand v.: In: Heinzel, LhE. 1956, S. 652f.

1153. SCHILLER, FRIEDRICH VON

1. D ä h n e, Willy: Schiller im Drama und Festspiel. Meiningen 1909. 99 S. (Diss. Rostock).
2. D ä h n e, Willy: Schiller als Bühnenheld. In: BuW. 12 (1909/10), S. 140–44.
3. H i r s c h, Friedrich E.: Schiller im Roman und Drama. In: ZBFr. NF. 1 (1909/10), S. 271–82.
4. P a p p e n s c h e l l e r, Adolf: Schillers Gestalt in der Dichtung. Diss. Wien 1936. 319 Bl. (Masch.). [E.].
5. H i l s c h e r, Eberhard: Schiller in dt. Dichtung. In: WB. 2 (1956), S. 343–64. [D., E., L.].
6. V u l p i u s, Wolfgang: Schiller in künstlerischer Darstellung und in der Parodie. In: –: Schiller-Bibliographie 1893–1958. Weimar 1959, S. 506–10. [B.].
7. V u l p i u s, Wolfgang: Schiller in künstlerischer Darstellung seiner Werke in der bildenden Kunst. Schiller in der Parodie. In: –: Schiller-Bibliographie 1959–1963. Berlin 1967, S. 184–86.
8. S c h i l l e r. In: Frenzel, StdW. 1970, S. 665–67. [D., E., L.].

1154. SCHINDERHANNES *(Räuberhauptmann)*

1. S t ü c k r a t h, Otto: Der Schinderhannes und die Schinderhannesliteratur. In: Der Taunus 15 (1930), S. 134f., 145f., 159–61; 16 (1931), S. 2f., 10f., 28f., 52f., 77f.
2. B u c h h o l z, Franz: Der Schinderhannes in Geschichte, Volksphantasie und Dichtung. Diss. Bonn 1953. 160 Bl. (Masch.).

1155. SCHLACHT s. a. *KRIEG, SEESCHLACHT*
   1. S t ü m c k e, Heinrich: Die Schlacht auf der Bühne. In: —: Theater und Krieg. Oldenburg 1915, S. 116—28.
   2. H u r, Tschang-Un: Die Darstellung der großen Schlacht in der dt. Lit. des 12. und 13. Jhs. (am Beispiel von Lamprechts Alexanderlied, Veldekes Eneide, Wolframs Willehalm, des Pleier, Gavel von dem Blühenden Tal u. dem Lohengrin. Diss. München 1971. 239 S. [Kollektive kriegerische Handlung].
   3. P ü t z, Hans Henning: Die Darstellung der Schlacht in mhd. Erzähldichtungen von 1150 bis um 1250. Hamburg 1971. 226 S. (Diss. Hamburg, Hamburger Philol. Studien 15).
   4. K ü h n e m a n n, Wolfgang: Die Schlacht an der Unstrut und die Schlacht am Larkant: Einige Beobachtungen zur ma. Schlachtdarstellung in Geschichtsquelle und Dichtung. In: Getempert und gemischet. Für W. Mohr zum 65. Geburtstag. Göppingen 1972, S. 147 bis 165. (GAG. 65).
   5. K n a p p, F. P.: Die große Schlacht zwischen Orient und Okzident in der abendländischen Epik. Ein antikes Thema in ma. Gewand. In: GRM. 24 (1974), S. 129—52. [Pharsalos-Schlacht, a. a. L.].

1156. SCHLANGE
   1. H a u p t, Julius: Verflucht und angebetet. Die Schlange als Motiv und Symbol. In: Antaios 5 (1963), S. 375—96. [D., E., L.: 19. u. 20. Jh.].

1157. SCHLARAFFENLAND
   1. S c h m i d t, Erich: Das Schlaraffenland. In: —: Charakteristiken. 2. Reihe. Berlin 1901, S. 51—70.
   2. P f l e g e r, Alfred: Das Schlaraffenland im altelsässischen Schrifttum. In: Elsaßland 10 (1930), S. 167—73. [Geiler, Braut, Murner, Fischart].
   3. A c k e r m a n n, Elfriede Marie: Das Schlaraffenland in German literature and folksong. Social aspects of an earthly paradise, with an inquiry into its history in European literature. Chicago, III. 1944. 204 S. (Diss. Chicago).

1158. SCHLEGEL-SCHELLING, CAROLINE
   1. R i t c h i e, Gisela Fuhrmann: Caroline Schlegel-Schelling im biographischen Roman. Diss. Univ. of Michigan 1965. 435 S. DA. 26 (1965/66), S. 7324f.
   2. R i t c h i e, Gisela Fuhrmann: Caroline Schlegel-Schelling in Wahrheit und Dichtung. Bonn 1968. 335 S. (Abhh. z. Kunst-, Musik- u. Litwiss. 50). [E.: 19. u. 20. Jh.].

1159. SCHLEIER
   1. R o s e n f e l d, Hans-Friedrich: Handschuh und Schleier. Zur Geschichte eines literarischen Symbols. In: Societas Scientiarum Fennica, Commentationes Humanarum Litt. 23 (1957), H. 2, S. 1—38.

1160. SCHLEMIHL
   1. L u d w i g, Albert: Schlemihl. Eine Studie zum Fortleben des Chamissoschen Märchens in Deutschland und England. In: ASNS. Dt. Sonderheft 1920, S. 95—135. 142 Bd. (1921), S. 124—26 (Nachträge). [19. u. 20. Jh.].
   2. S c h l e m i h l. In: Frenzel, StdW. 1970, S. 667—69. [D., E.].

1161. SCHLESIEN s. a. OBERSCHLESIEN, RIESENGEBIRGE, RÜBEZAHL, WARMBRUNN

1. H o f f m a n n, Adalbert: Deutsche Dichter im schlesischen Gebirge. Warmbrunn 1897. 136 S. [Goethe, Günther, Körner: L.].
2. S t e n d a l, Gertrud: Die schlesische Heimathymne. – Heimathymnen schlesischer Landschaften. In: –: Die Heimathymnen der preußischen Provinzen und ihrer Landschaften. Heidelberg 1919, S. 148–61.
3. K i e f e r - S t e f f e, Margarethe: Die Schlesierin in der Dialektdichtung. In: Wir Schlesier 9 (1929), S. 558–61.
4. S c h a e f e r, Oda: Schlesische Landschaft in schlesischer Dichtung. In: Der Wanderer im Riesengebirge 52 (1932), S. 26–28.
5. S c h l e s i e n. In: Luther, DtL. 1937, Sp. 575–78 und in: Luther, LuL. 1954, Sp. 259 bis 263. [B.].
6. J e n s s e n, Christian: Der dt. Osten in der Dichtung. In: Der dt. Osten 1955, S. 7–17.
7. S c h l e s i e n in der Erzählung. In: Kosch. LL. III. ²1956, S. 2494f. [B.].
8. L u b o s, Arno: Die schlesische Dichtung im 20. Jh. München 1961. 97 S. [Auch stoffgeschichtlich, mit B.].
9. L u b o s, Arno: Zum Problem der Heimatdichtung in der Gegenwart. In: Schlesien 9 (1964), S. 85–89.

1162. SCHLESWIG-HOLSTEIN

1. D e t l e f s e n, D.: Landschaftliche Schilderungen Schleswig-Holsteins bei unseren Dichtern. Progr. Glückstadt 1899. 15 S.
2. B e n ö h r, Franz: Die politische Dichtung aus und für Schleswig-Holstein in den Jahren von 1840–64. Schleswig 1911. 153 S. (Diss. Münster).
3. S t e n d a l, Gertrud: Die schleswig-holsteinischen Heimathymnen. – Heimathymnen schleswig-holsteinischer Landschaften. In: –: Die Heimathymnen der preußischen Provinzen und ihrer Landschaften. Heidelberg 1919, S. 60–95.
4. P o h l, Erich: Schleswig-holsteinische Landschaft im Spiegel schleswig-holsteinischer Dichtung des 19. und 20. Jhs. Diss. Kiel 1924. 262 Bl. (Masch.).
5. I s e b r a n t: Schleswig-Holsteins Erhebungszeit im Roman. In: Der Schleswig-Holsteiner 9 (1928), S. 195–200.
6. A n d r e s e n, Ingeborg: Unsere Grenzlandsheimat in der erzählenden dt. Dichtung. In: Der Schleswig-Holsteiner 12 (1931), S. 341–44.
7. S c h l e s w i g - H o l s t e i n. In: Luther, DtL. 1937, Sp. 579–86 und in: Luther, LuL. 1954, Sp. 263–67. [B.].
8. S c h l e s w i g - H o l s t e i n in der Erzählung. In: Kosch, LL. III. ²1956, S. 2497–99. [B.].

1163. SCHLOSS

1. G a d w a y, John Francis: The castle in the Bildungsroman. Diss. Tulane Univ. 1972. 202 S. DAI. 33 (1972/73), S. 4341 A.

1164. SCHMERZ s. a. LEID, WELTSCHMERZ

1. Z a p p e r t, Georg: Über den Ausdruck des geistigen Schmerzes im MA. In: Denkschriften d. K. Akad. d. Wiss. Wien. Phil. hist. Kl. 5 (1854), S. 73–136. [Z. T. in der Dichtung].
2. S c h e r e r, Wilhelm: Der Ausdruck des Schmerzes und der Freude in den mhd. Dichtungen der Blütezeit. Diss. Straßburg 1908. 75 S.
3. M a c k e n s e n, Lutz: Die Dichter und der Schmerz. Posen 1943. 28 S. [Überblick].

1165. SCHMETTERLING

1. M ü n i c h, Friedrich: Vom Feuertod der Mücke. Eine Untersuchung über die Verbreitung eines lyrischen Bildes, vornehmlich in der dt. Dichtung. In: Lebendige Tradition. 400 Jahre humanist. Gymnasium in Würzburg. Würzburg 1961, S. 243–84. [L.: 17.–20. Jh.].

1166. SCHNEEKIND

1. R ö h r i c h, Lutz: Das Schneekind. In: –: Erzählungen des späten Mittelalters u. ihr Weiterleben in Lit. u. Volksdichtung bis zur Gegenwart. Bd. 1. Bern 1962, S. 204–21, 294–99.

SCHÖNE MÜLLERIN s. *MÜHLE*

1167. SCHÖNE SEELE

1. G r u n d, Anna K.: Die schöne Seele im Wandel der Zeiten. In: LE. 17 (1914/15), Sp. 65–73. [A. a. L.].
2. S c h m e e r, Hans: Der Begriff der „schönen Seele" besonders bei Wieland und in der dt. Lit. des 18. Jhs. Berlin 1926. 79 S. (GSt. 44, Teildr.: Diss. München).
3. P o h l m e i e r, Heinrich: Untersuchungen zum Begriff der schönen Seele im 18. Jh. und in der Goethezeit. Diss. Münster 1954. 175 Bl. (Masch.). [A. a. L.].

1168. SCHÖNHEIT

1. K ö h n, Anna: Das weibliche Schönheitsideal in der ritterlichen Dichtung. Leipzig 1930. 115 S. (Form u. Geist 14). – R.: K. H. Halbach, AfdA. 50 (1931), S. 148f.
2. S t e i n b e r g, Anna: Studien zum Problem des Schönheitsideals in der dt. Dichtung des MA. In: Archivum Neophilologicum 1 (1930), S. 46–60.
3. B u s e n k e l l, Martha: Das Schönheitsideal innerhalb der dt. Lit. von der karolingischen bis zur staufischen Epoche. Diss. Bonn 1941. 150 Bl. (Masch.). [600–1200].
4. L e e r s, Johann v.: Das nordische Schönheitsideal in der Minnedichtung. In: Odal 10 (1941), S. 147–54.
5. B r i n k m a n n, Hennig: Schönheitsauffassung und Dichtung vom MA. bis zum Rokoko. In: –: Studien z. Geschichte d. dt. Sprache u. Lit. II. Düsseldorf 1966, S. 289–306. Zuerst in DtVjs. 11 (1933), S. 229–50.

1169. SCHOLASTIK

1. N e u m a n n, Friedrich: Scholastik und mhd. Lit. In: Neue Jbb. f. d. klass. Altertum 25 (1922), S. 388–404.

SCHOTT, SABINE s. *SABINE, SCHÖNE*

1170. SCHRIFTSTELLER s. a. *DICHTER, JOURNALIST*

1. G r ä f e, Gerhard: Die Gestalt des Literaten im Zeitroman des 19. Jhs. Diss. Berlin 1936. 136 S. (GSt. 185).
2. S c h r i f t s t e l l e r. In: Schmitt, BuA. 1952, Sp. 480–85. [B.].

1171. SCHUBART, CHRISTIAN FRIEDRICH

1. Kr., R.: Schubart in der Dichtung. In: Schwäb. Merkur Nr. 322 v. 13. 7. 1907.

1172. SCHUBERT, FRANZ

1. B r e n d e l, U.: Schubert in Dichtung und Malerei. In: Musik 11 (1911/12), S. 280–90.
2. R o m a n o w s k i, Max: Franz Schubert in der schönen Lit. In: Börsenbl. f. d. Dt. Buchh. 95 (1928), S. 1024–25. [E.].

1173. SCHÜLER s. a. LEHRER, SCHULE

1. E w a r t, Felicie: Der Mittelschüler in Lit. u. Wirklichkeit. In: Österr. Rundschau 12 (1907), S. 123–30.
2. B a c h, Julius: Der dt. Schülerroman und seine Entwicklung. Diss. Münster 1922. 49 Bl. (Masch.).
3. D a h m e n, Hans: Lehrer und Schüler von ehedem und heute. In: Hochland 27, 1 (1929/30), S. 510–24. [E.].
4. S c h r ö d e r, A.: Schüler u. Lehrer höherer Schulen in der neueren dt. Romandichtung. In: ZDK. 45 (1931), S. 508–30. [E.: 61 T.].

1174. SCHUHMACHER

1. F ö r s t e r, Richard: Der Schuhmacher in der Lit. Leipzig 1928. 32 S. [E.].

1175. SCHULD s. a. MITSCHULD

1. C a s t, Gottlieb Charles: Tragic guilt in the modern drama. In: JEGPh. 16 (1917), S. 515–40. [A. a. L.].
2. F ü r s t, Ludwig: Schuld und Sühne in der dt. Literatur. In: Lit. 26 (1923/24), S. 455 bis 457.
3. E n g e l, Marcel: Schuld und Scham in der neuen deutschen Lit. In: Les cahiers Luxembourgeois (1952), S. 19–33.
4. G ö t z, Franz: Das Schuldproblem in der christlichen Gegenwartsdichtung. Unter bes. Berücksichtigung der dt. Lit. Diss. Freiburg i. Br. 1955. 244 Bl. (Masch.).
5. F r i t z, Kurt v.: Tragische Schuld und poetische Gerechtigkeit in der griechischen Tragödie. In: –: Antike u. moderne Tragödie. Berlin 1962, S. 1–112. [Auch im dt. Drama].
6. S t a i g e r, Emil: Charakter und Schuld in der Tragödie. In: Schuld, Verantwortung, Strafe im Lichte der Theologie, Jurisprudenz, Soziologie, Medizin und Philosophie. Zürich 1964, S. 17–36. [Bes. 18. u. 19. Jh.]
7. K o p p e r s c h m i d t, Josef: „Schuldhafte Schuldlosigkeit". Das Thema „Schuld" in der modernen Lit. In: Der Mensch am Ende der Moral. Düsseldorf 1971, S. 35–61. [D., E.].
8. K u r z, Paul Konrad: Das Böse und die Schuld in der zeitgenössischen Lit. In: StdZ. 97 (1972), S. 20–34 u. in: –: Über moderne Lit. Standorte und Deutungen. Frankfurt a. M. 1973, S. 106–28.
9. G e i g e r, Heinz: Widerstand und Mitschuld. Zum dt. Drama von Brecht bis Weiß. Düsseldorf 1973. 202 S. (Diss. Bochum 1970, Lit. in der Gesellschaft 9).

1176. SCHULE s. a. GYMNASIUM, JUGEND, KIND, LEHRER, SCHÜLER

1. L o r e n z, Karl: Die Schule im Spiegelbild unserer heutigen Dichtung. In: Der Säemann 3 (1907), S. 185–92, 201–10. [E.].
2. E h l e n, Leo: Die Schule in der modernen Literatur: In: Mitt. d. literarhistorischen Gesellschaft Bonn 5 (1910), S. 229–51. [E.].
3. L i e p m a n n, Hans W.: Gemeinschaftsprobleme der Schule im Roman. In: Lit. 32 (1929/30), S. 612f.

4. S c h ä f e r, Adelheid: Jugend und Schule im Schrifttum der Gegenwart. In: Allg. dt. Lehrerztg. 59 (1930), S. 657–59. [E.].
5. G ü r t l e r, Johannes: Die höhere Schule im Spiegel des neuen Romans. In: MHSch. 30 (1931), S. 19–38.
6. L e m b e r t, R.: Spiegel und Wirklichkeit. Eine Betrachtung über die Wertung der höheren Schule in dem modernen Roman. In: Bayr. Bll. f. d. Gymnasial-Schulwesen 67 (1931), S. 129–53.
7. T s c h u l i k. Werner: Die höhere Schule in der Dichtung der Gegenwart. In: Österr. päd. Warte 26 (1931), S. 220–22, 255–57. [E.].
8. H o h m a n n, Walter: „Schule und Jugend" im Spiegel der neuesten Lit. In: Dt. Philologenbl. 40 (1932), S. 341–45, 355–58.
9. H i c k s, William C. R.: The school in English and German fiction. Diss. Erlangen 1933. 138 S. [Dt. Lit.: S. 62–119 mit B. S. 129–37, bes. E.].
10. K u n k e l, J. E.: Der Eintritt in die Schule. Wie unsere Dichter diese Zeit erlebten und wie sie darüber dachten. Zus. gest. In: Der dt. Volkserzieher 1 (1936), S. 401–06.
11. W i n d o r p s k i, Lieselotte: Das Schulerlebnis in dt. Romanen seit 1900. Diss. Halle 1957. 248 Bl. (Masch.).
12. G r e g o r - D e l l i n, Martin: Vor dem Leben. Schulgeschichten von Th. Mann bis H. Böll. München 1965. 304 S. [Nachwort d. Hrsg.: S. 292–302].
13. K n e b e l, Hajo: Schule und Lehrer im Spiegel des zeitgenössischen Theaters. In: Unsere Volksschule 19 (1968), S. 303–13. [D., E., a. a. L.].
14. B e r t s c h i n g e r, Thomas: Das Bild der Schule in der dt. Lit. zwischen 1890 und 1914. Zürich 1969. 205 S. (Diss. Zürich. Zürcher Beitr. z. Pädagogik 9). [E., D.].
15. K a y s e r, Hans Christoph: Bild und Funktion der Schule in der dt. Lit. um die Wende zum 20. Jh. Diss. Washington Univ. 1969. 279 S. DAI. 30 (1969/70), S. 3011 A.
16. A n d r e w s, R. C.: The German school-story. Some observations on P. Schallück and Th. Valentin. In: GLL. 23 (1969/70), S. 103–112.
17. R i e s, Heidi: Vor der Sezession. Untersuchungen zur Schul- und Kadettengeschichte um die Jahrhundertwende. Diss. München 1970. 222 S.
18. H e l m k e, Henry Conrad: The image of the school in contemporary German lit. Diss. Ohio State Univ. 1971. 175 S. DAI. 32 (1971/72), S. 1513 A.
19. Die S c h u l e in der Lit. Hrsg. v. Karl Ernst Maier. Bad Heilbrunn, Obb. 1972. 196 S. [Nachwort d. Hrsg.: S. 184–94.].

1177. SCHWABEN
1. F i s c h e r, Hermann: Beiträge z. Litteraturgeschichte Schwabens. 1. u. 2. Reihe. Tübingen 1891. 1899. 246 S., 248 S. [Z. T. stoffgeschichtlich].
2. K r a u ß, Rudolf: Schwäbische Litteraturgeschichte in 2 Bdn. Freiburg 1897. 1899. 431 S., 495 S. [Auch stoffgeschichtl. Hinweise].
3. K e l l e r, Albrecht: Die Schwaben in der Geschichte des Volkshumors. Freiburg i. Br. 1907. 388 S. [A. a. L.].
4. F i s c h e r, Hermann: Die schwäbische Literatur im 18. u. 19. Jh. Tübingen 1911. 191 S. [Z. T. stoffgeschichtlich].
5. G r ä n t z, Fritz: Die dt. Landschaft in der schwäbischen Dichtung. In: ZDU. 32 (1918), S. 385–407.
6. G u m b e l, Hermann: Das Schwäbische in der schwäbischen Dichtung. In: DtVjs. 9 (1931), S. 504–33.
7. S c h w a b e n. In: Luther, DtL. 1937, Sp. 589–93. [B.].
8. M a i e r, Emil: Erzählungen aus der Frühzeit der Schwaben. Art und Wert ihrer Geschichtsdarstellung. In: Zs. f. württ. Landesgesch. 3 (1939), S. 216–34.
9. S c h w a b e n. In: Luther, LuL. 1954, Sp. 267–70. [B.].

10. S c h w a b e n in der Erzählung. In: Kosch, LL. III. ²1956, S. 2650f. [B.].
11. H o l e, Gerlinde: Heimatbewußtsein. In: —: Historische Stoffe im volkstümlichen Theater Württembergs seit 1800. Stuttgart 1964, S. 139–75, 192–94. [B.].

1178. SCHWABENSTREICH

1. H a r d e r, Franz: Ein Schwabenstreich. (Hieb von oben bis unten). In: ZVVolksk. 37/38 (1927/28), S. 107–111. [Mhd. L.].

1179. SCHWÄBISCHE ALB

1. F u s s, Karl: Die Alb in der Dichtung. In: Die Schwäbische Alb. Hrsg. von Georg Wagner. Essen 1958, S. 155–57. (Deutsche Landschaft 5).
2. B a u s i n g e r, Hermann: Die Alb in der Dichtung seit der Mitte des 19. Jhs. In: Die Schwäbische Alb in Dichtung u. Malerei. Stuttgart 1964, S. 58–72. [E., L.].
3. W i d m a n n, Hans: Die Schwäbische Alb in älterer Dichtung. In: Die Schwäbische Alb in Dichtung und Malerei. Stuttgart 1964, S. 1–14.
4. W i d m a n n, Hans: Die Schwäbische Alb in der Dichtung vom 18. bis z. Mitte des 19. Jhs. In: Die Schwäbische Alb in Dichtung und Malerei. Stuttgart 1964, S. 41–57.

1180. SCHWÄRMER

1. L a n g e, Victor: Zur Gestalt des Schwärmers im dt. Roman des 18. Jhs. In: Festschr. f. R. Alewyn. Köln 1967, S. 151–64. [Überblick].

1181. SCHWAN

1. H e i n i s c h, Klaus J.: Das Motiv des Schwanengesangs in der Dichtung. In: —: Antike Bildungselemente im frühen dt. Minnesang. Diss. Bonn 1934, S. 73–84.
2. L o h n e r, Edgar: Das Bild des Schwans in der neueren Lyrik. In: Aufsätze z. dt. und europäischen Lit. Festschr. f. B. Blume. Göttingen 1967. S. 297–322. [A. a. L.].

1182. SCHWANGERE

1. K a h n, Fritz: Das Versehen der Schwangeren in Volksglaube und Dichtung. Frankfurt a. M. 1912. 66 S. (Diss. Berlin 1913). [In der Dichtung: S. 55–64].

SCHWANRITTER s. *LOHENGRIN*

1183. SCHWARZ-ROT-GOLD

1. B u s c h, Otto: Schwarz-Rot-Gold in der dt. Dichtung. In: —: Die Farben der Bundesrepublik Deutschland. Frankfurt a. M. ²1954, S. 75–143. [L.].

1184. SCHWARZE SPINNE

1. H u g h e s, G. T.: Die Schwarze Spinne as fiction. In: GLL. 9 (1955/56), S. 250–60.

1185. SCHWARZWALD

1. K i e f e r, Otto: Der Schwarzwald im Spiegel deutscher Lit. In: Die Pyramide. Wochenschrift z. Karlsruher Tagblatt 10 (1921), Nr. 28, S. 221–23. [E.].
2. G o t z e n, Josef: Schwarzwald und Baden [in der dt. Literatur]. In: Rheinlandkunde II. Düsseldorf 1926, S. 118f. [B.: 41 T.: E.].

3. S c h w a r z w a l d. In: Luther, DtL. 1937, Sp. 595–600. [B.].
4. S c h w a r z w a l d in der Erzählung. In: Kosch, LL. III. ²1956, S. 2662f. [B.].

1186. SCHWEDEN

1. A l k e r, E.: Schweden in der dt. Dichtung. WestMh. 70 (1926), S. 398–400.

1187. SCHWEIGEN

1. S p a t s c h e k, Dieter Wilhelm: Schweigen-Sprache-Stummheit im romantischen Erzählwerk. Diss. Erlangen-Nürnberg 1968. 242 S.

1188. SCHWEIZ s. a. REVOLUTION

1. T r ö s c h, Ernst: Die helvetische Revolution im Lichte der deutsch-schweizerischen Dichtung. Leipzig 1911. 228 S. (UNSpLG. NF. 10). – R.: A. Gessler, LE. 14 (1911–12), Sp. 1085f.
2. B o h n e n b l u s t, Gottfried: O mein Vaterland. Die Schweiz im heimischen Liede des 14. bis 20. Jhs. Zürich 1919. 133 S. [Einführung S. 1–9].
3. L a n d o l f, Gottlieb: Von den Anfängen der Eidgenossenschaft in Geschichte und Dichtung. In: Die Schweizerische Volkshochschule 4 (1925/26), S. 44–48, 112–21, 140–57.
4. A e p p l i, Ernst: Zur Schweizerdichtung der Gegenwart. In: ZDK. 41 (1927), S. 425 bis 434.
5. G u d d e, Erwin Gustav: The Swiss struggle for independence in popular poetry. In: JEGPh. 34 (1935), S. 530–52. [L.: 14./15. Jh.].
6. S c h w e i z. In: Luther, DtL. 1937, Sp. 601–05. [B.].
7. D r e y e r, Aloys: Geschichte der alpinen Lit. München 1938. 159 S. (25. Jahresgabe d. Gesellsch. alpiner Bücherfreunde). [A. a. L.].
8. T h ü r e r, Georg: Schweizer Art im alemannischen Gedicht (in Glarner Mundart). In: Lob der dt. Sprache. Berlin 1941, S. 15–23.
9. B e t t e x, Albert: Der schweizerische Staat im Urteil neuerer dt. Dichter und Schriftsteller. In: Schweizer. Hochschulzeitung 15 (1941/42), S. 76–97. [E.].
10. S c h w e i z. In: Luther, DtG. 1943, Sp. 51f. [B.].
11. L i e b i, Alfred: Das Bild der Schweiz in der dt. Romantik. Diss. Bern 1946. 191 S. (Sprache u. Dichtung 71).
12. A l d e r, Hans-Jakob: Le paysage suisse vu par les écrivains allemands entre 1750 et 1800. Contribution à l' étude du sentiment de la nature au XVIIIe siècle. Th. lettres. Univ. Paris 1950.
13. B e t t e x, Albert: Spiegelungen der Schweiz in der dt. Lit. 1870–1950. Zürich 1954. 223 S. ²1963. [Werke von 231 Autoren]. – R.: E. Rose, GR. 31 (1956), S. 157f.
14. S c h w e i z. In: Luther, LuL. 1954, Sp. 275–80. [B.].
15. A b b é, Derek v.: The Swiss in German literary history. In: GLL. 9 (1955/56), S. 100 bis 109.
16. S c h w e i z im Drama und in der Erzählung. In: Kosch, LL. III. ²1956, S. 2667f. [B.].
17. L i n d e r, Heinz-Peter: Die schweizerische Gegenwart im modernen Roman d. dt. Schweiz. Diss. Bern 1957. 149 S. [1918–1939].
18. S t r i c k e r, Hans: Die Selbstdarstellung des Schweizers im Drama des 16. Jh. Bern 1961. 172 S. (Diss. Bern. Sprache u. Dichtung NF. 7).

1189. SCHWERIN

1. S c h r o e d e r, Edmund: Schwerin in der Heimatdichtung. In: Mecklenburg. Mhe. 12 (1936), S. 189–93.

SCHWERMUT s. *MELANCHOLIE*

1190. SCHWERT s. a. *SPEER*
   1. M e s c h k e, Kurt: Der Schwerttanz im germanischen Kulturkreis. Diss. Greifswald 1931. 225 S.

SCHWERTLEITE s. *RITTER*

1191. SCHWIMMEN
   1. R o s s, Werner: Vom Schwimmen in Seen und Flüssen. Lebensgefühl und Lit. zwischen Rousseau und Brecht. In: arcadia 3 (1968), S. 262–91. [A. a. L.].

1192. SCHWINDSUCHT
   1. W e i s f e r t, Julius Nikolaus: Das Problem des Schwindsuchtskranken in Drama und Roman. In: Dt. Journalistenspiegel 3 (1927), S. 579–82.

1193. SEDAN
   1. K ü s e l, Eduard: Die Schlacht von Sedan im dt. Liede. Gumbinnen 1880. 32 S.
   2. K ü s e l, Eduard: Die Einzugs- und Sedan-Dramen. In: –: Volkslied und Drama von 1870–1871. 4 Vorträge. Gumbinnen 1882, S. 152–73.

1194. SEEFAHRT
   1. F u c h s, Reinhold: Seefahrt und Dichtung. In: Die Flotte 7 (1904), S. 3–5 [L.].
   2. K o c h, Joseph: Das Meer in der mhd. Epik. Diss. Münster 1910. 99 S.

1195. SEELENLEBEN
   1. A u l h o r n, Edith: Zur Gestaltung seelischer Vorgänge in neuerer Erzählung. In: Vom Geiste neuer Literaturforschung. Festschr. f. O. Walzel. Berlin 1924, S. 70–79.
   2. S c h m i t z, Günther: Der Seelenaufschwung in der dt. Romantik. Diss. Münster 1935. 85 S.
   3. B e i n l i c h, Alexander: Kindheit und Kindesseele in der dt. Dichtung um 1900. Diss. Breslau 1937. 130 S. (Spr. u. Kultur d. germ. u. rom. Völker B. 23). – R.: E. Darge, Lit. 41 (1938/39), S. 505 f.; E. Horbach, De Weegschaal 6 (1939/40), S. 108; W. Kohlschmidt, AfdA. 60 (1941), S. 139.
   4. A r n d t, Ingeborg: Die seelische Welt im Roman des 18. Jhs. Diss. Gießen 1940. 83 S.
   5. F i c k e l, Maria Erika: Die Bedeutung von „sele", „lip" und „herze" in der frühmhd. Dichtung und in den Texten der mhd. Klassik. Diss. Tübingen 1949. 261 Bl. (Masch.).
   6. K e i s t, Erika: Abnormes Seelenleben als dramatisches Ausdrucksmittel. Beitr. zur Darstellung der Geisteskrankheit im dt. Drama. Diss. Wien 1950. 169 Bl. [18. u. 20. Jh.].
   7. E b n e r, Franz: Das Seelenleben des Kindes und des Jugendlichen in der dt. sprachigen Erzählung des 20. Jhs. Diss. Wien 1953. 151 Bl. (Masch.).
   8. M ü l l e r, Günther: Geschichte der dt. Seele. Vom Faustbuch zu Goethes Faust. Repr. Darmstadt ^{3}1967. 494 S. 1. Aufl. 1939.
   9. W a g n e r, Gerhard: Die Entwicklung des psychologischen Romans in Deutschland von der Mitte des 18. Jhs. bis zum Ausgang der Romantik. Diss. Wien 1965. 318 Bl. (Masch.).

SEELENWANDERUNG s. *WIEDERVERKÖRPERUNG*

1196. SEEMANN s. a. *FLIEGENDER HOLLÄNDER*
   1. S e e m a n n. In: Schmitt, BuA. 1952, Sp. 487–502. [B.].

1197. SEESCHLACHT
   1. R a y m a n n, Heinz: Die Gestaltung der modernen Seeschlacht bei Lersch, Goering und Winckler. In: LE. 21 (1918/19), Sp. 13–17.

1198. SEGEN
   1. M o s e r, Hugo: Vom Weingarten Reisesegen zu Walthers Ausfahrtsegen. Gereimte Gebetssegen des frühen u. hohen MA. Festschr. Karl-Gasterstädt 1961. In: Beitr. (Halle) 82 (1961), S. 69–89, Sonderbd.

1199. SEHNSUCHT
   1. F r i e d e m a n n, Käte: Die romantische Sehnsucht. In: ZDU. 30 (1916), S. 353–62.
   2. S k o r n a, Hans Jürgen: Romantische Sehnsucht. In: –: Das Wanderermotiv im Roman der Goethezeit. Diss. Köln 1961, S. 108–19.

1200. SELBSTBEWUSSTSEIN
   1. K u r z, Paul Konrad: Selbst- und Weltbewußtsein des Menschen in der dt. Lyrik nach 1945. In: Moderne Lit. und christlicher Glaube. Würzburg 1968, S. 13–60.

1201. SELBSTMORD
   1. B r e n n i n g, Emil: Der Selbstmord in der Literatur. Bremen 1885. 18 S.
   2. T h a l h a m m e r, Erwin: Das Selbstmordmotiv im dt. Drama des 19. Jhs. Diss. Wien 1925. 112 Bl. (Masch.).
   3. R o s t, Hans: Bibliographie des Selbstmords. Augsburg 1927. 391 S. [B. für d. dt. Lit.: S. 309–14].
   4. D u c h o n, Gertrude: Die Funktion des Selbstmordes im dt. Drama vom 17. bis 19. Jh. Diss. Wien 1931. 167 Bl. (Masch.).
   5. B u h l, Wolfgang: Der Selbstmord im dt. Drama vom MA. bis zur Klassik. Diss. Erlangen 1951. 185 Bl. (Masch.).
   6. M o n a t h, Wolfgang: Das Motiv der Selbsttötung in der dt. Tragödie des 17. und frühen 18. Jh. Von Gryphius bis Lessing. Diss. Würzburg 1956. 213 Bl. (Masch.).
   7. S c h a e r, Wolfgang: Der Weg vom bürgerlichen Trauerspiel zum bürgerlichen Schauspiel. In: –: Die Gesellschaft im dt. bürgerlichen Drama des 18. Jhs. Bonn 1963, S. 7–12.
   8. H i n u m, Manfred: Der Selbstmord in der Dichtung des Vormärz. In: –: Die Stellung zum Selbstmord in der Lit. des Vormärz. Diss. Wien 1963, Bl. 75–226. (Masch.). [1815–1848].
   9. J o s t, Français: Littérature et suicide. De Werther à Madame Bovary. In: RevLittcomp. 42 (1968), S. 161–98. [A. a. L.].

1202. SELBSTPORTRÄT, LITERARISCHES
   1. K i r c h e i s e n, Friedrich Max: Die Geschichte des literarischen Porträts in Deutschland 1. Von den ältesten Zeiten bis zur Mitte des 12. Jh. Leipzig 1904. Teil 1, S. 1–43.
   2. K a r s t e n, Otto: Selbstdarstellungen dt. Dichter. In: Lit. 37 (1934/35), S. 193–95.
   3. G r e a t w o o d, Edward Albert: Die dichterische Selbstdarstellung im Roman des Jungen Deutschland. Berlin 1935. 175 S. (Neue Forschung 27). – R.: E. M. Butler, MLR. 32 (1937), S. 128f.

4. R o s e n f e l d, Hellmut: Portrait und Urbild. Ein epigrammatisches Motiv von der Antike bis zur Klassik. In: ASNS. Bd. 169 (1936), S. 165–75. [L.: 17. u. 18. Jh.].
5. H a r t m a n n, Ursula: Typen dichterischer Selbstbiographien in den letzten Jahrzehnten. Diss. Breslau 1940. 115 S. [18. T.].

1203. SELBSTREFLEXION

1. W e b e r, Ernst: Die poetologische Selbstreflexion im dt. Roman des 18. Jhs. Stuttgart 1974. 208 S. (Diss. München 1971. Studien z. Poetik u. Geschichte d. Lit. 34).

SELIGE INSEL s. *TAHITI*

1204. SEMIRAMIS

1. S e m i r a m i s. In: Frenzel, StdW. 1970, S. 672–75. [A. a. L.].

1205. SEMMELWEIS, IGNAZ PHILIPP

1. S c h e r e r, Anton: Semmelweis als Roman- und Dramenfigur. In: Südostdt. Vierteljahrsbll. 9 (1960), S. 108f.

1206. SENDLINGER SCHLACHT *(1705)*

1. D r e y e r, Aloys: Die Verherrlichung der Sendlinger Mordweihnacht in der Poesie. In: –: Die Sendlinger Mordweihnacht in Geschichte, Sage und Dichtung. München 1906, S. 56–79. [19. Jh.].

1207. SENDUNGSIDEE, DEUTSCHE

1. H o f, Walter: Der Gedanke der dt. Sendung in der dt. Lit. Gießen 1937. 145 S. (Diss. Giessen. GBDPh. 50). [18.–20. Jh.]. – R.: A. Gode v. Aesch, GR. 13 (1938), S. 154f.
2. B u r g e r, Heinz Otto: Die dt. Sendung im Bekenntnis der Dichter. In: Von dt. Art in Sprache u. Dichtung. 5. Stuttgart 1941, S. 305–39. [12.–20. Jh.].

1208. SEVERIN, HEILIGER

1. K r z i s c h, Martha: Die Gestalt des hl. Severin in der dt. Lit. Diss. Wien 1950. 129 Bl. (Masch.). [D., E., L.: 19. u. 20. Jh.].

1209. SEXUALPROBLEM

1. S t ü m c k e, Heinrich: Das Sexualverbrechen in der dramatischen Dichtung. In: Zs. f. Sexualwissenschaft 2 (1915/16), S. 305–22. [A. a. L.].
2. L e w a n d o w s k i, Herbert: Das Sexualproblem in der modernen Lit. und Kunst. Dresden 1927. 361 S. [A. a. L.].
3. K l o s e, Hans-Ulrich: Sexus und Eros in der dt. Novellendichtung um 1900. Diss. Breslau 1941. 124 S.
4. K ü g l e r, Hans: Geschlecht und Zeit. Strukturen der Sexualität in der zeitgenössischen Dichtung. In: –: Weg und Weglosigkeit. Heidenheim 1970, S. 187–207.

1210. SHAKESPEARE, WILLIAM

1. L i e b a u, Gustav: Shakespeare [in der dt. Lit.]. In: –: König Eduard III. von England im Lichte europäischer Poesie. Heidelberg 1901, (Anhang) S. 91–96. (AF. 6). [B.: 53 T.: D., E., L.].

2. L u d w i g, Albert: Shakespeare als Held dt. Dramen. In: JbDShG. 54 (1918), S. 1—21.
3. M e r b a c h, Paul Alfred: Shakespeare als Romanfigur. In: JbDShG. 58 (1922), S. 83 bis 98.
4. H e c k e r, Max: Shakespeares Bild im Spiegel dt. Dichtung. In: JbDShG. 68 (1932), S. 36—55. [D., E.].
5. S h a k e s p e a r e. In: Frenzel, StdW. 1970, S. 675—77. [A. a. L.].

1211. SICKINGEN, FRANZ VON s. a. HUTTEN, ULRICH VON

1. B u c h h e i t, Gert: Sickingens literarisches Porträt. In: ZDK. 46 (1932), S. 231—36.
2. S c h o t t e n l o h e r, Karl: Franz von Sickingen, Dichtung. In: —: Bibliographie zur dt. Geschichte. 1517—85. II. 1935. S. 275f. [B: 14 T.: D., E.].
3. B e c k e r, Albert: Das Hutten-Sickingen-Bild im Zeitenwandel. In: Bll. f. pfälz. Kirchengesch. 11 (1935), S. 114—23 und in: —: Hutten-Sickingen im Zeitenwandel. Heidelberg 1936. 40 S. (Beitr. z. Heimatkunde der Pfalz 16) [D., E.].

1212. SIEBEN WEISE MEISTER

1. S c h m i t z, Jakob: Die ältesten Fassungen des dt. Romans von den sieben weisen Meistern. Diss. Greifswald 1904. 124 S.

1213. SIEBENBÜRGEN

1. L i n d e n, Walther: Siebenbürgisch-sächsisches Volksschicksal in der Dichtung. In: NL. 36 (1935), S. 535—48.
2. W o l p e r t, Antonia: Das siebenbürgisch-sächsische Volk im Spiegel seines heimatlichen Schrifttums. Berlin 1940. 164 S. (Neue dt. Forschungen, Abt. Volkslehre u. Gesellschaftskunde 14). [Z. T. stoffgeschichtlich]. — R.: H. Lülfing, DLZ. 62 (1941), Sp. 658—61.
3. S i e b e n b ü r g e n in der Erzählung. In: Kosch, LL. III. ²1956, S. 2714f. [B.].

1214. SIEBENGEBIRGE

1. M e t t e r n i c h, Tony: Königswinter und das Siebengebirge in der rheinischen Dichtung. Königswinter 1935. 40 S.

SIEBENJÄHRIGER KRIEG s. KRIEG

1215. SIEBENSCHLÄFER

1. K o c h, John: Die Siebenschläferlegende, ihr Ursprung und ihre Verbreitung. Leipzig 1883. 215 S. [In dt. Lit.: S. 193—203].

SIEDLUNG s. KOLONISATION

1216. SIEGFRIED s. a. BRÜNHILD, NIBELUNGEN

1. F r a n k e, Hans: Siegfried und Brunhilde im Drama. In: Lit 37 (1934/35), S. 346—348. [19./20. Jh., bes. Hebbel, P. Ernst, E. Bacmeister].
2. B ö h m, Ilse: Die Siegfriedforschung und -dichtung bis 1850. Diss. Wien 1939. 88 Bl. (Masch.).
3. B u n g e, Eldo F.: Siegfried in German Literature. In: PhilQu. 19 (1940), S. 29—65. [1557—1937: 119 T.].

SILBERLINGE s. *SÜNDENLOHN*

1217. SIMSON

1. W i d m a n n, W.: Simson und Dalila in der dramatischen Dichtung. In: Schwäb. Merkur Nr. 564 v. 2. 12. 1911, S. 1 f.
2. G e r l a c h, Kurt: Der Simson-Stoff im dt. Drama. Berlin 1929. 108 S. (GSt. 78). [49 T.: 16.–20. Jh.]. Repr. Nendeln 1967.
3. T i s s o t, Will: Simson und Herkules in den Gestaltungen des Barock. Diss. Greifswald 1932. 146 S. [D., E.].
4. S i m s o n. In: Heinzel, LhE. 1956, S. 677–79. [B.].
5. S i m s o n. In: Frenzel, StdW. 1970, S. 682–86. [D., E., a. a. L.].
6. K i r k c o n n e l l, Watson: That invincible Samson. The theme of Samson Agonistes in world lit. with translations of the major analogues. Toronto 1964. 218 S. [A. a. L.].

1218. SINNBILDLICHES

1. S c h ö n e, Albrecht: Emblematik und Drama im Zeitalter des Barock. München ^{2}1968. 247 S.

1219. SIRENENGESANG

1. P o l i t z e r, Heinz: Das Schweigen der Sirenen. In: DtVjs. 41 (1967), S. 444–67.

1220. SKANDINAVIEN

1. R a b s a h l, Martha-Maria: Die skandinavische Landschaft in den Werken von Theodor Mügge und in den Reisebeschreibungen und Romanen bis zur Mitte des 19. Jhs. Diss. Breslau 1941. 93 S.

1221. SKLAVEREI s. a. *SPARTACUS*

1. W o o d s o n, LeRoy H.: American Negro slavery in the works of Friedrich Strubberg, Friedrich Gerstäcker und Otto Ruppius. Washington 1949. 340 S. (Cath. Univ. of America Studies in lit. 22). – R.: J. T. Krumpelmann, MDU. 43 (1951), S. 243; A. J. Prahl, MLN. 65 (1950), S. 214f.
2. C r o n h o l m, Anna-Christie: Die nordamerikanische Sklavenfrage im dt. Schrifttum des 19. Jhs. Diss. FU. Berlin 1958. 107 S. [Bes. Kap. VIII: Sklavenromane S. 76–85.].

1222. SLAWEN

1. S t a u d, Friederika: Die Auffassung der Slawen in der dt. Lit. zu Beginn des 19. Jhs. Ihre Herkunft, Gegenwart u. Sendung. Diss. Wien 1940. 203 Bl. (Masch.).

1223. SLOWENEN

1. K n i t t e l, Ottilie: Die slowenische Frage in der Dichtung der Alpenländer. Diss. Wien 1938. 160 Bl. (Masch.).

1224. SOEST

1. S c h r ö d e r, Ludwig: Soest in der Literatur. In: Niedersachsen 12 (1906/07), S. 286 bis 288.

1225. SOHN s. a. *VATER UND SOHN, VERLORENER SOHN*

1. S c h r ö d e r, Franz Rolf: Der Sohnesgedanke in alter und neuer Zeit. In: GRM. 37 (1956), S. 193–213. [A. a. L.].

1226. SOKRATES

1. B r e n n i n g, Emil: Die Gestalt des Sokrates in der Lit. des vorigen Jhs. In: Festschr. d. 45. Versammlung dt. Philologen. Bremen 1899, S. 421–81. [2. Teil in der Dichtung].
2. H e r t e l, Wolf: Sokrates in der dt. Dichtung der Aufklärung. Ein Beitr. zur Geistesgeschichte des 18. Jhs. Diss. München 1921. 116 Bl. (Masch.).
3. A b m a, Erik: Sokrates in der dt. Lit. Nymwegen 1949. 171 S. (Dt. Quellen u. Studien 19). [D., L.: 19. u. 20. Jh.: 34 T.]. – R.: K. v. Fritz, GR. 25 (1950), S. 225–27; J. H. Scholte, Neoph. 36 (1952), S. 59.
4. S o k r a t e s. In: Heinzel, LhE. 1956, S. 681–83. [B.].
5. S o k r a t e s. In: Frenzel, StdW. 1970, S. 693f. [D., E.].

1227. SOLDAT s. a. *OFFIZIER*

1. A l y: Der Soldat im Spiegel der Komödie. In: PrJbb. Bd. 79 (1895), S. 467–87. [A. a. L.].
2. S t o c k m a y e r, Karl Hayo von: Das dt. Soldatenstück des 18. Jhs. seit Lessings Minna von Barnhelm. Weimar 1898. 125 S. (LF. 10). [260 T.]. – E.: F. E. Hirsch, AfdA. 28 (1902), S. 70f.
3. G l e i c h e n - R u ß w u r m, Alexander v.: Von „Minna von Barnhelm" zum „Zapfenstreich". In: LE. 6 (1903/04), Sp. 921–26.
4. P a n z e r, Friedrich: Deutsche Soldatenlieder. In: ZDU. 29 (1915), S. 11–33.
5. Z o b e l t i t z, Fedor v.: Der dt. Soldatenroman. In: VelKlMhh. 39, 1 (1924/25), S. 569–72.
6. B e y e r, Paul: Vom letzten Soldatenlied. In: Euph. 29 (1928), S. 175–90.
7. R e u s c h e l, Karl: Soldatenlied. In: RL. III. 1928/29, S. 244f.
8. S c h u h m a c h e r, Wilhelm: Leben und Seele unseres Soldatenlieds im Weltkrieg. Frankfurt a. M. 1928. 253 S. (Dt. Forschungen 20; Diss. Heidelberg 1922).
9. O s t e n, Hans: Das Soldatendrama im Zeitalter des Naturalismus. In: ZDB. 6 (1930), S. 195–203.
10. S i n g e r, Ernest: Der Soldatenhandel dt. Fürsten im 18. Jh. in der schönen Lit. Diss. Wien 1935. 213 S. (Masch.).
11. H a n s e n, Wilhelm: Das Soldatenlied. In: Die dt. Soldatenkunde 1. Leipzig 1937, S. 426–72.
12. H e r b e r t, Egon: Carl Baron von Torresani und die österreichische Soldatenerzählung der 2. Hälfte des 19. Jhs. Diss. Wien 1938. 304 Bl. (Masch.).
13. K a l k s c h m i d t, Till: Der dt. Frontsoldat. Mythos und Gestalt. Berlin 1938. 73 S. (Neue dt. Forschungen 194. Diss. Marburg).
14. M u l o t, Arno: Der Soldat in der dt. Dichtung unserer Zeit. Stuttgart 1938. 88 S. (–: Die dt. Dichtung unserer Zeit I, 2). – R.: O. Ackermann, ZfdPh. 65 (1940), S. 198–200; E. P. Appelt, GR. 17 (1942), S. 150f; J. Müller, DLZ. 59 (1938), Sp. 1459–61.
15. K a m p, Kurt: Die Haltung des Frontkämpfers. Untersucht bei Flex, Jünger, Wehner, Wiechert, Sander, v. d. Goltz, v. Mechow u. a. Diss. Greifswald 1940, 102 S.
16. T i n n e f e l d, Nora: Das Bild des Menschen in der Dichtung des Weltkriegs. In: StdZ. 137 (1940), S. 291–95.
17. K o h l s c h m i d t, Werner: Das dt. Soldatenlied. In: Von dt. Art in Sprache u. Dichtung. 5. Stuttgart 1941, S. 177–202. [16.–20. Jh.].

18. A u g é e, Jean: L'image du combattant dans le roman de guerre français et allemand (1914–1918). Thèse Paris 1955. (Masch. vervielf.). 374 S. [215 T.].
19. J a c k s o n, W. T. H.: Pyrgopolinices converted: the boasting soldier in medieval German literature. In: GR. 30 (1955), S. 92–100.
20. S t r i c k e r, Hans: Die Darstellung des Schweizer Kriegers im Drama des 16. Jhs. In: –: Die Selbstdarstellung des Schweizers im Drama des 16. Jhs. Bern 1961, S. 41–50.
21. E l b e r s, Winfried: Das dt. Soldatenlied im 1. Weltkrieg und seine publizistische Bedeutung. Diss. Münster 1963. 461 S. (Masch. vervielf.).
22. H o f f m a n n, Peter Heinz: Die österreichische Kriegs-, Soldaten- u. historisch-politische Dichtung im 18. Jh. Bibliographie, Analyse und Interpretation. Diss. Wien 1963. 283 S. (Masch.). [L.].
23. K ü h n e m a n n, Wolfgang: Soldatenausdrücke und Soldatensarkasmen in den mhd. Epen bei bes. Berücksichtigung von Wolframs „Willehalm". Diss. Tübingen 1970. 192 S.

1228. SONDERLING

1. R ö h l, Hans: Charaktere in der dt. Dichtung des 19. Jhs. 3. Der Sonderling. In: ZDK. 36 (1922), S. 213–21.
2. F e h l a u, Uland E.: Der dt. Kauz in der Romantik und im Biedermeier. In: MDU. 33 (1941), S. 172–76.
3. K i e n e r, Theodor: Studien über die Gestalt des Sonderlings in der Erzählungslit. des ausgehenden 18. Jhs. Diss. Frankfurt a. M. 1942. 139 Bl. (Masch.).
4. M e y e r, Herman: Der Typus des Sonderlings in der dt. Lit. Amsterdam 1943. 237 S. (Diss. Amsterdam). [E.: 19. u. 20. Jh.]. – R.: U. E. Fehlau, JEGPh. 45 (1946), S. 89 bis 91; F. Martini, AfdA. 65 (1951/52), S. 46–50.
5. M e y e r, Herman: Der Sonderling in der dt. Dichtung. München 1963. 310 S. [Wenig veränderte Neuausgabe von Nr. 4]. – R.: S. S. Kerry, Erasmus 18 (1966), S. 217–21; K. K. Polheim, Germanistik 5 (1964), Nr. 1096.

1229. SONNENWIRT

1. H e y n e n, Walter: Der Sonnenwirt in Schrift und Dichtung bis zu H. Kurz. In: –: Der Sonnenwirt von H. Kurz. Berlin 1913, S. 1–36. [Joh. Friedrich Schwan, 1729–60].
2. S t ö ß, Willi: Die Bearbeitungen des „Verbrechers aus verlorener Ehre". Stuttgart 1913. 74 S. (Bresl. Beitr. NF. 37).
3. S o n n e n w i r t. In: Frenzel, StdW. 1970, S. 694–96.

SOPHIA DOROTHEA VON HANNOVER s. *AHLDEN, SOPHIA DOROTHEA VON*

1230. SOPHONISBE

1. F e i t, P.: Sophonisbe, Tragödie von Giovanni Giorgio Trissino, übersetzt. Progr. Lübeck 1888. [Einl. S. 1–13, stoffgesch., a. a. L.].
2. A x e l r a d, A. José: Le thème de Sophonisbe dans les principales tragédies de la littérature occidentale. Lille 1956. 188 S. (Travaux et mémoires de l'université de Lille, Nouv. Série 28). [Auch dt. Lit.: 12 T.: 17.–19. Jh.].
3. S o p h o n i s b e. In: Frenzel, StdW. 1970, S. 696–98. [Bes. im D. d. 19. Jhs.].

1231. SOZIALE FRAGE s. a. *ARBEITER UND ARBEITERKLASSE, KLASSENBEWUSSTSEIN – REFORMER, SOZIALER*

1. K r e y s s i g, Friedrich: Die soziale Bewegung im Spiegel der zeitgenössischen Lit. In: –: Literarische Studien und Charakteristiken. Berlin 1882, S. 41–73. [19. Jh.].

2. S c h l e c h t, J. Ch.: Die Posie des Sozialismus. Ein Beitrag zur dt. Literaturgeschichte im letzten Jahrzehnt. Würzburg 1883. 70 S. [L.].
3. H a u s h o f e r, Max: Die sozialen Fragen im Lichte der dramatischen Dichtung. In: WestMh. 81 (1896/97), S. 330–42. [A. a. L.].
4. F r a n c k e, Kuno: Social forces in German lit. A study in the history of civilization. New York ²1897. 577 S.
5. H a n s t e i n, Adalbert v.: Die soziale Frage in der Poesie. Leipzig 1897. 44 S.
6. D e x e l, Albert: Über gesellschaftliche Anschauungen, wie sie in den mhd. höfischen und Volksepen hervortreten. Diss. Greifswald 1909. 76 S. [Verschiedene Sitten aus dem ritterlichen Gesellschaftleben].
7. B e n z m a n n, Hans: Die soziale Ballade in Deutschland. Typen, Stilarten und Geschichte der sozialen Ballade. München 1912. 123 S. (Diss. Greifswald 1911). – R.: E. Lemke, Eckart 7 (1912/13), S. 284; W. Scheller, LE. 15 (1912/13), Sp. 790 f.
8. G ü n t h e r, Max: Die soziologischen Grundlagen des naturalistischen Dramas der jüngsten dt. Vergangenheit. Diss. Leipzig 1912. 74 S.
9. D r e s c h, Jean: Le roman social en Allemagne (1850–1900). Paris 1913. 397 S.
10. K a m m a n, William Frederic: Socialism in German-American literature. Philadelphia 1917. 124 S. (Americana Germanica Press 24).
11. B o u r f e i n d, Paul: Die gesellschaftlichen Umschichtungen im sozialen Roman zwischen 1830 und 1850 unter bes. Berücksichtigung von Goethes Wanderjahren, Immermanns Epigonen u. Gutzkows Rittern vom Geiste. Diss. Bonn 1921. (Auszug: 8 S.).
12. C o h n, Egon: Gesellschaftsideale und Gesellschaftsroman des 17. Jhs. Studien z. dt. Bildungsgesch. Berlin 1921. 237 S. (GSt. 13).
13. W i e n, Alfred: Der soziale Gedanke in der Dichtung. In: —: Die Seele der Zeit in der Dichtung um die Jahrhundertwende. Leipzig 1921, S. 166–87. [E., L.].
14. L e d i g, Walther Hans Arndt: Die Anfänge der Sozialkritik im dt. Roman des 18. Jhs. Diss. Leipzig 1922. (Masch.).
15. S t o c k m e y e r, Clara: Soziale Probleme im Drama des Sturmes und Dranges. Frankfurt a. M. 1922. 244 S. Repr. Hildesheim 1974. (Dt. Forschungen 5). – R.: R. Riemann, AfdA. 43 (1924), S. 102.; K. Vietor, Litbl. 48 (1927), Sp. 181 f.
16. C l a u s, Erich: Die soziale Kritik im dt. Drama des letzten Viertels des 18. Jhs. Diss. Leipzig 1923. 170 Bl. (Masch.).
17. B a x a, Jakob: Das Gesellschaftsbild des Sturm und Dranges. In: Zs. f. Volkswirtschaft u. Sozialpolitik NF. 3, Bd. 3 (1924), S. 743–60. [Bes. D.].
18. H o f f m a n n, Max: Gesellschaftsideale und Gesellschaftskritik in den Satiren Rabeners und im dt. rationalistischen Roman von Gellert bis Nicolai. Diss. Halle 1924. 152 Bl. (Masch.).
19. M e h l e, Karl: Die soziale Frage im dt. Roman während der zweiten Hälfte des 19. Jhs. Diss. Halle 1924. 93 Bl. (Masch.).
20. E n d e r s, Carl: Die Entwicklung der sozialen Lyrik. In: Orplid 1 (1924/25), H. 11, S. 14–28.
21. H e r z, Kurt: Soziale Typen in den Prosaschwänken des 16. Jhs. Diss. Frankfurt a. M. 1925. 171 S. (Masch.).
22. M a c k e n s e n, Maria: Soziale Forderungen und Anschauungen der frühmhd. Dichter. In: Neue Heidelberger Jbb. NF. 1925, S. 133–71.
23. S i e m s e n, Anna: Soziale Dichtung. In: Bücherwarte 1 (1926), S. 129–34. [A. a. L.].
24. L e h m a n n, Karl: Der soziale Gedanke in der dt. Dichtung. Leipzig 1928. 66 S. [Einführung: S. 1–3]. ²1930.
25. L i p t z i n, Solomon: Lyric pioneers of modern Germany. Studies in German social poetry. New York 1928. 187 S. [1830–1848].
26. W e s e m a n n, Hans: Beiträge zur Geschichte der sozialen Lyrik in Deutschland. Diss. Freiburg i. Br. 1928. 206 Bl. (Masch.).

27. Benzmann, Hans: Soziale Dichtung. In: RL. III. 1928/29, S. 247–52.
28. Kniffler, Carter: Die „sozialen" Dramen der achtziger und neunziger Jahre des 19. Jhs. und der Sozialismus. Diss. Frankfurt a. M. 1929. 63 S. [27 T.].
29. Schröder, Eduard: Zum „sozialen Roman" der Gegenwart. In: Lit. Hdw. 66 (1929/30), Sp. 561–66.
30. Bergmann, Paul: Die Lyrik des älteren dt. Sozialismus. Diss. Wien 1931. 153 Bl. (Masch.).
31. Haacke, Ulrich: Politische und soziale Fragen in der modernen Dichtung und ihre Bedeutung für die Schule. In: ZDB. 7 (1931), S. 506–17. [D., E.].
32. Hundt, Josef: Das Proletariat und die soziale Frage im Spiegel der naturalistischen Dichtung (1884–1890). Diss. Rostock 1931. 107 S.
33. Pflug, Hans: Der soziale Roman. Literatur und Wirklichkeit. In: Die Tat. 24 (1932), S. 694–703. [E.: 14 T.].
34. Hagboldt, Peter: Ethical and social problems in the German var novel. In: JEGPh. 32 (1933), S. 21–32.
35. Roer, Walther: Die soziale Bewegung vor der dt. Revolution 1848 im Spiegel der zeitgenössischen politischen Lyrik. Münster 1933. 314 S. (Diss. Münster). [1840–1848].
36. Genschmer, Fred: The treatment of the social classes in the satires of Brant, Murner and Fischart. Diss. Univ. of Illinois, Urbana 1934. (Auszug.).
37. Gudde, Erwin Gustav: Social conflicts in medieval German poetry. Berkeley, California 1934. 139 S. (Univ. of California Publications in modern philology 18 Nr. 1 S. 1 bis 139.) – R.: F. Norman, MLR. 31 (1936), S. 111f.; P. R. Pope, MLN. 52 (1937), S. 534f.; H. Teske, HistZs. 155 (1936), S. 124–26.
38. Niemann, Ludwig: Soziologie des naturalistischen Romans. Berlin 1934. 116 S. (GSt. 148).
39. Winter, Franz: „Das dt. Volk bei der Arbeit". Zur Geschichte des sozialen Romans um die Mitte des 19. Jhs. Diss. Wien 1934, 147 Bl. (Masch.). [17 T.].
40. Kolar, Heinrich: Das Problem der sozialen Gerechtigkeit in den dt. Staatromanen u. Utopien... Diss. Wien 1936. 263 Bl. (Masch.).
41. Schwarz, Otfried: Das Recht in den sozialen Dramen, erläutert am Arbeitsvertrag. Jur. Diss. Erlangen 1936. 62 S. [B.: 17 T., 19. Jh.].
42. Bramstedt, Ernst Kohn: Aristocracy and the middle-classes in Germany: social types in German literature 1830–1900. London 1937. 362 S. Chicago ²1966. – R.: G. O. Gardener, Maß u. Wert 1 (1937/38), S. 964–67; R. Kayser, GR. 14 (1939), S. 71f.; J. M. Massey, MLR. 33 (1938), S. 455f.; R. Ph. Stearns, JEGPh. 39 (1940), S. 434f.
43. Kolnhofer, Anna: Die Gestalt des sozialen Reformers in der Dichtung des dt. Naturalismus u. Expressionismus. Diss. Wien 1937. 161 Bl. (Masch.).
44. Kahn, Ludwig W.: Social ideals in German literature, 1770–1830. New York 1938. 108 S. – R.: G. Bianquis, Revgerm. 30 (1939), S. 189f.; W. H. Bruford, MLR. 33 (1938), S. 633f.; J. A. Kelly, GR. 13 (1938), S. 302f.
45. Tinnefeld, Eleonore: Der soziale Kampf in der dt. Arbeiterdichtung. Düsseldorf 1938. 77 S. (Diss. Leipzig 1939).
46. Würtz, Katharina: Das Problem des dt. Gesellschaftsromans im 19. Jh. – Von Goethes „Wilhelm Meister" bis 1914. Diss. München 1945. 131 Bl. (Masch.). [A. a. L.].
47. Dosenheimer, Elise: Das dt. soziale Drama von Lessing bis Sternheim. Konstanz 1949. 351 S. [71 T.]. Repr. Darmstadt 1974.
48. Sieburg, Heinz Otto: Der soziale Gedanke in der Kunst und Lit. Frankreichs und Deutschlands seit 1830. In: Antares 1 (1952/53), H. 3, S. 24–32.
49. Leppmann, Wolfgang Arthur Robert: Die dt. Novelle als Spiegel sozialer Zustände. Diss. Univ. of Princeton 1952. 301 S. DA. 13 (1953), S. 552f.

50. M a r t i n i, Fritz: Soziale Thematik und Formwandlungen des Dramas. In: DU. 1953, H. 5, S. 73–100 u. in: Episches Theater. Köln ²1970, S. 246–78. (Neue wiss. Reihe 15).
51. R o s e n f e l d, Hellmut: Die Lit. des ausgehenden MA. in soziologischer Sicht. In: Wirkendes Wort 5 (1954/55), S. 330–41.
52. G e r n e n t z, Hans Joachim: Soziale Anschauungen und Forderungen in der frühmittelhochdeutschen geistlichen Dichtung. T. 1. 2. Diss. Rostock 1955. 207 Bl. (Masch.). [Vgl. auch den umgearbeiteten Auszug in WB. 3 (1957), S. 402–28].
53. B a l l u s e c k, Lothar v.: Dichter im Dienst. Der sozialistische Realismus in der dt. Lit. Wiesbaden 1956. 160 S. [Mit biograph.-bibliographischem Teil].
54. B a u m, Hans-Werner: Die sozialistische Entwicklung auf dem Lande im Spiegel der erzählenden Lit. Berlin 1959. 31 S. [17 T.].
55. D ü n n i n g e r, Josef: Soziologische Probleme der dt. Lit. des MA. In: Hüter der Sprache. Perspektiven der Lit. München 1959, S. 1–18.
56. G e r n e n t z, Hans Joachim: Die gesellschaftliche Stellung des Künstlers in Deutschland um 1200. In: WZUR. 9 (1959/60), S. 121–25.
57. G r a n z o w, Hermann: Künstler und Gesellschaft im Roman der Goethezeit. Diss. Bonn 1959. 185 S. [1774–1822].
58. M a j u t, Rudolf: Der Gesellschaftsroman. In: Dt. Philologie im Aufriß. 2. Aufl. II. 1960, Sp. 1385–89, 1476–99.
59. M a j u t, Rudolf: Der Problemkreis des Sozialen und des Sozialismus. In: Dt. Philologie im Aufriß. 2. Aufl. II. 1960, Sp. 1545–54.
60. M a j u t, Rudolf: Der soziale Roman. In: Dt. Philologie im Aufriß. II. ²1960, Sp. 1437–47.
61. S a g a v e, Pierre-Paul: Recherches sur le roman social en Allemagne. Aix-en-Provence 1960. 162 S. [19. u. 20. Jh., a. a. L.].
62. D i e t r i c h, Margret: Das soziale Gewissen: Satire und Kritik der Gesellschaft. In: –: Das moderne Drama. Stuttgart 1961, S. 42–78. (Kröners Taschenausgabe 220). [19. u. 20. Jh., a. a. L.].
63. G n e u s s, Christian: Gesellschaftskritik im modernen dt. Roman. Braunschweig 1961. 24 S. (Zwischen Gestern und Morgen H. 6).
64. K r y s m a n s k i, Hans-Jürgen: Die utopische Methode. Soziale Vorstellungen im dt. utopischen Roman d. 20. Jh. Diss. Münster 1961. 159 S. (Auch Dortmunder Schr. z. Sozialforschung 21).
65. Z i e g l e r, Klaus: Dichtung und Gesellschaft im dt. Expressionismus. In: Imprimatur NF. 3 (1961/62), S. 98–114. [L.].
66. E d l e r, Erich: Ernst Dronke und die Anfänge des dt. sozialen Romans. In: Euph. 56 (1962), S. 48–68 [19. Jh.].
67. K i r c h n e r - K l e m p e r e r, Hadwig: Der deutsche soziale Roman der vierziger Jahre des vorigen Jhs. repräsentiert durch E. Willkomm u. R. Prutz einerseits u. A. Sternberg ... In: WZUB. 11 (1962). S. 241–80.
68. B r a e m e r, Edith: Zur Beziehung zwischen Persönlichkeit und Gesellschaft in der bürgerlichen dt. Klassik. In: Deutschunterricht (Berlin. DDR) 16 (1963), S. 363–79.
69. L i e p e, Wolfgang: Mensch und Gesellschaft im modernen Drama. In: –: Beitr. z. Literatur- u. Geistesgeschichte. Neumünster 1963, S. 120–38. [19. u. 20. Jh.].
70. M ü n c h o w, Ursula: Die ersten Anfänge der sozialistischen Dramatik in Deutschland. In: WB 9/10 (1963/64), S. 729–50. [Seit 1867].
71. S c h a e r, Wolfgang: Die Gesellschaft im dt. bürgerlichen Drama des 18. Jhs. Bonn 1963. 255 S. Diss. Bonn 1961, (Bonner Arb. z. dt. Lit. 7). [Mit Einzelmotiven z. B. Heimkehr, Exotik, Trennung].
72. S t a m m e n, Theo: Das Bild der gesellschaftlichen Wirklichkeit im modernen Roman. In: Bücherei u. Bildung 15 (1963), S. 218–26.

73. Grenzmann, Wilhelm: Der Mensch und die Gesellschaft in der Lit. unserer Zeit. In: Nouvelle Revue luxembourgeoise 1964, Nr. 1, S. 43–53. [A. a. L.].
74. Müller-Seidel, Walter: Bürgerliches Trauerspiel und soziales Drama. Freiburg i. Br. 1964, Nachwort S.: 490–537. (Klassische Dt. Dichtung 15).
75. Neumann, Siegfried: Der mecklenburgische Volksschwank. Sein sozialer Gehalt und seine soziale Funktion. Berlin 1964. 113 S. (Veröffentlichungen d. Inst. f. dt. Volkskunde 35). [Z. T. in d. Dichtung].
76. Poláček, Josef: Sociálni tematika německé prózy (1880–1918). Diss. Prag 1964. 406 Bl. (Masch.).
77. Friedrich, Wolfgang: Die sozialistische dt. Lit. in der Zeit des Aufschwungs der Arbeiterbewegung während der sechziger Jahre d. 19. Jhs. bis zum Erlaß des Sozialistengesetzes. Halle 1965. 352. 285 Bl. (Masch.). Habil. Schr.
78. Hartmann, Horst: Die Wandlung des gesellschaftlichen Ideals in der dt. Lit. der Periode von 1648 bis 1688, dargestellt an der Gestaltung der Klassen im Lustspiel dieser Zeit. In: WZPHP 9 (1965), S. 3–26. [Überblick].
79. Enderstein, Carl Otto: Sozialkritik in Werken dt. Nachkriegsautoren. Diss. Univ. of Minnesota 1966. 315 S. DA. 27 (1966/67), S. 1818 A.
80. Müller, Ortwin: Elemente der bürgerlichen Klassenideologie in der Dichtung des dt. Frühbürgertums von 1215 bis 1470 und ihre Rezeption in der dt. Aufklärung. In: WZUG. 15 (1966), S. 591–96.
81. Schröder, Gustav: Das sozialistische dt. Bühnenstück von den sechziger Jahren des 19. Jhs. bis zum Zusammenbruch der 2. sozialist. Internationale. Potsdam 1966. 410 Bl. (Masch.). Habil. Schr.
82. Börner, Albrecht: Gesellschaftsordnung und Menschenbild im dt. utopischen Roman des 20. Jh. Diss. Jena 1967. 381 Bl. (Masch.).
83. Hohendahl, Peter Uwe: Das Bild der bürgerlichen Welt im expressionistischen Drama. Heidelberg 1967. 303 S. (Probleme der Dichtung 10). – R.: K. Ziermann, WB. 15 (1969), S. 1306–9.
84. Baum, Werner: „Bedeutung und Gehalt". Über die sozialistische Novelle. Halle (Saale) 1968. 139 S. – R.: H. J. Geerdts, WB. 14 (1968), S. 890–93.
85. Hiebel, Irmfried und Alfred Klein: Traum von Rätedeutschland. Erzählungen dt. Schriftsteller 1924–1936. Berlin 1968, S. 647–63. (Nachwort).
86. Hinck, Walter: Individuum und Gesellschaft im expressionistischen Drama. In: Festschr. f. Kl. Ziegler. Tübingen 1968, S. 343–59.
87. Soziale Dichtung. In: Wilpert SdL. 1969, S. 719f.
88. Martin, Horst: Das öffentliche Gedicht der Bundesrepublik. Diss. Tulane Univ. 1969. 102 S. DAI. 30 (1969/70), S. 4457f. A.
89. Kändler, Klaus: Drama und Klassenkampf. Beziehungen zwischen Epochenproblematik und dramatischem Konflikt in der sozialist. Dramatik der Weimarer Republik. Berlin 1970. 465 S. – R.: R. Kabel, Germanistik 12 (1971), Nr. 2009.
90. Kügler, Hans: Erinnerung und Vergessen. Formen der Gesellschaftskritik in der dt. Nachkriegslit. In: –: Weg und Weglosigkeit. Heidenheim 1970, S. 125–59. [D., E., L.].
91. Feitknecht, Thomas: Die sozialistische Heimat. Zum Selbstverständnis neuerer DDR-Romane. Bern 1971. 102 S. (Diss. Bern. EurH. I, 53).
92. Kreer, Norbert: Der Aufstieg des Proletariats in der Prosa der Zs. „Die Gesellschaft". Diss. Univ. of Michigan 1971. 181 S. DAI. 32 (1971/72), S. 6430 A.
93. Löwenthal, Leo: Erzählkunst und Gesellschaft. Die Gesellschaftsproblematik in d. dt. Lit. d. 19. Jhs. Neuwied 1971. 250 S. (Sammlung Luchterhand 32).
94. Altner, Manfred: Das sozialistische Menschenbild in der Kinder- und Jugendlit. der DDR. Berlin 1972. 79 S.
95. Gößmann, Wilhelm: Trivialität und Gesellschaftskritik im modernen Roman. In: StdZ. 190 (1972), S. 103–19.

96. L e n g b o r n, Thorbjörn: Schriftsteller und Gesellschaft in der Schweiz. Eine Studie zur Behandlung der Gesellschaftsproblematik bei Zollinger, Frisch und Dürrenmatt. Frankfurt a. M. 1972. 340 S.
97. M c I n n e s, Edward: The Sturm und Drang and the development of social drama. In: Dtvjs. 46 (1972), S. 61–81.
98. S e n g l e, Friedrich: Sozialroman. In: —: Biedermeierzeit II. Die Formenwelt Stuttgart 1972, S. 886–93.
99. B i e c h e l e, Werner: Die dichterische Gestaltung der gesellschaftlichen Konfliktsituation des bürgerlichen Wissenschaftlers im dt. Drama von Schnitzler bis Brecht. Diss. Jena 1973. 292. 106 Bl. (Masch.).
100. G a f e r t, Karin: Die soziale Frage in Lit. und Kunst des 19. Jhs. Ästhetische Politisierung des Weberstoffes. 1. 2. Kronberg 1973. 530 S. (Diss. Marburg). BA.: Theorie, Kritik, Geschichte 5.
101. R o t h e, Friedrich: Sozialistischer Realismus in der DDR-Lit. In: Poesie und Politik. Stuttgart 1973, S. 184–205. (Sprache u. Lit. 73).
102. S c h ö l l, Norbert: Vom Bürger zum Untertan. Zum Gesellschaftsbild im bürgerlichen Roman. Düsseldorf 1973. 163 S. (Diss. München 1971. Lit. in der Gesellschaft 17).
103. S c h ü t z e, Gundolf: Gesellschaftskritische Tendenzen in dt. Tierfabeln des 13. bis 15. Jh. Diss. Neuchâtel 1973. 205 S. (EurH. 3,24).
104. F r a n z, Kurt: Studien zur Soziologie des Spruchdichters in Deutschland im späten 13. Jh. Göppingen 1974. 194 S. (Diss. München 1973. GAG. 111).
105. L i t e r a t u r der Arbeiterklasse. Aufsätze über die Herausbildung der dt. sozialist. Lit. (1918–1933). Berlin 1974. 799 S. (Beitr. z. Gesch. d. dt. sozialist. Lit. im 20. Jh. 1).
106. S c h i v e l b u s c h, Wolfgang: Sozialistisches Drama nach Brecht. 3 Modelle: P. Hacks, H. Müller, H. Lange. Darmstadt 1974. 263 S. (Diss. FU. Berlin 1972. Sammlung Luchterhand 139).
107. T h ö n n i n g, Jürgen C.: Soziale Romane in der Endphase der Weimarer Republik. In: Deutsche Lit. in der Weimarer Republik. Stuttgart 1974, S. 212–36.
108. B e d e l l, Alan Curtis: Social conflict and its literary depiction in eight contemporary east German novels. Diss. Univ. of Rochester 1975. 275 S. DAI. 36 (1975), S. 914f. A.

SOZIALISMUS s. *ARBEITER UND ARBEITERKLASSE, SOZIALE FRAGE*

1232. SPANIEN

1. W a l z, Georg Herbert: Spanien und der spanische Mensch in der dt. Lit. vom Barock zur Romantik. Diss. Erlangen-Nürnberg 1965. 130 S. [D., E., L.].
2. B e c k e r - C a n t a r i n o, Baerbel: Die „Schwarze Legende". Zum Spanienbild in der dt. Lit. des 18. Jhs. In: ZfdPh. 94 (1973), S. 183–203. [D., L.].
3. J u r' e v a, L. M.: Der spanische Freiheitskampf in der sowjetischen und der sozialistischen dt. Lit. in: Begegnung und Bündnis. Berlin 1973, S. 336–41.

1233. SPARTACUS

1. M ü l l e r, Eugen: Spartacus und der Sklavenkrieg in Geschichte und Dichtung. Progr. Salzburg 1905. 48 S.
2. M u s z k a t - M u s z k o w s k i, Jan: Spartacus. Eine Stoffgeschichte. Leipzig 1909. 226 S. (Diss. Leipzig). [D., E.].
3. S p a r t a c u s. In: Heinzel, LhE. 1956, S. 687f.
4. S p a r t a c u s. In: Frenzel, StdW. 1970, S. 698–700. [D., L.].

1234. SPEER

1. S c h w i e t e r i n g, Julius: Zur Geschichte von Speer und Schwert im 12. Jh. Hamburg 1912. 60 S. und in: —: Philologische Schriften. München 1969, S. 59—117.
2. G r u n d m a n n, Karl: Studien zur Speerkampfschilderung im Mittelhochdeutschen. Ein Beitrag zur Entwicklung des höfischen Stil- und Lebensgefühls. Warszawa 1939. 234 S. (Diss. Warschau 1937; Acta Facultatis Litterarum 3).

SPEISE s. *NAHRUNG*

1235. SPERBER

1. N i e w ö h n e r, Heinrich: Der Sperber und verwandte mhd. Novellen. Berlin 1913. 172 S. (Palaestra 119). [Stoffgeschichtliches zum Sperbermotiv: S. 127—170].

1236. SPESSART

1. B r a n d, Guido K.: Der Spessart. In: LE. 21 (1918/19), Sp. 1345—51.
2. H a r t m a n n, Guido: Der Spessart in der ma. Literatur. — Der Spessart in der Literatur der Neuzeit. In: —: Aus dem Spessart. Kultur- u. Heimatbilder. Aschaffenburg 1928, S. 43—66. [12.—19. Jh.]. — R.: E. Detmold, Gral 24 (1929), S. 174; R. Krauß, Lit 31 (1928/29), S. 743.
3. H a h m a n n, Karl: Älteste Spessartdichtung. In: Spessart 17 (1931), 8. S. 16—18; 9. S. 15—18. [13.—17. Jh.].

1237. SPEYERER DOM s. a. *PFALZ*

1. B e c k e r, Albert: Das Speyerer Kaisergrab im Spiegel der Dichtung. In: Bll. f. pfälz. Kirchengesch. 17. NF. 1 (1950), S. 59—63, 87—90. [12.—19. Jh.].
2. W i n g e r t e r, Lorenz: Der Kaiserdom von Speyer in der Dichtung. In: Pfälz. Heimatbl. 2 (1954), S. 9f.
3. B o h l e n d e r, Rolf: Der Dom in der Dichtung. In: —: Dom und Bistum Speyer. Eine Bibliographie. Speyer 1963, S. 14f. [B.].

SPHINX s. *ÄGYPTEN*

1238. SPIEGEL UND SPIEGELSYMBOL s. a. *NARZISS*

1. B o l t e, Johannes: Der zerstückte Spiegel. In: Euph. 16 (1909), S. 783—85. [Als Symbol in d. Dichtung, a. a. L.].
2. L a n g e n, August: Zur Geschichte des Spiegelsymbols in der dt. Dichtung. In: GRM. 28 (1940), S. 269—80.
3. W e s t e r a t h, Gerta: Die Funktionen des Spiegelsymbols in der neueren dt. Dichtung seit Goethe. Diss. Münster 1953. 157 Bl. (Masch.).
4. C l o s s, August: Der „schaffende Spiegel" und das Universum im Kaleidoskop. In: FuF. 39 (1965), S. 242—45.
5. G o l d i n, Frederiek: The mirror of Narcissus in the courtly love lyric. New York 1967. 272 S. [A. a. L.]. — R.: J. R. Ashcroft, MLR. 65 (1970), S. 857—59; P. Ganz, Beitr. (Tüb.) 90 (1968), S. 369—73; P. Haidu, GR. 44 (1969), S. 152—54; O. Sayce, GLL. 23 (1969/70), S. 390—92.
6. H o f f m a n n, Ernst Fedor: Spiegelbild und Schatten. Zur Behandlung ähnlicher Motive bei Brentano, Hoffmann und Chamisso. In: Lebendige Form. Interpretationen zur dt. Lit. Festschr. f. H. E. K. Henel. München 1970, S. 167—88.

7. N e u r e u t e r, Hans Peter: Das Spiegelmotiv bei Cl. Brentano. Studie zum romantischen Ich-Bewußtsein. Frankfurt a. M. 1972, S. 7–21. (Goethezeit 3). [Einleitung].
8. S p a h r, Blake Lee: The mirror and its image in seventeenth-century German lit. In: The German Baroque Literature, Music, Art. Austin 1972, S. 65–86.

1239. SPIELER UND SPIEL

1. F r i t z, Gottlieb: Der Spieler im dt. Drama des 18. Jhs. Diss. Berlin 1896. 43 S. [A. a. L.]. – R.: R. Rosenbaum, Euph. 4 (1897), S. 607.
2. H ü b s c h e r, Arthur: Der Spieler in der Literatur. (Gestalten 22). In: LE. 25 (1922/23), Sp. 961–67. [A. a. L.].
3. B e r l, Heinrich: Das Spiel als literarisches Thema. Von Lessing bis Dostojewskij. In: Neue literarische Welt 3 (1952), Nr. 21, S. 16.

1240. SPIELMANN s. a. GEIGER

1. S p i t t l e r, Botho: Problemgeschichtliches zur Vorstellung vom dichtenden Spielmann. Diss. Königsberg 1929 [1930]. 165 S.
2. B a h r, Joachim: Der „Spielmann" in der Literaturwissenschaft des 19. Jhs. In: ZfdPh. 73 (1954), S. 174–96.

1241. SPINNE s. a. SCHWARZE SPINNE

1. R i e g l e r, Richard: Spinnenmythus und Spinnenaberglaube in der neueren Erzählungslit. In: Schweizerisches Archiv f. Volkskunde 26 (1926), S. 55–69, 123–42. [A. a. L.].

1242. SPINOZA, BARUCH DE

1. M ü l l e r, Olga: Spinozaromane. Nebst einer Einleitung über Spinozismus und Spinoza in Deutschland. Diss. Wien 1934. 169 Bl. (Masch.). [Bes. Bl. 47–169].

SPORT s. LEIBESÜBUNG

1243. SPRACHE

1. B o r n s c h e u e r, Lothar: Sprache als lyrisches Motiv. In: Wirkendes Wort 19 (1969), S. 217–31.

SPRACHSTÖRUNG s. TAUBSTUMMHEIT

1244. SPREEWALD

1. M u c h o w, Max: Der Spreewald in der dt. Dichtung. In: Lausitzer Heimat 1 (1928), H. 7, S. 9–12; S. 6f.

SPUK s. GESPENST

1245. STAAT s. a. POLITIK, UTOPIE

1. H a n s t e i n, Adalbert v.: Der Staatsgedanke in der dramatischen Lit. um die Mitte des 19. Jhs. In: Mhe. d. Comenius Ges. 14 (1905), S. 20–42.
2. S p r e n g e l, Johann Georg: Das Staatsbewußtsein in der dt. Dichtung seit Heinrich v. Kleist. Leipzig 1918. 82 S. [Bis R. Herzog].

3. S c h l e m m e r, Hans: Staat und Mensch im Spiegel der neueren dt. Dichtung. Berlin 1920. 72 S. [D.].
4. R e h m, Walther: Staatsroman. In: RL. III. 1928/29, S. 293–96. [A. a. L.].
5. S t e i n b ö m e r, Gustav: Staat und Drama. Berlin 1932. 52 S. [Dt. Lit. S. 18–31].
6. S p r e n g e l, Johann Georg: Der Staatsgedanke in der dt. Dichtung vom MA. bis zur Gegenwart. Berlin 1933. 226 S. [D., E., L.: 12.–20. Jh.]. – R.: E. Sander, Lit. 36 (1933/34), S. 296f.; W. Schuster, Die Bücherei 3 (1936), S. 293f.; B. v. Wiese, ZDB. 10 (1934), S. 53f.
7. H i m m e l b a u e r - W o l f, Ida: Die Problemkreise Staat, Stamm und Volk in der österreichischen Dichtung des 20. Jhs. Diss. Wien 1938. 353 Bl. (Masch.).
8. H i l d e b r a n d t, Heinrich: Die Staatsauffassung der schlesischen Barockdramatiker im Rahmen ihrer Zeit. Diss. Rostock 1939. 179 S. (Rostocker Studien 6).
9. W o o d t l i, Otto: Die Staatsräson im Roman des dt. Barock. Frauenfeld 1943. 215 S. (Diss. Zürich. Wege zur Dichtung 40).
10. V e r h a a r e n, Theodore Ernest: Die Staatsidee in der Dichtung der dt. Romantik. Diss. Stanford Univ., Cal. 1946. 261 Bl. (Masch.).
11. D o l l h o p f, Margaretha: Der totale Machtstaat der Zukunft in den sozialen Romanen von heute. Diss. Wien 1952. 133 Bl. (Masch.).
12. S t a a t s r o m a n. In: Wilpert, SdL. 1969, S. 731–33.

1246. STABERL

1. R u d o l f e r, Gerty: Der „Staberl" der Wiener Volksbühne. Ein Beitrag zur Entwicklung der lustigen Figur in Österreich. Diss. Wien 1922. 177 Bl. (Masch.).

1247. STADT (Allgemein) s. a. GROSS-STADT, KLEINSTADT

1. K ö h l e r, Reinhold: Um Städte werben in der dt. volkstümlichen Poesie bes. des 17. Jhs. In: ALG. 1 (1870), S. 228–51 und in: –: Kleinere Schriften 3 (1900), S. 371–413. [Bes. Magdeburg, auch Volksdichtung].
2. F r ä n k e l, Ludwig: Um Städte Werben und Verwandtes in der dt. Dichtung des 16. und 17. Jhs. nebst Parallelen aus dem 18. und 19. In: ZfdPh. 22 (1890), S. 336–64. [Belagerte Stadt als umworbene Braut].
3. N e f f, Joseph (Hrsg.): Helius Eobanus Hessus „Noriberga Illustrata" und andere Städtegedichte. Berlin 1896, S. VII–XLIV (Einleitung). [1480–1550].
4. R a n k, Otto: „Um Städte werben". In: –: Der Künstler und andere Beiträge zur Psychoanalyse des dichterischen Schaffens. Leipzig 1925, S. 158–70.
5. E l l i n g e r, Georg: Städte- und Landschaftsgedichte. In: RL. IV. 1931, S. 89f.
6. L e m a i r e, Hermann: Das Stadt-Land-Problem und seine Gestaltung im dt. Roman des 19. u. 20. Jhs. Düsseldorf 1933. 44 S. [6 T.]. (Diss. Bonn 1933). – R.: E. Semrau, ZfdPh. 62 (1937), S. 208f.
7. G u d e r, Gotthard: The town as symbol in some German poems. In: Modern Languages 38 (1937), S. 132–39. [19./20. Jh.].
8. H a m m e r, William: Latin and German encomia of cities. Chicago 1937. 78 S. (Diss. Chicago). [15. bis 18. Jh.: 59 T.].
9. K ü p p e r s, Gerda: Stadt und Stadtleben in der Epik des MA. Diss. Bonn 1942. 156 Bl. (Masch.). [38 T., auch im 19. Jh.].
10. T r a u t m a n n, René: Die Stadt in der dt. Erzählungskunst des 19. Jhs. (1830–1880). Winterthur 1957. 157 S. (Diss. Basel).
10a. L e n n i g, Walter: Die anonyme Stadt im dt. Roman. In: Neue dt. Hefte 5 (1958/59), I, S. 468–70.
11. M a j u t, Rudolf: Der Roman der dt. Landschaft (Städte). In: Dt. Philologie im Aufriß II. ^{2}1960, Sp. 1656–64. [Berlin, Hamburg, Krefeld, Würzburg].

12. T h i e l e, Herbert: Die Stadt in der dt. Lyrik. Zur Behandlung eines dichterischen Längsschnittes auf der Oberstufe. In: Wirkendes Wort 11 (1961), H. 2, S. 103–111.
13. S e n g l e, Friedrich: Wunschbild Land und Schreckbild Stadt. Zu einem zentralen Thema der neueren dt. Lit. In: Studium Generale 16 (1963), S. 619–31.
14. T h a l m a n n, Marianne: Romantiker entdecken die Stadt. München 1965. 145 S. (Sammlung Dialog 6). – R.: G.-L. Fink, Germanistik 7 (1966), Nr. 2608; M. M. Raraty, GLL. 20 (1966/67), S. 281 f.; K. Riha, GRM. 16 (1966), S. 321 f.
15. R ö l l e k e, Heinz: Die Stadt bei Stadler, Heym und Trakl. Berlin 1966. 274 S. Diss. Köln. PhStQ. 34. [Auch im 19. Jh., E., L.]. – R.: T. J. Casey, GLL. 23 (1969/70), S. 401 f.; Chr. Eykman, Neoph. 52 (1968), S. 104 f.; S. S. Prawer, MLR. 63 (1968), S. 1017 f.; H. Vornus, EG. 23 (1968), S. 142–44.
16. G s t e i g e r, Manfred: Städter. In: –: Poesie und Kritik. Betrachtungen über Lit. Bern 1967, S. 52–55.
17. K o h l s c h m i d t, Werner: Aspekte des Stadtmotivs in der dt. Dichtung. In: Un dialogue des nations. A. Fuchs z. 70. Geburtstag. München 1967, S. 219–37. [L.].
18. S c h n e i d e r, Karl Ludwig: Georg Heyms Gedicht „Der Gott der Stadt" und die Metaphorik der Großstadtdichtung. In: –: Zerbrochene Formen. Wort und Bild im Expressionismus. Hamburg 1967, S. 109–33.
19. K l o t z, Volker: Die erzählte Stadt. Ein Sujet als Herausforderung des Romans von Lesage bis Döblin. München 1969. 573 S. Habil. Schr. 1968 Berlin T. U. [18.–20. Jh. A, a. L.]. – R.: L. Fischer, Moderna Spraek 65 (1971), S. 333–40; J. Jacobs, Neue Rundschau 81 (1970), S. 193–96; D. Kimpel, Germanistik 12 (1971), Nr. 1417; G. Müller, Studia neophil. 44 (1972), S. 218–32.
20. Die fränkische S t a d t in der schönen Lit. Nürnberg 1969. 10 gez. Bl. (Ausstellungskatalog d. Stadtbibliothek Nürnberg 64).
21. F i s c h e r, Ludwig: Beispielhafte Führungen durch literarische Städte. In: Moderna Spraek 65 (1971), S. 333–40.
22. T h e i s, Raimund: „Stadt"-Erfahrung und Erzählen. In: Roman. Forschungen 83 (1971), S. 70–80.

STAETE s. *TREUE*

1248. STALIN, JOSEF

1. L e s c h n i t z e r, Franz: Stalin in der dt. Dichtung. Ein Überblick. In: Heute und Morgen 1952, S. 738–48.

1249. STANDESLEHRE

1. K o m o r z y n s k i, Egon v.: „Die Meistersinger von Nürnberg" und ihre literarische Tradition. In: Bayreuther Bll. 30 (1907), S. 195–201. [Motiv von dem die Liebe hindernden Standesunterschied; 18. u. 19. Jh.].
2. E h r i s m a n n, Gustav: Die mhd. didaktische Lit. als Gesellschaftsethik. In: Festschr. f. F. Panzer. Heidelberg 1930, S. 37–43. (Beitr. z. neueren Lit. geschichte NF. 16).
3. M o h l, Ruth: The three estates in Medieval and Rennaissance literature. New York 1933. 425 S. [German adaptations S. 82–95, 13.–16. Jh.].
4. R o s e n f e l d, Hellmut: Die Entwicklung der Ständesatire im MA. In: ZfdPh. 71 (1951/52), S. 196–207.
5. F r a n z, Gerda: Tugenden und Laster der Stände in der didaktischen Lit. des späten MA. Diss. Bonn 1957. 534 Bl. (Masch.).
6. S c h a e r, Wolfgang: Die berufliche Tätigkeit des bürgerlichen Menschen. In: –: Die Gesellschaft im dt. bürgerlichen Drama d. 18. Jhs. Bonn 1963, S. 61–77. [Beamter, Kaufmann, Künstler, Handwerker, Gelehrter u. a.].

7. H e i n e m a n n, Wolfgang: Zur Ständedidaxe in der dt. Lit. des 13.–15. Jh. In: Beitr. (Halle) 88 (1966), S. 1–90; 89 (1967), S. 290–403; 92 (1970), S. 388–437.
8. K u l l i, Rolf Max: Die Ständesatire in den dt. geistlichen Schauspielen des ausgehenden MA. Bern 1966. 193 S. Diss. Basel. (Basler Studien z. dt. Sprache u. Lit. 31). – R.: F. Jones, Colloquia Germanica 1970, S. 289 f.
9. G r o ß e, Siegfried: Zur Ständekritik in den geistlichen Spielen des späten MA. In: ZfdPh. 86 (1967), Sonderheft S. 63–79.

1250. STATUENVERLOBUNG

1. P a b s t, Walter: Leid und Rache der entthronten Göttin. In: –: Venus und die mißverstandene Dido. Hamburg 1955, S. 114–47. (Bes. S. 134. Romantische Studien A 40).
2. M ü h l h e r, Robert: Der Venusring. Zur Geschichte eines romantischen Motivs. In: Aurora. Eichendorff-Almanach 17 (1957), S. 50–62.
3. S t a t u e n v e r l o b u n g. In: Frenzel, StdW. 1970, S. 700–03. [E., L.: 19. Jh., a. a. L.].

1251. STAUBBACH

1. V e t t e r, Ferdinand: Der „Staubbach" in Hallers Alpen und der Staubbach der Weltliteratur. In: Festgabe zur 60. Jahresversammlung. Dargeboten v. histor. Verein des Kantons Bern. Bern 1905, S. 311–62.

1252. STAUFENBERG, PETER VON s. a. UNDINE

1. A s m u s, Rudolf: Die Sage von Peter Staufenberg und ihre dichterische Ausgestaltung. In: Die Ortenau. H. 6/7 (1919/20), S. 1–23.
2. D i n g e s, Ottilie: Peter von Staufenberg. Diss. Münster 1948. 148 S. (Masch.). [Ehe eines sterblichen Mannes mit einer überirdischen Frau].
3. R ö h r i c h, Lutz: Die gestörte Mahrtenehe. Peter v. Staufenberg. In: –: Erzählungen des späten MA. und ihr Weiterwirken in Lit. u. Volksdichtung bis zur Gegenwart 1. Bern 1962, S. 27–61, 243–53.

1253. STEIERMARK

1. L u n z e r, Justus: Steiermark in der dt. Heldensage. Wien 1927. 196 S. (Akad. d. Wiss. in Wien, Phil. hist. Kl. Sitzungsber. 204, 1).
2. S t e i e r m a r k. In: Luther, DtL. 1937, Sp. 622–26. [B.].
3. S k o r p i l, Elfriede: Nord- u. Südsteiermark in der erzählenden Lit. Diss. Wien 1949. 123 Bl. (Masch.).
4. S t e i e r m a r k in der Erzählung. In: Kosch, LL. IV. ^{2}1957, S. 2821–23. [B.].

1254. STEIGBÜGEL

1. S p r i n g e r, Otto: The „âne stegreif" Motif in medieval literature. In: GR. 25 (1950), S. 163–77. [Ohne Stegreif in den Sattel springen; a. a. L.].

1255. STEIN

1. W e b e r, Klaus: Das Reich der Steine und Metalle in der Dichtung dt. Romantiker. Ein Beitr. zur Deutung des romantischen Symbolismus. Diss. Köln 1953. 241 Bl. (Masch.).

STEIN, CHARLOTTE VON s. GOETHE

1256. STEINSBURG (THÜRINGEN)

    1. B u f f, A.: Die Steinsburg in Sage und Dichtung. In: Mitteilungen der Steinsburgfreunde 1930, H. 1, S. 1–11.

1257. STERBEN s. a. *TOD*

    1. G i l l h o f f, Johanna: Wie man in der norddeutschen Lit. stirbt. In: Niedersachsen 13 (1907/08), S. 359–61.

    2. A u g s t e i n, Carl: Dichterische Darstellung des Sterbens, der Krankheit und des Wahnsinns. In: –: Medizin und Dichtung. Stuttgart 1917, S. 23–45.

    3. K l a a ß, Eberhard: Die Schilderung des Sterbens im mhd. Epos. Diss. Greifswald 1931. 99 S.

    4. Z o b e l, Konrad: Die Darstellung des Sterbens im Drama und auf der Bühne seit der Jahrhundertwende. Diss. Wien 1967. 206 Bl. (Masch.). [A. a. L.].

    5. S c h ä f e r, Alfons: Die Einstellung des Menschen zum Sterben und zum Tod in der neueren Lit. In: Diakonia 3 (1972), S. 317–28.

1258. STERN

    1. B a u e r, Georg-Karl: Sternkunde und Sterndeutung der Deutschen im 9.-14. Jh. unter Ausschluß der reinen Fachwissenschaft. Berlin 1937. 182 S. (GSt. 186). [Z. T. auch in der Dichtung].

    2. H o f f m a n n, Gerhard: Sternenmetaphorik im modernen dt. Gedicht und J. Bachmanns „Anrufung des großen Bären". In: GRM. NF. 14 (1964), S. 198–208. [17.–20. Jh.].

    3. F a s s e l, Horst H.: Motivul „Stelei ce a murit" in literatura română si germană. In: Probleme de lit. comparee si sociologie lit. 1970, S. 71–76. [L.: 19./20. Jh., französ. Zusammenfassung].

1259. STERNENGLAUBE

    1. R e i t z, Hellmuth: Sternenglaube in der Dichtung. In: Welt und Wort 7 (1952), S. 1–4. [A. a. L.].

    2. K i b e l k a, Johanna: Sternenglaube und Willensfreiheit in der dt. Dichtung des Hoch-MA. In: Wirkendes Wort 15 (1965), S. 85–98.

1260. STERNHIMMEL

    1. B i e s e, Alfred: Die Poesie des Sternhimmels und der Sternhimmel in der Poesie. In: –: Pädagogik und Poesie 1. Berlin 1900, S. 241–58.

1261. STETTIN

    1. E b e l, Hans: Die Belagerung Stettins durch den Großen Kurfürsten und ihre Darstellung in der zeitgenössischen Dichtung. In: Unser Pommerland 13 (1928), S. 62–65. [L.].

1262. STILLE

    1. S i c k e l, Paul: Die Poesie der Stille. In: ZDK. 37 (1923), S. 259–63.

1263. STIMME

    1. S c h i n k e, Walter: Das literarische Stimmportrait. In: Dt. Rdsch. 69 (1946), S. 219 bis 225. [E.].

1264. STIMMUNG

1. L ü t h i, Walter: Ein Beitrag zur Geschichte der Stimmungen im 18. Jh. Die Entfaltung des Lyrischen. Diss. Zürich 1951. 161 S.
2. L e c k e, Bodo: Das Stimmungsbild. Musikmetaphorik und Naturgefühl in der dichterischen Prosaskizze 1721–1780. Göttingen 1967. 191 S. (Palaestra 247).

1265. STIRNER, MAX

1. T a u b e, René Simon: Das Bild Max Stirners in der dt. Lit. um die Mitte des 19. Jhs. Diss. Ohio Univ. 1958. 187 S. DA. 19 (1958/59), S. 816 f.

1266. STOA

1. N a d l e r, Josef: Die Stoa in der modernen dt. Lyrik. Wien 1954. 10 S. (Anz. d. phil. hist. Kl. d. Österr. Akad. d. Wiss. 1954, Nr. 1).

1267. STÖRTEBEKER, KLAUS

1. A l b r e c h t, Karl: Störtebecker in der Dichtung. In: Unser Pommerland 13 (1928), S. 318–21. [D., E., L.].
2. M e r b a c h, Paul Alfred: Die Hanse im dt. dichterischen Schrifttum. Lübeck 1934. 69 S. (Pfingstbll. d. Hansischen Gesch. Vereins 24). [D., E.: 19. Jh.; auch Joh. Wittenborg u. Jürg. Wullenweber].
3. C o l s h o r n, Hermann: Störtebeker und die Vitalienbrüder. Ein kritischer Rundgang durch die Lit. In: NdWelt 11 (1936), S. 115–17.
4. H ü b n e r, Annemarie: Störtebeker. In: VerfLex. IV. 1953, Sp. 284–87.

1268. STOLZ

1. K a h n, Jane: Pride in Germanic heroic poetry. Diss. Yale Univ. 1971. 255 S. DAI. 32 (1971/72), S. 6363 f. A.
2. S i n g e r, Christa: Die Wertung von Stolz in altdt. Dichtung. Diss. Wien 1973. 225 Bl. (Masch.). [9.–14. Jh.].

1269. STRAFE

1. R o b i n s o n, Lucius Shepherd: Punishment in the literature of eighteenth century Germany. Diss. Univ. of Illinois, Urbana 1950. 325 S.
2. B i n d s c h e d l e r, Maria: Die Strafe in der ma. Dichtung. In: Schuld, Verantwortung, Strafe im Lichte der Theologie, Jurisprudenz, Soziologie, Medizin und Philosophie. Zürich 1964, S. 1–16.
3. B o c k e l m a n n, Paul: Das Problem der Kriminalstrafe in der dt. Dichtung. Karlsruhe 1967. 31 S. (Jurist. Studienges. Karlsruhe, Schriftenreihe 79). [D., E.: 19./20. Jh.].

1270. STRALSUND s. a. SCHILL, FERDINAND VON, WALLENSTEIN, ALBRECHT VON

1. S t r a l s u n d in der Erzählung. In: Kosch, LL. IV. ²1957, S. 2894. [B.].

1271. STRASSBURG

1. P f l e g e r, Luzian: Das Straßburger Münster und die dt. Dichtung. Ein literarhistorischer Versuch. Straßburg 1909. 38 S. [L.: 16.–19. Jh.].
2. S t r a ß b u r g. In: Luther, DtL. 1937, Sp. 632–35. [B.].
3. S t r a ß b u r g in der Erzählung. In: Kosch, LL. IV. ²1957, S. 2896 f. [B.].

4. H a m m e r, Wilhelm: Peter Schott und sein Gedicht auf Straßburg (1486). In: ZfdPh. 77 (1958), S. 361–71. [S. 363: Straßburg als Gegenstand der Verherrlichung, B.: 9 T.: 16. Jh.].

1272. STRASSENVERKEHR

1. B ö h m e, Erdmann Werner: [Straßenverkehr]. In: Bücherschau. Sicherheit im Straßenverkehr 1953, S. 16; 1954, S. 21; 1955, S. 24; 1956, S. 23f.; 1957, S. 19f.; 1958, S. 21f.; 1960/61, S. 45–47. [B.].

1273. STREIT s. a. SYNAGOGA

1. J a n t z e n, Hermann: Geschichte des dt. Streitgedichtes im MA. mit Berücksichtigung ähnlicher Erscheinungen in anderen Litteraturen. Breslau 1896. 98 S. (GAbhh. 13; 1. Teil: Diss. Breslau. Repr. Nendeln 1974. – R.: A. Bömer, ZVLR. NF. 11 (1897), S. 240–42. [Auch stoffgeschichtlich].
2. B e b e r m e y e r, Gustav: Streitgedicht. In: RL. III. 1928/29, S. 310–13. [13.–15. Jh.]. [Auch stoffgeschichtlich].
3. S t r e i t g e d i c h t. In: Wilpert, SdL. 1969, S. 744.
4. K a s t e n, Ingrid: Studien zu Thematik und Form des mhd. Streitgedichts. Diss. Hamburg 1973. 266 S.

STROM s. FLUSS

1274. STRUENSEE, JOHANN FRIEDRICH

1. R u d o l f, Franz: Der Struenseestoff im Drama. Eine stoffgeschichtliche Untersuchung. Diss. Wien 1912. 133 Bl. (Handschr.).
2. P a c h e, Alexander: Der Struensee-Stoff im dt. Drama. In: Festschr. f. B. Litzmann z. 60. Geburtstag. Bonn 1920, S. 226–76.
3. Z i e g l e r, Severus: Struensee im dt. Drama. In: Dithmarschen I (1921), S. 47f., 57–59.
4. S c h l ö s s e r, Rainer: Struensee in der dt. Lit. Altona 1931. 177 S. (Diss. Jena 1931). – R.: A. Pache, NL. 35 (1934), S. 34.
5. S t r u e n s e e. In: Frenzel, StdW. 1970, S. 704–08. [A. a. L.].

1275. STUDENT

1. S c h m i d t, Erich: Komödien vom Studentenleben aus dem 16. und 17. Jh. Leipzig 1880. 35 S.
2. R a c h é. Paul: Jena oder Heidelberg? In: LE. 6 (1903/04), Sp. 832–38.
3. E r m a n, Wilhelm und Ewald H o r n: Poetische, satirische, humoristische Darstellungen des Universitätslebens. In: –: Bibliographie der Dt. Universitäten T. 1. Leipzig 1904, S. 750–826; Teil 3. 1905, S. 307–09. [B.].
4. S ü d e l, Wilhelm: Unsere Studenten im Liede und im Schauspiel der Gegenwart. In: Burschenschaftl. Bll. 18 (SS. 1904), S. 269–72; 19 (WS. 1904/05), S. 7–11.
5. H o f f m a n n, P.: Der Student in der dt. Lit. des 17. Jhs. In: Neuphilologische Bll. 15 (1907/08), S. 416–26.
6. K o n r a d, Karl: Der Student in den dt. Schwankbüchern des 16. und 17. Jhs. In: Akad. Mhe. 26 (1910), S. 212–20.
7. K o n r a d, Karl: Die dt. Studentenschaft in ihrem Verhältnis zur Bühne und Drama. Berlin 1912. 380 S. [15.–20. Jh.]. (Berliner Beitr. z. germ. und roman. Philologie, Germ. Abtl. 32).

8. M e c h o w, Max: Deutsches Studententum in Drama und Roman seit der Romantik. In: Landsmannschafter Ztg. 38 (1924), S. 130–32.
9. S t r a n i k, Erwin: Der Student. In: Lit. 27 (1924/25), S. 143–50. [E.: 16. bis 20. Jh.].
10. K o n r a d, Karl: Breslaus Burschenherrlichkeit im Spiegel der Dichtung. In: Schlesische Mhe. 3 (1926), S. 145–50, 203–07. [E., L.].
11. P a t z s c h k e, Hans: Der studentische Roman der Gegenwart. In: ZDK. 41 (1927), S. 201–04.
12. R e u s c h e l, Karl: Studentenlied. In: RL. III. 1928/29, S. 320f.
13. K i s c h, Paul und Arthur W e r n e r; Der Prager dt. Student im Gedicht. Prag 1929. 88 S. [Einleitung].
14. L a n g e, Kurt: Der Student in der dt. Lit. des 18. Jhs..Diss. Breslau 1930. 91 S. [E.: 49 T.].
15. K l e i s s e l, Rudolf: Der dt. Studentenroman von der Romantik bis zum Ausbruch des Weltkrieges. Diss. Wien 1932. 376 Bl. (Masch.).
16. G r o l m a n, Adolf v.: Der Student in der dt. Dichtung. In: Rhein. Bll. 11 (1934), S. 636–39. [Überblick].
17. N i m t z, Herbert: Motive des Studentenlebens in der dt. Lit. von den Anfängen bis zum Ende des 18. Jhs. Diss. Berlin 1937. 286 S.
18. M u l l e r, Adolf: Der österreichische Studentenroman von 1900 bis zur Gegenwart. Diss. Wien 1938. 222 Bl. (Masch.).
19. S c h e r e r: Der Waffenstudent in der Lit. In: Die Wachenburg 1953, H. 6, S. 15f. [16 T.].
20. H e l w i g, Hellmuth: Der dt. Student und das dt. Studentenlied bis Ende des 18. Jhs. Mannheim 1955. 15 S. (Auch in: Die Wachenburg 1956, H. 1, S. 12–15; H. 2, S. 5–9; H. 3, S. 13–17).
21. R o s e n f e l d, Hans-Friedrich: Vom studentischen Fuchs und vom Rauchfließ. In: Beitr. 77 (1955), S. 246–305.
22. S t u d e n t e n e r z ä h l u n g. In:. Kosch, LL. IV. ^{2}1957, S. 2918f. [B.].
23. G r u e t z m a c h e r, Curt: Der Student als literarische Figur in der DDR. Ein Beitrag zur Analyse des Trivialromans heute. In: Neue dt. Hefte 21 (1974), S. 772–89.

STUMMHEIT s. SCHWEIGEN, TAUBSTUMMHEIT

1276. STURM

1. T h a c k e r, Christopher: „Wish 'd, Wint'ry, Horrors". The storm in the eighteenth century. In: Comp. Lit. 19 (1967), S. 36–57. [A. a. L. Auch Gewitter].

1277. STUTTGART

1. W i d m a n n, Wilhelm: Der Bopser in alter und neuer Zeit. In; Schiller-Kalender 1922, S. 12–18. [Wald u. Anhöhe b. Stuttgart].
2. S t u t t g a r t in der Erzählung. In: Kosch, LL. IV. ^{2}1957, S. 2928. [B.].

1278. SUCHE

1. O h l y, Friedrich: Die Suche in Dichtungen des MA. In: ZfdA. 94 (1965), S. 171–83.

1279. SUDETENLAND

1. P f i t z n e r, Josef: Das Erwachen der Sudetendeutschen im Spiegel ihres Schrifttums bis zum Jahre 1848. Augsburg 1926. 411 S. (Ostmitteldt. Bücherei 1). [Bes. L.].

2. F l o e c k, Oswald: Der sudetendeutsche Mensch im Spiegel der modernen Dichtung. In: Der Hochwart 1 (1931), S. 90–94. [E.].

3. M o l d a s c h l, Heinrich: Die politischen Wandlungen des Sudetenraumes in der sudetendt. Dichtung.(1880–1938). Diss. Wien 1940. 163 Bl. (Masch.). [E., L.].

4. D a r g e, Elisabeth: Die Sudeten in ihrer Bedeutung für das dt. Schrifttum. In: Lit. 43 (1940/41), S. 61–63.

5. K i n d e r m a n n, Heinz: Die sudetendeutsche Dichtung im Kampf um die Freiheit. In: –: Kampf um die dt. Lebensform. Wien 1941, S. 314–26. [E., L.].

6. G ü n t h e r, Adolf: Der sudetendeutsche Volkstumskampf im Spiegel des Grenzlandromans. Würzburg ²1943. 115 S. (Das Buch im Kulturleben der Völker 3).

1280. SÜDSEE s. a. TAHITI

1. F r a n k e, H.: Die Südsee im dt. Roman. In: Bücherkunde 9 (1942), S. 67–73.

2. B r u n n e r, Horst: Der Charakter der Südseevorstellungen in Deutschland. In: –: Die poetische Insel. Stuttgart 1967, S. 128–52.

1281. SÜDSLAWIEN

1. K o n s t a n t i n o v i ć, Zoran: Die literarische Gestaltung südslawischer Gesellschaftsformen in den Werken dt. Schriftsteller. In: Dichtung, Sprache, Gesellschaft. Akten des IV. internat. Germanisten-Kongresses 1970 in Princeton. Frankfurt a. M. 1971, S. 281 bis 288. (Jb. f. internat. Germanistik 1).

1282. SÜDTIROL

1. W o l f h a r d, Adolf: Südtirol im Schmuck der dt. Dichtung. In: Der Wächter 7 (1924), S. 362–73. [Nur z. T. in der Lit.].

2. T h u r n h e r, Eugen: Die Dichtung Südtirols im MA. – Die Dichtung Südtirols in der Neuzeit. In: –: Südtiroler Anthologie. Graz 1956, Bd. 1, S. 5–9; Bd. 2, S. 5–10. [Mit B.].

SÜDWESTAFRIKA s. AFRIKA

SÜHNE s. SCHULD

1283. SÜNDE

1. F r a n k, Gerhard: Studien zur Bedeutungsgeschichte von „Sünde" und sinnverwandten Wörtern in der mhd. Dichtung des 12. und 13. Jhs. Diss. Freiburg i. Br. 1949. 190 Bl. (Masch.).

SÜNDENFALL s. ADAM UND EVA, PARADIES, VERSUCHUNG

1284. SÜNDENLOHN

1. M e y e r, Karl H.: Kopfpreis und Sündenlohn. In: VelKlMhh. 55 (1940/41), S. 491–94. [Die 30 Silberlinge in d. Lit.].

SÜSS-OPPENHEIMER s. OPPENHEIMER, JOSEPH

1285. SUSANNA

1. P i l g e r, Robert: Die Dramatisierungen der Susanna im 16. Jh. In: ZfdPh. 11 (1880), S. 129–217.
2. W e i l e n, Alexander v.: Ein neues Susanna-Drama. In: LE. 3 (1900/01), Sp. 899–903. [Mit stoffgesch. Rückblick].
3. S u s a n n a. In: Frenzel, StdW. 1970, S. 708–10. [D.: 16.–19. Jh.].

1286. SUTTER, JOHANN AUGUST

1. Z o l l i n g e r, J. P.: Johann August Sutter in der Lit. In: Neue Schweizer Rdsch. NF. 2 (1934/35), S. 365–79. [A. a. L.].
2. K u b l e r, E. A.: Johann August Sutter in der dt. Lit. In: MDU. 27 (1935), S. 121–29. [Bes. D.].
3. S u t t e r, General. In: Frenzel, StdW. 1970, S. 710f. [D., E.: 19. u. 20. Jh.].

1287. SYLT

1. S y l t (nordfriesische Insel) in der Dichtung. In: Kosch, LL. IV. ^{2}1957, S. 2945. [B.: E.].

1288. SYMBOL

1. W i e s e, Benno v.: Bild-Symbole in der dt. Novelle. In: Publications of the English Goethe Soc. NS. 24 (1954/55), S. 131–58.
2. J a n t s c h, Heinz Gerhard: Studien zum Symbolischen in frühmhd. Lit. Tübingen 1959. 420 S. – R.: P. F. Ganz, GLL. 14 (1961), S. 213f.; G. Schieb, DLZ. 81 (1960), Sp. 1085 bis 1088.
3. F r e n z e l, Elisabeth: Stoff-, Motiv- und Symbolforschung. Stuttgart ^{3}1970. 116 S.
4. O r m i s t o n, Marjovic: The function of the symbol in the modern German Kurzgeschichte. Diss. Univ. of Southern California 1971. 259 S. DAI. 32 (1971/72), S. 4027 A.

1289. SYNAGOGA

1. P f l a u m, Hiram: Das Synagogamotiv im Drama des 15. Jhs. In: –: Die religiöse Disputation in der europäischen Dichtung des MA. Genève 1935, S. 67–85.
2. E r c k m a n n, Rudolf: Die „Ecclesia" und „Synagoga" vom Straßburger Münster in Bild, Gedicht und Essay. In: DU. 9 (1957), H. 2, S. 63–69.

SYPHILIS s. *GESCHLECHTSKRANKHEIT*

T

1290. TABAK UND TABAKSPFEIFE

1. H o f f m a n n v o n F a l l e r s l e b e n, August Heinrich: Der Tabak in der dt. Lit. In: Weimarisches Jb. f. dt. Sprache, Lit. u. Kunst 2 (1855), S. 243–60. [17. u. 18. Jh.].
2. K o p p, Arthur: Internationale Tabakspoesie. In: ZVLR. NF. 13 (1899), S. 51–74. [A. a. L.].
3. E r i s m a n n, Oskar: Die Tabakspfeife in der dt. Dichtung. Ein literar. Essay. Bern 1917. 20 S.
4. S t a n g e r, Hermann: Der Tabak im Spiegel der Literatur. Dresden 1926. 14 S. (Beiträge z. Tabakfrage 4). [E., L.: 17.–19. Jh.].

5. B ö s e, Georg: Pegasus in Tabakwolken. In: —: Im blauen Dunst. Eine Kulturgeschichte des Rauchens. Stuttgart 1957, S. 190—206. [E., L.: 18.—20. Jh.].
6. F l u c k, Hans-Rüdiger: Blauer Dunst. Zur Geschichte des Tabakrauchens im dt. Südwesten. In: Bad. Heimat. Ekkehart 1974, H. 4, S. 71—78. [Auch in d. Dichtung].

1291. TAGESANBRUCH

1. G r u y t e r, Walter de: Das dt. Tagelied. Diss. Leipzig 1887. 159 S. [A. a. L.].
2. K o c h s, Theodor: Das dt. geistliche Tageslied. Münster 1928. 127 S. (Forschungen u. Funde 22).
3. O h l i n g, Hertha: Das dt. Tagelied. Diss. Köln 1938. 31 S.
4. H a t t o, Arthur Thomas: Das Tagelied in der Weltlit. In: DtVjs. 36 (1962), S. 489 bis 506. [Überblick, a. a. L.].
5. H a t t o, Arthur Thomas: Mediaeval German. In: Eos. An enquiry into the theme of lovers' meetings and partings at dawn in poetry. The Hague 1965, S. 428—72.
6. T a g e l i e d. In: Wilpert, SdL. 1969, S. 763.
7. D r o n k e, Peter: Das Tagelied. Wandlungen der Liebeslyrik. In: —: Die Lyrik des MA. Eine Einführung. München 1973, S. 182—202.
8. L o g a n, Paul Ellis: Die Entwicklungslinie des dt. geistlichen Morgen- und Abendliedes vom Zeitalter der Reformation bis zur Gegenwart unter bes. Berücksichtigung der theologischen Sicht. Diss. Univ. of Maryland 1974. 279 S. DAI. 35 (1974/75), S. 4436f. A.

1292. TAHITI

1. V o l k, Winfried: Die Entdeckung Tahitis und das Wunschbild der seligen Insel in der dt. Lit. Diss. Heidelberg 1934. 160 S.
2. L ö h n e r, Elisabeth: „Tahiti". Ein Wunschbild. Von Georg Forster bis Friedrich Gerstäcker. Diss. Wien 1940. 106 Bl. (Masch.).

1293. TAMERLAN

1. I n t z e, Ottokar: Tamerlan und Bajazet in den Literaturen des Abendlandes. Diss. Erlangen 1913. 60 S. [3 dt. T.].
2. T a m e r l a n. In: Frenzel, StdW. 1970, S. 715—18. [A. a. L.].

1294. TANNE s. a. WEIHNACHTEN

1. K r o n f e l d, Ernst Moritz: Die Tanne. In: —: Der Weihnachtsbaum. Botanik und Geschichte des Weihnachtsgrüns. Oldenburg 1906, S. 31—48. [L.].

1295. TANNHÄUSER

1. N o d n a g e l, A.: Die Tannhäusersage und ihre Bearbeitungen. In: ASNS. Bd. 6 (1849), S. 119—39.
2. G l a s e n a p p, C. Fr.: Aus dem „deutschen Dichterwalde" I. In: Bayreuther Bll. 3 (1880), S. 31—45. [S. 41ff.].
3. S c h l e i n i t z, Alexandra v.: Wagner's Tannhäuser und Sängerkrieg auf der Wartburg. Sage, Dichtung und Geschichte. Meran 1891. 235 S.
4. N o v e r, Jakob: Die Tannhäusersage und ihre poetische Gestalt. Hamburg 1897. 44 S. (SGV. NF. 273).
5. S c h m i d t, Erich: Tannhäuser in Sage und Dichtung. In: —: Charakteristiken. 2. Reihe. Berlin 1901, S. 24—50 und in: NuS. 63 (1892), S. 176—95.
6. E l s t e r, Ernst: Tannhäuser in Geschichte, Sage und Dichtung. Bromberg 1908. 25 S.

7. B a r t o, Philip Stephan: Studies in Tannhäuserlegend. In: JEGPh. 9 (1910), S. 293 bis 320.
8. G o l t h e r, Wolfgang: Tannhäuser in Sage und Dichtung des MA. und der neuen Zeit. In: —: Zur dt. Sage und Dichtung. Leipzig 1911, S. 19—70.
9. J u n k, Victor: Tannhäuser in Sage und Dichtung. München 1911. 51 S. [L.: 19. Jh.].
10. B a r t o, Philip Stephan: Tannhäuser and the Mountain of Venus. A study in the legend of the Germanic paradise. New York 1916. 258 S.
11. K o e g e l, Dora: Die Auswertung der Tannhäuser-Sage in der dt. Lit. des 19. und 20. Jhs. Diss. München 1922. 78 Bl. (Masch.).
12. H o r o w i t z, Hilda: Tannhäuserdichtungen seit Richard Wagner. Diss. Wien 1933. 131 Bl. (Masch.). [D., E., L.].
13. S i e b e r t, Johannes: Der Dichter und die Sage. In: —: Der Dichter Tannhäuser. Halle 1934, S. 235—46. [Mit B. S. 241].
14. S i m p s o n, Claude M.: Wagner and the Tannhäuser tradition. In: PMLA. 63 (1948), S. 244—61.
15. T a n n h ä u s e r. In: Frenzel, StdW. 1970, S. 718—20.

1296. TANTALUS

1. H o f, Walter: Vom Sturm und Drang zur Romantik. Entwicklung des Tantalussymbols. Einzelaspekte und Motive. In: —: Pessimistisch-nihilistische Strömungen in der dt. Lit. vom Sturm und Drang bis zum Jungen Deutschland. Tübingen 1970, S. 33—93.

1297. TANZ s. a. KINDERSPIEL

1. S c h r ö d e r, Franz Rolf: Der tanzlustige Alte. In: GRM. NF. 1 (1950/51), S. 241 bis 57. [A. a. L.].
2. D e u t z, Ilse: Die dichterische Gestaltung des Tanzes in der dt. Lyrik. Diss. Bonn 1953. 182 Bl. (Masch.).
3. R a s c h, Wolfdietrich: Tanz als Lebenssymbol im Drama um 1900. In: —: Zur dt. Lit. seit der Jahrhundertwende. Stuttgart 1967, S. 58—77. [A. a. L.].
4. H a r d i n g, Ann: An investigation into the use and meaning of medieval German dancing terms. Göppingen 1973. 422 S. (GAG 93).

1298. TANZLUSTIGER

1. S c h r o e d e r, Franz Rolf: Der tanzlustige Alte. In: GRM. 32 (1950/51), S. 241—57.

1299. TASSO, TORQUATO

1. W i m m e r, Max: Tassodramen nach Goethe in Deutschland. Diss. Wien 1905. 108 Bl. (Handschr.).
2. D i e t r i c h, Oskar: Die dt. Tassodramen vor und nach Goethes „Torquato Tasso". Diss. Wien 1912. 327 Bl. (Handschr.). [18. u. 19. Jh.].
3. M e r b a c h, Paul Alfred: „Tasso" und Tassos Geschlecht. Ein stoffgeschichtlicher Versuch. In: Bll. der städt. Bühnen. Frankfurt a. M. 1928, S. 387—95. [D.].
4. T o r q u a t o T a s s o. Stoffgeschichtliches. In: Goedeke Bd. 4, 3. Abtl. 1912, S. 301.
5. T a s s o, Torquato. In: Frenzel, StdW. 1970, S. 720—23. [D.: 19. Jh., a. a. L.].

1300. TAUBE

1. H o f f m a n n, Hilmar: Tauben, reisende Boten. Duisburg 1963. 64 S. [Auch in dt. Dichtung].

2. M e s s e l k e n, Hans: Die Signifikanz von Rabe und Taube in der ma. dt. Lit. Ein stoffgeschichtlicher Beitrag zum Verweisungscharakter der altdt. Dichtung. Diss. Köln 1965. 243 S.

1301. TAUBSTUMMHEIT
1. L a m p r e c h t, E.: Der Taubstumme in der Lit. In: Bll. f. Taubstummenbildung 25 (1912), S. 201–10. [A. a. L.].
2. S c h u m a n n, Paul: Der Taubstumme in der schönen Lit. In: Bll. f. Taubstummenbildung 44 (1931), S. 289–99, 308–16, 321–30, 420–22; 45 (1932), S. 357 f. (Erg. von E. Engblom). [D., E., L.: 18. u. 19. Jh.].
3. M a h l e r, Lore: Der sprachgestörte Mensch in der schönen Lit. Heidelberg 1961. 66 Bl. (Masch.). [Zugänglich beim Archiv d. Studienseminars f. Taubstummenlehrer, Heidelberg].

1302. TAUCHER
1. U l l r i c h, Hermann: Die Tauchersage in ihrer literarischen und volksthümlichen Entwickelung. In: ALG. 14 (1886), S. 69–102. [A. a. L.].

1303. TAUGENICHTS
1. P o p e, Elfrieda Emma: The Taugenichts-Motiv in modern German literature. Diss. Cornell Univ. Ithaca, N. Y. 1933. [Ausz. 8 S.].
2. G u m p, Margaret: Zum Problem des Taugenichts. In: DtVjs. 37 (1963), S. 529–57. [E.].

1304. TAULER, JOHANNES
1. F i l t h a u t, Ephrem M.: Johannes Tauler. Ein dt. Mystiker. Essen 1961. (S. 474: J. Tauler in der Dichtung). [B.: 5 T.⁻

1305. TECHNIK s. a. *MASCHINE*
1. E y t h, Max v.: Poesie und Technik. In: Zs. d. Vereins dt. Ingenieure 48 (1904), S. 1129–34.
2. E i s e n s t ä d t e r, Julius: Moderne Technik und lyrischer Impressionismus. In: Hamburgischer Correspondent, Beil. Nr. 15 (1913), S. 115–17.
3. Z i m m e r m a n n, Felix: Die Widerspiegelung der Technik in der dt. Dichtung von Goethe bis zur Gegenwart. Diss. Leipzig 1913. 159 S. [D., E., L.].
4. K ü h n, Julius: Lyrik und Technik. In: ZDU. 30 (1916), S. 658–67, 705–13. [Eisenbahn, Dampfschiff, Auto, Flugzeug].
5. H a r d e n s e t t, Heinrich: Technik und Dichtung. In: Hellweg 3 (1923), S. 419–22.
6. W o l f f, Walter: Technik und Dichtung. Ein Überblick über 100 Jahre dt. Schrifttums. Leipzig 1923. 173 S. [Anthologie mit stoffkundlichen Einführungen].
7. K a i n z, Friedrich: Technik und Industrie in der dt. Dichtung. In: WestMh. 139. Bd. 70 (1925/26), S. 691–94. [E., L.: 19. Jh.].
8. E i s e n t h a l, Wilhelm: Vom Rhythmus der neuen Zeit. Die Technik im Spiegel der Dichtung und Kunst. In: Die Kultur (Wien) 1928, 1, S. 3–31.
9. M e n d t, Arthur: Die Technik in der dt. Dichtung der Gegenwart. In: ZDB. 10 (1934), S. 545–53. [E., L.].
10. F r o b e n i u s, Volkmar: Die Behandlung von Technik und Industrie in der dt. Dichtung von Goethe bis zur Gegenwart. Diss. Heidelberg 1935. 211 S.

11. S t a f, Hermann: Technik u. Industrie im dt. Drama. Diss. Wien 1948. 146 Bl. (Masch.). [18.–20. Jh.].
12. T e c h n i k. In: Schmitt, BuA. 1952, Sp. 524–29. [B.].
13. T e c h n i k und Techniker in der Dichtung. In: Kosch, LL. IV. ²1957, S. 2961 f. [B.].
14. B e n t m a n n, Friedrich: Der Dichter und die Technik. In: Dienendes Wort. Festgabe f. E. Bender. Karlsruhe 1959, S. 63–88.
15. E r c k m a n n, Rudolf: Bahn, Brücke, Tunnel. Eine Arbeitsreihe über Dichtung der Technik. In: DU. 12 (1960), H. 3, S. 61–78.
16. A y r e n s c h m a l z, Armin: Technik und Dichtung. In: Schweizer Mhe. 40 (1960/61), S. 599–606.

1306. TELL, WILHEILM s. a. APFELSCHUSS

1. R o e t h e, Gustav: Die dramatischen Quellen des Schillerschen „Tell". In: Forschungen z. dt. Philol. Festg. f. R. Hildebrand. Leipzig 1894, S. 224–76.
2. V ö g t l i n, Adolf: Das Tell-Schauspiel in der Schweiz. In: BuW. 1 (1898/99), S. 1009 bis 1018.
3. E b e r l i, Henry: Wilhelm Tell vor und nach Schiller. In: Die Schweiz Bd. 8 (1904), S. 273; 298, 326, 351, 366.
4. H e i n e m a n n, Franz: Tell-Bibliographie. Bern 1907. 189 S. [Auch Tell-Sage in der dt. Lit.].
5. K e t t n e r, Gustav: Das Verhältnis des Schillerschen Tell zu den älteren Telldramen. In: Marbacher Schillerbuch 3 (1909), S. 64–124.
6. K e t t n e r, Gustav: Die Entwicklung des Stoffes. In: –: Schillers Wilhelm Tell. Eine Auslegung. Berlin 1909, S. 1–23.
7. M e s z l é n y, Richard: Tell-Probleme. Berlin 1910. 115 S, [15.–19. Jh., auch stoffgeschichtlich].
8. L a n g, Paul: Die schweizerischen Tellspiele. London 1924. 38 S.
9. L a n g, Paul: Die Schweizer Tellen-Spiele unseres Jhs. In: Lit. 27 (1924/25), S. 590–96.
10. M e r z, Elsbeth: Tell im Drama vor und nach Schiller. Bern 1925. 61 S. Repr. 1970. (Diss. Berln. Sprache und Dichtung 31).
11. W i d m a n n, Wilhelm: Wilhelm Tells dramatische Laufbahn und politische Sendung. Berlin 1925. 182 S. [Bes. S. 5–28].
12. B a u e r, Wilhelm: Wilhelm Tell im Drama. In: Bad. Landestheater Karlsruhe 1927/28, Nr. 24, S. 4–16.
13. S c h e n k e r, Manfred: Guillaume Tell à travers les âges dans la poésie et dans la peinture. In: Bulletin de l'Institut National Genevois 50 (1934), S. 49–83. [A. a. L.].
14. L a b h a r d t, Ricco: Wilhelm Tell als Patriot und Revolutionär. 1700–1800. Wandlungen der Tell-Tradition im Zeitalter des Absolutismus und der französischen Revolution. Diss. Basel 1947. 162 S. [Auch in der Dichtung].
15. M ü l l e r - G u g g e n b ü h l, Fritz: Die Gestalt Wilhelm Tells in der modernen schweizerischen Dichtung. Diss. Zürich 1950. 143 S. [Auch im 18. u. 19. Jh.].
16. T e l l, Wilhelm. In: Heinzel, LhE. 1956, S. 704f. [B.].
17. H o l e, Gerlinde: Die Telltradition der Schweiz. In: –: Historische Stoffe im volkstümlichen Theater Württembergs seit 1800. Stuttgart 1964, S. 73–96 u. 189f. [B.].
18. J o s t, François: La fortune d'un héros. Guillaume Tell en Europe. In: –: Essais de littérature comparée. Fribourg 1 (1964), S. 223–51. [A. a. L.].
19. T e l l, Wilhelm. In: Frenzel, StdW. 1970, S. 723–26.
20. B e r c h t o l d, Alfred: Wilhelm Tell im 19. und 20. Jh. In: Stünzi, Lilly: Tell. Werden und Wandern eines Mythos. Bern 1973, S. 167–253. – R.: H. Weder, Du 33 (1973), S. 290–96.

1307. TEMPLER

1. N e u, Heinrich: Die Templer in der Lit. In: —: Bibliographie des Templer-Ordens 1927—1965. Bonn 1965, S. 118—22. [A. a. L. E., L., dichterische Bedeutung von Metaphern von Ovid bis zur Gegenwart].

1308. TEPPICH

1. A l b r e c h t, Michael v.: Der Teppich als literarisches Motiv. In: Deutsche Beitr. z. geistigen Überlieferung 7 (1972), S. 11—89. [A. a. L.].

1309. TESSIN

1. R o s s e t t i, Santino: Das Tessin im dt. Schrifttum. Diss. Freiburg i. d. Schweiz 1947. 147 S. (Auch im Buchh.). [Bes. E. im 19. u. 20. Jh.].

1310. TESTAMENT

1. T a r d e l, Hermann: Die Testamentsidee als dichterisches Formmotiv. In: NdZfVk. 4 (1926), S. 72—84; 5 (1927), S. 43—51, 102—15; 7 (1929), S. 93—108. [A. a. L.].

TESTAMENT, ALTES UND NEUES s. BIBEL sowie einzelne biblische Ereignisse und Gestalten

1311. TEUFEL s. a. FAUST, HUND

1. D r e y e r, Max: Der Teufel in der dt. Dichtung des Mittelalters. 1. T.: Von den Anfängen bis in das 14. Jh. Diss. Rostock 1884. 47 S.
2. T e u f e l l i t e r a t u r. In: Goedeke 2. Bd. ^{2}1886. S. 479—83. [B.: 16.—18. Jh.].
3. W i r t h, Ludwig: Teufelscenen und Teufelsspiele. In: —: Die Oster- und Passionsspiele bis zum 16. Jh. Halle 1889, S. 186—201.
4. O s b o r n, Max: Die Teufelliteratur des 16. Jhs. Berlin 1893. 236 S. Repr. Hildesheim 1965. (Acta Germanica III, 3). [Vor allem satirisch-didaktische Lit., auch im dt. Drama d. 17. Jhs.].
5. Goethes M e p h i s t o p h e l e s. — Der Teufel in der Dichtung. In: Goedeke Bd. IV, 3. Abtl. ^{3}1912, S. 686—88.
6. K n o r t z, Karl: Blut, Teufel und Teufelsbündnisse. In: —: Hexen, Teufel und Blocksbergspuk in Geschichte, Sage und Lit. Annaberg 1913, S. 42—77. [A. a. L.].
7. R u d w i n, Maximilian Josef: Der Teufel in den dt. geistlichen Spielen des Mittelalters und der Reformationszeit. Göttingen 1915. 194 S. (Hesperia 6, Diss. Ohio State Univ. 1913). — R.: E. J. Haslinghuis, Neoph. 2 (1917), S. 71—73; Ph. Strauch, DLZ. 37 (1916), Sp. 1715 f.
8. K r a u s e, Elisabeth: Lucifer. Das Problem seiner Gestalt bei Ricarda Huch, Ibsen und Immermann. In: Festschr. f. B. Litzmann. Bonn 1920, S. 176—225.
9. B e b e r m e y e r, Gustav: Teufelliteratur. In: RL. IV. 1931, S. 90—93.
10. R u d w i n, Maximilian Josef: The devil in legend and literature. Chicago 1931. 354 S. — R.: B. Götz, DLZ. 53 (1932), Sp. 710—14; F. Piquet, Revgerm. 23 (1932), S. 145 f.
11. W a r k e n s t e i n, Abraham: The devil in the German traditional story. Diss. Univ. of Chicago 1936.
12. Z i e r e n, Helene: Studien zum Teufelsbild in der dt. Dichtung von 1050—1250. Bochum 1937. 93 S. (Diss. Bonn). [D., E., L.]. — R.: H. Steinger, AfdA. 57 (1938), S. 184 f.

13. Müller, Ursula: Die Gestalt Lucifers in der Dichtung vom Barock bis zur Romantik. Berlin 1940. 89 S. (GSt. 229, Diss. Gießen 1941). – R.: W. Kalthoff, Anglia Beibl. 53 (1942), S. 73–75.
14. Hammerich, Louis L.: Luzifers Sturz. In: VerfLex. III. 1943, Sp. 204–06.
15. Heinemann, Franz: Die Rolle des Teufels bei den Auferstehungsspielen der Luzerner Landschaft 1400–1798. In: Innerschweizerisches Jb. f. Heimatkunde 8/10 (1944/46), S. 117–76; 11/12 (1947/48), S. 117–36.
16. Bonwit, Marianne: Babel in modern fiction. In: Comp. Lit. 2 (1950), S. 236–47. [A. a. L.].
17. Rehm, Walther: Roquairol. Eine Studie zur Geschichte des Bösen. In: Orb.litt 8 (1950), S. 161–258. [18. Jh.].
18. Seiferth, Wolfgang S.: The concept of the devil and the myth of the pact in lit. prior to Goethe. In: MDU. 44 (1952), S. 271–89.
19. Krüger, Horst: Das Teufelsmotiv im modernen Roman. In: Welt u. Wort 8 (1953), S. 334f.
20. Dilthey, Wilhelm: Satan in der christl. Poesie. In: –: Die große Phantasiedichtung u. andere Studien z. vergl. Literaturgeschichte. Göttingen 1954, S. 109–31. [A. a. L.].
21. Stapff, Heribert: Der „Meister Reuaus" und die Teufelsgestalt in der dt. Dichtung des späten Mittelalters. Diss. München 1956. 100 Bl. (Masch.). [Bes. 2. Teil: S. 43–100: 1250–1500].
22. Bekker, Hugo: The Lucifer motif in the German and Dutch drama of the sixteenth and seventeenth centuries. Diss. Univ. of Michigan 1958. 248 S. DA. 19 (1958/59), S. 1364.
23. Bekker, Hugo: The Lucifer-Motif in the German drama of the 16th century. In: MDU. 51 (1959), S. 237–47.
24. Grimm, Heinrich: Die dt. „Teufelsbücher" des 16. Jhs. In: Archiv f. Gesch. d. Buchwesens II. 1960, S. 513–70.
25. Ohse, Bernhard: Die Teufelliteratur zwischen Brant und Luther. Diss. FU. Berlin 1961. 257 S.
26. Winklhofer, Alois: Der Wandel der Teufelsvorstellungen in der abendländischen Lit. In: –: Traktat über den Teufel. Frankfurt a. M. 1961, S. 225–63.
27. Hallen, Oskar van der: Het diabolisme in de hedendaagse roman. Hasselt 1962. 157 S. [A. a. L.].
28. Röhrich, Lutz: Eine Teufelserzählung des 13. Jhs. und ihr Weiterleben bis zur Gegenwart. Exempel und Sage. In: DU. 14 (1962), H. 2, S. 49–68. [Bes. 13.–16. Jh.].
29. Lampe, Hans-Sirks: Die Darstellung des Teufels in den geistlichen Spielen Deutschlands. Von den Anfängen bis zum Ende d. 16. Jhs. Diss. München 1963. 138 S.
30. Magnus, Rosemarie: Der Teufel als Gegner Christi. In: –: Die Christusgestalt im Passionsspiel des dt. MA. Diss. Frankfurt a. M. 1965, S. 226–37.
31. Klostermeyer, Monika: Hölle und Teufel im dt. sprachigen Theater des MA. und der Renaissance. Diss. Wien 1966. 433 Bl. (Masch.).
32. Könneker, Barbara: Murners Narrenbegriff und die Teufelsvorstellung des späten MA. In: –: Wesen und Wandlung der Narrenidee im Zeitalter des Humanismus. Wiesbaden 1966, S. 208–47.
33. Mason, Eudo C.: Die Gestalt des Teufels in der dt. Lit. seit 1748. In: Tradition und Ursprünglichkeit. Akten des 3. Internationalen Germanisten-Kongresses 1965 in Amsterdam. Bern 1966, S. 113–25. [Überblick].
34. Roloff, Hans-Gert: Reformationslit. In: RL. III. ²1968, S. 365–403. [Teufelsbücher: S. 401–03].
35. Roos, Keith Leroy: The devil-books of the sixteenth century. Their sources and their significance during the second half of the century. Diss. Rice Univ. 1968. 229 S. DA. 29 (1968/69), S. 1518 A.

36. S c h i r m b e c k, H.: Der moderne Jesus-Roman. Die Wiederkehr des Teufels. In: Christliche Dichter im 20. Jh. Bern ²1968, S. 445–63.
37. S a t a n. In: Frenzel, StdW. 1970, S. 657–61.
38. S t e i n, Peter: Der Sturz der Engel in frühmhd. Dichtung. In: –: Die Rolle des Geschehens in früher dt. Epik. Diss. Salzburg 1970, Bl. 113–233. (Masch.).
39. M a h a l, Günther: Mephistos Metamorphosen. Fausts Partner als Repräsentant literarischer Teufelsgestaltung. Göppingen 1972. 551 S. (Diss. Tübingen 1971. GAG. 71). – R.: W. Keller, Germanistik 15 (1974), Nr. 2090; J. Müller, DLZ. 95 (1974), Sp. 103–07.
40. R o o s, Keith Lerry: The devil in 16th century German Lit: The Teufelsbücher. Bern 1972. 131 S. (EurH. I, 68). – R.: F. Rädle, ZfVk. 69 (1973), S. 117f.; R. Stambaugh, Daphnis 3 (1974), S. 213f.
41. E h l e r s, Anke: Des Teufels Netz. Untersuchung zum Gattungsproblem. Stuttgart 1973. 156 S. (Studien z. Poetik u. Gesch. d. Lit. 35). [SpätMA.: S. 83–152].
42. S c h u l d e s, Luis: Die Teufelsszenen im dt. geistlichen Drama des MA. Göppingen 1974. 171 S. (Diss. München 1972. GAG. 116).
43. F i s h e r, Rodney Winstone: Studies in the demonic in selected middle high German epics. Göppingen 1974. 246 S. (GAG. 132, Diss. Univ. of Cambridge, England 1969).

1312. TEUTOBURGER WALD

1. Der T e u t o b u r g e r W a l d und die Weserberge in der dt. Lit. In: Der schöne Teutoburger Wald 3 (1929), Nr. 2, S. 5–7; Nr. 5, S. 13–17.

1313. THEATER s. a. SCHAUSPIELER, WELTTHEATER

1. B r a u n, Emma: Der dt. Theaterroman. Diss. Wien 1935. 145 Bl. (Masch.). [122 T.].
2. Z i e g e n r ü c k e r, Hildegard: Die Welt des Theaters im dt. Roman. Diss. Berlin 1941. 424 Bl. (Masch.).
3. T h e a t e r. In: Schmitt, BuA. 1952, Sp. 530–41. [B.].
4. R a m j o u é, Wolfgang: Theater im Bildungsroman. Ein Beitrag zur Phänomenologie des Theaters. Diss. Wien 1970. 368 Bl. (Masch.).

1314. THEATERHEROLD

1. K o i s c h w i t z, Otto: Der Theaterherold im dt. Schauspiel des MA. und der Reformationszeit. Berlin 1926. 102 S. (GSt. 46). [Auch Einschreier, Possenreißer].

THEODERICH DER GROSSE s. DIETRICH VON BERN

1315. THEODIZEE

1. T o t o k, Wilhelm: Das Problem der Theodizee in der dt. Gedankenlyrik der Aufklärung. Diss. Marburg 1948. 174 Bl. (Masch.).

1316. THEOLOGIE

1. B a c h e m, Rolf: Dichtung als verborgene Theologie. Ein dichtungstheoretischer Topos vom Barock bis zur Goethezeit und seine Vorbilder. Bonn 1956. 158 S. (Abhh. z. Philosophie, Psychologie u. Pädagogik 5).
2. S p a l e k, John M.: Theological problems on the contemporary German stage. Diss. Stanford Univ. 1961. 335 S. DA. 22 (1961/62), S. 1633.

1317. THEOPHILUS s. a. FAUST

1. P l e n z a t, Karl: Die Theophiluslegende in den Dichtungen des Mittelalters. Berlin 1926. 263 S. (GSt. 43; Diss. Königsberg 1924). [A. a. L.]. − R.: W. Golther, Euph. 28 (1927), S. 624−25; R. Petsch, ZfdPh. 53 (1928), S. 406−19.
2. W o l f f, Ludwig: Die Theophiluslegende in der Dichtung des dt. MA. In: Gedenkschrift f. P. Alpers. Hildesheim 1968, S. 90−100. [Bes. im Niederdt.].
3. T h e o p h i l u s. In: Frenzel, StdW. 1970, S. 726−29.

1318. THOMAS BECKET, HEILIGER

1. T h o m a s à B e c k e t. In: Frenzel, StdW. 1970, S. 729−32. [D., E.: 19. u. 20. Jh.].

1319. THÜRINGEN

1. H o s s f e l d, Hermann: Thüringen in der Dichtkunst. In: Thüringen in Farbenphotographie. Berlin 1930, S. 81−92. [E., L.].
2. B e s s e n r o d t, Otto: Thüringische Geschichte in Roman, Novelle und Erzählung. Gotha 1931. 31 S. Erg. u. d. T.: Romane, Novellen und Erzählungen aus d. thüring. Geschichte. In: Otto Ludwig Kalender 4 (1932), S. 116−18; 5 (1933), S. 117f.
3. T h ü r i n g e n. In: Luther, DtL. 1937, Sp. 652−58. [B.].
4. V o r e t z s c h, Karl: Das Ende des Königreichs Thüringen im Jahre 531 in Geschichte, Sage und Dichtung. Naumburg/Saale 1943. 102 S. [Bes. 19. u. 20. Jh.].
5. T h ü r i n g e n in der Erzählung. In: Kosch, LL. IV. ²1957, S. 3000f.

1320. THUMELICUS s. a. ARMINIUS

1. T h u m e l i c u s. In: Frenzel, StdW. 1970, S. 732. [D.: 18. u. 19. Jh.].

1321. TIBERIUS, RÖMISCHER KAISER

1. K a i n r a d, Georg: Die Gestalt des Kaisers Tiberius in der dt. Lit. Diss. Wien 1910. 185 Bl. (Handschr.).
2. M i f k a, Hermine: Tiberius in der dt. Lit. Diss. Wien 1934. 125 Bl. (Masch.). [19. u. 20. Jh.].
3. T i b e r i u s. In: Frenzel, StdW. 1970, S. 732−34.

1322. TIER (Allgemein)

1. S t e i n e r, Carl J.: Die Tierwelt nach ihrer Stellung in Mythologie und Volksglauben, in Sitte und Sage, in Geschichte und Literatur, im Sprichwort und Volksfest. Gotha 1891. 323 S.
2. D o r e r, Edmund: Vermischte Aufsätze 2. Dresden 1893. 160 S. [Mit 14 Beiträgen zur Tierdichtung, a. a. L.].
3. K a w e r a u, Waldemar: Zur Geschichte der dt. Thierdichtung. In: Geschichts-Bll. f. Stadt u. Land (Magdeburg) 28 (1893), S. 264−82.
4. H e r m a n n, Georg: Moderne Tierfabeln. In: LE. 4 (1901/02), Sp. 14−18.
5. E.: Tiere in lyrischen Gedichten. In: PädW. 10 (1903/04), S. 1354−58. [Z. T. auch Volksdichtung].
6. G o t z e s, Heinrich: Die Tiersage in der Dichtung. Frankfurt 1906. (Frankf. Zeitgem. Brosch. 26, S. 317−58. [A. a. L.].
7. M e y e r, Richard M.: Zoologia poetica. In: ZVLG. 16 (1906), S. 468−78.
8. B a t e r e a u, Otto: Die Tiere in der mhd. Lit. Diss. Leipzig 1909. 65 S.
9. K e l l e n, Toni: Dichter, Künstler und Tiere. II. Tierdramen. In: BuW. 12 (1910), S. 920−23. [A. a. L.].

10. E i c k, Hugo: Über das Seelenleben der Tiere in der Dichtung. In: OeRs. 26 (1911), S. 305–09.
11. K l o c k e, Eduard: Das Tier in Lit. und Kunst. In: Über den Wassern 4 (1911), S. 345 bis 349.
12. C r e d n e r, Karl: Tiergeschichten. In: Eckart 8 (1913/14), S. 673–76.
13. E n z i n g e r, Moriz: Tierszenen. In: –: Die Entwicklung des Wiener Theaters vom 16. zum 19. Jh. Teil 1. Berlin 1918, S. 223–43. [D.: 18. u. 19. Jh.].
14. F e l t e s, Jean: Über Tierdichtung. Luxemburg 1918. 40 S. [A. a. L.].
15. W a l z e l, Oskar: Neue Dichtung vom Tiere. In: ZBFr. NF. 10 (1918/19), S. 53–58.
16. D o h s e, Richard: „Reinke de Vos" und die plattdeutsche Tierdichtung. In: Festschrift ehem. Abiturienten des Friedrich-Franz-Gymnasiums in Parchim. Parchim 1919, S. 155 bis 168.
17. P e t e r, Karl: Abseits der Welt. Ein Brief über Tierschilderungen. In: DV. 24 (1922), S. 266–70.
18. S c h u l z, Bernhard: Vergleichende Studien zum dt. Tierepos. Diss. Jena 1922. 97 Bl. (Masch.). [Mit kurzem Überblick für d. 19. Jh.].
19. G l u p e, Adolf: Der dt. Tierroman als literarische Erscheinung und als literarischer Begriff. In: Hellweg 4 (1924), S. 526–30.
20. B e c k, J.: Tiergeschichten. Tierbücher. In: Jugend und schönes Schrifttum, hrsg. v. F. Fikenscher u. J. Prestel. Ansbach 1925, S. 187–210.
21. G l u p e, Adolf: Tierdichtung. In: Hellweg 5 (1925), S. 278–82.
22. Z e u c h, Julius: Die moderne Tierdichtung. Diss. Gießen 1926. 58 S. [E., L.: 19. u. 20. Jh.: 151 T., a. a. L.].
23. H o f m i l l e r, Josef: Das Tier in der Dichtung. In: Süddt. Mhe. 25, I (1927/28), S. 895–98. [A. a. L.].
24. K ü h l h o r n, Walther: Tierdichtung. In: ZDK. 38 (1924), S. 424–28 und in: Markwart 4 (1928), S. 49–52.
25. K ü h l h o r n, Walther: Tierdichtung. In: RL. III. 1928/29, S. 360–70.
26. G l u p e, Adolf: Die Überwindung des Menschen im Werk des Tierdichters. In: Markwart 5 (1929), S. 155–60.
27. B ä h l e r, Emmi Luzi: Über Tiere und Tierdichtung. In: Die Besinnung 4 (1930), S. 97 bis 107.
28. K a p h e r r, Egon v.: Die moderne Tiergeschichte und der Tierschriftsteller von heute. In: WestMh. 74. Bd. 147, 1 (1930), S. 489–92.
29. S c h u l z, Kurd: Tiererzählungen. Ein besprechendes Bücherverzeichnis für Volks- und Jugendbüchereien. Stettin ²1930. 52 S. [B.: 283 T., a. a. L.].
30. H ä u s l, Emma: Die dt. Tiergeschichte des letzten Menschenalters. Diss. Wien 1932. 229 S. [113 dt. T.].
31. K ö s t e r, Hermann Leopold: Tiergeschichten. In: Jugendschriftenwarte 37 (1932), Nr. 9, S. 75–77; 38 (1933), Nr. 45, S. 28–31 u. Nr. 6, S. 45–47.
32. F r a n k e, Erich: Gestaltungen der Tierdichtung. Diss. Bonn 1934. 82 S. [E., L.: 19. u. 20. Jh.: 43 T.].
33. P o p p e r, Gertrud: Der neue dt. Tierroman. Diss. Wien 1934. 128 Bl. (Masch.). [E.: 34 T.].
34. G o l d e m a n n, Eberhard: Das Schicksal des Tieres in der Lit. In: Lit. 37 (1934/35), S. 198–201. [Überblick, a. a. L.].
35. D e m e l, Rudolf: Das gute Tierbuch. Tiergeschichten. Erlebnisse mit Tieren. Tierbilder. In: Volksbildungsarbeit 7 (1935), S. 65–76. [B.: 114 T.].
36. B ä u e r l e, Dorothea: Tiermärchen. In: –: Das nach-romantische Kunstmärchen in der dt. Dichtung. Diss. Heidelberg 1937, S. 22–93.
37. L ä m k e, Dora: Mittelalterliche Tierfabeln und ihre Beziehungen zur bildenden Kunst in Deutschland. Diss. Greifswald 1937. 112 S. (Dt. Werden 14).

38. N e l l, Hedwig: Die gestaltenden Kräfte in der neuen dt. Tierdichtung. Diss. München 1937. 108 S. [E.: 20. Jh.: 43 T.].
39. B e r n h a r t, Joseph: Mensch und Tier in der Legende. In: Hochland 35, 1 (1937/38), S. 89—107.
40. S t a r k l o f f, Edmund: Der biologische Standpunkt. Eine Betrachtung zur Tierdichtung unserer Zeit. In: Lit. 40 (1937/38), S. 335—38.
41. P f e i l l, Karl Gabriel: Das Tier in der neueren Dichtung. In: Dt. Kulturwart 1939 Febr. Heft S. 2—9. [L.].
42. M i t t e l b a c h, Hilde: Natur und Wissenschaft im klassisch-höfischen Epos. Diss. Bonn 1941. 80 S. [S. 45—53: Tierwelt].
43. S t a r k l o f f, Edmund: Aus dem Reich der Tiere. Eine Betrachtung zur Tierdichtung unserer Zeit. In: Lit. 42 (1939/40), S. 505—08 u. Bücherkunde 9 (1942), S. 238—43.
44. D a e g l a u, Greta: Reineke Fuchs jubiliert! Die Tiere im dt. Leben. In: Bücherkunde 10 (1943), S. 210—14.
45. T i e r b u c h - B i b l i o g r a p h i e. In: Arche Noah 2 (1950), S. 462f. [A. a. L.].
46. B r a u n, Frank X.: Hermann Löns and the modern German animal tale. In: MDU. 45 (1953), S. 76—80.
47. H e i n e n, Werner: Das Tier im Jugendbuch. In: Pädagog. Rundschau 9 (1954/55), S. 248—56.
48. M e t z k e r, Otto: Die Gestalt des Tieres in der Lit., bes. im Jugendschrifttum. In: Das gestaltete Sachbuch und seine Probleme. Reutlingen 1955, S. 57—80.
49. D r e w s, Ruth: Tiere im Kinder- und Jugendbuch. Pädagogische Faktoren. In: Jugendlit. 2 (1956), S. 355—61.
50. „Klassische" J u g e n d b ü c h e r II (Tierbücher). In: Die Welt der Bücher. Literar. Beihefte z. Herder-Korrespondenz. H. 8 (1957), S. 425—35. [A. a. L.].
51. M e t z k e r, Otto: Die wertvolle und die minderwertige Tiergeschichte. In: DU. 9 (1957), H. 4, S. 33—50. [121 T.].
52. T i e r f a b e l, Tiermärchen, Tiersage, Tierdichtung. In: Kosch, LL. IV. ^{2}1957, S. 3011f. [B.].
53. W e i s s e r t, Elisabeth: Fabeln und Tiergeschichten. In: —: Vom Abenteuer des Lesens. Sieben Aufsätze über das Jugendbuch. Stuttgaat 1959, S. 32—36.
54. Z e i s k e, Wolfgang: Das Tier in Lit. und Kinderlit. In: Beitr. z. Kinder- u. Jugendlit. 1965, H. 7, S. 87—97.
55. S c h m i d t k e, Dietrich: Geistliche Tierinterpretation in der dt. sprachigen Lit. des MA. (1100—1500). Diss. FU. Berlin 1966. 671 S. — R.: W. Harms, AfdA. 82 (1971), S. 165—70.
56. N a r r, Dieter und Roland N a r r: Menschenfreud und Tierfreund im 18. Jh. In: Studium Generale 20 (1967), S. 293—303. [Auch in d. Dichtung].
57. B i n d s c h e d l e r, Maria: Tierdarstellungen in der dt. Dichtung des MA. In: Schweizer Mhe. 47, 2 (1967/68), S. 694—713.
58. L e h n e m a n n, Widar: Tierdichtung und Deutschunterricht. In: DU. 20 (1968), H. 6, S. 5—27.
59. T i e r d i c h t u n g. In: Wilpert, SdL. 1969, S. 784—86.
60. G e r l a c h, Richard: Das Tier in der dt. Lyrik seit 1900. In: Annali, Sez. Germanica, Istituto Universitario Orientale di Napoli 12 (1969), S. 395—401 u. in: Welt u. Wort 26 (1971), S. 347—51.
61. G r u b m ü l l e r, Klaus: Deutsche Tierschwänke im 13. Jh. Ansätze zur Typenbildung in der Tradition des „Reinhart Fuchs". In: Werk-Typ-Situation. Studien z. poetologischen Bedingungen in d. älteren dt. Lit. Stuttgart 1969, S. 99—117.
62. M e n c k, Ursula: Die Tierdarstellung im europäischen Theater des 19. und 20. Jhs. Diss. Wien 1969. 244 Bl. (Masch.). [Das vom Schauspieler dargestellte Tier, a. a. L., 115 T.].

63. S t e t t e r, Klaus: Hermann Löns – Der Übersetzer. Gedanken zum Problem der Vermenschlichung in der modernen Tiergeschichte. In: Annali, Sez. Germanica, Istituto Universitario Orientale di Napoli 12 (1969), S. 351–71.
64. H a r k o r t, Fritz: Tiergeschichten in der Volksüberlieferung. Wesen und Form. In: Das Tier in der Dichtung. Heidelberg 1970, S. 12–54. [A. a. L.].
65. J a e c k l e, Erwin: Von der Arche ins Gedicht. 6 Vorträge zur Natur im Gedicht. Zürich 1970, S. 89–103. [A. a. L.].
66. Das T i e r in der Dichtung. Hrsg. u. eingeleitet von Ute Schwab. Heidelberg 1970. 296 S. [A. a. L.]. – R.: G.-H. Arendt, Germanistik, 13 (1972), Nr. 1642.
67. C o s e n t i n o, Christine: Tierbilder in der Lyrik des Expressionismus. Bonn 1972. 192 S. (Abhh. z. Kunst,- Musik- u. Lit. wiss. 119). [Tiergestaltung als Ausdruck menschl. Problematik]. – R.: K.-H. Fingerhut, Germanistik 14 (1973), Nr. 2046.
68. Der F u c h s und die Trauben. Deutsche Tierdichtung des MA. Hrsg. u. übertragen v. W. Spiewok. Berlin 1973. 465 S. [Einleitung zur Anthologie: S. 5–19. Über die Dichter und ihre Werke: S. 425–49]. – R.: K. Düwel, Germanistik 15 (1974), Nr. 3525.
69. S c h ü t z e, Gundolf: Gesellschaftskritische Tendenzen in dt. Tierfabeln des 13. bis 15. Jhs. Bern 1973. 265 S.
70. S t o c k m a y e r, Gertrud: Die Tierwelt. In: –: Über Naturgefühl in Deutschland im 10. und 11. Jh. Berlin 1910, S. 55–62. (Beitr. z. Kulturgesch. d. MA. u. d. Renaissance 4). Repr. Hildesheim 1973.
71. M ü l l e r, Ulrich: Tierfabel. In: –: Untersuchungen zur politischen Lyrik des dt. MA. Göppingen 1974, S. 512–18.
72. L e w i s, Gertrud Jaron: Das Tier und seine dichterische Funktion in Erec, Iwein, Parzifal und Tristan. Bern 1974. 199 S. (Kanad. Studien z. dt. Sprache u. Lit. 11).

TIERKRANKHEIT s. *PFERD*

TILL EULENSPIEGEL s. *EULENSPIEGEL*

1323. TILLY, JOHANN VON
 1. T i l l y nach der Schlacht bei Breitenfeld. In: Archiv f. Litt. Gesch. 6 (1877), S. 53–85. [L.: 17. Jh.].
 2. L a h n e, Werner: Tillys Niederlage bei Breitenfeld in der zeitgenössischen Karikatur und Satire. In: Thür. sächs. Zs. f. Geschichte u. Kunst 21 (1932), S. 36–50.
 3. T i l l y, Johann v. In: Heinzel, LhE. 1956, S. 713f. [B.].

1324. TIMBREO UND FENICIA
 1. K a u l f u s s - D i e s c h, Carl: Bandellos Novelle Timbreo und Fenicia im dt. Drama des 17. Jhs. In: Studien zur Literaturgeschichte. A. Köster z. 7. Nov. 1912, Leipzig 1912, S. 58–82.
 2. T i m b r e o und Fenicia. In: Frenzel, StdW. 1970, S. 734f. [D.: 16. u. 17. Jh.].

TIMON VON ATHEN s. *MENSCHENFEIND*

1325. TIROL s. a. *HOFER, A., SÜDTIROL*
 1. R o s e n b a u m, Richard: Die Tirolerin in der dt. Lit. des 18. Jhs. In: ZKultG. 5 (1898), S. 43–61.
 2. K r z i s c h, Susanne Maria: Der Tiroler Freiheitskrieg von 1809 in der dt. Dichtung. Diss. Wien 1939. 186 Bl. (Masch.).

3. T i r o l. In: Luther, DtL. 1937, Sp. 659–69 und in: Luther, LuL. 1954, Sp. 307–13. [B.].

4. H a u e r, Karl: Die Dichtung der Tiroler Freiheitskriege in den Jahren 1796, 1797 und 1809. Diss. Innsbruck 1941. 162 Bl. (Masch.).

5. S t o l z, Otto: Historische Dichtungen. In: –: Geschichte des Landes Tirol 1. Innsbruck 1955, S. 124–26. [D., E.].

6. T i r o l in der Erzählung. In: Kosch, LL. IV. ²1957, S. 3016–19. [B.].

7. E n z i n g e r, Moriz: Die Landschaft zwischen Brenner und Garda im dt. Schrifttum. In: Germanistische Studien. Innsbruck 1969, S. 127–49. (Innsbrucker Beitr. z. Kulturwissenschaft 15). [13.–20. Jh., E. L.].

8. N e u h ä u s e r, Walter: Schöne Literatur. In: –: Deutschtirolische Bibliographie f. d. Jahr 1966 bis 1968. Innsbruck 1974, S. 319–54. [652 T.].

1326. TITUS UND GISIPPUS

1. S o r i e r i, Louis: Boccaccio's story of Tito and Gisippo in European literature. New York 1937. 268 S. [Dt. Lit.: S. 197–230]. – R.: C. Foligno, MLR. 34 (1939), S. 132f.

2. T i t u s und Gisippus. In: Frenzel, StdW. 1970, S. 736–40. [Nur wenige dt. T.].

1327. TOBIAS

1. W i c k, August: Tobias in der dramatischen Lit. Deutschlands. Diss. Heidelberg 1899. 157 S. [17./18. Jh.]. – R.: A. L. Jellinek, Euph. 7 (1900), S. 798–801.

2. B o l t e, Johannes: Tobias (Vorwort). In: Georg Wickrams Werke 6. Hrsg. v. Joh. Bolte. Tübingen 1905, S. V–XCVIII.

1328. TOCHTER s. a. VATER UND TOCHTER

1. G ö t t e, Rose: Die Tochter im Familiendrama des 18. Jhs. Diss. Bonn 1964. 190 S. [1736–1800].

1329. TOD s. a. ESCHATOLOGIE, NEKROPHILIE, OPHELIA, STERBEN, TOTENTANZ, VERGÄNGLICHKEIT

1. G o e d e k e, Karl: Every-Man, Homulus und Hekastus. Hannover 1865. 232 S.

2. D ü r r w ä c h t e r, Anton: Die Darstellung des Todes und Totentanzes auf den Jesuitenbühnen, vorzugsweise in Bayern. In: Forschungen z. Kultur- u. Literaturgesch. Bayerns 5 (1897), S. 89–115. [17. Jh.].

3. B o r n s t e i n, Paul: Die Dichter des Todes in der modernen Lit. Berlin 1899. 40 S. [A. a. L.].

4. B o r n s t e i n, Paul: Der Tod und seine Dichter in der modernen Lit. In: –: Der Tod in der modernen Lit. u. andere Essays. Leipzig 1900, S. 7–41.

5. W e r n e r, Richard Maria: Tod und Sterben. In: –: Vollendete und Ringende. Minden 1900, S. 263–80 u. in: Mschr. f. neue Lit. u. Kunst 1 (1896/97), S. 355–64. [E.].

6. W ü n s c h e, August: Die Poesie des Todes im dt. Soldatenlied. In: MBlIDL. 6 (1901/02), S. 308–18, 356–66.

7. K r a p p, Lorenz: Das Todesproblem in der modernen Lit. und sein Verhältnis zum Christentum. In: Die Kultur (Wien) 4 (1902/03), S. 337–45. [L.].

8. R ö t t g e r, Karl: In Schönheit sterben. In: Die Schönheit 1 (1903), S. 678–89. [L.].

9. S e x a u, Richard: Der Tod im dt. Drama des 17. und 18. Jhs. von Gryphius bis zum Sturm und Drang. Bern 1906. 262 S. (UNSpLG. 9). – R.: E. v. Komorzynski, LE. 10 (1907/08), Sp. 213; P. Stachel, AfdA. 31 (1907), S. 35–37.

10. F r e y b e, Albert: Das Memento mori in dt. Sitte, bildlicher Darstellung und Volksglauben, dt. Sprache, Dichtung und Seelsorge. Gotha 1909. 256 S. [D., L.]. Repr. Wiesbaden 1972.
11. R a u c h, Bonifaz: „Tod und Sterben" in der modernen Lyrik. Progr. Metten 1911/12. 24 S.
12. K o n r a d, Karl: Freund Hein auf der Bühne. In: Der neue Weg 42 (1913), S. 180−83, 337−40, 423−27. [15.−20. Jh.].
13. K e h r e r, Josef: Die dt. Kindertotenlieder vom Anfang des 17. Jhs. bis zur Gegenwart. Diss. Wien 1914. 87 S. (Handschr.). [Dichter des 17.−19. Jhs. auf den Tod eigener Kinder].
14. K r ä m e r, Philipp: Der Tod in der zeitgenössischen Dichtung. In: Hochweg 3 (1915/16), S. 38−45. [E., L.].
15. B e r e n d, Eduard: Tod und Humor. In: Abhandlungen z. dt. Literaturgeschichte. F. Muncker z. 60. Geburtstag. München 1916, S. 236−48. [19. Jh.].
16. W i e n, Alfred: Lebensgefühl und Tod. In: −: Die Seele der Zeit in der Dichtung um die Jahrhundertwende. Leipzig 1921, S. 276−324. − R.: P. Kluckhohn, SchL. 24 (1923), S. 232−34.
17. U n g e r, Rudolf: Herder, Novalis u. Kleist. Studien über die Entwicklung des Todesproblems im Denken u. Dichten vom Sturm und Drang zur Romantik. Frankfurt 1922. 188 S. Repr. Darmstadt 1973. (Dt. Forschungen 9), − R.: Chr. Janentzky, DLZ. 45 (1924), Sp. 791−96.
18. B u c h h e i t, Gert: Spielmann Tod. In: Gral 18 (1923/24), S. 254−56.
19. F a s s b i n d e r, Klara M.: Das Problem des Todes im Drama der Gegenwart. In: Wochenschrift für kath. Lehrerinnen 38 (1924), Nr. 2, S. 13−15.
20. L e i b r e c h t, Philipp: Zum Todesproblem in der jüngsten Dichtung. In: Lit. 27 (1924/25), S. 641−44.
21. G r ü t z m a c h e r, R. H.: Die moderne Auffassung des Todes mit bes. Berücksichtigung von Th. Mann und Goethe. In: Geisteskultur 36 (1927), S. 183−96.
22. H i r s c h, Erna: Tod und Jenseits im Spät-Mittelalter. Diss. Marburg 1927. 115 S. [In T. 2 auch dt. Lit.]. (BA.: D ö r i n g - H i r s c h, Erna. Berlin 1927 (Stud. z. Gesch. d. Wirtschaft u. Geisteskultur 2).
23. R e h m, Walther: Der Todesgedanke in der dt. Dichtung vom Mittelalter bis zur Romantik. Halle 1928. 480 S. (DtVjs. Buchr. 14). − R.: G. K. Brand, Lit. 32 (1929/30), S. 549; G. Fricke, Euph. 32 (1931), S. 212−15; H. Friedrich, DLZ. NF. 6 (1929), Sp. 2441−47; M. Kommerell, AfdA. 49 (1930), S. 31−37.
24. R o c k e n b a c h, Martin: Vom Tod in der Dichtung der Gegenwart. In: Orplid 5 (1928/29), H. 7/8, S. 76−84.
25. R e n n e r t, Hermann: Die Behandlung des Todes in den Dramen Grillparzers, Hebbels und Otto Ludwigs. Diss. Gießen 1929. 117 Bl. (Masch.).
26. W e n t z l a f f - E g g e b e r t, Friedrich-Wilhelm: Das Problem des Todes in der dt. Lyrik des 17. Jhs. Leipzig 1931. 212 S. (Palaestra 171, Diss. Berlin, Teildr.). − R.: G. Frikke, AfdA. 51 (1932), S. 202−05; G. Müller, LBlGRPh. 54 (1933), Sp. 301f.; B. v. Wiese, DLZ. 53 (1932), Sp. 1211−17.
27. E i n s i e d e l, Wolfgang v.: Das Todeserlebnis von Lessing bis Bachofen. In; Dt. Almanach für das Jahr 1932, Leipzig. S. 35−53.
28. R o c k e n b a c h, Martin: Todesdichtung in u. nach dem Krieg. In: Das Neue Reich 14, 2 (1932), S. 89f.
29. A r n o l d, Hans: Lebensdrang und Todesverlangen in der dt. Lit. von 1850−1880 im Zusammenhang mit der Philosophie Schopenhauers. Diss. Heidelberg 1934. 118 S.
30. N o l t e, Fritz: Der Todesbegriff bei Rainer Maria Rilke, Hugo v. Hofmannsthal und Thomas Mann. Diss. Heidelberg 1934. 136 S.

31. S c h n o o r, Walter: Der Tod im niederdt. Erlebnis. In: Mecklenburg. Mhe. 10 (1934), S. 77–81. [L.].
32. H a l l e r, Edmund: Tod und Sterben im barocken Jesuitendrama. In: Gral 30 (1935/36), S. 490–93.
33. L e h m b e c k e r, Walther: Tod und Auferstehung in der niederdt. Dichtung. In: Mecklenb. Mhe. 12 (1936), S. 252–54.
34. B e t z, Irene: Der Tod in der dt. Dichtung des Impressionismus. Diss. Tübingen 1937. 173 S. [E., L.]. – R.: E. Kast, Litbl. 60 (1939), Sp. 466f.
35. S p a m e r, Adolf: Krankheit und Tod als Metapher. Zu Geschichte und Sinndeutung eines volkstümlichen Scherz- und Kampfbildes. In: NdZfVK. 17 (1939), S. 131–53; 18 (1940), S. 34–67; 19 (1941), S. 1–44; 20 (1942), S. 1–17.
36. K o h l s c h m i d t, Werner: Selbstgefühl und Todesschicksal im Liede des dt. Soldaten. Frankfurt a. M. 1940. 104 S. (Dt. Forschungen 35). – R.: J. Müller, DLZ. 62 (1941), Sp. 842–45.
37. M c K a y, Llewellyn Riggs: The problem of death in the Viennese school as represented by Schnitzler, Rilke and Hofmannsthal. Diss. Stanford Univ. 1940.
38. J e f f e r s e n, Lynn J.: The ideological and artistic treatment of the death scene in the German World War novel. Diss. Univ. of Iowa 1944. 148 Bl. [10 T.: 1. Weltkrieg].
39. S c h a w e, Otto Reinhard: The death concept in the seventeenth century Protestant „Kirchenlied". Diss. Univ. of Iowa 1948. 83 Bl.
40. K o c h, Willi A.: Der Schatten des Todes in der Dichtung. Braunschweig 1948. 44 S. [L.].
41. R e i f s c h n e i d e r, Hildegard: Die Vorstellung des Todes und des Jenseits in der geistlichen Literatur des 12. Jhs. T. 1. 2. Diss. Tübingen 1948. 177, 76 Bll. (Masch.). [1050–1200].
42. R e h m, Walther: Der Dichter und die Toten. Selbstdeutung und Totenkult bei Novalis, Hölderlin, Rilke. Düsseldorf 1950. 704 S. Repr. Darmstadt 1972. – R.: C. David, EG. 6 (1951), S. 136f.; E. Lachmann, DLZ. 72 (1951), S. 346–51.
43. H a r t m a n n, Waltraut: Das Motiv des Kindertodes in der neueren dt. Erzählkunst. Diss. Erlangen 1953. 167 Bl. (Masch.).
44. R o s e n f e l d, Hellmut: Der Totentanz, sein Werden und Verfall. In: Wirkendes Wort 4 (1953/54), S. 327–37.
45. R o s e n f e l d, Hellmut: Tod und Totentanz in Dichtung und Kunst. Bibliographie. In: –: Der mittelalterliche Totentanz. Münster 1954, S. 337–63. [A. a. L.]. – R.: F. P. Pickering, Euph. 49 (1955), S. 483–88. Vgl. auch 50 (1956), S. 487f.
46. W e n k, Irene: Der Tod in der dt. Dichtung des Mittelalters. Dargest. an Werken d. Pfaffen Konrad, Hartmanns v. Aue u. Wolframs v. Eschenbach. Diss. Freie Univ. Berlin 1956. 331 Bl. (Masch.).
47. G a u w e r k y, Ursula: Der Tod in der Dichtung als Gegenstand des Schulunterrichts? In: Die Sammlung 13 (1958), S. 360–78.
48. B r a c h e s, Hulda Henriette: Jenseitsmotive und ihre Verritterlichung in der dt. Dichtung des Hochmittelalters (studia Germanica 3). Assen 1961. 241 S. (Diss. Utrecht). R.: J. Dohse, Germanistik 4 (1963), Nr. 827; D. H. Green, MLR. 58 (1963), S. 129f.; H. Rupp, ASNS. 199 (1963), S. 187f.; G. Schieb, DLZ. 84 (1963), Sp. 322–25; G. F. Schmidt, JEGPh. 61 (1962), S. 676f.
49. S c h m ä h l i n g, Walter: Der Tod und das Wasser. In: –: Die Darstellung der menschlichen Problematik in der dt. Lyrik von 1890–1914. Diss. München 1962, S. 27–42. [Tod im Wasser].
49a. H a t f i e l d, Henry: The ancient image of death. Lessing and his impact. In: –: Aesthetic paganism in German literature. From Winckelmann to the death of Goethe. Cambridge, Mass. 1964, S. 24–32.
50. W e i e r, Winfried: Entwicklungsphasen des Todesproblems in der dt. Tragödie zwischen Idealismus und Realismus. In: Lit. wiss. Jb. NF. 5 (1964), S. 143–75.

51. W u t t k e, Dieter: Memento mori. In: –: Die histori Herculis des Nürnberger Humanisten P. B. gen. Schwenter. Köln 1964, S. 167–96.
52. K a i s e r, Erich: Der Todesgedanke bei Heinrich, Dietrich und Amfortas. In: –: Das Thema der unheilbaren Krankheit. Diss. Tübingen 1965, S. 104–07.
53. I n g e n, Ferdinand v.: Vanitas und Memento mori in der dt. Barocklyrik. Groningen 1966. 387 S. – R.: J.-U. Fechner, MLR. 64 (1969), S. 694–97; H. G. Roloff, ASNS. 120 (1968), S. 307–09; H.-J. Schings, AfdA. 80 (1969), S. 173–79; J. Spriewald, WB. 14 (1968), S. 664f.
54. H ö l z l, Norbert: Die Gestalt des Todes im südtiroler Volksschauspiel. In: Der Schlern 40 (1966), S. 507–14.
55. R e h m, Walther: Der Todesgedanke in der dt. Dichtung vom MA. bis zur Romantik. Tübingen ²1967. 473 S.
56. M ü l l e r - S c h w e f e, Hans-Rudolf: Tod und Leben in der modernen Dichtung. In: Leben angesichts des Todes. Tübingen 1968, S. 233–41.
57. B a u e r, Armin Volkmar: Der Tod in Liedern des evangelischen Kirchengesangbuchs und in poetischen Texten der Gegenwart. In: Almanach f. Lit. und Theologie 5 (1971), S. 56–68.
58. H i p p e, Robert: Der Tod im dt. Gedicht. Hollfeld/Obfr. 1971. 80 S. (Interpretationen motivgleicher Gedichte in Themengruppen 5).
59. R o h r, Klaus: Der Tod in der Nachkriegsdramatik. Analysen an ausgewählten Beispielen. Diss. Köln 1971. 208 S. [Nur z. T. in dt. Lit.].
60. Z i o l k o w s k i, Theodor: Die Metapysik des Todes. In: –: Die Strukturen des modernen Romans. München 1972, S. 190–224.
61. D i r s c h a u e r, Klaus: Der Tod in der Lit. In: –: Der totgeschwiegene Tod. Bremen 1973, S. 48–72.
62. R o l f, Hans: Der Tod in mhd. Dichtungen. Untersuchungen zum St. Trudperter Hohenlied und zu Gottfrieds von Straßburg „Tristan und Isolde". München 1974. 442 S. (MAe. 26).
63. U h l i g, Ludwig: Der Todesgenius in der dt. Lit. von Winckelmann bis Th. Mann. Tübingen 1975. 118 S. (Untersuchungen z. dt. Lit. gesch. 12).
64. W e n t z l a f f -E g g e b e r t, Friedrich-Wilhelm: Der triumphierende und der besiegte Tod in der Wort- und Bildkunst des Barock. Berlin 1975. 203 S. [Z. T. in der dt. Lit.].

1330. TODESBOTE

1. R ö h r i c h, Lutz: Die Boten des Todes. In: –: Erzählungen des späten Mittelalters und ihr Weiterwirken in Lit. und Volksdichtung bis zur Gegenwart. Bd. 1. Bern 1962, S. 80 bis 92, 259–62.

1331. TÖCHTERSTREIT

1. M ä d e r, Eduard Johann: Der Streit der „Töchter Gottes". Zur Geschichte eines allegorischen Motivs. Bern 1971. 136 S. (Diss. Freiburg/Schweiz. EurH. I, 41). [12.–18. Jh., D., E., L. Wahrhaftigkeit, Gerechtigkeit, Barmherzigkeit, Güte]. – R.: U. Herzog, Germanistik 13 (1972), Nr. 346.

1332. TOGGENBURG

1. V o e l l m y, Samuel: Das Toggenburg in der Schönen Lit. des 19. und 20. Jhs. Ein Versuch. Wattwil 1961. 83 S.

1333. TOLERANZ

1. W o l f f, Alfred: Der Toleranzgedanke in der dt. Lit. zur Zeit Mendelssohns. Berlin 1915. 48 S. – R.: H. Siebeck, Litbl. 40 (1919), S. 23–25.
2. N a u m a n n, Hans: Der wilde und der edle Heide. (Versuch über die höfische Toleranz). In: Vom Werden des dt. Geistes. Festg. G. Ehrismann. Berlin 1925, S. 80–101.

TOR s. NARR.

1334. TOTENEHRUNG

1. F ü r s t e n w a l d, Maria: Letztes Ehren=Gedächtnüss und Himmel=klingendes Schaeferspiel. Der literarische Freundschafts- und Totenkult im Spiegel des barocken Trauerschäferspiels. In: Daphnis 2 (1973), S. 32–53.

1335. TOTENGESPRÄCH

1. Dramatisches G e s p r ä c h im Reiche der Todten zwischen Schiller, Wieland, Iffland, Kotzebue und Göthe. Quedlinburg 1833. 67 S.
2. R e n t s c h, Johannes: Das Totengespräch in der Lit. Wiss. Beil. zu d. Progr. d. Königl. Gymnasien zu Plauen i. V. 1895, S. 15–44. [In d. dt. Lit. bes. 18. Jh., a. a. L.]. – R.: R. Rosenbaum, Euph. 5 (1898), S. 126–34.
3. K a u l f u ß - D i e s c h, Carl: Totengespräch. In: RL. III. 1928/29, S. 379f.
4. E g i l s r u d, Johan S.: Le dialogue des morts dans la litt. allemande. In: –: Le dialogue des morts dans la litt. Francaise, Allemande et Anglaise. (1644–1789). Thèse Univ. Paris 1934, S. 115–44, 205–07.
5. R u t l e d g e, John: The dialogue of the dead in eighteenth-century Germany. Bern 1974. 185 S. (German Stud. in America 17).

1336. TOTENKLAGE

1. B a r n s t o r f f, Johannes: Youngs Nachtgedanken und ihr Einfluß auf die dt. Lit. Bamberg 1895. 87 S.
2. S c h w e i g e r t, Erich: Das Motiv der Totenklage im mhd. Epos. Diss. Wien 1910. 214 Bl. (Handschr.).
3. C l a u s s, Ludwig Ferdinand: Die Totenklagen der dt. Minnesinger. Herkunft und Wesen ihrer Form. Diss. Freiburg i. Br. 1921. 73 Bl. (Masch.).
4. H e i n e m a n n, Leopold: Über Quellen, Entwicklung und Gestaltung der lyrischen Totenklage dt. Dichter bis zum Ausgang der mhd. Zeit. Diss. Marburg 1925. 91 Bl. (Masch.).
5. L e i c h e r, Richard: Die Totenklage in der dt. Epik von der ältesten Zeit bis zur Nibelungen-Klage. Breslau 1927. 171 S. Repr. Nendeln 1974. (GAbhh. 58; Diss. Marburg 1922). – R.: G. Ehrismann, Litbl. 49 (1928), Sp. 7–9; J. Schwietering, DLZ. 49 (1928), Sp. 1509–14; C. Wesle, AfdA. 46 (1927), S. 144–48.
6. N e u m a n n, Wilhelm: Die Totenklage in der erzählenden dt. Dichtung d. 13. Jhs. Diss. Münster 1936. 99 S.
7. F e r n i s, Hans-Georg: Die Klage um den toten Herrn. Ein germanisches Motiv in höfischer Dichtung. In: GRM. 25 (1937), S. 161–78.
8. P f e i f f e r, Johannes: Totenklage und Totengedächtnis im dt. Gedicht. In: Die Sammlung 14 (1959), S. 67–74. [7 T.] und in: –: Was haben wir an einem Gedicht? Hamburg ^{3}1966, S. 42–56.
9. W a l d e, Ingrid Barbara: Totenklagen und Dichterfehden. In: –: Untersuchungen zur Literaturkritik und poetischen Kunstanschauung im dt. MA. Diss. Innsbruck 1961, Bl. 94–115. (Masch.).

10. S c h ä f e r, Hans Dieter: „Sagt nicht frühvollendet". Zur Geschichte des Totengedichts. In: Almanach f. Lit. und Theologie 4 (1970), S. 119–38. [17.–20. Jh.].
11. M ü l l e r, Ulrich: Klage und Preis für Tote. In: –: Untersuchungen zur politischen Lyrik des dt. MA. Göppingen 1974, S. 392–96.

TOTENKULT s. ORPHEUS

TOTENREICH s. NOBISKRUG, TOD

1337. TOTENTANZ
1. H i r s c h b e r g, Leopold: Totentänze neuerer Zeit. In: ZBFr. 7, 1 (1903/04), S. 226 bis 242.
2. F e h s e, Wilhelm: Der Ursprung der Totentänze. Halle 1907. 58 S. [Auch als Motiv in d. Dichtung].
3. D o l l r i e s s, Josef: Totentanztexte seit dem 16. Jh. Diss. Königsberg 1928. 57 S. [16. bis 19. Jh.].
4. B r e e d e, Ellen: Studien zu den lat. und dt.-sprachigen Totentanztexten des 13. bis 17. Jhs. Halle 1931. 179 S. – R.: K. Langosch, AfdA. 53 (1934), S. 54–56.
5. K o z á k y, Stephan: A mai haláltánc. – Der Totentanz von heute. Budapest 1941. 269 S. (Bibliotheca humanitatis historica VII). [Dt. u. ungar. in D., E., L. seit dem 16. Jh., a. a .L.].
6. S t a m m l e r, Wolfgang: Der Totentanz. Entstehung und Deutung. München 1948. 94 S. (1. A. u. d. T.: Die Totentänze des Mittelalters. 1922) [Mit B. aus d. dt. Lit. S. 90f.]. – R.: H. Stegemeier, JEGPh. 49 (1950), S. 401–05.
7. C l a r k, James M.: The dance of death in medieval literature. In: MLR. 45 (1950), S. 336–45. [A. a. L.].
8. R o s e n f e l d, Hellmut: Tod und Totentanz in Dichtung und Kunst. Bibliographie. In: –: Der mittelalterliche Totentanz. Münster 1954, S. 337–63. [A. a. L.]. – R.: F. P. Pickering, Euph. 49 (1955), S. 483–88. Vgl. auch 50 (1956), S. 487f. Köln ³1975. (Beih. z. Archiv f. Kulturgesch. 3).
9. C o s a c c h i, Stephan: Makabertanz. Der Totentanz in Kunst, Poesie und Brauchtum des MA. Meisenheim 1965. 821 S. [Gelegentlich stoffgeschichtlich].

TRÄNE s. WEINEN

1338. TRAUER s. a. LEID, SCHMERZ, TOTENKLAGE
1. K o r n, Karl: Studien über „Freude und Trûren" bei mhd. Dichtern. Leipzig 1932. 139 S. (Von dt. Poeterey 12). – R.: G. Ehrismann, Litbl. 55 (1934), Sp. 296f.; F. Tschirch, AfdA. 52 (1933), S. 170–73.

1339. TRAUM s. a. BAUER, TRÄUMENDER
1. B e n e z é, Emil: Das Traummotiv in der mhd. Dichtung bis 1250 und in alten dt. Volksliedern. Halle 1897. 82 S. (Sagen- u. literarhistor. Untersuchungen 1). (Diss. Jena 1896 u. d. T.: Das Traummotiv in altdt. Dichtung).
2. H y n i t z s c h, Adolf: Das Leben des Traumes und der Traum des Lebens. Progr. Quedlinburg 1903. 28 S.
3. H o c k, Stefan: Der Traum, ein Leben. Eine literar-historische Untersuchung. Stuttgart 1904. 214 S. [Stoffgeschichtliches S. 5–35, 140–51.].

4. W e b e r, Leopold: Träume in Dichtungen. In: Kw. 20, 1 (1906/07), S. 198–218. [E., L.].
5. K l a m r o t h, Heinz: Beiträge zur Entwicklungsgeschichte der Traumsatire im 17. und 18. Jh. Diss. Bonn 1912. 146 S. [Z. T. in dt. Lit.].
6. S t e k e l, Wilhelm: Die Träume der Dichter. Wiesbaden 1912. 252 S. [Auch in der Dichtung].
7. W i e s n e r, Albert: Der Traum im Drama der Romantik (nebst einem Anhang: Die Ausgestaltung des Motivs im modernen Drama). 2 Bde. Diss. Basel 1921. 363, 42 Bl. (Masch.).
8. L e r s c h, Philipp: Der Traum in der dt. Romantik. Diss. München 1922 [1924]. 68 S. – R.: G. Stefansky, Euph. 25 (1924), S. 135 f.; E. H. Zeydel, MLN. 40 (1925), S. 305 bis 307.
9. F r a n c k e, Otto: [Der Traum in der dt. Dichtung]. In: Ratcliff, A. J. J.: Traum und Schicksal. 2. Aufl. Dresden 1925, S. 9–56. [Einf. z. dt. Ausg.].
10. J a h n, Franz: Traumwelt und Poesie. Berlin 1925. 184 S. Aus: Festschrift z. 75jg. Bestehen des Friedrichs-Realgymnasiums zu Berlin. Berlin 1925.
11. R a n k, Otto: Traum und Dichtung. In: –: Der Künstler und andere Beiträge zur Psychoanalyse des dichterischen Schaffens. Leipzig 1925, S. 171–200 u. in: Freud, Sigm.: Die Traumdeutung 7. Aufl. Wien 1945, S. 346–67.
12. O b e r l e i t n e r, Walter: Der Traum in der Technik des dt. Dramas bis zur Mitte des 19. Jhs. (Mit Ausschluß der Romantik.) Diss. Wien 1931. 172 Bl. (Masch.).
13. W e i d e k a m p f, Ilse: Traum und Wirklichkeit in der Romantik und bei Heine. Leipzig 1932. 140 S. (Palaestra 182). – R.: O. H. Brandt, Lit. 35 (1932/33), S. 544; R. Majut, GRM. 21 (1932), S. 398; A. Müller, DLZ. 56 (1935), Sp. 510–12.
14. S c h m i t z, Wilhelm: Traum und Vision in der erzählenden Dichtung des dt. Mittelalters. Münster 1934. 99 S. (Forschungen z. dt. Spr. u. Dichtung 5). [9.–13. Jh.]. – R.: G. Ehrismann, Litbl. 57 (1936), Sp. 234 f.; F. Norman, MLR. 31 (1936), S. 252 f.; H. Steinger, AfdA. 56 (1937), S. 28–30.
15. K o e n i g - F a c h s e n f e l d, Olga v.: Wandlungen des Traumproblems von der Romantik bis zur Gegenwart. Stuttgart 1935. 138 S. [Bes. psychol. Fragen].
16. S a r t o r i u s, Ella: Der Traum und das Drama. Diss. München 1936. 81 S. (Wortkunst NF. 11). [44 T., a. a. L.].
17. B é g u i n, Albert: Le rêve chez les romantiques allemands et dans la poésie française moderne 1. 2. Thèse Genève 1937. 303, 480 S.
18. B é g u i n, Albert: L' âme romantique et le rêve. Essai sur le romantisme allemand et la poésie française. 1. 2. Marseille 1937. Paris ²1939 und 1946. 413 S. – R.: F. Baldensperger, The romanic Review 29 (1938), S. 90–95; W. Müller, Litbl. 60 (1939), Sp. 15–17. – Vgl. auch A. Béguin: Création et destinée. Choix de textes et notes par Pierre Grotzer, 1. l'âme romantique allemande. 1973. 2. la réalité du rêve. 1974.
19. M i c k n a t, Gisela: Das Symbol „Traum und Erwachen" in der dt. Romantik u. seine geistesgeschichtlichen Voraussetzungen. Diss. Köln 1944. 129, 38 Bl. (Masch.). [Traum als Bild u. Symbol des menschl. Lebens].
20. R i t z l e r, Paula: Der Traum in der Dichtung der dt. Romantik. Bern 1943. 75 S. (Diss. Zürich).
21. K a i s e r, Karl: Das Traumspiel nach Grillparzer. Diss. Wien 1949. 82 Bl. (Masch.).
22. S t e r n, Robert: Der Traum im modernen Drama. Diss. Wien 1950. 147 Bl. (Masch.). [1886–1948].
23. S c h ä f e r, Werner: Der Traum bei Dichtern des 19. Jhs. F. Grillparzer, F. Hebbel, O. Ludwig, G. Keller. Diss. Tübingen 1952. 158 Bl. (Masch.).
24. B e r n i n g h a u s, Ursula: Der Traum in der Dichtung des Biedermeier. Diss. München 1953. 129 Bl. (Masch.).
25. N o h l, Herman: „Wir sind aus solchem Zeug wie das zu Träumen". In: Die Sammlung 8 (1953), S. 329–40.

26. H o h o f f, Curt: Wirklichkeit und Traum im dt. Gedicht. In: Merkur 10 (1956), S. 703 bis 715, 808–17.
27. S t o c k u m, Theodorus Cornelis van: Het leven een droom, de droom een leven, een wandeling door de wereldlit. In: –: Idealog. zwerftochten. Groningen 1957, S. 305–20.
28. B o u s q u e t, Jacques: Les thèmes du rêve dans la litt.romantique (France, Angleterre, Allemagne). Paris 1964. 656 S. (Thèse Paris. Etudes de litt étrangère et comparée 47). [A. a. L.]
29. K i e ß i g, Martin: Dichter erzählen ihre Träume. Selbstzeugnisse dt. Dichter aus 2 Jahrhunderten. Düsseldorf 1964. 324 S. [Nachwort S. 295–318].
30. N a u m a n n, Walter: Dichtung des Traumes. In: –: Traum und Tradition in der dt. Lyrik. Stuttgart 1966, S. 9–79. (Sprache u. Lit. 32). [Gedichtinterpretationen des Themas vom wünschenden Traum]. – R.: A. Closs, MLR. 64 (1969), S. 450f.; G.-L. Fink, EG. 23 (1968), S. 687f.
31. I m m e r w a h r, Raymond: Das Traum-Leben-Motiv bei Grillparzer und seinen Vorläufern in Europa und Asien. In: arcadia 2 (1967), S. 277–87.
32. B é g u i n, Albert: Traumwelt und Romantik. Versuch über die romantische Seele in Deutschland und in der Dichtung Frankreichs. Bern 1972. 558 S. [Dt. Lit: S. 187–392. Übersetzung von Nr. 1339, 18.].
33. F i s c h e r, Steven Roger: Dreams as a literary device in the middle high German precourtly, courtly and heroic epics. Diss. Univ. of California, Los Angeles 1973. 271 S. DAI. 34 (1973/74), S. 7188f. A.

1340. TREUE

1. B a r t s c h, Karl: Die Treue in deutscher Sage und Poesie. In: –: Ges. Vorträge und Aufsätze. Freiburg i. Br. 1883, S. 158–184.
2. G r a f f u n d e r, P.: Der dt. Nationalcharakter in altdt. Dichtungen. Fürstenwalde 1893. 40 S.
3. J o s t m a n n: Die Treue in der dt. Posie. In: Erziehung und Unterricht 15 (1908), S. 37f., 49f., 61f.
4. V o l l m e r, Vera: Die Begriffe der Triuwe und der Staete in der höfischen Minnedichtung. Diss. Tübingen 1914. 144 S.
5. B i n d e r, Hermann: Von dt. Treue. Aus dt. Dichtung alter und neuerer Zeit. Stuttgart 1916. 16 S.
6. R o e t h e, Gustav: Deutsche Treue in Dichtung und Sage. Langensalza ²1925. 38 S. (Manns Päd. Mag. 965). [Auch in: –: Dt. Reden. Leipzig 1927, S. 19–47].
7. W o l f r a m, Aurel: Die Treue im Leben und Dichten der Deutschen. In: Deutschlands Erneuerung 20 (1936), S. 135–41, 221–27.
8. S p i e ß, Gisela: Die Bedeutung des Wortes „triuwe" in den mhd. Epen „Parzival". „Nibelungenlied" und „Tristan". Diss. Heidelberg 1957. 163 Bl. (Masch.). [Auch motivgeschichtlich].

TREUER ECKART s. *ECKART, GETREUER*

1341. TRIER

1. T r i e r in der Erzählung. In: Kosch, LL. IV. ²1957, S. 3049. [B.].

1342. TRIFELS

1. T r i f e l s. In: Literarischer Führer durch die BRD. Frankfurt a. M. 1974, S. 229. [B.].

1343. TRINKEN s. a. WEIN

1. H a u f f e n, Adolf: Die Trinkliteratur in Deutschland bis zum Ausgang des 16. Jhs. In: Vjschr. f. Literaturgesch. 2 (1889), S. 481–516.
2. P i e t h, Willy: Essen und Trinken im mhd. Epos des 12. und 13. Jhs. Diss. Greifswald 1909. 83 S.
3. P a m p e r i e n, Klara: Essen und Trinken in der dt. Bühnendichtung von Gottsched bis zum Sturm u. Drang. Diss. Würzburg 1921. 122 S. (Masch.).
4. R e u s c h e l, Karl: Trinklied. In: RL. III. 1928/29, S. 386f.
5. K l a a s s, Eberhard: Trinkliteratur. In: RL. IV. 1931, S. 102–04.
6. R o c k e n b a c h, Martin: Das Trinklied in der jungen dt. Dichtung. In: Rhein. Heimatbll. 9 (1932), S. 356–63. [L.].
7. L i n n e r z, Heinz: Das Trinklied in der dt. Dichtung von Johann Hermann Schein bis Viktor von Scheffel. Diss. Köln 1953, 226 Bl. (Masch.). [17.–19. Jh.].
8. R i t t e, Hans: Das Trinklied in Deutschland und Schweden. Vergleichende Typologie der Motive bis 1800. München 1973. 300 S.

1344. TRINKER

1. M ü l l e r, Joachim: Die Figur des Trinkers in der dt. Lit. seit dem Naturalismus. In: WZUJ. 17, 2 (1968) 2, S. 255–67. [D., E., L.].

1345. TRISTAN UND ISOLDE

1. B e c h s t e i n, Reinhold: Tristan und Isolt in dt. Dichtungen der Neuzeit. Leipzig 1876. 235 S.
2. G o l t h e r, Wolfgang: Tristan und Isolde im Epos, Drama und Bild. In: BuW. 1 (1898/99), S. 921–28.
3. H e r t z, Wilhelm: Tristan und Isolde von Gottfried v. Straßburg. Neubearb. v. W. Hertz. Stuttgart ³1901. [Stoffgeschichtl. Hinweise S. 467–570].
4. G o l t h e r, Wolfgang: Tristan und Isolde in den Dichtungen des Mittelalters und der neuen Zeit. Leipzig 1907. 465 S. – R.: J. F. D. Blöte, AfdA. 33 (1909), S. 270–78; H. v. Gumppenberg, LE. 10 (1907/08), Sp. 91–94; E. Martin, DLZ. 29 (1908), Sp. 1195–97.
5. B l o c k: Die Sage von Tristan und Isolde in dramatischer Form: In: NSpr. Bd. 16 (1908), S. 65–83, 145–60, 338–48, 397–412. [A. a. L.].
6. S z y m a n z i g, Max: Die Geschichte der Tristansage bis auf Immermann und das Aufblühen der altdt. Studien. In: –: Immermanns „Tristan und Isolde". Marburg 1911, S. 6–18. (BdL. 17).
7. S c h u s t e r, Ludwig: Neuere Tristandichtungen (Tantris der Narr). Diss. Gießen 1912. 90 S.
8. R a b e, Helene: Die Tristansage in der Bewertung des MA. und der neuen Zeit. In: Bayreuther Bll. 36 (1913), S. 290–318 und Leipzig 1914. 31 S. (Sonderdr.).
9. C z e r w e n k a, Maria: Neue Tristandichtungen. Diss. Wien 1922. 120 Bl. (Handschr.).
10. K e l e m i n a, Jakob: Geschichte der Tristansage nach den Dichtungen des MA. Wien 1923. 232 S. [A. a. L.]. – R.: W. Golther, Litbl. 56 (1925), Sp. 149–52; F. Ranke, Gött. Gelehrte Anz. 187 (1925), S. 277–86; L. Wolff, DLZ. 46 (1925), Sp. 412–17.
11. D u f h u s, Elisabeth: Tristandichtungen des 19. und 20. Jhs. Diss. Köln 1924 [1925]. 64 S.
12. R a n k e, Friedrich: Tristan und Isold. München 1925. 283 S. – R.: W. E. Collinson, MLR. 22 (1927), S. 112–15; G. Ehrismann, AfdA. 45 (1926), S. 344–46; W. Golther, Euph. 29 (1928), S. 147–50.

13. G o l t h e r, Wolfgang: Tristan u. Isolde in der französischen u. dt. Dichtung des MA. und der Neuzeit. Berlin 1929. 72 S. (SMDL. 2). [D., E., L.: 12.–20. Jh., a. a. L.]. – R.: O. Basler, LitHdw. 65 (1925), S. 771f.; E. Gierach, DLZ. 50 (1929), Sp. 1188f.; F. Piquet, Revgerm. 20 (1929), S. 387f.
14. B r a n d, Erna: Tristan-Studien. Zur Art u. inneren Entwicklung der ma. Tristan-Dichtung. Diss. Göttingen 1930. 113 S.
15. H e i m a n n, Erhard: Tristan und Isolde in der neuzeitlichen Lit. Diss. Rostock 1930. 139 S. [D., E., L.: 1907–29].
16. D i e f f e n b a c h e r, Ruth J.: Tristan. In: –: Dramatisierungen epischer Stoffe (vom MA. bis zur Neuzeit) in der dt. Lit. seit 1890. Diss. Heidelberg 1935, S. 45–71, 127, 139. [22 T.].
17. P a r k, Rosemary: Das Bild von Richard Wagners Tristan und Isolde in der dt. Lit. Diss. Köln 1935. 141 S. (Dt. Arb. d. Univ. Köln 9). – R.: W. Golther, DLZ. 57 (1936), Sp. 1359f.; R. Peacock, MLR. 33 (1938), S. 127f.; O. Springer, JEGPh. 37 (1938), S. 108f.
18. K ü p p e r, Heinz: Bibliographie zur Tristansage. Jena 1941. 127 S. (Dt. Arbeiten d. Univ. Köln 17.). [Auch stoffgeschichtl. Darstellung u. Rezensionen].
19. B o c k, Hellmuth: Tristan und Isolde in Drama und Film. Diss. Wien 1948. 169 Bl. (Masch.). [Bes. 19. u. 20. Jh., a. a. L.].
20. M e r g e l l, Bodo: Tristan und Isolde. Ursprung und Entwicklung der Tristansage des MA. Mainz 1949. 212 S. [A. a. L.]. – R.: F. Maurer, ASNS. 188 (1951), S. 131; A. Moret, EG. 5 (1950), S. 188; M. O'C. Walske, MLR. 46 (1951), S. 285f.
21. G e e r d t s, Hans-Jürgen: Die Tristan-Rezeption in der dt. Lit. des 19. Jhs. In: WZUJ. 5 (1955/56), S. 741–46.
22. S p i e w o k, Wolfgang: Zur Tristan-Rezeption in der ma. dt. Lit. In: WZUG. 12 (1963), H. 2, S. 147–55.
23. B r o g s i t t e r, Karl Otto: Tristan-Sage und Tristandichtung. In: –: Artusepik. Stuttgart 1965, S. 90–107. ²1971.
24. G e e r d t s, Hans-Jürgen: Thomas Manns „Tristan" in der literarischen Tradition. In: Betrachtungen und Überblicke. Zum Werk Thomas Manns. Berlin 1966, S. 190–206.
25. B a t t s, Michael S.: Tristan and Isolde in modern lit.: L'éternel retour. In: Seminar 5 (1969), S. 79–91.
26. T r i s t a n und Isolde. In: Frenzel, StdW. 1970, S. 740–46.

1346. TROJANISCHER KRIEG

1. D u n g e r, Hermann: Die Sage vom trojanischen Kriege in den Bearbeitungen des MA. und ihre antiken Quellen. Progr. Dresden 1869, S. 5–81.
2. G r e i f, Wilhelm: Die ma. Bearbeitungen der Trojanersage. Marburg 1886. 292 S. (Ausg. u. Abh. a. d. Gebiete der Roman. Philologie 61). [A. a. L.].
3. H i e b e l, Friedrich: Troja im Bewußtsein gegenwärtiger Dichtung. In: Das Goetheanum 8 (1929), S. 221–22.
4. H i t s c h m a n n, Eva: Die dramatischen Bearbeitungen des Troerinnenstoffes in der dt. Lit. Diss. Wien 1930. 136 Bl. (Masch.). [16.–20. Jh.].
5. K l a p p e r, Josef: Buch von Troja, Trojanerkrieg. In: Verflex. 1 (1933), Sp. 319–28. [Sp. 324–28: dt. Trojadichtungen].
6. S c h n e l l, Stefan: Mittelhochdeutsche Trojanerkriege. Diss. Freiburg i. Br. 1953. 169 Bl. (Masch.).
7. H a r m s, Wolfgang: Dichtung mit antikem Stoff. In: –: Der Kampf mit dem Freund oder Verwandten in der dt. Lit. bis um 1300. München 1963, S. 63–86.
8. S c h n e i d e r, Karin: Der „Trojanische Krieg" im späten MA. Deutsche Trojaromane des 15. Jhs. Berlin 1968. 109 S. (PhStQ. 40). – R.: J. Carles, EG. 24 (1969), S. 121f.; H. Fischer, ZfdPh. 90 (1971), S. 123–25; G. F. Jones, Colloquia Germanica 1970,

S. 290–92; P. C. Kern, Wirkendes Wort 21 (1971), S. 71f.; E. H. Zeydel, GQu. 42 (1969), S. 430f.

9. Trojanischer Krieg. In: Frenzel, StdW. 1970, S. 748–53.

1347. TRUCHSESS

1. Graf, Hildegard: Die vier gemanischen Hofämter in der dt. Heldendichtung. Diss. Freiburg i. Br. 1963. 177 S. [Auch: Schenk, Marschall, Kämmerer].
2. Haupt, Jürgen: Der Truchsess Keie im Artusroman. Untersuchungen zur Gesellschaftsstruktur im höfischen Roman. Berlin 1971. 143 S. (PhStQ. 57). – R.: D. H. Green, MLR. 68 (1973), S. 939f.

1348. TSCHECHOSLOWAKEI s. a. BÖHMEN, EGERLAND, SUDETENLAND

1. Willimek, Anton: Die Gestalt des Tschechen in der sudetendeutschen Dichtung. In: Volk an der Arbeit 18 (1937), S. 293–97.
2. Willimek, Anton: Die Gestalt des heutigen Tschechen im sudetendt. Roman seit 1918. Diss. Praha 1938. 227 S.
3. Hofman, Alois: Antitschechischer Revanchismus im westdt. Gegenwartsroman. In: Auf den Spuren der „Ostforschung". Leipzig 1962, S. 207–23.

TUBERKULOSE s. SCHWINDSUCHT

1349. TÜBINGEN

1. Schneider, Hermann: Die Universität Tübingen in der Dichtung. In: Schwäb. Merkur Nr. 338 v. 23. 7. 1927 (Sonderbeil. 450 Jahre Landes-Universität Tübingen, S. 5f.).

1350. TÜRKEI UND TÜRKEN s. a. MUSTAPHA, ZRINYI

1. Gerstenberg, Wilhelm: Zur Geschichte des dt. Türkenschauspiels I. Die Anfänge des Türkenschauspiels im 15. und 16. Jh. Progr. Meppen 1902. 61 S.
2. Hock, Stefan: Österreichische Türkenlieder. In: Euph. 11 (1904), S. 90–103. [Mit ausführl. B.].
3. Fuchs, Josef: Die Türkenkämpfe seit dem 30jährigen Kriege im Spiegel des historisch-politischen Liedes mit einem Anhange ausgewählter literarhistorischer Kapitel über das Türkenlied dieser Zeit. Diss. Wien 1914. 2 Teile (Handschr.). [Z. T. in dt. Lit.].
4. Wohlwill, Adolf: Deutschland, der Islam und die Türkei. 2. Abschnitt: Die Türkengefahr in der dt. Dichtung, namentlich im Drama vom 15.–17. Jh. In: Euph. 22 (1915), S. 1–21, 225–62. [Bes. S. 9–13].
5. Reuschel, Karl: Türkendichtung. In: RL. III. 1928/29, S. 392f.
6. Kâmil, Burhan-ad-Din: Die Türken in der dt. Lit. bis zum Barock und die Sultansgestalten in den Türkendramen Lohensteins. Diss. Kiel 1935. 59 S.
7. Moore, Sidney H.: The Turkish menace in the sixteenth century. In: MLR. 40 (1945), S. 30–36.
8. Thon, Theresia: Die Türken vor Wien 1683 in der Belletristik. (Roman u. Drama). Diss. Wien 1947. 137 Bl. (Masch.).
9. Dontschewa, Bistra: Der Türke im Spiegelbild der dt. Lit. und des Theaters im 18. Jh. Diss. München 1949. 114 Bl. (Masch.).
10. Kaufmann, Max R.: Die Türkei im Spiegel der dt. Dichtung. In: Studien zur dt. Sprache und Lit. 3 (1956), S. 67–80. [16.–20. Jh.: D., E., L.].
11. Babinger, Franz: Orient und dt. Lit. In: Dt. Philologie im Aufriß III. ^{2}1960, S. 565 bis 88. [Türkendramen des 15. u. 16. Jhs.: S. 573–76.].

12. B a l k e, Diethelm: Orient und orientalische Literaturen. In: RL. II. ²1965, S. 816 bis 69. [Türkendichtung: S. 831–34].
13. G ö l l n e r, Carl: Der Türke in der dramatischen Lit. des 16. Jhs. In: Revue Sud-Est des Etudes Européennes 3 (1965), S. 131–53. [A. a. L.].

TÜRKENLOUIS s. *LUDWIG WILHELM, MARKGRAF VON BADEN-BADEN*

1351. TUGEND UND LASTER

1. R a a b, Karl: Der Kampf der Tugenden und Laster. In: Jahresbericht d. Landes-Obergymnasiums zu Leoben. 1885, S. 25–35.
2. E h r i s m a n n, Gustav: Die Grundlagen des ritterlichen Tugendsystems. In: ZfdA. 56 (1919), S. 137–216.
3. C u r t i u s, Ernst Robert: Das „ritterliche Tugendsystem". In: DtVjs. 21 (1943), S. 343 bis 68 und in: –: Europäische Lit. und lateinisches MA. Bern ⁷1969, S. 506–21.
4. M a u r e r, Friedrich: Das ritterliche Tugendsystem. In: –: Dichtung und Sprache des MA. Bern 1963, S. 23–37 und in: DtVjs. 23 (1949), S. 274–85; 24 (1950), S. 526–29.
5. F r a n z, Gerda: Tugenden und Laster der Stände in der didaktischen Lit. des späten MA. Diss. Bonn 1957. 534 Bl. (Masch.).
6. P r i t z, Susanne: Studien zu Tugend und Laster im spätma. Schwank. Diss. Wien 1970. 242, 12 Bl. (Masch.).
7. Ritterliches T u g e n d s y s t e m. Hrsg. v. Günter Eifler. Darmstadt 1970. 477 S. (Wege der Forschung 56). [19 Beitr. a. d. Jahren 1919–1964]. – R.: B. Schuchard, ASNS. 125 (1974), S. 153–56.

1352. TURANDOT

1. C e r h a, Friedrich: Der Turandotstoff in der dt. Lit. Diss. Wien 1949. 352 Bl. (Masch.).
2. T u r a n d o t. In: Frenzel, StdW. 1970, S. 753–55. [18.–20. Jh., a. a. L.].

1353. TURM

1. B a d e r, Karl: Turm- und Glockenbüchlein. Eine Wanderung durch dt. Wächter- und Glockenstuben. Gießen 1903. 221 S. [Einleitendes S. 3–15].

1354. TURNIER

1. N i e d n e r, Felix: Das dt. Turnier im 12. und 13. Jh. Berlin 1881. 90 S. (Diss. Berlin).
2. N i e d e r m a n n, Erwin: Sport als Motiv im Nibelungenlied und in anderen mhd. Dichtungen aus Österreich. Wien 1972. 81 S. (Theorie u. Praxis d. Leibesübungen 45).

1355. TYRANN s. a. *NERO, TAMERLAN*

1. W a l s e r, Ernst: Die Gestalt des tragischen und des komischen Tyrannen in Mittelalter und Renaissance. In: Kultur- u. Universalgeschichte. Walter Götz zu s. 60. Geburtstag. Leipzig 1927, S. 125–44.

U

1356. ÜBERMENSCH s. a. *FAUST*

1. B e r g, Leo: Der Übermensch in der modernen Lit. Leipzig 1897. 281 S. [D., E.: 19. Jh.].

2. F i s c h m a n n, Hedwig: Der Übermensch. In: LE. 20 (1917/18), Sp. 1467–74. [17. bis 19. Jh.].

1357. ÜBERMUT

1. H e m p e l, Wolfgang: Übermuot diu alte ... Der Superbia-Gedanke und seine Rolle in der dt. Lit. des MA. Bonn 1970. 258 S. (Diss. Göttingen 1962. Studien z. Germanistik, Anglistik u. Komparatistik 1). – R.: D. H. Green, MLR. 67 (1972), S. 461–64; H. Homann, MLN. 86 (1971), S. 717–21; G. P. Knapp, ZfdPh. 91 (1972), S. 446–48; F. W. v. Kries, GQu. 46 (1973), S. 265–67.

1358. ÜBERNATÜRLICHES s. a. FREMDARTIGES, MAGIE, WUNDERBARES, ZAUBEREI

1. W e d e l, Richard: Das Übersinnliche in der dt. Lit. unseres Jhs. In: Psychische Studien 25 (1898), S. 180–83, 229–34, 270–76, 326–34, 402–12, 461–64, 525–33, 593 bis 602, 671–79. [D., E., L.].
2. B a e r g, Gerhard: The supernatural in the modern German drama. Diss. Cornell Univ. 1920. 103 S. (Weimar 1923). [1890–1920: 50 T. A. a. L.].
3. B r e n d e l, Kurt: Das Übersinnliche in der Theorie und im Drama der romantischen Schule. Diss. Leipzig 1923. 156 Bl. (Handschr.).

1359. UGOLINO

1. U g o l i n o. In: Frenzel, StdW. 1970, S. 756f. [18.–20. Jh., a. a. L.].

1360. UHR

1. Z i o l k o w s k i, Theodore: Aufruhr der Uhren. In: –: Strukturen des modernen Romans. München 1972, S. 165–89. [A. a. L.].

1361. ULME

1. H a g e n o w, Gerd: Rebe und Ulme. Geschichte eines literarischen Bildes. Wiesbaden 1972. 36 S. (Schriften z. Weingeschichte 28).

1362. ULRICH VON AUGSBURG, HEILIGER

1. H a u p t, Karl: Die mittelalterlichen Fassungen der Ulrichsvita. In: Zs. d. histor. Vereins f. Schwaben 61 (1955), S. 101–20. [Nur z. T. in dt. Dichtung].

1363. ULRICH, HERZOG VON WÜRTTEMBERG

1. K r a u ß, Rudolf: Herzog Ulrich von Württemberg als Bühnenheld. In: Schwäbische Kronik des Schwäb. Merkurs 2. Abtl. Stuttgart 1908, Nr. 261, S. 9f.
2. K r o g m a n n, Willy: Ulrich, von Württemberg. In: VerfLex. IV. 1953, Sp. 614–21.
3. U l r i c h, Herzog von Württemberg. In: Kosch, LL. IV. ²1958, S. 3084.

UNBEWEIBTER s. JUNGGESELLE

1364. UNDINE s. a. MELUSINE, STAUFENBERG, PETER VON

1. F l o e c k, Oswald: Die Elemtargeister bei Fouqué und anderen Dichtern der romantischen und nachromantischen Zeit. Heidelberg 1909. 107 S. [Auch Progr. Bielitz 1909, 1910, S. 1–48, 49–110.].

2. H e r m a n d, Jost: Undinen-Zauber. Zum Frauenbild des Jugendstils. In: Wissenschaft als Dialog. Studien zur Lit. u. Kunst seit der Jahrhundertwende. Stuttgart 1969, S. 9–29 u. in: –: Der Schein des schönen Lebens. Frankfurt a. M. 1972, S. 147–79.
3. U n d i n e. In: Frenzel, StdW. 1970, S. 757–59.
4. Z i v e r s, Izolde M.: Undine. Tradition and interpretation of an archetypal figure in German lit. Diss. Rutgers Univ. of New Jersey 1974. 674 S. DAI. 35 (1974/75), S. 3707f. A.

1365. UNEHELICHE

1. L o h a n, Robert: Das natürliche Kind im dt. Drama. Diss. Wien 1906. 72 Bl. (Handschr.). [18. u. 19. Jh.].
2. R a d e l, Frieda: Die uneheliche Mutter in der Dichtung und im Leben. Leipzig 1912. 26. S. (Kultur u. Fortschritt 416/17).
3. W e r n e r, Oscar Helmuth: The unmarried mother in German literature. New York 1917. 127 S. [Bes. 1770–1800].

1366. UNGARN

1. H e i n r i c h, Gusztáv: Magyar elemek a német költészetben. Budapest 1909. 60 S. (Olcsó Könyvtár 1523/24). [Ungarische Elemente in der dt. Dichtung, 19. Jh.].
2. T r o s t l e r, Josef: Ungarische Stoffe in der dt. Lit. des 17. Jhs. (1. Georgius Dósa. 2. Die Eroberung d. Festung Murany. 3. Der Tod des Dichters Zrinyi). In: Ungarische Rdsch. 4 (1915), S. 157–79.
3. S c h ü n e m a n n, Konrad: Ungarische Hilfsvölker in der Lit. des dt. MA. In: Ungarische Jbb. 4 (1924), S. 99–115.
4. K o s z ó, Johann: Das romantische Ungarn in der neueren dt. Dichtung. In: Dt.-ungar. Heimatsbll. 1 (1929), S. 20–25. [E.].
5. K a p o s i, Elisabeth: Ungarn in der dt. sprachigen Lit. vom Ende des 18. Jhs. bis zum Wiener Kongreß. Diss. Wien 1935. 94, 17 Bl. (Masch.). [E., D., L.].
6. D u k o n y, Mária: Az Alföld felfedezése (Die ungarische Tiefebene in der dt. Lit.). In: Minerva 15 (1936), S. 103–94 u. in: Jb. d. Dt. Inst. d. Königl. Ung. Péter Pázmány Universität Budapest, Abt. 1: Literaturwiss. 2 (1937), S. 565–669.
7. K e r e s z t ú r y, Desider: Das „Romantische Ungarn" in der deutschen Dichtung. In: Ungarn 2 (1941), S. 478–84.
8. K l e i n, Karl Kurt: Ungarn in der dt. Dichtung. In: Dt. Philologie im Aufriß, III. 1957, Sp. 307–320; 2. Aufl. III. ^{2}1962, Sp. 551–64.
9. K u n s z e r y, Gyula: Das Bild des Ungarntums in der dt. Romantik. In: Acta Litteraria Academiae Scientiarum Hungaricae (Budapest) VI (1964), S. 267–85. [D., E., L.].
10. V i d a, Joseph Louis: The Hungarian image in 19th century German lit. Diss. Univ. of Toronto 1971. DAI. 32 (1971/72), S. 7014 A.

1367. UNGLAUBE s. a. GLAUBE UND UNGLAUBE

1. S t e i n, Siegfried: Die Ungläubigen in der mhd. Lit. von 1050 bis 1250. Diss. Heidelberg 1933. 99 S. Repr. Darmstadt 1963. 102 S. (Libelli 108) – R.: D. Rocker, EG. 21 (1966), S. 596f.
2. K a i s e r, Peter: Der Unglaube im Spiegel dt. Prosa-Lit. aus den letzten 20 Jahren. Diss. theol. Erlangen-Nürnberg 1965. 212 S.

1368. UNHEIMLICHES

1. S c h m ä h l i n g, Walter: Das Blut und das Grauen. In: –: Die Darstellung der menschlichen Problematik in der dt. Lyrik von 1890–1914. Diss. München 1962, S. 95–120.

2. F r e u d, Sigmund: Das Unheimliche. Aufsätze zur Lit. Hamburg 1963. 105 S. [Bes. S. 45–84, E.: 19. Jh.].
3. Z a c h a r i a s - L a n g h a n s, Garleff: Der unheimliche Roman um 1800. Diss. Bonn 1967. 227, 43 S. – R.: Kl. Garber, Germanistik 12 (1971), Nr. 4688.
4. R e i n e r t, Claus: Das Unheimliche und die Detektivlit. Entwurf einer poetologischen Theorie über Entstehung, Entfaltung und Problematik der Detektivlit. Bonn 1973. 158 S. (Abhh. z. Kunst-, Musik- u. Lit. wiss. 139).

1369. UNHÖFISCHES

1. M o h r, Ferdinand: Das unhöfische Element in der mhd. Lyrik von Walther an. Diss. Tübingen 1913. 135 S.
2. L e m m e r, Manfred: Unhöfisches und Wirklichkeitsnahes in der mhd. Epik um 1200. Diss. Halle 1957. 175 Bl. (Masch.).

1370. UNIO MYSTICA

1. W e n t z l a f f - E g g e b e r t, Friedrich-Wilhelm: Erscheinungsformen der „unio mystica" in der deutschen Literatur und Dichtung. In: DtVjs. 22 (1944), S. 237–77.

UNIVERSITÄT s. *STUDENT*

1371. UNMENSCHLICHKEIT

1. B a u m g a r t, Reinhard: Unmenschlichkeit beschreiben. Weltkrieg und Faschismus in der Lit. In: Merkur 19 (1965), S. 37–50. Auch in: –: Literatur für Zeitgenossen. Frankfurt a. M. 1966, S. 12–36.
2. K ä m p c h e n, Martin: Darstellungsweisen der Unmenschlichkeit und Grausamkeit in der Lit. zum 1. und 2. Weltkrieg. Diss. Wien 1973. 278 Bl. (Masch.). [E.].

1372. UNMÖGLICHES s. a. *FREMDARTIGES*

1. S c h r ö d e r, Franz Rolf: Adynata. In: Edda, Skalden, Saga. Festschr. F. Genzmer. Heidelberg 1952. S. 108–37. [Auch z. T. motivgeschichtlich; a. a. L.].

1373. UNMUT

1. A r n o l d, Heinz Ludwig: Kleine Anthologie des Unmuts. In: Eckart-Jb. 1968, S. 168 bis 188. [Mit Anthologie].

1374. UNRECHT

1. G e r s t e n b e r g, Ekkehard: Recht u. Staat in Goethes „Götz v. Berlichingen". Mit einer Bibliographie über Recht und Unrecht in der Dichtung. Diss. Würzburg 1952. 146 Bl. (Masch.). [B. S. I–VIII: 162 T.].

UNSCHULD s. *VERFÜHRUNG*

1375. UNSTERBLICKEIT

1. U n g e r, Rudolf: Der Unsterblichkeitsgedanke im 18. Jh. und bei unseren Klassikern. In: Zs. f. syst. Theol. 7 (1930), S. 431–60. [Z. T. in d. Dichtung].

1376. UNTERGANG

1. P e t r i c o n i, Hellmuth: Das Reich des Untergangs. Bemerkungen über ein mythologisches Thema. Hamburg 1958. 192 S. (Unters. z. vergl. Literaturgesch. 1). [A. a. L.].

1377. UNTERNEHMER

1. B o u r f e i n d, Paul: Die gesellschaftlichen Umschichtungen im sozialen Roman zwischen 1830 und 1850 unter bes. Berücksichtigung von Goethes Wanderjahre, Immermanns Epigonen und Gutzkows Rittern vom Geiste. Diss. Bonn 1921. (Auszug: 8 S.).
2. P o n g s, Hermann: Der Typus des Unternehmers im Roman. In: Jb. d. Absatz- u. Verbrauchsforschung 14 (1968), H. 1, S. 46–71. [A. a. L.].
3. M i l k e r e i t, Gertrud: Das Unternehmerbild im zeitkritischen Roman des Vormärz. Köln 1970. 32 S. (Kölner Vorträge z. Sozial- u. Wirtschaftsgesch. 10).

UNTERWELT s. *HÖLLE, TOD*

1378. URACH

1. K l a i b e r, Theodor: Urach in der schönen Lit. In: Beschreibung des Oberamts Urach. 2. Bearbeitung. Stuttgart 1909, S. 496–507. [E., L.].

1379. URANIA

1. M e s t w e r d t, Bernhard: Virgo Andraea und Venus Urania. Untersuchungen zur Tradition zweier antiker Mythen bes. in der dt. Lit. bis zum Beginn d. 19. Jhs. Hamburg 1972. 274 S. (Diss. Hamburg). [L.].

1380. UR- UND VORGESCHICHTE

1. E m r i c h, Wilhelm: Begriff und Symbolik der „Urgeschichte" in der romantischen Dichtung. In: DtVjs. 20 (1942), S. 273–304 u. in: –: Protest u. Verheißung. Frankfurt a. M. ²1963, S. 25–47.
2. M a j u t, Rudolf: Der vorgeschichtliche Menschheitsroman. In: Dt. Philologie im Aufriß. II. ²1960, Sp. 1761–66.

UTA VON NAUMBURG s. *NAUMBURGER STIFTERGESTALTEN*

1381. UTOPIE s. a. *ROBINSON UND ROBINSONADE*

1. B r ü g g e m a n n, Fritz: Die Motive der Insel Felsenburg in den Utopien bis 1731. In: –: Utopie und Robinsonade. Weimar 1914, S. 145–92. (FNLG. 46). [A. a. L.].
2. R e i c h, Erna: Der dt. utopistische Roman von 1850 bis zur Gegenwart. Diss. Wien 1927. 182 Bl. (Masch.).
3. M ü l l e r, Wolf-Dietrich: Geschichte der Utopia-Romane der Weltliteratur. Diss. Münster 1938. 195 S. – R.: F. Krog, Anglia Beibl. 51 (1940), S. 139–42. [Auch dt. Lit.].
4. F i n k, Teresina: Die dt. Utopie in der neueren dt. Dichtung. Diss. Wien 1939. 126 Bl. (Masch.).
5. G r ö t z i n g e r, Wolfgang: Der Roman der Gegenwart. Die Wirklichkeit des Utopischen. In: Hochland 51 (1958/59), S. 175–84. [A. a. L.].
6. L e t t a u, Reinhard Adolf: Utopie und Roman. Untersuchungen zur Form des dt. utopischen Romans im 20. Jh. Diss. Harvard Univ. 1960.
7. M a j u t, Rudolf: Der utopische Roman. In: Dt. Philologie im Aufriß. II. ²1960. Sp. 1752–61. [20. Jh.].

8. K r y s m a n s k i, Hans-Jürgen: Die utopische Methode. Eine literatur- und wissenssoziologische Untersuchung dt. utopischer Romane d. 20. Jhs. Köln 1963. 159 S. (Dortmunder Schr. z. Sozialforschung 21, Diss. Münster 1961). [84 T.].
9. R e i c h e r t, Karl: Utopie und Staatsroman. Ein Forschungsbericht. In: DtVjs. 39 (1965), S. 259–87.
10. H a r t m a n n, Horst: Das Problem des Utopismus bei der Gestaltung der Perspektive im klassischen dt. Drama. In: WZPHP. 10 (1966), S. 263–70.
11. S e r a, Manfred: Utopie und Parodie.bei Musil, Broch und Th. Mann. Bonn 1969. 203 S. (Bonner Arb. z. dt. Lit. 19.).
12. W e l z i g, Werner: Der utopische Roman. In: –: Der dt. Roman im 20. Jh. Stuttgart ²1970, S. 291–327.
13. B i e s t e r f e l d, Wolfgang: Die dt. Utopie von 1800 bis 1960. Abriß und Versuch einer Bibliographie. In: –: Die literarische Utopie. Stuttgart 1974. 94 S. [A. a. L.].

V

1382. VAGABUND

1. W a g n e r, Marianne: Landstreicher. In: Der Bücherwurm 16 (1931), S. 176–79.
2. G i l l i n g e r, Irmgard: Der Vagabund und seine Brüder in der dt. Dichtung der Gegenwart. Diss. Wien 1940. 100 Bl. (Masch.).
3. H e r m a n d, Jost: Der neuromantische Seelenvagabund. In: Das Nachleben der Romantik in der modernen dt. Lit. Heidelberg 1969, S. 95–115.

1383. VAMPIR

1. H o c k, Stefan: Die Vampyrsagen und ihre Verwertung in der dt. Lit. Berlin 1900. 133 S. (Diss. Wien 1899. FNLG. 17). – R.: R. Petsch, DLZ. 22 (1901), Sp. 1936f.; K. Reuschel, Euph. 8 (1901), S. 734–38; S. Singer, AfdA. 29 (1904), S. 308f.; A. L. Stiefel, StVLG. 6 (1906), S. 273–76.
2. J e l l i n e k, Arthur L.: Zur Vampyrsage. In: ZVVolksk. 14 (1904), S. 322–28. [A. a. L.].
3. V a m p i r r o m a n. In: Wilpert, SdL. 1969, S. 818.

1384. VATER s. a. FLUCH DES VATERS

1. H a r t u n g, Rudolf: Die Gestalt des Vaters in der modernen Lit. In: Eckart 23 (1953/54), S. 221–27. [A. a. L.].
2. M i n d e r, Robert: Le père et l' image de l' autorité dans la vie et la littérature allemande. In: Revue des lettres modernes 1 (1954), Nr. 2, S. 1–15.
3. K ö b e r l e, Sophie: Vaterbilder in der neueren dt. Lit. In: Die Leibhaftigkeit des Wortes. Festgabe Adolf Köberle z. 60. Geburtstag. Hamburg 1958, S. 476–88.
4. L ü d e r s, Ameli: Die Vatergestalt auf der Bühne der Bundesrepublik nach dem 2. Weltkrieg. Diss. Köln 1973. 175 S.

1385. VATER UND SOHN s. a. VERLORENER SOHN

1. K r a u ß, R.: Vater und Sohn im Drama. In: Staatsanzeiger f. Württemberg, Bes. Beil. Nr. 2, 1923, S. 23–29.
2. K o s s o w, Karl: Der Gegensatz von Vater und Sohn im dt. Drama. Diss. Rostock 1925. 191 Bl. (Masch.).
3. V i e r t e l, Berthold: Der Sohn. In: Masken 20 (1926), H. 4, S. 68–74. [D.: 20. Jh.].

4. M ü l l e r, Hugo: Das Vater-Sohn-Motiv in der neueren dt. Lit. In: Monats-Rosen 75 (1930/31), S. 226–32.
5. E i c h b a u m, Gerda: Väter u. Söhne in der dt. Dichtung der Gegenwart. In: Hochschulwissen 8 (1931), S. 485–90.
6. H a g b o l d t, Peter: Der Kampf des jungen Menschen im neueren dt. Drama. In: MPhil. 28 (1931), S. 337–52.
7. W a i s, Kurt K. T.: Das Vater-Sohn-Motiv in der Dichtung. I. bis 1880. II. 1880–1930. Berlin 1931. 69, 89 S. (SMDL. 10/11). [D., E., L.: 15.–20. Jh., a. a. L.]. – R.: H. Jantzen, Litbl. 55 (1934), Sp. 20–22; F. Piquet, Revgerm. 22 (1931), S. 126 f.
8. F r i e s i c k e, Joachim Konrad: Der Gegensatz zwischen Vater und Sohn in der dt. Dramatik von Hasenclevers „Sohn" bis zu Rehbergs „Friedrich Wilhelm I.". Diss. München 1942. 102 Bl. (Masch.).
9. B e r n a r d, Rudolf K.: Der Vater-Sohn-Konflikt im modernen dt. Drama. Diss. Univ. of Minnesota 1949. 237 Bl. (Masch.).
10. R o s e n f e l d, Hellmut: Das Hildebrandlied, die indogermanischen Vater-Sohn-Kampf-Dichtungen und das Problem ihrer Verwandtschaft. In: DtVjs. 26 (1952), S. 413–32.
11. H a r m s, Wolfgang: Der Kampf mit dem Freund oder Verwandten in der dt. Lit. bis um 1300. München 1963. 228 S. (Diss. Kiel. MAe 1). – R.: W. Dittmann, ZfdPh. 85 (1966), S. 118–20; Emmel. Erasmus 18 (1966), S. 532–37; D. Kartschoke, Euph. 60 (1966), S. 165–68.
12. H e r m a n d, Jost: Oedipus lost. Oder der im Massenerleben der 20er Jahre „aufgehobene" Vater-Sohn-Konflikt des Expressionismus. In: Die sogenannten Zwanziger Jahre. Bad Homburg v. d. H. 1970, S. 203–24. (Schriften z. Lit. 13). [E., L.].

1386. VATER UND TOCHTER

1. F r o b e n i u s, Else: Väter und Töchter. Berlin 1933. 125 S. [Z. T. auch in d. Lit.].

1387. VATERLAND s. a. OPFERGEDANKE, VATERLÄNDISCHER – VOLK, VOLKSTUM

1. W e d d i g e n, Friedrich Heinrich Otto: Die patriotische Dichtung von 1870/71 unter Berücksichtigung der gleichzeitigen politischen Lyrik d. Auslandes. Leipzig 1880. 102 S.
2. K r e y s s i g, Friedrich: Die nationale Bewegung im Spiegel der zeitgenössischen Literatur. In: –: Literarische Studien und Charakteristiken. Berlin 1882, S. 1–40. [19. Jh.].
3. J ä h n s, Max: Der Vaterlandsgedanke und die dt. Dichtung. Berlin 1896. 199 S.
4. A l t e n b u r g, Otto: Vaterlandsliebe und dt. Sprache im Spiegel volkstümlicher Dichtung vor 100 Jahren. In: Kons. Monatsschr. 66, 2 (1909), S. 887–94. [L.].
5. T h o m a, Gustav: Westfalens Anteil an der Dichtung der Befreiungskriege. Diss. Münster 1910. 159 S.
6. W e l s, Kurt: Die patriotischen Strömungen in der dt. Lit. des Dreißigjährigen Krieges. Diss. Greifswald 1913. 161 S.
7. G o e b e l, Julius: Die dt. Erhebung von 1870 im Spiegel der deutsch-amerikanischen Dichtung. In: Jb. d. Deutschamerikaner f. d. Jahr 1918. Chicago 1917, S. 38–45.
8. B l o e m, Walter: Vaterländische Dichtung. Almanach des Verlages Grethlein 1899 bis 1924. Leipzig 1924, S. 129–37. [Grundsätzliches.]
9. F r a n c k e, Kuno: Vaterland in der dt. Lit. vom Sturm und Drang bis zur Frühromantik. In: ZDB. 4 (1928), S. 362–70.
10. H e c k e l, Hans: Vaterländische Dichtung. In: RL. III. 1928/29, S. 427–40.
11. F r i t s c h e, Heinz Rudolf: Von der patriotischen Lyrik zum polit. Kampflied. In: Dt. Sängerschaft 39 (1934), S. 37–45.
12. Z i g e l s k i, Hans: Das nationale Element im jüngsten dt. Drama. In: Bausteine zum dt. Nationaltheater 4 (1936), S. 168–72.

13. F r e n z e n, Wilhelm: Germanienbild und Patriotismus im Zeitalter des dt. Barock. In: DtVjs. 15 (1937), S. 203–19.
14. A d a m, Günter: Die vaterländische Lyrik zur Zeit der Befreiungskriege. Studie zur Tendenzdichtung. Diss. Marburg 1962. 345 Bl. (Masch.).
15. H o l e, Gerlinde: Monarchistischer Patriotismus. In: –: Historische Stoffe im volkstümlichen Theater Württembergs seit 1800. Stuttgart 1964, S. 96–116 u. 190f. [B.].
16. J a n s e n, Josef: Patriotismus und Nationalethos in den Flugschriften und Friedensspielen des Dreissigjährigen Krieges. Diss. Köln 1964. 182 S.
17. M e n d e l s, I. H.: Nationalismus in der mhd. und mittelniederländischen Lit. In: Proceedings of the 4th Congress of the International Comparative Lit. Association. Fribourg 1964 1. The Hague 1966, S. 298–308.
18. S a u e r, Klaus und German W e r t h: Lorbeer und Palme. Patriotismus in dt. Festspielen. München 1971. 235 S.
19. Z i m m e r, Hasko: Auf dem Altar des Vaterlandes. Religion und Patriotismus in der dt. Kriegslyrik des 19. Jhs. Frankfurt a. M. 1971. 179 S. (Diss. Hamburg 1971 u. d. T.: Religion und Patriotismus in d. Lyrik d. Befreiungskriege u. d. dt.-französ. Krieges 1870/1871). – R.: J. Hermand, Germanistik 15 (1974), Nr. 3706.
20. K a i s e r, Gerhard: Pietismus und Patriotismus im literarischen Deutschland. Frankfurt a. M. [2]1973. 367 S. (Erweiterte Diss. München 1956). – R.: K. Ziegler, Germanistik 15 (1974), Nr. 2395.

1388. VATERSUCHE s. a. *VATER UND SOHN*

1. L e e, Anthony van der: Ein altes Sagenmotiv in höfischer Gewandung. In: Leuvense Bijdragen 44 (1954), S. 74–97.
2. L e e, Anthony van der: Zum literarischen Motiv der Vatersuche. Amsterdam 1957. 236 S. [Dt. Lit.: S. 39–43 u. 135–87.]. (Verhandelingen d. Koninklijke Nederlandse Akad. van Wetenschappen, Afd. Letterkunde. NR. Deel 63, 3). – R.: D. v. Abbé, Erasmus 12 (1959), Sp. 553–56; A. Schneider, RevLittcomp. 34 (1960), S. 488f., G. Zink, EG. 15 (1960), S. 69.

1389. VEILCHEN s. a. *NEIDHART VON REUENTAL UND DAS VEILCHEN*

1. D e l p, Wilhelmine E.: Die symbolische Bedeutung des Veilchens in der dt. Dichtung. In: Publications of the English Goethe Society NS. 7 (1928–1930), S. 92–120. [L.].

1390. VENEDIG

1. F i s c h m a n n, Hedwig: Venedig: In: LE. 23 (1920/21), Sp. 447–54.
2. S e u f f e r t, Thea v.: Venedig im Erlebnis dt. Dichter. Stuttgart 1937. 190 S. (Ital. Studien 2. Diss. München u. d. T.: Venedig. Gestaltwandel eines Bildes im Erleben dt. Dichter). – R.: F. Arens, Lit. 39 (1937), S. 634f., H. Rüdiger, Geist. Arbeit 4 (1937), Nr. 20, S. 8; H. Will, Hochland 37 (1940), S. 164–66.
3. P ö l n i t z, Götz v.: Ein Gondellied. In: –: Venedig. München 1949, S. 499–518.
4. P a b s t, Walter: Satan und die alten Götter in Venedig. Entwicklung einer literarischen Konstante. In: Euph. 49 (1955), S. 335–59. [19. u. 20. Jh.].
5. V e n e z i a nelle letterature moderne. Atti del Primo Congresso dell'Associazione. Internazionale di letteratura comparata (Venezia, 1955). Venezia 1961. 375 S. (Civiltà Veneziana Studi 8). [Goethe, v. Platen, Rilke; a. a. L.]. – R.: E. Balmas, Revue de litt. comp. 36 (1962), S. 131–36.
6. R e q u a d t, Paul: Venedig. Schein und Wirklichkeit. In: –: Die Bildersprache der dt. Italiendichtung. Bern 1962, S. 187–251.

7. R e q u a d t, Paul: Venedigdichtung am Rande des Expressionismus. In: —: Die Bildersprache der dt. Italiendichtung. Bern 1962, S. 247—51.
8. Das gerettete V e n e d i g. In: Frenzel, StdW. 1970, S. 760—62.

1391. VENUSBERG s. a. TANNHÄUSER

1. B a r t o, Philip. Stephan: Tannhäuser and the Mountain of Venus. A Study in the legend of the Germanic paradise. New York 1916. 258 S.
2. P a b s t, Walter: Der Venusberg. In: —: Venus und die mißverstandene Dido. Hamburg 1955, S. 92—113. (Hamburger Romanist. Studien A 40). [A. a. L.].

1392. VERANTWORTUNG

1. M e i e r, Elisabeth: Das Problem der Verantwortung in der dt. Lit. der Gegenwart. In: Ruperto-Carola 17 (1965), Dez. S. 84—94. [D., E.].

1393. VERBRECHER s. a. RÄUBER, SEXUALPROBLEM, STRAFE

1. F r i e d m a n n, Fritz: Verbrechen und Krankheit im Roman und auf der Bühne. Berlin 1889. 51 S. [A. a. L.].
2. F ü r s t, Rudolf: Kriminalromantik. In: LE. 10 (1907/08), Sp. 607—14. [A. a. L.].
3. S t r o b l, Karl Hans: Der Verbrecher in der Literatur. In: LE. 14 (1911/12), Sp. 1—9. [A. a. L.].
4. S t ö ß, Willi: Die Bearbeitungen des „Verbrechers aus verlorener Ehre". Mit Benützung ungedruckter Briefe von und an Hermann Kurz. Stuttgart 1913. 74 S. (Bresl. Beitr. NF. 37). — R.: E. Sauer, Euph. 22 (1915), S. 379—81.
5. L e v i n, Herbert: Der Verbrecher im dt. Drama von Lessing bis Hauptmann. Diss. Giessen 1916. 68 S.
6. R ö h l, Hans: Charaktere in der dt. Dichtung. 4. Der Verbrecher. In: ZDK. 36 (1922), S. 284—90.
7. B e y e r, H.: Kriminalnovelle, -roman. In: RL. II. 1926/28, S. 143—45.
8. L u d w i g, Albert: Die Kriminaldichtung und ihre Träger. In: GRM. 18 (1930), S. 57 bis 71, 123—35. [A. a. L.].
9. W ü r t e n b e r g e r, Thomas: Die dt. Kriminalerzählung. Erlangen 1941. 40 S. (Erlanger Univ. Reden 27). [16.—20. Jh.].
10. W o h l h a u p t e r, Eugen: Schicksalstragödie und Kriminalistik. In: —: Dichterjuristen III. Tübingen 1957, S. 463—68.
11. F r e n z e l, Elisabeth: Kriminalgeschichte. In: RL. I. ^{2}1958, S. 895—99.
12. M a j u t, Rudolf: Der Kriminalroman. In: Dt. Philologie im Aufriß. II. ^{2}1960, Sp. 1724 bis 1735.
13. K r i m i n a l r o m a n. In: Wilpert, SdL. 1969, S. 412f.
14. Z o l l, Rainer: Der absurde Mord in der modernen dt. und französischen Lit. Diss. Frankfurt 1961. 309 S.
15. S c h m ä h l i n g, Walter: Der Verbrecher und die Barbaren. In: —: Die Darstellung der menschlichen Problematik in der dt. Lyrik von 1890—1914. Diss. München 1962, S. 9 bis 26.
16. H o h e n d a h l, Peter Uwe: Der Angriff gegen die bürgerliche Ordnung. — Funktion und Bedeutung des Verbrechens. In: —: Das Bild der bürgerlichen Welt im expressionistischen Drama. Heidelberg 1967, S. 225—68. — R.: W. v. d. Will, MLR. 65 (1970), S. 949f.
17. K o e s t e r, Rudolf: The ascent of the criminal in German comedy. In: GQu. 43 (1970), S. 376—93. [19./20. Jh.].
18. M a r s c h, Edgar: Die Kriminalerzählung. Theorie, Geschichte, Analyse. München 1972. 295 S. [A. a. L.].

19. Z i o l k o w s k i, Theodore: Ein Porträt des Künstlers als eines Verbrechers. In: —: Strukturen des modernen Romans. München 1972, S. 249—82. [A. a. L.].

VEREINSAMUNG s. *DASEINSENGE, EINSAMKEIT*

1394. VERERBUNG

1. F r i e d r i c h, Paul: Das Problem der Vererbung in der dt. Lit. der Gegenwart. In: Deutsche Renaissance 2. Leipzig 1913, S. 23—32.
2. C a s t, Gottlob Charles: Das Motiv der Vererbung im dt. Drama des 19. Jhs. Madison 1932. 127 S. (Univ. of Wisconsin studies in language and lit. 33). — R.: A. Busse, Lit. 35 (1932/33), S. 545.
3. K a u e r m a n n, Walther: Das Vererbungsproblem im Drama des Naturalismus. Diss. Kiel 1933. 135 S. [A. a. L.].
4. C a r l s o n, Harold Gottfried: The heredity motif in the German drama. In: GR. 11 (1936), S. 184—95.
5. C a r l s o n, Harold Gottfried: The heredity motif in Germanic prose fiction. In: GR. 12 (1937), S. 185—95.
6. C a r l s o n, Harold Gottfried: Criticisms of heredity as a literary motif. With special reference to the newpapers and periodicals from 1880—1900. In: GR. 14 (1939), S. 165 bis 182.
7. S c h m i d t, Günter: Das Problem der Vererbung bei Emile Zola und im Drama des dt. Naturalismus. Zum Einfluß des Darwinismus auf den literarischen Naturalismus. Diss. Jena 1970. 354 Bl. (Masch.).

VERFEMTER s. *ENTERBTER UND VERFEMTER*

1395. VERFREMDUNG s. a. *FREMDARTIGES*

1. N ü n d e l, Ernst: Das Prinzip der Verfremdung in der Dichtung. In: DU. 23 (1971), H. 6, S. 68—85.
2. V i v i a n i, Annalisa: Der expressionistische Raum als verfremdete Welt. In: ZfdPh. 91 (1972), S. 498—527.

1396. VERFÜHRUNG

1. P e t r i c o n i, Hellmuth: Die verführte Unschuld. Bemerkungen über ein literarisches Thema. Hamburg 1953. 137 S. (Hamburger Romanistische Studien A, 38). [Berücksichtigt jedoch nur sehr wenig die dt. Lit.].

1397. VERGÄNGLICHKEIT

1. K n o l l, Samson B.: Vergänglichkeitsbewußtsein und Lebensgenuß in der dt. Barocklyrik. In: GR. 11 (1936), S. 246—57.
2. K o z á k y, Stephan: A mulandóság ábrázolásai történeti fejlodésük ben. — Anfänge der Darstellungen des Vergänglichkeitsproblems. Budapest 1936. 342 S. (Bibliotheca humanitatis historica I). [Dt. u. ungar., bes. 14. u. 15. Jh., a. a. L.].
3. R o t z l e r, Willy: Die Begegnung der drei Lebenden und der drei Toten. Ein Beitr. z. Forschung über die ma. Vergänglichkeitsdarstellungen. Winterthur 1961. 279 S. (Diss. Basel). [In dt. Dichtung S. 48—61, a. a. L.].
4. I n g e n, Ferdinandus Jakobus van: Vanitas und Memento mori in der dt. Barocklyrik. Groningen 1966. 387 S. (Diss. Utrecht 1966). — R.: J.-U. Fechner, MLR. 64 (1969),

S. 694–97; H. G. Roloff, ASNS. 120 (1968), S. 307–09; H.-J. Schings, AfdA. 80 (1969), S. 173–79; J. Spriewald, WB. 14 (1968), S. 664f.
5. S t a i g e r, Emil: Himmel und Strom. Zu Gedichten Goethes, Platens und Benns. In: Jb. d. Freien Dt. Hochstifts 1968, S. 237–56 u. in: –: Spätzeit. Studien z. dt. Lit. Zürich 1973, S. 295–319.

1398. VERGANGENHEIT s. a. GESCHICHTE, UR- UND VORGESCHICHTE
1. K o c h, Max: Deutsche Vergangenheit in dt. Dichtung. Stuttgart 1919. 72 S. (Breslauer Beitr. z. Literaturgeschichte NF. 50). [D., E., L.: 16.–19. Jh.].
2. W a i s, Kurt K. T.: Das Motiv des Vergangenen in der neueren Lit. In: DtVjs. 10 (1932), S. 270–334. [19. u. 20. Jh., a. a. L.].
3. B e h r e n d t, Martin: Zeitklage und laudatio temporis acti in der mhd. Lyrik. Berlin 1935. 83 S. (GSt. 166, Diss. Marburg). – R.: A. Witte, DLZ. 58 (1937), Sp. 1222–24.
4. S c h r ö d e r, Hans Eggert: Das Vergangenheitsmotiv in der dt. Romantik. In: Rhythmus 13 (1935), S. 322–32.

VERGEBUNG s. GNADE

1399. VERGNÜGTER UND VERGNÜGEN
1. S t o l z, Heinz: Der still Vergnügte. In: LE. 21 (1918/19), Sp. 650–56.
2. B u r g e r, Heinz Otto: Vergnügen. Vorläufiges zur Geschichte von Wort und Wert im 18. Jh. In: Studi in onore di L. Bianchi. Bologna 1960, S. 11–28.

1400. VERIRREN
1. S k o r n a, Hans Jürgen: Das Motiv des Sich-Verirrens. In: –: Das Wanderermotiv im Roman der Goethezeit. Diss. Köln 1961, S. 63–67. (Masch. vervielf.).

VERJÜNGUNG s. JUNGBRUNNEN

VERKEHR s. EISENBAHN, FLUG, POST, REISE, SCHIFFAHRT

1401. VERKLEIDUNG
1. B a r n s t e i n, Aenne: Die Darstellungen der höfischen Verkleidungsspiele im ausgehenden MA. Diss. München 1940. 76 S.

1402. VERKÜNDIGUNG s. a. MARIA, HEILIGE
1. H a m m e r, Wolfgang: Die Sprache der Verkündigung im Prisma moderner Lit. In: Die Predigt als Kommunikation. Stuttgart 1972, S. 11–27. [Bes. S. 15–27].

1403. VERLORENER SOHN
1. H o l s t e i n, Hugo: Das Drama vom verlorenen Sohn. Ein Beitrag zur Geschichte des Dramas. Progr. Geestemünde 1880. 54 S. – R.: ASNS. 67 (1882), S. 459–61.
2. S p e n g l e r, Franz: Der verlorene Sohn im Drama des 16. Jhs. Innsbruck 1888. 174 S. – R.: A. v. Weilen, AfdA. 16 (1890), S. 113–19.
3. S c h w e c k e n d i e k, Adolf: Bühnengeschichte des Verlorenen Sohnes in Deutschland. 1. Teil (1527–1627), Leipzig 1930. (Theatergesch. Forsch. 40). [17 dt. T.]. – R.: R. Stumpfl, ZfdPh. 56 (1931), S. 472–79.

4. M i c h e l, Kurt: Das Wesen des Reformationsdramas entwickelt am Stoff des verlorenen Sohns. Diss. Gießen 1934. 34 S.
5. D ö r r e r, Anton: „Der verlorene Sohn". Ein Beispiel landschaftlicher Spielentfaltung. In: GRM. 24 (1936), S. 21–35. [Bes. in Tirol].
6. G o e t z, Diego Hanns: Der unsterbliche verlorene Sohn. Wien 1949. 121 S. [D., E., a. a. L.].
7. K a t, Joannes Franciscus Maria: De verloren zoon als letterkundig motief. Diss. Nijmegen 1952. 239 S. [Z. T. dt. Lit.].
8. R ö s s l e r, Alice: Die Parabel vom verlorenen Sohn des 16. Jhs. als Spiegelbild der rechtlichen, wirtschaftlichen und sozialen Verhältnisse jener Zeit. Diss. Jena 1952. 88 Bl. (Masch.).
9. S t o c k u m, Th. C. van: Das Jedermann-Motiv und das Motiv des Verlorenen Sohnes im niederländischen und im niederdt. Drama. Amsterdam 1958. (Mededelingen d. Koninkl. Nederlandse Akad. van Wetenschappen, AfdA. Letterkunde N. R. D. 21, Nr. 7, S. 199 bis 219. – R.: D. Brett-Evans, GLL. 13 (1959/60), S. 159.
10. K a l l e n s e e, Kurt: Die Liebe des Vaters. Das Gleichnis vom verlorenen Sohn in der christl. Dichtung u. bildenden Kunst. Berlin 1960. 159 S.
11. T u r n e r, Alison Mary: The motif of the prodigal son in French and German lit. to 1910. Diss. Univ. of North Carolina at Chapel Hill 1966. 284 S. DA. 27 (1966/67), S. 3653f. A.
12. S o h n, Der verlorene. In: Frenzel, StdW. 1970, S. 689–92.

1404. VERMENSCHLICHUNG

1. S t e t t e r, Klaus: Hermann Löns. – Der „Übersetzer". Gedanken zum Problem der Vermenschlichung in der modernen Tiergeschichte. In: Annali, Sez. Germanica. Istituto Universitario Orientale di Napoli 12 (1969), S. 351–71.

1405. VERONA

1. Z a n g r a n d o, Guido: Verona in der dt. Dichtung. Verona 1965. 144 S. [L.].

1406. VERRÄTER

1. K r a e m e r, Alex: Der Typus des falschen Ratgebers, des Hoch- und Landesverräters im altdt. Schrifttum. Diss. Bonn 1941. 64 Bl. (Masch.).

1407. VERSCHWEIGEN s. a. SCHWEIGEN

1. M a y e r, Hartwig: Topoi des Verschweigens und der Kürzung im höfischen Roman. In: Getempert und gemischet, Für W. Mohr zum 65. Geburtstag. Göppingen 1972, S. 231 bis 49. (GAG. 65).

1408. VERSUCHUNG

1. M u r d o c h, Brian O.: The recapitulated fall. A comparative study in mediaeval lit. Amsterdam 1974. 207 S. (Amsterdamer Publikationen z. Sprache u. Lit. 11). [Versuchung u. Sieg Christi in d. Wüste als Wiederholung des Sündenfalls in Eden. A. a. L.].

1409. VERTREIBUNG s. a. EMIGRATION

1. S c h i n d l e r, Karl: Heimat und Vertreibung in der schlesischen Dichtung. München 1964. 56 S. [D., E., L.].

1410. VERWANDTSCHAFT

1. M ü l l e r - R ö m h e l d, Walter: Formen und Bedeutung genealogischen Denkens in der dt. Dichtung bis um 1200. Diss. Frankfurt a. M. 1958. 243 S.

VERWUNDETER s. WUNDBEHANDLUNG

1411. VINETA

1. P u d o r, Heinrich: Vineta in der Dichtung. In: Unser Pommerland 11 (1926), S. 321 f. [L.].

1412. VISION

1. S c h m i t z, Wilhelm: Traum und Vision in der erzählenden Dichtung des dt. MA. Münster 1934. 99 S. (Forschungen z. dt. Spr. u. Dichtung 5). [9.–13. Jh.]. – R.: G. Ehrismann, Litbl. 57 (1936), Sp. 234f.; F. Norman, MLR. 31 (1936), S. 252f.; H. Steinger, AfdA. 56 (1937), S. 28–30.
2. K r e u e l s, Albert: Prophetie und Vision in der Lyrik des dt. Expressionismus. Diss. Freiburg/Schw. 1955. 79 S.
3. T h i e r s c h, Hans: Die kosmischen Visionen Jean Pauls und die kosmischen Vorstellungen in der dt. Dichtung d. 18. Jhs. Diss. Göttingen 1963. 204 Bl. (Masch.). [Himmel, Hölle, Jenseits, Unsterblichkeit, Weltall].

1413. VITZLIPUTZLI

1. I b e r s h o f f, C. H. Vitzliputzli. In: MLN. 28 (1913), S. 211 f. [Als Teufel, Kriegsgott u. Wolkengeist].

1414. VOGEL

1. F i e r z, Anna: Der Vogel in schweizerischer Poesie. In: Wissen und Leben Bd. 10 (1912), S. 738–49, 786–91.
2. K n o r t z, Karl: Die Vögel in Geschichte, Sage, Brauch und Literatur. München 1913. 296 S. [Gans, Ente, Schwan, Zugvogel, Rabe, Eule, Kuckuck u. a.; a. a. L.].
3. R i e c k e n, Otto Peter: Das Motiv des vogellîns in der Lyrik Walthers von der Vogelweide verglichen mit dem Minnesang seiner Zeitgenossen. Diss. Hamburg 1967. 197 S.

1415. VOGELHOCHZEIT

1. K u n s t m a n n, John G.: Nineteenth-century and early twentieth-century interpretations of the Vogelhochzeit. In: Studies in German lit. of the 19th and 20th centuries. Festschr. for F. E. Coenen. Chapel Hill 1970, S. 1–10. (Univ. of North Carolina Stud. in the German languages and lit. 67).

1416. VOGTLAND

1. S c h n e i d e r, Helmut: Das Vogtland und die Vogtländer im Spiegel der vogtländischen Heimatdichtung. In: Vogtland 4 (1935), S. 119–22.

1417. VOLK s. a. VATERLAND, VOLKSTUM

1. N i c o l a u s, Charlotte: Zur literarischen Spiegelung des Begriffskomplexes „Volk" vom „Sturm und Drang" bis zur „Heidelberger Romantik". Diss. Münster i. W. 1927. 123 S. [Auch in d. Dichtung].

2. B r e n d l e, Erich: Der völkische Gedanke im neuen Drama. In: Der deutsche Erzieher 3 (1935), S. 672–74.
3. K o s s o w, Karl: Deutsches Volksschicksal im geschichtlichen Roman. In: Die Bücherei 2 (1935), S. 251–56.
4. J u r g e n s, Ernest Friedrich L.: The concept of Volksgemeinschaft in representative German novels between 1918 and 1933. Diss. Univ. of Iowa 1938. 121 Bl. Diss. Abstr. 1938, vol. 2 (1941), S. 126–35. [7 T.].
5. M u l o t, Arno: Das Volk in der dt. Dichtung unserer Zeit. Stuttgart 1941. 82 S. (–: Die dt. Dichtung unserer Zeit II, 2) – R.: G. Keferstein, Geistige Arbeit 9 (1942), Nr. 2, S. 3; J. Müller, DLZ. 62 (1941), Sp. 1126–28.
6. R o i s c h, Ursula: Die Volksauffassung im Roman der dt. Romantik. Diss. Leipzig 1957. 288 Bl. (Masch.).
7. S c h l a f f e r, Hannelore: Dramenform und Klassenstruktur. Eine Analyse der dramatis persona „Volk". Stuttgart 1972. 130 S. (Diss. Erlangen-Nürnberg 1971). – R.: H. Gnüg, Germanistik 15 (1974), Nr. 3440.

1418. VOLKSBUCH

1. C h u c h l a, Gertrud: Volksbuchstoffe in der österreichischen Lit. des 19. Jhs. Diss. Wien 1950. 398 Bl. (Masch.).

1419. VOLKSGLAUBE

1. F r i e d r i c h, Wolfgang: Motive des Volksglaubens in der Dichtung der Stürmer und Dränger. In: WB. 7 (1961), S. 61–79.

1420. VOLKSKUNDE

1. H o f m a n n, Liselotte: Der volkskundliche Gehalt der mhd. Epen von 1100 gegen 1250. Zeulenroda 1939. 144 S. (Diss. München).

1421. VOLKSSAGE

1. R a p m u n d, Annelise: Märchen und Volkssage in der dt. Dichtung von der Aufklärung bis zum Sturm und Drang. Diss. Köln 1937. 98 S.

1422. VOLKSTUM

1. R e u s c h e l, Helga: Deutsches Volkstum in der Lit. In: MHSch. 35 (1936), S. 118–23.
2. S c h u l z, Hans Hermann: Das Volkstumserlebnis des Arbeiters in der Dichtung von G. Engelke, H. Lersch und K. Bröger. Würzburg 1940. 50 S. (Stadion 5).
3. L i n d e, Franz: Volkstum in der Dichtung unserer Zeit. In: Europ. Lit. 3 (1944), H. 2, S. 2–5.

1423. VORAUSDEUTUNG

1. G e r z, Alfred: Rolle und Funktion der epischen Vorausdeutung im mhd. Epos. Berlin 1930. 99 S. (GSt. 97). Repr. 1967.
2. B u r g e r, Harald: Vorausdeutung und Erzählstruktur in ma. Texten. In: Typologia Litterarum. Festschr. f. M. Wehrli. Zürich 1969, S. 125–53.

1424. VORTÄUSCHUNG

1. B a r t s c h, W.: Die Simulation und Selbstbeschädigung in Geschichte und Lit. In: Med. Mschr. 14 (1960), S. 190–94. [Z. T. in dt. Dichtung].

W

1425. WAADT

1. B o h n e n b l u s t, Gottfried: Lob der Waadt in dt. Dichtung. In: Université de Lausanne. Faculté des Lettres. Recueil de travaux publiés à l'occasion du Quatrième Centenaire de la fondation de l'université 1937, S. 127–60 u. in: –: Vom Adel des Geistes. Zürich 1944, S. 475–502.

1426. WACHAU

1. R i e d, Karl Theodor: Die Wachau in Sage u. Dichtung. Diss. Wien 1941. 127 Bl. (Masch.).

1427. WÄCHTER

1. G r u y t e r, Walter de: Das dt. Tagelied. Diss. Leipzig 1887. 159 S. Mit dem Anhang: Der Wächter in der dt. Dichtung außerhalb der Grenzen des Tagelieds: S. 148–59.

1428. WÄHLEN IN FREIHEIT

1. H a m m e r, Lore: Das Wählen in Freiheit als Mittel zur Konfliktsverschärfung im modernen Drama. Diss. Heidelberg 1936. 76 S.

1429. WAFFE s. a. GESCHÜTZ

1. S c h r ö d e r, Heinrich: Zur Waffen- und Schiffskunde des dt. MA. bis um das Jahr 1200. Eine kulturgeschichtliche Untersuchung auf Grund der ältesten dt. volkstümlichen und geistlichen Dichtungen. Diss. Kiel 1890. 48 S. – R.: A. E. Berger, ZfdPh. 24 (1892), S. 122–27.
2. S c h m i d, Franz: Die ritterlichen Schutz- und Angriffswaffen in der mhd. Literatur von 1170–1215. Diss. Freiburg i. Br. 1923. 79 Bl. (Masch.).
3. W e r k i n g, Francis Woody: A study of armor and defensive arms in late middle high German literature (1250–1315). In: Ohio State Univ. Abstr. of doctoral Diss. 1941, Nr. 34, S. 651–58.

1430. WAGNER, RICHARD

1. K o c h, Max: Richard Wagner in der Dichtung. In: Der Wächter 5 (1922), S. 45–50. [E., D., L.].
2. T h o m a s b e r g e r, Kurt: Philophiles und Kurioses aus der Richard-Wagner-Lit. In: Jb. dt. Bibliophilen u. Literaturfreunde 14/15 (1927/28), S. 80–112. [Zur Schönen Lit: S. 101–5].
3. J a c o b s o n, Anna: Nachklänge Richard Wagners im Roman. Heidelberg 1932. 134 S. (Beiträge z. neueren Litgesch. NF. 20). [104 T., a. a. L.].
4. B ö h m e, Erdmann Werner: Richard Wagner und sein Schaffen als Bühnenfigur und Literaturmotiv. In: Dt. Musiker-Ztg. 64 (1933), S. 186f., 198f.
5. B ü l o w, Paul: Richard Wagner im Roman und in der Novelle. In: Börsenbl. f. d. dt. Buchhandel 100 (1933), S. 81f.
6. W a g n e r, Richard i. d. Erzählung. In: Kosch, LL. IV. ^{2}1957, S. 3183. [B.].
7. P l e ß k e, Hans-Martin: Richard Wagner in der Dichtung. Bibliographie dt. sprachiger Veröffentlichungen. Bayreuth 1971. 84 S.

1431. WAHLSTATT (1813)

1. Z u c h h o l d, Hans: Die Schlacht von Wahlstatt in der dt. Dichtung. In: Liegnitz. 700 Jahre eine Stadt dt. Rechts. Breslau 1942, S. 141–50.

1432. WAHN

1. K ä s t n e r, Erhard: Wahn und Wirklichkeit im Drama der Goethezeit. Diss. Leipzig 1929. 112 S.

1433. WAHNSINN s. a. *ERICH XIV., KÖNIG VON SCHWEDEN, HAMLET*

1. M ö l l e r, Alfred: Über falsche und richtige Darstellung einiger Wahnsinnsformen auf der Bühne. In: BuW. 10, 2 (1907/08), S. 681–85.
2. W e y g a n d t, Wilhelm: Abnorme Charaktere in der dramatischen Lit. Hamburg 1910. 172 S.
3. G a u p p, Robert: Das Pathologische in Kunst und Literatur. In: Dt. Revue 36, 2 (1911), S. 11–23. [A. a. L.].
4. M ö l l e r, Alfred: Die künstlerische Schilderung von Geistestörungen im Drama. In: Psychologie u. Medizin 3 (1928/29), S. 241–53.
5. H o c h e, Alfred Erich: Die Geisteskranken in der Dichtung. München 1939. 43 S. [A. a. L.].
6. Zum W i n k e l, Helmut: Die Schilderung von Wahnideen in der erzählenden Lit. Diss. med. Marburg 1942. 34 Bl. (Masch.).
7. G l ä s e r, Friedrich: Das Krankheitsproblem Hölderlins in der Belletristik. Diss. Wien 1949. 90 Bl. (Masch.).
8. K e i s t, Erika: Abnormes Seelenleben als dramatisches Ausdrucksmittel. Beiträge zur Darstellung der Geisteskrankheit im dt. Drama. Diss. Wien 1950. 169 Bl. [18. u. 20. Jh.: 52 T.].
9. S c h ö n e, Albrecht: Interpretationen zur dichterischen Gestaltung des Wahnsinns in der dt. Lit. Diss. Münster 1952. 224 Bl. (Masch.). [E. L.].
10. G e y e r, Horst: Dichter des Wahnsinns. Eine Untersuchung über die dichterische Darstellbarkeit seelischer Ausnahmezustände. Göttingen 1955. 322 S.
11. I r l e, Gerhard: Psychiatrische Themen in der epischen Lit. Med. Habil. Schr. Tübingen 1963. 256 S. (Masch.). [A. a. L.].
12. I r l e, Gerhard: Der psychiatrische Roman. Stuttgart 1965. 160 S. (Schriftenreihe z. Theorie u. Praxis d. Psychotherapie 7). [E., a. a. L.].
13. Z i o l k o w s k i, Theodore: Der Blick von der Irrenanstalt. Verrückung der Perspektive in der modernen dt. Prosa. In: Neoph. 51 (1967), S. 42–54 u. in: –: Strukturen des modernen Romans. München 1972, S. 283–307.
14. M e i s t e r, Rolf: Über die Darstellung von Psychosen in Dichtung und Lit. der Moderne. Eine psychiatrische Betrachtung. Diss. med. Münster 1968. 145 Bl. (Masch. vervielf.). [E., D.: 20. Jh.].
15. S t r u c, Roman S.: Madness as existence. An essay on a literary theme. In: Research studies 38 (1970), S. 75–94. [19./20. Jh., a. a. L.].

1434. WAHRHEIT UND LÜGE s. a. *LÜGE*

1. M i n o r, Jacob: Wahrheit und Lüge auf dem Theater und in der Literatur. In: Euph. 3 (1896), S. 265–335.
2. M i n o r, Jacob: Die Wahrheitsforderung in der Lit. und auf der Bühne. Ein bibliographischer Versuch. In: ZBFr. 6, 1 (1902/03), S. 151–59.
3. H i r s c h, Friedrich E.: Wahrheitsfanatismus und Autosuggestion in der Dichtung. Progr. Teschen 1908. 24 S. [Dt. Lit.: 22 T.].

4. K l o t z, Erich: Das Problem der geschichtlichen Wahrheit im historischen Drama Deutschlands von 1750–1850. Diss. Greifswald 1927. 119 S.
5. R o s s m a n n, Artur: Wort und Begriff der Wahrheit in der frühmhd. Lit. Diss. Tübingen 1953. 235 Bl. (Masch.). [Zu geringem Teil stoffgeschichtl.].

WAISE s. KIND

1435. WALD s. a. BAUM
1. B a u m g a r t, Wolfgang: Der Wald in der dt. Dichtung. Berlin 1936. 127 S. (SMDL. 15). [E., L.: 18. und 19. Jh.]. – R.: F. Kammerer, AfdA. 55 (1936), S. 185–87; G. Keferstein, DLZ. 57 (1936), Sp. 1833–35; U. Lauterbach, ZfdPh. 65 (1940), S. 200–04; R. Sühnel, Geistige Arbiet 4 (1937), Nr. 3, S. 2.
2. W e y l a n d, Hans: Der Wald in der pfälzisch-saarländischen Dichtung. In: Der Jäger aus Kurpfalz 15 (1936), S. 68–69.
3. G i l l e n, Josef: Wald. In: –: Baum, Anger, Wald und Garten in der mhd. Heldenepik. Diss. Münster 1965. S. 126–43. [Auch: locus amoenus].
4. F o n d i, Hilda: Der deutsche Wald in der dt. Lyrik. Diss. Wien 1941. 124 Bl. (Masch.).
5. S t a u f f e r, Marianne: Der Wald. Zur Darstellung und Deutung der Natur im Mittelalter. Bern 1959. 202 S. (Studiorum Romanicorum collectio Turicensis X; Diss. Zürich). [Meist a. L.].

1436. WALDEINSAMKEIT
1. H a m m e s, Michael Paul: „Waldeinsamkeit". Eine Motiv- und Stiluntersuchung zur dt. Frühromantik, insbes. zu Ludwig Tieck. Diss. Frankfurt a. M. 1933. 95 S.

1437. WALDEMAR, FALSCHER
1. S c h n e i d e r, Josef: Der falsche Waldemar in der dt. Dichtung. Diss. Wien 1911, 174 Bl. (Masch.). [18. u. 19. Jh.].
2. T s c h i r c h, Otto: Der wiedergekehrte Markgraf Waldemar in der dt. Dichtung. In: Berliner Bll. 2 (1935), S. 97–102, 125–30.
3. B o r o w a n s k y, Gerta: Die Waldemardichtungen in der dt. Lit. Diss. Wien 1959. 289 Bl. (Masch.). [D., E., L.: 14., 19. u. 20. Jh.].
4. W a l d e m a r, Der falsche. In: Frenzel, StdW. 1970, 765f. [D., E., 18.–20. Jh.].

1438. WALDENSER
1. H u g o n, Augusto Armand und Giovanni G o n n e t: Letteratura di soggetto valdese. In: –: Bibliografia valdese. Torre Pellice 1953, S. 243–50. [D., E., L., a. a. L.].

1439. WALDMANN, HANS
1. R a g a z, Jakob: Die dramatischen Bearbeitungen der Geschichte Hans Waldmanns. Diss. Bern 1898. 68 S. [13 T.: 19. Jh.]. [Bürgermeister v. Zürich, 1489 hingerichtet.]

1440. WALDVIERTEL
1. J a h n e l, Theresia: Das niederösterreichische Waldviertel und das Weinviertel im Gedicht (1850–1950). Diss. Wien 1953. 124 Bl. (Masch.).

1441. WALLENSTEIN, ALBRECHT VON

1. S c h m i d, Georg: Bibliographie der Wallenstein-Literatur. In: MVGDB. 17 (1879), S. 65–143; 21 (1883), Beil. Zu H. 2; 23 (1885), Beil. zu H. 2. [1619–1884].
2. I r m e r, Georg: Die dramatische Behandlung des Wallensteinstoffes vor Schiller. In: NuS. 57 (1891), S. 248–61.
3. V e t t e r, Theodor: Wallenstein in der dramatischen Dichtung des Jahrzehnts seines Todes. Frauenfeld 1894. 42 S. [A. a. L.].
4. L o e w e, Victor: Bibliographische Studie über die Wallenstein-Literatur. In: MVGDB. 34 (1896), S. 277–315; 40 (1901), S. 514–38; 49 (1910), S. 29–64.
5. H a r z e n - M ü l l e r, A. N.: „Wallenstein"-Dramen und -Aufführungen vor Schiller. In: MVGDB. 38 (1900), S. 57–68.
6. K o h l r a u s c h, Robert: Wallensteins Tod in Geschichte und Dichtung. In: BuW. 7, I (1904/05), S. 307–19. [4 T.].
7. J o h n, Alois: Wallenstein im Roman. In: Unser Egerland 18 (1914), S. 120–123. [Kurzer Überblick].
8. W i d m a n n, W.: Wallenstein in der dramatischen Dichtung. In: Die deutsche Bühne 6 (1914), S. 603–06. [Vor Schiller].
9. S o m m e r, Charlotte: Die dichterische Gestaltung des Wallensteinstoffes seit Schiller. Diss. Breslau 1923. 100 Bl. (Masch.).
10. W a l l e n s t e i n, Paul Robert: Die dichterische Gestaltung der historischen Persönlichkeit, gezeigt an der Wallensteinfigur. Diss. Bonn 1934. 82 S. [Schiller, R. Huch, A. Döblin].
11. W a l l e n s t e i n, Albrecht v. In: Heinzel, LhE. 1956, S. 741–44. [B.].
12. F r a s e r, Ralph Sidney: The treatment of Wallenstein in German lit. of the twentieth century. Diss. Univ. of Illinois, Urbana 1958. 183 Bl. DA. 18 (1957/58), S. 1797f. [D., E.: 1909–1951].
13. H a r t m a n n, Horst: Wallenstein im zeitgenössischen Drama. In: –: Wallenstein. Geschichte und Dichtung. Berlin 1969, S. 27–29.
14. W a l l e n s t e i n. In: Frenzel, StdW. 1970, S. 766–69.

1442. WALLFAHRT s. a. PILGER

1. S c h r e i b e r, Georg: Die Entdeckung der Wallfahrt im 19. Jh. In: Wallfahrt und Volkstum in Geschichte und Leben. Düsseldorf 1934, S. 90–124 (Forschungen z. Volkskunde 16/17).

1443. WALLIS

1. H a l l e n b a r t e r, Leo: Das Wallis im Lichte der dt. Lit. Vevey 1930. 15 S. [E., L.: 18.–20. Jh.].
2. Z e r m a t t e n, Maurice: Das Wallis in Kunst und Literatur. In: NSchwzRs. NF. 8 (1940/41), S. 539–52.

1444. WALTHER VON DER VOGELWEIDE

1. G e r s t m e y e r, Günther: Walther v. d. Vogelweide im Wandel der Jahrhunderte. Breslau 1934. 192 S. Repr. Nendeln 1974. (Germ. Abh. 68). [Bes. 18. u. 19. Jh.].
2. H e i n, Alfred: Walther v. d. Vogelweide im Urteil der Jahrhunderte (bis 1700). Ein Beitrag zur literar. Erschließung des Walther-Bildes. Diss. Greifswald 1934. 88 S.
3. A l b r e c h t, Elisabeth: Walther von der Vogelweide in der dt. Dichtung. Diss. Wien 1935. 209 Bl. (Masch.). [D., E., L.: 12.–20. Jh.].
4. W a l t h e r von der Vogelweide. In: Heinzel, LhE. 1956, S. 744f. [B.].

1445. WANDEL

1. M a i e r, Rudolf Nikolaus: Robinson. Scheitern und Neubeginn im zeitgenössischen Gedicht. Stuttgart 1972. 175 S. — R.: A. Closs, Germanistik 14 (1973), Nr. 1354.

1446. WANDERER

1. S i l t e n, Ulrich: Die Wanderer-Gestalt in jüngster Dichtung. In: Lebendige Dichtung 2 (1935), S. 4—6. [E.].
2. F e i s e, Ernst: Wanderer auf und über der Welt. In: Xenion. Themes, forms and ideas in German lit. Baltimore, Maryland 1950, S. 293—303. [18. Jh.].
3. G u t h k e, Karl Siegfried: Gottfried Keller und die Romantik. Eine motivvergleichende Studie. In: DU. 11 (1959), H. 5, S. 14—30. und in: —: Wege zur Lit. Bern 1967, S. 169 bis 86. [Etwas veränderter T. Wandererdichtung der Romantik].
4. S k o r n a, Hans Jürgen: Das Wanderermotiv im Roman der Goethezeit. Diss. Köln 1961. 161 S. (Masch. vervielf.).
5. G i s h, Theodore: Wanderlust und Wanderleid. The motif of the wandering hero in German Romanticism. In: Studies in Romanticism 3 (1963/64), S. 225—39.
6. A r e n d t, Dieter: Der Mensch unterwegs. Wanderschft und Reise in der Dichtung. In: Zeitwende 38 (1967), S. 688—98.

1447. WAPPEN

1. R o s e n f e l d, Hellmut: Nordische Schilddichtung und mittelalterliche Wappendichtung. In: ZfdPh. 61 (1936), S. 232—69.
2. B e b e r m e y e r, Gustav: Herolddichtung. In: RL. I. ^{2}1957, S. 650—53.
3. H e r o l d s d i c h t u n g. In: Wilpert, SdL. 1969, S. 324.
4. Z i p s, Manfred: Das Wappenwesen in der mhd. Epik bis 1250. Diss. Wien 1966. 577 Bl. (Masch.).

1448. WARBECK, PERKIN

1. B e h r, Hilda Johanna: Warbeck in dt. Dichtung. Diss. Wien 1933. 313 Bl. (Masch.). [18. u. 19. Jh.].

1449. WARMBRUNN

1. A n d r e a e, Friedrich: Warmbrunn und sein Badeleben in der Unterhaltungslit. vor 100 Jahren. In: Der Wanderer im Riesengebirge 46 (1926), S. 63—65.

1450. WARSCHAU

1. S ł u g o c k a, Ludmiła: Warszewa przedwojenna i okupacyjna w s'wietle powojennej literatury niemieckiej. [Warschau vor dem Kriege u. während der Okkupation im Spiegel der dt. Nachkriegslit.]. In: Filologia 6 (1964), S. 261—95.

1451. WARTBURG

1. T r i n i u s, August: Die Wartburg in Sage und Dichtung. In: —: Die Wartburg. Berlin 1907, S. 637—60. [19. u. 20. Jh.: D., E., bes. L.].
2. Z u g w u r s t, Karl: Die Wartburg im Spiegel des neueren dt. Schrifttums. In: Wartburg-Jb. 1927, S. 93—107.
3. W a r t b u r g in Drama und Erzählung. In: Kosch, LL. IV. ^{2}1957, S. 3220f. [B.].

WARTBURGKRIEG s. *HEINRICH VON OFTERDINGEN, TANNHÄUSER*

WARTHE s. *WEICHSEL*

1452. WASHINGTON, GEORGE

1. F r e y, John R.: George Washington in German fiction. In: The American-German Review 12 (1945/46), Nr. 5, S. 25f., 37.

1453. WASSER

1. L ü b b e - G r o t h u e s, Grete: Der Mensch und die zauberischen Mächte des Wassers. Dichtungsdeutungen in Unterprima. In: Die Pädagogische Provinz 12 (1958), S. 625 bis 34.
2. B l u m e, Bernhard: Lebendiger Quell und Flut des Todes. Ein Beitrag zu einer Literaturgeschichte des Wassers. In: arcadia 1 (1966), H. 1, S. 18–30. [A. a. L.].
3. A n d r e w s, Mildred Tanner: The water symbol in German Romanticism culminating in Fouqué's Undine. Diss. Univ. of Washington 1969. 242 S. DAI. 30 (1969/70), S. 4974 A.
4. N i e s c h m i d t, Hans-Werner: Stürzende Wasser. Zum Motiv des Wasserfalls in Gedichten Stolbergs, Goethes und Mörikes. In: AUMLA. 1972, Nr. 38, S. 143–58.
5. H ö g l i n g e r, Elisabeth: Der Bereich „Wasser" in der dt. Lit. des MA. Untersuchungen zu Wortschatz und Motivgeschichte. Diss. Innsbruck 1973. 449 Bl. (Masch.).

1454. WATE

1. M c C o n n e l l, Winder: The Wate figure in heroic poetry. Diss. Univ. of Kansas 1973. 164 S. DAI. 34 (1973/74), S. 7767 A. [A. a. L., Gestalt der mhd. Heldendichtung (Kudrun)].

1455. WATERLOO (1815)

1. R o s e n t h a l, E.: Waterloo in der dt. Dichtung. In: Hannoverland 1915, S. 88–93. [Schlacht].

1456. WEBER UND WEBERAUFSTAND

1. P l o h o v i c h, Julia: Webernot und Weberaufstand (1844) in der dt. Dichtung. Diss. Wien 1923. 174 Bl. (Handschr.).
2. L i p t z i n, Solomon: The weavers in German literature. Göttingen 1926. 108 S. (Hesperia 16). Diss. Baltimore 1926. – R.: E. Kunze, ZfdPh. 55 (1930), S. 113–16; E. Rose, JEGPh. 26 (1927), S. 140–42.
3. S e m m i g, Jeanne Berta: Die Weber in der dt. Lit. In: Aufbau 4, 2 (1948), S. 970–73.
4. W e b e r. In: Schmitt, BuA. 1952, Sp. 572–75. [B.].
5. S c h n e i d e r, Hermann: Die Widerspiegelung des Weberaufstandes von 1844 in der zeitgenössischen Prosalit. In: WB. 7 (1961), S. 255–77.
6. Der W e b e r a u f s t a n d. In: Frenzel, StdW. 1970, S. 769–73. [D., E., L.: 19./20. Jh.].
7. G a f e r t, Karin: Die Weberfrage in der dt. Lit. und bildenden Kunst im 19. Jh. In: –: Die Soziale Frage in Lit. und Kunst des 19. Jhs. Kronberg 1973, S. 147–261 (Diss. Marburg).

1457. WEBER, CARL MARIA VON

1. B ü l o w, Paul: Carl Maria von Weber im Roman und in der Novelle. In: ZDK. 42 (1928), S. 282–86.

2. B ü l o w, Paul: Carl Maria von Weber in der erzählenden Dichtung der Gegenwart. In: Zs. f. Musik 96 (1929), S. 204–07.

1458. WEG

1. B r ü c k l, Otto: Betrachtungen über das Bild des Weges in der höfischen Epik. Einführung in die Problematik. In: Acta Germanica 1 (1966), S. 1–14. [Weg als Thema, Motiv, Bild, Metapher, physische Gegebenheit].
2. H a r m s, Wolfgang: Homo viator in bivio. Studien zur Bildlichkeit des Weges. München 1970. 329 S. Habil. Schr. (MAe. 21). [Scheideweg]. – R.: D. H. Green, MLR. 67 (1972), S. 207–10; R. Hofmeister, GQu. 46 (1973), S. 620–22.
3. N e u d e c k e r, Norbert: Der „Weg" als strukturbildendes Element im Drama. Meisenheim 1972. 211 S. (Diss. Erlangen-Nürnberg 1969. Dt. Studien 11). [13.–20. Jh.].

WEHMUT s. *MELANCHOLIE*

1459. WEHRVERFASSUNG

1. R o s e n a u, Peter Udo: Wehrverfassung und Kriegsrecht in der mhd. Epik. Jur. Diss. Bonn 1960. 320 Bl. (Masch. vervielf.). [12. u. 13. Jh.].

1460. WEICHSEL s. a. *DANZIG*

1. P o m p e c k i, Bruno: Der Weichselgau in der dt. Lit. In: Deutscher Volksrat 1 (1919), Nr. 37, S. 443–45.
2. P o m p e c k i, Bruno: Weichselpoesie. In: Ostdt. Mhe. 1 (1920), S. 287–91.
3. L ü d t k e, F.: Deutsche Dichtung um Weichsel und Warthe. In: Der Deutsche im Osten 2 (1939), S. 55–61.

1461. WEIHNACHTEN

1. F r e y b e, Albert: Weihnachten in dt. Dichtung. Leipzig ²1885. 243 S. [D., L., 1. Aufl. 1881].
2. F r e y b e, Albert: Deutsche Weihnachtsdichtung. In: Konservat. Mschr. 66, 1 (1908/09), S. 193–207.
3. S c h w a r z, A.: Weihnachten in der niederdt. Lit. In: Der Schimmelreiter 2 (1920), S. 37–40.
4. M ü n c h, Fr.: Weihnachten im Lied. In: Elsäß. Weihnachtsbuch. Strasbourg 1924, S. 83 bis 95. [14.–19. Jh.: L.].
5. R e i m é r d e s, Ernst Edgar: Deutsche Weihnacht in der Dichtung. In: Josephson, Hermann: Nun geht ein Freuen durch die Welt. Leipzig 1925, S. 43–45. [Bes. E.].
6. B ü l o w, Paul: Der Weihnachtsabend in dt. Dichtung. In: Der Türmer 29, 1 (1926/27), S. 233–37. [E.].
7. M ü l l e r, Alwin: Christi Geburt auf der Bühne. In: Eckart 3 (1926/27), S. 473–80.
8. B o c k e m ü h l, Erich: Weihnacht in der neueren Dichtung. In: Ostd. Mhe. 7 (1927), S. 828–36.
9. B ü l o w, Paul: Unser Weihnachtsbrauchtum im Spiegelbild der dt. Dichtung. In: ZDK. 43 (1929), S. 806–13.
10. G a e d e c h e n s, Ehrich: Tannenbaum u. Weihnachten im niederdt. Schrifttum. In: Niederdt. Mhe. 4 (1929), S. 45–52. [E., L.].
11. M ü l l e r, Alfred: Die sächsischen Weihnachtspiele nach ihrer Entwicklung und Eigenart. Leipzig 1930. 134 S. (Sächs. Volkstum 7).
12. B e n c k e r, Georg: Das dt. Weihnachtsspiel. Diss. Greifswald 1933. 68 S. [14.–19. Jh.].

13. K r e t s c h m e r, Dora Lotti: Weihnachten bei schlesischen Dichtern. In: Ostdt. Mhe. 16 (1935), S. 521–24.
14. R e i n h a r d t, Hildebert: Das Gedicht zur Weihnacht. In: Bücherkunde 9 (1942), S. 356–62. [In nationalsoz. Sicht].
15. S c h e r r e r, Paul: Kriegsweihnachten 1914/44. In: Schweizer Mhe. 24 (1944/45), S. 596–607.
16. B a y e r - J ü t t n e r, Marie: Das Weihnachtslied in der österreichischen Barockdichtung. Diss. Wien 1955. 181, 61 Bl. (Masch.).
17. D i t t e r, Elisabeth: Die Problematik der Weihnachtserzählung in Heften und Anthologien. In: Studien z. Jugendlit. 1960, H. 6, S. 38–53.
18. E m r i c h, Heide: Weitere Anthologien von Weihnachtserzählungen. In: Studien z. Jugendlit. 1960, H. 6, S. 54–80. [B.].
19. E n g e l, Carlo: Bibliographie zur Missionslit. und Weihnachtserzählung. In: Studien z. Jugendlit. 1960, H. 6, S. 83–120.
20. F l e m m i n g, Willi: Weihnachtsspiele. In: RGG. 6 (^{3}1962), Sp. 1569–71.
21. S c h n e i d e r, Camille: Die rasche Verbreitung des Weihnachtsbaumes in der Lit. In: –: Der Weihnachtsbaum und seine Heimat, das Elsaß. Dornach 1965, S. 58–62.
22. C o l d i t z, Siegfried: Das Weihnachtsfest in Geschichte, Brauchtum und Sprache. In: Muttersprache 76 (1966), S. 353–64. [Auch in d. Dichtung].
23. S t e i n b a c h, Rolf: Weihnachtsspiele. In: –: Die dt. Oster- und Passionsspiele des MA. Köln 1970, S. 246–48. [B.].

1462. WEIHNACHTSBAUM

1. K r o n f e l d, Ernst Moritz: Der Weihnachtsbaum. Botanik und Geschichte des Weihnachtsgrüns. Seine Beziehungen zu Volksglauben, Mythos, Kulturgeschichte, Sage, Sitte und Dichtung. Oldenburg 1906. 233 S. [L.: Bes. S. 3–30, 147–224]. ^{2}1907.
2. K r o n f e l d, Ernst Moritz: Der dt. Weihnachtsbaum und die Dichter. In: BuW. 9, 1 (1906/07), S. 279–84.
3. R o t h - W ö l f l e, Lotte: Der Christbaum in der Lit. Die Geschichte seiner Idee und Gestalt in vier Jahrh. In: Börsenbl. d. dt. Buchh. Frankf. Ausg. 5 (1949), 96. Beil. Aus dem Antiquariat S. 765f. [Seit Seb. Braut].

1463. WEIMAR

1. W e i m a r. In: Luther, DtL. 1937, Sp. 697–702. [B.].
2. W e i m a r, Dichtung und Theater der Stadt. In: Kosch, LL. IV. ^{2}1958, S. 3258–60. [B.].

1464. WEIN s. a. TRINKEN

1. A u s f e l d, Friedrich: Die dt. anakreontische Dichtung des 18. Jh. Straßburg 1907. 165 S. (QFSpKG. 101).
2. L a n d a u, Paul: Deutscher Wein im dt. Lied. In: Faust 4 (1925), 4, S. 10–22.
3. L i s c h n e r, Helmut: Die Anakreontik in der dt. weltlichen Lyrik des 17. Jhs. Diss. Breslau 1932. 122 S.
4. B i s c h o f f, Oskar: Der Wein in der dt. Versdichtung. In: Dt. Kulturwart 5, 2 (1938), S. 685–87. [Überblick].
5. K ö l s c h, Kurt: Der Wein in der pfälzischen Dichtung. In: Pälzer Feierowend 7 (1955), Nr. 39, S. 1f.
6. C h r i s t o f f e l, Karl: Aus dem Weingarten der Dichtung. Weingeschichten auf Wanderschaft. In: –: Durch die Zeiten strömt der Wein. Die wunderbare Historie des Weines. Hamburg 1957, S. 340–98. [Bes. L.].

7. H o f m a n n, Robert: Dichtung und Wein in Österreich. In: Das österreichische Weinbuch. Wien 1963, S. 216–45. [L.: 13.–20. Jh.].
8. K r o l o w, Karl: Trink- und Weinlieder. In: Der weiße Turm 7 (1964), H. 4, S. 29f.
9. L i v e r, Claudia: Themen der dt. Anakreontik der vierziger Jahre. In: Annali, Sez. Germanica 9 (1966), S. 105–117.
10. C h r i s t o f f e l, Karl: Der Moselwein in Geschichte und Dichtung. Wiesbaden 1971. 24 S. (Schriften z. Weingeschichte 25). [A. a. L.].
11. H a g e n o w, Gerd: Rebe und Ulme. Geschichte eines literarischen Bildes. Wiesbaden 1972. 36 S. (Schriften z. Weingeschichte 28).
12. R i e d l, Franz Hieronymus: Der Wein in Kunst und Lit. In: Wein und Weinkost in Südtirol. Bozen 1972, S. 81–94. [Südtiroler Wein in der Dichtung: S. 91–94.].
13. Z e m a n, Herbert: Die dt. anakreontische Dichtung. Ein Versuch zur Erfassung ihrer ästhetischen und literarhistorischen Erscheinungsformen im 18. Jh. Diss. Wien 1972. 561 Bl. (Masch.). Habil. Schr. Stuttgart 1972. 386 S.

1465. WEINEN

1. S p i t z, Charlotte: Zur Psychologie des Weinens. Diss. Leipzig 1935. 111 S. [A. a. L.].
2. H ö l l e r e r, Walter: Zwischen Klassik und Moderne. Lachen und Weinen in der Dichtung einer Übergangszeit. Stuttgart 1958. 503 S. [1832–1856]. – R.: W. D. Williams, MLR. 54 (1959), S. 288–90.
3. W e i n a n d, Heinz Gerd: Tränen. Untersuchungen über das Weinen in der dt. Sprache und Lit. des MA. Bonn 1958. 192 S. (Abh. z. Kunst-, Musik- u. Literaturwissenschaft 5. Teildr. Diss. Bonn 1957). [S. 187–92 auch: 18.–20. Jh.].
4. K e l l e r, Hans: Lachen und Weinen. Ein Versuch anthropologischer Literaturbetrachtung. In: GRM. 38 (1957), S. 309–28.

1466. WEINGARTEN (WÜRTTEMBERG)

1. M ü l l e r - G ö g l e r, Maria: Weingarten im Schrifttum. In: Altdorf Weingarten. Ein Heimatbuch. Weingarten/Württ. 1960, S. 273–84. [E., L.].

1467. WEINSBERG

1. K r a u ß, Rudolf: Die Weiber von Weinsberg im Drama. In: Lit. Beil. z. Staatsanzeiger f. Württemberg 1921, S. 153–59. [17.–20. Jh.].
2. L a u x m a n n, Richard: Weinsberg im Munde der Dichter und Sänger. Weinsberg ²1930. 69 S. [L.: 15.–19. Jh.].

1468. WEISSAGUNG

1. G e f f n e r, Max: Die Vaticinatio ex eventu im dt. Drama des 18. Jhs. Diss. Wien 1931. 189 Bl. (Masch.). [Über 50 T.; auch stoffgeschichtl.].

1469. WEISSE FRAU

1. K ü g l e r, Hermann: Die Sage von der Weißen Frau im Schlosse zu Berlin. In: Mitt. des Vereins f. d. Gesch. Berlins. 45 (1928), S. 57–96. [Bes. S. 80ff.].

1470. WEITGEREISTER

1. N a u m a n n, Hans: Der gereiste Mann. Köln 1942. 78 S. (Staufen-Bücherei 31).

1471. WELT

1. N e u m a n n, Elisabeth: Studien zur „werlte" und zum „leben" in höfischer Dichtung. Diss. Bonn 1940. 84 S.
2. T h i e l, Gisela: Das Frau Welt-Motiv in der Lit. d. Mittelalters. Diss. Saarland. Saarbrükken 1957. 270 S.
3. S t a m m l e r, Wolfgang: Frau Welt. Eine mittelalterliche Allegorie. Freiburg/Schweiz 1959. 112 S. (Freiburger Univ. Reden NF. 23). [11.–17. Jh.].
4. M e i d i n g e r - G e i s e, Inge: Welttotalität im österreichischen Raum. In: Welt u. Wort 10 (1955), S. 141–45.
5. S k o w r o n e k, Marianne: Fortuna und Frau Welt. Zwei allegorische Doppelgängerinnen des MA. Diss. FU. Berlin 1964. 122 S.
6. B e l k i n, Johanna S.: Welt als Raumbegriff im Althochdeutschen und Frühmittelhochdeutschen. In: Zs. f. dt. Sprache 24 (1968), S. 16–59.
7. R i e d e r, Heinz: Weltbild und Lebensgefühl in der Lyrik der Moderne. In: Österreich in Geschichte und Lit. 12 (1968), S. 459–69 u. in: –: Österreichische Moderne. Studien z. Welt- u. Menschenbild in ihrer Epik und Lyrik. Bonn 1968, S. 54–69.

1472. WELTBÜRGERTUM

1. F r a n c k e, Kuno: Weltbürgertum in der dt. Lit. von Herder bis Nietzsche. Berlin 1928. 140 S.

1473. WELTFEINDLICHKEIT

1. H a a c k e, Diether: Weltfeindliche Strömungen und die Heidenfrage in der dt. Lit. von 1170 bis 1230. Diss. FU. Berlin 1951. 309 Bl. (Masch.).

1474. WELTFLUCHT s. a. EINSIEDLER, KLOSTER, MÖNCH

1. R ö t t e k e n, Hubert: Weltflucht und Idylle in Deutschland von 1720 bis zur Insel Felsenburg. Ein Beitrag zur Geschichte des dt. Gefühlslebens. In: ZVLR. NF. 9 (1896), S. 1–32, 295–325.
2. S t a d l e r, Ulrich: Der einsame Ort. Studien zur Weltabkehr im heroischen Roman. Bern 1971. 119 S. (Diss. Berlin. Basler Studien z. dt. Sprache u. Lit. 43). – R.: K. Garber, Germanistik 13 (1972), Nr. 534; K. F. Otto, JEGPh. 72 (1973), S. 79–81; F. M. Rener, GQu. 46 (1973), S. 616–19; P. Skrine, MLR. 68 (1973), S. 450.

1475. WELTGEIST

1. S c h w a r z, Justus: Der Mythos vom Weltgeist in der dt. Philosophie und Dichtung. In: DtVjs. 19 (1941), S. 379–406.

WELTGERICHT s. JÜNGSTER TAG

WELTKRIEG s. KRIEG, OFFIZIER, SOLDAT

WELTRAUM s. RAUM

1476. WELTSCHMERZ s. a. MELANCHOLIE, PESSIMISMUS

1. B i e n e n g r ä b e r, Alfred: Schmerz und Weltschmerz. Heidelberg 1880. (Sammlg. von Vorträgen f. d. dt. Volk III, S. 185–208.

2. G n a d, Ernst: Der Weltschmerz in der Poesie. In: –: Literarische Essays. Wien ²1891, S. 211–253.
3. S a l i n g e r, R.: Der Weltschmerz in der Poesie. In: Mschr. f. neue Lit. u. Kunst 1 (1896/97), S. 755–60, 849–56. [Überblick; a. a. L.].
4. B r a u n, Wilhelm Alfred: Types of Weltschmerz in German poetry. Diss. New York 1905. 92 S. (Columbia Univ. Germanic Studies 2). – R.: M. Meyerfeld, LE. 8 (1905/06), Sp. 1262. Repr. New York 1966.
5. R o s e, William: Die Anfänge des Weltschmerzes in der dt. Lit. In: GRM. 12 (1924), S. 140–55. [18. Jh.].
6. R o s e, William: From Goethe to Byron; the development of „Weltschmerz" in German literature from Werther to the beginning of the romantic movement. London 1924. 210 S. – R.: R. Petsch, MLR. 20 (1925), S. 226–31.
7. L i p t z i n, Solomon: Weltschmerz and the social lyric. In: –: Lyric pioneers of modern Germany. New York 1928, S. 34–49.
8. H o l z e r, Erika: Der Weltschmerz. In: –: Das Bild Englands in der dt. Romantik. Diss. Bern 1951, S. 46–53.
9. G u t h k e, Karl Siegfried: Ästheten des Weltschmerzes. In: –: Die Mythologie der entgötterten Welt. Ein literarisches Thema von der Aufklärung bis zur Gegenwart. Göttingen 1971, S. 134–206. [A. a. L.]. – R.: M. Beller, arcadia 8 (1973), S. 207–09; P. Salm, JEGPh. 72 (1973), S. 409–11.

1477. WELTTHEATER

1. B u z á s, Lázló: Der Vergleich des Lebens mit dem Theater in der dt. Barocklit. Pécs (Fünfkirchen) 1941. 93 S. (Diss. Pécs). [Das Leben verglichen mit d. Theater, Schauspielmetapher].
2. R u s t e r h o l z, Peter: Theatrum vitae humanae. Funktion und Bedeutungswandel eines poetischen Bildes. Studien zu den Dichtungen von A. Gryphius, Ch. Hofmann v. Hofmannswaldau u. D. C. v. Lohenstein. Berlin 1970. 169 S. (PhStQ. 51). [Schauspiel als Topos u. Metapher].
3. E i t e l, Wolfgang: Der Dichter und das Schauspiel des Lebens. Bemerkungen zu einem Bildmotiv in der Lit. des 19. Jh. In: Beiträge z. vergl. Literaturgeschichte. Festschr. f. K. Wais z. 65. Geburtstag. Tübingen 1972, S. 265–79. [A. a. L.].

1478. WELTVERSTÄNDNIS

1. F r i t z s c h i n g, Hubertus: Das Weltverständnis des dt. Gegenwartsromans im Spiegel seiner Erzählhaltung. Diss. Würzburg 1966. 271, LXIII. S.

1479. WENDELIN, HEILIGER

1. S e l z e r, Alois: St. Wendelin in der Dichtung. In: –: St. Wendelin. Leben und Verehrung eines alemannisch-fränkischen Volksheiligen. Saarbrücken 1936, S. 355–74. Mödling b. Wien ²1962, S. 387–408. [D., L., mit Anthologie].

WERBUNG s. *BRAUTWERBUNG, STADT*

1480. WERTHER

1. S e l i g e r, Paul: Unbekannte Nachahmungen von Goethes Werther. In: ZBFr. 5, 2 (1901/02), S. 421–31. [8 dt. T.].
2. H ü n i c h, Fritz Adolf: Neue Wertheriana. In: ZBFr. NF. 2 (1910/11), H. 1, S. 296 bis 300.

3. S c h u m a n n, Paul: Unbekannte Wertherschriften. In: ZBFr. NF. 4, 2 (1912), S. 273 bis 284.
4. Deutsche W e r t h e r i a d e n. In: Goedeke 4. Bd. 3. ³1912, S. 179–95. [B.: D., E., L.].
5. W e r t h e r l i t e r a t u r. In: Goethe-Handbuch, hrsg. von Julius Zeitler, III (1918), S. 544–47. [D., E., L.].
6. S c h u m a n n, G.: Unbekannte Wertherschriften. In: ZBFr. NF. 10 (1918/19), S. 101 bis 116. [24 T.].
7. H ü n i c h, Fritz Adolf: Die dt. Werther-Gedichte. In: JbSKipp. 1 (1921), S. 181–254.
8. Neue W e r t h e r - G e d i c h t e. In: Jb. d. Sammlung Kippenberg 5 (1925), S. 299 bis 301; 7 (1927/28), S. 316–20.
9. K i p p e n b e r g, Anton: Gedichte auf Werther, Wertherdramen, Erzählungen, Romane. In: –: Katalog der Sammlung Kippenberg 1, 2. Ausg. Leipzig 1928, S. 273–87. [A. a. L., B.].
10. A t k i n s, Stuart Pratt: The testament of Werther in poetry and drama. Cambridge, Mass. 1949. 322 S. (Harvard Studies in comp. lit. 19). [A. a. L.]. – R.: R. T. Clark, JEGPh. 48 (1949), S. 613f.; H. W. Pfund, GR. 25 (1950), S. 140–42; O. Seidlin, Comp. Lit. 3 (1951), S. 79–81.
11. W e r t h e r i a d e n (Nachahmungen, Parodien, Travestien). In: Goedeke 4. Bd. 5. Abt. 1960, S. 620f.
12. W e r t h e r. In: Frenzel, StdW. 1970, S. 773–76.
13. S c h e r p e, Klaus R.: Werther und Wertherwirkung. Zum Syndrom bürgerlicher Gesellschaftsordnung im 18. Jh. Berlin 1970. 107 S.

1481. WESTERWALD

1. G o t z e n, Josef: Westerwald [in der dt. Literatur]. In: Rheinlandkunde II. Düsseldorf 1926, S. 122f. [B.: 16 T.: E.].

WESTFÄLISCHER FRIEDEN s. FRIEDEN, WESTFÄLISCHER

1482. WESTFALEN

1. W e d d i g e n, Friedrich Heinrich Otto: Westfalen, das Land der „roten Erde" in der Dichtung. Minden 1881. 140 S.
2. S t e n d a l, Gertrud: Die westfälische Heimathymne. – Heimathymnen westfälischer Landschaften. In: –: Die Heimathymnen der preußischen Provinzen und ihrer Landschaften. Heidelberg 1919, S. 95–108.
3. C a s s e r, Paul: Der Raum Westfalen in der Lit. des 13.–20. Jhs. In: Der Raum Westfalen 2, 2 (1934), S. 1–32.
4. W e s t f a l e n. In: Luther, DtL. 1937, Sp. 710–15 und in Luther, LuL. 1954, Sp. 331 bis 336. [B.].
5. S e i f f e r t, Ilse: Landschaft und Stammestum in der westfälischen Dichtung, insbes. bei Adolf v. Hatzfeld. Diss. Bonn 1938. 77 S.
6. B e r g e n t h a l, Josef: Westfälische Dichter der Gegenwart. Deutung u. Auslese. Münster 1953. 318 S. [S. 11–78: Westfalen als Stoff der Dichtung].
7. D i c h t u n g e n über westfälische Stoffe. In: Westfälische Bibliographie 1. Münster i. W. 1955, S. 245f.
8. W e s t f a l e n, Dichtung und Presse des Landes. In: Kosch. LL. IV. ²1958, S. 3321f. [B.].

1483. WESTPREUSSEN

1. S a e k e l, Herbert: Westpreußen in der modernen Lit. In: Altpreußische Rdsch. 2 (1913/14), S. 140–47.
2. S t e n d a l, Gertrud: Die westpreußischen Heimathymnen. In: –: Die Heimathymnen der preußischen Provinzen und ihrer Landschaften. Heidelberg 1919, S. 178–86.
3. K i n d e r m a n n, Heinz: Danzig und Westpreußen in der Dichtung. In: Wille und Macht 9 (1941), H. 17, S. 5–9. [Überblick].
4. F e c h t e r, Paul: Westpreußens Landschaft in der Dichtung. In: Westpreußen-Jb. 3 (1953), S. 44–50.

1484. WETTER, s. a. *WIND UND WETTER*

1. D e l i u s, Friedrich Christian: Der Held und sein Wetter. Ein Kunstmittel und sein ideologischer Gebrauch im Roman des bürgerlichen Realismus. München 1971. 176 S. (Diss. Berlin TU. 1970. Literatur als Kunst 29). [E.: 1848–1900]. – R.: W. Dietze, Germanistik 12 (1971), Nr. 3411.

1485. WIDERSPRÜCHLICHKEIT

1. F r e y t a g, Wiebke: Das Oxymoron bei Wolfram, Gottfried und anderen Dichtern des MA. München 1972. 289 S. (Diss. Münster. MAe. 24). [Gegensätzlichkeit und scheinbarer Widerspruch].

1486. WIDERSTAND IN DEUTSCHLAND (1933–1945) s. a. *EXIL*

1. H o f f m a n n, Charles Wesley: Opposition poetry in Nazi Germany, 1933–1945. Diss. Univ. of Illinois, Urbana, 1956. 378 S. (Masch.). DA. 17 (1956/57), S. 360f.
2. Die G e s t a l t des antifaschistischen Widerstandskämpfers in der Lit. In: WZUR. 9 (1959/60), Sonderheft 71 S.
3. K e m p e r s, John: Antinationalsozialistische Gestalten im dt. Nachkriegsroman. Diss. Syracuse Univ. 1960. 246 S. DA. 22 (1961/62), S. 261.
4. L o r a m, Jan C.: The Resistance movement in the recent German drama. In: GQu. 33 (1960), S. 7–13.
5. H o f f m a n n, Charles Wesley: Opposition poetry in Nazi Germany. Los Angeles 1962. 197 S. (Univ. of California Publications in modern philology 67).
6. K ö n i g s w a l d, Harald v.: Die Gewaltlosen. Dichtung im Widerstand gegen den Nationalsozialismus. Herborn 1962. 94 S.
7. M e i e r, Gerhard: Zur Gestaltung des antifaschistischen Widerstandskämpfers in dt. Romanen nach 1945. Diss. PädH. Potsdam 1967. 281 Bl. (Masch.).
8. O s t e r l e, Heinz Dieter: The other Germany. Resistance to the Third Reich in German lit. In: GQu. 41 (1968), S. 1–22.
9. B e r g l u n d, Gisela: Die dt. Opposition im Spiegel der Exilromane. In: –: Deutsche Opposition gegen Hitler in Presse und Roman im Exil. Eine Darstellung und ein Vergleich mit der historischen Wirklichkeit. Stockholm 1972, S. 123–274. – R.: A. Bogaert, EG. 28 (1973), S. 393f.
10. G e i g e r, Heinz: Widerstand und Mitschuld. Zum dt. Drama von Brecht bis Weiss. Düsseldorf 1973. 202 S. (Diss. Bochum 1970. Lit. in der Gesellschaft 9).

1487. WIDUKIND s. a. *KARL DER GROSSE*

1. W e n z e l, Walter: Wittekind in der dt. Lit. Diss. Münster 1931. 159 S. [D., E., L.: 17. bis 20. Jh.].

2. R u n d n a g e l, Erwin: Der Mythos vom Herzog Widukind. II.: Der Widukindmythos in der Neuzeit. In: HistZs. 155 (1937), S. 475–505. [Vor allem S. 491–505, D., E., L.].

1488. WIEDERHERSTELLUNG

1. H e s e l h a u s, Clemens: Wiederherstellung. Restauratio – Restitutio – Regeneratio. In: DtVjs. 25 (1951), S. 54–81.

1489. WIEDERKEHR, EWIGE

1. C o l l e v i l l e, Maurice: Der Begriff der Ewigen Wiederkehr im modernen Denken. In: Stoffe, Formen, Strukturen. Studien z. dt. Lit. München 1962, S. 21–32. [L., a. a. L.].

WIEDERSEHEN s. *BERGMANN VON FALUN, HEIMKEHRER*

1490. WIEDERTÄUFER

1. E i s l e r, Irma: Hamerlings „König von Sion" und einige andere dichterische Darstellungen des gleichen Stoffes. Diss. Wien 1912. 147 S. (Masch.). [19. Jh.].
2. R a u c h, Wilhelm: Johann von Leyden, der König von Sion, in der Dichtung. Diss. Münster 1912. 129 S. [D. E.: 18. u. 19. Jh.; a. a. L.].
3. H e r m s e n, Hugo: Die Wiedertäufer zu Münster in der dt. Dichtung. Stuttgart 1913. 164 S. (Breslauer Beitr. NF. 33). [18. u. 19. Jh.: 20 dt. T.]. – R.: H. Schneider, AfdA. 38 (1919), S. 174; F. Schönemann, JEGPh. 14 (1915), S. 597f.; E. Sauer, Euph. 22 (1915), S. 381–86.
4. B e n d e r, Mary Eleanor: The sixteenth-century Anabaptists as a theme in twentieth-century German lit. 1900–1957. Diss. Indiana Univ. 1959. 262 S. DA. 20 (1959/60), S. 1360f. [D.].
5. Johann von L e y d e n. In: Frenzel, StdW. 1970, S. 363–65. [D., E.: 18. bis 20. Jh., a. a. L.].
6. A r e n s, Roman: Die Wiedertäufer von Münster in der dt. Lit. Ein Beitrag zur Stoff- und Motivgeschichte. Diss. Wien 1972. 505 Bl. (Masch.).
7. W i e d e r t ä u f e r. In: Literarischer Führer durch die BRD. Frankfurt a. M. 1974, S. 415.

1491. WIEDERVEREINIGUNG

1. M a s o n, Eudo C.: „Wir sehen uns wieder!" Zu einem Leitmotiv des Dichtens und Denkens im 18. Jh. In: Literaturwiss. Jb. NF. 5 (1964), S. 79–109. [A. a. L., Jenseitige Wiedervereinigung].

1492. WIEDERVERKÖRPERUNG

1. B o c k, Emil: Wiederholte Erdenleben. Die Wiederverkörperungsidee in der dt. Geistesgeschichte. Stuttgart ^{5}1974, 184 S. 1. Aufl. 1932. [Auch in d. Dichtung].
2. B e n z, Ernst: Die Reinkarnationslehre in Dichtung und Philosophie der dt. Klassik und Romantik. In: Zs. f. Religions- u. Geistesgesch. 9 (1957), S. 150–75.

1493. WIELAND DER SCHMIED

1. M a u r u s, Peter: Die Wielandsage in der Lit. Leipzig 1902. 226 S. (MBREPh. 25). Nachträge 1 u. 2: Progr. München Gisela-Realsch. 1910, 1911. 46, 48 S.; 3 u. 4: Progr. München Rupprecht-Oberrealsch. 1921, 1926. 41, 28 S.; 5: in Bayreuther Bll. 54 (1931),

S. 200–05; 6: München 1949. 26 S. [Masch.-autogr.]. – R.: K. Reuschel, Euph. 13 (1906), S. 597–600; G. Sarrazin, StVLG. 6 (1906), S. 142–45.
2. H l a w a t s c h e k, Hugo: Die Sage von Wieland dem Schmiede in der dt. dramatischen Dichtung. Diss. Wien 1912. 188 Bl. (Handschr.). [19. u. 20. Jh.].
3. M a d e r, Hildegard: Einige neuere Bearbeitungen der Wielandsage. Diss. Wien 1948. 113 Bl. (Masch.).
4. L ü c k, Alfred: Aller Schmiede Meister. Wieland der Schmied. Siegen 1970. 76 S. (Mit einer Bibliographie: Die Wielandsage in Bearbeitungen neuerer Zeit, 102 T.). [A. a. L.].
5. W i e l a n d der Schmied. In: Frenzel, StdW. 1970, S. 776–78.

1494. WIEN

1. S t r o b l, Karl Hans: Wien im Roman. In: LE. 10 (1907/08), Sp. 840–47. [5 T.].
2. B r e n n e r, Hans: Wien im Roman. In: Die Kultur (Wien) 10 (1909), S. 210–28.
3. G e r m, Edrita: Das Nachkriegs-Wien im modernen Roman. Diss. Wien 1933. 166 Bl. (Masch.). [1919–1930].
4. W i e n. In: Luther, DtL. 1937, Sp. 717–43. [B.].
5. A u m ü l l e r, Rosa: Das Bild Wiens in der Lyrik seit der Jahrhundertwende. Diss. Wien 1948. 113 Bl. (Masch.). [Bes. 19. u. 20. Jh.].
6. K i t t e l, Wolfgang: Das Problem des „zeitlosen Wienertums" im Spiegel der lyrischen Dichtung. Diss. Wien 1952. 125 Bl. (Masch.). [13.–20. Jh.].
7. W i e n. In: Luther, LuL. 1954, Sp. 337–52. [B.].
8. W i e n in Drama und Erzählung. In: Kosch, LL. IV. ^{2}1958, S. 3349–61.
9. U h l i g, Margarete: Wien. Stadtbeschreibung und Stadtbild im spätmittelalterlichen Schrifttum. Diss. Wien 1958. 240 Bl. (Masch.). [D., L.: 12.–15. Jh.].
10. G a l l, Franz: Die Wiener Universität im Gedicht. Wien 1968. 42 S. (Archigymnasium 3). [13.–20. Jh., auch einige lat. Gedichte].

1495. WIENERWALD

1. S c h m i e d, Eleonora: Wienerwalddichtung. Diss. Wien 1936. 109 Bl. (Masch.). [D., E., L.: 19. u. 20. Jh.].

1496. WILDE LEUTE

1. G ö t t l i n g, Hans: Die wilden Leute und ihre nächsten Verwandten im altdeutschen Schrifttum. Diss. Erlangen 1925. 71 Bl. (Masch.). [Verschiedene Wildleutgestalten].
2. B a r n s t e i n, Aenne: Der Wilde Mann in der Lit. In: –: Die Darstellungen der höfischen Verkleidungsspiele im ausgehenden MA. Diss. München 1940, S. 45–52. [12.–14. Jh.].
3. B e r n h e i m e r, Richard: Wild Men in the Middle Ages. Cambridge 1952. 224 S. [Imaginary figures, auch in dt. Dichtung].

WILDES HEER s. *BERCHTENMYTHUS, RODENSTEINER*

1497. WILHELM VON AQUITANIEN, HEILIGER

1. C l a r u s, Ludwig: Die Wilhelms-Dichtung in Deutschland. In: –: Herzog Wilhelm von Aquitanien, ein Großer der Welt, ein Heiliger der Kirche und ein Held der Sage und Dichtung. Münster 1865, S. 309–67.

WILHELM TELL s. *TELL, WILHELM*

WIMPFEN (SCHLACHT) s. *PFORZHEIMER*

1498. WINCKELMANN, JOHANN JOACHIM
1. D a n t o n, George H.: Winckelmann in contemporary German literature. In: GR. 9 (1934), S. 173–95.
2. L a n d w e h r m e y e r, Bernhilde: Die Gestalt Winckelmanns in der Lit. Diss. Freiburg i. Br. 1955. 222 Bl. (Masch.). [22 T.: D., E., L.: 18.–20. Jh.].
3. W i n c k e l m a n n. In: Frenzel, StdW. 1970, S. 778–81. [E., L.: 18.–20. Jh.].

1499. WIND UND WETTER
1. K i n z l, Hans: Wind und Wetter in der Dichtung. In: Festschr. f. M. Enzinger z. 60. Geburtstag. Innsbruck 1953, S. 87–94.

1500. WINTER
1. J e s s e n, Hans: Der Winter in der schlesischen Barockdichtung. In: WIR. 47 (1927), S. 3f.
2. R e u s c h e l, Karl: Winterpoesie. In: RL. III. 1928/29, S. 504f.
3. D r e y e r, Aloys: Das Winterbergwandern in der Dichtung. In: —: Geschichte der alpinen Literatur. München 1938, S. 136–41.

1501. WINTERFELD, PAUL VON
1. R e i c h, Hermann: Paul von Winterfelds Nachleben in Dichtung, Kunst und Wissenschaft der Zeit. In: Winterfeld, Paul von: Deutsche Dichter des lat. Mittelalters in dt. Versen. München ^{4}1922, S. XXVI–LVI.

1502. WINTERSPORT
1. D r e y e r, A.: Der Wintersport in der Dichtung. In: Bayerland 36 (1925), S. 1–4.

1503. WINTERTHUR
1. K ä g i, Hans: Winterthur im literarischen Spiegel. In: Drei Besuche in Alt-Winterthur. Winterthur 1942. 42 S.

1504. WIRKLICHKEIT
1. W a l z e l, Oskar: Die Wirklichkeitsfreude der neueren schweizer Dichtung. Stuttgart 1908. 76 S. [E., L.].
2. S t o r z, Gerhard: Über die Wirklichkeit von Dichtung. Ein Versuch. In: Wirkendes Wort 1. Sonderh. 1953, S. 94–103. [D., E., L.].
3. U l s h ö f e r, Robert: Die Wirklichkeitsauffassung in der modernen Prosadichtung. In: DU. 7 (1955), H. 1, S. 13–40. [Th. Mann, Kafka, Borchert, Goethe].
4. H o h o f f, Curt: Wirklichkeit und Traum im dt. Gedicht. In: Merkur 10 (1956), S. 703 bis 715, 808–17.
5. E s s n e r - S c h a k n y s, Günther: Die epische Wirklichkeit und die Raumstruktur des modernen Romans. Diss. Marburg 1958. 179 Bl. (Masch.). [Wirklichkeit als Gegenstand der Epik].
6. T i s c h, J. Herman: Nature and function of historical reality in German early enlightenment drama. In: Studies on Voltaire and the 18th century. Genf 1967, S. 1551–1575.

7. S c h m i d t, Inga: Zwischen Wunschbild und Sinnbild. Studien über die Welthaltung und Wirklichkeitsgestaltung im österreichisch-bayrischen Bauerndrama seit Anzengruber. Diss. Wien 1968. 243 Bl. (Masch.).
8. G r o ß e, Siegfried: Zur Frage des „Realismus" in den dt. Dichtungen des MA. In: Wirkendes Wort 22 (1972), S. 73–89.
9. R o s e n t h a l, Erwin Theodor: Wirklichkeitsdarstellung im modernen Roman. In: Buletin de estudios germanicos 9 (1972), S. 73–94 und in Wirkendes Wort 20 (1970), S. 126–33.

1505. WIRTSCHAFT
1. N e u m a r k, Fritz: Wirtschaftsprobleme im Spiegel des modernen Romans. Frankfurt 1964. 41 S. (Wissenschaft u. Gegenwart 29). [A. a. L.].

1506. WIRTSHAUS IM SPESSART
1. S c h a u b, Franz: Das Wirtshaus im Spessart. Legende und Wahrheit. In: Poetisches Franken. Würzburg 1971, S. 183–98.

1507. WISSENSCHAFT UND WISSENSCHAFTLER
1. B i e d e n k a p p, Georg: Moderne Wissenschaft im Spiegel der Dichtung. In: Der Türmer 9, 1 (1906/07), S. 698–706.
2. T a l b o t, Joanne Hines: The theme of „the scientist's responsibility in the nuclear age" in contemporary German drama. Diss. Boston Univ. 1968. 246 S. DA. 29 (1968/69), S. 2284f. A.

1508. WITWE
1. G r i s e b a c h, Eduard: Die Wanderung der Novelle von der treulosen Witwe durch die Weltliteratur. 2. Ausg. Berlin 1889. [S. 111–28: durch die dt. Lit. seit 1563]. – R.: E. Rohde, Kl. Schriften, 1901, II., S. 186–96.
2. B i e b e r, Hugo: Die junge Witwe. In: LE. 17 (1914/15), Sp. 453–62. [A. a. L.].
3. G e r h a r d s, Gisela: Das Bild der Witwe in der dt. Lit. des MA. Diss. Bonn 1961. 231 S.
4. W i t w e von Ephesus. In: Frenzel, StdW. 1970, S. 781–84. [A. a. L.].

WLASTA s. *LIBUSSA*

1509. WOCHENTAG
1. B o l t e, Johannes: Die Wochentage in der Poesie. In: ASNS. 51 (1897), S. 81–96, 281 bis 300; 52 (1898), S. 149–54.

1510. WOHNRAUM
1. G a r n e r u s, Karl: Bedeutung und Beschreibung des Binnenraumes bei Storm, Raabe und Fontane. Diss. Köln 1952. 138 Bl. (Masch.).

1511. WOLFRAM VON ESCHENBACH
1. G ö t z, Josef: Die Entwicklung des Wolframbildes von Bodmer bis zum Tode Lachmanns in der germanistischen und schönen Lit. Diss. Freiburg i. Br. 1940. [Bes. S. 72–105].
2. K r o g m a n n, Willy und Ulrich P r e t z e l: Wolfram in Dichtung und Kunst. In: –: Bibliographie zu Wolfram v. Eschenbach. Hamburg 1963, S. 48f. [B.].

3. R a g o t z k y, Hedda: Studien zur Wolfram-Rezeption. Die Entstehung und Verwandlung der Wolfram-Rolle in der dt. Lit. des 13. Jhs. Stuttgart 1971. 155 S. (Studien z. Politik und Geschichte d. Lit. 20).

1512. WOLFSKEHL, KARL

1. S c h l ö s s e r, Manfred: Karl Wolfskehl in Roman und Erzählung. In: Karl Wolfskehl 1869–1969. Leben und Werk in Dokumenten. Darmstadt 1969, S. 63–68.

1513. WOLKE

1. K r a f t, Werner: Die Wolken. In: –: Augenblicke der Dichtung. München 1964, S. 265 bis 290. [L.] u. in: Merkur 16 (1962), S. 331–49.

WÜNSCHE, DREI s. *DREI WÜNSCHE*

WÜRTTEMBERG s. *SCHWABEN*

1514. WÜRZBURG

1. W ü r z b u r g. In: Luther, DtL. 1937, Sp. 754–57. [B.].
2. W ü r z b u r g in Drama und Erzählung. In: Kosch, LL. IV. ^{2}1958, S. 3467f. [B.].

1515. WÜSTE

1. M a i e r, Rudolf Nikolaus: Das Doppelgesicht der Moderne. In: –: Robinson. Scheitern und Neubeginn im zeitgenössischen Gedicht. Stuttgart 1972, S. 12–59. [Wüste als Topos u. Metapher, a. a. L.].

WULLENWEBER, JÜRGEN s. *HANSE*

1516. WUNDBEHANDLUNG

1. H a b e r l i n g, Willy: Die Verwundetenfürsorge in den Heldenliedern des Mittelalters. Jena 1917. 51 S. (Jenaer medizin-historische Beitr. 10).
2. K o l l e r, Erwin: Der Motivkreis von Krankheit und Verwundung. Funktion und sprachliche Verwirklichung in dt. Dichtungen des MA. Diss. Innsbruck 1971. 158 Bl. (Masch.).

1517. WUNDERBARES s. a. *ÜBERNATÜRLICHES*

1. B e n z, Richard: Das Wunderbare. In: –: Märchen – Dichtung der Romantiker. Gotha 1908, S. 4–14. [18. Jh.].
2. R i c k e r, Gerhard: Die Technik des Wunderbaren im nachklassischen Drama. Diss. Tübingen 1927. 68, 45 Bl. (Masch.). [1800–1860].
3. S u l z, Edith: Das Wunderbare im romantischen Kunstmärchen. Diss. Hamburg 1944. 136 Bl. (Masch.).
4. B r o e l, Walter: Stufen des Wunderbaren im Epos des 12. und 13. Jhs. Diss. Bonn 1948. 127 Bl. (Masch.).
5. B r ü n i n g, Ingeborg: Das Wunder in der mittelalterlichen Legende. Diss. Frankfurt 1952. 100 Bl. (Masch.).
6. H a a s c h, Günther: Das Wunderbare im höfischen Artusroman. Ein Beitr. zur Motivgeschichte mittelalterlicher Epik und zur Klärung des Verhältnisses von Artusroman und Märchen. Diss. FU. Berlin 1955. 203 Bl. (Masch.).

7. F l e m m i n g, Willi: Das Wunderbare auf dem Barocktheater in Deutschland. In: Maske und Kothurn 7 (1961), S. 293–312.
8. N a g l, Friedegund: Die Darstellung des Wunderbaren auf dem Wiener Volkstheater. Von Kurz-Bernardon bis Ferdinand Raimund. Diss. Wien 1961. 321 Bl. (Masch.). [Auch im Geisterstück u. Zauberspiel].
9. H i l l m a n n, Heinz: Wunderbares in der Dichtung der Aufklärung. Untersuchungen zum französischen und dt. Feenmärchen. In: DtVjs. 43 (1969), S. 76–113.
10. E i s e n b e i ß, Ulrich: Das Wunderbare in der Idyllnovelle. In: –: Das Idyllische in der Novelle der Biedermeierzeit. Stuttgart 1973, S. 75–89.
11. W e i d h a s e, Helmut: Die literarische Beglaubigung. Das Wunderbare und seine Rezeptionsplanung in Werken von Morungen, Goethe und Th. Mann. Bebenhausen 1973. 93 S. (Themen und Analysen 4). [Z. B. M. Mauerdurchdringen als Topos]. – R.: H. Brode, Germanistik 15 (1974), Nr. 3466.
12. S t a h l, Karl-Heinz: Das Wunderbare als Problem und Gegenstand der dt. Poetik des 17. und 18. Jhs. Frankfurt a. M. 1975. 336 S. [Z. T. in der Dichtung].

1518. WUNDERSUCHT

1. G r a f, Matthias: Die Wundersucht und die dt. Lit. des 18. Jhs. Progr. München 1898/99. 40 S. [D., E.].

1519. WUNSCH

1. T i s m a r, Jens: Gestörte Idyllen. Eine Studie zur Problematik der idyllischen Wunschvorstellungen am Beispiel von Jean Paul, A. Stifter, R. Walser und Th. Bernhard. München 1973. 154 S. (Lit. als Kunst).

1520. WUNSCHLANDSCHAFT

1. B l o c h, Ernst: Dargestellte Wunschlandschaft in Malerei, Oper, Dichtung. In: Sinn und Form 1 (1949), S. 18–64, H. 5, S. 18–64. [Heinse, J. Paul, E. Th. A. Hoffmann, Goethe, Kleist].

1521. WURST

1. L i s s n e r, Erich: Wurstologia oder Es geht um die Wurst. Eine Monographie über die Wurst. Frankfurt a. M. 1939. 250 S. [E., L.: 16.–20. Jh.].

Z

1522. ZAHL

1. K n o p f, Wilhelm: Zur Geschichte der typischen Zahlen in der dt. Lit. des MA. Diss. Leipzig 1902. 96 S.
2. S p r e n g e r, Burkhard: Zahlenmotive in der Epigrammatik und in verwandten Literaturgattungen alter und neuer Zeit. Diss. Münster 1961. 344 S. (Masch. vervielf.). [Auch in dt. L., bes. des 17. u. 18. Jhs.].
3. R e i c h m a n n, Eberhard: Die Herrschaft der Zahl. Quantitatives Denken in der dt. Aufklärung. Stuttgart 1968. 84 S. (Dichtung und Erkenntnis 6).

1523. ZAHNARZT

1. K ü h n, Wolfgang: Der Zahnarzt in der modernen Literatur. Med. Diss. Köln 1938. 44 S.

1524. ZAUBEREI UND ZAUBERIN s. a. MAGIE

1. E n z i n g e r, Moriz: Motive des Zauberstücks. In: –: Die Entwicklung des Wiener Theaters vom 16. bis zum 19. Jh. Teil 1. 2. Berlin 1918/19, S. 21–297, 557–80. (Schriften d. Ges. f. Theatergesch. 28, 29). [A. a. L.].
2. F r i e s s, Ursula: Buhlerin und Zauberin. Eine Untersuchung zur dt. Lit. des 18. Jhs. München 1970. 214 S. (Diss. Erlangen-Nürnberg). – R.: J. Dyck, Germanistik 14 (1973), Nr. 790.

1525. ZEIT UND ZEITGESCHEHEN

1. D e b u s, Karl: Ein Zeitproblem im neuen Drama. In: Orplid 1 (1924), H. 11, S. 89–95.
2. W e i n r e i c h, Otto: Phöbus, Aurora, Kalender und Uhr. Über eine Doppelform der epischen Zeitbestimmung in der Erzählkunst der Antike und der Neuzeit. Stuttgart 1937. 42 S. (Schriften und Vorträge d. Württ. Ges. d. Wiss. Geisteswiss. Abt. 4, 2). [Doppelzeitbezeichnungen, a. a. L.].
3. N a d l e r, Josef: Zeitgeschehen im neueren dt. Schrifttum. In: Dt.-franz. Mhe. 5 (1938), S. 248–62.
4. M ü l l e r, Günther: Die Bedeutung der Zeit in der Erzählkunst. Bonn 1947. 26 S. [Gestaltung der Zeitdauer].
5. K a s c h n i t z, Marie Luise: Vom Ausdruck der Zeit in der lyrischen Dichtung. In: DU. 2 (1950), H. 4, S. 63–71.
6. S i e b e l, Heinz: Untersuchungen zur Vorstellung des „Säkulums" bei Grimmelshausen, K. Ph. Moritz, Novalis und Raabe. Diss. Kiel 1951. 103 Bl. (Masch.).
7. Z i m m e r m a n n, Gerhard: Die Darstellung der Zeit in der mhd. Epik im Zeitraum von 1150–1220. Diss. Kiel 1951. 194 Bl. (Masch.).
8. S t a i g e r, Emil: Die Zeit als Einbildungskraft des Dichters. Untersuchungen zu Gedichten von Brentano, Goethe und Keller. Zürich 1953, 221 S. ^{3}1963. (1. Aufl. 1939).
9. M ü l l e r, Günther: Zeiterlebnis und Zeitgerüst in der Dichtung. In: Studium Generale 8 (1955), S. 594–601.
10. B o u r b e c k, Christine: Die Struktur der Zeit in heutiger Dichtung. Berlin 1956. 87 S. (Erkenntnis und Glaube 15). [L.].
11. H o l l, Oskar: Der Roman als Funktion und Überwindung der Zeit. Über Zeit und Gleichzeitigkeit als formale und inhaltliche Kategorie der Romanepik. An Beispielen dt. Romane des 20. Jhs. Diss. Wien 1963. 283 S. (Masch.).
12. S t e i n h o f f, Hans-Hugo: Die Darstellung gleichzeitiger Geschehnisse im mhd. Epos. München 1964. 132 S. (Diss. Marburg 1963. MAe. 4). – R.: R. Bachofer, Germanistik 7 (1966), Nr. 978; D. Kartschoke, Euph. 60 (1966), S. 169f.; H. Linke, AfdA. 76 (1965), S. 57–62; C. Lofmark, GLL. 21 (1967/68), S. 276f.; H. Zimmermann, ASNS. 117 (1966), S. 198f.
13. T h o m s e n, Ingrid: Darstellung und Funktion der Zeit im Nibelungenlied, in Gottfrieds von Straßburg „Tristan" und in Wolframs von Eschenbach „Willehalm". Diss. Kiel 1963. 178 Bl. (Masch.).
14. B u t z l a f f, Wolfgang: Die Darstellung der Jahre 1933–1945 im dt. Drama. In: DU. 16 (1964), H. 3, S. 25–38.
15. B u t z l a f f, Wolfgang: Urzeit und Endzeit in der dt. Lyrik. In: DU. 18 (1966), H. 2, S. 15–32.
16. H o l l, Oskar: Der Roman als Funktion und Überwindung der Zeit. Zeit und Gleichzeitigkeit im dt. Roman des 20. Jhs. Bonn 1968. 248 S. (Abhh. z. Kunst-, Musik- und Lit. wiss. 49).
17. S c h u l z, Eberhard Wilhelm: Zeiterfahrung und Zeitdarstellung in der Lyrik des Expressionismus. In: –: Wort und Zeit. Aufsätze und Vorträge z. Lit. geschichte. Neumünster 1968, S. 131–60.

18. S t e n b e r g, Peter Alvin: The theme of time and the golden age. A study of Meister Eckart, Novalis and Hofmannsthal. Diss. Univ. of California, Berkeley 1969. 256 S. DAI. 31 (1970/71), S. 1173f. A.
19. P ü t z, Peter: Die Zeit im Drama. Zur Technik dramatischer Spannung. Göttingen 1970. 263 S. [A. a. L.]. – R.: G. F. Probst, GQu. 45 (1972), S. 170–73.
20. S a l i n g e r, Herman: Time in the lyric. In: Studies in German lit. of the 19th and 20th centuries. Festschr. for F. C. Coenen. Chapel Hill 1970, S. 157–73. [A. a. L.]. (Univ. of North Carolina stud. in the Germ. languages and lit. 67).
21. A n d e r l e, Martin: Die Zeit im Gedicht. In: GQu. 44 (1971), S. 487–502. [20. Jh.].

1526. ZEITGEIST

1. P a u l i n, Harry Walter: Criticism of the Zeitgeist in pre-naturalistic German literature, 1860–1880. Diss. Univ. of Illinois, Urbana, 1959. 208 Bl.

1527. ZEITGESCHICHTE

1. S i m o n, Horst: Zeitgeschichtsdarstellung im Roman um 1930. Diss. Jena 1971. 257 Bl. (Masch. vervielf.).

1528. ZEITKRITIK

1. P a u l i n, Harry Walter: Criticism of the Zeitgeist in pre-naturalistic German lit. 1860 bis 1880. Diss. Univ. of Illinois, Urbana, 1959. 214 S. DA. 20 (1959/60), S. 1793. [E.].
2. G h u r y e, Charlotte W.: The movement toward a new social and political consciousness in postwar German prose. Diss. Northwestern Univ. 1967. 241 S. DA. 28 (1967/68), S. 2245f. A.
3. Zeitkritische R o m a n e des 20. Jh. Die Gesellschaft in der Kritik der dt. Lit. Hrsg. von Hans Wagener. Stuttgart 1975. 392 S.

1529. ZENOBIA, KÖNIGIN VON PALMYRA

1. A s m u s, Rudolf: Zenobia von Palmyra in Tradition und Dichtung. In: Euph. 18 (1911), S. 1–23, 295–321.

1530. ZERRISSENHEIT s. a. WELTSCHMERZ

1. H i r t h, Friedrich: Der Zerrissene. In: LE. 20 (1917/18), Sp. 693–701.
2. T h r u m, Gerhard: Der Typ des Zerrissenen. Leipzig 1931. 215 S. (Von dt. Poetery 10). – R.: M. Greiner, Litbl. 54 (1933), Sp. 302f.; O. Mann, ZfAesth. 27 (1933), S. 79–81; F. Martini, Euph. NF. 36 (1935), S. 372–74.

1531. ZIGEUNER

1. E b h a r d t, Wilhelm: Die Zigeuner in der hochdt. Lit. bis zu Goethes „Götz v. Berlichingen". Diss. Göttingen 1928. 158 S. [D., E., L.: 15.–20. Jh.].
2. B e r g e r, Heidi: Das Zigeunerbild in der dt. Lit. des 19. Jhs. Diss. Univ. of Waterloo (Canada) 1973. DAI. 34 (1973/74), S. 6624 A. [D., E., mit Überblick zum Zigeunermotiv 1770–1970].

ZIMMER s. WOHNRAUM

1532. ZIRKUS

1. R i t t e r, Naomé: On the circus-motif in modern German lit. In: GLL. 27 (1973/74), S. 273–85.

1533. ZOBTEN

1. B o h n, Erich: Der Zobten und die Literatur. In: Schlesische Mhe. 3 (1926), S. 241–47.

1534. ZÖLLNER

1. S c h u e m a c h e r, Karl: Der Zöllner in der Literatur, Kunst und Politik. In: –: Der Zöllner in der Geschichte und Literatur. Tübingen 1910, S. 204–12.

1535. ZRINYI, NICOLAUS

1. H e r o l d, Theodor: Friedrich August Clemens Werthes und die dt. Zriny-Dramen. Münster 1898. 189 S. [3 T.]. – R.: P. Haake, ASNS. Bd. 103 (1899), S. 363–66.
2. K a r e n o v i c s, József: Zrinyi Miklós a szigetvári hös költészetünkben. Budapest 1905. 192 S. [Nicolaus Zrinyi in dt. u. ungar. Dichtung].
3. Z r i n y. In: Frenzel, StdW. 1970, S. 784f.

1536. ZÜRICH

1. Z ü r i c h. In: Luther, DtL. 1937, Sp. 763–67 und in: Luther, LuL. 1954, Sp. 359–63. [B.].
2. Z ü r i c h in der Erzählung. In: Kosch, LL. IV. ^{2}1958, S. 3554–56. [B.].
3. S c h u m a c h e r, Hans: Frühes Lob der Stadt. In: –: Zürich überhaupt...! Eine Stadt im Spiegel der Lit. Zürich 1970, S. 119f.

1537. ZUFALL s. a. SCHICKSAL

1. L u d w i g, Albert: Die Rolle des Zufalls in der erzählenden Dichtung. In: LE. 22 (1919/20), Sp. 1153–64.
2. G r o ß, Edgar: Der Zufall im Drama. In: LE. 25 (1922/23), Sp. 1153–64. [A. a. L.].
3. B e r g e n g r u e n, Werner: Das Abgenutzte und das Unabnutzbare. In: Schweizer Mhe. 26 (1946/47), S. 293–97. [Kurzer Überblick].
4. G r o ß, Edgar: Dichtung und Zufall. In: Dt. Beiträge 4 (1950), S. 448–58. [D., E.].
5. G r o ß, Edgar: Vom Sinn des Zufalls in der Dichtung. In: Welt u. Wort 9 (1954), S. 79 bis 81. [A. a. L.].
6. N e f, Ernst: Der Zufall in der Erzählkunst. Bern 1970. 132 S. [A. a. L.].

1538. ZUKUNFT

1. K r ü g e r, Walther: Das Gorgonenhaupt. Zukunftsvisionen in der modernen bildenden Kunst, Musik, Lit. Berlin 1972. 211 S.

ZURÜCKGEZOGENHEIT s. EINSAMKEIT

1539. ZWEIFEL

1. T h o r n t o n, Thomas Perry: Love, uncertainty and despair. The use of zwîvel by the Minnesänger. In: JEGPh. 60 (1961), S. 213–27. [Unorientiertheit].

1540. ZWEIKAMPF s. a. SPEER

1. A l b r e c h t, K.: Der Zweikampf mit blanken Waffen in der dt. Lit., nebst Auszügen aus allerhand seltenen Büchern. In: Burschenschaftl. Bll. 23 (1908/09), S. 153–55, 177f., 201f., 225–27. [17.–19. Jh.].
2. K i r c h m e i e r, Hermann: Die Darstellung des Zweikampfes im mhd. Heldengedicht. Diss. Wien 1936. 304 Bl. (Masch.).
3. L e e, A. v. d.: Ein altes Sagenmotiv in höfischer Gewandung. In: Leuvense Bijdragen 44 (1954), S. 74–97.
4. H a r m s, Wolfgang: Der Kampf mit dem Freund oder Verwandten in der dt. Lit. bis um 1300. München 1963. 228 S. (Diss. Kiel 1964. MAe 1). – R.: D. Blamires, MLR. 59 (1964), S. 665f.; W. Dittmann, ZfdPh. 85 (1966), S. 118–20; H. Emmel, Erasmus 18 (1966), S. 532–37; D. Kartschoke, Euph. 60 (1966), S. 165–68; J. Mendels, MLN. 80 (1965), S. 501–04.

1541. ZWERG

1. S i e f e r t, Georg: Zwerge und Riesen. In: NJbbKlAltGL. 10 (1902), S. 362–94, 433 bis 449, 473–95. [Z. T. auch in dt. Lit.].
2. L ü t j e n s, August: Der Zwerg in der dt. Heldendichtung des MA. Breslau 1911. 120 S. (Diss. München 1909. Repr. Nendeln 1974. GAbhh. 38). – R.: J. Lunzer, AfdA. 36 (1913), S. 42–46; R. Spiller, LCBl. 64 (1913), Sp. 1021f.

1542. ZWILLING

1. P o l l, Heinrich: Zwillinge in Dichtung und Wirklichkeit. Berlin 1930. 52 S. (Sonderdruck aus Zs. f. d. ges. Neurol. u. Psychiatrie 128 (1930), H. 1–4). – R.: F. Pfister, DLZ. 52 (1931), Sp. 2249f.; F. Piquet, Revgerm. 22 (1931), S. 212.
2. T o b e i t z, Adolfine: Zwillinge in der dt. Dramatik. Diss. Graz 1932. 132 Bl. (Masch.). [18.–20. Jh.: 22 T.].
3. W e b e r, Elisabeth: Zwillingsgestalten und Zwillingsschicksal in der Dichtung. In: Archiv f. Rassen- u. Gesellschaftsbiologie 30 (1936), S. 261–65. [Bes. bei Reuter, Keller, v. Scholz].
4. Ø s t l y n g e n, Emil: Skjønnlitteraturens tvillinger og virkelighetens. In: Edda 44 (1944), S. 86–97. [A. a. L.].

1543. ZWINGLI, ULRICH

1. H u m b e l, Frida: Ulrich Zwingli und seine Reformation im Spiegel der gleichzeitigen schweizerischen volkstümlichen Lit. Leipzig 1912. 299 S. (Quellen u. Abhandlungen z. Schweiz. Reformationsgesch. 1). [Auch in d. Dichtung].
2. N a b h o l z, Hans: Ulrich Zwingli in dramatischer Beleuchtung. In: Zürcher Taschenbuch auf das Jahr 1912, NF. 35 (1912), S. 99–126. [D., L.].
3. F r e i, Oskar: Bibliographie der poetischen Zwingli-Lit. In: Zwingliana 6 (1934), S. 121 bis 126. [E., D., L.: bes. 19. Jh.].
4. S c h o t t e n l o h e r, Karl: Ulrich Zwingli in der Dichtung. In: –: Bibliographie zur dt. Geschichte 1517–85. II, 1935, S. 434f. [B.: 16 T.: D., E., L.].

IV. MEHRERE STOFFE UND MOTIVE

1. K u r z, Heinrich: Geschichte der dt. Lit. Bd. 4 Leipzig 1872. (Dramatische Poesie: S. 471–528, Prosa: S. 651–704. ⁵1894. [Stoffgeschichtl. Zusammenfassungen].
2. R a a b, Karl: Über vier allegorische Motive in der lateinischen u. dt. Lit. des Mittelalters. In: Jahresbericht d. Landes-Obergymnasiums zu Leoben. 1885. 38 S. [Himml. Jerusalem, minnende Seele, Streit zw. Leib u. Seele, Kampf d. Tugenden u. Laster].
3. G r e i n z, Rudolf Heinrich: Die tragischen Motive in der dt. Dichtung seit Goethes Tod. Dresden 1889. 172 S.
4. G r e g o r o v i u s, Leo: Die Verwendung historischer Stoffe in der erzählenden Lit. München 1891. 71 S.
5. L i e b a u, Gustav: Gestalten aus der englischen Geschichte und Literaturgeschichte als dichterische Vorwürfe in der dt. Lit. In: –: König Eduard III. v. England im Lichte europäischer Poesie. Heidelberg 1901, S. 79–99. (AF. 6).
6. F r i e d r i c h, Hans: Die religionsphilosophischen, soziologischen und politischen Elemente in den Prosadichtungen des jungen Deutschlands. Diss. Leipzig 1907. 101 S.
7. M e y e r, Richard M.: Darstellungen einzelner Stoffe und Motive. In: –: Grundriß d. neueren dt. Literaturgesch. Berlin ²1907, S. 21–25. [19. Jh.].
8. B e r n a t z k y, Franz: Über die Entwicklung der typischen Motive in den mhd. Spielmannsdichtungen, bes. in den Wolfdietrichen. Diss. Greifswald 1909. 84 S.
9. Z o r n, Joseph: Die Motive der Sturm- und Drang-Dramatiker, eine Untersuchung ihrer Herkunft und Entwicklung. Diss. Bonn 1909. 115 S. [Bes. Liebe, Ehre, Haß].
10. S p i e r o, Heinrich: Motivwanderungen und Motivwandlungen im neueren dt. Roman. In: GRM. 4 (1912), S. 305–21.
11. L u d w i g, Albert: Motivstudien zur neueren Literaturgeschichte. Progr. Realgymnasium i. E. Berlin-Lichtenberg 1913. 21 S. [A. a. L.].
12. G o l z, Bruno: Wandlungen literarischer Motive. Leipzig 1920. 94 S. (Arbeiten zur Entwicklungspsychologie 4).
13. S p a r n a a y, Hendricus: Verschmelzung legendarischer und weltlicher Motive in der Poesie des MA. Diss. Amsterdam 1922. 155 S.
14. M e i n h a r d t, Helmut: Stoffe, Ideen und Motive im schlesischen Kunstdrama des 17. Jhs. Diss. Rostock 1925. 197 Bl. (Masch.).
15. W i e g a n d, Julius: Geschichte der deutschen Dichtung nach Gedanken, Stoffen und Formen in Längs- und Querschnitten. Köln ²1928. 728, 36 S.
16. W a i s, Kurt K. T.: Hauptmotive und -probleme der neuen Dichtung. In: Dt. Kulturatlas. Berlin 1928/38, Bd. V, 79, 456.
17. W e s t e r m a n n, Ruth: Hauptstoffe und -motive der ma. Dichtung. In: Dt. Kulturatlas. Berlin 1928/38, Bd. II, 65a, 150a.
18. F r a n k e, Olga: Euripides bei den dt. Dramatikern des 18. Jhs. Leipzig 1929. 192 S. (Das Erbe der Alten, Reihe 2, H. 16). [Fortleben Euripideischer Stoffe u. Motive: S. 64 bis 154].
19. H o t e s, Leander: Das Leitmotiv in der neueren dt. Romandichtung. Diss. Frankfurt a. M. 1931. 164 S.
20. W i t e s c h n i k, Alexander: Die dt. Sage als Stoff dt. Opern und Singspiele bis auf Richard Wagner. Diss. Wien 1933. 298 Bl. (Masch.). [Versch. einzelne Sagenstoffe].
21. K l e e, Wolfhart Gotthold: Die charakteristischen Motive der expressionistischen Erzählungslit. Diss. Leipzig 1934. 149 S.

22. Pfeiffer-Belli, Wolfgang: Mönche und Ritter, Bürger und Bauern im dt. Epos des Spätmittelalters. Frankfurt a. M. 1934. 190 S.
23. Dieffenbacher, Ruth Ismene: Dramatisierungen epischer Stoffe (vom MA. bis zur Neuzeit) in der dt. Lit. seit 1890. Diss. Heidelberg 1935. 143 S.
24. Wolff, Kurt Erik: Motive und Stoffe des neueren niederdeutschen Dramas zwischen 1900–1933. Saalfeld, Ostpr. 1935, 73 S. (Diss. Rostock).
25. Bäuerle, Dorothea: Themen und Motive des Kunstmärchens. In: –: Das nach-romantische Kunstmärchen in der dt. Dichtung. Diss. Heidelberg 1937, S. 22–93.
26. Welzig, Franz: Die phantastischen Romane und Erzählungen in der dt. Lit. von 1900 bis zur Gegenwart. Diss. Wien 1941. 127 Bl. (Masch.). [Lüge, Traum, Spuk, Okkultismus].
27. Goetschmann-Ravestrat, Ernst: Nordische Stoffe im dt. Drama. In: Dt. Dramaturgie 1 (1942), S. 133–39, 150–53.
28. Huber, Doris: Romanstoffe in den bürgerlichen Zeitungen des 19. Jhs. (1860–1890). Berlin 1943. 145 Bl.
29. Teske, Hans: Die abendländischen Sagenkreise in der dt. Dichtung des Mittelalters. Brüssel 1943. 62 S.
30. Wiesmann, Louis: Hauptmotive der romantischen Dichtung. In: –: Das Dionysische bei Hölderlin und in der dt. Romantik. Diss. Basel 1948, S. 77–145. [Bes. Luft, Feuer, Wasser, Musik, Vergänglichkeit].
31. Rogers, Robinson Max: The anti-Christian elements in the German naturalistic novel. Diss. Stanford 1951.
32. Grenzmann, Wilhelm: Motive und Formen der dt. Dichtung der Gegenwart. In: StdZ. 151 (1952/53), S. 343–57.
33. Wolff, Ludwig: Die mythologischen Motive in der Liebesdarstellung des höfischen Romans. In: ZfdA. 84 (1952/53), S. 47–70.
34. Zuber, Margarete: Die dt. Musenalmanache und schöngeistigen Taschenbücher des Biedermeier 1815–48. In: Börsenbl. f. d. dt. Buchh. Frankf. Ausg. 13 (1957), Nr. 54a. [Motivwelt S. 939–44; Kind, Scheintod, Traum u. a.].
35. Rittersbacher, Heidlinde: Bild und Gleichnis in der Spruchdichtung des XIII. Jhs. Diss. Heidelberg 1958. 134 Bl. (Masch.). [Mit alphabet. Bildregister].
36. Beckmann, Adelheid: Motive und Formen der dt. Lyrik des 17. Jhs. und ihre Entsprechungen in der französ. Lyrik seit Ronsard. Tübingen 1960. 154 S. (Diss. Münster 1958. Hermaea NF. 5). – R.: K. G. Knight, MLR. 57 (1962), S. 471 f.
37. Pongs, Hermann: Das Bild in der Dichtung. Bd. 1.–2. Aufl. Marburg 1960. 549 S. [Bes.: Abend, Herbst, Mond, Morgen, Nacht, Rose, Schlacht, Schwert, Strom, Tod, Tränen, Traum].
38. Horst, Karl August: Kritischer Führer durch die dt. Lit. der Gegenwart. München 1962. 524 S. [Mit allg. stoff- u. motivgeschichtl. Überblicken].
39. Röhrich, Lutz: Erzählungen des späten Mittelalters und ihr Weiterleben in Lit. und Volksdichtung bis zur Gegenwart. 1. 2. Bern 1962. 1967.
40. Schneider, Karl Ludwig: Themen und Tendenzen der expressionistischen Lyrik. In: Formkräfte der dt. Dichtung vom Barock bis zur Gegenwart. Vorträge. Göttingen 1963, S. 250–70.
41. Hole, Gertrud: Historische Stoffe im volkstümlichen Theater Württembergs seit 1800. Stuttgart 1964. 209 S. (Diss. Tübingen. Veröffentl. d. Komm. f. gesch. Landeskunde in Baden-Württemberg B, 29).
42. Hippe, Robert: Interpretationen zu 60 ausgewählten motivgleichen Gedichten. Hollfeld/Oberfr. ²1968. 75 S. (Frühling, Herbst, Abend, Nacht, Brunnen).
43. Meidlinger-Geise, Inge: Land und Leute in unserer Dichtung. Dortmund 1968. 27 S. (Dortmunder Vorträge 89). [Überblick].

IV. MEHRERE STOFFE UND MOTIVE

44. T h o m a s, Norbert: Handlungsstruktur und dominante Motivik im dt. Prosaroman des 15. und frühen 16. Jhs. Nürnberg 1971. 280 S. (Diss. Erlangen-Nürnberg. Erlanger Beitr. z. Sprach- u. Kunstwiss. 37).
45. S e n g l e, Friedrich: Themen und Motive. Gesellschaftliche Funktion. – Stoffe und Themen. In: –: Biedermeierzeit II. Die Formenwelt. Stuttgart 1972, S. 491–548, 843–916.
46. T h e s e s in Germanic studies. 1962–1972. London 1962–1973. (University of London. Institute of Germanic studies 4, 10, 17). [Zahlreiche stoff- und motivgeschichtliche Arbeiten zur dt. Lit., deren Titel in vorliegender B. nicht einzeln genannt sind.].
47. D i e t r i c h, Margret: Leitgestalten. In: –: Das moderne Drama. Strömungen, Gestalten, Motive. Stuttgart ^{3}1974, S. 599–614. [A. a. L.].
48. B o d e n s o h n, Anneliese: Die Provokation des Narren. Teil III. Denkzettel für Unmündige. Frankfurt a. M. 1975. 252 S. (Untersuchungen z. Jugendlektüre 13).

GRUPPENSCHLAGWORTREGISTER

Die 116 weiten Begriffe dieses Gruppenschlagwortregisters umfassen alle Einzelschlagwörter der Stoffe und Motive des bibliographischen Hauptteils, indem sie jeweils jene Schlagwörter, die sinnverwandt sind oder aus anderen Gründen zusammengehören, in alphabetischer Folge einem Oberbegriff unterordnen. Die Verweisungen beziehen sich nur auf Gruppenschlagwörter dieses Registers. Alle Schlagwörter des bibliographischen Hauptteils, die nur Verweisungen auf andere Schlagwörter darstellen, blieben hier unberücksichtigt.

ABENTEURER s. a. *AUSSENSEITER DER GESELLSCHAFT*
Abenteurer – Bassompierre – Cagliostro – Casanova – Don Juan – Don Quijote – Herakles – Herzog Ernst – Münchhausen – Odysseus – Robinson – Schelm – Spieler – Sutter – Waldemar, falscher – Warbeck

ÄGYPTEN UND ASSYRIEN
Joseph in Ägypten – Kleopatra – Nektanebos – Potiphar – Semiramis

ÄSTHETIK
Häßlichkeit – Kritik, literarische – Narziß – Natur und Naturgefühl – Schönheit – Wirklichkeit

AKUSTIK
Akustik – Apfelschuß – Echo – Geräusch – Lachen – Musik

ALLEGORIE s. *SYMBOLISCHES UND ALLEGORISCHES*

ALTES TESTAMENT s. *BIBEL*

AMERIKA s. *VEREINIGTE STAATEN VON AMERIKA*

ANGELSACHSEN s. a. *GROSSBRITANNIEN*
Elfride v. Angelsachsen – England und Engländer – Godiva – Harold

ANTIKE (GESCHICHTE UND GEISTESLEBEN) s. a. *SAGEN UND MYTHEN*
Alexander d. Gr. – Antike – Aristoteles – Aspasia – Brutus – Cäsar – Catilina – Cato – Coriolan – Götter, antike – Grachen – Hannibal – Herostrat – Hypatia v. Alexandria – Julianus Apostata – Kleopatra – Latinität – Lucretia – Nero – Sappho – Semiramis – Sokrates – Sophonisbe – Spartacus – Stoa – Tiberius – Zenobia

APOSTEL s. *BIBEL – HEILIGE*

ARBEIT s. *BERUFE UND STÄNDE*

ARBEITERBEWEGUNG
Arbeit – Arbeiter und Arbeiterklasse – Klassenbewußtsein – Maifeier – Masse – Pariser Kommune – Revolution – Soziale Frage – Weber und Weberaufstand

ARCHITEKTUR UND PLASTIK s. *BAUWERKE UND KUNSTDENKMÄLER*

ARTUSKREIS
Artus – Gawein – Keie – Lanzelot – Merlin – Parzival – Tristan und Isolde

ARZT s. *GESUNDHEITSPFLEGE*

AUFSTAND UND FREIHEITSKAMPF s. a. *KRIEG*

Anarchie – Arminius – Aufrührer – Bauernkrieg – Bürgerkrieg, englischer – Cevennen-Aufstand – Corday – Freiheit – Geyer – Hofer – Jeanne d'Arc – Jenatsch – Jephtha – Jungfrau, kriegerische – Kohlhaas – Kosciuszko – Marino Falieri – Masaniello – Münzer – Nettelbeck – Palm – Pariser Kommune – Revolution – Robespierre – Sand – Schill – Spartacus – Tell – Weber und Weberaufstand – Widerstand in Deutschland

AUSSENSEITER DER GESELLSCHAFT s. a. *ABENTEURER – VERGEHEN UND VERBRECHEN*

Außenseiter – Bayrischer Hiesel – Bettler – Dieb – Dirne – Enterbter und Verfemter – Fahrende – Hochstapler – Kupplerin – Kurtisane – Paria – Räuber – Schinderhannes – Sonnenwirt – Störtebeker – Vagabund – Verbrecher

BÄUME s. *PFLANZEN*

BAUWERKE UND KUNSTDENKMÄLER s. a. *KUNST UND KÜNSTLER*

Architektur – Bamberger Reiter – Binger Mäuseturm – Burg – Dachboden – Haus – Hüningen – Köln – Marienburg – Naumburger Stiftergestalten – Ruine – Schloß – Speyerer Dom – Steinsburg – Turm – Wartburg

BERGE s. *GEBIRGE*

BERUFE UND STÄNDE

Adel – Akademiker – Angestellter – Apotheker – Arbeit – Arbeiter und Arbeiterklasse – Artist – Arzt – Bauer – Bedienter – Bergbau und Bergmann – Beruf – Bildhauer – Bote aus der Fremde – Buchhändler – Bürger – Bürgermeister – Detektiv – Dichter – Dienstbote – Dolmetscherei – Fischer – Fleischer – Flieger – Fürst – Geigenbau – Geiger – Geistlicher – Geologe – Glasmacher – Gutsbesitzer – Handwerk und Handwerker – Hirte – Hofmeister – Industrie – Ingenieur – Jesuit – Journalist – Kaufmann – Köhler – Krämer – Krankenschwester – Künstler – Küster – Lehrer – Maler – Mathematiker – Missionar – Mönch – Musiker – Nonne – Offizier – Post – Rechtsanwalt – Redakteur – Richter – Ritter – Schäfer – Schauspieler – Schriftsteller – Schuhmacher – Seemann – Soldat – Spielmann – Standeslehre – Student – Unternehmer – Wächter – Weber und Weberaufstand – Wissenschaft – Zahnarzt – Zöller

BIBEL

a) Altes Testament: Abraham und Isaak – Absalom – Adam und Eva – Belsazar – Bibel – Daniel – David – Esther – Hiob – Hohes Lied – Jephthas Tochter – Jeremias – Joseph in Ägypten – Judith – Kain und Abel – Moses – Paradies – Potiphar – Propheten – Psalm – Saul – Simson – Susanna – Tobias

b) Neues Testament: Apostel – Blindenheilung – Christentum – Drei Könige – Dreifaltigkeit – Eucharistie – Familie, hl. – Fronleichnam – Herodes – Himmelfahrt Christi – Hölle – Höllenfahrt Christi – Jesus – Johannes der T. – Judas – Kalvarienberg – Karfreitag – Lazarus – Maria – Maria Magdalena – Ostern – Passion – Paulus – Petrus – Pfingsten – Pilatus – Salome – Sündenlohn – Verlorener Sohn – Weihnachten

BLUMEN s. *PFLANZEN*

BÖHMEN s. *TSCHECHOSLOWAKEI*

BRAUCHTUM s. *FEIER UND BRAUCHTUM*

CHARAKTERE, TEMPERAMENTE UND TYPEN

Abenteurer – Ächter – Biedermeier – Bösewicht – Bramarbas – Cäsarenwahn – Clown – Dämonisches – Dilettant – Doppelgänger – Einsiedler – Erzähler – Europamüdigkeit – Figaro – Freigeist und Freisinn – Friedlosigkeit – Führergestalt – Gegenspieler – Gelassenheit – Glück im Winkel – Hanswurst – Held – Humorist – Hypochonder – Intrigant – Junggeselle – Kämpferin – Lebensauffassung – Leidenschaft – List – Melancholie – Menschenfeind – Naive – Narr – Narziß – Opfergedanke, vaterländischer – Passivität – Pechvogel – Pessimismus – Philister – Schelm – Schöne Seele – Sonderling – Spiegel und Spiegelsymbol – Staberl – Stolz – Streit – Tanzlustiger – Taugenichts – Tyrann – Übermut – Verantwortung – Vergnügter und Vergnügen – Verräter – Wahn – Weitgereister – Weltflucht – Weltschmerz – Widersprüchlichkeit – Wundersucht – Zerrissenheit – Zweifel

CHRISTENTUM s. *BIBEL – HEILIGE – KIRCHENGESCHICHTE – ORDEN (RELIGIÖSE) – REFORMATION – RELIGION*

DÄNEMARK s. *NORDEUROPA*

DEUTSCHLAND s. a. *ORTE*

a) Länder und Landschaften

Baden – Bergisches Land – Brandenburg – Deutschland – Donautal – Eifel – Elsaß-Lothringen – Emsland – Erzgebirge – Frankenland – Frische Nehrung – Grenz- und Auslandsdeutschtum – Hannoverland – Harz – Hegau – Heide – Helgoland – Hessen – Hessen-Nassau – Hiddensee – Kurmark – Kurpfalz – Lauenburg – Lippe – Mainau – Mecklenburg – Memelland – Niederbayern – Niederelbe – Niedersachsen – Norddeutschland – Nordfriesland – Oberbayern – Oberpfalz – Oberrhein – Oberschlesien – Odenwald – Ostdeutschland – Ostfriesland – Ostpreußen – Pfalz – Pommern – Posen – Preußen – Reichenau – Rheinland – Riesengebirge – Rügen – Ruhrgebiet – Saarland – Sachsen – Sachsen und Thüringen – Schlesien – Schleswig-Holstein – Schwaben – Schwäbische Alb – Schwarzwald – Siebengebirge – Spessart – Spreewald – Sylt – Teutoburger Wald – Thüringen – Urach – Vogtland – Westerwald – Westfalen – Westpreußen

b) Personen s. a. *HEILIGE – LITERATUR (DEUTSCHLAND)*

1.–9. Jahrhundert: Arminius – Berta – Dietrich v. Bern – Eginhard und Emma – Karl d. Gr. – Thumelicus – Widukind

10.–15. Jahrhundert: Bernauer – Engelbert v. Köln – Friedrich I. – Friedrich I., d. Streitbare – Friedrich II. – Grünewald – Gutenberg – Heinrich I. – Heinrich II. – Heinrich IV. – Heinrich d. Löwe – Heinrich v. Plauen – Konradin – Ludwig d. Bayer – Otto III. – Peter v. Hagenbach – Rudolf I. – Waldemar

16. Jahrhundert: Dürer – Faust – Georg II. – Geyer – Heinrich v. Braunschweig – Hutten – Kohlhaas – Luther – Maximilian I. – Moritz v. Sachsen – Münzer – Sickingen – Wullenweber

17. Jahrhundert: Bernhard v. Sachsen-Weimar – Friedrich Wilhelm – Ludwig Wilhelm v. Baden-Baden – Tilly – Wallenstein

18. Jahrhundert: Ahlden – Bach – Beireis – Brion – Forster – Friedrich II. – Gluck – Händel – Luise v. Preußen – Mesmer – Schlegel-Schelling – Struensee – Winckelmann

19./20. Jahrhundert: Beethoven – Bismarck – Brahms – Gneisenau – Hauser – Humboldt – Jahn – Krause, K. Ch. F. – Liszt – Ludwig I. – Maximilian II. – Palm – Pückler-Muskau – Sand – Schill – Stirner – Sutter – Wagner – Weber – Winterfeld, P. v. – Yorck v. Wartenburg

DICHTER s. *LITERATUR*

EINSIEDLER

Barlaam und Josaphat – Einsiedler – Nikolaus v. d. Flüe – Robinson

ELEMENTARGEISTER
    Elementargeister − Melusine − Staufenberg − Undine − Zwerg

ELEMENTE s. *NATURERSCHEINUNGEN*

ENGLAND s. *GROSSBRITANNIEN*

ENTDECKER UND ERFINDER
    Buch und Buchdruck − Columbus − Entdecker und Erfinder − Forscher − Gutenberg

ERDTEILE s. *LÄNDER UND ERDTEILE*

ERZIEHUNG UND UNTERRICHT, KINDHEIT UND JUGEND
    Didaktik − Eltern − Erziehung und Erzieher − Forscher − Gymnasium − Hofmeister − Jahn − Jüngling − Jugend − Jugendbewegung − Kadettenhaus − Kind und Kindheit − Kinderspiel − Kindertod − Knabe − Lehrer − Mädchen − Mathematiker − Menschenkenntnis − Schüler − Schule − Student − Uneheliche − Vater und Sohn − Vater und Tochter − Wissenschaft

EUROPA s. *LÄNDER- UND ERDTEILE − NORDEUROPA*

FAMILIE
    Ehe − Familie − Großmutter − Mutter − Onkel und Neffe − Pfarrhaus − Vater − Vater und Sohn − Vater und Tochter − Vatersuche − Verwandtschaft − Wohnraum

FEIER UND BRAUCHTUM
    Aachener Heiligtum − Advent − Berchtenmythos − Drei Könige − Fest − Feuersegen − Feuerwerk − Fronleichnamsfest − Glocke − Glückauf − Gruß − Hochzeit − Jahrhundertfeier − Karfreitag − Kinderspiel − Liebespfand − Maifeier − Martje Floris − Maskerade − Neujahr − Ostern − Passion − Pfingsten − Reisesegen − Segen − Tanz − Totentanz − Turnier − Weihnachten − Weihnachtsbaum

FLÜSSE UND FLUSSLANDSCHAFTEN s. *GEWÄSSER*

FRANKREICH (GESCHICHTE UND GEISTESLEBEN)
    Anna von Bretagne − Bartholomäusnacht − Bassompierre − Bürger v. Calais − Cagliostro − Cevennen-Aufstand − Corday − Elsaß-Lothringen − Frankreich und Franzose − Heinrich IV. − Henno − Herzog v. Reichstadt − Jeanne d' Arc − Krieg − Ludwig XI. − Melusine − Napoleon I. − Paris − Pariser Kommune − Revolution − Robespierre − Roland − Rousseau − Rudel − Straßburg

FRAU (ALLGEMEIN) s. a. *FRAUEN AUS DEUTSCHER GESCHICHTE − GESCHLECHTSLEBEN − HEILIGE − SAGEN UND MYTHEN*
    Brautwerbung − Emanzipation − Familie − Frau − Geliebte − Grazie − Kämpferin − Krankenschwester − Liebe − Mädchen − Mode − Mutter − Naive − Nonne − Pfarrerstochter − Schönheit − Schwangere − Tanz − Uneheliche − Witwe

FRAUEN AUS DEUTSCHER GESCHICHTE s. a. *HEILIGE − SAGEN UND MYTHEN*
    Ahlden − Bernauer − Berta − Brion − Jakobe v. Baden − Luise v. Preußen − Sabine, Schöne − Schlegel-Schelling

FREIHEITSKAMPF s. *AUFSTAND UND FREIHEITSKAMPF*

FÜRSTEN UND HERRSCHER s. a. *KAISER − KÖNIGE*
    Bernhard v. Sachsen-Weimar − Bethlen − Friedrich Wilhelm v. Brandenburg − Friedrich I., d. Streitbare − Führergestalt − Fürst − Georg II. v. Wertheim − Heinrich v. Braunschweig − Hein-

rich d. Löwe – Herrscher – Konradin – Ludwig Wilhelm v. Baden-Baden – Moritz v. Sachsen – Mustapha – Peter v. Hagenbach – Tamerlan – Tyrann – Ulrich v. Württemberg

GEBIRGE s. a. ÖSTERREICH – SCHWEIZ

Alpen – Berg – Böhmerwald – Erzgebirge – Hans Heiling – Harz – Hochgebirge – Hohentwiel – Isteiner Klotz – Jura (Schweizer) – Lorelei – Odenwald – Riesengebirge – Schwarzwald – Siebengebirge – Spessart – Trifels – Zobten

GEBRECHEN s. KRANKHEIT UND GEBRECHEN

GEFÜHL UND GEMÜT s. SEELENLEBEN

GEHEIMNISVOLLES s. GROTESKES UND GEHEIMNISVOLLES

GELEHRTER s. WISSENSCHAFT

GENUSSMITTEL s. NAHRUNG UND GENUSS

GERMANEN s. a. NIBELUNGENSAGE

Arminius – Dietrich v. Bern – Gefolgschaft – Germanen – Held – Thumelicus

GESCHLECHTSLEBEN

Androgynenproblem – Dirne – Ehe – Ehebruch – Empfängnis, unbewußte – Erotik – Geschlechtskrankheit – Homosexualität – Inzest – Kurtisane – Liebe – Minne – Sexualproblem

GESELLSCHAFT s. a. AUSSENSEITER DER GESELLSCHAFT – BERUFE UND STÄNDE – FRAU – MENSCH (INDIVIDUUM)

Abschied – Arbeit – Arbeitslosigkeit – Armut – Audienz – Bildung – Blut und Boden – Brautwerbung – Brief – Bruderzwist – Buhlerin – Dekadenz – Dorf – Eltern – Emanzipation – Entzweiung der Welt – Europamüdigkeit – Fahrende – Familie – Freundschaft – Gaststätte – Geheimbund – Gemeinschaft – Generationsproblem – Ghetto – Großstadt – Gruß – Heirat – Humanität – Klassenbewußtsein – Kleinstadt – Kurtisane – Mäzen – Masse – Mittler – Mode – Nächstenliebe – Pfarrhaus – Pilger – Rassegedanke – Reformer – Reichtum – Reise – Revolution – Schuld – Sklaverei – Soziale Frage – Stand – Toleranz – Treue – Utopie – Volk – Weltbürgertum – Zeitgeist

GESUNDHEITSPFLEGE

Arzt – Heiler – Heilung – Krankenschwester – Mesmer – Paracelsus – Semmelweis – Wundbehandlung – Zahnarzt

GEWÄSSER

Bodensee – Fluß – Kellersee – Mosel – Niederelbe – Niederrhein – Rhein – Saale – Staubbach – Weichsel

GRALSAGE s. ARTUSKREIS

GRENZ- UND AUSLANDSDEUTSCHTUM

Amerika – Baltikum – Egerland – Elsaß und Lothringen – Grenzlandsdeutschtum – Kurmark – Memelland – Österreich – Ostpreußen – Polen – Posen – Schleswig-Holstein – Schweiz – Siebenbürgen – Sudetenland – Südtirol

GROSSBRITANNIEN (GESCHICHTE UND GEISTESLEBEN) s. a. ANGELSACHSEN

Anna Boleyn – Bürgerkrieg, engl. – Byron – Eduard III. – Elisabeth I. – England und Engländer – Essex – Irland – Karl I. – Maria Stuart – Shakespeare – Thomas Becket – Warbeck

GROTESKES UND GEHEIMNISVOLLES
Fremdartiges – Geheimbund – Geheimnisvolles – Groteskes – Hermetismus – Lächerliches – Okkultismus – Unmögliches – Verfremdung – Vitzliputzli

HANDWERK UND GEWERBE
Buch und Buchdruck – Fischer – Geigenbau – Glasmacher – Handwerk und Handwerker – Kaufmann – Schuhmacher – Weber und Weberaufstand

HEERFÜHRER s. a. FÜRSTEN UND HERRSCHER – KAISER – KÖNIGE – KRIEG
Alexander d. Gr. – Amphitryon – Arminius – Bernhard v. Sachsen-Weimar – Cäsar – Christian d. J. – Don Juan d'Austria – Dschingis-Chan – Eugen v. Savoyen – Fadinger – Friedrich II., d. Gr. – Friedrich I., d. Streitbare – Gneisenau – Gustav II. Adolf – Hannibal – Karl d. Gr. – Karl XII. – Kosciuszko – Laudon – Ludwig Wilhelm v. Baden-Baden – Mazeppa – Moritz v. Sachsen – Napoleon I. – Tilly – Wallenstein – Widukind – Yorck v. Wartenburg

HEILIGE
Apostel – Birgitta – Damian – Dorothea – Drei Könige – Elisabeth – Engelbert v. Köln – Franziskus – Gallus – Genesius – Genoveva – Georg – Heiliger (Allgemein) – Jeanne d' Arc – Katharina – Heinrich II. und Kunigunde – Märtyrer – Margareta – Maria – Maria Aegyptiaca – Maria Magdalena – Martha – Michael – Nikolaus v. d. Flüe – Notburga – Paulus – Petrus – Radegunde – Severin – Thomas Becket – Ulrich v. Augsburg – Wendelin – Wilhelm v. Aquitanien

HOHENSTAUFEN
Ezzelino da Romano – Friedrich I. – Friedrich II. – Hohenstaufen – Konradin

HOHENZOLLERN
Friedrich II., d. Gr. – Friedrich Wilhelm v. Brandenburg – Friedrich Wilhelm I. – Hohenzollern – Luise v. Preußen

INDUSTRIE s. TECHNIK UND VERKEHR

INSELN
Atlantis – Capri – Helgoland – Hiddensee – Insel – Irland – Island – Japan – Mainau – Reichenau – Rügen – Sylt – Tahiti

ITALIEN (GESCHICHTE UND GEISTESLEBEN)
Accoromboni – Bologna – Borgia – Bruno – Capri – Casanova – Dante – Ezzelino – Florenz – Francesca da Rimini – Galilei – Marino Falieri – Masaniello – Michelangelo – Petrarca – Pompeji – Raffael – Renaissance – Rienzi – Rom – Savonarola – Südtirol – Tasso – Ugolino – Venedig – Verona

JAHRES- UND TAGESZEITEN s. a. FEIER UND BRAUCHTUM
Abend – Frühling – Herbst – Jahreszeiten – Mittag – Morgen – Nacht – Neujahr – Tagesanbruch – Winter – Wochentag

JUDENTUM s. a. BIBEL (ALTES TESTAMENT)
Antisemitismus – Ghetto – Jude – Jüdin v. Toledo – Markolf – Nathan der Weise – Oppenheimer – Spinoza – Synagoga

JUGEND s. ERZIEHUNG UND UNTERRICHT, KINDHEIT UND JUGEND

KAISER UND KAISERINNEN
Friedrich I. – Friedrich II. – Heinrich II. – Heinrich IV. – Joseph II. – Julianus Apostata – Kaiser (Allgemein) – Karl V. – Karl d. Gr. – Konstantin I. – Ludwig IV. – Maria Theresia – Maximilian I. – Napoleon I. – Nero – Otto III. – Tiberius

KARL DER GROSSE UND SEIN KREIS
Berta – Eginhard und Emma – Karl d. Gr. – Roland – Widukind – Wilhelm v. Aquitanien

KINDHEIT UND JUGEND s. ERZIEHUNG UND UNTERRICHT

KIRCHENGESCHICHTE s. a. HEILIGE – REFORMATION – RELIGION
Apostel – Bartholomäusnacht – Benediktiner – Bruno – Deutscher Orden – Engelbert v. Köln – Gegenreformation – Geistlicher – Heinrich v. Plauen – Herrnhutertum – Hus und Hussitenkriege – Hutten – Jesuit – Kirche – Kloster – Konstanzer Konzil – Kurie – Kreuzzug – Luther – Mennoniten – Missionar – Mönch – Münzer – Nicolaus von Kues – Nonne – Paulus – Petrus – Protestant – Reformation – Ritterorden – Savonarola – Thomas Becket – Waldenser – Wiedertäufer – Zwingli

KÖNIGE UND KÖNIGINNEN
Agamemnon – Alboin – Alkestis – Anna Boleyn – Anna v. Bretagne – Belsazar – David – Eduard III. – Elisabeth I. – Erich XIV. – Friedrich II., d. Gr. – Friedrich Wilhelm I. – Gustav II. Adolf – Harold – Heinrich I. – Heinrich IV. – Herodes – Karl I. – Karl XII. – Kleopatra – Ludwig I. – Ludwig XI. – Luise v. Preußen – Maria Stuart – Matthias – Maximilian II. – Ödipus – Ottokar v. Böhmen – Peter v. Kastilien – Ragnar – Rudolf I. – Saul – Semiramis – Sophonisbe – Zenobia

KÖNIGSTÖCHTER
Ariadne – Dido – Elisabeth, Hl. – Libussa – Nausikaa

KOMPONIST s. MUSIK UND MUSIKER

KRANKHEIT UND GEBRECHEN
Blinder – Buckliger – Geschlechtskrankheit – Krankheit – Krüppel – Masochismus – Melancholie – Pest – Pocken – Scheintod – Schwindsucht – Taubstummheit – Wahn – Wahnsinn

KRIEG s. a. HEERFÜHRER – TÜRKENKRIEGE – WEHRWESEN
Appenzeller Krieg – Bauernkrieg – Bramarbas – Bürgerkrieg, englischer – Bürgerkrieg, spanischer – Cevennen-Aufstand – Frieden, Westf. – Hus und Husittenkriege – Krieg (Allgemein und einzelne) – Langemarck – Offizier – Schlacht – Sedan – Seeschlacht – Sendlinger Schlacht – Soldat – Trojanischer Krieg – Wahlstatt – Waterloo

KÜNSTLICHER MENSCH
Automate – Golem – Homunculus – Marionette – Pygmalion – Statuenhochzeit

KUNST UND KÜNSTLER s. a. LITERATUR – MALER – MUSIK UND MUSIKER
Anschauungsbild – Architektur – Bild – Bildhauer – Buch und Buchdruck – Deus ex machina – Dichter (Allgemein) – Dichtkunst – Edle Einfalt – Geiger – Künstler – Kunst und Kunstwerk – Schauspieler – Theater – Theaterherold – Volkskunst – Winckelmann

LÄNDER UND ERDTEILE s. a. ÄGYPTEN UND ASSYRIEN – GROSSBRITANNIEN – NIEDERLANDE – NORDEUROPA – SPANIEN UND PORTUGAL – VEREINIGTE STAATEN VON AMERIKA
Ägypten – Afrika – Amerika – Argentinien – China – Dalmatien – Deutschland – Egerland – Elsaß u. Lothringen – England und Engländer – Frankreich und Franzose – Griechenland – Heiliges Land – Indien – Irland – Island – Italien – Italien und Italiener – Japan – Kärnten – Kanada – Mexiko – Österreich – Orient – Osteuropa – Paneuropa – Polen – Rumänien – Rußland – Schweden – Schweiz – Siebenbürgen – Skandinavien – Südsee – Südslawien – Tschechoslowakei – Türkei – Ungarn

LANDSCHAFT (ALLGEMEIN) s. a. GEBIRGE – GEWÄSSER – INSELN – NATURERSCHEINUNGEN

Alpen – Berg – Brücke – Brunnen – Burg – Dorf – Ebene – Exotik – Fluß – Garten – Großstadt – Heide – Hochgebirge – Insel – Kleinstadt – Landschaft – Meer – Mühle – Natur und Naturgefühl – Provinz – Raum – Reise – Rosengarten – Rückkehr zur Natur – Ruine – Schloß – Stadt – Turm – Wald – Wasser – Weg – Wienerwald – Wüste – Wunschlandschaft

LASTER s. TUGEND UND LASTER

LEBENSALTER UND GESCHLECHTER

Alter – Androgynenproblem – Frau – Generationsproblem – Jüngling – Jugend – Kind und Kindheit – Kritisches Alter – Lebensabend – Mädchen – Mann

LEGENDEN s. a. HEILIGE

Armer Heinrich – Barlaam und Josaphat – Crescentia – Kreuzholz – Kruzifix – Siebenschläfer

LIEBESPAARE (WELTLITERATUR)

Abälard und Heloise – Admetos und Alkestis – Amor und Psyche – Aucassin und Nicolette – Cardenio und Celinde – Flore und Blancheflur – Francesca da Rimini (und Gianciotto) – Hero und Leander – Inkle und Yariko – Pyramus und Thisbe – Romeo und Julia

LITERATUR (DICHTER UND STOFFE) s. a. SAGEN UND MYTHEN

a) Deutschland: Arndt – Auerbach – Auersberg – August – Benn – Chamisso – Dichter (Allgemein) – Fouqué – Frauenlob – Goethe – Gottfried v. Straßburg – Gottsched – Hebbel – Hebel – Heine – Heinrich v. Ofterdingen – Hesse – Hölderlin – Hoffmann – Jean Paul – Kleist – Körner – Kotzebue – Lenz – Lessing – Neidhart – Platen – Rilke – Sachs – Schiller – Schubart – Tannhäuser – Walther v. d. Vogelweide – Wolfram v. Eschenbach – Wolfskehl
Armer Heinrich – Armida d. Tasso – Bernsteinhexe – Blaue Blume – Bremer Stadtmusikanten – Geisterseher – Henno – Hermann u. Dorothea – Klingsor – Meier Helmbrecht – Mignon – Nathan der Weise – Parzival – Rüdiger v. Bechlaren – Schattenverlust – Schlemihl – Vogelhochzeit – Werther – Wirtshaus im Spessart
b) England: Byron – Chatterton – Pamela – Ophelia – Shakespeare
c) Frankreich: Aucassin und Nicolette – Bassompierre – Figaro – Henno
d) Griechenland: Lysistrata – Sappho
e) Italien: Dante – Francesca da Rimini – Petrarca – Romeo und Julia – Tasso – Titus und Gisippus – Verleumdung
f) Nordeuropa: Bergmann von Falun – Hamlet
g) Österreich: Anzengruber – Grillparzer – Raimund
h) Orient: Bauer, träumender – Irene, schöne – Kleopatra – Mustapha – Nektanebos – Orient – Semiramis – Titus und Gisippus – Turandot
i) Portugal und Spanien: Alarcos – Camoens – Cardenio und Celinde – Don Carlos – Don Juan – Don Quijote
k) Weltliteratur s. a. LIEBESPAARE (WELTLITERATUR): Alarcos – Alboin und Rosamunde – Amor und Psycho – Amor und Tod – Amphitryon – Brautraub – Drei Wünsche – Henno – Köchin, naschhafte – Leiche – Lucretia – Philemon und Baucis – Witwe

MÄRCHEN

Aschenbrödel – Bremer Stadtmusikanten – Dornröschen – Märchen – Riese – Schlaraffenland – Schlemihl – Turandot – Zwerg

MAGIE s. ÜBERSINNLICHES

MALER

Dürer – Grünewald – Maler – Michelangelo – Raffael – Rembrandt

GRUPPENSCHLAGWORTREGISTER

MEDIZIN s. *GESUNDHEITSPFLEGE – KRANKHEIT UND GEBRECHEN*

MENSCH (INDIVIDUUM)

Arbeit – Arbeitslosigkeit – Atem – Beruf (Allgemein) – Bewegung, menschliche – Blondheit – Brautwerbung – Entwurzelung – Gebärde – Haar – Heimkehrer – Irrtum – Kleidung – Lebensauffassung – Lebenskampf – Mantel – Menschenbild – Nacktheit – Nahrung – Name – Nase – Omnipotenz – Persönlichkeitsspaltung – Schleier – Schönheit – Selbstbewußtsein – Selbstporträt, literarisches – Selbstreflexion – Sprache – Stimme – Übermensch – Vererbung – Verirren – Vermenschlichung – Wandel – Welttheater – Weltverständnis – Zwilling

METAPHERN UND TOPOI

Abgrund – Augen des Herzens – Bild – Glück u. Glücksrad – Herz – Jungbrunnen – Karfunkel – Schiff – Schiffbruch – Templer – Teppich – Wald – Weg – locus amoenus – Welttheater – Wüste

MITTELALTER

a) Geisteswelt s. a. *SAGEN UND MYTHEN*

Arebeit – Armer Heinrich – Artus – Bescheidenheit – Brautraub – Deutscher Orden – Fahrende – Falkenjagd – Fest – Freude – Glück und Glücksrad – Gotik – Gottesurteil – Gratia und Misericordia – Gruß – Heiden – Heidengott – Held – Hofamt – Hoher Mut – Humanität – Huote – Jedermann – Jungbrunnen – Kampf – Kinderminne – Klage – Kreuzzug – Kritik, literarische – Kurie – Lanzelot – Leibesübung – Liebeskrieg – Mantel – Mâze – Meier Helmbrecht – Minne – Minnesklave – Mittelalter – Nahrung – Paradies – Parzival – Raum – Riese – Ritter – Ritterorden – Rodensteiner – Saelde – Schmerz – Schneekind – Schönheit – Scholastik – Schwabenstreich – Speerkampf – Sperber – Staufenberg – Steigbügel – Streit – Suche – Synagoge – Theophilus – Totenklage – Totentanz – Trauer – Treue – Truchseß – Turnier – Unhöfisches – Waffe – Wappen – Welt – Weltfeindlichkeit – Wilde Leute – Wundbehandlung – Wunderbares – Zahl – Zweikampf

b) Personen

Alarcos – Alboin und Rosamunde – Bernauer – Columbus – Dante – Dietrich v. Bern – Eginhard und Emma – Engelbert v. Köln – Ezzelino da Romano – Francesca da Rimini – Frauenlob – Friedrich I. – Friedrich II. – Friedrich I., d. Streitbare – Galmy – Grünewald – Heinrich I. – Heinrich II. – Heinrich IV. – Hus – Ines de Castro – Jeanne d'Arc – Karl d. Gr. – Konradin – Ludwig IV. – Ludwig XI. – Matthias (Corvinus) – Neidhart – Nikolaus v. d. Flüe – Nicolaus v. Kues – Otto III. – Ottokar II. – Peter v. Hagenbach – Peter v. Kastilien – Rudel – Rudolf I. – Savonarola – Störtebeker – Tauler – Thomas Becket – Waldemar – Walther v. d. Vogelweide – Warbeck – Widukind – Wilhelm v. Aquitanien – Wolfram v. Eschenbach

MUSIK UND MUSIKER

Bach – Beethoven – Brahms – Bruckner – Chopin – Geiger – Gluck – Händel – Haydn – Liszt – Mozart – Musik – Musiker (Allgemein) – Schubert – Spielmann – Wagner – Weber

MUSIKINSTRUMENTE

Äolsharfe – Geigenbau – Harfe – Musikinstrument – Orgel

MYTHEN s. *SAGEN UND MYTHEN*

NAHRUNG UND GENUSS

Alkohol – Bier – Brot – Essen und Trinken – Kartoffel – Nahrung – Raucher – Tabak und Tabakspfeife – Trinken – Wein – Wurst

NATUR UND MENSCH s. a. *GEBIRGE – GEWÄSSER – PFLANZEN – TIERE*

Alpen – Bauer – Bergbau und Bergmann – Blut und Boden – Dorf – Einsiedler – Exotik – Fischer – Frühling – Garten – Geologe – Gutsbesitzer – Heide – Heimat – Herbst – Hirte – Hochgebirge – Inkle und Yariko – Jagd – Kahnfahrt – Landschaft – locus amoenus – Natur und Naturgefühl – Naturreligion – Naturwissenschaft – Reise – Rückkehr zur Natur – Schäfer – Seefahrt – Seemann – Verirren – Wald – Waldeinsamkeit – Wanderer – Wasser – Weitgereister

NATURERSCHEINUNGEN s. a. *JAHRES- UND TAGESZEITEN*

Echo – Elemente – Farbe – Feuer – Gestirn – Himmel – Licht – Luft – Mond – Nebel – Stern – Sternhimmel – Stille – Sturm – Wasser – Wind und Wetter – Wolke

NEUES TESTAMENT s. *BIBEL*

NIBELUNGENSAGE

Dietrich von Bern – Brünhild – Hagen – Nibelungen – Rüdiger v. Bechlaren – Siegfried

NIEDERLANDE

Holland – Rembrandt – Spinoza

NORDEUROPA

Bergmann von Falun – Birgitta von Schweden – Erich XIV. – Gustav II. Adolf – Hamlet – Karl XII. – Nordeuropa – Ragnar – Schweden – Skandinavien – Struensee

ÖSTERREICH (GESCHICHTE UND GEISTESLEBEN)

Anzengruber – Augustin (Lieber A.) – Bruckner – Donaumonarchie – Eugen von Savoyen – Fadinger – Graz – Grillparzer – Haydn – Hofer – Innsbruck – Joseph II. – Kärnten – Korneuburg – Linz – Maria Theresia – Matthias – Mozart – Österreich – Raimund – Reichstadt, Herzog v. – Rudolf I. – Salzburg – Salzkammergut – Schubert – Steiermark – Südtirol – Tirol – Ungarn – Wachau – Waldviertel – Wien – Wienerwald

OPTIK

Fernrohr – Licht – Optik

ORDEN (RELIGIÖSE)

Benediktiner – Bruno – Deutscher Orden – Heinrich v. Plauen – Jesuit – Kloster – Mönch – Nonne – Ritterorden – Savonarola – Templer

ORIENT

Barlaam und Josaphat – Buddha und Buddhismus – China – Indien – Japan – Kreidekreis – Orient – Tamerlan – Turandot

ORTE s. a. *BAUWERKE UND KUNSTDENKMÄLER*

a) Deutschland:

Arnstadt – Augsburg – Bad Ems – Baden-Baden – Bahn – Bamberg – Berlin – Braunschweig – Bremen – Breslau – Coburg – Corvey – Danzig – Darmstadt – Donauwörth – Dresden – Düsseldorf – Elberfeld – Erfurt – Frankfurt a. M. – Freiberg i. Sa. – Freiburg i. Br. – Gotha – Hamburg – Hannover – Heidelberg – Hildesheim – Hüningen – Jena – Karlsruhe – Kiel – Köln – Königsberg – Köslin – Leipzig – Lübeck – Magdeburg – Mainz – München – Münster – Nürnberg – Osnabrück – Potsdam – Putbus – Rottweil – Schwerin – Soest – Stettin – Stralsund – Stuttgart – Trier – Tübingen – Warmbrunn – Weimar – Weinsberg – Würzburg
s. a. Ortsname – Stadt (Allgemein)

b) Ausland:

Frankreich: Paris – Straßburg
Italien: Bologna – Florenz – Klausen – Pompeji – Rom – Venedig – Verona
Österreich: Graz – Innsbruck – Korneuburg – Linz – Salzburg – Wien
Polen: Warschau
Schweiz: Basel – Bern – St. Gallen – Winterthur – Zürich
Tschechoslowakei: Iglau – Karlsbad – Prag

PÄDAGOGIK s. *ERZIEHUNG UND UNTERRICHT, KINDHEIT UND JUGEND*

PARABELN s. a. *BIBEL (NEUES TESTAMENT)*

Himmlisches Jerusalem – Jedermann – Schneekind

PFLANZEN

Apfelbaum – Baum – Blume – Eibe – Eiche – Fichte – Linde – Pflanze – Platane – Rose – Tanne – Ulme – Veilchen – Wald – Weihnachtsbaum

PHILOSOPHIE

Aristoteles – Bruno – Dionysisches – Eleusis – Empedokles – Existenzialismus – Hypatia v. Alexandria – Kraude, K. Chr. F. – Nihilismus – Realismus – Rousseau – Schicksal – Sokrates – Spinoza – Stirner – Stoa – Theodizee – Untergang – Weltgeist – Wiederherstellung – Wirklichkeit – Zufall

POLEN

Chopin – Kosciuszko – Polen – Warschau – Weichsel

POLITIK s. *STAAT UND POLITIK*

PORTUGAL s. *SPANIEN UND PORTUGAL*

RECHTSWESEN s. a. *VERGEHEN UND VERBRECHEN*

Blutrache – Frieden, Westf. – Gefangener und Gefängnis – Gerechtigkeit – Gerichtsverhandlung – Gnadebitten – Gottesurteil – Henker – Kerze – Kohlhaas – Lehenseid – Mitschuld – Recht – Rechtsanwalt – Richter – Scheinbuße – Strafe – Sündenlohn – Testament – Unrecht – Verbrecher – Wehrverfassung

REFORMATION

Hutten – Luther – Münzer – Reformation – Ulrich v. Württemberg – Wiedertäufer – Zwingli

RELIGION

Aachener Heiligtum – Benediktiner – Buddha und Buddhismus – Caritas – Christentum – Diesseits – Engel – Erlösung, christliche – Feuer, himmlisches – Freireligion – Friedhof – Gebet – Geistlicher – Glaube und Unglaube – Gnade – Göttliches – Gott – Gottsucher – Heidengott – Heiliger – Heiliger Geist – Herrnhutertum – Hölle – Jesuit – Jüngster Tag – Kalvarienberg – Karfreitag – Kirche – Kloster – Kreuzzug – Kruzifix – Kultproblem – Luther – Mennoniten – Missionar – Mönch – Mohammed – Naturreligion – Nonne – Ostern – Pantheismus – Paradies – Paradiesehe – Passion – Pfingsten – Pilger – Propheten – Protestant – Reformation – Reisesegen – Religion und Religiosität – Ritterorden – Sünde – Synagoga – Teufel – Theodizee – Tod – Totentanz – Unio Mystica – Unmut – Unsterblichkeit – Waldenser – Wallfahrt – Weihnachten – Wiederkehr, ewige – Wiedertäufer – Wiedervereinigung – Wiederverkörperung

REVOLUTION s. *AUFSTAND UND FREIHEITSKAMPF*

RITTERTUM s. *MITTELALTER*

RÖMISCHE GESCHICHTE

Brutus – Cäsar – Catilina – Cato – Coriolan – Julianus Apostata – Kleopatra – Lucretia – Nero – Pilatus – Tiberius

ROMANTIK

Blaue Blume – Hoffmann – Kleist – Mühle – Romantik – Ruine – Schiffbruch – Venusring – Waldeinsamkeit

RUSSLAND UND SOWJETUNION

Alexei und Peter d. Gr. – Demetrius – Lenin – Mazeppa – Panzerkreuzer Potemkin – Stalin

SAGEN UND MYTHEN

a) antike:

Achilles – Admetos – Agamemnon – Alkestis – Amazone – Amphitryon – Antigone – Ariadne – Atriden – Coriolan – Daphne – Daphnis – Dido – Elektra – Galatea – Ganymed – Götter, antike – Gyges – Helena – Herakles – Hero und Leander – Iphigenie – Kassandra – Medea – Medusa – Merope – Mythologie – Narziß – Nausikaa – Niobe – Odysseus – Ödipus – Orpheus – Pandora – Persephone – Phädra und Hippolytos – Philemon und Baucis – Philoktet – Prometheus – Pygmalion – Pyramus und Thisbe – Sirenengesang – Statuenverlobung – Trojanischer Krieg – Urania

b) deutsche und germanische:

Armer Heinrich – Berchtenmythus – Bergmann v. Falun – Binger Mäuseturm – Brautraub – Brünhild – Dietrich v. Bern – Drache – Eckart – Eginhard und Emma – Einhorn – Faust – Feuerreiter – Fliegender Holländer – Fortunatus – Freischütz – Galgenmännlein – Gleichen v. – Gudrun – Hagen – Hamlet – Hans Heiling – Heinrich v. Ofterdingen – Herzog Ernst – Herzog v. Luxemburg – Jungbrunnen – Jungfrau, erlöste – Karl d. Gr. – Klabautermann – Lohengrin – Lorelei – Mythologisches – Nibelungen – Nonne, keusche – Otto d. Schütz – Parzival – Pforzheimer – Rattenfänger – Riese – Riesenspielzeug – Rodensteiner – Rübezahl – Schatz im Berg – Siegfried – Staufenberg v. – Tannhäuser – Taucher – Tell – Undine – Venusberg – Vineta – Weiße Frau – Wieland d. Schmied – Zwerg s. a. Volkssage

c) böhmische: Libussa

d) byzantinische: Flore und Blancheflur

e) französische: Bacqueville – Gregorius – Melusine – Oberon – Robert der Teufel – Roland – Wilhelm v. Aquitanien

f) jüdische: Golem – Jude – Markolf

g) keltische: Artus – Merlin – Tristan und Isolde
h) orientalische: Sieben weise Meister

SCHIFFAHRT s. *TECHNIK UND VERKEHR*

SCHLACHT s. *KRIEG*

SCHMUCK

Diamant – Karfunkel – Stein – Perle – Reichskrone

SCHWEDEN s. *NORDEUROPA*

SCHWEIZ

Appenzeller Krieg – Basel – Bern – Berner Oberland – Gallus – Graubünden – Jenatsch – Jura, Schweizer – Nikolaus v. d. Flüe – Paracelsus – Revolution – Schweiz – St. Gallen –

Staubbach – Tell – Tessin – Toggenburg – Waadt – Waldmann – Wallis – Winterthur – Zürich – Zwingli

SEELENLEBEN s. a. *MENSCH, TUGEND UND LASTER*

Abgrund – Ambivalenz – Angst – Anklage – Askese – Autosuggestion – Begeisterung – Bewußtsein – Bruderzwist – Daseinsenge – Ehre – Einsamkeit – Ekstase – Empfindsamkeit – Ewige Liebe – Freiheit – Freude – Freundschaft – Gefühl – Glück – Glück im Winkel – Glückseligkeit – Heilserfahrung – Heimweh – Herz – Humanität – Innerlichkeit – Lachen – Lächerliches – Lebensauffassung – Leid – Liebe – Lob – Melancholie – Minne – Mitleid – Moralkrise – Natur und Naturgefühl – Nekrophilie – Pessimismus – Rache – Schmerz – Schuld – Schwärmer – Schweigen – Seelenleben – Sehnsucht – Selbstmord – Sterben – Stimmung – Sünde – Tod – Totenklage – Trauer – Traum – Vergänglichkeit – Verschweigen – Vision – Vorausdeutung – Vortäuschung – Wählen in Freiheit – Wahrheit und Lüge – Wandel – Weinen – Weissagung – Weltschmerz – Weltverständnis – Widersprüchlichkeit – Wunsch – Zweifel

SIEDLUNGSGEDANKE

Auswanderung – Europamüdigkeit – Kolonialpolitik – Kolonisation – Sutter

SKANDINAVIEN s. *NORDEUROPA*

SOWJETUNION s. *RUSSLAND UND SOWJETUNION*

SOZIALE PROBLEME s. *GESELLSCHAFT*

SPANIEN UND PORTUGAL

Alarcos – Camoens – Cervantes – Columbus – Don Carlos – Don Juan – Don Quijote – Ines de Castro – Jüdin v. Toledo – Peter v. Kastilien – Spanien

SPORT UND SPIEL

Artist – Falkenjagd – Fischer – Flieger – Flug – Jagd – Jahn – Kinderspiel – Leibesübung – Puppe – Reis – Schach – Schwimmen – Spieler und Spiel – Steigbügel – Tanz – Turnier – Verkleidung – Wanderer – Wintersport

STAAT UND POLITIK

Bismarck – Cato – Deutschlandlied – Diktator – Einheitsgedanke – Exil – Frieden – Frieden, Westfälischer – Gesamtdeutscher Gedanke – Grenz- und Auslandsdeutschtum – Heimat – Humboldt – Judenverfolgung, nationalsozialistische – Kolonialpolitik – Krieg – Kurie – Nationalsozialismus – Nord-Südproblem – Opfergedanke, vaterländischer – Paneuropa – Politik – Preußen – Reichsgedanke – Reichskrone – Revolution – Rienzi – Schelte und Schmähung – Schwarz-Rot-Gold – Sendungsidee, deutsche – Soziale Frage – Staat – Stalin – Struensee – Thomas Becket – Utopie – Vaterland – Vertreibung – Washington – Widerstand in Deutschland

STERBEN UND TOD

Friedhof – Herodes – Kalvarienberg – Kindertod – Klage – Nobiskrug – Selbstmord – Sterben – Tod – Todesbote – Totenehrung – Totengespräch – Totenklage – Totentanz – Trauer – Unsterblichkeit – Wiederverkörperung

SYMBOLISCHES UND ALLEGORISCHES

Amor und Tod – Blaue Blume – Blauer Himmel – Deutscher Michel – Farbe – Fenster – Fluß – Ganymed – Gelegenheit – Hell und Dunkel – Herz – Himmlisches Feuer – Jungbrunnen – Karfunkel – Kerze – Lebensbühne – Marionette – Muschel – Narziß – Reichskrone – Schachallegorie – Schiffbruch – Schleier – Schmetterling – Schwarze Spinne – Sinnbildliches – Spiegel und Spiegelsymbol – Stein – Veilchen – Venusring

TAGESZEITEN s. a. *JAHRES- UND TAGESZEITEN*

TECHNIK UND VERKEHR

Auto – Bergbau und Bergmann – Dampfschiffahrt – Donauschiffahrt – Eisenbahn – Energie – Fernrohr – Flieger – Flug – Freiberg i. S. – Hanse – Industrie – Ingenieur – Maschine – Metall – Post – Ruhrgebiet – Schiffbruch – Seefahrt – Straßenverkehr – Taucher – Technik – Tunnel

TEMPERAMENTE s. *CHARAKTERE, TEMPERAMENTE UND TYPEN*

TEUFELSBUND

Blocksberg – Faust – Hexe – Johanna („Päpstin") – Teufel – Theophilus

TIERE

Amphibien – Biene – Ente – Eule – Falkenjagd – Floh – Gans – Hund – Insekt – Katze – Kuckuck – Lerche – Pelikan – Pferd – Rabe – Reineke Fuchs – Reptil – Schlange – Schmetterling – Schwan – Schwarze Spinne – Sperber – Taube – Tier (Allgemein) – Vermenschlichung – Vogel – Vogelhochzeit – Zugvogel

TIROL

Hofer – Innsbruck – Südtirol – Tirol

TOD s. *STERBEN UND TOD*

TOPOI s. *METAPHERN UND TOPOI*

TROJANISCHER KRIEG

Achilles – Agamemnon – Helena – Kassandra – Odysseus – Philoktet – Trojanischer Krieg

TSCHECHOSLOWAKEI (vor allem Böhmen)

Böhmen – Böhmerwald – Egerland – Hus und Hussitenkriege – Iglau – Karlsbad – Libussa – Ottokar II. – Prag – Sudetenland – Tschechoslowakei – Wallenstein

TÜRKENKRIEGE

Eugen v. Savoyen – Ludwig Wilhelm v. Baden-Baden – Türkei u. Türken

TUGEND UND LASTER s. a. *CHARAKTERE, TEMPERAMENTE UND TYPEN – SEELENLEBEN*

Bescheidenheit – Besserung – Demut – Entsagung – Fluch des Vaters – Gelassenheit – Gerechtigkeit – Gotteslästerung – Gratia und Misericordia – Grausamkeit – Haß – Hoher Mut – Humanität – Hybris – Lüge – Neid – Mâze – Nächstenliebe – Toleranz – Treue – Trinker – Tugend und Laster – Verleumdung – Wahrheit und Lüge

ÜBERSINNLICHES s. a. *RELIGION – TEUFELSBUND – ZAUBERER*

Alchemie – Bernsteinhexe – Elementargeister – Engel – Gespenst – Golem – Hexe – Hölle – Homunculus – Klabautermann – Melusine – Metamorphose – Nymphen – Paradies – Riese – Staufenberg – Teufel – Übernatürliches – Undine – Vampir – Vision – Vitzliputzli – Wunderbares – Zwerg

UNGARN

Bethlen – Donaumonarchie – Matthias – Ungarn – Zigeuner – Zrinyi

UNTERRICHT s. *ERZIEHUNG UND UNTERRICHT, KINDHEIT UND JUGEND*

VEREINIGTE STAATEN VON AMERIKA

Amerika – Auswanderung – Europamüdigkeit – Indianer – Inkle und Yariko – Revolution – Sklaverei – Sutter – Washington

GRUPPENSCHLAGWORTREGISTER

VERGEHEN UND VERBRECHEN s. a. *AUSSENSEITER DER GESELLSCHAFT*

Blutrache – Brautraub – Cardillac – Dieb – Ehebruch – Gift – Grausamkeit – Greuel – Hochstabler – Inzest – Kindesmord – Prinzenraub, sächs. – Räuber – Sklaverei – Unmenschlichkeit – Unrecht – Verbrecher – Verführung – Verleumdung – Verräter

VERKEHR s. *TECHNIK UND VERKEHR*

VÖLKER UND RASSEN

Germanen – Heiden – Indianer – Jude – Nation – Neger – Rassengedanke – Slawen – Slowenen – Volk – Volkstum – Zigeuner

VOLKSTÜMLICHE GESTALTEN UND VOLKSBUCHSTOFFE s. a. *LIEBESPAARE – SAGEN UND MYTHEN*

Augustin (Lieber) – Baas, starker – Bayrischer Hiesel – Bomberg – Deutscher Michel – Don Juan – Don Quijote – Donauweibchen – Eckart, getreuer – Eulenspiegel – Faust – Fortunatus – Freischütz – Friedrich I., Barbarossa – Genoveva – Griseldis – Hanswurst – Harlekin – Hauser – Herzog Ernst – Hofer – Jude – Kohlhaas – Magelone – Melusine – Münchhausen – Oberon – Robinson – Rübezahl – Schildbürger – Schlemihl – Tell – Undine – Volksbuch – Volksglaube

WEHRWESEN s. a. *KRIEG*

Flotte – Geschütz – Helm und Harnisch – Kampf – Militarismus – Offizier – Schlacht – Schwert – Seeschlacht – Soldat – Speer – Waffe – Wappen – Wehrverfassung – Zweikampf

WELTANSCHAUUNG s. a. *PHILOSOPHIE – RELIGION*

Antisemitismus – Fortschrittsglaube – Freigeist – Liberalismus – Nihilismus – Pantheismus – Pazifismus – Pessimismus – Sternenglaube

WELTGESCHICHTE

Altertum nordisches – Antike – Drittes Reich (Zukunftsreich) – Gegenreformation – Geschichte – Goldenes Zeitalter – Mittelalter (Allgemein) – Reformation – Renaissance – Ur- und Vorgeschichte

WIRTSCHAFT s. a. *GESELLSCHAFT – TECHNIK UND VERKEHR*

Arbeit – Arbeiter und Arbeiterklasse – Bergbau und Bergmann – Geld – Großstadt – Hanse – Industrie – Kapital – Kaufmann – Technik – Wirtschaft

WISSENSCHAFT s. a. *PHILOSOPHIE*

Alchemie – Archäologie – Astronomie – Chemie – Gelehrter – Geographie – Kopernikus – Naturwissenschaft – Physik – Wissenschaft
Akademiker – Beireis – Forscher – Forster – Galilei – Gelehrter und Gelehrtheit – Geologe – Humboldt, W. v. – Mathematiker – Mesmer – Paracelsus – Scholastik – Theologie – Winckelmann – Winterfeld, P. v. – Wissenschaft und Wissenschaftler

ZAUBERER

Faust – Klingsor – Magie – Merlin – Zauberei und Zauberin

ZEITBEGRIFFE UND ZEITMESSUNG s. a. *JAHRES- UND TAGESZEITEN*

Gegenwart – Jahrhundertfeier – Uhr – Vergänglichkeit – Vergangenheit – Vorausdeutung – Zeit und Zeitgeschehen – Zeitgeist – Zeitgeschichte – Zeitkritik – Zukunft

ÜBERSICHT DER GRUPPENSCHLAGWÖRTER
NACH SACHGEBIETEN

In der folgenden ÜBERSICHT werden die 116 weiten Schlagwörter des vorangestellten GRUPPENSCHLAGWORTREGISTERS, die wiederum 1548 Schlagwörter für die einzelnen Stoffe und Motive des bibliographischen Hauptteils erschließen, zusammenfassend 9 größeren Sachgebieten zugeteilt. Diese wurden nach rein praktischen Gesichtspunkten gebildet. Sie vereinigen jeweils solche Gruppenschlagwörter, die inhaltlich und somit stofflich zusammengehören. Mit ihrer Hilfe läßt sich das dargebotene Gesamtmaterial überblicken, denn sie führen über die Gruppenschlagwörter zu den Einzelschlagwörtern bestimmter Stoffe und Motive, die im bibliographischen Hauptteil in rein alphabetischer Folge zu finden sind.

1. Geschichte, Erd- und Länderkunde

Ägypten und Assyrien – Angelsachsen – Antike – Aufstand und Freiheitskampf – Deutschland – Frankreich – Frauen aus deutscher Geschichte – Fürsten und Herrscher – Germanen – Grenz- und Auslandsdeutschtum – Großbritannien – Heerführer – Hohenstaufen – Hohenzollern – Italien – Judentum – Kaiser – Karl der Große und sein Kreis – Könige – Königstöchter – Krieg – Länder- und Erdteile – Mittelalter – Nordeuropa – Österreich – Orte – Römische Geschichte – Rußland und Sowjetunion – Schweiz – Spanien und Portugal – Tirol – Tschechoslowakei – Türkenkriege – Ungarn – Vereinigte Staaten von Amerika – Völker und Rassen – Wehrwesen – Weltgeschichte

2. Religion und Kirchengeschichte

Bibel – Feier und Brauchtum – Heilige – Kirchengeschichte – Orden (religiöse) – Reformation – Religion – Sagen und Mythen

3. Kunst und Geistesleben

Ästhetik – Bauwerke und Kunstdenkmäler – Deutschland – Italien – Kunst und Künstler – Literatur – Maler – Metaphern und Topoi – Mittelalter – Musik und Musiker – Musikinstrumente – Niederlande – Österreich – Orient – Philosophie – Polen – Romantik – Schmuck – Schweiz – Spanien und Portugal – Symbolisches und Allegorisches – Weltanschauung – Wissenschaft

4. Sagen und Mythen, Legenden, Märchen und Parabeln

Artuskreis – Legenden – Liebespaare – Märchen – Nibelungensage – Parabeln – Sagen und Mythen – Trojanischer Krieg – Volkstümliche Gestalten und Volksbuchstoffe

5. Übersinnliches

Elementargeister – Groteskes und Geheimnisvolles – Künstlicher Mensch – Teufelsbund – Übersinnliches – Zauberer

6. Natur

Gebirge – Gewässer – Inseln – Jahres- und Tageszeiten – Landschaft – Natur und Mensch – Naturerscheinungen – Pflanzen – Tiere

7. Einzelmensch und Umwelt

Abenteurer – Akustik – Berufe und Stände – Charaktere, Temperamente und Typen – Einsiedler – Entdecker und Erfinder – Erziehung und Unterricht, Kindheit und Jugend – Familie – Feier und Brauchtum – Frau (Allgemein) – Geschlechtsleben – Gesundheitspflege – Handwerk und Gewerbe – Krankheit und Gebrechen – Lebensalter und Geschlechter – Mensch (Individuum) – Nahrung und Genuß – Optik – Seelenleben – Sterben und Tod – Tugend und Laster – Vergehen und Verbrechen – Zeitbegriffe und Zeitmessung

8. Gesellschaft und Staat

Arbeiterbewegung – Außenseiter der Gesellschaft – Gesellschaft – Krieg – Rechtswesen – Siedlungsgedanke – Staat und Politik

9. Technik, Industrie und Handwerk – Sport und Spiel

Berufe und Stände – Entdecker und Erfinder – Handwerk und Gewerbe – Technik und Verkehr – Wirtschaft – Sport und Spiel

VERFASSERREGISTER

A

Abbé, D. v. 1188, 15
Abendroth, W. 765, 16
Abma, E. 1226, 3
Abmeier, H. 359, 4; 415, 2
Abusch, A. 360, 40
Ackermann, E. M. 1157, 3
Ackermann, I. 478, 3
Ackermann, O. 432, 1
Adam, A. 691, 8
Adam, Georg 75, 1
Adam, Günter 757, 17; 1387, 14
Adam, H. 843, 1
Adam, J. 924, 13 u. 20
Adamski, M. 760, 21
Adel, K. 360, 55
Adelt, L. 379, 9
Adler, H. 341, 11
Adolf, H. 34, 3; 998, 13
Adolf-Altenberg, G. 360, 44
Aeppli, E. 1188, 4
Ahrendt, E. H. 1094, 2
Ahrens, H. 690, 7
Aichele, K. E. 677, 23
Aigner, E. 955, 5
Aland, K. 822, 20
Albert, E. 924, 17
Albert, P. 303, 2
Albert, Peter P. 394, 1
Albert, W. 567, 8
Albertsen, L. L. 16, 1; 400, 4; 618, 1
Albrecht, E. 1444, 3
Albrecht, E. A. 924, 59; 1116, 2
Albrecht, G. 143, 4
Albrecht, K. 590, 1; 1051, 1; 1118, 1 u. 2; 1267, 1; 1540, 1
Albrecht, M. v. 1308, 1
Adler, H.-J. 1188, 12
Aler, J. 910, 6 u. 7
Alewyn, R. 43, 3
Alexander, R. J. 572, 3
Alker, E. 801, 33; 965, 3; 1186, 1
Allemann, B. 470, 1
Allen, R. A. 880, 1
Alley, G. L. 461, 51
Allgäuer, W. 287, 4
Alpern, N. 1148, 4
Alpers, P. 20, 3
Altaner, B. 262, 1
Altenburg, O. 1033, 1; 1387, 4
Altenhein, H.-R. 195, 20; 443, 1 u. 2
Altner, M. 869, 62; 1231, 94
Altvater, F. 277, 9
Alverdes, P. 666, 15
Alvermann, H. 483, 3
Aly 172, 1; 1227, 1
Amman-Meuring, F. 678, 23
Ancker, I. 360, 36
Andel, G. G. v. d. 837, 2
Anderle, M. 1525, 21
Anders, W. 554, 7 u. 8
Anderson, G. K. 673a, 26 bis 27
Andreae, F. 1449, 1
Andree, G. A. 1140, 5
Andres, 165, 2
Andresen, I. 501, 5; 1162, 6
Andrew, L. 331, 1
Andrews, M. T. 1453, 3
Andrews, R. C. 1176, 16
Anemüller, E. 69, 6
Angehrn, H. 165, 4
Angel, P. 673b, 22
Anger, A. 777, 36; 1140, 20
Angermann, A. 1015, 1
Antlei, M. 357, 12
Anton, H. 1006, 3
Antropp, Th. 966, 1
Apel, J. A. 398, 2
Apelt, E. P. 58, 7
Appel, P. 869, 1
Appelhans, P. 838, 46
Appell, J. W. 437, 1; 1057, 1

Arendt, D. 125, 2; 188, 6; 404, 2; 554, 10; 677, 18; 851, 1; 892, 8; 911, 13; 943, 2; 1017, 1; 1146, 17; 1446, 6
Arens, E. 701, 2–3
Arens, R. 1490, 6
Arndt, I. 1195, 4
Arnold, A. 612, 1
Arnold, F. C. 713, 4
Arnold, H. 785, 4; 1329, 29; 1373, 1
Arnold, H. L. 1044, 1
Arnold, R. F. I, 1; II, 1; 20, 1; 360, 27; 503, 1; 680, 1; 745, 1; 1031, 1 u. 6; 1148, 10
Arp, J. 869, 29
Aschenbrenner, A. M. 999, 7
Aschkenazi, A. 319, 1
Ashliman, D. L. 633, 2
Asmus, Ch. 360, 24
Asmus, R. 629, 1; 1252, 1; 1529, 1
Assert, B. 1064, 13
Assion, P. 706, 2
Atkins, St. P. 1480, 10
Atzinger, R. 78, 1
Auer, A. 777, 38
Auer, H. 315, 8
Augée, J. 759, 41; 1227, 18
Augstein, C. 749, 2; 1257, 2
Aulhorn, E. 429, 2; 1195, 1
Aumüller, R. 1494, 5
Aurich, U. 219, 1
Ausfeld, F. 1464, 1
Avni, A. 143, 13 u. 16
Axelrad, A. J. 1230, 2
Ayrenschmalz, A. 1305, 16

B

Baader, E. 959, 1
Baasch, E. 708, 17
Baasch, K. 229, 1

Bab, J. 129, 7; 759, 2 u. 9; 1084, 4
Baberadt, F. 1126, 2
Babillotte, A. 341, 5
Babinger, F. 976, 10; 1350, 11
Bach, A. 188, 4
Bach, F. 370, 1
Bach, H. 753, 7
Bach, J. 1173, 2
Bachem, R. 1316, 1
Bachmann, H. 315, 5; 391, 24; 759, 12
Backenköhler, G. 521, 1
Bader, F. 202, 1
Bader, K. 472, 1; 1353, 1
Bäcker, H. 187, 4
Bähler, E. L. 1322, 27
Bähr, P. 757, 3
Baerg, G. 1358, 2
Bärwinkel, P. 1123, 1
Bärwolff, W. 343, 1
Bäschlin, A. 747, 2
Bäte, L. 403, 3
Bäuerle, D. 311, 5; 825, 3; 1322, 36; 1544, 25
Bäumer, G. 58, 1; 713, 6
Bäumer, M. L. 265, 2 u. 3; 583, 12
Bahr, J. 1240, 2
Baier, G. 1032, 4
Bald, G. 1032, 34
Bald, J. J. 720, 2
Baldensperger, F. I, 2
Balk, A. 435, 2
Balk, D. 634, 9; 658, 2
Balke, D. 219, 8; 976, 13; 1350, 12
Balluseck, L. v. 1231, 53
Balthasar, H. U. v. 677, 5
Baltke, R. 33, 1
Baltzer, O. 675, 2 u. 4
Banitz, E. 452, 1
Bapistella, J. 558, 1
Barba, P. A. 92, 1; 633, 1
Bargetzki, K. F. 257, 1
Barlow, D. 660, 12
Barnstein, A. 1401, 1; 1496, 2
Barnstorff, H. 713, 10
Barnstorff, J. 1336, 1
Bartels, A. 152, 4
Bartelt, W. 1125, 1

Barth, B. 296, 3; 801, 9
Barth, E. 1050, 1
Barthel, G. E. 273, 1
Barthel, K. W. 209, 1
Bartholomae, U. 1007, 1
Barto, Ph. S. 1295, 7 u. 10; 1391, 1
Bartsch, K. 417, 1; 938, 7; 1340, 1
Bartsch, W. 1424, 1
Baser, F 473, 1
Bass, J. 673 b, 6
Batereau, O. 1322, 8
Bath, M. 155, 1; 840, 6
Bátori, D. 567, 16
Batt, M. 924, 10
Batts, M. I, 3; 74, 8; 567, 43; 881, 21; 1345, 25
Bau, A. 840, 4
Bauer, A. 1329, 57
Bauer, E. 911, 2
Bauer, G. 583, 14
Bauer, G.-K. 1258, 1
Bauer, J. 865, 4
Bauer, K. 461, 11
Bauer, K. F. 1057, 7; 1099, 12
Bauer, Roger 953, 6
Bauer, Rudolf 461, 18; 1099, 9
Bauer, W. 1306, 12
Baum, H. W. 1231, 54
Baum, W. 1231, 84
Baumann, H. E. 768, 4
Baumbauer, K. 700, 1
Baumgaertel, G. 918, 14
Baumgart, R. 760, 18; 1371, 1
Baumgart, W. 1435, 1
Baumgarten, B. 924, 18
Baumgarten, R. 1009, 1
Baumgartner, M. 440, 2
Baur, W. 1016, 1
Bausinger, H. 1151, 1; 1179, 2
Bauß, H. 801, 25
Baxa, J. 1231, 17
Bayer, D. 357, 16
Bayer, K. Th. 98, 6; 519, 1; 809, 1; 906, 4
Bayer-Jüttner, M. 1461, 16
Beaujean, M. 461, 43

Bebermeyer, G. 147, 5; 768, 12 u. 14; 834, 3; 918, 3; 1273, 2; 1311, 9; 1447, 2
Becher, H. 221, 6; 441, 23; 998, 11
Bechmann, A. 458, 7
Bechstein, R. 1345, 1
Bechtle, R. 503, 6
Bechtold, A. 1146, 1
Beck, A. 503, 4; 575, 1
Beck, C. 1041, 4
Beck, F. 111, 3
Beck, G. 911, 5
Beck, H. 631, 1; 675, 7
Beck, J. 1322, 20
Beck, K. 1095, 2; 1115, 1
Beck, P. 162, 1
Beck, W. 1146, 5
Becker, A. 627, 4; 691, 7; 1090, 9; 1211, 3; 1237, 1
Becker, H. 296, 7; 801, 35
Becker, J. 302, 1; 1032, 19
Becker, M. L. 840, 2; 1131, 1; 1143, 2
Becker-Cantarino, B. 1232, 2
Beckmann, A. 1544, 36
Beckmann, E. 579, 3; 1079, 11
Beckmann, H. 391, 66; 869, 34
Beckmann, J. 869, 5
Beer, R. R. 303, 3
Beese, H. 1055, 1
Béguin, A. 1339, 17–18 u. 32
Behaghel, O. 754, 2
Behl, C. F. W. 1002, 1
Behr, H. J. 1448, 1
Behr, J. 777, 21
Behrend, F. 228, 2
Behrendt, M. 1398, 3
Behrens, A. 332, 1; 357, 8
Behrens, C. 131, 4
Beils, W. 58, 4
Beinlich, A. 713, 29 u. 33; 1195, 3
Beiss, A. II, 2
Bekker, H. 1311, 22–23
Belkin, J. S. 1471, 6
Bell, C. H. 969, 1
Beller, M. II, 3–4; 1023, 2
Belling, E. 409, 1; 821, 1
Belun-Cierpka, St. 477, 1

Ben-Chorin, S. 666, 42
Bencker, G. 1461, 12
Bender, D. 430, 4
Bender, H. 892, 6; 1032, 59
Bender, M. E. 1490, 4
Benedict, S. 511, 1
Benezé, E. 1339, 1
Benjamin, C. 517, 1
Benöhr, F. 1032, 9; 1162, 2
Bentmann, F. 703, 1–2; 1305, 14
Benz, E. 1493, 1
Benz, R. 50, 11; 825, 1; 1517, 1
Benzmann, H. 1231, 7 u. 27
Berchtold, A. 1306, 20
Berend, E. 623, 1; 659, 1; 1003, 1; 1329, 15
Berent, E. 391, 60; 801, 36
Berg, L. 1356, 1
Bergemann, P. 391, 3
Bergengruen, W. 1537, 3
Bergenthal, F. 894, 1
Bergenthal, H. 1136, 2
Bergenthal, J. 1482, 6
Berger, B. 341, 23
Berger, H. 1531, 2
Berger, K. 50, 9; 567, 20
Berger, L. H. 1066, 15
Berger, T. W. 275, 1
Berger, W. 297, 2
Bergland, G. 1486, 9
Bergmann, A. 493, 1
Bergmann, P. 1231, 30
Bergmann, R. 650, 2; 999, 12
Bergner, H. 1099, 6
Berl, H. 102, 2; 1239, 3
Bernard, R. K. 1385, 9
Bernart, H. 1146, 12
Bernatzky, F. 1544, 8
Berndt, A. 391, 35
Bernhard, H.-J. 759, 43; 760, 17
Bernhart, J. 1322, 39
Bernheimer, R. 1496, 3
Berninghaus, U. 1339, 24
Bertelt, E. 723, 2
Bertschinger, Th. 1176, 14
Bessenrodt, O. 903, 1; 1319, 2
Bessler, H. 461, 19
Bessmertny, A. 120, 1

Bettex, A. 892, 4; 1188, 9 u. 13
Bettex, G. 31, 8
Betz, G. 1084, 3
Betz, I. 1329, 34
Betz, L. P. 221, 3
Betz, W. 567, 30
Betzen, K. 759, 46
Beutler, E. 638, 3; 813, 4
Beutlhauser, E. 924, 41
Beyer, F.-H. 737, 3
Beyer, H. 464, 9; 1393, 7
Beyer, P. 1227, 6
Beyschlag, S. 143, 10
Bezdeka, J. 554, 6
Bezold, F. v. 111, 1
Bianquis, G. 360, 31; 1031, 12
Bick, I. 341, 12
Bieber, H. 129, 4; 673b, 13; 1508, 2
Biechele, W. 1231, 99
Biedenkapp, G. 1507, 1
Bieder, G. 777, 6; 924, 33
Biedermann, A. E. 1079, 1
Biedermann, K. 924, 2
Biehahn, E. 158, 1
Bien, G. 678, 27 u. 29
Bienengräber, A. 1476, 1
Biese, A. 590, 2; 754, 1; 759, 8; 785, 1; 863, 1; 892, 2; 924, 7–8 u. 31; 1260, 1
Biesterfeld, W. 1381, 13
Bietak, W. 144, 1; 785, 2
Billen, J. 777, 49; 811, 4; 1110, 1
Binder, H. 326, 2; 1340, 5
Binder, K. 924, 28
Binder, W. 869, 46; 1129, 1
Bindschedler, M. 74, 4; 149, 1; 391, 63; 838, 26 u. 44; 1269, 2; 1322, 57
Bingel, H. 1032, 48
Bink, H. 100, 1; 833, 1
Bink, K. 867, 2
Birch-Hirschfeld, A. 998, 1
Birk, B. 1032, 21; 1084, 7
Birk, H. 357, 17
Birkenfeld, G. 291, 1
Bisanz, A. J. II, 5
Bischoff, H. 277, 3
Bischoff, O. 1464, 4

Biser, E. 604, 1
Blaas, E. 1132, 1
Blank, W. 881, 25
Blanke, H. 869, 35
Blasius, H. 892, 1
Blasius, Th. 364, 1; 594, 1
Blau, J. 469, 1
Bleich, E. 76, 1; 170, 1
Bleicher, Th. 615, 1
Bloch, E. 1520, 1
Block 1345, 5
Block, A. 861, 3
Blöcker, G. 672, 11
Bloem, W. 1387, 8
Blühm, E. 929, 1
Blum, P. 112, 2; 1113, 1
Blume, B. 396, 3; 431, 3; 642, 1; 689, 1; 971, 1; 1149, 3; 1150, 2–3; 1453, 2
Blumenthal, L. 20, 5; 645, 9
Blumenthal, M. L. 75, 16
Blumner, H. 37, 4
Bobbe, H. 706, 1
Bochinger, R. 720, 4
Bock, E. 1492, 1
Bock, F. 955, 1
Bock, Hellmuth 1345, 19
Bock, Hermann 461, 9
Bock, S. 869, 32
Bockelmann, P. 1269, 3
Bockemühl, E. 838, 7 u. 10 u. 12; 1461, 8
Bode, F. 693, 1
Bodensohn, A. 918, 15; 1544, 48
Bodensohn, H. 363, 1
Bodmann, A. 1031, 5
Böckenholt, H.-J. 391, 67
Böckmann, P. 924, 79
Böheim, J. 776, 16
Böhm, B. 346, 3
Böhm, I. 1216, 2
Böhme, E. W. 93, 1; 98, 3–5; 171, 1; 220, 1; 273, 13; 539, 1; 898, 1 u. 3 u. 8; 906, 8; 1272, 1; 1430, 4
Böhme, W. 788, 15
Böhmer, M. 753, 18; 1028, 2
Böhne, C.-G. 172, 4
Böhne, W. 548, 16
Boenigk, O. 717, 1

Börner, A. 1231, 82
Börsch-Supan, E. 426, 8
Boesch, B. 768, 6; 916, 1
Böschenstein, B. 77, 1;
    308, 1; 601, 4–5; 1112, 1
Boeschenstein, H. 433, 2;
    694, 1; 869, 24
Böschenstein-Schäfer, R.
    1140, 21
Böse, G. 1290, 5
Böttcher, K. 788, 27
Bötticher, G. 441, 5
Bogler, Th. 890, 5
Bohlender, R. 1237, 3
Bohn, E. 1533, 1
Bohnenblust, G. 652, 5;
    1188, 2; 1425, 1
Boletta, W. L. 905, 18
Bolhöfer, W. 8, 1; 510, 1
Bolin, W. 870, 1
Bollnow, O. F. 886, 1
Bolte, J. 37, 2; 111, 2; 290, 1;
    354, 1; 424, 1; 677, 4;
    690, 2; 949, 1; 1238, 1;
    1327, 2; 1509, 1
Bonwit, M. 331, 2; 1311, 16
Boor, H. de 54, 1; 262, 2;
    461, 44
Borcherdt, H. H. 341, 25 u. 32;
    579, 2
Borgeld, A. 66, 2
Borinski, K. 801, 8
Bormann, A. v. 1032, 69
Bornscheuer, L. 1243, 1
Bornstein, P. 296, 2; 708, 3
    u. 7; 765, 1; 1329, 3 u. 4
Borowansky, G. 1437, 3
Borst, J. 526, 2
Bosch, J. 114, 2; 415, 1;
    788, 5; 981, 3
Bostock, I. K. 660, 3;
    759, 19
Boucher, M. 1085, 7
Bourbeck, Ch. 869, 11;
    1525, 10
Bourfeind, P. 1231, 11;
    1377, 1
Bousquet, J. 1339, 28
Bowra, M. 759, 44
Braches, H. H. 1329, 48
Braemer, E. 567, 31; 1231, 68
Bräutigam, L. 543, 2

Brahm, O. 1099, 1
Bramstedt, E. K. 12, 4; 678, 4
    1231, 42
Brand, E. 1345, 14
Brand, G. K. 75, 4; 759, 16;
    1236, 1
Brandes, G. 50, 2
Brandes, R. 535, 2
Brandl, L. 1103, 7
Brandt, O. 487, 5
Brandt, O. H. 111, 6; 759, 3
Brandt, O. R. 284, 1
Brauer, W. 869, 43
Braun, E. 1313, 1
Braun, F. 801, 28; 913, 1
Braun, F. X. 1322, 46
Braun, H. 1079, 16
Braun, W. A. 1476, 4
Brech, J. 1077, 1
Brechenmacher, J. K. 365, 1
    417, 2
Brecht, W. 661, 2
Breede, E. 1337, 4
Breffka, K. 36, 5
Breitenbucher, J. R.
    672, 10
Brekle, W. 320, 3
Bremser, H. 114, 5
Brendel, K. 1358, 3
Brendel, U. 1172, 1
Brendle, E. 1417, 2
Brenner, H. 1494, 2
Brenning, E. 1201, 1;
    1226, 1
Brentano, B. v. 869, 25
Breslmair, K. 31, 22
Brettschneider, W. 660, 15
Breucker, F. 307, 1
Brewer, E. V. 678, 16
Brie, M. 1137, 1
Brieger, A. 690, 4
Brieger, L. 917, 5
Brietzmann, F. 391, 6
Brinker, K. 548, 23
Brinkers, Ch. 324, 1
Brinkmann, H. 501, 7; 754, 5;
    777, 20; 801, 29; 881, 8;
    1079, 48; 1168, 5
Brinkmann, R. 1065, 1 u. 5
Brinschwitz, E.-M. 768, 7
Brock, J. 873, 1
Brodbeck, Ch. 581, 1

Broecker, A. 1032, 11;
    1084, 1
Broel, W. 1517, 4
Brömer, H. 693, 2
Brösel, K. 777, 8
Brogsitter, K. O. 74, 7; 872, 9;
    1345, 23
Brom, G. 1080, 1
Brombacher, K. 115, 4;
    724, 2
Brown, C. S. 906, 17
Brown, E. L. 777, 54
Bruckner, A. 31, 16
Bruder, E. J. 1084, 6
Bruder, W. 807, 2
Brück, M. v. 1032, 31
Brückl, O. 1458, 1
Brückner, E. 1085, 6
Brüggemann, F. 195, 6;
    1103, 8; 1381, 1
Brüggemann, S. 789, 3
Brüggemann, W. 214, 1
Brüning, I. 1517, 5
Brugger, I. M. de 567, 41
Bruggisser, A. 553, 6
Bruinier, J. W. 801, 12; 881, 3
Brukner, F. 360, 28; 1060, 1
Brummack, J. 545, 8; 693, 5;
    976, 14
Brunnemann, A. 822, 5
Brunnensteiner, E. 789, 10
Brunner, H. 82, 1; 579, 4;
    642, 2; 811, 5; 1103, 13
    bis 14; 1280, 2
Bub, D. F. 660, 40
Bube, W. 863, 7
Buchheit, G. 1211, 1;
    1329, 18
Buchholz, F. 1154, 2
Buchmann, R. 567, 4
Büchner, A. 672, 6–7
Büchner, R. 441, 28
Bühler, H. 838, 38; 869, 47
Bülow, P. 117, 3; 539, 2;
    666, 50; 906, 5 u. 7;
    1430, 5; 1457, 1–2;
    1461, 6 u. 9
Bürger, G. 813, 7
Bürgi, E. 75, 7
Büring, W. 708, 10
Büscher, J. 126, 17
Büse, K. 838, 25

Buff, A. 1256, 1
Buhl, W. 1201, 5
Bulst, W. 1032, 35
Bulthaupt, H. 660, 1
Bumke, J. 1099, 18
Bunge, E. F. 1216, 3
Buntz, H. 26, 7
Burg, P. 111, 8
Burger, H. 1423, 2
Burger, H. O. 75, 19; 1008, 9; 1207, 2; 1400, 2
Burgess, A. V. 391, 7
Burkhart, S. D. 760, 20
Burmeister, K. D. H. 338, 6
Busch, E. 50, 8
Busch, Jürgen 19, 1; 161, 1
Busch, Julius 1133a, 1
Busch, O. 1183, 1
Busenkell, M. 391, 40; 1168, 3
Buske, W. 1052, 1
Busse, G. 1031, 11
Busse, L. 279, 1 u. 2
Busse, W. 630, 1
Bußmann, W. 440, 3
Butler, E. M. 28, 4; 360, 39
Buttell, M. P. 221, 9
Buttke, H. 70, 1; 1075, 2
Butzlaff, W. 923, 4; 1525, 14–15
Buxbaum, G. 965, 8
Buzás, L. 785, 7; 1477, 1
Byl, J. 943, 1; 983, 3

C

Calmberg, E. 254, 12
Camenisch, K. 496, 1
Cardoza, M. P. 391, 61
Carlson, H. G. 1394, 4–6
Carlsson, A. 863, 14
Carnap, E. G. 1140, 12
Carpin, 673b, 1
Carrington, H. 673b, 2
Carsten, P. 75, 56; 748, 1
Casser, P. 1482, 3
Cast, G. Ch. 1175, 1; 1394, 2
Castle, E. 606, 8; 650, 1
Catholy, E. 846, 3
Cerha, F. 1352, 1
Cernak, R. 830, 4
Cernohous, H. 652, 1

Cesana, A. 759, 22
Chapuis, A. 95, 2
Charbon, R. 926, 7
Chauvin, M. J. 840, 13
Chodera, J. 1031, 16–17
Cholevius, C. L. 50, 1
Christoffel, K. 1464, 6 u. 10
Chuchla, G. 1418, 1
Claassen, P. A. 1148, 6
Clark, J. M. 1134, 1; 1357, 7
Clarus, L. 1497, 1
Claus, E. 1231, 16
Clauss, L. F. 1336, 3
Claussen, B. 600, 3
Clemen, P. 732, 3
Cleve, L. 461, 21; 1032, 33
Closs, A. 862, 1; 924, 81; 1238, 4
Cobbs, A. L. 36, 24
Cocalis, S. L. 341, 43
Cohn, E. 1231, 12
Cohn, F. L. 917, 26
Cohn, K. 303, 1
Colditz, S. 1461, 22
Colleville, M. 753, 4; 1489, 1
Collins, R. St. 765, 18
Colshorn, H. 1267, 3
Cooke, A. B. 924, 11
Cordes, G. 1099, 16
Cosacchi, St. 1337, 8
Cosentino, Ch. 1322, 67
Cosman, M. P. 341, 35; 567, 38
Cotta v. Cottendorf, F. 648, 1
Cova, U. 50, 24
Credner, K. 1322, 12
Creizenach, W. 69, 1; 360, 1
Crepaz, A. 909, 1
Creutzburg, G. 525, 8
Cronholm, A. Ch. 1221, 2
Crusius, D. R. 254, 17–18
Cullmann, F. 1013, 1
Culmann, H. 772, 1
Currle, G. 753, 9
Curschmann, H. 75, 13
Curtius, E. R. 1351, 3
Cwojdrak, G. 760, 7; 880, 2
Cysarz, H. 250, 4; 759, 20; 785, 10; 869, 17
Czernicky, E, 31, 23
Czerny, Z. II, 6
Czerwenka, M. 1345, 9

D

Dabezies, A. 360, 57
Dabrock, J. 548, 7
Dachsel, J. 765, 19
Daeglau, G. 1076, 3
Dähne, W. 1153, 1–2
Daffner, H. 273, 9; 1131, 2
Dahlmann, F. Ch. I, 5
Dahmen, H. 788, 17; 1173, 3
Dale, B. C. 583, 15
Damm, S. 869, 55
Danneil, H. 441, 8
Danton, G. H. 1498, 1
Darge, E. 111, 28; 391, 34; 777, 22; 785, 5; 909, 6; 1279, 4
Dargel, F. A. 777, 2
Darglau, G. 1322, 44
Daunicht, R. 195, 26
Daw, M. E. 441, 17
Dawson, J. St. 263, 1
Daxberger, R. 548, 8
Debruge, S. 60, 1
Debus, K. 1525, 1
De Cort, J. 1064, 11
Dedecius, K. 1031, 26
Dédéyan, Ch. 360, 41 u. 43
Dedner, B. 111, 63; 1140, 22 u. 24
Deetjen, W. 609, 1; 740, 1; 765, 8
Dehne, W. 817, 1
Deibl, M. 765, 22
Deich, W. 42, 3
Deicke, G. 58, 27
Deimann, W. 653, 1–3
Deininger, H. F. 131, 9
Deiter, H. 600, 2
Delius, F. Ch. 1484, 1
Delling, H. 429, 3
Delp, W. E. 1389, 1
Deltgen, M. 297, 3
Demel, R. 1322, 35
Demetz, P. 660, 13; 1146, 16
Deml, F. 1032, 42
Demmig, Ch. 391, 23 u. 28
Denecke, L. 546, 1
Denecke, R. 1032, 38
Denewa, W. St. 825, 5
Denkler, H. 1032, 79; 1084, 17

Derche, R. 813, 9
Derpmann, M. 669, 6
Derwein, H. 544, 5-6
Deschner, K. 575, 4; 777, 37; 801, 34
Desczyk, G. 36, 7
Detlefsen, D. 1162, 1
Deuschle, M. J. 143, 7
Deutschmann, S. 111, 35
Deutz, I. 1297, 2
Dexel, A. 1231, 6
Dickson, P. 36, 17
Diebold, M. 567, 54
Dieck, L. 553, 5
Dieckmann, L. 650, 3; 869, 56
Diederich, B. 464, 4
Diederichs, A. 1072, 13
Diederichs, R. 1146, 14
Dieffenbacher, R. I. 347, 4; 938, 16; 1345, 16; 1544, 23
Diehl, R. 388, 3
Diekmann, E. 1079, 28
Diel, K. 924, 67
Diener, G. 911, 6
Diesch, C. 564, 1
Diesenberg, H. 1079, 32
Dietrich, H. 401, 3
Dietrich, M. 28, 8; 43, 5; 50, 18; 360, 52 u. 56; 508, 6; 910, 5; 964, 3; 1231, 62; 1544, 47
Dietrich, O. 1299, 2
Dietz, G. 461, 20
Dietze, W. 138, 1
Diez, G. 406, 3
Dilthey, W. 1311, 20
Dinges, O. 1252, 2
Dinzelbacher, P. 185, 4; 663a, 1
Dirschauer, K. 1329, 61
Dittmar, H. 666, 30
Dittner, E. 1461, 17
Diwisch, F. 788, 34
Doebele-Flügel, V. 796a, 1
Döring, P. 399, 1
Doerk, B. 1077, 2
Dörrer, A. 414, 1; 606, 6; 677, 12; 994, 2; 999, 6 u. 9; 1403, 5
Dörrie, H. 419, 1; 1052, 5

Dohn, W. 1084, 2
Dohse, H. 1143, 4
Dohse, J. 786, 1
Dohse, R. 1076, 2; 1322, 16
Doke, T. 360, 53
Dollkopf, M. 1245, 11
Dollriess, J. 1337, 3
Donat, W. 777, 4
Donner, W. 915, 2
Dontschewa, B. 1350, 9
Doppler, A. 5, 1; 461, 47
Doren, A. 474, 1
Dorer, E. 1322, 2
Dorn, E. 548, 24
Dornheim, A. 910, 4
Dosenheimer, E. 1231, 47
Doubek, F. 571, 1
Drees, H. 924, 4; 1032, 3
Dreher, I. 567, 39
Dreher, W. 567, 33
Dresch, J. 1084, 10; 1231, 9
Drews, R. 1322, 49
Dreyer, A. 31, 21; 598, 1; 606, 3; 1188, 7; 1206, 1; 1500, 3; 1502, 1
Dreyer, M. 1311, 1
Dreyhaus, H. 821, 3
Dreyhausen, O. 4, 4
Driesmans, H. 341, 2; 1042, 1
Dronke, P. 801, 49; 1291, 7
Droop, F. 58, 6
Dublitzky, F. 254, 1
Duchon, G. 1201, 4
Dübi, H. 31, 2
Dünhofen, I. 357, 14
Dünninger, J. 1231, 55
Dürler, J. 126, 5
Dürre, K. 708, 9
Dürrwächter, A. 1329, 2
Dütting, H. 777, 17
Dufhus, E. 1345, 11
Dukony, M. 1366, 6
Dumcke, J. 360, 4
Du Moulin Eckart, R. 461, 6
Dunger, H. 1346, 1
Dunkmann, K. 1079, 4
Duriez, G. 221, 4
Durzak, M. 36, 23
Dvorak, H. 346, 2
Dworschak, H. 1115, 2

E

Ebel, H. 1261, 1
Eberhardt 757, 1
Eberhardt, W. 1531, 1
Eberle, M. 554, 2
Eberli, H. 1306, 3
Ebermann, O. 366, 1
Ebersbach, N. 777, 55
Ebert, M. 99, 1
Ebner 854, 1
Ebner, E. 341, 4; 788, 3 u. 6
Ebner, F. 713, 39; 1195, 7
Eck, D. v. 917, 25
Eckart, W. 58, 8
Eckert, G. 254, 11
Eckert, H. 59, 18; 818, 1
Eckhardt, D. 59, 35
Edelmüller, H. 59, 12
Eder, H. 1072, 5
Eder, I. 323, 2
Eder, I. M. 984, 10
Edler, E. 1231, 66
Edse, I. M. 553, 10
Egberts, J. 170, 3
Egert, E. 549, 2-3
Eggers, A. 637, 1; 708, 15
Eggers, H. 677, 14
Eggert, H. 461, 50
Egilsrud, J. S. 1335, 4
Egner, H. 1042, 7
Ehlen, L. 1176, 2
Ehlers, A. 1311, 41
Ehlig, M. 1494, 9
Ehni, J. 553, 14
Ehrenzeller-Favre, R. 813, 5
Ehrig, H. 567, 51
Ehrismann, G. 1249, 2; 1351, 2
Ehwald, R. 485, 1
Eichbaum, G. 448, 1 u. 4; 678, 5 u. 7; 1385, 5
Eichler, F. 1126, 1
Eichler, S. 858, 1
Eick, H. 543, 1; 1322, 10
Eicke, Th. 1105, 1
Eickhorst, W. 43, 2; 243, 3-4; 660, 8
Eifler, G. (Hrsg.) 1351, 7
Eikel, E. 1140, 16
Eilers, K. 653, 5
Eilts, H. 391, 20

Einfalt, O. 440, 1
Einsiedel, W. v. 1329, 27
Eisele, K. 713, 19
Eisenbeiß, U. 631, 5; 924, 88; 1517, 10
Eisenstädter, J. 1305, 2
Eisenthal, W. 850, 3; 1305, 8
Eisheuer, P. H. 307, 4
Eisler, I. 1490, 1
Eitel, W. 785, 14; 1477, 3
Elbers, W. 1227, 21
Elkhaden, S. 16, 2
Ellinger, G. 28, 1; 777, 11; 1247, 5
Eloesser, A. 195, 1
Elschenbroich, A. 141, 1
Elsen, A. 838, 40
Elsner, R. 759, 23
Elster, E. 1295, 6
Elster, H. M. 379, 11; 759, 1 u. 4
Emmel, H. 298, 1; 457, 6
Emmerich, A. 315, 6
Emrich, B. 461, 39
Emrich, H. 1461, 18
Emrich, W. 652, 6; 1001, 1; 1380, 1
Enders, C. 1091, 13; 1231, 20
Enderstein, C. O. 1231, 79
Engel, C. 883, 2; 1461, 19
Engel, G. 777, 18; 976, 5
Engel, H. 273, 11; 898, 4
Engel, J. 672, 4; 935, 2
Engel, K. 360, 2; 673a, 3
Engel, M. 1175, 3
Engelberger, J. 1010, 1
Engelmann, G. 461, 36; 1148, 19
Engert, R. 360, 32; 863, 9
Engert, W. 372, 2
Englert, A. 32, 1
Enzensberger, H. M. 582, 5
Enzinger, M. 777, 51; 1148, 11; 1322, 13; 1325, 7; 1524, 1
Eppelsheimer, R. 666, 55
Erckmann, R. 185, 1; 1072, 8; 1289, 2; 1305, 15
Erismann, O. 1290, 3
Erler, O. 244, 5
Erman, W. 1275, 2–3
Ermatinger, E. II, 7

Ernst, E. 75, 15
Ernst, F. 555, 1
Ernst, G. Ph. G. 801, 4
Ertzdorff, X. v. 401, 8; 583, 6–8
Eschelbach, H. 273, 3; 673a, 8
Escher, K. 484, 4
Eskuche, G. 1140, 4
Espe, H. 678, 12
Esselborn, K. 240, 1
Essner-Schaknys, G. 1504, 5
Ester, K. d' 671, 2–3
Ethé, H. 36, 1
Everding, A. 548, 21
Ewart, F. 1173, 1
Ewert, M. 917, 4
Eyberg, J. 690, 6
Eyberg, W. 1079, 34
Eykman, Ch. 461, 48; 520, 2; 666, 61; 1008, 10
Eyrich, A. 881, 12
Eyth, M. v. 1305, 1

F

Faber, B. 296, 10
Faber du Faur, C. v. 128, 4
Fabini, H. 559, 1
Fähler, E. 367, 2
Faesi, R. 548, 3
Fässler, V. 570, 1
Falieri, M. 355, 3
Falk, F. 677, 6–7; 1079, 22
Falk, H. 441, 10
Falkenfeld, H. 466, 2
Farinelli, A. 273, 2
Farwick, L. 474, 2
Fassbinder, K. M. 391, 26; 757, 11
Fassel, H. H. 1258, 3
Fath, J. 1148, 2
Fauchery, P. 391, 68
Fauler, L. 75, 10
Faust, A. B. 567, 3
Fechner, J.-U. 801, 42
Fechter, P. 1483, 4
Fechter, W. 7,1; 981, 9
Fehlau, U. E. 1228, 2
Fehr, H. 417, 5; 489, 1; 1066, 6 u. 8–9 u. 17 u. 19

Fehrle, E. 426, 1; 1109, 4
Fehse, W. 1337, 2
Feigl, W. 999, 3
Feise, E. 3, 2; 1446, 2
Feist, S. 150, 1
Feit, P. 1230, 1
Feitknecht, Th. 1231, 91
Feldmann, E. 195, 11
Fellner, A. 379, 4
Feltes, J. 1322, 14
Fernis, H.-G. 1336, 7
Fertig, L. 12, 7
Fertig, R. 698, 1
Fetz, G. A. 1032, 80
Feuchtmüller, R. 926, 2
Feuerlicht, I. 474, 3; 1140, 14
Fichte, Ch. 304, 6
Fickel, M. E. 583, 3; 1195, 5
Fiedler, H. 382, 2
Fierz, A. 1414, 1
Fieß, Ph. 415, 4
Filthaut, E. M. 1304, 1
Filton, H. S. 391, 72
Fingerhut, K.-H. 1032, 75
Fingerling, M. 391, 33
Fink, G.-L. 305, 3; 311, 6
Fink, R. 74, 1
Fink, T. 1381, 4
Finke, H. 742, 1
Finkous, E. 450, 6
Finsterwalder, K. 1109, 2
Fischer, E. 685, 1
Fischer, F. J. 75, 17
Fischer, G. 567, 29
Fischer, Hans 805, 2
Fischer, Hermann 1177, 1 u. 4
Fischer, J. M. 194, 2
Fischer, Karl 955, 6
Fischer, Kuno 360, 12
Fischer, L. 1247, 21
Fischer, L. H. 1108, 1
Fischer, O. 276, 5
Fischer, St. R. 1339, 33
Fischmann, H. 31, 10; 1356, 2; 1390, 1
Fisher, R. W. 231, 3; 1311, 43
Fitzell, H. J. 305, 2
Flashar, D. 879, 1
Flavell, M. K. 483, 7; 910, 17
Flechtner, H. J. 136, 1

Fleischer, M. B. 713, 47
Flemming, W. 58, 13; 869, 2 u. 12; 924, 36; 1461, 20; 1517, 7
Flex, W. 244, 3
Floeck, O. 270, 1; 311, 1; 553, 3; 866, 2; 1279, 2; 1364, 1
Fluch, H. F. J. 935, 4
Fluck, H.-R. 1290, 6
Fluß, I. 339, 7
Foerster, E. 221, 2
Förster, R. 1174, 1
Förster, R. F. 680, 1
Folz, R. 701, 6
Fondi, H. 1435, 4
Forster, V. 317, 8
Fränkel, J. 1042, 2
Fränkel, L. 360, 8; 1247, 2
Franck, H. 408, 8
Francke, K. 1231, 4; 1387, 9; 1472, 1
Francke, O. 1339, 9
Frank, G. 1283, 1
Franke, E. 1322, 32
Franke, H. 187, 2; 507, 8; 874, 1–2; 1216, 1; 1280, 1
Franke, O. 1544, 18
Franken, J. 793, 1
Frankl, L. A. 606, 2
Frankl, O. 673a, 11
Frankl, P. 486, 1
Franz, A. 341, 17
Franz, G. 1249, 5; 1351, 5
Franz, H. 503, 7; 652, 9
Franz, K. 1231, 104
Fraser, R. S. 1441, 12
Frauendorfer, S. v. 111, 57
Freese, W. 801, 43
Frei, O. 1543, 3
Freimann, A. 673a, 24
Frenzel, E. I, 6; II, 8–11; 673b, 12; 993, 6; 1061, 1; 1288, 3; 1393, 11
Frenzel, R. 111, 54
Frenzen, W. 250, 3; 720, 3; 1387, 13
Freud, S. 1368, 2
Freunthaller, W. 31, 20
Frey, A. L. 812, 3
Frey, B. 1064, 14
Frey, J. R. 1452, 1

Freybe, A. 282, 2; 696, 1–2; 981, 2; 1329, 10; 1461, 1–2
Freytag, H. 672, 1
Freytag, W. 1485, 1
Frick, R. 1057, 3
Fricke, G. 621, 2
Friedemann, H. 481, 1
Friedemann, K. 339, 1–2; 1199, 1
Friederich, W. P. I, 2
Friederici, H. 195, 21
Friedländer, M. 1066, 23
Friedmann, F. 749, 1; 1393, 1
Friedmann, G. 128, 1
Friedmann, L. 65, 3
Friedrich, C. 831, 2; 997, 2
Friedrich, H. 611, 1; 1544, 6
Friedrich, P. 666, 12; 917, 10; 1394, 1
Friedrich, W. 111, 58; 1231, 77; 1419, 1
Friedrich, W. H. 861, 4
Fries, W. 788, 8
Friesel, U. 1032, 67
Friesenhahn, H. I, 20; 777, 34
Friesicke, J. K. 1385, 8
Frieß, U. 200, 1; 1524, 2
Frings, Th. 567, 18
Fritsch, F. 360, 33
Fritsch, G. 635, 9; 777, 31
Fritsch, U. 391, 43
Fritsche, E. G. O. 758, 5
Fritsche, H. R. 1387, 11
Fritz, G. 1239, 1
Fritz, K. v. 28, 6; 1175, 5
Fritze, E. 998, 4
Fritzsch, R. 869, 22
Fritzsching, H. 1478, 1
Frobenius, E. 1386, 1
Frobenius, V. 635, 6; 1305, 10
Frodl, H. 243, 7
Froehlich, J. 801, 50
Froehner, R. 1018, 1
Fromm, H. 567, 32; 838, 30
Frommel, O. 1079, 3 u. 6
Fronemann, W. 168, 1
Fuchel, A. 380, 1
Fuchs, H. 616, 1
Fuchs, J. 778, 2; 1350, 3
Fuchs, R. 1194, 1

Fülleborn, U. 461, 49
Fünten, W. a. d. 840, 14
Fürst, I. 441, 24
Fürst, L. 708, 11; 1175, 2
Fürst, N. 341, 23a
Fürst, R. 163, 1; 548, 2; 673a, 10; 1393, 2
Fürstenau, J. 173, 3
Fürstenwald, M. 1334, 1
Fuhlrott, O. 566, 1
Funk, F. 526, 1
Funk, Martin 819, 1
Funke, P. 801, 15
Funke, W. 941, 5
Furness, R. 41, 2
Furstner, H. 881, 13
Fuss, K. 1179, 1
Fusten, I. 575, 3

G

Gaar, A. C. 785, 15
Gabriel, A. 609, 2
Gadway, J. F. 1163, 1
Gaedechens, E. 1461, 10
Gaehtgens zu Ysentorff, H. 917, 9
Gafert, K. 1231, 100; 1456, 7
Galinsky, H. 814, 1
Galley, E. 798, 1
Ganeshan, V. 634, 11
Ganzenmüller, W. 924, 26 bis 27
Ganzer, K. 905, 4
Garbe, R. 523, 4
Garber, K. 811, 7; 924, 90; 1140, 27 u. 29
Garnerus, K. 1510, 1
Garte, H. 567, 15
Garth, H. M. 840, 12
Gartmann, B. 663, 3
Gartzen, W. 401, 4
Gassner, J. F. 112, 1
Gattermann, H. 391, 5
Gaude, P. 963, 1
Gaudy, A. v. 713, 1
Gaul, H. 838, 20
Gaupp, R. 1433, 3
Gaus, M. 357, 10
Gauwerky, U. 195, 23; 1329, 47

Gearhart, E. F. 673b, 17
Gebert, W. 757, 6
Gebhard, A. 111, 25
Gebhard, W. 1079, 24
Gebhardt-Wäger, G. 749, 7
Geerdts, H. J. 59, 21; 869, 30; 1345, 21 u. 24
Geering, A. 713, 2
Geffner, M. 1468, 1
Geiger, A. 678, 1
Geiger, H. 885, 1; 1026, 2; 1175, 9; 1486, 10
Geiger, L. 344, 4; 360, 3 u. 5; 917, 20
Geisler, W. 417, 3; 1072, 2
Geißler, E. 991, 1
Geissler, F. 176, 1
Geißler, K. 869, 50
Geißler, R. 567, 25
Gelbuch, D. 50, 25
Gell, I. 498, 3
Gellinek, Ch. 235, 1; 566, 2
Gendarme de Bévotte, G. 273, 4
Genin, L. E. 1057, 9
Genschmer, F. 1231, 36
Gent, H. 1032, 36
Georgi, A. 810, 5
Gerber, D. 765, 20
Gerhard, M. 341, 8; 678, 30
Gerhards, G. 1508, 3
Gerlach, K. 1217, 2
Gerlach, R. 1322, 60
Gerlach, U. H. 540, 2
Gerling, R. 143, 17
Germ, E. 1494, 3
Germer, H. 341, 36
Gerndt, H. 372, 3
Gernentz, H.-J. 1231, 52 u. 56
Gersdorff, U. v. 760, 12; 686, 2
Gerstenberg, E. 1066, 18 u. 21; 1374, 1
Gerstenberg, H. 251, 1
Gerstenberg, W. 1350, 1
Gerster, M. 788, 9
Gerstmeyer, G. 1444, 1
Gerz, A. 1423, 1
Geßler, A. 131, 5
Gewehr, W. 87, 1; 583, 13
Geyer, H. 1433, 10

Ghurye, Ch. W. 1528, 2
Gidály, E. 1072, 6
Giebel, H. 639, 1
Gielen, J. J. 673a, 22
Giese, F. 41, 1
Giese, R. 1032, 37
Giesecke, H. 221, 18
Gille, H. 923, 1; 1032, 32
Gillen, J. 1435, 3
Gillet, J. E. 143, 5
Gillet, M. M. 391, 11
Gillhof, J. 1257, 1
Gillinger, I. 1382, 2
Gilman, S. L. 1018, 4
Gilmore, E. S. 849, 3
Girschner-Woldt, I. 1032, 70
Gish, Th. 1446, 5
Gizycki, L. v. 391, 2
Gjerset, K. 924, 9
Glabbatz 975, 1
Gladen, K. 567, 17
Gläsener, H. 378, 1; 673a, 23
Gläser, F. 601, 3; 1433, 7
Glanz, F. 208, 1
Glarner, E. 195, 10
Glasenapp, C. F. 1295, 2
Glasenapp, H. v. 634, 3 u. 5–6
Glaser, G. 389, 2
Glaser, H. 524, 2
Glaser, H. A. 195, 31
Glawischnig, G. 688, 1
Gleichen-Rußwurm, A. v. 801, 11; 881, 2, 1042, 3; 1227, 3
Gleis, P. G. 225, 3; 1018, 2
Glenk, W. 121, 1
Glenn, J. 568, 4
Glier, I. 881, 22 u. 26
Glock, J. Ph. 145, 1
Glossy, C. 987, 1
Glupe, A. 1322, 19 u. 21 u. 26
Glutsch, K. H. 596, 5
Gmelin, M. 1021, 1
Gnad, E. 1476, 2
Gnädiger, L. 624, 4
Gneuss, Ch. 1231, 63
Gnüg, H. 273, 15
Goditsch, H. 441, 19
Goebel, F. M. 673b, 9

Goebel, J. 36, 4; 758, 9; 1387, 7
Goebel, M. 613, 2
Goedeke, K. I, 8; 661, 1; 1329, 1
Göhler, J. 789, 9
Göllner, C. 1350, 13
Goenner, M. E. 838, 17
Göres, J. 360, 58
Görland, A. 1148, 7
Görlich, E. 50, 10
Goerres, K. 524, 1
Gößmann, M. E. 838, 2
Gößmann, W. 1231, 95
Goetschmann-Ravestrat, E. 1544, 27
Götte, R. 801, 1; 1326, 1
Göttert, K.-H. 1079, 60
Göttling, H. 1496, 1
Götz, B. 438, 1
Goetz, D. H. 1403, 6
Götz, F. 1175, 4
Götz, J. 1511, 1
Goetz, M. P. 12, 3
Goldemann, E. 1322, 34
Goldin, E. F. 1238, 5
Goldschmidt, H. 765, 5
Goldschmit, R. K. 544, 3 u. 7
Golik, I. 795, 2
Golther, W. 372, 1; 812, 1; 998, 5 u. 7–8; 1295, 8; 1345, 2 u. 4 u. 13
Goltz, B. 131, 8; 305, 1; 450, 2; 1544, 12
Gombert, L. 668, 1
Gonnet, G. 1438, 1
Gorm, L. 450, 4
Gormann, G. E. 1032, 39
Gotendorf, A. N. 374, 3
Gotthelf, F. 458, 1
Gottschalk, H. 567, 21
Gottschall, R. v. 204, 1; 244, 1; 935, 1; 938, 9
Gotz, M. 195, 24
Gotzen, J. 127, 2; 301, 3; 317, 2; 587, 2; 732, 2; 896, 1; 941, 4; 962, 1; 981, 5; 999, 4; 1014, 1; 1019, 1; 1090, 10; 1091, 5; 1119, 5; 1185, 2; 1481, 1

Gotzes, H. 1322, 6
Gove, Ph. B. 1077, 6
Grab, W. 1032, 67
Grabenhorst, G. 979, 1
Graber, P. A. 1079, 43
Grader, F. 688, 3
Gräfe, G. 1170, 1
Gräntz, F. 1177, 5
Graewert, Th. 36, 11
Graf, E. 441, 14
Graf, H. 605, 1; 1347, 1
Graf, M. 205, 1; 1518, 1
Graffunder, P. 1109, 3; 1340, 2
Graham, V. E. 1004, 1
Grammel, E. 26, 3
Granzow, H. 765, 23; 1231, 57
Grasshoff, K. 789, 13–14
Grau, G. 677, 3
Graucob, K. 713, 26
Graus, M. 909, 5
Gray, C. 881, 23
Gray, U. 713, 51
Greatwood, E. A. 1202, 3
Gregor-Dellin, M. 788, 32; 1176, 12
Gregorovius, L. 461, 4; 1544, 4
Greif, W. 1346, 2
Greiner, B. 58, 30; 567, 55
Greiner, M. 111, 55–56; 277, 11; 437, 7; 553, 7; 1032, 44
Greinz, R. H. 1544, 3
Grenacker-Berthoud, B. 766, 1
Grenzmann, W. 221, 10 u. 15; 221, 20; 326, 3; 660, 5; 666, 48; 1079, 41; 1079, 52; 1231, 73; 1544, 32
Greverus, I.-M. 487, 11; 553, 16
Grewe, H. 69, 14
Greyerz, O. v. 31, 17–18
Grigorovitza, E. 799, 1
Grimm, H. 1311, 24
Grimm, R. 359, 14–15
Grimmer, H. 298, 4
Grisar, E. 1119, 7
Grisebach, E. 1508, 1

Groeger, A. C. 1115, 3
Grönert, F. 202, 2
Grösel, A. 236, 3
Grötzinger, W. 1381, 5
Grohnert, D. 1103, 18
Grolman, A. v. 289, 2; 461, 16; 678, 8 u. 14; 713, 16 u. 22; 801, 20; 1275, 16
Gronicka, A. v. 304, 7; 628, 1
Groß, E. 1537, 2 u. 4–5
Groß, H. 467, 1; 673b, 5; 458, 3
Groß, R. v. 911, 3
Groß, W. 508, 3
Großberg, M. 965, 19
Grosse, A. 869, 39
Grosse, E. U. 924, 87
Grosse, F. 111, 36
Grosse, H. 666, 38
Grosse, S. 884, 3; 981, 10; 1249, 9; 1504, 8
Großmann, B. 415, 6
Grossmann, M. 909, 12
Grote, B. 248, 3
Grotegut, E. K. 256, 4
Gruber, H. 759, 50
Grubmüller, K. 1322, 61
Grünanger, C. 938, 18
Gruener, G. 938, 11
Gruenter, R. 777, 33 u. 41 bis 42; 811, 1–2; 881, 14; 924, 68; 1149, 4
Gruetzmacher, C. 1275, 23
Grützmacher, R. H. 1329, 21
Grund, A. K. 1167, 1
Grundlehner, Ph. E. 185, 3
Grundmann, H. 305, 4
Grundmann, J. 111, 26
Grundmann, K. 1234, 2
Grünenberg, H. 315, 4
Gruyter, W. de 1291, 1; 1427, 1
Gspann, J. Ch. 981, 4
Gsteiger, M. 3, 5; 426, 9; 1247, 16
Gudde, E. G. 1188, 5; 1231, 37
Guder, G. 1247, 7
Gülzow, E. 71, 1; 103, 1; 682, 1

Günther, A. 1279, 6
Günther, E. 822, 1
Günther, Helmut 373, 3; 760, 2–4; 1146, 3
Günther, Herbert 430, 3; 544, 10
Günther, J. 173, 1; 924, 51
Günther, M. 1231, 8
Günther, R. 660, 10
Günther, U. 251, 2
Günther-Konsalik, H. 435, 1
Gürtler, J. 1176, 5
Gürttler, K.-R. 74, 11
Güterbock, G. 962, 1
Güttenberger, H. 744, 1; 965, 1
Guggenheim, E. 113, 1; 466, 1
Guillon, E. 31, 8
Guirguis, F. D. 976, 16
Gulde, H. 391, 30
Gullhoff, F. 1100, 1
Gumbel, H. 1177, 6
Gump, M. 1303, 2
Gundelfinger, F. 203, 2
Guntrum, H. 319, 2
Gurlitt, W. 713, 28
Gusinde, K. 932, 1
Guthke, K. S. 195, 32; 592, 1; 910, 14; 1446, 3; 1476, 9
Gutmacher, E. 273, 5
Guttenberg, M. Th. v. 1020, 5
Guttmann, E. 906, 9
Gwiggner, G. 319, 5
Gystrow, E. 838, 3

H

Haack, H. 461, 33
Haacke, D. 1473, 1
Haacke, U. 1032, 24; 1231, 31
Haake, D. 545, 5
Haakh, E. 924, 16
Haas, A. 753, 16
Haas, G. 1039, 1
Haas, R. 437, 8
Haasch, G. 74, 2; 1517, 6
Haase, H. 415, 7; 869, 40
Haberler, B. 1148, 20
Haberling, W. 75, 3; 1516, 1

Habrda, M. 260, 1
Hackel, W. 788, 28
Hackemann, A. 822, 3
Hadamowsky, F. 360, 28
Hadley, M. L. 993, 7
Häckel, M. 1031, 13; 1088, 1
Häfele, K. 479, 1
Haensel, C. 1067, 1
Haertel, E. 126, 7
Häusl, E. 1322, 30
Häusler, R. 652, 4
Haffner, O. 1032, 15
Hafner, G. 788, 14
Hagboldt, P. 678, 9; 1231, 34; 1385, 6
Hagel, G. 111, 15
Hagelweide, G. 869, 44
Hagemeyer, E. V. 886, 2
Hagen, R. 713, 44–45
Hagenow, G. 1361, 1; 1464, 11
Hahmann, K. 1236, 3
Hahn, A. 795, 1; 1086, 1
Hahn, E. 677, 8
Hahn, F. 143, 14; 1079, 53 u. 56
Hahn, J. 529, 1
Hahn, K. J. 241, 1
Haibach-Reinisch, M. 838, 51
Hajabáts, M. 315, 9
Hagboldt, P. 759, 24
Haken, B. N. 111, 21
Halbach, K. H. 250, 2
Hallen, O. v. d. 1311, 27
Hallenbarter, L. 1443, 1
Haller, E. 1329, 32
Haller, R. 810, 4
Hallgarten, R. 277, 2; 849, 2
Hamann, E. M. 441, 6
Hamburger, K. 28, 7; 50, 20
Hamerski, W. 487, 14
Hamilton, J. I. 777, 19; 924, 45
Hammer, L. 1428, 1
Hammer, W. 810, 3; 1247, 8; 1271, 4; 1402, 1
Hammerich, L. L. 1311, 14
Hammerstein, R. 326, 5; 905, 15
Hammes, M. P. 1436, 1
Hammitzsch, H. 219, 7; 658, 1; 976, 11

Hampe, K. 407, 1
Hampel, R. 50, 7
Handl, W. 671, 1
Hang, A. 509, 1
Hankamer, P. 1148, 14
Hanreich, G. 404, 1
Hansel, H. 548, 11; 840, 9–11
Hansen, W. 69, 22; 807, 3; 1227, 11
Hanstein, A. v. 525, 1; 708, 1; 1231, 5; 1245, 1
Hanus, V. 189, 1
Happ, A. 777, 7
Hardensett, H. 379, 10; 1305, 5
Harder, A. 15, 1; 405, 1
Harder, F. 1075, 1; 1178, 1
Harder, H. 458, 6
Harding, A. 1297, 4
Harff-Krull, E. 111, 45
Hari, K. 619, 1
Harkort, F. 1144, 1; 1322, 64
Harms, P. 384, 1
Harms, W. 74, 6; 1346, 7; 1385, 11; 1458, 2; 1540, 4
Harmsen, H. 599, 1
Harnack, E. 468, 1
Harnack, O. 461, 8; 917, 15
Harnapp, E. 853, 1
Harnisch, K. 834, 4
Harris, E. P. 796, 1
Harrison, M. H. 1079, 31
Hart, G. 1053, 1
Hartinger, W. 59, 36; 739, 1
Hartl, Ch. 598, 2
Hartl, E. 458, 2; 981, 7
Hartlaub, G. F. 25, 2
Hartmann, G. 1236, 2
Hartmann, H. 75, 12; 1231, 78; 1381, 10; 1441, 13
Hartmann, U. 1202, 5
Hartmann, Walter 660, 6
Hartmann, Waltraut 716, 2; 1329, 43
Hartmann-Winkler, W. 785, 12
Hartung, R. 1384, 1
Hartwig, H. 1084, 20
Hartwig, W. 869, 48 u. 60
Harzen-Müller, A. N. 1441, 5
Haschke, F. 370, 2

Hashagen, E. 254, 13
Hashagen, J. 545, 3
Haslinger, A. 147, 9
Haslinger, F. 806, 2
Hatfield, H. 545, 7; 910, 18
Hatfield, J. T. 1083, 1
Hatfield, Th. M. 1146, 2
Hatto, A. Th. 391, 37; 583, 16; 653, 7; 805, 3; 1291, 4–5
Hatvany, L. 254, 2
Hauer, K. 757, 14; 1325, 4
Haufe, E. 838, 32
Hauff, G. 69, 3; 673a, 1
Hauffen, A. 248, 1; 357, 1; 537, 1; 583, 1; 810, 1; 1343, 1
Haupt, Jürgen 74, 10; 1347, 2
Haupt, Julius 311, 4; 1156, 1
Haupt, K. 1362, 1
Hauschildt, K. 666, 41
Hauser, A. 195, 25
Hauser, G. 448, 7
Haushofer, H. 111, 30 u. 57
Haushofer, M. 900, 1; 1231, 3
Hauttmann, M. 147, 2
Hay, G. 536, 4; 869, 57
Hayfa, N. A. 1085, 11
Hayn, H. 374, 3; 600, 1; 972, 1
Heald, D. 1065, 2
Heberle, J. A. 1114, 5
Heckel, H. 273, 7; 765, 6 u. 9–10; 1032, 20; 1387, 10
Hecker, J. 153, 1
Hecker, M. 1210, 4
Heckscher, J. 523, 1
Hedler, F. 337, 1
Heerwagen, H. 955, 1
Heetfield, G. 1140, 15
Heid, G. 602, 2
Heidegger, M. 553, 11
Heidenheimer, H. 514, 3
Heidenreich, H. 1146, 11
Heidsieck, A. 508, 5
Heilborn, E. 304, 1; 391, 4; 446, 1; 464, 7
Heilborn, J. 928, 2
Heiler, A. M. 315, 7; 838, 13
Heilfurth, G. 126, 6 u. 11; 476, 1

Heimann, E. 1345, 15
Heimplätzer, F. 583, 5
Hein, A. 1444, 2
Hein, J. 277, 14; 675, 6
Heine, G. 666, 2; 1069, 4
Heine, H. 1057, 5
Heinemann, E. 590a, 1
Heinemann, F. 1306, 4;
  1311, 15
Heinemann, K. 28, 2; 49, 1;
  310, 1; 645, 3; 861, 1;
  964, 1; 1022, 1; 1042, 5;
  1336, 4
Heinemann, L. 1336, 4
Heinemann, W. 1249, 7;
  1322, 47
Heinen, W. 1322, 47
Heiner, H. J. 483, 6
Heinermann, H. Th. 636, 2
Heinisch, K. J. 50, 6; 341, 13;
  1181, 1
Heinrich, G. 129, 16; 1148,
  8; 1366, 1
Heinz, W. 126, 2
Heinzel, E. I, 9
Heise, U. 713, 41
Heise, W. 50, 22
Heiting, I. 909, 7
Heitner, R. R. 645, 8
Helbig, Fr. 673a, 2
Helbig, F. 918, 2
Held, H. L. 484, 2
Held, M. 918, 5
Helinski, M. 36, 22
Heller, E. 360, 49
Heller, F. F. 306, 1
Heller, M. 347, 6
Heller, O. 673a, 12
Heller, P. 86, 1; 852, 1
Hellmann, M. W. 582, 6
Hellmann, O. 917, 17
Hellmich, P. 445, 1
Helm, M. 151, 1
Helmke, H. C. 1176, 18
Heltmann, A. 1121, 1
Helwig, H. 1275, 20
Hempel, W. 1357, 1
Hendricks, M. 838, 19
Hengstenberg, E. 1091, 3
Henlein, G. 459, 5
Hennebo, D. 426, 7
Hennig, J. 548, 12; 647, 1

Hennig, U. 981, 14
Henniger, H. 543, 7
Henning, H. 360, 50–51
  u. 59
Hensel, B. 713, 42
Hentig, H. 933, 1
Hentschel, C. 1008, 5
Hepperle, E. 1079, 46
Herbert, E. 1227, 12
Herbst, W. 249, 1
Herden, H. 924, 46
Heren, M. 579, 6
Hering, G. F. 765, 24
Herke, G. 1072, 14
Hermand, J. 391, 64; 917, 30;
  998, 14; 1364, 2; 1382, 3;
  1385, 12
Hermann, A. 545, 6
Hermann, Georg 1322, 4
Hermann, Gerhard 507, 4
Hermann, Gertrud 808, 1
Hermann, P. 649, 1
Hermanowski, G. 838, 21
Hermsdorf, K. 880, 3;
  1031, 18
Hermsen, H. 1490, 3
Herold, Th. 1538, 1
Herpel, O. 1079, 9
Herr, A. 1018, 3
Herrle, I. 461, 31
Herrmann, H. P. 924, 82
Herrmann, W. 567, 50; 984, 6
Herrnritt 1066, 5
Hertel, G. 70, 4; 1075, 3
Hertel, W. 152, 7; 1226, 2
Herting, H. 59, 33; 567, 44;
  788, 36
Hertkens, J. 386, 1
Hertz, W. 66, 1; 998, 2;
  1345, 3
Herz, K. 1231, 21
Herzfeld, G. 822, 10
Herzfeld, I. 1066, 30
Herzig, S. 759, 13
Herzog, M. B. 428, 2
Heselhaus, C. 584, 4; 673b,
  15; 749, 10; 876, 1;
  1488, 1
Hesse, H. R. 487, 16
Hesse, O. E. 1119, 2
Hesse, W. 918, 4
Hessler, M. G. 948, 2

Heuberger, H. 111, 49
Heubner, L. 69, 15; 554, 4
Heuschele, O. 159, 5; 655, 3
Heuser, A. 666, 33
Heusler, A. 938, 20
Hewett-Thayer, H. W. 36, 8;
  759, 11
Heydel, J. 461, 25
Heydenreich, E. 126, 1;
  393, 1
Heydinger, J. B. W. 301, 1
Heynen, W. 1229, 1
Hicks, W. C. R. 1176, 9
Hiebel, F. 1346, 3
Hiebel, I. 1231, 85
Hildebrand, E. 584, 3
Hildebrandt, H. 1245, 8
Hildebrandt, K. 391, 49
Hildebrant, G. 822, 13
Hilgendag, W. 60, 4
Hilgers, Ch. H. 32, 3; 678, 17
Hille, U. 474, 8
Hillebrand, B. 1064, 12
Hillebrand, L. 1095, 1 u. 4
Hillmann, H. 1517, 9
Hilpisch, St. 122, 1
Hilscher, E. 1153, 5
Hilton, J. 971, 4
Himmelbauer-Wolf, I. 1245, 7
Hinck, W. 1231, 86
Hinderer, W. 1032, 71 u. 76
  u. 81
Hinkeldeyn, A. 543, 3
Hinman, M. M. 911, 11
Hinrichs, E. 768, 9
Hinterhäuser, H. 666, 49
Hintze, J. 1064, 10
Hinum, M. 1201, 8
Hippe, R. 188, 2; 1329, 58;
  1544, 42
Hippel, E. v. 347, 8
Hirsch, A. 195, 22; 1140, 17
Hirsch, E. 1329, 22
Hirsch, F. E. 96, 1; 111, 5;
  1153, 3; 1434, 3
Hirsch, S. 1148, 13
Hirschberg, L. 117, 2;
  1136, 1; 1337, 1
Hirschfeld, A. 924, 49
Hirschmüller, W. 976, 3
Hirschstein, H. 917, 16;
  1085, 2 u. 5

Hirth, F. 1530, 1
Hisserich, W. 20, 2
Hitschmann, E. 1346, 4
Hlawatschek, H. 1493, 2
Hochbaum, E. 1083, 1
Hochdorf, M. 759, 5
Hoche, A. E. 1433, 5
Hochenegg, H. 606, 12
Hock, H. J. 147, 6; 768, 13
Hock, St. 1339, 3; 1350, 2; 1383, 1
Höck, W. 14, 2
Höfer, A. 337, 3
Höfer, C. 471, 5
Högel, R. 567, 45
Höglinger, E. 1453, 5
Höllerer, W. 775, 1; 1465, 2
Höllriegel, H. 928, 3; 963, 2
Hölzke, H. 520, 1
Hölzl, N. 1329, 54
Hoerner, M. 924, 37
Höttges, V. 1096, 1
Hof, W. 1008, 11–12; 1207, 1; 1296, 1
Hoffmann, A. 341, 18; 871, 1; 1161, 1
Hoffmann, Ch. W. 1486, 1 u. 5
Hoffmann, D. 677, 24
Hoffmann, E. F. 1141, 1; 1238, 6
Hoffmann, G. 1258, 2
Hoffmann, Helmut 759, 30
Hoffmann, Henriette 635, 7; 695, 1; 850, 6
Hoffmann, Hilmar 1300, 1
Hoffmann, J. 126, 12
Hoffmann, M. 427, 1; 1231, 18
Hoffmann, M. N. 840, 7
Hoffmann, P. 1275, 5
Hoffmann, P. H. 1227, 22
Hoffmann, P. Th. 634, 2
Hoffmann, W. 567, 56
Hoffmann v. Fallersleben, A. H. 1290, 1
Hoffmann-Krayer, E. 924, 12
Hoffmeister, G. 1140, 25
Hoffmeister, J. 8, 3
Hofman, A. 1348, 3
Hofmann, F. (Hrsg.) 507, 10
Hofmann, K. 1021, 2

Hofmann, L. 1420, 1
Hofmann, R. 671, 5; 1464, 7
Hofmann, W. 881, 27
Hofmann-Wellenhof, P. 69, 4
Hofmannsthal, H. v. 965, 13
Hofmiller, J. 1322, 23
Hofstetten, F. A. 838, 1
Hofstetter, W. 408, 9
Hohendahl, P. U. 4, 11; 195, 29; 918, 12; 1231, 83; 1393, 16
Hohlbaum, R. 844, 1; 905, 5
Hohler, A. E. 548, 13
Hohmann, W. 788, 18; 1176, 8
Hohoff, C. 221, 14 u. 16; 1079, 40; 1339, 26; 1504, 4
Holdschmidt, H. C. 673a, 25
Hole, G. 113, 8; 458, 9; 606, 14; 1177, 11; 1306, 17; 1387, 15; 1544, 41
Holl, K. 69, 7
Holl, O. 1525, 11 u. 16
Holländer, Th. 727, 1
Hollstein, W. 869, 41
Hollweck, L. 900, 4
Holly, F. J. 758, 4
Holm, O. 111, 31
Holstein, H. 344, 1; 918, 1; 1069, 1; 1403, 1
Holtdorf, A. 801, 51; 937, 1
Holz, G. 1099, 19
Holzamer, W. 872, 1
Holzer, E. 328, 8; 1476, 8
Holzhausen, P. 656, 1; 917, 6 u. 8 u. 11–12; 988, 1; 1031, 3
Holzinger, F. 113, 3
Homberger, D. 428, 1
Honnefelder, G. 180, 2
Hoppe, G. 863, 10
Hoppe, K. 562, 2
Hoppe, W. 1058, 1
Hoppe-Meyer, E. 835, 2–3
Hopster, N. 1032, 75
Horchler, G. 131, 1 u. 3
Horkel, W. 221, 17
Horn, E. 1275, 3
Hornaday, C. L. 924, 54
Horner, E. 37, 3; 391, 1; 801, 2; 802, 1; 928, 1

Hornstein, W. 678, 28
Hornung, A. 857, 1
Hornung, P. 441, 25
Horny, O. 116, 1
Horowitz, H. 1295, 12
Horst, E. 801, 38
Horst, K. A. 362, 1; 760, 16; 973, 2; 1148, 23; 1544, 38
Hossfeld, H. 1319, 1
Hotes, L. 1544, 19
Houston, G. C. 461, 10
Huber, D. 1544, 28
Huber, I. M. 391, 42
Huber, K. 543, 5
Huber, V. 643, 2
Huchthausen, J. L. A. 395, 1; 441, 13
Hübert, G. 3, 4; 911, 9
Hübner, A. 26, 4; 838, 9
Hübner, O. 507, 1
Hübscher, A. 254, 7–8; 1239, 1
Hügelsberger, J. 596, 1
Hügli, H. 111, 12
Hünefeld, H. 179, 3
Hünisch, F. A. 1480, 2
Hüser, F. 58, 19 u. 28; 126, 16
Hug, A. 1079, 19
Hughes, G. T. 1184, 1
Hughes, M. J. 547, 1
Hughes, W. N. 684, 1
Hugon, A. A. 1438, 1
Hultsch, P. 976, 7
Humbel, F. 666, 47; 673, 16; 897, 2; 1543, 1
Humboldt, W. v. 622, 1
Huna, L. 31, 7
Hundt, D. 44, 1
Hundt, J. 59, 9; 1231, 32
Hunger, H. I, 10
Hunziker, F. 304, 8
Hupka, H. 495, 1
Hur, T.-Ü. 1155, 2
Hurbin, P. 143, 9
Hutten, L. 254, 10
Hynitzsch, A. 1339, 2

I

Ibel, R. 869, 26
Iben, G. 883, 3

Ibershoff, C. H. 1413, 1
Ihlenfeld, K. 3, 1; 129, 18; 250, 9; 892, 7; 981, 11
Ihme, H. 610, 2
Ilg, A. 768, 1
Imhoof, W. 348, 1
Imm, E. 924, 40
Immerwahr, R. 1339, 31
Immoos, Th. 219, 9
Ingebrand, H. 753, 17
Ingen, F. v. 1329, 53; 1397, 4
Intze, O. 1293, 1
Irle, G. 1433, 11–12
Irmer, G. 1441, 2
Isebrant 1162, 5
Iselin, E. 1142, 1
Isenbeck, H. 1122, 3
Iskra, W. 973, 3
Isolani, E. 408, 3; 606, 5
Ittner, R. Th. 548, 9

J

Jacke, H. 184, 5
Jackson, W. T. H. 172, 3; 1227, 19
Jacob, H. 746, 1
Jacobeit, W. 1140, 18
Jacobi, H. 39, 1
Jacobi, L. 69, 5
Jacobius, H. 379, 2
Jacobs, J. 341, 41
Jacobs, M. 129, 15
Jacobsen, A. 1430, 3
Jacobsen, J. 940, 1
Jacobsohn, M. 359, 5
Jacovescu, I. 1121, 2
Jäckel, W. 50, 17
Jaeckle, E. 312, 1; 465, 1; 777, 53; 924, 83; 1020, 6; 1322, 65
Jäckson, P. 58, 29
Jäger, H.-W. 924, 84; 1032, 72
Jähns, M. 1387, 3
Jahn, F. 713, 35; 1339, 10
Jahn, R. 140, 2
Jahn, W. 461, 37
Jahnel, Th. 1440, 1
Jakober, R. 1069, 5
Jamber, W. 965, 14

Jan, E. v. 660, 4 u. 9 u. 14
Janko, W. v. 781, 1
Jannach, H. 435, 3
Jansen, H. 645, 2
Jansen, J. 1387, 16
Jantsch, F. 326, 4
Jantsch, H. G. 838, 28; 1288, 2
Jantz, H. 36, 20
Jantzen, H. 1273, 1
Jappe, H. 678, 20
Jásci, A. O. 785, 8
Jechl, M. 759, 38
Jecklin, C. 663, 2
Jeffersen, L. J. 1329, 38
Jehle, M. I. 391, 36
Jellinek, A. L. I, 14; 67, 1; 554, 1; 740, 2; 1383, 2
Jellinek, G. 1066, 2
Jellinek, M. H. 578, 1
Jennings, L. B. 508, 2
Jenny, E. 31, 12
Jenny, H. E. 31, 4
Jens, W. 678, 25–26
Jenschke, G. 677, 22
Jenssen, Ch. 1161, 6
Jenzsch, H. 673 b, 23
Jermann, Th. Ch. 600, 4
Jerven, W. 162, 2
Jesch, M. 822, 9
Jesionowski, A. 1031, 9
Jessen, H. 1500, 1
Jesser, P. 23, 1
Jirgel, E. 759, 21
Job, J. 678, 13
Joerden, R. 536, 3
Johannsen, H. P. 1000, 1
John, A. 294, 1; 1441, 7
Johnsen, H. 451, 1
Johnson, H. B. 250, 6; 777, 32
Johnson, K. A. 480, 9
Johst, V. 514, 8
Jones, G. F. 32, 5; 119, 1; 262, 4; 298, 6; 774, 1; 914, 1
Jordan, G. J. 304, 10
Jost, F. 341, 38; 1201, 9; 1306, 18
Jost, Th. 850, 4
Jostmann 1340, 3
Joswig, H. 442, 1; 792, 1

Jürgensen, H. P. 905, 17
Jung, G. 266, 1
Junge, M.-E. 357, 13
Jungkunz, A. C. 869, 4
Jungmann, O. 538, 3
Junk, V. 1295, 9
Junker, Ch. 1064, 1
Junker, E. W. 1090, 17
Junker, W. 759, 17
Jur'eva, L. M. 1232, 3
Jurgens, E. F. L. 1417, 4
Just, G. 760, 19
Just, G. K. 379, 12; 1032, 52

K

Kabel, R. 977, 4
Kägi, H. 1503, 1
Kämmerer, M. 938, 14
Kämpchen, M. 1371, 2
Kämpchen, P. L. 482, 1
Kaempf, C. Th. 104, 1
Kändler, K. 1231, 89
Kästner, E. 1432, 1
Kahane, H. R. 877, 1
Kahn, Ch. 865, 1
Kahn, F. 1182, 1
Kahn, J. 1268, 1
Kahn, L. W. 1231, 44
Kainrad, G. 1321, 1
Kainz, F. 357, 4; 976, 4; 1008, 1; 1305, 7
Kaiser, B. 997, 1; 1084, 12
Kaiser, E. 391, 13; 552, 1; 749, 8; 881, 5; 1329, 52
Kaiser, G. 1387, 20
Kaiser, K. 1339, 21
Kaiser, P. 1367, 2
Kaisig, K. 960, 2
Kalbfleisch, L. 69, 18
Kalchreuter, H. 277, 8; 678, 15
Kalinowska, S.-I. II, 12
Kalisch, E. 51, 1
Kalkschmidt, T. 1227, 13
Kallensee, K. 1403, 10
Kalthoff, E. 254, 14
Kaltneker, H. 273, 6
Kâmil, B. ad D. 1350, 6
Kaminski, E. 50, 4
Kamman, W. F. 1231, 10

Kammerer, F. 777, 1
Kamp, K. 1227, 15
Kampers, F. 406, 2
Kander, L. 1120, 3
Kanduth, E. 801, 32
Kannengiesser, J. K. 1084, 5
Kant, H. 760, 8
Kanzog, K. 464, 12; 464, 14; 1066, 29
Kaplan, G. 182, 2
Kaposi, E. 1366, 5
Kappherr, E. v. 1322, 28
Kapplowitt, St. J. 753, 13
Kappstein, Th. 666, 4; 673a, 16
Kardel, H. 712, 1
Kardschoke, D. 143, 21
Karell, V. 702, 1; 939, 1
Karenovics, J. 1535, 2
Karl, G. P. 760, 9
Karoli, Ch. 118, 1; 765, 26
Karrer, O. 838, 33
Karrer-Linke, H. 408, 16
Karsch, E. 4, 15
Karst, Th. 1032, 56
Karsten, O. 1202, 2
Kaschnitz, G. 1525, 5
Kaschnitz, M. L. 801, 39
Kaspar, A. 713, 23
Kasper, A. 924, 48
Kasten, H. 177, 2–3; 735, 1
Kasten, I. 1273, 4
Kat, J. F. M. 1403, 7
Katz, M. 677, 9
Kauermann, W. 1394, 3
Kaufmann, F. W. 58, 15
Kaufmann, H. 869, 49
Kaufmann, J. 502, 1
Kaufmann, M. R. 708, 4 u. 6; 1350, 10
Kaulfuß-Diesch, C. 1324, 1 1335, 3
Kautz, A. 869, 13
Kawerau, G. 441, 1
Kawerau, W. 296, 1; 1322, 3
Kayser, H. Ch. 1176, 15
Kayser, W. II, 13; 339, 4; 523, 8
Kazmaier, M. 532, 1
Kehr, Ch. 341, 21
Kehrein, J. 461, 1
Kehrer, H. 282, 1

Kehrer, I. 1329, 13
Kehrer, J. 716, 1
Keiper, W. 64, 1
Keim, H. W. 834, 2
Keist, E. 1195, 6; 1433, 8
Keith-Smith, B. 217, 1
Kelemina, J. 1345, 10
Kellen, T. 461, 12; 1076, 1 1322, 9
Keller, A. 525, 2; 1177, 3
Keller, F. 43, 1
Keller, H. 341, 19; 678, 18; 775, 3; 788, 24; 1465, 4
Keller, K. 59, 34
Keller, L. 136, 2
Kelly, J. A. 328, 5
Kelsch, W. 1032, 53
Kempers, J. 1486, 3
Kenngott, A. 663, 1
Kerényi, K. 49, 2
Keresztúry, D. 1366, 7
Kern, A. 1152, 2
Kern, P. 281, 1; 838, 49
Kesting, P. 838, 39
Ketelsen, U.-K. 567, 47; 869, 69
Kettner, G. 1306, 5–6
Keysser, A. 374, 4
Kibelka, J. 1259, 2
Kiefer, A. 1138, 1
Kiefer, O. 678, 3; 729, 1; 966, 2; 1185, 1
Kiefer, W. 1040, 1
Kiefer-Steffe, M. 1161, 3
Kienast, W. 567, 10
Kienecker, F. 869, 65
Kiener, Th. 1228, 3
Kienitz, E. M. 1028, 1
Kienzl, H. 391, 8; 441, 9
Kiesl, H. 384, 2
Kießig, M. 1339, 29
Kilian, E. 737, 1; 815, 2; 987, 2
Kind, H. 713, 27; 1069, 8
Kindermann, H. 58, 14; 69, 17; 104, 3; 111, 22; 237, 4; 459, 3; 501, 6; 759, 36; 1072, 15; 1279, 5; 1483, 3
King, H. S. 1083, 3
King, K. C. 576, 27
Kinzenbach 672, 3

Kinzl, H. 1499, 1
Kippenberg, Anton 360, 19 bis 21 u. 34; 480, 4–5; 585, 1; 1101, 2; 1480, 9
Kippenberg, August 1103, 2
Kippka, K. 842, 1
Kirchberger, E. L. 909, 13
Kircheisen, F. M. 821, 2; 1202, 1
Kirchenbauer, L. 1064, 2
Kircher, W. 788, 25
Kirchgraber, J. 768, 16
Kirchhoff, U. 363, 2
Kirchmeier, H. 1540, 2
Kirchner, G. 474, 7
Kirchner-Klemperer, H. 1231, 67
Kirkconnell, W. 1217, 6
Kirsch, E. 218, 1–2; 1026, 1
Kirsch, P. 1039, 2
Kirschbaum, G. 81, 1
Kirschweng, J. 441, 16
Kisch, P. 1275, 13
Kischke, K. H. 1032, 50
Kistenmacher, H. W. 850, 1
Kistler, M. O. 977, 1
Kittel, W. 1494, 6
Klaar, A. 163, 1
Klaaß, E. 1257, 3; 1343, 5
Klaiber, Th. 1378, 1
Klamroth, H. 1339, 5
Klapper, J. 1346, 5
Klassen, E. 1072, 7
Klatt, F. 713, 31
Klaus, M. 187, 3
Klauser, U. 91, 3
Klee, W. G. 1544, 21
Kleemann, S. 1103, 3
Kleene, H. 134, 1
Klein, A. 1231, 85
Klein, H. 34, 1
Klein, J. 59, 24; 487, 21
Klein, K. 967, 3
Klein, K. K. 459, 4; 1366, 8
Klein, K. W. 1032, 49
Klein, O. 917, 13
Kleinhardt, W. 861, 5; 1055, 3
Kleinschmidt, E. 1032, 84; 1114, 7
Kleissel, R. 1275, 15
Klemann, E. 1148, 15

Klemenz, H. 501, 1–3
Klemm, W. 58,23 u. 26
Klemperer, V. 758, 6
Klepper, J. 779, 1
Klette, I. 911, 4
Kleucker, R. 1040, 3
Kleweta, H. 117, 6
Klibansky, E. 457, 2
Klieneberger, H. R. 320, 2
Klier, K. M. 806, 1
Kliewer, H.-J. 1139, 1
Klinckowstroem, C. v. 379, 7; 464, 16; 901, 4
Klinge, R. 869, 61
Klinkhardt, F. 253, 1
Kljuschnik, M. W. 59, 19
Klocke, E. 1322, 11
Klose, H. U. 338, 3; 1209, 3
Klosterhalfen, C. H. 1098, 1
Klostermeyer, M. 1311, 31
Klotz, E. 461, 14; 1434, 4
Klotz, V. 1247, 19
Kluckhohn, P. 656, 3; 801, 21; 881, 4
Kluge, G. 869, 66
Knapp, F. 4, 6; 50, 26
Knapp, F. P. 1155, 5
Knapp, G. P. II, 14
Knappe, K.-B. 582, 7
Knebel, H. 1176, 13
Knepper, J. 691, 3
Knevels, W. 58, 3; 487, 6; 666, 18; 1079, 18 u. 20
Kniffler, C. 59, 4; 1231, 28
Knight, K. G. 918, 9
Knittel, O. 1223, 1
Knoche, W. 1032, 60
Knoll, F.-O. 840, 8
Knoll, S. B. 785, 6; 1397, 1
Knopf, W. 1522, 1
Knorr, F. 761, 2; 869, 6
Knorr, H. 643, 1
Knortz, K. 38, 1; 157, 1; 464, 6; 641, 2; 1082, 1; 1311, 6; 1414, 2
Knowlton, E. C. 924, 30
Knudsen, H. 531, 2
Knust, H. 661, 6
Kobel, E. 1064, 4
Kober, A. H. 666, 14; 835, 5; 1079, 10
Kober, M. 825, 2

Koberstein, K. 757, 2
Kobilinsky, L. 998, 9
Kobler, J. 1032, 16
Koch, E. 406, 1; 938, 8
Koch, F. 108, 1; 190, 1; 459, 2
Koch, G. L. 1126, 6
Koch, H. 448, 2
Koch, John 1215, 1
Koch, Joseph 863, 4; 1079, 23; 1194, 2
Koch, M. 1398, 1; 1430, 1
Koch, Rudolf 720, 1
Koch, W. 126, 3
Koch, W. A. I, 15; 713, 30; 1329, 40
Kochs, Th. 1291, 2
Kockjoy, W. 708, 20
Köberle, S. 1384, 3
Köbner, R. 296, 4
Koegel, D. 1295, 1 ł
Köhler, E. 367, 1
Köhler, R. 37, 1; 1247, 1
Köhn, A. 1168, 1
Köhn, L. 341, 37
Kölb, E. 846, 1
Kölbel, G. 304, 9
Köllmann, A. 327, 1
Kölsch, K. 1464, 5
König, E. 673, 17
König, H. 543, 4
König, J. W. 271, 1; 841, 1
Koenig-Fachsenfeld, O. v. 1339, 15
Königswald, H. v. 1486, 6
Könneker, B. 918, 11; 1311, 32
Köpping, W. 58, 22 u. 24; 59, 25
Körber, F. 431, 1
Körner, J. I, 16; II, 15–16
Kössler, B. 296, 5
Köster, H. 776, 1
Köster, H. L. 1322, 31
Köster, R. 443, 4; 701, 5; 1393, 17
Koetter, C. E. 695, 2
Kohl, R. 353, 1
Kohler, E. 803, 1
Kohlrausch, R. 849, 1; 1441, 6
Kohlschmidt, O. 441, 2

Kohlschmidt, W. 4, 10; 50, 21; 333, 1; 396, 2; 461, 38; 487, 15; 869, 18; 990, 1; 1032, 57; 1103, 17; 1227, 17; 1247, 17; 1329, 36
Koischwitz, O. 1314, 1
Kolakowsky, E. 759, 48
Kolar, H. 456, 1; 1231, 40
Kolarczyk, R. 559, 2
Kolb, H. 881, 15; 905, 12
Kolbe, M. 1041, 1
Kolisch, K. 870, 2
Koller, E. 749, 11; 1516, 2
Kolnhofer, A. 1070, 1; 1231, 43
Komorzynski, E. v. 1249, 1
Konrad, K. 1275, 6–7 u. 10; 1329, 12
Konstantinović, Z. 1281, 1
Kopp, A. 1290, 2
Kopp, H. 25, 1
Kopp, K. H. 789, 6
Koppen, E. 472, 4
Kopperschmidt, J. 487, 19; 1175, 7
Korff, H. 666, 31
Korn, D. 677, 16
Korn, K. 400, 3; 1338, 1
Korrodi, E. 31, 6; 627, 2
Korzeniowski, J. 935, 3
Kosch, W. I, 17; 606, 7; 757, 10; 1032, 12
Kossow, K. 1385, 2; 1417, 3
Koszella, L. 374, 5
Koszó, J. 1366, 4
Kothe, J. 981, 8
Kottowski, W. 1086, 3
Kozáky, St. 1337, 5; 1397, 2
Kozielek, G. 745, 2
Kracher, F. W. 884, 1
Kraeger, H. 69, 13; 713, 8
Kraemer, A. 1406, 1
Krämer, K. 635, 10
Krämer, K. E. 1091, 10
Krämer, Ph. 1079, 12; 1329, 14
Krättli, A. 359, 9
Kraft, A. 111, 40
Kraft, G. 184, 1
Kraft, H. 244, 10
Kraft, M. 537, 2

Kraft, R. 573, 1
Kraft, W. 110, 1; 361, 1; 667, 2; 904, 1; 971, 2; 1513, 1
Kralik, D. v. 567, 22
Kram, W. 869, 7
Kranz, G. 147, 10; 221, 21; 548, 17 u. 22; 878, 3
Kranz, W. 321, 1
Kranzdorf, I. 360, 25
Krapp, L. 315, 2; 666, 13; 1329, 7
Kraus, A. 163, 2; 626, 1
Krause, E. 1311, 8
Krause, G. 391, 46
Krauss, I. 1008, 2
Krauß, P. G. 810, 2
Krauß, R. 417, 4; 464, 10; 672, 9; 1177, 2; 1363, 1; 1385, 1; 1467, 1
Krauss, W. 276, 6
Krausse, K. 679, 1
Kray, A.-M. 545, 4; 753, 6
Krech, P. 777, 14
Kreer, N. 1231, 92
Krefting, A. 248, 2; 453, 1
Kreisler, K. 636, 1
Kreitmair, K. 114, 6
Kremer, K. R. 775, 2
Kremer, P. 945, 1
Kreplin, D. 95, 1; 845, 3
Kretschmer, D. L. 1461, 13
Kretzenbacher, L. 124, 1
Kreuels, A. 1412, 2
Kreutzer, L. 789, 12
Kreuzer, H. 166, 1-2; 683, 1
Krey, H. 501, 4
Kreyssig, F. 567, 1; 1231, 1; 1387, 2
Krienitz, W. 765, 3 u. 17
Krippendorf, K. 869, 50
Krischer, A. B. 924, 65
Kristof, G. 139, 1
Krockow, L. v. 36, 2
Krogmann, W. II, 17-21; 46, 1; 69, 12; 738, 1; 848, 1; 951, 2-3; 1363, 2; 1511, 2
Krogoll, J. 659, 1
Kroh, O. 47, 1
Krohn, R. 961, 1
Krol, U. 965, 16

Kroll, J. 603, 2
Krolow, K. 185, 2; 777, 44; 924, 89; 1464, 8
Kronfeld, E. M. 53, 1; 299, 1; 368, 1; 1294, 1; 1462, 1-2
Krüger, F. 111, 37
Krüger, H. 1311, 19
Krüger, H. A. 341, 3
Krüger, H. K. A. 860, 2
Krüger, W. 1538, 1
Krüger-Westend, H. 891, 1
Krug, G. 789, 15
Krug, W. G. 202, 5
Krumpelmann, J. 67, 3
Kruse, J. 97, 1
Krysmanski, H.-J. 1231, 64; 1381, 8
Krzisch, M. 1208, 1
Krzisch, S. M. 757, 12; 1325, 2
Kubitz, E. I. W. 801, 22
Kubler, E. A. 924, 32; 1286, 2
Kuder, A. 666, 39
Küchenthal, P. 838, 2
Küfner, H. K. 1008, 8
Kügler, H. 129, 9; 1209, 4; 1231, 90; 1469, 1
Kühlhorn, W. 822, 6; 1322, 24-25
Kühn, G. 111, 65
Kühn, J. 480, 2; 1305, 4
Kühn, W. 1523, 1
Kühnemann, W. 1155, 4; 1227, 23
Kuehnemund, R. 69, 20
Künnemann, H. 18, 3
Küpper, H. 1345, 18
Küpper, J. 114, 4
Küppers, G. 195, 17; 1247, 9
Küsel, E. 1193, 1 u. 2
Kuhn, D. 655, 4
Kuhn, E. 107, 1
Kuhn, H. 1099, 21
Kuhnt, I. 355, 2
Kulli, R. M. 1249, 8
Kump, O. 391, 32
Kunath, E. 525, 7
Kunkel, G. 749, 4
Kunkel, J. E. 1176, 10
Kunstein, E. 603, 3

Kunstmann, J. G. 1415, 1
Kunstmann, L. 391, 17
Kunszery, G. 1367, 9
Kuntze, F. 356, 1
Kunze, G. 285, 2
Kunze, H. 514, 6
Kunze, I. 391, 59
Kunze, K. 548, 26; 839, 1
Kupfer, H. 201, 1
Kupke, L. 717, 3
Kurth, L. E. 339, 10
Kurz, H. 1544, 1
Kurz, P. K. 487, 20, 666, 59; 869, 63; 1175, 8; 1200, 1
Kurzweil, E. 666, 19
Kussler, H. R. 8, 6
Kutzleb, H. 777, 23

L

Labatt, I. M. 974, 1
Labhardt, R. 1306, 14
Lämke, D. 1322, 37
Lämmel, H. 632, 1
Lämmermann, I. 280, 1
Lämmert, E. 339, 5; 963, 5
Lässer, L. 277, 5
Laetzig, Ch. 856, 3
Lage, B. v. d. 449, 1
Lahne, W. 1323, 2
L' Aigle, A. de 1109, 5
Lampe, H.-S. 1311, 29
Lampp, F. 812, 2
Lamprecht, E. 1301, 1
Lanczener, E. 673b, 10
Landa, M. J. 673b, 19
Landau, M. 184, 3; 579, 1; 1023, 1; 1143, 1
Landau, P. 1464, 2
Landau, R. 673b, 4
Landolf, G. 1188, 3
Landsberg, E. 911, 7
Landsberg, H. 184, 2; 757, 7
Landsittel, F. 773, 1
Landwehrmeyer, B. 1498, 2
Lang, F. 24, 2
Lang, P. 31, 15; 1306, 8-9
Langbein, H. 224, 1
Lange, D. 666, 16
Lange, K. 1275, 14
Lange, V. 1180, 1

Langen, A. 17, 1; 777, 30; 800, 2; 924, 75; 1238, 2
Langenbucher, H. 58, 11; 111, 16–17; 567, 14; 777, 15; 1072, 9
Langer, R. 336, 1
Langgässer, E. 221, 19
Langguth, A. 1104, 2
Langner, E. 359, 7
Langosch, K. 406, 4; 1032, 40
Langschwert, F. 113, 4
Laserstein, K. 505, 3; 765, 12
Latzke, R. 777, 9; 965, 4
Laubacher, A. 391, 50
Lauckner, N. A. 91, 4
Lauckner, N. A. 673 b, 21 u. 24
Lauffer, O. 881, 11
Laun, F. 398, 2
Lauterbach, R. 347, 9
Lauxmann, R. 1467, 2
Laxy, H. 708, 16
Layer, G. 838, 8
Lázló, B. 666, 35
Lebede, H. 117, 4
Lechner, H. 606, 11; 635, 2
Lecke, B. 924, 77; 1264, 2
Lederer, G. 801, 47; 924, 85; 1140, 26
Lederer, M. 713, 7; 924, 15
Ledergerber, K. 705, 1
Ledig, W. H. A. 1231, 14
Lee, A. v. d. 1388, 1–2; 1540, 3
Leers, J. v. 1168, 4
Lefebvre, J. 347, 11; 918, 13
Lefèvre, M. 247, 1
Leffson, A. 27, 1
Lefftz, J. 260, 3
Le Grange, G. J. 709, 1
Lehmann, A. 908, 2
Lehmann, H. 970, 1
Lehmann, K. 635, 2; 788, 29; 1090, 7; 1231, 24
Lehmbecker, W. 1329, 33
Lehn, M. 1102, 1
Lehnemann, W. 1322, 58
Leib, F. 339, 3
Leibrecht, Ph. 1329, 20
Leicher, R. 1336, 5
Leimbach, C. L. 813, 1

Leixner, L. 891, 2
Lelbach, K. 917, 18
Lemaire, H. 1247, 6
Lembert, R. 1176, 6
Lemke, E. 408, 6
Lemke, G. H. 465, 2
Lemmer, M. 1369, 2
Lengborn, Th. 765, 31; 1231, 96
Lennarz, 234, 1
Lenthe, H. 111, 38
Lenzen, H. L. 777, 10
Lenzer, R. 869, 51
Leonhardt, W. 338, 2; 801, 10
Leopoldseder, J. 911, 10 u. 14
Leppla, R. 507, 3
Leppmann, F. 707, 1
Leppmann, W. 1034, 2
Leppmann, W. A. R. 1231, 49
Lepuschitz, R. 725, 3
Lermen, B. H. 548, 25
Lersch, Ph. 1339, 8
Leschnitzer, A. 613, 3
Leschnitzer, F. 1248, 1
Leskowar, E. 346, 5
Lesser, J. 652, 8
Lesser-Sherman, U. 1106, 2
Lester, C. H. 262, 5
Letsch, M. 544, 11
Lettau, R. A. 1381, 6
Leube, E. 769, 1
Leuschner-Meschke, W. 131, 10
Leuthold, G. R. 478, 2
Levin, H. 1393, 5
Levinstein, K. 150, 5
Levy, E. 765, 11
Lewandowski, H. 1209, 2
Lewickyi, W. 859, 1
Lewin, H. II, 23
Lewis, G. J. 1322, 72
Ley, H. 538, 2
Lichtenberg, H. 62, 2
Liebau, G. 293, 1; 1210, 1; 1544, 5
Liebeskind, F. 300, 1
Liebi, A. 1188, 11
Lieder, F. W. C. 272, 1
Liepe, E. 395, 2

Liepe, W. 1079, 8; 1231, 69
Liepmann, H. W. 1176, 3
Liesegang, E. 1103, 6
Lillyman, W. J. 154, 1
Lindberger, Ö. 39, 2
Linde, F. 1422, 3
Lindemann, K. 441, 31; 1079, 58
Linden, W. 111, 23; 759, 25; 1091, 9; 1213, 1
Linder, H.-F. 1188, 17
Lindner, F. 957, 1
Lindner, H. 661, 3
Lindner, T. 31, 9
Lingelbach, H. 186, 1; 330, 1; 801, 16; 924, 38
Link, M. 1077, 7
Linke, H. 261, 1
Linke, W. 58, 16
Linnerz, H. 1343, 7
Linpinsel, E. 713, 34
Lippitsch, G. H. 90, 1
Lippmann, J. 801, 6
Liptzin, S. 1231, 25; 1456, 2; 1476, 7
Lischka, F. 111, 3
Lischner, H. 1464, 39
Lissner, E. 1521, 1
Liver, C. 1464, 9
Locella, M. 386, 2
Lodenstein, J. 657, 1
Loderhose, K.-E. 909, 15
Löhner, E. 1292, 2
Löscher, F. H. 340, 1
Löschnigg, H. 498, 1
Loevenich, H. 1064, 7
Loevinson, E. 225, 1
Loewe, V. 1441, 4
Löwenthal, L. 1231, 93
Logan, P. E. 3, 6; 1291, 8
Lohan, R. 713, 5; 1365, 1
Lohner, E. 645, 10; 1181, 2
Lohse, G. 701, 8
Lommatzsch, H. 126, 14–15
Londner, M. 391, 70
Lorentzen, Th. 1104, 1
Loram, J. C. 1486, 4
Lorenz, D. 838, 47
Lorenz, E. F. 128, 3
Lorenz, K. 1176, 1
Lorenz, R. 256, 1
Lorey, H. 447, 4

Lory, K. 408, 1
Losch, H. 634, 7
Lotz, E. 156, 6
Lowien, M. 377, 1
Loy, S. 723, 1
Lublinski, S. 514, 1; 673 b, 3
Lubos, A. 553, 12; 1161, 8–9
Lucka, E. 276, 1
Ludwig, A. 195, 7; 246, 1; 253, 2; 254, 5; 357, 3; 484, 1; 607, 2; 617, 1; 762, 1; 820, 2; 842, 2; 978, 1; 1099, 7; 1160, 1; 1210, 2; 1293, 8; 1537, 1; 1544, 11
Ludwig, G. G. 1042, 4
Lübbe-Grothues, G. 1453, 1
Lübbemeyer, H. 708, 23
Lübbert, G. U. 447, 1
Lück, A. 1493, 4
Lücke, Th. 708, 18
Lüders, A. 1384, 4
Lüdtke, F. 771, 1; 1460, 3
Lüning, O. 924, 5
Lüthi, W. 1264, 1
Lütjens, A. 1541, 2
Luis, W. 111, 41
Lukács, G. 461, 35
Lun, A. 813, 8 u. 12
Lun, L. 813, 6
Lunz, L. 105, 1
Lunzer, J. 1253, 1
Lussky, G. F. 391, 19
Lustig, F. 391, 12
Luther, A. I, 19–21; 203, 3; 461, 30; 666, 11; 672, 5; 777, 25 u. 34
Luth, G. 447, 2
Luyster, N. v. d. 92, 2

M

Maas, W. 140, 5
Maassen, C. G. v. 191, 1
Maché, U. 1140, 23
Mack, G. G. 198, 1
Mackensen, L. 1164, 3
Mackensen, M. 1231, 22
Maclean, H. 596, 2
Mader, H. 1493, 3

Mádl, A. 1032, 61 u. 64
Maduschka, L. 304, 3
Mäder, E. J. 1331, 1
Magnus, R. 666, 54; 1311, 30
Magris, C. 910, 9; 965, 15
Mahal, G. 1311, 39
Maher, A. R. M. 777, 43; 976, 12
Mahl, I. 955, 2
Mahler, L. 1301, 3
Mahrer, J. 1066, 14
Maier, E. 1177, 8
Maier, K. S. 673 b, 20
Maier, R. N. 1445, 1; 1515, 1
Majut, R. 243, 6; 296, 8; 341, 33; 351, 4; 357, 15; 391, 55; 461, 40–41; 678, 24; 760, 13; 765, 25; 777, 39; 785, 3; 801, 37; 845, 2; 923, 2; 930, 1; 1077, 5; 1079, 50–51; 1146, 6; 1231, 58–60; 1247, 11; 1380, 2; 1381, 7; 1393, 12
Makowsky, E. 1152, 1
Maler, A. 567, 52
Manggold, W. 12, 2
Mann, M. 184, 6
Mann, M. M. 391, 9
Mańn, O. 1079, 47
Mannheim, H. 1066, 3
Manns, B. 59, 2
Manzer, W. 59, 13
Marass, F. 737, 2
Maráthe, M. 634, 10
Marcus, E. 1042, 6
Marcuse, H. 765, 4; 906, 3
Maresch, A. 580, 1
Marggraff, H. 1032, 1
Marigold, W. G. 826, 1
Marko, W. 164, 1
Marold, K. 924, 6
Marquardt, H. 175, 1
Marsch, E. 235, 2; 1393, 18
Marshall, W. s. Philopsyllus
Martin, H. 1231, 88
Martin, J. 322, 2
Martin, W. 965, 17
Martini, F. 36, 26; 58, 18; 111, 48; 184, 7; 243, 5; 892, 11; 1065, 3; 1231, 50
Maschek, H. 666, 28

Maschl, U. 91, 2
Masius, H. 518, 1; 641, 1
Mason, E. C. 1311, 33; 1491, 1
Masser, A. 143, 18, 282, 4; 666, 57
Maßmann, E. H. 1099, 10
Matl, J. 232, 1
Mattenklott, G. 865, 5
Matveeva, V. P. 1084, 13
Matzig, R. B. 50, 12; 963, 3
Maubach, H. 56, 1
Maurer, F. 12, 8; 298, 7; 791, 1; 869, 52; 882, 1; 1351, 4
Maurer, G. 553, 8
Maus, Th. 58, 5; 759, 14; 778, 1
Mausser, O. 660, 2
Mautner, F. H. 1148, 12
Mautz, K. 359, 13
May, H. 295, 2
Mayer, Hans 91, 5; 360, 46; 673 b, 25
Mayer, Hartwig 1407, 1
Mayer, M. 864, 1
Mayer, Th. H. 967, 1
Mayr, H. 344, 5
Mazzucchetti, L. J. 879, 2
McConnell, W. 1454, 1
McCort, D. P. 905, 22
McDonald, W. C. 827, 1
McIlvenna, E. 1024, 1
McInnex, E. 1231, 97
McKay, L. R. 1329, 37
McNamara, A. 1084, 19
McNamee, L. F. 203, 1
McNeely, J. A. 1032, 46
Mechel, K. 708, 8
Mechow, M. 1275, 8
Mecklenburg, N. 1046, 1
Mehle, K. 1231, 19
Meidinger-Geise, I. 129, 17; 553, 15; 567, 26; 713, 38; 1471, 4; 1544, 43
Meier, E. 923, 7; 1392, 1
Meier, G. 1486, 7
Meier, J. 259, 1
Meier, Th. 838, 29
Meier, W. 608, 1
Meiland, E. 72, 1
Meiners, I. 1146, 9
Meinert, M. Ch. 391, 56

Meinhardt, H. 1544, 14
Meinschad, E. 65, 4
Meise, H. 316, 1
Meisen, K. 804, 1
Meisinger, Th. 1104, 3
Meisl, M. 924, 63
Meissburger, G. 1099, 17
Meister, R. 1433, 14
Meixner, H. 924, 73
Melchior, F. 863, 2
Melnitz, W. 759, 40
Menck, H. F. 906, 6
Menck, U. 1322, 62
Mendels, I. H. 1387, 17
Mendt, A. 1305, 9
Menge, K. 691, 2
Mengewein, C. 965, 1
Mensch, E. 441, 11
Mensch, H. 992, 1
Menth, B. 430, 2
Merbach, P. A. 129, 1; 133, 2; 329, 1; 480, 3; 513, 3; 514, 4; 530, 1; 540, 1; 736, 2; 797, 1; 891, 3; 895, 1; 903, 2; 1041, 2; 1210, 3; 1267, 2; 1299, 3
Mergell, B. 998, 12; 1345, 20
Meridies, W. 341, 9; 347, 1 bis 2; 391, 21
Merker, E. 631, 2
Merker, P. II, 24, 548, 1 u. 4; 667; 3
Merkle, G. 391, 47; 838, 18
Mertens, H. 567, 13; 789. 4
Merz, E. 1306, 10
Meschke, K. 1190, 1
Mess, F. 563, 2
Messelken, H. 1054, 1; 1300, 2
Messerschmidt-Schulz, J. 777, 26
Mestwerdt, B. 1379, 1
Meszlény, R. 1306, 7
Mettenleiter, P. 553, 17
Metternich, T. 1214, 1
Metz, H. 296, 9
Metzger, H. U. 180, 1
Metzler, J. M. 1036, 1
Meyer, D. 1069, 2
Meyer, E. 801, 3 u. 5
Meyer, Heinrich 1140, 8–10

Meyer, Herman 614, 1; 620, 1–2; 784, 1; 918, 8; 1024, 3; 1064, 5; 1228, 4–5
Meyer, Hildegard, 36, 10
Meyer, K. H. 1284, 1
Meyer, L. 244, 4
Meyer, M. 1030, 1
Meyer, R. M. 32, 2; 83, 1; 322, 1; 328, 1; 1322, 7; 1544, 7
Meyer-Rotermund, K. 222, 1
Michel, F. 355, 1
Michel, K. 1403, 4
Michel, K. M. 777, 45; 811, 3
Micheler, R. 567, 40
Micknat, G. 1339, 19
Miesen, K.-J. 282, 3
Mifka, H. 1321, 2
Miklautz, N. 24, 1
Miksch, G. 11, 1
Milacher, H. 919, 1
Milan, E. 583, 2
Milch, W. 513, 2; 749, 5
Mildebrath, B. 4, 1; 1103, 5
Miles, D. H. 567, 57
Milkereit, G. 1377, 3
Mills, E. 305, 5
Minde-Pouet, G. 725, 1; 1035, 1
Minder, R. 506, 1; 543, 9; 686, 1; 777, 50; 813, 10; 1016, 3; 1384, 2
Minis, C. 26, 5; 779, 2
Minor, J. 379, 3; 1148, 1 u. 3; 1434, 1–2
Minor, M. 226, 1
Minster, F. W. 447, 5
Minwegen, E. 159, 3
Mitteis, H. 1066, 25
Mittelbach, H. 924, 60; 1322, 42
Mittenzwei, J. 905, 16
Mittenzwei, W. 402, 1; 1089, 1
Mittler, E. 1066, 31
Mittner, L. 401, 9; 801, 40; 1148, 26
Mitzka, W. 700, 2
Miyashita, K. 658, 3
Mocygemba, F. 115, 1
Möbius, H. 59, 30
Möbus, G. 318, 2

Möhrke, E. 976, 6
Möhrmann, R. 304, 11
Möller, A. 1433, 1 u. 4
Möller, G. H. 726, 1–2
Möller, H. 111, 4
Mörner, J. v. 567, 2
Mössinger, F. 1104, 4
Mohl, A. 824, 4
Mohl, R. 1249, 3
Mohme, E. Th. 1079, 17
Mohr, F. 1369, 1
Mohr, W. 363, 3; 527, 28; 869, 19 u. 28; 924, 80; 1032, 57; 1099, 20
Moldaschl. H. 1279, 3
Monath, W. 1201, 6
Montgomery, M. 578, 2
Moore, S. H. 1350, 7
Moret, A. 777, 24; 924, 50 u. 66
Morgan, B. Q. 924, 22
Morgan, W. I. 525, 5
Morgenroth, A. 985, 1
Morot, A. 1140, 13
Moser, H. 910, 8; 1078, 1; 1198, 1
Moser, H. J. 906, 18
Mosler, J. 960, 3
Muchow, M. 1244, 1
Muckenhuber, L. 111, 50
Muckermann, F. 507, 2 u. 5
Mühlberger, J. 898, 6
Mühle, H. 126, 4
Mühlensiepen, W. 315, 10
Mühlher, R. 383, 1; 869, 14; 910, 2; 919, 2; 976, 9; 1250, 2
Müller, A. 450, 3
Müller, Alfred 1461, 11
Müller, Alwin 501, 8; 666, 23; 1461, 7
Müller, Andreas 740, 8; 777, 35
Müller, August 358, 1
Müller, B. 403, 1
Müller, C. 719, 1; 1149, 2
Müller, E. 1036, 2; 1233, 1
Müller, G. 863, 11
Müller, Gabriele 426, 4
Müller, Georg 1066, 4 u. 7

Müller, Gunther 1099, 8; 1195, 8; 1525, 4 u. 9
Müller, Hedwig 430, 1
Müller, Helene 993, 1
Müller, Hugo 1385, 4
Müller, H. E. 26, 2
Müller, H. R. 787, 1
Müller, Joachim 80, 1; 433, 3; 713, 49; 1344, 1
Müller, K. F. 761, 1
Müller, Olga 1242, 1
Müller, Ortwin 1231, 80
Müller, P. E. 496, 5
Müller, R. M. 380, 2–3
Müller, S. 422, 1
Müller, Ulrich 753, 20; 810, 6; 1032, 85; 1147, 1; 1322, 71; 1336, 11
Müller, Ursula 1311, 13
Müller, W. A. 61, 1; 1034, 1
Müller, W. D. 1381, 3
Müller-Fraureuth, K. 437, 2; 820, 1; 1099, 5
Müller-Freienfels, R. 254, 4; 567, 5
Müller-Gögler, M. 1466, 1
Müller-Guggenbühl, F. 1306, 15
Müller-Römheld, W. 1410, 1
Müller-Schwefe, H.-R. 1329, 56
Müller-Seidel, W. 94, 1; 1231, 7
Münch, F. 1461, 4
Münchow, U. 1231, 70
Münich, F. 1165, 1
Müsel, A. 59, 26; 1032, 62
Muller, A. 1275, 18
Mulot, A. 59, 10; 111, 32; 221, 7; 487, 10; 1072, 10; 1227, 14; 1417, 5
Mumelter, M. 606, 4
Muncker, F. 328, 2; 998, 3
Muncker, G. M. 755, 7
Munro, D. F. 924, 42
Muralt, A. v. 822, 7
Murdoch, B. 11, 3; 674, 1; 1408, 1
Murphy, A. G. 1057, 6
Muschg, W. 373, 1
Muschwitz, G. 36, 21

Muszkat-Muszkowski, J. 1233, 2
Muthesius, V. 443, 3
Muthmann, F. 955a, 1

N

Nabholz, H. 1543, 2
Nabholz-Oberlin, M. 669, 2
Nadler, J. 59, 11; 357, 7; 391, 38; 850, 5; 965, 12; 1133, 1; 1266, 1; 1525, 3
Nagel, A. 881, 6
Nagel, S. R. 568, 1
Nagel, W. 450, 1; 1126, 3
Nagl, F. 1517, 8
Nahde, E. 783, 1
Nahrgang, W. L. 880, 5
Narr, D. u. R. 1322, 56
Nase, K. 129, 5
Naso, E. v. 824, 5
Naujok, R. 867, 3
Naumann, H. 236, 4; 545, 1; 612, 2–3; 1099, 13; 1333, 2; 1470, 1
Naumann, W. 1339, 30
Nebois, A. 329, 2
Nef, E. 1537, 6
Neis, E. 754, 7; 892, 10
Nell, H. 1322, 38
Nelle, E. 75, 18
Nellmann, E. 1072, 18
Némedi, L. 1086, 2
Neske, B. 892, 5
Nespital, M. 59, 8
Neßler, N. 360, 11
Netoliczka, O. 1140, 3
Neu, H. 1307, 1
Neubaur, L. 673a, 4–5 u. 18
Neubert, F. 360, 29
Neubert, W. 508, 4
Neuda, M. 457, 1
Neudecker, N. 1458, 3
Neuer, J. G. 48, 1
Neuhäuser, W. 1325. 8
Neuhaus, V. 339, 9
Neumair, P. G. 4, 5
Neumann, E. 441, 18; 1471, 1
Neumann, F. 458, 4; 881, 16; 1169, 1
Neumann, R. 758, 7

Neumann, S. 1231, 75
Neumann, W. 554, 5; 1336, 6
Neumark, F. 1505, 1
Neunheuser, H. 924, 44
Neureuter, H. P. 1238, 7
Neweklowsky, E. 269, 1
Nicolai, P. 65, 2
Nicolaus, Ch. 1417, 1
Nicolaus, P. 195, 3
Niedermann, E. 789, 16; 1354, 2
Niedner, F. 1354, 1
Niedner, H. 981, 6
Niemann, L. 1231, 38
Niemeyer, E. 917, 1
Nieschmidt, H.-W. 1453, 4
Niewöhner, H. 359, 6; 653, 4; 881, 10; 1235, 1
Nimtz, H. 1275, 17
Ninck, M. 34, 2
Ninger, K. 1140, 7
Nippold, F. 666, 3
Nitschke, A. 325, 1
Nitschke, D. 492, 3
Nitz, E. 770, 1
Noch, C. 464, 5
Nodnagel, A. 1295, 1
Nöbauer, M. 665, 1
Nohl, H. 1339, 25
Noll, G. 986, 1
Nolte, Ch. M. 852, 2
Nolte, F. 1329, 30
Nolte, P. 708, 5
Nordmann, W. 718, 1
Northcott, K. J. 918, 10; 995, 1
Nothmann, K.-H. 708, 24
Nover, J. 360, 9; 673a, 7; 938, 12; 1090, 1; 1295, 4
Novotny, H. 456, 2
Nowack, W. 801, 7
Nowak, Ph. B. 360, 18
Nündel, E. 1395, 1
Nußbaumer, E. 688, 2
Nussberger, M. 461, 13; 461, 38
Nusser, H. 829, 1

O

Obenauer, K. J. 765, 14; 924, 61

Oberfeuer, L. 1013, 3
Oberheiden, A. 391, 39
Oberholzer, N. 878, 2
Oberle, W. 12, 6
Oberleitner, W. 1339, 12
Obermann, B. 758, 2
Obermüller, K. 865, 7
Obst-Harnisch, E. 708, 13
Obzyna, G. 531, 3
Ochojski, P. 461, 42
Odor, A. F. 1079, 38
Oechsler, R. 1111, 1
Oeftering, H.-G. 924, 55
Öftering, M. St. 646, 1–2
Oeftering, W. E. 101, 1–2; 542, 1
Oehl, W. 840, 3
Oehler, H. 347, 4
Oellers, W. 1119, 6
Oettli, P. H. 805, 4
Ohling, H. 1291, 3
Ohly, F. 583, 11; 1005, 1; 1278, 1
Ohse, B. 1311, 25
Oppel, A. 613, 1
Oppel, H. 952, 1
Oppenheim, 924, 39
Orlowski, F. 924, 24
Ormiston, M. 1288, 4
Orth, I. 777, 27
Osborn, M. 1311, 4
Oschatz, H. 789, 8
Oschilewski, W. G. 514, 7
Osten, H. 1227, 9
Osterle, H. D. 250, 8; 1486, 8
Osterroth, F. 59, 22
Ostler, M. 307, 4
Ostlyngen, E. 1542, 4
Ostrop, M. 254, 6
Oswald, E. 568, 2
Oswald, F. 250, 1
Oszcsity, J. Th. 512, 2
Ott, V. 713, 36
Otten, P. 863, 16; 899, 2
Ottendorff-Simrock, W. 1090, 16
Ouwendijk, D. 1079, 42

P

Paar, I. 760, 14
Pabst, K. R. 464, 2

Pabst, W. 1250, 1; 1390, 4; 1391, 2
Pache, A. 1274, 2
Pachnicke, G. 347, 10
Pagel, F. 341, 6 u. 10; 764, 1; 788, 10
Pamperien, K. 342, 2; 1343, 3
Pankratz, F. 953, 1
Panzer, F. 379, 5; 1227, 4
Papousek, F. 379, 8
Pappenscheller, A. 1153, 4
Park, R. 1345, 17
Pascal, R. 341, 31
Pasig, P. 152, 1
Pasinetti, P.-M. 765, 21
Paterson, S. G. 917, 32
Patrzek, N. 188, 5; 681, 1
Patzlaff, G. 737, 4
Patzschke, H. 1275, 11
Paulin, H. W. 1526, 1; 1528, 1
Pauls, E. E. 448, 5
Paulsen, J. 29, 1
Pavel, P. 759, 47
Pawel, J. 715, 1; 789, 1
Payer-Thurn, R. 360, 17
Peacock, R. 759, 26
Peer, R. 512, 1
Peine, R. 942, 2
Peitler, H. 538, 2
Pelzl, H. 503, 3
Peppard, M. B. 918, 6
Perez, H. 759, 49
Peri, H. 107, 2
Perl, W. H. 678, 10
Perlhefter, R.-St. 678, 19
Pernerstorfer, E. 379, 1
Pernice, M. 471, 4
Pernusch, R. 508, 1
Pertold, M. 998, 10
Pesch, J. 472, 2
Pestalozzi, K. 335, 1
Petak, A. 899, 1
Peter, K. 1322, 17
Petermann, R. 660, 11
Peters, E. E. 994, 1
Peters, H. 1020, 4
Petersen, J. II, 25; 285, 1;[*] 360, 35; 461, 22; 483, 1; 725, 2
Petersen, O. v. 501, 10

Petri, J. 131, 2
Petriconi, H. 1376, 1; 1396, 1
Petry, J. 188, 1
Petsch, Ph. R. 60, 2–3
Petsch, R. II, 26; 111, 19
Petzet, Ch. 1032, 6
Petzet, E. 360, 6
Petzoldt, G. v. 666, 17
Pezoldt, H. v. 462, 1
Pfannmüller, G. 666, 36
Pfannmüller, L. 392, 1
Pfaundler, W. v. 954, 1
Pfeiffer, J. 1336, 8
Pfeiffer-Belli, W. 296, 6; 1544, 22
Pfeiler, W. K. 349, 1; 759, 37
Pfeill, K. G. 1322, 41
Pfister, F. J. 1146, 7
Pfitzner, H. 998, 6
Pfitzner, J. 1279, 1
Pfitzner, K. 268, 1
Pflaum, H. 1289, 1
Pfleger, A. 374, 6; 1157, 2
Pfleger, K. 492, 1
Pfleger, L. 1090, 3; 1271, 1
Pflug, H. 1231, 33
Pfordten, O. v. d. 461, 5
Pfütze, M. 195, 19; 201, 2
Pfungst, A. 673a, 9
Philip, K. 680, 3
Philipp, E. 645, 5
Philopsyllus, W. A. L. 374, 1
Pichler, A. 788, 22
Pick, G. 397, 1
Pick, R. 856, 1
Pickering, F. P. 999, 8
Piechowski, P. 59, 3
Piedmont, F. 339, 11
Pielow, W. 341, 27
Pieth, W. 342, 1; 1343, 2
Pietsch-Ebert, L. 1143, 5
Pietzner, F. 1099, 11
Pikulik, L. 195, 28
Pilger, R. 1285, 1
Piltz, F. 391, 22
Pilz, G. 831, 1
Pinatel, J. 195, 14–15
Pinder, W. 838, 14
Pinnow, H. 1032, 7
Pirker, M. 31, 14
Pittner, H. 152, 6

Placzek, H. W. 462, 15
Plard, H. 441, 27
Plaumann, E. 13, 1; 805, 1
Plavius, H. 58, 20; 567, 35
Plenzat, F. 98, 1; 905, 2
Plenzat, K. 111, 27; 984, 4; 1317, 1
Pleßke, H.-M. 98, 9–10; 183, 1; 906, 14; 1430, 7
Plischke, H. 4, 7
Plötzeneder, G. 262, 6
Plohovich, J. 1456, 1
Ploss, E. 1032, 65 u. 73
Poeck, W. 523, 3; 863, 5–6
Pöhlmann, H. G. 487, 18
Pölnitz, G. v. 1390, 3
Pörksen, U. 339, 8
Poethen, W. 307, 3
Pohl, E. 390, 2; 1162, 4
Pohlmann, H. G. 822, 18
Pohlmeier, H. 1167, 3
Poláček, J. 1231, 76
Polheim, K. 836, 1
Politzer, H. 1219, 1
Poll, H. 1542, 1
Pollak, V. 1032, 10
Pollatos, E. 391, 51
Polley, O. M. 1081, 2
Pomaßl, G. 881, 17
Pomezny, F. 499, 1
Pompecki, B. 237, 1; 844, 2; 1460, 1–2
Pongs, H. 35, 1; 231, 2; 298, 3–5; 759, 27 u. 29 u. 34; 800, 1; 1091, 8; 1377, 2; 1544, 37
Pope, E. E. 1303, 1
Popek, A. 244, 2
Popper, G. 1322, 33
Poritzky, J. E. 276, 4; 713, 3;
Porterfield, A. W. 23, 2; 254, 3; 813, 3
Porwig, J. 664, 1
Pospischil, S. 289, 1
Potthof, O. D. 371, 1
Potthoff, A. 1119, 4
Potthoff, E. 1072, 11
Prang, H. 788, 23
Prastorfer, W. 788, 16
Preglau, I. 1108, 2
Prehn, A. 131, 7

Preisendanz, K. 832, 1; 1071, 1–3
Prem, E. 1040, 4
Premerstein, R. v. 262, 7
Prestel, J. 1103, 10
Prestel, U. 1511, 2
Preuß, H. 668, 3
Price, L. M. 638, 2
Priebe, T. 1084, 14
Prinzing, D. 441, 30
Pritz, S. 1351, 6
Pröhle, H. 535, 1
Proelß, J. 207, 1
Pröpstl, E. 825, 6
Prokop, K. 645, 1
Proksch, J. 601, 1
Propst, K. 757, 13
Proß, H. 541, 1
Prost, J. 673a, 13
Prümers, A. 906, 1
Prutz, H. 1032, 14
Prutz, R. E. 1032, 2
Pschorn, H. 665, 2
Puckett, H. W. 311, 2; 450, 5; 768, 10
Puder, H. 1411, 1
Pütz, H. H. 1155, 3
Pütz, P. 1525, 19
Purdie, E. 675, 3; 869, 33; 989, 1
Purkart, J. 170, 2
Puschnig, O. 1059, 1
Pustau, E. v. 391, 25
Pyritz, H. 869, 10; 1148, 16

R

Raab, H. 163, 4
Raab, K. 595, 1; 1351, 1; 1544, 2
Raabe, P. 254, 23 u. 25
Rabe, H. 1345, 8
Rabsahl, M.-M. 1220, 1
Raché, P. 341, 1; 1275, 2
Racker, M. 617, 2
Radau, B. 12, 1
Radbruch, G. 1066, 28
Raddatz, F. J. 1032, 82
Radel, F. 909, 2; 1365, 2
Raeck, F. 782, 1
Räuschl, G. 432, 2

Ragaz, J. 1439, 1
Ragotzky, H. 1511, 3
Rameckers, J. M. 717, 2
Ramjoué, W. 1313, 4
Ramming, J. 830, 3
Ramseyer, R. 597, 3
Randenborgh, E. v. 838, 11 bis 12
Rang, B. 869, 16
Rank, O. 184, 4; 273, 10; 276, 2–3; 644, 1; 912, 1; 1247, 4; 1339, 11
Ranke, F. 487, 12; 621, 3; 881, 7; 1345, 12
Ranke, K. 140, 1
Rapmund, A. 825, 4; 1421, 1
Rapp, C. T. 195, 13
Rapp, E. 845, 1 u. 4
Rapp, H. 511, 3
Rasch, W. 401, 5; 425, 1; 1297, 3
Raschen, J. F. L. 401, 2
Rashid, A. M. 891, 6
Rassmann, F. 143, 1
Rassow, M. 391, 15
Rath, W. 152, 3
Rathjen, H.-W. 602, 1
Rau, H. 497, 1
Rauch, B. 1329, 11
Rauch, W. 1490, 2
Rauers, F. 1057, 10; 1077, 4
Rauhut, F. 905, 9
Rausch, L. 765, 13
Rausch, W. 1079, 29
Rauschning, H. 557, 1
Rausse, H. 4. 2
Rautenberg, B. 590a, 2
Raymann, H. 1197, 1
Read, R. R. 1032, 63
Reckling, F. 6, 1
Recknagel, R. 759, 42; 1084, 15
Reclam, E. H. 993, 3
Redenbacher, F. 1029a, 1
Redlich, K. 548, 10; 666, 27
Reed, E. E. 768, 11
Rees, E. K. 461, 23
Rees, W. 127, 1
Rehm, W. 4, 3 u. 10; 50, 5 u. 14; 165, 1; 256, 3; 277, 7; 304, 2; 481, 3; 901, 3; 977, 2; 1077, 3;

1081, 1; 1103, 11 u. 17;
  1106, 1; 1245, 4; 1311, 17;
  1329, 23 u. 42 u. 55
Rehorn, K. 938, 2 u. 4
Reich, E. 1381, 2
Reich, H. 1501, 1
Reich, J. Th. 1143, 6
Reich, W. 906, 13
Reichert, G. 905, 13
Reichert, K. 1381, 9
Reichhart, H. 50, 13; 910, 3
Reichmann, E. 1522, 3
Reichwein, W. 387, 3
Reid, M. J. C. 74, 5
Reier, H. 1079, 36
Reif, E. 548, 20
Reiffenstein, I. 1066, 32
Reifschneider, H. 1329, 41
Reimarus, S. 1131, 3
Reimer, R. Ch. 1084, 18
Reimer, W. 731, 1
Reimérdes, E. E. 696, 3;
  1461, 5
Reindl, J. 1036, 3
Reindorf, B. 1079, 25
Reinecke, H. 298, 2
Reinert, C. 1368, 4
Reinert, W. 583, 4
Reinhardstoettner, K. v.
  917, 2
Reinhardt, H. 111, 42; 1461,
  14
Reinhardt, K. 516, 1
Reinhold, F. 543, 6
Reiniger, A. 924, 76
Reinlein, B. 713, 25
Reiser, I. 356, 2
Reismann-Grone, Th. 759, 10
Reisner, H.-P. 1032, 87
Reitz, H. 1259, 1
Rembold, L. 461, 27
Remiz, G. v. 785, 9; 801, 27
Remmers, K. 59, 5; 319, 3;
  391, 27
Rempel, H. 553, 13; 777, 47
Remy, A. F. J. 634, 1
Renner, R. 861, 2
Rennert, H. 1329, 25
Rennhofer, F. 1079, 54
Rentsch, J. 1335, 2
Requadt, P. 652, 7; 1390,
  6–7

Reske, H.-F. 595, 2
Reszler, A. 923, 5
Reuling, C. 531, 1
Reuschel, H. 1422, 1
Reuschel, K. 31, 13; 128, 2;
  677, 1–2; 701, 1; 847, 1;
  863, 8; 1090, 11; 1227, 7;
  1275, 12; 1343, 4; 1350, 5;
  1500, 2
Reusler, K. W. 666, 29
Reuter, E. 865, 2
Reuter, H. G. 1099, 22
Rex, I. 668, 4
Rey, W. 759, 31
Rheinfelder, H. 593, 1
Ricci, J. F. A. 208, 2
Ricek, L. G. 788, 11
Rich, D. E. 341, 22
Richey, M. F. 801, 26
Richmond, A. J. 320, 6
Richter, F. K. 488, 1–2
Richter, H. 869, 53
Richter, J. 853, 2
Richter, K. 743, 1; 926, 4–5
Richter, M. Th. 653, 8
Richter, R. 992a, 1
Richter, W. 256, 5
Ricker, G. 1517, 2
Rieck, W. 491, 1
Riecken, O. P. 1414, 3
Ried, K. Th. 1426, 1
Riedel, H. 905, 14
Riedel, K. 750, 1
Riedel, W. 869, 58
Rieder, H. 798, 2; 1471, 7;
  785, 11
Riedi, G. 496, 2
Riedl, F. 574, 1
Riedl, F. H. 1464, 12
Riedler, K. 838, 15
Riegler, R. 1241, 1
Riemann, E. 951, 1
Riemann, R. 351, 1
Ries, H. 1176, 17
Riesenfeld, P. 563, 1
Rietschel, O. 890, 2
Riffert, J. E. 69, 2
Riha, K. 507, 11; 924, 86;
  1084, 20
Rille, J. H. 462, 2
Rintelen, D. 759, 15
Ritchie, G. F. 1158, 1–2

Ritscher, M. 535, 3
Ritte, H. 1343, 8
Ritter, F. 890, 1
Ritter, H. 341, 20
Ritter, N. 1532, 1
Ritter-Santini, L. 238, 1;
  801, 48
Rittersbacher, H. 147, 7;
  1544, 35
Ritzer, W. 1097, 1
Ritzler, P. 1339, 20
Roberts, C. E. 525, 4
Robertson, J. G. 481, 2
Robinson, L. S. 1269, 1
Robson-Scott, W. D. 486, 2
Rockenbach, M. 713, 17;
  801, 19; 924, 34; 1329,
  24 u. 28; 1343, 6
Röbbeln, I. 1079, 45
Roedder, E. C. 1126, 5
Röder, G. 474, 6
Röhl, H. 567, 6; 687, 1;
  708, 12; 765, 2; 1228, 1;
  1393, 6
Röhner, E. 59, 29 u. 37;
  418, 1; 869, 59
Röhrich, L. 140, 3; 283, 1;
  730, 1; 1166, 1; 1252, 3;
  1311, 28; 1330, 1;
  1544, 39
Rölleke, H. 1247, 15
Roemer, H. E. 905, 20
Röpe, G. R. 938, 1
Roer, W. 1031, 7; 1231, 35
Rösch, L. 1016, 2
Rössler, A. 111, 53; 1403, 8
Röth, D. 924, 71
Roethe, G. 1306, 1; 1340, 6
Röthlisberger, B. 713, 11
Rötteken, H. 1474, 1
Röttger, H. 554, 3
Röttger, K. 666, 24; 1079, 21;
  1329, 8
Rogers, R. M. 1544, 31
Roggen, E. 111, 7
Rohr, K. 1329, 59
Rohrer, M. 36, 16
Rohrmann, P. J. 708, 25
Roisch, U. 1417, 6
Rolf, H. 1329, 62
Roller, H. 347, 3
Roloff, E. A. 347, 7

Roloff, H.-G. 143, 15; 1311, 34
Romanowski, M. 117, 5; 287, 1; 1172, 2
Rommel, G. 454, 1
Rommel, O. 464, 11; 531, 4; 1032, 25
Roos, H. 838, 22
Roos, K. L. 1311, 35 u. 40
Rose, E. 219, 3 u. 5–6
Rose, W. 360, 26; 1032, 27; 1476, 5–6
Rosenau, P. U. 1459, 1
Rosenbaum, R. 1325, 1
Rosenbaum, U. 1143, 10
Rosenberg, F. 344, 3
Rosenberg, M. 544, 1
Rosenberg, R. 869, 54
Rosendahl, E. 942, 1
Rosenfeld, B. 484, 3
Rosenfeld, H. 147, 3; 548, 15 u. 18; 768, 5; 1202, 4; 1231, 51; 1249, 4; 1329, 44–45; 1337, 8; 1385, 10; 1447, 1
Rosenfeld, H. F. 846, 2; 1159, 1; 1275, 21
Rosenhagen, G. 111, 10 u. 59
Rosenkrantz, K. 297, 1
Rosenthal, E. 1455, 1
Rosenthal, E. Th. 1504, 9
Rosenthal, F. 457, 4; 906, 2; 917, 24; 1143, 3
Rosenthaler 56, 6
Rosikat, A. 788, 1
Rosner, L. 197, 1
Roß, W. 3, 3; 221, 22; 777, 46; 1191, 1
Rossbacher, K. 553, 18–19
Rossetti, S. 1309, 1
Rossmann, A. 1434, 5
Rost, G. 795, 1; 1086, 1
Rost, H. 1201, 3
Rosteutscher, J. 147, 4; 313, 1; 910, 12
Rostock, F. 254, 9
Roth, E. 692, 1
Roth-Wölfle, L. 1462, 3
Rothe, C. 187, 1
Rothe, E. 195, 8; 708, 14; 725, 4; 793, 6–8
Rothe, F. 1231, 101

Rothe, H. W. 334, 1
Rothe, W. 58, 21; 140, 4; 487, 17; 635, 12
Rothe-Buddensieg, M. 230, 1
Rother, M. 713, 20
Rothleitner, R. 114, 3
Rothschild, J. 690, 5
Rott, W. 677, 19
Rotzler, W. 1397, 3
Royen, E. 801, 17
Rubin, D. G. 905, 10
Rublack, M. 221, 8
Rudloff, K. 805, 5
Rudolf, F. 1274, 1
Rudolfer, G. 1246, 1
Rudolph, J. 849, 5
Rudwin, M. J. 1043, 1; 1079, 14; 1311, 7 u. 10
Rück, F. 59, 6
Rüd, E. 277, 6
Rüdiger, G. v. 840, 5
Rüdiger, H. 444, 1; 583, 9; 652, 2–3; 1135, 4
Rüesch, J. P. 380, 4; 971, 3
Rühle, F. 1140, 1
Rühle, O. 1109, 1
Rülcker, Ch. 59, 31
Rüsch, E. G. 423, 1
Ruland, I. 788, 13
Rumpold, M. 125, 1
Rundnagel, E. 1487, 2
Runge, E. A. 924, 64; 1116, 3
Runge, R. 360, 30
Rupp, H. 838, 34; 869, 27; 1079, 49 u. 59
Ruppe, H. 426, 2; 777, 12
Ruppert, H. 792, 2
Ruprecht, E. 621, 4
Ruschka, A. Ch. 195, 16
Rusterholz, P. 785, 13; 1477, 2
Rutledge, J. 1335, 5

S

Sabatzky, K. 6735, 8
Saddeler, H. H. 717, 5; 909, 8
Saekel, H. 1483, 1
Sagave, P. L. 195, 18
Sagave, P. P. 1084, 16; 1085, 10; 1231, 61

Salgaller, E. 244, 8
Salinger, H. 1525, 20
Salinger, R. 1476, 3
Sallenbach, H. 319, 4
Salmen, W. 906, 21
Salmon, P. 326, 6
Salomon, G. 415, 3; 887, 1
Salzer 75, 2
Salzer, A. 838, 4 u. 42; 1148, 18
Sander, V. 165, 3 u. 5; 869, 45
Sanders, W. 474, 5
Sandrock, L. 582, 1
Sarnetzki, D. H. 1090, 12 bis 13; 1091, 2
Sartorius, E. 1339, 16
Sauer, A. 656, 2
Sauer, E. II, 27–29; 416, 2; 471, 3; 1085, 3–4
Sauer, F. 544, 2
Sauer, K. 1387, 18
Sauer, K. A. 441, 22
Sauer, W. 525, 3; 740, 4
Schaab, A. 911, 1
Schaal, G. 456, 3; 1066, 26
Schachel, H. 75, 8
Schacher, A. 838, 35
Schade, G. 50, 15; 221, 12
Schade, O. 360, 15
Schadewaldt, W. 129, 19
Schächter, S. 897, 1
Schäfer, Adelheid 678, 6; 1176, 4
Schäfer, Alfons 1257, 5
Schäfer, G. 1128, 1
Schäfer, G. M. 838, 50
Schäfer, H. D. 577, 1; 924, 91; 1336, 10
Schäfer, Hermann 487, 7; 651, 1
Schäfer, Horst 1064, 3
Schäfer, I. 863, 15
Schäfer, M. 287, 2
Schaefer, O. 777, 13; 1161, 4
Schäfer, Walter 431, 2; 439, 1; 906, 19
Schäfer, Werner 1339, 23
Schäfer-Maulbetsch, R. B. 693, 6
Schaer, A. 1053, 2

Schaer, W. 195, 27; 1201, 7; 1231, 71; 1249, 6
Schantz, R. 461, 17
Scharman, R. 759, 32
Scharmann, Th. 1130, 1
Schatzberg, W. 926, 6
Schatzky, B. E. 631, 3
Schaub, F. 1506, 1
Schauer, H. 195, 9; 357, 5
Schaukal, R. v. 713, 18
Schaumann, U. 1140, 11
Schawe, O. R. 1329, 39
Schedl, H. 965, 2
Scheibenberger, K. 143, 11
Scheiber, H. 924, 62
Scheid, N. 740, 3
Scheidegger, A. 254, 16
Scheiner, P. W. 794, 1; 964, 2
Schellenberger, J. 4, 9
Scheller, B. 59, 38
Schelowsky, H. 507, 7
Schelzig, A. 822, 11
Schenker, M. 1306, 13
Schenkheld, E. 221, 5
Scher, St. P. 905, 21
Scherer 1275, 19
Scherer, A. 1205, 1
Scherer, A. Ch. 713, 32
Scherer, F. J. 691, 1
Scherer, W. II, 30; 400, 1 1164, 2
Scherpe, K. R. 1480, 13
Scherrer, M. 693, 3
Scherrer, P. 759, 39; 1461, 15
Scheurer, F. 708, 19
Scheuten, K. 341, 14
Schick, E. 472, 3
Schier, A. 801, 13
Schiffers, H. 1, 1
Schiffmann, M. 467, 2
Schiffner, E. 426, 10
Schildt, J. 777, 40 u. 48
Schiller, D. 1032, 77
Schilling, H. 389, 1
Schillinger, H. 736, 4
Schimke, H. 8, 4
Schimmelpfennig, R. 838, 23
Schindler, H. 753, 2
Schindler, J. 328, 7
Schindler, K. 1409, 1
Schinke, W. 1263, 1

Schiprowski, E. A. 872, 2
Schirmbeck, H. 666, 46 u. 56; 1311, 36
Schirmer, K.-H. 801, 44
Schivelbusch, W. 1231, 106
Schlaffer, H. 254, 22; 338, 7; 567, 53; 1064, 15; 1417, 7
Schlecht, J. Ch. 1231, 2
Schlegel, A. W. 1114, 1
Schleinitz, A. v. 1295, 3
Schlemm, H. 59, 16
Schlemmer, H. 1079, 13; 1245, 3
Schlenstedt, D. 567, 34; 788, 35
Schlenstedt, S. 910, 16
Schleppnik, E. 244, 7
Schlesier, E. 788, 7
Schlißke, O. 55, 2
Schlösser, F. 838, 36
Schlösser, M. 1512, 1
Schlösser, R. 1274, 4
Schlötermann, H. 759, 35
Schlosser, A. 420, 1
Schludermann, B. 713, 43
Schlüchterer, H. 915, 1
Schlüter, H. 1052, 2
Schlüter, J. 758, 1
Schmähling, W. 73, 2; 266, 2; 1329, 49; 1368, 1; 1393, 15
Schmeer, H. 1167, 2
Schmid, Ch. H. 638, 1
Schmid, F. 1429, 2
Schmid, Georg 1441, 1
Schmid, Gertrud 487, 9
Schmid, M. 496, 4
Schmid, P. 881, 9
Schmid, U. 131, 6
Schmidlin, A. 317, 3; 780, 1
Schmidt, Adalbert 965, 18
Schmidt, Albert 162, 5
Schmidt, Anne 1032, 43
Schmidt, Erich 31, 1; 314, 1; 889, 1; 1006, 1; 1099, 3; 1120, 1; 1157, 1; 1275, 1; 1295, 5
Schmidt, Expeditus 1079, 5
Schmidt, E. G. 50, 23
Schmidt, E. W. 441, 15
Schmidt, G. 582, 4; 1394, 7
Schmidt, I. 1504, 7

Schmidt, Johannes 143, 8
Schmidt, Josef 669, 5
Schmidt, K. 426, 3
Schmidt, K. O. 924, 56
Schmidt, K. W. Ch. 603, 1
Schmidt, O. A. 111, 46
Schmidt, L. 965, 11
Schmidt, P. 749, 9
Schmidt, R. 391, 10; 824, 1
Schmidt, R. W. 677, 15
Schmidt, Walter 1148, 9
Schmidt, Werner 156, 1–5
Schmidt-Dengler, W. 298, 8; 865, 6
Schmidt-Henkel, G. 910, 10
Schmidt-Wiegand, R. 711, 1
Schmidtke, D. 1149, 5; 1322, 55
Schmied, E. 1495, 1
Schmieder, W. 98, 8
Schmitt, A. 548, 5 u. 6
Schmitt, F. A. I, 24; II, 31; 58, 17; 136, 3
Schmitt v. Mühlenfels, F. 1053, 4
Schmitthenner, A. 236, 2
Schmitz, E. 708, 21
Schmitz, G. 1195, 2
Schmitz, H. 12, 5
Schmitz, J. 1212, 1
Schmitz, W. 1339, 14; 1412, 1
Schmücker, E. 777, 5
Schnapp, L. 202, 4
Schneebauer, H. 924, 69
Schnell, St. 1346, 6
Schneider, A. 450, 7
Schneider, C. 1461, 21
Schneider, E. 451, 3; 708, 2
Schneider, F. J. 437, 4
Schneider, G. 917, 7
Schneider, Helmut 1416, 1
Schneider, Hermann 567, 7 u. 9 u. 28; 582, 3; 753, 3 u. 10; 755, 5; 1072, 12; 1349, 1; 1456, 5
Schneider, Hildegard 391, 44
Schneider, J. 1437, 1
Schneider, K. 1346, 8
Schneider, K. L. 507, 9; 1247, 18; 1544, 40
Schneider, L. 924, 52

Schneider, N. 341, 16
Schneider, R. 666, 53
Schnitzer, K. 602, 3
Schnitzer, M. 1037, 1
Schnoor, W. 1329, 31
Schnur, F. 572, 1 u. 2
Schoch, H. 391, 16
Schoeck, H. 931, 1
Schöll, N. 567, 49; 1231, 102
Schömann, M. 917, 22–23
Schön, F. 464, 8
Schönbach, A. E. 221, 1
Schöne, A. 1032, 51; 1218, 1; 1433, 9
Schönefeld, W. 1018, 5
Schönfeld, H. 789, 5
Schönhaar, R. 305, 6
Schönig, R. 1032, 18
Schötz, A. 341, 26
Scholte, J.-H. 597, 1
Scholz, F. 864, 2
Scholz, G. 880, 4
Scholz, M. 753, 8; 1072, 17; 1114, 4
Scholz, W. v. 162, 3; 655, 2; 673a, 14
Schonauer, F. 160, 2; 759, 45; 760, 5; 923, 3
Schons, E. 1011, 1
Schoof, W. 317, 6; 587, 1
Schoolfield, G. C. 186, 2; 906, 20
Schopf, K. 294, 2
Schopper, F. 946, 1
Schorbach, K. 866, 1
Schottenloher, F. 113, 5; 287, 3; 466, 4; 699, 1; 627, 3; 822, 12; 993, 2; 1126, 7; 1211, 2; 1543, 4
Schowalter, O. 868, 1–2
Schrader, F. 397, 2
Schradi, M. 487, 13; 666, 45
Schraml, K. 511, 2
Schramm, W. 911, 8
Schranka, E. M. 146, 1
Schreiber, G. 1442, 1
Schreiber, H. 191, 2
Schreiber, S. E. 391, 48
Schreiner, E. M. 50, 19; 61, 2
Schreinert, K. 887, 3

Schriewer, F. 111, 13
Schröder, A. 788, 19; 1173, 4
Schröder, C. 487, 1; 860, 1
Schröder, E. 717, 4; 1189, 1; 1231, 29
Schröder, F. R. 159, 4; 191, 3; 463, 1; 1029, 1; 1055, 2; 1225, 1; 1297, 1; 1298, 1; 1372, 1
Schröder, G. 1231, 81
Schröder, H. 1149, 1; 1429, 1
Schröder, H. E. 1398, 4
Schröder, K. 277, 1
Schröder, L. 1224, 1
Schroeder, M. J. 838, 16
Schroeder, R. 1066, 1
Schröder, R. A. 553, 9
Schroeder, S. 36, 12
Schröder, W. 70, 3; 984, 7; 1099, 23
Schröder, W. J. 866, 4
Schröpfer, H.-J. 565, 1
Schröter, K. 461, 52
Schröter, W. 724, 1
Schrott, L. 1072, 16
Schubert, G. 493, 3
Schué, K. 478, 1
Schücking, J. L. 244, 6
Schüler, G. 551, 1
Schuemacher, K. 1534, 1
Schünemann, K. 1366, 3
Schüppel, J. 391, 14
Schütterle, P. E. 553, 4
Schüttpelz, O. 55, 1
Schüttrumpf, I. 909, 9
Schütz, O. 447, 3
Schütz, V. 508, 7
Schütze, G. 924, 43; 1231, 103; 1322, 69
Schuh, O. F. 102, 1
Schuhmacher, W. 1227, 8
Schuhmann, K. 869, 42
Schukart, H. 391, 31
Schuldes, L. 1311, 42
Schulte, H. H. 118, 2
Schultz, A. 788, 4
Schultz, F. 317, 4; 400, 2
Schultz, K. 734, 1
Schultz, P. 351, 2; 924, 25
Schultz, P. R. 338, 1
Schultz, W. 397, 3

Schultze, S. 863, 3; 924, 14 u. 21; 976, 2; 1090, 2
Schultze-Jahde, K. 416, 1
Schulz, B. 1322, 18
Schulz, D. 582, 2
Schulz, E. W. 1525, 17
Schulz, H. 59, 20; 777, 3; 1117, 1
Schulz, H. H. 1422, 2
Schulz, K. 111, 18; 1322, 29
Schulz, O. 984, 1
Schulze-Maizier, F. 1031, 10
Schumacher, G. 326, 1
Schumacher, H. 1536, 3; 910, 19
Schumacher, R. 707, 2
Schumann, D. W. 677, 11 u. 13
Schumann, G. 1480, 6
Schumann, H. 867, 1
Schumann, P. 1301, 2; 1480, 3
Schumann, W. 1146, 8
Schumpelick, M. 260, 2
Schusta, E. 152, 5
Schuster, Ch. 768, 8
Schuster, K. 609, 4
Schuster, L. 1345, 7
Schwab, L. 1090, 14
Schwab, U. 677, 17
Schwab-Felisch, H. 760, 1; 1146, 4
Schwarte, I. 59, 7
Schwartz, F. 59, 15
Schwartz, R. 344, 2
Schwarz, A. 1461, 3
Schwarz, B. 487, 4
Schwarz, G. 8, 2; 63, 1; 924, 70
Schwarz, H. 215, 1
Schwarz, J. M. 278, 1
Schwarz, K. 789, 11
Schwarz, M. 453, 3
Schwarz, O. 1066, 10; 1231, 41
Schwarz, P. P. 1032, 29
Schwarz, R. 408, 7
Schwarz, W. 167, 1; 678, 21
Schwarze, K. 756, 1
Schweckendiek, A. 1403, 3
Schweiger, M. 996, 1
Schweigert, E. 1336, 2

Schweikle, G. 881, 19
Schweinhagen, L. M. 359, 11
Schweitzer v. Coellen. I. A. 1124, 1
Schweizer, W. 901, 2
Schweizer, W. R. 901, 5
Schwendenwein, I. 461, 34
Schwering, J. 228, 1; 346, 1; 1032, 22–23
Schwietering, J.: 245, 1–2; 567, 12; 768, 3; 1234, 1
Schwinger, R. 759, 28
Sckommodau, H. 1052, 3
Secci, L. 910, 3
Seecamp, C. E. 341, 42
Seeliger, H. 813, 2
Seemann, E. 847, 3
Seering, H. 789, 7
Seewald, G. 838, 24
Seibold, L. 625, 1
Seidel, W. 351, 3
Seidler, H. 341, 34
Seidler, M. 922, 1
Seidlin, O. 974, 2
Seifert, M. 341, 29
Seifert, S. 797, 2
Seifert, W. 1146, 15
Seiferth, W. S. 1311, 18
Seiffert, I. 1482, 5
Seilacher, K. 441, 12
Seim, J. 801, 45
Seitz, B. 520, 3
Seitz, F. 309, 1
Selden, E. 219, 4
Seliger, P. 1480, 1
Seligmann, A. 369, 1
Sellgrad, R. 869, 23
Selver, H. 195, 12
Selzer, A. 1479, 1
Semmig, J. B. 1456, 3
Semrau, E. 257, 2
Sengle, F. 111, 61; 461, 32 u. 46; 548, 28; 869, 31; 1231, 98; 1247, 13; 1544, 45
Senn, H. 359, 10
Seppelt, F. X. 315, 3
Sera, M. 1381, 11
Seraphim, E. 104, 2
Seufert, H. 105, 2; 387, 1; 466, 3; 955, 3
Seuffert, Th. v. 1390, 2

Sexau, R. 1329, 9
Seybold, E. 631, 4
Sharif, G. 891, 5
Shears, L. A. 777, 28
Sheppard, R. 426, 11
Sickel, P. 1262, 1
Siebel, G. 571, 2
Siebel, H. 1525, 6
Sieber, S. 1084, 11
Siebert, J. 79, 1–2; 591, 1; 1295, 13
Sieburg, H. O. 1231, 48
Siefert, G. 1094, 1; 1541, 1
Siegler, H.-G. 237, 6
Siegrist, Ch. 1006, 2
Siemsen, A. 1231, 23
Siepen, B. 231, 1
Signer, L. 57, 1; 1079, 27
Silton, U. 1446, 1
Simbert, M. 815, 1
Simon, H. 396, 1; 1527, 1
Simpson, C. M. 1295, 14
Singer, A. 152, 2
Singer, A. E. 273, 12
Singer, Ch. 1268, 2
Singer, E. 1227, 10
Singer, H. 20, 4; 669, 3
Singert, K. 1126, 4
Singer, S. 1079, 26
Sint, J. 111, 33
Sirevaag, J. 451, 2
Sitte, E. 1109, 6
Sittner, G. 1032, 54
Skard, S. 359, 8
Skarke, H. 760, 6
Skorna, H. J. 8, 5; 1032, 78; 1199, 2; 1400, 1; 1446, 4
Skorpil, E. 1253, 3
Skowronek, M. 474, 4; 1471, 5
Skreb, Z. 1148, 27
Skuhrovec-Hopp, H. 927, 1
Slepćević, P. 194, 1
Sługocka, L. 59, 32; 220, 2; 1031, 15 u. 19 u. 24; 1450, 1
Smekal, F. 133, 3
Smetama, Ch. 106, 1
Smith, D. 441, 29
Smith, M. J. 765, 15
Snell, H. 924, 47
Söntgerath, A. 713, 46

Soergel, A. 673a, 15
Soeteman, C. 391, 71
Sofer, J. 50, 16
Soffé, E. 1114, 2
Sokel, W. H. 574, 4
Sokolowsky, R. 881, 1
Sommer, Ch. 1441, 9
Sommer, L. 357, 11; 878, 1
Sommer, P. 793, 2
Sommerfeld, M. 788, 12 u. 21; 1031, 4
Sonneborn, K. 584, 2
Sonnenfeld, M. W. 521, 2
Sorensen, M. I. S. 905, 7
Sorgatz, H. 906, 12
Sorieri, L. 1326, 1
Souvageol, H. 1012, 1
Späth, K. 359, 17
Spahr, B. L. 624, 1; 1238, 8
Spalek, J. M. 1316, 2
Spamer, A. 749, 6; 1329, 35
Sparnaay, H. 74, 3; 111, 59; 1544, 13
Spanuth, H. 1062, 1
Sparowitz, E. 801, 18
Spatschek, D. W. 1187, 1
Speck, H. B. G. 212, 1
Specker, A. 31, 11
Spengler, F. 1403, 2
Speyer, M. 713, 21
Speyerer, S. 202, 3
Spiero, H. 129, 2–3; 461, 7; 666, 21; 1544, 10
Spies, O. 976, 8
Spieß, G. 1340, 8
Spiewok, W. 391, 58; 567, 36; 753, 15; 869, 36; 881, 20; 1345, 22
Spindler, K. 98, 2
Spinner, K. H. 892, 9
Spittler, B. 1240, 1
Spitz, Ch. 1465, 1
Sprang, M. 22, 2
Sprengel, J. G. 317, 7; 415, 5; 1245, 2 u. 6
Sprenger, B. 1522, 2
Springer, O. 1254, 1
Spuenz, P. 162, 6
Ssymank, P. 21, 1–2
Stadler, U. 1474, 2
Stählin, F. 917, 27
Staf, H. 635, 8; 1305, 11

Stafski, H. 56, 8
Stahl, E. L. 341, 15
Stahl, K. H. 1517, 12
Stahl, S. 757, 4
Stahlmann, H. 1079, 37
Staiger, E. 68, 1; 380, 5;
    391, 57; 1175, 6; 1397, 5;
    1525, 8
Stakemeier, E. 1148, 17
Stallbaum, O. 984, 5
Stammen, Th. 1231, 72
Stammhammer, J. 938, 5
Stamminger, A. 645, 4
Stammler, W. 66, 3; 292, 1;
    426, 6; 863, 13; 999, 5;
    1079, 15; 1337, 6; 1471, 3
Stang, S. 391, 18; 1091, 6;
    1119, 1
Stanger, H. 1290, 4
Stannat, W. 315, 11
Stapff, H. 1311, 21
Starkloff, E. 58, 10; 909, 10;
    1322, 40
Staub, H. 639, 2
Staud, F. 1222, 1
Staude, H. 1045, 2
Staude, P. 664a, 1
Stauffer, M. 1435, 5
Stearns, H. E. 567, 19
Stechele, W. 129, 6
Steen, A. 503, 5
Stegmann, V. 892, 3
Steigleder, P. 677, 10
Stein, A. 938, 6
Stein, B. 441, 7; 666, 5 u. 8
Stein, C. J. 1322, 1
Stein, P. 229, 3; 460, 1;
    814, 3; 1032, 74;
    1311, 38
Stein, S. 545, 2; 1367, 1
Steinbach, R. 414, 2; 677, 21;
    981, 13; 999, 11; 1461, 23
Steinberg, A. 912, 2; 1168, 2
Steinbömer, G. 1245, 5
Steindecker, W. 304, 4
Steiner, C. 461, 45
Steiner, O. 360, 37
Steinert, W. 359, 3
Steinhoff, H. H. 490, 1;
    1525, 12
Steinmann, Th. 713, 50
Steinmetz, H. 533, 1

Steinwender, H. 28, 5
Stekel, W. 1339, 6
Stella, G. 507, 6
Stempell, O. 143, 6
Stenberg, P. A. 1525, 18
Stendal, G. 528, 1; 553, 1;
    588, 1; 984, 2; 1033, 2;
    1035, 2; 1090, 4; 1091, 1;
    1127, 1; 1161, 2; 1162, 3;
    1482, 2; 1483, 2
Stenke, E. 898, 2
Stephan, H. 550, 1; 1090, 5
Stephani, S. 137, 1
Stern, E. 749, 5
Stern, G. W. 801, 23
Stern, O. 538, 1
Stern, R. 1339, 22
Sternberg, L. 1090, 8
Stetter, K. 1322, 63; 1404, 1
Stiegler, L. 666, 34
Stieve, F. 352, 1
Stock, E. 433, 4
Stockmann, A. 360, 22
Stockmayer, G. 924, 19;
    1322, 70
Stockmayer, K. H. v. 1227, 2
Stockmeyer, C. 713, 12;
    1231, 15
Stockum, Th. C. v. 32, 4;
    487, 3; 661, 4; 784, 2;
    1103, 12; 1339, 27;
    1403, 9
Stöckli, R. 713, 48
Stöcklin, A. 924, 23
Stoephasius, R. v. 1027, 1
Störck, B. 437, 10
Stöß, W. 1229, 2; 1393, 4
Stoffers, J. W. H. 467, 3
Stoldt, H.-H. 1120, 2
Stollenwerk, Th. 838, 37
Stolz, H. 288, 1–2; 475, 1;
    941, 1–3; 1399, 1
Stolz, O. 1325, 5
Stolz, P. 341, 7
Storck, K. 822, 8
Storost, J. 1076, 4
Storz, G. 660, 10; 1504, 2
Stramer, A. 111, 34
Stranik, E. 1275, 9
Straumann, H. 967, 2
Strauss, H. 728, 1
Strauss, W. A. 977, 6

Strauß u. Torney, L. v. 277, 4;
    567, 11
Streadbeck, A. 337, 2
Streck, R. 869, 8
Strecker, G. 391, 65
Streibich, A. 908, 1
Streuber, A. 328, 6
Strich, F. 910, 1
Stricker, H. 111, 60;
    1188, 18; 1227, 20
Strinz, M. 835, 1
Strobl, K. H. 1393, 3; 1494, 1
Ströbel, H. 59, 1
Strothmann, F. W. 457, 3
Strozyk, F. P. 713, 52
Struc, R. S. 1435, 15
Struck, G. 347, 5; 965, 9
Struck, O. 710, 1
Strunz, F. 838, 6
Studentkowski, K. 755, 2
Stückrath, O. 1154, 1
Stümcke, H. 408, 4–5;
    409, 2–3; 611, 2–3; 755, 1;
    757, 8; 758, 8; 759, 6;
    917, 19; 921, 1; 1155, 1;
    1209, 1
Stünzi, U. 642, 3
Stumpp, K. 1119, 9
Stutz, E. 391, 52–53; 624, 3;
    1066, 22
Styra, A. 390, 1
Subak, I. 457, 5; 1066, 11
Suboczewski, I. 765, 29
Suchier, W. 82, 2; 790, 1
Suchy, V. 111, 67
Suderland, D. 111, 14
Sudhof, S. 548, 14
Südel, W. 1275, 4
Sulger-Gebing, E. 236, 1
Sullivan, J. H. 1079, 55
Sulz, E. 567, 23; 1517, 3
Sussmann, J. H. 45, 1
Sutermeister, W. 1032, 8
Svendsen, P. 483, 2
Sydow, W. 69, 16
Sypherd, W. O. 664, 2
Szameitat, M. 867, 5
Szarota, E. M. 826, 2;
    1031, 25
Szent-Ivanyi, B. v. 855, 1
Sziva, J. 884, 2; 1008, 6
Szklenar, H. 976, 15

Szöllösi, K. 906, 11
Szymanzig, M. 1345, 6

T

Talbot, J. H. 1507, 2
Tanneberger, I. 917, 21
Tappe, W. 767, 1
Tapper, H. 1013, 2
Tardel, H. 67, 2; 178, 1 1101, 1 u. 3; 1310, 1
Taube, R. S. 1265, 1
Taute, H. 437, 3
Taylor, R. J. 905, 11
Teichmann, A. 1137, 2
Telle, J. 1020, 7
Teske, H. 982, 1; 1072, 3; 1544, 29
Teßmer, H. 1068, 1
Tettau, W. J. A. 471, 1
Teuber, V. 675, 1
Teucher, E. 713, 37
Teufel, W. 666, 25
Thacker, Ch. 1276, 1
Thaer 401, 1
Thal, G. 799, 2
Thalhammer, E. 1201, 2
Thalmann, M. 40, 1; 359, 16; 426, 5; 437, 6 u. 9; 1247, 14
Theele, J. 514, 5; 732, 1
Theens, K. 360, 38
Theiß, R. 1247, 22
Thiel, G. 1471, 2
Thiele, H. 254, 20; 1014, 3; 1247, 12
Thiergard, U. 1148, 21
Thiersch, H. 1064, 8; 1412, 3
Thilo, M. 1033, 4
Thönning, J. C. 1231, 107
Thoma, G. 757, 5; 1387, 5
Thomalla, A. 391, 69
Thomas, N. 1544, 44
Thomasberger, K. 1430, 2
Thomsen, I. 1525, 13
Thon, Th. 1350, 8
Thoran, B. 981, 12
Thornton, K. 1079, 44
Thornton, Th. P. 1539, 1
Thorp, M. 938, 17
Thoss, D. 811, 6

Thrum, G. 1530, 2
Thürer, G. 162, 8; 1188, 8
Thulin, O. 668, 2
Thurnher, E. 722, 1; 1282, 2
Thym, U. 561, 1
Tièche, H. E. 1032, 13
Tiedemann, H. 713, 40
Tiegel, E. 906, 10
Tieghem, P. v. 575, 2; 863, 12; 911, 12; 924, 72
Tillmanns, B. 549, 1
Timm, B. 1031, 2
Tinnefeld, E. 1231, 45
Tinnefeld, N. 1079, 35; 1227, 16
Tisch, J. H. 1504, 6
Tischler, K. 449, 6
Tismar, J. 1519, 1
Tissot, W. 574, 2; 1217, 3
Trommler, F. 341, 40
Tobeitz, A. 1542, 2
Todt, H. 18, 2
Tonnelat, E. 938, 9
Totok, W. 1315, 1
Touaillon, Ch. 357, 6
Träger, C. 1042, 8
Träger, P. 1032, 5
Traumann, E. 360, 16
Trautmann, H. 22, 1; 973, 1
Trautmann, R. 1247, 10
Treder, D. 907, 1
Treek, W. v. 58, 25
Treichler, W. 1114, 6
Treppmann, E. 464, 13
Trier, J. 62, 1
Trinius, A. 1451, 1
Tröbes, O. 357, 9
Trösch, E. 1087, 1; 1188, 1
Trostler, J. 646, 3; 1366, 2
Trousson, R. II, 32–33; 1042, 9
Trümpelmann, I. 18, 1
Trüper, J. H. 950, 1
Trunz, E. 111, 29; 401, 6
Tscharner, E. H. v. 219, 2
Tschech, J. 869, 37
Tscherne, F. 965, 7; 1072, 4
Tschiedel, H. J. 1022, 3
Tschirch, F. 453, 2
Tschirch, O. 1437, 2
Tschulik, W. 1176, 7
Turner, A. M. 1403, 11

Twrdy, M. 948, 1
Tymms, R. 276, 7

U

Uebis, W. 925, 1
Uhlendorf, B. A. 36, 6
Uhl, W. 691, 4
Uhlig, H. 129, 13
Uhlig, L. 1329, 63
Ukena, P. 627, 6
Ulfers, F. 276, 9
Uliarczyk, K. 627, 6
Ullrich, H. 1103, 4 u. 9; 1302, 1
Ullrich, J. 1140, 6
Ulmann, H. 195, 5
Ulshöfer, R. 869, 15; 1504, 3
Umbach, W. E. 926, 3
Unbescheid, H. 758, 3
Underberg, E. 1084, 8
Unger, H. 905, 3
Unger, R. 1329, 17; 1375, 1
Ungersbäck, E. 411, 1
Urbach, Th. 924, 3
Urban, P. 771, 2
Urbanek, G. 242, 1
Urbanowicz, M. 1031, 14
Urdang, G. 56, 2–5
Urner, H. 645, 6
Urstadt, K. 172, 2
Usinger, F. 223, 1; 1064, 9
Ußleber, H. 341, 30

V

Vaget, H. R. 164, 1
Valency, M. J. 579, 5
Valentin, E. 898, 7
Valentin, V. 388, 1
Vancsa, K. 965, 6
Vancsa, M. 1114, 3
Varnhagen, H. 295, 1
Veit, W. II, 34; 483, 5
Velin, Th. 1032, 41
Vely, W. 514, 2
Verhaaren, Th. E. 1245, 10
Vetter, F. 1251, 1

Vetter, Th. 1441, 3
Vida, J. L. 1367, 10
Vielhauer, I. 872, 8
Viertel, B. 1385, 3
Viëtor, K. 255, 1
Vinge, L. 919, 3
Viviani, A. 1395, 2
Vodosek, P. 147, 8
Voegt, H. 1085, 8
Vögtlin, A. 1306, 2
Völkerling, K. 59, 23
Völksen, W. 704, 1
Voellmy, S. 1332, 1
Vogel, G. 990, 3
Vogt, F. 691, 6; 837, 1
Vogt, G. 401, 12
Vogt, M. 789, 2
Voigt, E. 455, 1
Voigt, G. 627, 1
Volger, B. 499, 2
Volk, W. 1292, 1
Volkmann, H. 117, 1
Vollert, W. 666, 22 u. 26
Vollmer, H. 143, 12; 938, 15
Vollmer, V. 1340, 4
Vollmer, W. 58, 12; 126, 8; 635, 3–4
Volz, G. 408, 2
Voretzsch, C. 917, 3
Voretzsch, K. 1056, 1; 1319, 4
Vorwahl, H. 678, 11
Vos, A. T. 1066, 13
Vrancken, S. 726, 3
Vulpius, W. 1057, 4; 1153, 6–7

W

Waade, W. 111, 66
Waas, A. 111, 62
Waas, G. E. 856, 2
Wachsen, U. 391, 62
Wachsmuth, B. 75, 11
Wackermann, E. 901, 6
Wackernagel, W. 159, 1; 359, 2
Wackernell, J. E. 999, 2
Waetzoldt, 147, 1; 287, 5; 768, 2; 834, 1
Wafner, K. 111, 51
Wagemann, E. 869, 20

Wagman, F. H. 830, 2; 926, 1
Wagner, F. 760, 8; 1031, 20
Wagner, F. F. 760, 10
Wagner, G. 1195, 9
Wagner, H. 847, 2
Wagner, H. F. 1103, 1
Wagner, M. 1382, 1
Wagner, S. Ch. 464, 1
Wahl, H. 480, 6
Wahl, M. 111, 24
Wahl, V. 713, 13
Wahlmüller, F. 1008, 4
Waibler, H. 586, 1
Wain, M. 276, 8
Wais, K. 1008, 3; 1150, 3; 1385, 7; 1398, 2; 1544, 16
Waitz, G. I, 5
Walch, D. C. 210, 1
Waldberg, M. 1140, 2
Walde, I. B. 254, 19; 768, 15; 1336, 9
Waldemar, Ch. 338, 5
Waldinger, E. 160, 1
Walker, R. 483, 4
Wallenstein, P. R. 1441, 10
Walli, I. 965, 10
Waller, H. 872, 4
Walser, E. 1355, 1
Walter, B. 341, 24; 403, 2; 755, 3
Walter, H.-A. 923, 6
Walter, J. 317, 1
Walter, O. 1033, 3
Walz, G. H. 1232, 1
Walz, J. A. 36, 3; 1083, 2
Walzel, O. II, 35–36; 31, 3; 115, 2; 376, 1; 801, 14 u. 24; 887, 2; 1090, 6 u. 15; 1322, 15; 1504, 1
Wander, M. 1135, 2
Wandrey, U. 759, 53
Wannamaker, P. W. 254, 21
Wanner, P. 221, 11
Wapnewski, P. 838, 31
Warburg, E. 1119, 3
Warkenstein, A. 1311, 11
Warkentin, R. 360, 10
Warmuth, K. 822, 2
Warstat, W. 757, 9
Wartusch, R. 1032, 17
Watzinger, C. H. 111, 47; 391, 45

Webb, B. D. 869, 67
Weber, B. 717, 6
Weber, E. 458, 5; 1203, 1; 1542, 3
Weber, H. 448, 3
Weber, H. H. 838, 41
Weber, J. 126, 13
Weber, K. 655, 1; 875, 1; 1255, 1
Weber, L. 1339, 4
Weber, M. 391, 54
Weber, P. C. 36, 9; 755, 8
Weber, W. E. 403, 4
Weber, W.-J. 1057, 8
Weddingen, F. H. O. 1387, 1; 1482, 1
Weddingen, O. 1135, 1
Wedel, R. 1358, 1
Wegenaer, P. 666, 51; 801, 41
Wegner, H.-G. 515, 1
Wegner, M. 349, 2
Wegner, W. 360, 48
Wehe, W. 36, 14
Wehle, G. F. 905, 6
Wehrhan, K. 69, 8–10. 807, 1
Wehrli, M. 143, 19; 461, 24 u. 26; 548, 19; 678, 22; 1064, 6
Weick, H. 162, 4
Weidekampf, I. 1339, 13
Weidhase, H. 1517, 11
Weidling, F. 1048, 1
Weier, W. 1329, 50
Weigand, W. 1138, 2
Weihing, E. R. 391, 41
Weil, H. H. 4, 8; 401, 7
Weilen, A. v. 471, 2; 669, 1; 1285, 2
Weimann, K.-H. 993, 5
Weinand, H. G. 1465, 3
Weinert, H. K. 389, 3–4
Weinreich, O. 26, 1; 820, 3; 920, 1; 934, 1; 1525, 2
Weisbach, R. 869, 64
Weisert, J. J. 471, 6
Weisfert, J. N. 1192, 1
Weisgall, H. 924, 57; 1116, 1
Weiss, A. 759, 33
Weiß, A. M. 872, 3
Weiß, F. 314, 2
Weiss, K. 610, 1

Weiß, R. 31, 19
Weiß, W. 992, 2−3
Weissert, E. 1322, 53
Weisstein, U. II, 37
Weitbrecht, C. 938, 10
Weitbrecht, R. 584, 1; 1045, 1
Weithase, I. 403, 5; 755, 9
Weitzel, K. 461, 9
Weldemann, A. 1079, 7
Wels, K. 1387, 6
Welter, E. G. 401, 11
Weltmann, L. 50, 3
Welzig, F. 1544, 26
Welzig, W. 4, 12 u. 14; 320, 4; 341, 39; 759, 52; 765, 30; 869, 38; 1032, 68; 1079, 57; 1381, 12
Wencker, F. 917, 14
Wendland, J. 666, 20
Wendler, W. 436, 1
Wendt, E. 323, 1; 433, 1; 714, 1
Wendt, H. 788, 20 u. 30; 854, 2
Wenk, I. 1329, 46
Wentzlaff-Eggebert, F. W. 753, 10−12 u. 14; 1099, 15; 1329, 26; 1370, 1
Wenz, R. 1091, 4
Wenzel, H. 881, 28
Wenzel, W. 1487, 1
Werber, M. 169, 1
Werking, F. W. 1429, 3
Werner, A. 1039, 2; 1275, 13
Werner, Helmut 501, 9; 1031, 8
Werner, Horst 487, 8
Werner, H. G. 1031, 21; 1032, 55
Werner, K. 739, 1
Werner, O. H. 909, 3; 1365, 3
Werner, R. 1148, 24
Werner, R. M. 666, 1; 1329, 5
Werner, S. 999, 10
Wernigg, F. 693, 4
Werth, G. 1387, 18
Wertheim, U. 36, 19
Werthemann, H. 14, 1; 666, 52
Wesemann, H. 1231, 26

Wesly, M. 824, 3
Wessels, P. B. 777, 29
Westen, L. A. 145, 2
Westenholz, F. v. 505, 1
Westerath, G. 1238, 3
Westerkamp, U. 1024, 2
Westermann, R. 966, 3; 1544, 17
Wetter, M. 1073, 1
Wetzel, E. 225, 2
Wetzstein, O. 1079, 2
Weydt, G. 144, 2
Weygandt, W. 1433, 2
Weyl, Sh. 36, 18
Weyland, H. 1435, 2
Whitcomb, R. O. 554, 9
White, J. J. 910, 15
Whiton, H. B. 1031, 27
Wick, A. 1327, 1
Wick, J. E. 701, 4
Wicke, E.-A. 801, 30; 913, 2
Widemann-Keldenich, E. 666, 37
Widmann, G. 505, 2
Widmann, H. 1179, 3−4
Widmann, W. 65, 1; 113, 2; 273, 8; 328, 3; 523, 2; 1135, 3; 1217, 1; 1277, 1; 1306, 11; 1441, 8
Wiech, G. 267, 1
Wiegand, C. F. 924, 55 u. 58
Wiegand, J. 429, 1; 1544, 15
Wiegers, U. 188, 3
Wielandt, U. 596, 4
Wiemken, H. 360, 47; 661, 5
Wien, A. 243, 1; 492, 2; 924, 29; 1231, 13; 1329, 16
Wiener, F. 28, 3
Wierlacher, A. 195, 30; 567, 42
Wiese, B. v. 461, 28 u. 29; 499, 3; 621, 1; 759, 18; 1032, 26 u. 28 u. 30; 1288, 1
Wiese, G. 1022, 2
Wiesinger, I. 70, 2
Wiesmann, L. 265, 1; 1544, 30
Wiesner, A. 1339, 7
Wightmann, R. S. 673b, 18
Wildhaber, A. 1069, 6

Wilfling, M. M. 1145, 1
Wilhelm, G. 556, 2
Wilke, J. 1032, 86
Wilkens, J. 487, 2
Will, A. 1031, 22−23
Will, W. v. d. 1146, 10
Wille, T. 111, 43
Wille, W. 243, 2
Willenberg, H. 142, 1
Williams, U. V. 522, 1
Willig, E. 513, 1
Willimek, A. 1348, 1−2
Willmann, O. 58, 2; 713, 9
Willson, A. L. 153, 2; 634, 4 u. 8
Wilm, B. 237, 2; 413, 1; 733, 1; 867, 4; 984, 3
Wilmanns, W. 938, 13
Wilms, H. 401, 10
Wilmsmeier, W. 206, 1
Wilpert, G. v. I. 27
Wilson, C. 91, 1
Wiltsch, H. 445, 2
Wimmer, E. 838, 43
Wimmer, M. 1299, 1
Winckler, J. 635, 5
Windorpski, L. 1176, 11
Wingenroth, S. 391, 33a
Wingerter, L. 909, 14; 1237, 2
Winkler, K. 958, 1
Winklhofer, A. 441, 20; 1311, 26
Winter, F. 58, 9; 1231, 39
Winter, R. 924, 1
Winterholer, H. 318, 1; 713, 14
Winzer, J. 690, 1
Wippermann, F. 759, 7; 909, 11
Wirth, L. 747, 1; 840, 1; 981, 1; 999, 1; 1311, 3
Wisebach, W. 553, 2
Wisniewski, R. 245, 3
Witeschnik, A. 1544, 20
Witkop, Ph. 544, 4
Witkowski, G. 360, 23
Witsch, J. 42, 2
Witt, B. 408, 10
Witte, W. 457, 7
Wittke, C. 36, 15
Wittko, P. 523, 5

Wittmann, A. 233, 1
Wittmann, F. 75, 9
Witzke, H. 869, 68
Wocke, H. 601, 2
Woelker, E.-M. 869, 9
Wöller, W. 111, 11
Wönne, F. 869, 21
Wohlhaupter, E. 1066, 20 u. 24 u. 27; 1148, 22; 1393, 10
Wohlrabe, W. 788, 2
Wohlwill, A. 1350, 4
Wolf, A. 221, 13
Wolf, Ch. 1063, 1
Wolf, E. 1066, 16
Wolf, N. 965, 5
Wolf, N. R. 727, 2
Wolf, R. 905, 19
Wolf-Heidegger, G. 75, 20
Wolfe, C. N. 924, 78
Wolff, A. 1333, 1
Wolff, E. 736, 1
Wolff, H. 713, 15
Wolff, H. M. 458, 8; 968, 1
Wolff, K. E. 536, 2; 1544, 24
Wolff, L. 315, 12; 801, 31; 910, 11; 1317, 2; 1544, 33
Wolff, W. 42, 1; 441, 3–4; 850, 2; 1305, 6
Wolfhard, A. 1282, 1
Wolfram, A. 1340, 7
Wolfram, G. 753, 1
Wolfram, H. 741, 1
Wolfram, M. 690, 3
Wolfskehl, M. L. 666, 32
Wolfstieg, A. 437, 5
Wolpert, A. 1213, 2
Wolzogen, H. v. 938, 3
Wonderley, A. W. 304, 5; 1008, 7
Wonderley, W. 865, 3
Woods, B. A. 624, 2
Woods, W. F. 567, 58
Woodson, L. H. 930, 2; 1221, 1
Woodtli, O. 1245, 9
Wormann, K. 111, 9
Wührer, K. 924, 35
Wünsche, A. 143, 2; 672, 2; 752, 1; 1020, 1–3; 1329, 6

Würtenberg, G. 1079, 33
Würtenberger, Th. 1393, 9
Würtz, H. 193, 1; 713, 24; 763, 1–2
Würtz, K. 1231, 46
Wulffen, B. v. 924, 74
Wunderer, R. 338, 4
Wunderlich, E. C. 1079, 39
Wurzbach, W. v. 676, 1
Wuttke, D. 1329, 51
Wyatt, R. C. 359, 12
Wyrsch, K. 869, 3
Wysling, H. 4. 16
Wyss, H. 918, 7

Y

Yoshijima, S. 777, 52

Z

Zabel, A. 822, 4
Zacharias, E.-L. 788, 33
Zacharias, R. 161, 2
Zacharias-Langhans, G. 1368, 3
Zade, L. 1113, 2
Zahlbruckner, M. 277, 10
Zak, E. 250, 7
Zangrando, G. 1405, 1
Zappert, G. 1164, 1
Zauner, F. 888, 1
Zeindler, P. 567, 46
Zeisel, E. 446, 2
Zeiske, W. 1322, 54
Zeitler, J. 754, 3
Zellweger, R. 111, 44
Zeman, H. 1464, 13
Zender, M. 301, 2
Zenker, E. 59, 17
Zermatten, M. 1443, 2
Zeromski, Ch. v. 824, 2
Zeuch, J. 1322, 22
Zeydel, E. H. 1072, 1
Ziegenrücker, H. 1313, 2
Ziegler, K. 977, 3; 1231, 65
Ziegler, S. 1274, 3
Zieler, G. 678, 2; 1069, 3
Zieren, H. 1311, 12
Zierhoffer, H. 408, 11; 1387, 12

Zimmer, H. 1387, 19
Zimmerhackl, F. 830, 1
Zimmermann, E. 240, 2
Zimmermann, F. 307, 2; 635, 1; 1305, 3
Zimmermann, G. 1525, 7
Zimmermann, P. 562, 1
Zimmerman, Werner 673b, 11
Zimmermann, Wilhelm 944, 1
Zinck, P. 691, 5
Zincke, P. 382, 1
Zingerle, I. V. 114, 1; 359, 1
Zingerle, P. 976, 1
Zink, G. 262, 3
Ziolkowski, Th. 43, 4; 666, 20; 697, 1; 963, 4; 1107, 1; 1329, 60; 1360, 1; 1393, 19; 1433, 13
Zipes, J. 36, 27
Zipes, J. D. 567, 37 u. 48; 1052, 58
Zips, M. 1447, 4
Zirus, W. 673a, 20–21
Zitzenbacher, W. 531, 5
Zivers, I. M. 1364, 4
Zivier, E. 960, 1
Zobel, K. 1257, 4
Zobel, v. Zabeltitz, M. 328, 4
Zobeltitz, F. v. 258, 1; 379, 6; 667, 1; 901, 1; 1227, 5
Zöller, J. O. 1932, 47
Zohner, A. 765, 7
Zoll, R. 1393, 14
Zollinger, J. P. 1286, 1
Zollinger, M. 31, 5; 909, 4
Zons, F. B. 429, 4
Zopf, H. 129, 16
Zorb, E. H. 1079, 30
Zorn, J. 536, 1; 1544, 9
Zottleder, E. 391, 29
Zuber, M. 1544, 34
Zuchhold, H. 1431, 1
Zürcher, H. 971, 5
Zürcher, O. 132, 1
Zugwurst, K. 1451, 2
Zumthor, P. 872, 5
Zum Winkel, H. 1433, 6
Zurbonsen, F. 315, 1
Zweig, A. 673b, 7

Walter de Gruyter
Berlin · New York

Kurt Ranke
(Hrsg.)

Enzyklopädie des Märchens
Handwörterbuch zur historischen und vergleichenden Erzählforschung

Zusammen mit Hermann Bausinger, Wolfgang Brückner, Max Lüthi, Lutz Röhrich und Rudolf Schenda herausgegeben von Kurt Ranke
Redaktion: Lotte Baumann, Ines Köhler, Elfriede Moser-Rath, Ernst Heinrich Rehermann und Hans-Jörg Uther
12 Bände mit je 5 Lieferungen. Groß-Oktav
Bereits erschienen:
Band I, Lieferungen 1–3: Aarne – Aserbaidschan
Zusammen 864 Spalten. 1976. Kartoniert DM 68,– pro Lieferung

Friedrich Gottlieb Klopstock
Werke und Briefe
Historisch-kritische Ausgabe

Begründet von Adolf Beck, Karl Ludwig Schneider und Hermann Tiemann
Herausgegeben von Horst Gronemeyer, Elisabeth Höpker-Herberg, Klaus Hurlebusch und Rose-Maria Hurlebusch
Groß-Oktav. Ganzleinen

Bisher erschienen:

Elisabeth
Höpker-Herberg
(Hrsg.)

Abteilung Werke
IV, Band 1 und 2: Der Messias (Text)
Zusammen XII, 529 Seiten. 1974. Zusammen DM 178,–

Abteilung Werke
VII, Band 1: Die deutsche Gelehrtenrepublik (Text)
VI, 246 Seiten. 1975. DM 88,–

Gerhard Burkhardt
Heinz Nicolai

Abteilung Addenda
Klopstock-Bibliographie
Redaktion: Helmut Riege unter Mitarbeit von Hartmut Hitzer und Klaus Schröter
XII, 340 Seiten. 1975. DM 196,–

in Vorbereitung:

Klaus Hurlebusch
(Hrsg.)

Klopstocks Arbeitstagebuch
Etwa 272 Seiten. Mit 3 Tafeln. 1976. Etwa DM 140,–

Preisänderungen vorbehalten

	Späteste Rückgabe am zuletzt gestempelten Datum			
01. 10. 82				
26. 11. 89				
25. 06. 93				
3/2019				

Nicht entfernen! Der Verlust von Verbuchungskarten ist gebührenpflichtig (§ 4 BGO)